DE ROLLEN VAN DE DODE ZEE

Florentino García Martínez,
Mladen Popović en
Adam van der Woude

DE ROLLEN VAN DE
DODE ZEE

Derde herziene druk

Uitgeverij
Ten Have

Deze Nederlandse vertaling van de rollen van de Dode Zee verscheen voor het eerst in 1995 bij Uitgeverij Kok, Kampen (voor België bij Uitgeverij Lannoo, Tielt). In 2007 verscheen bij Uitgeverij Ten Have een tweede, geheel herziene editie. In de derde druk 2013 zijn het voorwoord en de inleiding nieuw en is de paginering herzien; verder is de tekst praktisch ongewijzigd.

© 2007/2013 Uitgeverij Ten Have
www.uitgeverijtenhave.nl
Omslagontwerp Garage BNO
Afbeelding omslag: kolom 8 en een deel van kolom 9 van de Regel van de Gemeenschap (grot 1)

ISBN 978 90 259 0291 9
ISBN e-book 978 90 259 0292 6
NUR 700

Alle rechten voorbehouden. Niets uit deze uitgave mag worden verveelvoudigd, opgeslagen in een geautomatiseerd gegevensbestand, of openbaar gemaakt, in enige vorm of op enige wijze, hetzij elektronisch, mechanisch, door fotokopieën, opnamen, of op enige andere manier, zonder voorafgaande schriftelijke toestemming van de uitgever.

All rights reserved. No part of this publication may be reproduced, stored in a retrieval system, or transmitted, in any form or by any means, electronic, mechanical, photocopying, recording, or otherwise, without the prior written permission of the publisher.

INHOUD

Voorwoord bij de derde druk   19
Lijst van gebruikte tekens   21
Lijst van gebruikte afkortingen   22
Lijst van de serie *Discoveries in the Judaean Desert* (DJD)   24
Verklarend register   29
Algemene inleiding   33
Lijst van de handschriften van Qumran   44

WETSLITERATUUR EN ORDEREGELS

A. 4Q ENIGE VAN DE WERKEN DER WET
   (4QMMT = 4Q394-399)   103

B. 11Q TEMPELROL (11QTemple = 11Q19-20)   117

C. DE REGEL DER GEMEENSCHAP   172
  1. 1Q Regel der Gemeenschap (1QS)   178
  2. Teksten uit grot 4   200
    a. 4Q Regel der Gemeenschap^a (4Q255)   200
    b. 4Q Regel der Gemeenschap^b (4Q256)   200
    c. 4Q Regel der Gemeenschap^c (4Q257)   201
    d. 4Q Regel der Gemeenschap^d (4Q258)   201
    e. 4Q Regel der Gemeenschap^e (4Q259)   206
    f. 4Q Regel der Gemeenschap^f (4Q260)   210
    g. 4Q Regel der Gemeenschap^g (4Q261)   210
    h. 4Q Regel der Gemeenschap^h (4Q262)   210
    i. 4Q Regel der Gemeenschap^i (4Q263)   210
    j. 4Q Regel der Gemeenschap^j (4Q264)   210
  3. 5Q Regel der Gemeenschap   (5Q11)   210

D. HET DAMASCUSGESCHRIFT   211
  1. Documenten uit de Geniza van Cairo (CD)   220

2. Teksten uit grot 4 — 243
  a. 4Q Damascusgeschrift[a] (4Q266) 243
  b. 4Q Damascusgeschrift[b] (4Q267) 249
  c. 4Q Damascusgeschrift[c] (4Q268) 251
  d. 4Q Damascusgeschrift[d] (4Q269) 252
  e. 4Q Damascusgeschrift[e] (4Q270) 252
  f. 4Q Damascusgeschrift[f] (4Q271) 255
  g. 4Q Damascusgeschrift[g] (4Q272) 257
  h. 4Q Damascusgeschrift[h] (4Q273) 258
3. Teksten uit andere grotten — 259
  a. 5Q Damascusgeschrift (5Q12) 259
  b. 6Q Damascusgeschrift (6Q15) 259

E. ANDERE WETSTEKSTEN EN ORDEREGELS — 260
  1. 1Q Regel van de Gemeente (1Q28a) 260
  2. 2Q Juridische Tekst (2Q25) 264
  3. 4Q Ordinantiën — 265
    a. 4Q Ordinantiën[a] (4Q159) 267
    b. 4Q Ordinantiën[b] (4Q513) 268
    c. 4Q Ordinantiën[c] (4Q514) 270
  4. 4Q Halacha A (4Q251) 270
  5. 4Q Halacha B (4Q264a) 273
  6. 4Q Verscheidene Regels (4Q265) 273
  7. 4Q Regels voor de Reiniging — 276
    a. 4Q Regels voor de Reiniging A (4Q274) 277
    b. 4Q Gemeenschappelijke Ceremonie (4Q275) 279
    c. 4Q Regels voor de Reiniging B[a] (4Q276) 280
    d. 4Q Regels voor de Reiniging B[b] (4Q277) 280
    e. 4Q Regels voor de Reiniging C (4Q278) 281
    f. 4Q Vier Loten (4Q279) 281
  8. 4Q Liturgie voor de Reiniging (4Q284) 282
  9. 4Q Reinheid van Vruchten (4Q284a) 283
  10. 5Q Regel (5Q13) 284
  11. 4Q Bestraffingen (4Q477) 286

INHOUD

POËTISCHE TEKSTEN

A. DE ROL VAN DE LOFPRIJZINGEN (HODAYOT)   290
   1. Teksten uit grot 1   295
     a. 1Q Rol van de Lofprijzingen^a (1QH^a)   295
     b. 1Q Rol van de Lofprijzingen^b (1QH^b = 1Q35)   350
   2. Teksten uit grot 4   351
     a. 4Q Rol van de Lofprijzingen^a (4Q427)   352
     b. 4Q Rol van de Lofprijzingen^b (4Q428)   355
     c. 4Q Rol van de Lofprijzingen^c (4Q429)   356
     d. 4Q Rol van de Lofprijzingen^d (4Q430)   357
     e. 4Q Rol van de Lofprijzingen^e (4Q431)   357
     f. 4Q Rol van de Lofprijzingen^f (4Q432)   357

B. APOCRIEFE PSALMEN   358
   1. Apocriefe psalmen opgenomen in handschriften met liederen uit het bijbelse boek der Psalmen   358
     a. 4Q Psalmen^f (4Q88)   360
     b. 11Q Psalmen^a (11Q5)   362
     c. 11Q Psalmen^b (11Q6)   369

C. NIET-CANONIEKE PSALMEN   370
   1. 4Q Niet-canonieke Psalmen   371
     a. 4Q380   4Q380   371
     b. 4Q381   4Q381   372

D. HYMNEN TEGEN DE BOZE GEESTEN   384
   1. Liederen van de Wijze   384
     a. 4Q Liederen van de Wijze^a (4Q510)   385
     b. 4Q Liederen van de Wijze^b (4Q511)   386
   2. Bezweringspsalmen   393
     a. 11Q Apocriefe Psalmen   (11Q11)   394
     b. 4Q Bezwering   (4Q444)   397
     c. 4Q Bezwering ar   (4Q560)   397
   3. 4Q Catalogus van Geesten   (4Q230)   398

E. WIJSHEIDSLIEDEREN   399
   1. 4Q Verlokkingen van de Slechte Vrouw   (4Q184)   399
   2. 4Q Wijsheidswerk   (4Q185)   401

3. 4Q Cryptisch A: Woorden van de Wijze tot de
   Kinderen van de Dageraad (4Q298) 404
4. 4Q Goddelijke Voorzienigheid (4Q413) 405
5. 4Q Instruction 406
   a. 4Q Wijsheidsgeschrift^a (4Q415) 408
   b. 4Q Wijsheidsgeschrift^b (4Q416) 409
   c. 4Q Wijsheidsgeschrift^c (4Q417) 413
   d. 4Q Wijsheidsgeschrift^d (4Q418) 416
   e. 4Q Wijsheidsgeschrift^g (4Q423) 420
6. 4Q Instruction-like Wijsheidsgeschrift A
   (4Q419) 421
7. 4Q Instruction-like Wijsheidsgeschrift B
   (4Q424) 422
8. 4Q Messiaanse apocalyps (Over de Opstanding)
   (4Q521) 424
9. 4Q Zaligsprekingen (4Q525) 427

F. ANDERE POËTISCHE TEKSTEN 434
1. Het Boek van de Mysteriën 436
   a. 1Q Mysteriën (1Q27) 436
   b. 4Q Mysteriën^a (4Q299) 437
   c. 4Q Mysteriën^b (4Q300) 438
   d. 4Q Mysteriën^c? (4Q301) 438
2. 1Q Hymnische Gedichten? (1Q37) 439
3. 1Q Hymnische Gedichten? (1Q38) 439
4. 1Q Hymnische Gedichten? (1Q39) 439
5. 1Q Hymnische Gedichten? (1Q40) 440
6. 3Q Hymne (3Q6) 440
7. 4Q Apocriefe Klaagliederen A (4Q179) 440
8. 4Q Tijd van Gerechtigheid (4Q215a) 441
9. 4Q Liturgische Tekst A (4Q409) 442
10. 4Q Apocriefe Psalm en Gebed (4Q448) 443
11. 4Q Vernieuwde Aarde (4Q475) 444
12. 4Q Zegening (4Q500) 444
13. 4Q Apocriefe Klaagliederen B (4Q501) 444
14. 5Q Vervloekingen (5Q14) 445
15. 6Q Allegorie van de Wijngaard (6Q11) 445
16. 6Q Hymne (6Q18) 446
17. 8Q Hymne (8Q5) 446
18. 11Q Hymnen^a (11Q15) 446

LITURGISCHE TEKSTEN

A. DE LIEDEREN VAN HET SABBATSOFFER 451
  1. 4Q Liederen van het Sabbatsoffer (4QShirShabb) 456
    a. 4Q Liederen van het Sabbatsoffer[a] (4Q400) 456
    b. 4Q Liederen van het Sabbatsoffer[b] (4Q401) 459
    c. 4Q Liederen van het Sabbatsoffer[c] (4Q402) 460
    d. 4Q Liederen van het Sabbatsoffer[d] (4Q403) 462
    e. 4Q Liederen van het Sabbatsoffer[e] (4Q404) 468
    f. 4Q Liederen van het Sabbatsoffer[f] (4Q405) 468
    g. 4Q Liederen van het Sabbatsoffer[g] (4Q406) 474
    h. 4Q Liederen van het Sabbatsoffer[h] (4Q407) 474
  2. 11Q Liederen van het Sabbatsoffer (11Q17) 474

B. DAGELIJKSE GEBEDEN 477
  4Q Dagelijkse Gebeden (4Q503) 477

C. FEESTGEBEDEN 486
  1. 1Q Feestgebeden[a] (1Q34) 488
  2. 4Q Feestgebeden (4Q507-509) 489
    a. 4Q Feestgebeden[a] (4Q507) 489
    b. 4Q Feestgebeden[b] (4Q508) 489
    c. 4Q Feestgebeden[c] (4Q509) 490

D. WOORDEN VAN DE LICHTEN 493
  1. 4Q Woorden van de Lichten[a] (4Q504) 495
  2. 4Q Woorden van de Lichten[b] (4Q505) 499
  3. 4Q Woorden van de Lichten[c] (4Q506) 499

E. ZEGENSPREUKEN EN VERVLOEKINGEN 503
  1. 1Q Regel van de Zegenspreuken (1Q28b) 509
  2. 4Q Zegenspreuken (4Q280 en 4Q286-287) 512
    a. 4Q Vervloekingen (4Q280) 512
    b. 4Q Zegenspreuken[a] (4Q286) 512
    c. 4Q Zegenspreuken[b] (4Q287) 515
  3. 6Q Zegenspreuken (6Q16) 515
  4. 4Q Zegen, mijn ziel (4Q434-438) 516
    a. 4Q Zegen, mijn ziel[a] (4Q434) 516
    b. 4Q Zegen, mijn ziel[c] (4Q436) 518
    c. 4Q Zegen, mijn ziel[d] (4Q437) 519

F. ANDERE TEKSTEN 521
  1. 1Q Liturgische Tekst A? (1Q30) 522
  2. 1Q Liturgische Tekst B? (1Q31) 522
  3. 4Q Werken van God (4Q392) 522
  4. 4Q Ritueel van een Blijde Bijeenkomst
     (4Q502) 523
  5. 4Q Reinigingsritueel B (4Q512) 525
  6. 4Q Reinigingsritueel A (4Q414) 528

TEKSTEN MET BETREKKING TOT DE EINDTIJD

A. DE ROL VAN DE OORLOG 535
  1. 1Q Rol van de Oorlog (1QM) 546
  2. Handschriften uit grot 4 573
    a. 4Q Rol van de Oorlog^a (4Q491) 573
    b. 4Q Rol van de Oorlog^b (4Q492) 578
    c. 4Q Rol van de Oorlog^c (4Q493) 578
    d. 4Q Rol van de Oorlog^d (4Q494) 579
    e. 4Q Rol van de Oorlog^e (4Q495) 579
    f. 4Q Rol van de Oorlog^f (4Q496) 580
  3. Met de Rol van de Oorlog verwante teksten 580
    a. 4Q Boek van de Oorlog (4Q285) 580
    b. 11Q Boek van de Oorlog (11Q14) 581
    c. 4Q Rol van de Oorlog Tekst B (4Q471) 582
    d. 4Q Polemisch Fragment (4Q471a) 583
    e. 4Q Zelfverheerlijkingshymne (4Q471b) 583
    f. 4Q Gebed betreffende God en Israël
      (4Q471c) 583
    g. 4Q Woorden van Michaël ar (4Q529) 584

B. BESCHRIJVING VAN HET NIEUWE JERUZALEM 585
  1. 2Q Nieuw Jeruzalem ar (2Q24) 587
  2. 4Q Beschrijving van het nieuwe Jeruzalem 588
    a. 4Q Nieuw Jeruzalem^a ar (4Q554) 588
    b. 4Q Nieuw Jeruzalem^b ar (4Q555) 590
  3. 5Q Nieuw Jeruzalem ar (5Q15) 590
  4. 11Q Nieuw Jeruzalem ar (11Q18) 593

C. ANDERE TEKSTEN 597
  1. 4Q Testimonia (4Q175) 597
  2. 4Q Apocrief van Daniël ar (4Q246) 599
  3. 4Q Vermanende Parabel (4Q302) 601
  4. 4Q Vier Koninkrijken (4Q552-553) 602
    a. 4Q Vier Koninkrijken[a] ar (4Q552) 603
    b. 4Q Vier Koninkrijken[b] ar (4Q553) 604
  5. 4Q Aramese Tekst (4Q580) 605
  6. 11Q Melchisedek (11Q13) 605

EXEGETISCHE LITERATUUR

A. TARGUMS 615
  1. 4Q Targum van Leviticus (4Q156) 619
  2. 4Q Targum van Job (4Q157) 619
  3. 11Q Targum van Job (11Q10) 620

B. BIJBELCOMMENTAREN 635
  1. Commentaren op Jesaja 638
    a. 3Q Pesjer Jesaja[a] (3Q4) 640
    b. 4Q Pesjer Jesaja[a] (4Q161) 641
    c. 4Q Pesjer Jesaja[b] (4Q162) 643
    d. 4Q Pesjer Jesaja[c] (4Q163) 644
    e. 4Q Pesjer Jesaja[d] (4Q164) 649
    f. 4Q Pesjer Jesaja[e] (4Q165) 650
  2. Commentaren op Hosea 651
    a. 4Q Pesjer Hosea[a] (4Q166) 652
    b. 4Q Pesjer Hosea[b] (4Q167) 653
  3. Commentaren op Micha 655
    a. 1Q Pesjer Micha (1Q14) 655
    b. 4Q Pesjer Micha (4Q168) 657
  4. Commentaar op Nahum (4Q169) 659
  5. Commentaar op Habakuk (1QpHab) 665
  6. Commentaren op Sefanja 673
    a. 1Q Pesjer Sefanja (1Q15) 673
    b. 4Q Pesjer Sefanja (4Q170) 673
  7. Commentaar op Maleachi (5Q10) 674
  8. Commentaren op de Psalmen 674
    a. 1Q Pesjer Psalmen (1Q16) 676

b. 4Q Pesjer Psalmen^a	(4Q171)	677
c. 4Q Pesjer Psalmen^b	(4Q173)	681

C. ANDERE TEKSTEN ... 683
  1. 4Q Tanhumim (4Q176) 683
  2. Eschatologische midrasj 687
    a. 4Q Florilegium (4Q174) 690
    b. 4Q Catena A (4Q177) 693
    c. 4Q Catena B (4Q182) 697
  3. 4Q Ages of Creation 697
    a. Ages of Creation A (4Q180) 699
    b. Ages of Creation B (4Q181) 700
  4. 4Q Historisch Werk (4Q183) 700
  5. 4Q Genesis-Commentaar 701
    a. 4Q Genesis-Commentaar A (4Q252) 703
    b. 4Q Genesis-Commentaar B (4Q253) 707
    c. 4Q Maleachi-Commentaar (4Q253a) 707
    d. 4Q Genesis-Commentaar C (4Q254) 708
    e. 4Q Genesis-Commentaar D (4Q254a) 709
  6. 4Q Pesjer op de Apocalyps van Weken (4Q247) 709

PARA-BIJBELSE LITERATUUR

A. PARAFRASE VAN DE PENTATEUCH 715
  1. Herbewerkte Pentateuch 715
    a. 4Q Herbewerkte Pentateuch^a (4Q158) 717
    b. 4Q Herbewerkte Pentateuch^{b-c} (4Q364-365) 722
  2. 4Q Apocryphon Pentateuch A (4Q368) 725
  3. 4Q Parafrase van Genesis en Exodus (4Q422) 728
  4. 4Q Gebed van Enos (4Q369) 730
  5. 4Q Vermaning gebaseerd op de Zondvloed (4Q370) 732
  6. Apocryphon van Jozef 733
    a. 2Q Apocryphon van David? (2Q22) 735
    b. 4Q Verhalende en Poëtische Tekst^b (4Q372) 736
    c. 4Q Verhalende en Poëtische Tekst^c (4Q373) 737

INHOUD

7. Vertellingen — 738
   - a. 4Q Vertelling A (4Q458) — 739
   - b. 4Q Vertelling C (4Q462) — 740
8. 4Q Profetie van Jozua (4Q522) — 740
9. 4Q Bijbelse Chronologie ar (4Q559) — 743
10. Andere Parafraserende Teksten — 744
    - a. 6Q Genesis? ar (6Q19) — 745
    - b. 6Q Deuteronomium? (6Q20) — 745

B. 1Q GENESIS APOCRYPHON (1QapGen ar) — 746

C. HET BOEK JUBILEEËN — 765
1. 1Q Jubileeën^a (1Q17) — 771
2. 1Q Jubileeën^b (1Q18) — 771
3. 2Q Jubileeën^a (2Q19) — 771
4. 2Q Jubileeën^b (2Q20) — 772
5. 3Q Jubileeën (3Q5) — 772
6. 4Q Jubileeën^a (4Q216) — 772
7. 4Q Jubileeën^d (4Q219) — 777
8. 4Q Jubileeën^e (4Q220) — 779
9. 4Q Jubileeën^f (4Q221) — 779
10. 4Q Jubileeën^g (4Q222) — 780
11. 11Q Jubileeën (11Q12) — 781
12. 4Q Pseudo-Jubileeën — 783
    - a. 4Q Pseudo-Jubileeën^a (4Q225) — 784
    - b. 4Q Pseudo-Jubileeën^b (4Q226) — 785
    - c. 4Q Pseudo-Jubileeën^c (4Q227) — 786

D. DE BOEKEN VAN HENOCH — 787
1. 4Q Henoch^a ar (4Q201) — 792
2. 4Q Henoch^b ar (4Q202) — 796
3. 4Q Henoch^c ar (4Q204) — 799
4. 4Q Henoch^d ar (4Q205) — 806
5. 4Q Henoch^e ar (4Q206) — 808
6. 4Q Henoch^f ar (4Q207) — 811
7. 4Q Henoch^g ar (4Q212) — 811

E. HET BOEK DER REUZEN — 815
1. 1Q Boek der Reuzen^a ar (1Q23) — 819
2. 4Q Boek der Reuzen^a ar (4Q203) — 819

3. 4Q Boek der Reuzen[b] ar	(4Q530)	821
4. 4Q Boek der Reuzen[c] ar	(4Q531)	822
5. 6Q Boek der Reuzen ar	(6Q8)	823

F. HET BOEK VAN NOACH — 824
1. 1Q Noach	(1Q19)	826
2. 4Q Geboorte van Noach[a] ar	(4Q534)	827
3. 4Q Geboorte van Noach[b] ar	(4Q535)	828
4. 4Q Geboorte van Noach[c] ar	(4Q536)	828

G. DE BOEKEN VAN DE PATRIARCHEN — 830
1. Testament van Jakob		830
a. 4Q Testament van Jakob? ar	(4Q537)	831
2. Het Aramese Testament van Juda (?)		832
a. 3Q Testament van Juda?	(3Q7)	833
b. 4Q Testament van Juda ar	(4Q538)	833
3. Het Aramese Testament van Jozef		834
a. 4Q Testament van Jozef ar	(4Q539)	834
4. Het Aramese Document van Levi		835
a. 1Q Aramees Testament van Levi	(1Q21)	838
b. 4Q Aramese Levi[a]	(4Q213)	838
c. 4Q Aramese Levi[b]	(4Q213a)	841
d. 4Q Aramese Levi[c]	(4Q213b)	842
e. 4Q Aramese Levi[d]	(4Q214)	843
f. 4Q Aramese Levi[e]	(4Q214a)	843
g. 4Q Aramese Levi[f]	(4Q214b)	844
h. 4Q Apocrief van Levi[a]? ar	(4Q540)	844
i. 4Q Apocrief van Levi[b]? ar	(4Q541)	845
5. 4Q Testament van Naftali	(4Q215)	847
6. 4Q Testament van Kehat ar	(4Q542)	849
7. 4Q Visioenen van Amram		851
a. 4Q Visioenen van Amram[a] ar	(4Q543)	853
b. 4Q Visioenen van Amram[b] ar	(4Q544)	854
c. 4Q Visioenen van Amram[c] ar	(4Q545)	856
d. 4Q Visioenen van Amram[e] ar	(4Q547)	857
e. 4Q Visioenen van Amram[f] ar	(4Q548)	858
f. 4Q Visioenen van Amram[g] ? ar	(4Q549)	858
9. 4Q Uiteenzetting over de Patriarchen	(4Q464)	859

INHOUD

H. PSEUDO-MOZES		861
1. 1Q Woorden van Mozes	(1Q22)	861
2. Liturgie van de drie tongen van vuur		864
a. 1Q Liturgie van de drie tongen van vuur	(1Q29)	865
b. 4Q Apocryphon van Mozes[b]?	(4Q376)	866
3. Apocryphon van Mozes		867
a. 4Q Exodus en Verovering Traditie	(4Q374)	868
b. 4Q Apocryphon van Mozes[a]	(4Q375)	869
4. 2Q Apocryphon van Mozes?	(2Q21)	869
I. PSEUDO-JOZUA (APOCRYPHON VAN JOZUA)		871
1. 4Q Apocryphon van Jozua[a]	(4Q378)	872
2. 4Q Apocryphon van Jozua[b]	(4Q379)	874
J. PSEUDO-SAMUËL		876
1. 4Q Visioen van Samuël	(4Q160)	876
2. 6Q Apocryphon van Samuël-Koningen	(6Q9)	877
K. PSEUDO-JEREMIA (APOCRYPHON VAN JEREMIA)		878
1. 4Q Apocryphon van Jeremia C[a]	(4Q385a)	880
2. 4Q Apocryphon van Jeremia C[b]	(4Q387)	881
3. 4Q Apocryphon van Jeremia C[c]	(4Q388a)	883
4. 4Q Apocryphon van Jeremia C[d]	(4Q389)	883
5. 4Q Apocryphon van Jeremia C[e]	(4Q390)	884
6. 4Q Fragment dat Sedekia vermeldt	(4Q470)	886
L. PSEUDO-EZECHIËL		887
1. 4Q Pseudo-Ezechiël[a]	(4Q385)	887
2. 4Q Pseudo-Ezechiël[b]	(4Q386)	889
3. 4Q Pseudo-Ezechiël[c]	(4Q385b)	890
M. PSEUDO-DANIËL		892
1. Pseudo-Daniël		893
a. 4Q Pseudo-Daniël[a] ar	(4Q243)	893
b. 4Q Pseudo-Daniël[b] ar	(4Q244)	894
c. 4Q Pseudo-Daniël[c] ar	(4Q245)	895
2. 4Q Gebed van Nabonidus ar	(4Q242)	895

N. PROTO-ESTER 898
1. 4Q Proto-Ester^{a-e+f} ar (4Q550) 900
   a. 4Q Proto-Ester^a ar 900
   b. 4Q Proto-Ester^b ar 900
   c. 4Q Proto-Ester^c ar 900
   d. 4Q Proto-Ester^d ar 901
   e. 4Q Proto-Ester^e ar 902
   f. 4Q Proto-Ester^f? ar 902

ASTRONOMISCHE TEKSTEN, KALENDERS EN HOROSCOPEN

A. ASTRONOMISCHE TEKSTEN 906
1. Astronomische Henoch 906
   a. 4Q Astronomische Henoch^b ar (4Q209) 908
   b. 4Q Astronomische Henoch^c ar (4Q210) 914
   c. 4Q Astronomische Henoch^d ar (4Q211) 915
2. 4Q Fasen van de Maan (4Q317) 916

B. KALENDERS EN PRIESTERROOSTERS 918
1. 4Q Kalender Document/
   Mishmarot A (4Q320) 932
2. 4Q Kalender Document/
   Mishmarot B (4Q321) 936
3. 4Q Kalender Document/
   Mishmarot C (4Q321a) 942
4. 4Q Kalender Document/
   Mishmarot D (4Q325) 944
5. 4Q Mishmarot A-I 945
   a. Mishmarot A (4Q322) 945
   b. Mishmarot B (4Q323) 945
   c. Mishmarot C (4Q324) 946
   d. Mishmarot D (4Q324a) 946
   e. Mishmarot E (4Q324c) 946
   f. Mishmarot F (4Q328) 947
   g. Mishmarot G (4Q329) 947
   h. Mishmarot H (4Q329a) 947
   i. Mishmarot I (4Q330) 948
6. 4Q Kalender Document C (4Q326) 948

7. 4Q Ordo	(4Q334)	948
8. 4Q Historische Werken C,D,E,H?		949
a. Historisch Werk C papyrus	(4Q331)	949
b. Historisch Werk D	(4Q332)	949
c. Historisch Werk E	(4Q333)	950
d. Historisch Werk H?	(4Q322a)	951
9. 4Q Historische Tekst A	(4Q248)	951
C. ASTROLOGISCHE TEKSTEN		952
1. 4Q Brontologion ar	(4Q318)	954
2. 4Q Horoscoop	(4Q186)	955
3. 4Q Fysiognomie ar	(4Q561)	957

DE KOPEREN ROL

3Q Koperen Rol	(3Q15)	964

Register van vertaalde teksten   971

WOORD VOORAF BIJ DE DERDE DRUK

De publieke belangstelling voor de Dode Zeerollen is onverminderd groot gebleven sinds eind 2007 de tweede druk verscheen van onze Nederlandse vertaling van de Dode Zeerollen. Met deze derde druk hopen we tegemoet te komen aan de vraag die er is naar deze vertaling. De vertaling is niet veranderd ten opzichte van de tweede druk, maar de geheel nieuwe, geactualiseerde inleiding geeft de meest recente stand van het onderzoek naar de Dode Zeerollen.

Het Qumran Instituut van de Faculteit Godgeleerdheid en Godsdienstwetenschap (Rijksuniversiteit Groningen) stelt zich onder andere ten doel om specialistisch onderzoek te vertalen naar het algemene publiek. Wij zijn dan ook zeer verheugd dat deze derde druk van onze vertaling gelijktijdig verschijnt met de tentoonstelling over de Dode Zeerollen in het Drents Museum (9 juli 2013 – 5 januari 2014). Het Qumran Instituut heeft een grote rol gespeeld bij de totstandkoming van deze bijzondere tentoonstelling, waaraan Drents Museum en Rijksuniversiteit Groningen intensief hebben samengewerkt. Wij hopen dat de derde druk van de vertaling het Nederlandse publiek tijdens de tentoonstelling en nog lang daarna dezelfde dienst zal bewijzen als de vorige druk.

Florentino García Martínez
Mladen Popović

LIJST VAN GEBRUIKTE TEKENS

[xxx]   gereconstrueerde tekst
xx[xx] [xx]xx   gedeeltelijk bewaard gebleven tekst
[...]   hiaat in de tekst van niet nader aangegeven omvang
...   letterresten die geen verantwoorde vertaling toelaten
/.../   boven de regel geschreven woorden
(...)   voor het betere verstaan toegevoegde woorden
{...}   verbetering van de overgeleverde tekst
[[...]][[ ]]   bij vergissing geschreven tekst en/of naderhand geschrapte tekst
(?)   onzekere vertaling

LIJST VAN GEBRUIKTE AFKORTINGEN

ap	apocrief (geschrift)
ar	Aramees
CBQ	*Catholic Biblical Quarterly*
DJD	Discoveries in the Judaean Desert, Oxford
DSD	*Dead Sea Discoveries*
IEJ	*Israel Exploration Journal*
JBL	*Journal of Biblical Literature*
JJS	*Journal of Jewish Studies*
JSJSup	*Journal for the Study of Judaism* Supplement Series
JSP	*Journal for the Study of the Pseudepigrapha*
JSPSup	*Journal for the Study of the Pseudepigrapha* Supplement Series
JTS	*Journal of Theological Studies*
KNAW	Koninklijke Nederlandse Akademie van Wetenschappen
LXX	Septuaginta
p	pesjer (= verklaring)
palaeo	in Oud-Hebreeuws schrift geschreven
PAM	Palestine Archaeological Museum
pap	op papyrus geschreven
1Q, 2Q enz.	aanduiding van de grot van Qumran, waarin het betreffende geschrift gevonden is
RB	*Revue Biblique*
RQ	*Revue de Qumrân*
SBL	Society of Biblical Literature
STDJ	Studies on the Texts of the Desert of Judah, Leiden
SVTP	Studia in Veteris Testamenti Pseudepigrapha
TM	masoretische tekst
TSAJ	Texte und Studien zum Antiken Judentum

N.B. De Godsnaam YHWH is bewust in deze vorm weergegeven, waarbij wij het aan de lezer(es) overlaten of hij/zij Jahwe, Adonay, de Heer of de Here wil zeggen.

LIJST VAN AFKORTINGEN

De boeken van het Oude Testament (inclusief de apocriefen) zijn als volgt afgekort c.q. weergegeven:
Gen., Ex., Lev., Num., Deut., Joz., Richt., Ruth, 1 Sam., 2 Sam., 1 Kon., 2 Kon., 1 Kron., 2 Kron., Ezra, Neh., Ester, Job, Ps., Spr., Pred., Hoogl., Jes., Jer., Klaagl., Ez., Dan., Hos., Joël, Am., Ob., Jona, Micha, Nah., Hab., Sef., Hagg., Zach., Mal., Tob., Jud., Jez. Sir., Bar., 1 Makk., 2 Makk.

Gebruikte afkortingen voor pseudepigrafische literatuur:
1 Hen.   1 Henoch (= Ethiopische Henoch)
Jub.   Jubileeën

Gebruikte afkortingen voor nieuwtestamentische boeken:
Matt., Marc., Luc., Joh., Hand., Rom., Kor., Gal., Ef., Fil., Kol., Tess., Tim., Hebr., Judas, Openb.

LIJST VAN DE SERIE DISCOVERIES IN THE JUDAEAN DESERT (DJD)

DJD I   D. Barthélemy en J.T. Milik, met bijdragen van G.M. Crowfoot, R. de Vaux, G. Lankester Harding en H.J. Plenderleith. *Qumran Cave I*. DJD I. Oxford: Clarendon Press, 1955.

DJD II, IIa   P. Benoit, J.T. Milik en R. de Vaux, met bijdragen van E. Crowfoot, G.M. Crowfoot en A. Grohmann, *Les grottes de Murabba^cât*. DJD II. Oxford: Clarendon Press, 1961.

DJD III, IIIa M. Baillet, J.T. Milik en R. de Vaux, met een bijdrage van H.W. Baker. *Les "Petites Grottes" de Qumrân. Exploration de la falaise. Les grottes 2Q, 3Q, 5Q, 6Q, 7Q à 10Q. Le rouleau de cuivre*. DJDJ III. Oxford: Clarendon Press, 1962.

DJD IV   J.A. Sanders, *The Psalms Scroll of Qumran Cave 11 (11QPs^a)*. DJDJ IV. Oxford: Clarendon Press, 1963.

DJD V   J.M. Allegro, in samenwerking met A.A. Anderson, *Qumrân Cave 4.I (4Q158-4Q186)*. DJDJ V. Oxford: Clarendon Press, 1968.

DJD VI   R. de Vaux en J.T. Milik, met bijdragen van J. Carswell en M.M. Kasher. *Qumrân grotte 4.II: I. Archéologie; II. Tefillin, Mezuzot et Targums (4Q128-4Q157)*. DJD VI. Oxford: Clarendon Press, 1977.

DJD VII   M. Baillet, *Qumrân grotte 4.III (4Q482-4Q520)*. DJD VII; Oxford: Clarendon Press, 1982.

DJD VIII   E. Tov, in samenwerking met R.A. Kraft en met een bijdrage van P.J. Parsons. *The Greek Minor Prophets Scroll from Naḥal Ḥever (8HevXIIgr) (The Seiyâl Collection I)*. DJD VIII; Oxford: Clarendon Press, 1990.

DJD IX   P.W. Skehan, E. Ulrich en J.E. Sanderson, met een bijdrage van P.J. Parsons. *Qumran Cave 4.IV: Palaeo-Hebrew and Greek Biblical Manuscripts*. DJD IX. Oxford: Clarendon Press, 1992.

DJD X   E. Qimron en J. Strugnell (Y. Sussmann raadplegend), met bijdragen van Y. Sussmann en A. Yardeni. *Qumran*

	Cave 4.V: Miqsat Ma'ase ha-Torah. DJD X. Oxford: Clarendon Press, 1994.
DJD XI	E. Eshel, H. Eshel, C. Newsom, B. Nitzan, E. Schuller en A. Yardeni (J.C. VanderKam en M. Brady raadplegend). *Qumran Cave 4.VI: Poetical and Liturgical Texts, Part 1.* DJD XI. Oxford: Clarendon Press, 1998.
DJD XII	E. Ulrich, E., F.M. Cross, J.R. Davila, N. Jastram, J.E. Sanderson, E. Tov en J. Strugnell. *Qumran Cave 4.VII: Genesis to Numbers.* DJD XII. Oxford: Clarendon Press, 1994.
DJD XIII	H. Attridge, T. Elgvin, J.T. Milik, S. Olyan, J. Strugnell, E. Tov, J.C. Vanderkam en S. White (J.C. VanderKam raadplegend). *Qumran Cave 4.VIII: Parabiblical Texts Part 1.* DJD XIII. Oxford: Clarendon Press, 1994.
DJD XIV	E. Ulrich, F.M. Cross, S. White Crawford, J.A. Duncan, P.W. Skehan, E. Tov en J. Trebolle Barrera. *Qumran Cave 4.IX: Deuteronomy, Joshua, Judges, Kings.* DJD XIV. Oxford: Clarendon Press, 1995.
DJD XV	E. Ulrich, F.M. Cross, R.E. Fuller, J.E. Sanderson, P.W. Skehan en E. Tov, in samenwerking met C.M. Murphy en C. Niccum. *Qumran Cave 4.X: The Prophets.* DJD XV. Oxford: Clarendon Press, 1997.
DJD XVI	E. Ulrich, F.M. Cross, J.A. Fitmyer, P.W. Flint, S. Metso, C.M. Murphy, C. Niccum, P.W. Skehan, E. Tov en J. Trebolle Barrera. *Qumran Cave 4.XI: Psalms to Chronicles.* DJD XVI. Oxford: Clarendon Press, 2000.
DJD XVII	F.M. Cross, D.W. Parry, R.J. Saley en E. Ulrich. *Qumran Cave 4.XII: 1-2 Samuel.* DJD XVII. Oxford: Clarendon Press, 2005.
DJD XVIII	J.M. Baumgarten, op basis van transcripties van J.T. Milik, met bijdragen van S.J. Pfann en A. Yardeni *Qumran Cave 4.XIII: The Damascus Document (4Q266-273).* DJD XVIII. Oxford: Clarendon Press, 1996.
DJD XIX	M. Broshi, E. Eshel, J.A. Fitzmyer, E. Larson, C. Newsom, L.H. Schiffman, M. Smith, M.E. Stone, J. Strugnell en A. Yardeni (J.C. VanderKam raadplegend). *Qumran Cave 4.XIV: Parabiblical Texts, Part 2.* DJD XIX. Oxford: Clarendon Press, 1995.
DJD XX	T. Elgvin, M. Kister, T. Lim, B. Nitzan, S.J. Pfann, E. Qimron, L.H. Schiffman en A. Steudel (J.A. Fitzmyer,

	S.J. raadplegend), deels gebaseerd op eerdere transcripties van J.T. Milik en J. Strugnell. *Qumran Cave 4.XV: Sapiential Texts, Part 1*. DJD XX. Oxford: Clarendon Press, 1997.
DJD XXI	S. Talmon, J. Ben-Dov en U. Glessmer. *Qumran Cave 4.XVI: Calendrical Texts*. DJD XXI. Oxford: Clarendon Press, 2001.
DJD XXII	G. Brooke, J. Collins, T. Elgvin, P.W. Flint, J.C. Greenfield, E. Larson, C. Newson, É. Puech, L.H. Schiffman, M.E. Stone en J. Trebolle Barrera (J.C. VanderKam raadplegend). *Qumran Cave 4.XVII: Parabiblical Texts, Part 3*. DJD XXII. Oxford: Clarendon Press, 1996.
DJD XXIII	F. García Martínez, E.J.C. Tigchelaar en A.S. van der Woude, eerdere uitgaven invoegend van J.P.M. van der Ploeg, O.P., met een bijdrage van E.D. Herbert. *Qumran Cave 11.II: 11Q2-18, 11Q20-31*. DJD XXIII. Oxford: Clarendon Press, 1998.
DJD XXIV	M.J.W. Leith, *Wadi Daliyeh Seal Impressions*. DJD XXIV. Oxford: Clarendon Press, 1997.
DJD XXV	É. Puech, *Qumrân grotte 4.XVIII: Textes hébreux (4Q521-4Q528, 4Q576-4Q579)*. DJD XXV. Oxford: Clarendon Press, 1998.
DJD XXVI	P.S. Alexander en G. Vermes. *Qumran Cave 4.XIX. Serek ha-Yaḥad and Two Related Texts*. DJD XXVI. Oxford; Clarendon Press, 1998.
DJD XXVII	H.M. Cotton en A. Yardeni, *Aramaic, Hebrew, and Greek Documentary Texts from Naḥal Ḥever and Other Sites, with an Appendix Containing Alleged Qumran Texts (The Seiyâl Collection II)*. DJD XXVII. Oxford: Clarendon Press, 1997.
DJD XXVIII	D. Gropp, *Wadi Daliyeh II: The Samaria Papyri for Wadi Daliyeh*; M. Bernstein, M. Brady, J.H. Charlesworth, P.W. Flint, H. Misgav, S.J. Pfann, E. Schuller, E.J.C. Tigchelaar en J.C. VanderKam (J.C. VanderKam en M. Brady raadplegend). *Qumran Cave 4.XXVIII: Miscellanea, Part 2*. DJD XXVIII. Oxford: Clarendon Press, 2001.
DJD XXIX	E. Chazon, T. Elgvin, E. Eshel, D. Falk, B. Nitzan, E. Qimron, E. Schuller, D. Seely, E.J.C. Tigchelaar en M. Weinfeld (J.C. VanderKam en M. Brady raadplegend). *Qumran Cave 4.XX: Poetical and Liturgical Texts, Part 2*.

	DJD XXIX. Oxford: Clarendon Press, 1999.
DJD XXX	D. Dimant, deels gebaseerd op eerdere transcripties van J. Strugnell. *Qumran Cave 4.XVII: Parabiblical Texts, Part 4: Pseudo-Prophetic Texts*. DJD XXX. Oxford: Clarendon Press, 2001.
DJD XXXI	É. Puech, *Qumrân grotte 4.XXII: Textes araméens, première partie: 4Q529-549*. DJD XXXI. Oxford: Clarendon Press, 2001.
DJD XXXII	P.W. Flint en E. Ulrich, *Qumran Cave 1.II: The Isaiah Scrolls, Part 1: Plates and Transcriptions; Part 2: Introductions, Commentary, and Textual Variants*. DJD XXXII. Oxford: Clarendon Press, 2010.
DJD XXXIII	D. Pike en A. Skinner, *Qumran Cave 4.XXIII: Unidentified Fragments*. DJD XXXIII. Oxford: Clarendon Press, 2001.
DJD XXXIV	J. Strugnell, D.J. Harrington en T. Elgvin (J.A. Fitzmyer, S.J. raadplegend). *Qumran Cave 4.XXIV: Sapiential Texts, Part 2, 4QInstruction (Mûsār LeMēvîn): 4Q415ff*. DJD XXXIV. Oxford: Clarendon Press, 1999.
DJD XXXV	J.M. Baumgarten, T. Elgvin, E. Eshel, E. Larson, M.R. Lehmann, S.J. Pfann en L.H. Schiffman, deels gebaseerd op eerdere transcripties van J.T. Milik. *Qumran Cave 4.XXV: Halakhic Texts*. DJD XXXV. Oxford: Clarendon Press, 1999.
DJD XXXVI	S.J. Pfann, *Qumran Cave 4.XXVI: Cryptic Texts*; P.S. Alexander, M. Broshi, E. Chazon, H.M. Cotton, F.M. Cross, T. Elgvin, D. Ernst, E. Eshel, H. Eshel, J.A. Fitzmyer, F. García Martínez, J.C. Greenfield, M. Kister, A. Lange, E. Larson, A. Lemaire, T. Lim, J. Naveh, D. Pike, M. Sokoloff, H. Stegemann, A. Steudel, M.E. Stone, L.T. Stuckenbruck, S. Talmon, S. Tanzer, E.J.C. Tigchelaar, E. Tov, G. Vermes en A. Yardeni (J.C. Vander-Kam en M. Brady raadplegend). *Miscellanea, Part 1*. DJD XXXVI. Oxford: Clarendon Press, 2000.
DJD XXXVII	É. Puech, *Qumran Cave 4.XXVII: Textes araméens, deuxième partie: 4Q550-4Q575a, 4Q580-4Q587*. DJD XXXVII. Oxford: Clarendon Press, 2009.
DJD XXXVIII	J.H. Charlesworth, H. Cotton, E. Eshel, H. Eshel, P.W. Flint, H. Misgav, C.M. Murphy, M. Segal, A Yardeni en B. Zissu, *Miscellaneous Texts from the Judaean Desert*. DJD XXXVIII. Oxford: Clarendon Press, 2000.

DJD XXXIX   E. Tov, met bijdragen van M.G. Abegg, A. Lange, U. Mittmann-Richert, S.J. Pfann, E.J.C. Tigchelaar, E. Ulrich en B. Webster. *The Texts from the Judaean Desert: Indices and an Introduction to the* Discoveries in the Judaean Desert *Series.* DJD XXXIX. Oxford: Clarendon Press, 2002.

DJD XL   H. Stegemann, E. Schuller en C. Newsom. *1QHodayot^a: With Incorporation of 1QHodayot^b and 4QHodayot^{a-f}.* DJD XL. Oxford: Clarendon Press, 2009.

VERKLAREND REGISTER

acrostichon een gedicht waarvan de afzonderlijke verzen achtereenvolgens beginnen met de letters van het Hebreeuwse alfabet

Azazel de naam van een boze geest die in de woestijn huist

bat maat voor vloeistoffen, ca. 40 liter

Belial de satan, de grote tegenstander

boek van Mozes de Pentateuch, de vijf boeken van Mozes (Genesis-Deuteronomium)

cherub een bepaalde engelgestalte

efa een maat voor vaste stoffen, ca. 40 kg

el een maat voor lengte en afstand, ca. 45 cm

gera een bepaald gewicht, ca. 0,60 gr.

Goddeloze priester, de de aanduiding voor de hogepriester van de tempel te Jeruzalem

Groeve, de de onderwereld, de hel

halacha het geheel van de Wetsvoorschriften of één daarvan

hin een maat voor vloeistoffen, ca. 9 liter

homer een maat voor vaste stoffen, ca. 450 kilo

issaron een maat voor vaste stoffen, ca. 4,5 kilo

Kittieten	de vijand van de eindtijd, in concreto doorgaans de Romeinen
Leraar der Gerechtigheid, de	de stichter van de gemeenschap van Qumran
Man van de Leugen, de	de tegenstander bij uitstek van de Leraar der Gerechtigheid
Melchisedek	de in Gen. 14:18, Ps. 110:4 en Hebr. 7:1 genoemde priesterkoning, in de rollen van de Dode Zee voorgesteld als de hemelse aanvoerder van Gods legerscharen
Michaël	de voornaamste van de aartsengelen
Opziener	functionaris in de gemeenschap van Qumran en in esseense nederzettingen elders in het land, die het opzicht had over de door hem bestuurde groepering
plaagengelen	engelen die door God gezonden zijn om mensen te straffen
sikkel	een gewicht (ca. 11,40 gram), c.q. een geldstuk
Spotter, de	waarschijnlijk dezelfde als de Man van de Leugen
stoa	zuilengang
Thora	de Wet van Mozes
Velen, de	de leden van de gemeenschap van Qumran
Vorst van de ganse gemeente, de	de koninklijke messias van de eindtijd
Vorst der lichten, de	Gods opperengel

Wijze, de	een bepaalde functionaris in de gemeenschap van Qumran met geestelijke, c.q. onderwijzende taken
zonen des hemels, de (hemelingen)	de engelen

ALGEMENE INLEIDING

1. Het nieuwe onderzoek naar de Dode Zeerollen

De Dode Zeerollen worden als een van de grootste archeologische ontdekkingen van de twintigste eeuw beschouwd. Deze teksten uit elf grotten in de omgeving van de oude nederzetting van Qumran spreken enorm tot de verbeelding, en niet zonder reden. Het verhaal van hun moderne ontdekking leest als een spannende thriller (zie recentelijk Fields, 2009). Het feit dat ze uit 'de tijd van Jezus' stammen heeft daar niet minder aan bijgedragen. Maar het verhaal van de Dode Zeerollen is veel meer dan dat. Kort gezegd heeft de vondst van deze teksten onze kennis en ons beeld van het vroege Jodendom en ook het vroegste christendom, dat als Joodse stroming is begonnen, ingrijpend veranderd.

In deze inleiding gaan we nader in op enkele belangrijke ontwikkelingen in het recente onderzoek die onder twee voor de hand liggende noemers kunnen worden gebracht: de teksten en de mensen achter de teksten. Wat voor teksten zijn er nu precies gevonden en van wie waren ze? Sinds alle teksten recentelijk volledig zijn uitgegeven, is het onderzoek een nieuwe fase ingegaan. Veel van de grote hypotheses waren gebaseerd op een klein deel van de teksten, voornamelijk uit Grot 1, dat tot eind jaren tachtig en begin jaren negentig was gepubliceerd. Vanuit dat beperkte materiaal extrapoleerde men naar het geheel, zonder dat iedereen dat volledig en goed kende. Op grond hiervan heeft men het tekstmateriaal geordend en gekarakteriseerd en ontwikkelde men ook ideeën over de mensen achter deze manuscripten. Sinds de stormachtige ontwikkelingen in de jaren negentig is veel nieuw materiaal beschikbaar gekomen. Pas nu alles is uitgegeven en het stof is neergedaald, kan iedereen kijken naar de totaliteit van de teksten en hun dwarsverbanden en verschillen.

In de nieuwe fase van het onderzoek worden oude hypotheses tegen het licht gehouden en aangepast of afgewezen. Zo is de visie van verschillende toonaangevende geleerden op de collectie van teksten als geheel en de onderverdelingen daarbinnen aan het veranderen. Volgens de meer traditionele visie kunnen de teksten worden onderverdeeld naar Bijbels en niet-Bijbels, en ook sektarisch en niet-sektarisch. Maar recent onderzoek trekt deze karakteriseringen in twijfel als anachronistisch en onjuist. Door archeologisch en tekstueel onderzoek is ook het idee dat alle teksten het bezit waren van één gemeenschap te Qumran, vaak geïdentificeerd als de Essenen, aan het verschuiven. In het oudere onderzoek was het de heersende visie dat niet alle maar toch de meeste manuscripten in Qumran zouden zijn gekopieerd en in ieder geval het bezit waren van de mensen die daar woonden. In sommige recente onderzoeken worden de teksten benaderd als het eigendom van verschillende, met elkaar verbonden groepen die uiteindelijk hun weg naar Qumran hebben gevonden. Deze twee aspecten, de teksten en de mensen erachter, illustreren hoe dankzij de vondst van de Dode Zeerollen is ontdekt hoe heterogeen het vroege Jodendom was.

2. De Dode Zeerollen en de veelvormigheid van het vroege Jodendom

De Dode Zeerollen geven ons inzicht in de veelvormigheid van het vroege Jodendom, een veelvormigheid die we voor de moderne ontdekkingen zo niet kenden of zelfs voor mogelijk hielden. Ze bieden ons een unieke ingang tot de leef- en gedachtewereld van een Joodse denkstroming en, via haar verzameling teksten, ook tot gedachtegoed dat bredere verspreiding had in de Joodse samenleving in Judea tijdens de Grieks-Romeinse periode. De bijna duizend manuscripten dateren van de derde eeuw v. Chr. tot en met de eerste eeuw n. Chr. toen Qumran door de Romeinen werd verwoest tijdens de Joodse opstand tegen Rome. Onder de Dode Zeerollen zijn de oudste handschriften van boeken van de Hebreeuwse Bijbel of het Oude Testament aangetroffen. Deze manuscripten zijn van onschatbare waarde voor onze kennis van de overleveringsgeschiedenis van wat de Bijbel is gaan heten. Naast deze 'Bijbelse' manuscripten, die iets meer dan twintig procent van het geheel uitmaken, zijn vooral ook van groot belang de restanten van talrijke teksten die ons voorheen volledig onbekend waren en die na de eerste eeuw in de vergetelheid zijn geraakt. Het merendeel van de bijna duizend manuscripten is in het Hebreeuws geschreven, ongeveer honderd manuscripten in het Aramees en slechts ongeveer tien in het Grieks. Ook voor onze kennis van de geschreven en gesproken taal in die tijd zijn de Dode Zeerollen van groot belang. Ze laten zien dat het Aramees het Hebreeuws niet volledig had verdrongen; althans, er waren groepen in de Joodse samenleving waar dat zeker niet het geval was.

De teksten en hun archeologische context bewijzen dat het Jodendom van die tijd heterogeen was. De diversiteit blijkt uit de tekst van de Hebreeuwse Bijbel of het Oude Testament, maar vooral uit de vele voorheen onbekende composities, die variëren van Bijbelse exegese (zogenaamde *pesharim* en andere teksten), uitleg van Joodse leefregels (*halacha*), orderegels, poëtische teksten, wijsheidsliteratuur en magische teksten tot liturgische teksten, eschatologische literatuur, zogenaamde para-Bijbelse literatuur of Herschreven Bijbel, kalenderwetenschap en astrologische teksten. Dankzij de moderne ontdekkingen zijn we oude, al bekende teksten in een nieuw licht gaan bezien, en voorheen onbekende teksten maken duidelijk hoe ongekend creatief en dynamisch mensen in die periode omgingen met voorvaderlijke tradities.

3. Voorbij de canonieke en sektarische kloof

Toen in de beginjaren van het onderzoek de manuscripten uit Grot 1 werden gepubliceerd, werden deze onderverdeeld volgens drie categorieën: (1) Bijbels of canoniek, (2) apocrief en/of pseudepigraaf en (3) sektarisch of Esseens. Nu echter alle manuscripten zijn gepubliceerd, is duidelijk geworden dat deze onderverdeling niet langer bruikbaar is.

De scheidslijnen tussen wat we 'Bijbels' en 'niet-Bijbels' noemen zijn niet van toepassing op teksten die stammen uit een periode dat de Bijbel nog steeds in wording was (García Martínez 2010). Het zijn eigenlijk anachronistische categorieën, die we niet zomaar vanuit latere tijd kunnen terugprojecteren op deze teksten. Wanneer we kijken naar de collectie teksten in haar geheel dan is het evident dat de groep of stroming die deze teksten bijeen heeft gebracht sommige 'Bijbelse' teksten (boeken die later onderdeel werden van de Bijbel) als gezaghebbend accepteerde. We vinden verwijzingen als 'Mozes en de Profeten' die dit gezag uitdrukken. Tegelijkertijd is het in het recente onderzoek ook duidelijk geworden dat deze groep andere teksten die later geen onderdeel werden van de Bijbel als even gezaghebbend beschouwde. Het gaat dan om teksten als de Tempelrol, 1 Henoch, het Apocryphon van Jozua of het Aramese Levi Document, en het geldt ook voor boeken die we alleen kennen van verwijzingen maar waarvan de inhoud verder onbekend is, zoals het Boek van Hagy (of Boek der Overpeinzing) of het Boek van Noach. Mogelijk gold een dergelijke gezaghebbende status ook voor andere, fragmentarisch bewaard gebleven teksten die profetische verhalen herschrijven zoals Pseudo-Daniël (4Q243-246), Pseudo Jeremia en/of Pseudo Ezechiël (4Q383-391). Aanwijzingen voor het gezag dat werd toegeschreven aan zowel 'Bijbelse' als 'niet-Bijbelse' teksten zijn de manieren waarop deze teksten werden gebruikt, hoe ze geciteerd werden, geïnterpreteerd of herschreven in andere teksten die we in de collectie Dode Zeerollen als geheel aantreffen.

Ook het onderscheid tussen 'sektarische' en 'niet-sektarische' teksten is niet langer bruikbaar. Uiteraard zijn er vermoedelijk teksten die zijn geschreven door de groep of groepen die de collectie bijeen hebben gebracht, zoals het Damascus Document, de Regel van de Gemeenschap, de Lofprijzingen, of de Pesharim (Bijbelcommentaren). Zij werden tot nu toe beschouwd als 'sektarische' teksten. De schrijvers van deze teksten gebruikten echter soortgelijke strategieën om hun eigen teksten hetzelfde gezag te verlenen als andere teksten waaraan zij groot gezag toekenden. Blijkbaar dachten de 'sektarische' schrijvers dat zijzelf deelhadden aan hetzelfde openbaringsproces als zij aan de heilige boeken van Mozes en de Profeten hadden toegeschreven, evenals aan vele andere geopenbaard geachte teksten die zij lazen, interpreteerden, herschreven, transformeerden en aanpasten aan hun eigen behoeften en inzichten, zoals bijvoorbeeld 1 Henoch of het boek Jubileeën.

De vraag is nu of de 'sektarische' teksten, als direct product van de eigenaren van de collectie, de verzameling als geheel goed weerspiegelen of karakteriseren. In het oudere onderzoek werd de gehele collectie namelijk 'sektarisch' genoemd. Echter, het grootste gedeelte van de teksten van de Dode Zeerollen biedt geen enkele aanwijzing van een dergelijke sektarische oorsprong. De 'niet-sektarische' manuscripten maken maar liefst 65-70 procent uit van het totaal aan Dode Zeerollen. We kunnen onderscheid maken tussen verschillende teksten met het oog op hun vermoedelijke schrijvers. Maar we kunnen niet meer een klein deel van de teksten de gehele collectie laten typeren. Hiermee is ook de hele vraag naar het 'sektarische' karakter van de groep of groepen die de collectie Dode Zeerollen hebben samengebracht dermate problematisch geworden dat het onderscheid niet bruikbaar meer lijkt (García Martínez 2008).

We moeten daarom niet alleen voorbij de 'canonieke kloof' (Bijbels/niet-Bijbels), maar ook voorbij de 'sektarische kloof' (sektarisch/niet-sektarisch). Elke tekst binnen de collectie moet allereerst op zichzelf worden bestudeerd. Van geval tot geval zal bepaald moeten worden welk gezag een tekst gehad kan hebben voor de groep of groepen die de collectie bijeen hebben gebracht. Hierbij moeten we rekening houden met het gegeven dat de manuscripten die gevonden zijn in de grotten nabij Qumran zeer waarschijnlijk niet het geheel vertegenwoordigen van wat er ooit was, maar dat we hier tot op zekere hoogte met toevallig bewijsmateriaal te maken hebben. Verhalen over vroegere ontdekkingen van tekstvondsten in de regio (ten tijde van Origenes, ca. 185-254; Patriarch Timoteüs I, ca. 800, en mogelijk over de Karaïeten, 9de-11de eeuw) en ook de enorme hoeveelheid van zogenaamde boekrolkruiken, nog gaaf dan wel gebroken maar in ieder geval leeg, herinneren ons eraan dat al onze ideeën omtrent de collectie als geheel een tentatief karakter hebben (García Martínez, 2012).

4. De Dode Zeerollen van Qumran en andere tekstvondsten in de Woestijn van Juda

De Dode Zeerollen in strikte zin verwijzen naar de elf grotten rondom Qumran, maar na de ontdekking in 1947 van de eerste grot van Qumran zijn er ook andere belangrijke manuscriptcollecties gevonden in het onherbergzame woestijngebied ten westen van de Dode Zee. In dit gebied zijn vele honderden grotten ontdekt en doorzocht; dat gebeurde tijdens intensieve zoektochten in de twee decennia na de eerste ontdekking en meer recent ook in de jaren 1990 en 2000. De meeste van de doorzochte grotten bevatten geen oude teksten, maar een groot aantal vertoonde wel sporen van menselijke aanwezigheid in de Oudheid, zoals keramiek en metalen voorwerpen, munten, textiel en houten voorwerpen. Daarnaast zijn in een aantal grotten ook oude manuscripten ontdekt, net als bij opgravingen op de vesting van Masada, waar de Romeinen in het voorjaar van 73 of 74 het laatste restant van de opstand de kop indrukten. In brede zin worden deze teksten tot de Dode Zeerollen gerekend, maar om verwarring te voorkomen is het ook gebruikelijk om ze aan te duiden als manuscripten van de Judese woestijn. De moderne ontdekkingen hebben achttien vindplaatsen van oude handschriften en tekstmateriaal opgeleverd, inclusief Qumran, en ook een aantal waarvan de herkomst onbekend is (Reed, 2007; Tov, 2010):

Plaats	aantal manuscripten
1. Qumran	bijna 1000 manuscripten (+ 4 ostraca, 62 inscripties op aardewerk en een inscriptie op een gewicht)
2. Wadi Daliyeh	39 manuscripten
3. Ketef Jericho (Wadi al-Mafjar)	ca. 30 manuscripten
4. Naḥal Michmas	4 inscripties
5. Khirbet Mird	ca. 160 manuscripten (ca. 50 manuscripten nog niet gepubliceerd)
6. Ain Feshkha	4 inscripties

Plaats	aantal manuscripten
7. Wadi Nar	5 manuscripten (nog niet gepubliceerd)
8. Wadi Ghweir	2 manuscripten (nog niet gepubliceerd)
9. Wadi Murabbaʿat	152/153 manuscripten (+ 20 ostraca)
10. Wadi Sdeir	4 manuscripten
11. Naḥal Arugot	1 manuscript
12. Ein Gedi (Har Yishai Cave)	2 manuscripten
13. Naḥal Ḥever	68 manuscripten (+ 2 ostraca en ostracafragmenten)
14. Naḥal Ḥever/Seiyal	95 manuscripten
15. Naḥal Mishmar	8 manuscripten
16. Naḥal Ṣeʿelim	5 manuscripten
17. Masada	46 manuscripten (+ 897 ostraca en 17 graffiti's)
18. Khirbet Qazone	2 manuscripten (nog niet gepubliceerd)
19. Onbekende herkomst	ca. 30 manuscripten (meer dan de helft nog niet gepubliceerd)

Hoewel we, zoals eerder gesteld, rekening moeten houden met het gegeven dat de oorspronkelijke collectie teksten groter kan zijn geweest, is het evident dat deze manuscriptcollecties verschillen in grootte en karakter. Anders dan weleens wordt aangenomen, zijn het ook geen eenduidige collecties. Ze kunnen manuscripten omvatten uit heel verschillende periodes, en ook wanneer manuscripten uit dezelfde periode stammen, is het soms duidelijk dat de collecties aan verschillende eigenaren toebehoorden. Het is nu niet mogelijk daar gedetailleerd op in te gaan (zie Popović, 2012 en Popović, 2014).

In het algemeen kan worden gesteld dat het merendeel van de manuscripten van de Judese woestijn anders dan die van Qumran van niet-literaire aard zijn, zoals oorkonden over slavenverkopen of landbezit, trouw- of scheidingspapieren, contracten, rekeningen en persoonlijke brieven. Slechts een klein deel betreft literair-religieuze teksten, zoals enkele fragmenten of schriftrollen van Leviticus, Deuteronomium, Psalmen, Ezechiël, Wijsheid van Jezus Sirach en de Twaalf Kleine Profeten. De Dode Zeerollen van Qumran, maar ook die van Masada, onderscheiden zich van de andere manuscriptcollecties van de Judese woestijn doordat de teksten vooral van literair-religieuze aard zijn; slechts een paar fragmenten van rekeningen, namenlijsten en schrijfoefeningen zijn gevonden.

De teksten in dit boek beperken zich tot de manuscripten uit de grotten rondom Qumran (alleen de zogenaamde Bijbelse manuscripten zijn niet opgenomen), maar voor de vraag naar de eigenaren van deze teksten is het van groot belang alle tekstvondsten in ogenschouw te nemen.

5. De gemeenschap van Qumran of de stroming achter de Dode Zeerollen?

Van wie waren de Dode Zeerollen? Een belangrijke aanwijzing om te begrijpen wie de eigenaren waren, is gelegen in het contrast met andere tekstvondsten in de Judese woestijn.

Het materiële of fysieke karakter van manuscripten kan veel zeggen over de eigenaren ervan. Papyrologisch bewijsmateriaal uit de Grieks-Romeinse wereld laat een verschil zien tussen manuscripten uit het privébezit van rijke individuen enerzijds en manuscripten die toebehoorden aan geleerden en scholen anderzijds. De eerste categorie teksten bestond uit mooie, luxe kopieën, voor op de koffietafel als het ware, terwijl geleerden en scholen vaak met goedkoop papier werkten of papier hergebruikten (de tweede categorie).

Het onderscheid in de Grieks-Romeinse wereld tussen soorten papier en uitvoering in relatie tot de gebruikers van de manuscripten lijkt ook van toepassing op de handschriften van de Judese woestijn, waartoe die van Qumran in algemene zin ook behoren. De manuscripten van Qumran vertonen een aantal kenmerken waardoor ze anders zijn dan manuscripten van de overige vindplaatsen in de Woestijn van Juda. De manuscripten uit Qumran bestaan, zoals we al schreven, vrijwel alleen uit literaire teksten. Die teksten treffen we in verschillende uitvoeringen aan: in mooie, luxe edities, maar daarnaast ook in 'gewone' uitvoeringen. De aanwezigheid in Qumran van deze 'gewone' uitvoeringen van literaire teksten, naast luxe edities, vormt een opvallend contrast met wat we elders aantreffen: op de overige vindplaatsen in de Judese woestijn zijn zulke literaire teksten bijna zonder uitzondering mooi en luxe uitgevoerd en treffen we geen 'gewone' edities aan. Daarnaast vinden we in Qumran ook resten van (kleine) notitiepapiertjes en aanwijzingen voor hergebruik van materiaal (4Q175, 4Q201/4Q338, 4Q339 en 4Q340).

De aanwezigheid van 'gewone' uitvoeringen van literaire teksten en notitiepapiertjes wijst, net als bij het papyrologisch materiaal, in de richting van geleerden als de gebruikers en bezitters van de manuscripten van Qumran. De mooie, luxe uitvoeringen afkomstig van de overige vindplaat-

in de Judese woestijn, waar 'gewone' uitvoeringen vrijwel volledig afwezig zijn en geen notitiepapiertjes zijn gevonden, waren niet van geleerden maar van 'gewone' mensen.

Het archeologische bewijsmateriaal van de verschillende vindplaatsen in de Judese woestijn laat zien dat rijke individuen of individuele families uit dorpen of kleinere steden, zoals die van Babatha of Salomé Komaïse, een of meerdere mooie boekrollen bezaten. De ouderdom van de manuscripten suggereert mogelijk dat ze als erfstuk in de familie zijn doorgegeven. Het grote belang dat eraan werd gehecht, wordt duidelijk door de omstandigheden waarin ze zijn gevonden. De individuen of families die ze meebrachten naar de grotten waren daarheen gevlucht vanwege de Romeinen. Ze namen hun belangrijkste bezittingen mee. Naast aktepapieren (met betrekking tot bijvoorbeeld huwelijk of landbezit) hoorden literaire boekrollen daar blijkbaar ook toe. Deze vluchtelingen namen ook de sleutels van hun huizen mee, in de hoop terug te keren. Maar daar is het voor velen van hen nooit van gekomen. Ze zijn omgekomen, mogelijk van honger en dorst, in de grotten waarheen ze met hun boekrollen waren gevlucht.

Niet alleen is het opvallend dat in Qumran het grootste gedeelte van de teksten van literaire aard is, maar ook het enorme aantal manuscripten in de verschillende grotten overtreft verre dat van alle andere vindplaatsen tezamen. Het grote aantal manuscripten van Qumran suggereert dat we hier niet van doen hebben met een persoonlijke of privécollectie maar met een gemeenschappelijke collectie van een groep of een school geleerden of intellectuelen.

De manuscripten van de andere vindplaatsen in de Judese woestijn illustreren twee aspecten die van belang zijn voor een beter begrip van de eigenaren van de Dode Zeerollen van Qumran. Ten eerste laten ze de verspreiding van literaire teksten door verschillende lagen van de Joodse maatschappij zien, buiten stadscentra als Jeruzalem. Ten tweede wijzen de verschillen in context, aantal en kwaliteit op een gedifferentieerde omgang met deze literaire teksten door verschillende groepen mensen in de Joodse maatschappij in die tijd.

Leden van de lokale elite, zoals de vrouwen Babatha en Salomé Komaïse, die waarschijnlijk lager op de sociale ladder stonden dan gezagsdragers in een stad als Jeruzalem, zoals Flavius Josephus, hadden wel degelijk toegang tot sommige literaire teksten van hun samenleving. Maar zij gingen heel anders met die teksten om dan iemand als Josephus of de mensen achter de Dode Zeerollen. Misschien bezat de familie van Babatha of Salomé Komaïse een literaire boekrol vooral als pronkstuk. Of misschien werd er door diegenen die konden lezen wel hardop uit voorgelezen voor anderen die dat niet konden, en gebeurde dat in de sociale context van familie of vrienden, of van het dorp.

In welk milieu functioneerden de manuscripten van Qumran? Hun materiële karakter en literaire inhoud suggereren een milieu van Joodse geleerden die op verschillende intellectuele niveaus en op professionele wijze hun voorvaderlijke tradities wilden begrijpen, uitleggen en doorgeven. De enorme rijkdom aan teksten, in getal en naar inhoud, laat zien dat de mensen achter de Dode Zeerollen van Qumran zich bezighielden met de interpretatie en uitleg van hun gezaghebbende teksten, Joodse leefregels (*halacha*) en de regels die hun gemeenschappelijke leven reguleerden, maar ook met wetenschap, magie en zelfs met geschiedschrijving. Iemand als Flavius Josephus laat eenzelfde professionele omgang met de gezaghebbende tradities van de Joodse cultuur zien, bijvoorbeeld in zijn *Joodse Oudheden*. De eigenaren van de Dode Zeerollen van Qumran vormden een ander slag mensen dan die achter de meeste andere literaire teksten uit die tijd die in de Judese woestijn zijn gevonden.

Al vanaf de eerste ontdekking van de manuscripten vond men overeenkomsten tussen vooral de *Regel van de Gemeenschap* uit Grot 1 aan de ene kant en aan de andere kant wat antieke auteurs als Philo van Alexandrië, Flavius Josephus en Plinius de Oudere hebben geschreven over de Essenen. Deze overeenkomsten hebben vanaf het begin een belangrijke rol gespeeld in de identificatie van de mensen achter de Dode Zeerollen. Veel onderzoekers lijken nog steeds aan te nemen dat de Dode Zeerollen gekopieerd zijn door, dan wel het bezit waren van deze Essenen waarover oude schrijvers verhalen.

Maar de antieke berichten over de Essenen leveren niet alleen overeenkomsten met Qumranteksten op, maar ook verschillen. Dit nuanceert de identificatie met de Essenen. Volgens de vermaarde Groningen-hypothese die Adam van der Woude en Florentino García Martínez eind jaren tachtig formuleerden, was de verzameling teksten van Qumran het eigendom van een afsplitsing binnen de Esseense stroming.

De vraag is echter of we met één collectie teksten van één groep te maken hebben. Recent onderzoek naar de teksten gaat verschillende kanten uit. Zo is het mogelijk dat delen van de collectie decennia eerder zijn opgeborgen in de grotten dan andere. De meerdere kopieën van de *Regel van de Gemeenschap*, onder andere in Grot 4, en de verschillen ertussen zijn misschien te verklaren doordat ze ontwikkeld en gekopieerd zijn in verschillende, aan elkaar verwante, groepen. Veel van de teksten van Qumran zijn op verschillende wijze aan elkaar gerelateerd en lijken niet gezien te kunnen worden als een toevallige selectie van allerlei verschillende Joodse teksten die toen in omloop waren. De Dode Zeerollen van Qumran vertegenwoordigen een bredere stroming van Joods denken in die tijd. Deze stroming bestond mogelijk uit meerdere maar verwante groepen. Deze groepen deelden hun interpretatie van gezaghebbende teksten. Ze hadden een specifieke kalender (de zogenaamde 364-dagen-kalender) gemeen. En ze hadden een gedeelde visie op de naleving van Joodse leefregels (*halacha*).

De zoektocht naar specifieke historische identificaties, zoals de Essenen, levert niet noodzakelijkerwijs een beter begrip op van de teksten zelf en de eigenaren ervan. Het is mogelijk ons, zoals in het vroegere onderzoek, te beperken tot de paar groepen die bij name genoemd worden in verschillende antieke bronnen. Maar het kan verhelderend zijn de collectievorming van manuscripten in Qumran te beschouwen als de weerslag van voortschrijdend debat in bepaalde segmenten van de toenmalige Joodse samenleving. Daarbij moeten we ervan uitgaan dat de eigenaren van de manuscripten een groep met meer variatie vormden dan we vroeger aannamen. Niet alleen kunnen mensen teksten verzamelen, maar teksten kunnen ook mensen om zich heen verzamelen en zo een intellectuele gemeenschap helpen vormen. Of deze gemeenschap alleen bestond in Qumran of ook elders in dorpen en steden van Judea kunnen we niet met zekerheid zeggen, maar het is niet onwaarschijnlijk. De archeologie van de nederzetting van Qumran en de grotten in de buurt suggereren verschillende verbanden met anderen in Judea. Zo wijzen de munten van Romeinse procurators die er gevonden zijn op bredere economische verbanden, wat ook geldt voor de papyrus die voor sommige manuscripten werd gebruikt en uit Egypte moet zijn gekomen. Qumran was allesbehalve geïsoleerd. Wat deze mensen verbond was de collectie van manuscripten en hun enorme toewijding aan de bestudering van de teksten.

Florentino García Martínez
Mladen Popović

Literatuurverwijzingen

W.W. Fields, *The Dead Sea Scrolls: A Full History: Volume One*, 1947-1960 (Leiden: Brill, 2009).

F. García Martínez, '¿Sectario, no sectario, o qué ? Problemas de una taxonomía correcta de los textos qumránicos', *Revue de Qumran* 23/91 (2008): 383-394.

F. García Martínez, 'Rethinking the Bible: Sixty Years of Dead Sea Scrolls Research and Beyond', in: M. Popović (ed.), *Authoritative Scriptures in Ancient Judaism* (JSJS 14; Leiden: Brill, 2010), 19-36.

F. García Martínez, 'Parabiblical Literature from Qumran and the Canonical Process', *Revue de Qumran* 25/100 (2012): 525-556.

M. Popović, 'Qumran as Scroll Storehouse in Times of Crisis? A Comparative Perspective on Judaean Desert Manuscript Collections', *Journal for the Study of Judaism* 43 (2012): 551-594.

M. Popović, 'The Manuscript Collections: An Overview', in: G.J. Brooke en C. Hempel (ed.), *Companion to the Dead Sea Scrolls* (London: T&T Clark, 2014).

S.A. Reed, 'Find-Sites of the Dead Sea Scrolls', *Dead Sea Discoveries* 14 (2007): 199-221.

E. Tov, *Revised Lists of the Texts from the Judaean Desert* (Leiden: Brill, 2010).

LIJST VAN DE HANDSCHRIFTEN VAN QUMRAN

Deze lijst bevat een opsomming van alle handschriften uit de grotten van Qumran die momenteel bekend zijn, zowel van die welke volledig gepubliceerd als van die welke gedeeltelijk uitgegeven zijn. Tevens zijn de tot dusverre ongepubliceerde teksten vermeld.

De lijst vervult een dubbele functie: zij stelt de lezer in staat de uitgaven van de niet-bijbelse geschriften op het spoor te komen, die (samen met de foto's van de betreffende rollen) ten grondslag hebben gelegen aan de hier geboden vertalingen; bovendien geeft zij een samenhangend overzicht van alle geschriften die in de grotten van Qumran ontdekt zijn.

In deze lijst treft men, behalve het serienummer, de officiële afkorting (tussen haakjes) en de titel van elk afzonderlijk handschrift aan. Daaraan is (in het geval van de weinige nog niet uitgegeven teksten) de vermelding van de eerste uitgave van iedere tekst, respect. van zijn gedeeltelijke publicatie toegevoegd, benevens een beknopte beschrijving of kenschetsing van de inhoud.

In de definitieve editie in de *Discoveries of the Judaean Desert*-serie zijn sommige getallen die oorspronkelijk aan een enkel manuscript toebehoorden, verdeeld over verschillende manuscripten, terwijl andere getallen (zoals 4Q236, 237, 283, 295-297, 314-316, 327, 349) zijn komen te vervallen. De hier geboden lijst van handschriften volgt de officiële lijst zoals die gepubliceerd is in DJD XXXIX, 27-114.

In de lijst zijn de handschriften van de verschillende grotten verdeeld in bijbelse en niet-bijbelse teksten. Bij de bijbelse teksten is de volgorde van de Hebreeuwse bijbel gevolgd. De niet-bijbelse teksten zijn gerangschikt volgens de officiële nummering. Een asterisk (*) geeft de teksten aan wier vertaling in deze publicatie is opgenomen. Het teken # verwijst naar manuscripten waarvan zo weinig tekst over is dat een vertaling achterwege moest blijven.

Bij de eerste vermelding van een boek of artikel verstrekken wij de volledige bibliografische gegevens, in het vervolg enkel een verkorte vorm daarvan.

GROT 1

Bijbelse teksten

1Q1 (1QGen) *1QGenesis*, vgl. D. Barthélemy, DJD I, 49-50, pl. VIII. Fragmentarische resten van Genesis.
1Q2 (1QExod) *1QExodus*, vgl. D. Barthélemy, DJD 1, 50-51, pl. VIII. Fragmentarische resten van Exodus.
1Q3 (1QpaleoLev) *1QLeviticus*, vgl. D. Barthélemy, DJD I, 51-54, pls. VIII-IX. Volgens Barthélemy gaat het mogelijk om drie of vier verschillende manuscripten, waartoe respectievelijk de fragmenten 1-15, 16-21, 22-23 en 24 zouden behoren. M.D. McLean, *The Use and Development of Paleo-Hebrew in the Hellenistic and Roman Period* (dissertatie, Harvard 1982), 41-42, herkent drie manuscripten: 1QpaleoLev[a]: fragmenten 1-8. 10-15; 1QpaleoLev[b]: fragmenten 22-23; 1QpaleoNum: fragmenten 16-21. Fragmentarische resten van Leviticus in oud-Hebreeuws schrift.
1Q4 (1QDeut[a]) *1QDeuteronomium[a]*, vgl. D. Barthélemy, DJD I, 54-57, pl. IX. Fragmentarische resten van Deuteronomium.
1Q5 (1QDeu[b]) *1QDeuteronomium[b]*, vgl. D. Barthélemy, DJD I, 57-62, pl. X. Andere fragmentarische kopie van Deuteronomium met hoofdstuk 32 in stichometrische vorm.
1Q6 (1QJud) *1QRichteren*, vgl. D. Barthélemy, DJD I, 62-64, pl. XI. Fragmentarische resten van Richteren.
1Q7 (1QSam) *1QSamuël*, vgl. D. Barthélemy, DJD I, 64-65, pl. XI. Fragmentarische resten van 1 en 2 Samuël.
1QIsa[a] = *1QJesaja[a]*, vgl. M. Burrows (ed.) with the assistance of J.C. Trever and W.H. Brownlee, *The Dead Sea Scrolls of St. Mark's Monastery* (The American Schools of Oriental Research, New Haven 1950), vol. I, pls. I-LIV. Volledige tekst van het boek Jesaja met slechts enkele kleine hiaten, voornamelijk aan de onderkant van de kolommen.
1QIsa[b] = *1QJesaja[b]*, vgl. E.L. Sukenik, *'Osar ham-megillôt hag-genûzôt šebîdê ha-ûnîbersîtah ha-'ibrît* (Bialik Foundation/The Hebrew University, Jerusalem 1954 = *The Dead Sea Scrolls of the Hebrew University* (Magnes Press – The Hebrew University, Jerusalem 1955); pls. 1-15. E. Puech, *JJS* 39 (1988), 55, n. 40, transcribeerde een eerder onuitgegeven fragment dat Jes. 44:23-25 completeert. Resten van een andere, hoewel fragmentarische kopie van het boek Jesaja.
1Q8 (1QIsa[b]) *1QJesaja[b]*, vgl. D. Barthélemy, DJD I, 66-68, pl. XII. Gedeelte van het hiervoor genoemde manuscript.
1Q9 (1QEzek) *1QEzechiël*, vgl. D. Barthélemy, DJD I, 68-69, pl. XII.

Een fragment van het boek Ezechiël en een ander niet te identificeren brokstuk.
1Q10 (1QPs^a) *1QPsalmen^a*, vgl. D. Barthélemy, DJD I, 69-70, pl. XIII. Fragmentarisch handschrift van de Psalmen, gedeeltelijk in stichometrische vorm.
1Q11 (1QPs^b) *1QPsalmen^b*, vgl. D. Barthélemy, DJD I, 71, pl. XIII. Een andere kopie van de Psalmen, met de Godsnaam in oud-Hebreeuws schrift.
1Q12 (1QPs^c) *1QPsalmen^c*, vgl. D. Barthélemy, DJD I, 71-72, pl. XIII. Resten van Psalm 44.
1Q13 (1QPhyl) *1QPhylacterium*, vgl. D. Barthélemy, DJD I, 72-76, fig. 10, pl. XIV. Resten van een phylacterium dat ook de tekst van de Decaloog bevat.
1Q71 (1QDan^a) *1QDaniël^a*, vgl. D. Barthélemy, DJD I, 150-151; J.C. Trever, 'Completion of the Publication of Some Fragments from Qumrân Cave I', *RQ* 5/18 (1965), 323-336, pls. I-VII, spec. p. 330, pl. V. Een fragment van het boek Daniël met resten van twee kolommen.
1Q72 (1QDan^b) *1QDaniël^b*, vgl. D. Barthélemy, DJD I, 151-152; J.C. Trever, *RQ* 5/18 (1965), 330, pl. VI. Een andere fragmentarische kopie van het boek Daniël.

Niet-bijbelse teksten

* **1QpHab** = *1QHabakuk-Commentaar (Pesjer)*, vgl. M. Burrows (ed.), *The Dead Sea Scrolls of St. Mark's Monastery*, vol. 1, pls. LV-LXI. Commentaar op Habakuk 1:2-17 en 2:1-20.
* **1Q14** (1QpMic) *1QMicha-Commentaar (Pesjer)*, vgl. J.T. Milik, DJD I, 77-80, pl. XV. Bevat resten van een commentaar op Micha 1:2-5,5-7,8-9, 4:13(?), 6:14-16, 7:6(?),8-9(?),17.
* **1Q15** (1QpZeph) *1QSefanja-Commentaar (Pesjer)*, vgl. J.T. Milik, DJD I, 80, pl. XV. Bevat resten van een commentaar op Sefanja 1:18-2:2.
* **1Q16** (1QpPs) *1QPsalmen-Commentaar (Pesjer)*, vgl. J.T. Milik, DJD I, 81-82, pl. XV. Resten van een commentaar op Ps. 57:1,4, Ps. 68:12-13,26-27,30-31.
* **1Q17** (1QJub^a) *1QJubileeën^a*, vgl. J.T. Milik, DJD I, 82-83, pl. XVI. Resten van Jubileeën 27:19-21.
* **1Q18** (1QJub^b) *1QJubileeën^b*, vgl. J.T. Milik, DJD I, 83-84, pl. XVI. Resten van Jubileeën 35:8-10 en niet te identificeren fragmenten.
* **1Q19** (1QNoah) *1QNoach*, vgl. J.T. Milik, DJD I, 84-86, pl. XVI. Mogelijk resten van een verloren gegaan Boek van Noach, dat verwant

was aan het boek 1 Henoch.
* **1Q19bis** *1QNoach*, vgl. J.T. Milik, DJD I, 152; J.C. Trever, *RQ* 5/18 (1965), 334, pl. VII. Fragment 2 van het hiervoor genoemde manuscript.
* **1QapGen ar** (1Q20) *1QGenesis Apocryphon*, vgl. N. Avigad en Y. Yadin, *A Genesis Apocryphon. A Scroll from the Wilderness of Judaea* (Magnes Press/Heikhal ha-sefer, Jerusalem 1956); J. Greenfield en E. Qimron, 'The Genesis Apocryphon Col. XII', in: T. Muraoka (ed.), *Studies in Qumran Aramaic (*Abr-Nahrain Supplement 3; Peeters, Louvain 1992), 70-77; M. Morgenstern, E. Qimron, D. Sivan, 'The Hitherto Unpublished Columns of the Genesis Apocryphon', *Abr-Nahrain* 33 (1995), 30-54. Aramese parafrase van het boek Genesis.
* **1Q20** (1QapGen ar) *1QGenesis Apocryphon*, vgl. J.T. Milik, DJD I, 86-87, pl. XVII. 8 fragmenten van het hiervoor genoemde handschrift, gepubliceerd onder de naam 'Apocalypse de Lamech'.
* **1Q21** (1QTLevi ar) *1QAramees Testament van Levi*, vgl. J.T. Milik, DJD I, 87-91, pl. XVII. Resten van een Aramees werk verwant aan het Aramese Testament van Levi uit de Geniza van Caïro en aan het Griekse Testament van Levi, dat een onderdeel vormt van de Testamenten van de Twaalf Patriarchen.
* **1Q22** (1QDM = 1Q Dires de Moïse; 1QapocrMoses[a]?) *1QWoorden van Mozes*, vgl. J.T. Milik, DJD I, 91-97, pls. XVIII-XIX, J. Strugnell, DJD XIX, 129-30 en A. Steudel, DJD XXXVI, 298. Resten van een Hebreeuws werk aangeduid als 'De Woorden van Mozes' (Dibrê Mošeh) of 'Apocryphon van Mozes'. Blijkbaar zijn 1Q22, 1Q29, 4Q375-376 en 4Q408 gerelateerd.
* **1Q23** (1QEnGiants[a] ar) *1QBoek der Reuzen[a]*, vgl. J.T. Milik, DJD I, 97-98, pl. XIX; L. Stuckenbruck, DJD XXXVI, 49-72. Aanvankelijk gepubliceerd als resten van een 'Apocrief in het Aramees', maar naderhand door Milik geïdentificeerd als resten van een kopie van het Boek van de Reuzen, vgl. J. T. Milik, *The Books of Enoch. Aramaic Fragments of Qumrân Cave* 4 (Clarendon Press, Oxford 1976), 301-302. Vgl. L.T. Stuckenbruck, *The Book of Giants from Qumran. Texts, Translation and Commentary* (TSAJ 63; Mohr Siebeck, Tübingen 1997), 43-59.
# **1Q24** (1QEnGiants[b] ar) *1QBoek der Reuzen[b]*, vgl. J.T. Milik, DJD I, 99, pl. XX. 'Apocrief in het Aramees', maar naderhand door Milik geïdentificeerd als resten van het Boek van de Reuzen, vgl. J. T. Milik, *The Books of Enoch,* 309, L.T. Stuckenbruck, *The Book of Giants*, 59-62.
# **1Q25** (1QApocriefe Profetie), vgl. J.T. Milik, DJD I, 100-101, pl. XX. Resten van 'een apocriefe profetie' (?), in het Hebreeuws geschreven.
# **1Q26** (1QInstruction), Aanvankelijk gepubliceerd als resten van een

'Wijsheids Apocryphon' vgl. J.T. Milik, DJD I, 101-102, pl. XX, vgl. J. Strugnell, D. Harrington, DJD XXXIV, 535-539. Resten van een in het Hebreeuws geschreven apocrief werk met Wijsheidskarakter, gelijk aan 4Q415-418 en 4Q423.
* **1Q27** (1QMyst) *1QMysteriën*, vgl. J.T. Milik, DJD I, 102-107, pls. XXI-XXII. 'Het Boek van de Mysteriën', een pseudepigrafische profetie, vgl. 4Q299-301.
* **1QS** (1QS) *1QRegel der Gemeenschap* (Manual of Discipline), vgl. M. Burrows (ed.), *The Dead Sea Scrolls of St. Mark's Monastery*, Vol. 2, fase. 2: *The Manual of Discipline (*American Schools of Oriental Research, New Haven 1951). Regel der gemeenschap, kol. I-XI.
* **1Q28a** (1QSa) *1QRegel van de Gemeente* (Règle de la Congrégation), vgl. D. Barthélemy, DJD I, 108-118, pls. XXIII-XXIV. Appendix van de Regel der Gemeenschap met eschatologische inhoud.
* **1Q28b** (1QSb) *1QRegel van de Zegenspreuken*, vgl. J.T. Milik, DJD I, 118-130, pls. XXV-XXIX; G. Grooke, DJD XXVI, 227-233. Verzameling van zegenspreuken, bewaard als appendix van 1QS en 1Q28a.
* **1Q29** (Lit. of 3 Tongues of Fire; 1QapocrMoses[b]?) *1QLiturgie van de Drie Tongen van Vuur*, vgl. J.T. Milik, DJD I, 130-132, pl. XXX, en J. Strugnell, DJD XIX, 129-36. Resten van een liturgische tekst, blijkbaar stammend uit hetzelfde werk als 4Q376.
* **1Q30** *1QLiturgische Tekst A?*, vgl. J.T. Milik, DJD I, 132-133, pl. XXX. Fragmenten van een niet nader te identificeren geschrift.
* **1Q31** *1QLiturgische Tekst B?*, vgl. J.T. Milik, DJD I, 133-134, pl. XXX. Fragmenten van een niet nader te identificeren geschrift.
# **1Q32** (1QNJ ar) *1QNieuw Jeruzalem*, vgl. J.T. Milik, DJD I, 134-135, pl. XXXI. Schamele resten van een Aramees geschrift: 'Beschrijving van het nieuwe Jeruzalem', zie ook 2Q24, 4Q554-555, 5Q15 en 11Q18.
* **1QM** (1QM) *1QRol van de Oorlog* (1QMilhama), vgl. E.L. Sukenik, *The Dead Sea Scrolls of the Hebrew University*, pp. 1-19, pls. 16-34, 47. De rol van de strijd van de kinderen des lichts tegen de kinderen der duisternis.
* **1Q33** (1QM) *1QRol van de Oorlog*, vgl. J.T. Milik, DJD I, 135-136, pl. XXXI. Twee fragmenten van de hiervoor genoemde rol.
* **1Q34** (1QLitPr[a] = 1QPrFêtes) *1QLiturgische Gebeden[a]*, vgl. J.T. Milik, DJD I, 136, pl. XXXI. Verzameling van gebeden voor verschillende feesten van het liturgische jaar. Van dit werk zijn twee (4Q508-509) of misschien drie (4Q507) andere exemplaren in fragmentarische vorm bewaard gebleven.

* **1Q34bis** *1QLiturgische Gebeden^b*, vgl. J.T. Milik, DJD I, 152-155; J.C. Trever, *RQ* 5/18 (1965), 328-329, pls. II-IV. Fragmenten van het hiervoor genoemde werk met resten van gebeden voor de feesten van het Nieuwe Jaar, de Grote Verzoendag en het Loofhuttenfeest (?).
* **1QH^a** (1QH^a) *1QHymnen^a* (Rol van de Lofprijzingen^a; 1QHodayot^a), zie E.L. Sukenik, *The Dead Sea Scrolls of the Hebrew University*, kol. 1-18, fragmenten 1-66, pls. 35-58. Drie additionele fragmenten zijn gepubliceerd door E. Puech, 'Un hymne essénien en partie retrouvé et les Béatitudes', *RQ* 13 (1988), 59-88, pl. III. Dezelfde auteur heeft een nieuwe rangschikking en nummering van de fragmenten voorgesteld: 'Quelques aspects de la restauration du Rouleau des Hymnes (1QH)', *JJS* 39 (1988), 38-55.
* **1Q35** (1QH^b) *1QHymnen^b*, vgl. J.T. Milik, DJD I, 136-138, pl. XXXI. Resten van een tweede kopie van de Rol van de Lofprijzingen (*Hodayot*); zie E. Puech, 'Restauration d'un texte hymnique à partir de trois manuscrits fragmentaires: 1QH^a XV 37-XVI 4 (VII 34-VIII 3), 1Q35 (H^b) 1,9-14, 4Q427 (H^b)', *RQ* 16/64 (1995), 543-558.
* **1Q36** *1QHymnische Gedichten* (?), vgl. J.T. Milik, DJD I, 138-141, pl. XXXII. Resten van een niet nader geïdentificeerde hymne.
* **1Q37** *1QHymnische Gedichten?*, vgl. J.T. Milik, DJD I, 141, pl. XXXII. Resten van een niet nader geïdentificeerde hymne.
* **1Q38** *1QHymnische Gedichten?*, vgl. J.T. Milik, DJD I, 141, pl. XXXII. Resten van een niet nader geïdentificeerde hymne.
* **1Q39** *1QHymnische Gedichten?*, vgl. J.T. Milik, DJD I, 142-143, pl. XXXIII. Resten van een niet nader geïdentificeerde hymne.
* **1Q40** *1QHymnische Gedichten?*, vgl. J.T. Milik, DJD I, 143, pl. XXXII. Resten van een niet nader geïdentificeerde hymne.
# **1Q41-69** *1QNiet-geklassificeerde Fragmenten*, vgl. J.T. Milik, DJD I, 144-148, pls. XXXIII-XXXVI. Niet geïdentificeerde Hebreeuwse en Aramese fragmenten.
# **1Q70** *1QNiet-geklassificeerde Fragmenten*, vgl. J.T. Milik, DJD I, 148149, pl. XXXVII, en J.C. Trever, *RQ* 5 (1964-1966), pl. VII. Niet geïdentificeerde papyrusfragmenten.

GROT 2

Bijbelse teksten

2Q1 (2QGen) *2QGenesis*, vgl. M. Baillet, DJD III, 48-49, pl. X. Resten van een kopie van Genesis.
2Q2 (2QExod[a]) *2QExodus[a]*, vgl. M. Baillet, DJD III, 49-52, pl. X. Resten van een kopie van Exodus.
2Q3 (2QExod[b]) *2QExodus[b]*, vgl. M. Baillet, DJD III, 52-55, pl. XI. Resten van een andere kopie van Exodus met de Godsnaam in oud-Hebreeuws schrift en waarin Ex. 34:10 direct op 19:9 volgt.
2Q4 (2QExod[c]) *2QExodus[c]*, vgl. M. Baillet, DJD III, 56, pl. XII. Eén enkel fragment van een mogelijk andere kopie van Exodus.
2Q5 (2QpaleoLev) *2QLeviticus*, vgl. M. Baillet, DJD III 56-57, pl. XII. Eén enkel fragment van Leviticus, geschreven in oud-Hebreeuws schrift.
2Q6 (2QNum[a]) *2QNumeri[a]*, vgl. M. Baillet, DJD III, 57-58, pl. XII. Twee fragmenten met resten van een kopie van Numeri.
2Q7 (2QNum[b]) *2QNumeri[b]*, vgl. M. Baillet, DJD III, 58-59, pl. XII. Een fragment van een andere kopie van Numeri.
2Q8 (2QNum[c]) *2QNumeri[c]*, vgl. M. Baillet, DJD III, 59, pl. XII. Een fragment met resten van een andere kopie van Numeri.
2Q9 (2QNum[d]) *2QNumeri[d]* (?), vgl. M. Baillet, DJD III, 59-60, pl. XII. Een fragment met resten van mogelijk een andere kopie van Numeri.
2Q10 (2QDeut[a]) *2QDeuteronomium[a]*, vgl. M. Baillet, DJD III, 60-61, pl. XII. Een fragment met resten van Deuteronomium 1.
2Q11 (2QDeut[b]) *2QDeuteronomium[b]*, vgl. M. Baillet, DJD III, 60-61, pl. XII. Een fragment met resten van een andere kopie van Deuteronomium.
2Q12 (2QDeut[c]) *2QDeuteronomium[c]*, vgl. M. Baillet, DJD III, 61-62, pl. XII. Een fragment met resten van Deuteronomium 10.
2Q13 (2QJer) *2QJeremia*, vgl. M. Baillet, DJD III, 62-69, pl. XIII. Resten van een kopie van het boek Jeremia met een met de masoretische overlevering verwante tekst.
2Q14 (2QPs) *2QPsalmen*, vgl. M. Baillet, DJD III, 69-71, pl. XIII. Resten van de Psalmen 103 en 104, gedeeltelijk met rode inkt geschreven.
2Q15 (2QJob) *2QJob*, vgl. M. Baillet, DJD III, 71, pl. XIII. Een fragment met resten van Job 33.
2Q16 (2QRuth[a]) *2QRuth[a]*, vgl. M. Baillet, DJD III, 71-74, pl. XIV. Resten van een kopie van het boek Ruth.

2Q17 (2QRuth^b) *2QRuth^b*, vgl. M. Baillet, DJD III, 74-75, pl. XV. Twee fragmenten van een andere kopie van het boek Ruth, waarvan één niet te identificeren is.
2Q18 (2QSir) *2QJezus Sirach*, vgl. M. Baillet, DJD III, 75-77, pl. XV. Resten van hoofdstuk 6 van het boek Jezus Sirach (in het Hebreeuws).

Niet-bijbelse teksten

* **2Q19** (2QJub^a) *2QJubileeën^a*, vgl. M. Baillet, DJD III, 77-78, pl. XV. Eén enkel fragment met resten van Jub. 23:7-8.
* **2Q20** (2QJub^b) *2QJubileeën^b*, M. Baillet, DJD III, 78-79, pl. XV. Drie fragmenten van een andere kopie van Jubileeën, waarvan slechts één geïdentificeerd is.
* **2Q21** (2QapocrMoses?) *2QApocryphon van Mozes?*, vgl. M. Baillet, DJD III, 79-81, pl. XV. Resten van narratief werk met een (gedeelte van een) gesprek van Mozes met God.
* **2Q22** (2QapocrDavid?) *2QApocryphon van David?*, vgl. M. Baillet, DJD III, 81-82, pl. XV. Resten van een ander 'Mozes-apocryphon' of een 'David-apocryphon' (?), door Baillet aangevuld met 4Q373, vgl. E. Schuller en M. Bernstein, DJD XXVIII, 199-200.
* **2Q23** (2QapProph) *2QApocriefe Profetie*, vgl. M. Baillet, DJD III, 82-84, pl. XV. Resten van een 'apocriefe profetie'.
* **2Q24** (2QNJ ar) *2QNieuw Jeruzalem ar*, vgl. M. Baillet, DJD III, 84-89, pl. XV. Resten van het Aramese werk 'Beschrijving van het nieuwe Jeruzalem', vgl. 1Q32, 4Q554-4Q555, 5Q15 en 11Q18.
* **2Q25** *2QJuridische Tekst*, vgl. M. Baillet, DJD III, 90, pl. XVI. Resten van een wetstekst.
# **2Q26** (2QEnGiants ar) *2QBoek der Reuzen ar*, vgl. M. Baillet, DJD III, 90-91; L. Stuckenbruck, DJD XXXVI, 73-75. Een fragment in het Aramees, gepubliceerd als fragment van een ritueel (?), maar later geïdentificeerd door J.T. Milik, *The Books of Enoch*, 334, als een andere kopie van het Boek der Reuzen; vgl. L.T. Stuckenbruck, *The Book of Giants*, 63-66.
# **2Q27-33** *2QNiet-geklassificeerde Fragmenten*, vgl. M. Baillet, DJD III, 91-93, pl. XVII. Fragmenten van niet-geïdentificeerde werken.

GROT 3

Bijbelse teksten

3Q1 (3QEz) *3QEzechiël*, vgl. M. Baillet, DJD III, 94, pl. XVIII.
Fragment met resten van Ezechiël 16.
3Q2 (3QPs) *3QPsalmen*, vgl. M. Baillet, DJD III, 94, pl. XVIII.
Fragment met resten van Psalm 2.
3Q3 (3QLam) *3QKlaagliederen*, vgl. M. Baillet, DJD III, 95, pl. XVIII.
Resten van een kopie van het boek Klaagliederen met de Godsnaam in oud-Hebreeuws schrift.

Niet-bijbelse teksten

* **3Q4** (3QpIsa) *3QJesaja-Commentaar (Pesjer)*, vgl. M. Baillet, DJD III, 95-96, pl. XVIII. Resten van een actualiserend commentaar (pesjer) op Jesaja.
* **3Q5** (3QJub) *3QJubileeën*, vgl. M. Baillet, DJD III, 96-98. pl. XVIII. Gepubliceerd als 'Apocriefe profetie', maar geïdentificeerd als een kopie van het boek Jubileeën door A. Rofé, 'Further Manuscript Fragments of the Jubilees in the Third Cave of Qumrân', *Tarbiz 34 (*1965), 333-336 en R. Deichgräber, 'Fragmente einer Jubiläen-Handschrift aus Höhle 3 von Qumrân', *RQ* 5 (1964-1965), 415-422. Drie van de zeven fragmenten zijn geïdentificeerd als behorende tot het boek Jubileeën.
* **3Q6** *3QHymne*, vgl. M. Baillet, DJD III, 98, pl. XVIII. Schamele resten van een loflied.
* **3Q7** (3QTJuda?) *3QTestament of Juda?*, vgl. M. Baillet, DJD III, 99, pl. XVIII. Gepubliceerd als een 'Apocrief geschrift dat de aangezichtsengel vermeldt', maar door J.T. Milik, 'Ecrits prééséniens de Qumrân', in: M. Delcor (éd.), *Qumrân. Sa piété, sa théologie et son milieu (*Paris-Leuven 1978), 98, geïdentificeerd als een Hebreeuwse weergave van het Aramese Testament van Juda.
# **3Q8** *3QNiet-geklassificeerde Fragmenten*, vgl. M. Baillet, DJD III, 100, pl. XIX. 'Tekst die een engel van de vrede vermeldt'.
# **3Q9** *3QSektarische Tekst (*?), vgl. M. Baillet, DJD III, 100-101, pl. XIX.
# **3Q10-14** *3QNiet-geklassificeerde Fragmenten*, vgl. M. Baillet, DJD III, 101-104, pl. XIX. Niet-geïdentificeerde Hebreeuwse en Aramese teksten.
* **3Q15** *3QKoperen Rol*, vgl. J.T. Milik, DJD III, 201-302, pls. XLIII-LXXI; J.M. Allegro, *The Treasure of the Copper Scroll (*Routledge &

LIJST VAN DE HANDSCHRIFTEN 53

Kegan, London 1960); E. Puech, 'Le Rouleu de cuivre de la grotte 3 Qumrân (3Q15)', in *Le Rouleau de cuivre de la grotte 3 de Qumrân (3Q15): Expertise – Restauration – Epigraphie* (STDJ 55/1; Brill, Leiden 2006) I, 169-219. Koperen rol met de vermelding van plaatsen, waar schatten verborgen werden.

GROT 4

Bijbelse teksten

4Q1 (4QGen-Exod^a) *4QGenesis-Exodus^a*, vgl. J.R. Davila, DJD XII, 7-30. Kopie die zowel resten van Genesis als van Exodus bevat.
4Q2 (4QGen^b) *4QGenesis^b*, vgl. J.R. Davila, DJD XII, 31-38. Kopie van Genesis met een tekst identiek aan de masoretische overlevering. Herkomst onzeker.
4Q3 (4QGen^c) *4QGenesis^c*, vgl. J.R. Davila, DJD XII, 39-42. Resten van Genesis 40-41.
4Q4 (4QGen^d) *4QGenesis^d*, vgl. J.R. Davila, DJD XII, 43-45. Eén enkel fragment met resten van Genesis 1.
4Q5 (4QGen^e) *4QGenesis^e*, vgl. J.R. Davila, DJD XII, 47-52. Kopie van Genesis met een teksttype gelijkend op de masoretische en Samaritaanse tekst.
4Q6 (4QGen^f) *4QGenesis^f*, vgl. J.R. Davila, DJD XII, 53-55. Resten van een kolom met een deel van Genesis 48.
4Q7 (4QGen^g) *4QGenesis^g*, vgl. J.R. Davila, DJD XII, 57-60. Twee fragmenten van Genesis 1-2.
4Q8 (4QGen^{h1}) *4QGenesis^{h1}*, vgl. J.R. Davila, DJD XII, 61-62. Eén enkel fragment met resten van Genesis 1.
4Q8a (4QGen^{h2}) *4QGenesis^{h2}*, vgl. J.R. Davila, DJD XII, 62. Eén enkel fragment met resten van Genesis 2.
4Q8b (4QGen$^{h\text{-para}}$) *4QGenesis$^{h\text{-para}}$*, vgl. J.R. Davila, DJD XII, 62-63. Eén enkel fragment met resten van een parafrase van Genesis 12.
4Q8c (4QGen$^{h\text{-title}}$) *4QGenesis$^{h\text{-titel}}$*, vgl. J.R. Davila, DJD XII, 63-64. De titel van Genesis op het *recto*.
4Q9 (4QGen^i) *4QGenesis^i*, vgl. J.R. Davila, DJD XII, 65-67. Kopie van Genesis met een aan de Samaritanus verwante tekstoverlevering.
4Q10 (4QGen^k) *4QGenesis^k*, vgl. J.R. Davila, DJD XII, 75-78. Kleine fragmenten met resten van Genesis 1-3.
4Q11 (4QpaleoGen-Exod^1) *4QGenesis-Exodus^1*, vgl. P.W. Skehan, E.

Ulrich, J.E. Sanderson, DJD IX, 17-50, pl. I-VI. Een handschrift in oud-Hebreeuws schrift met resten van Genesis 50:26 en Exodus 1-36.
4Q12 (4QpaleoGen^m) *4QGenesis^m*, vgl. P.W. Skehan, E. Ulrich, J.E. Sanderson, DJD IX, 51-52, pl. VI. Een fragment met resten van Genesis 26 in oud-Hebreeuws schrift.
4Q13 (4QExod^b) *4QExodus^b*, vgl. F.M. Cross, DJD XII, 79-95. Fragmenten met resten van Exodus 1-5.
4Q14 (4QExod^c) *4QExodus^c*, vgl. J.E. Sanderson, DJD XII, 97-125. Uitgebreide fragmenten met resten van Exodus 7-18.
4Q15 (4QExod^d) *4QExodus^d*, vgl. J.E. Sanderson, DJD XII, 127-128. Fragmenten met resten van Exodus 13:15-16 gevolgd door 15:1.
4Q16 (4QExod^e) *4QExodus^e*, vgl. J.E. Sanderson, DJD XII, 129-131. Een fragment van vijf regels met resten van Exodus 13.
4Q17 (4QExod-Lev^f) *4QExodus-Leviticus^f*, vgl. F.M. Cross, DJD XII, 133-144. Waarschijnlijk het oudste bijbelhandschrift van Qumran, geschreven omstreeks 250 v. Chr. De tekst stemt praktisch overeen met de masoretische overlevering. Resten van Exodus 38-Leviticus 2.
4Q18 (4QExod^g) *4QExodus^g*, vgl. J.E. Sanderson, DJD XII, 145-146. Deel van een kolom van acht regels met resten van Exodus 14.
4Q19 (4QExod^h) *4QExodus^h*, vgl. J.E. Sanderson, DJD XII, 147. Een zeer klein fragment met resten van drie regels uit Exodus 6:3-6.
4Q20 (4QExod^j) *4QExodus^j*, vgl. J.E. Sanderson, DJD XII, 149-150. Fragmenten met resten van Exodus 7-8.
4Q21 (4QExod^k) *4QExodus^k*, vgl. J.E. Sanderson, DJD XII, 151. Zeer klein fragment met resten van Exodus 36:9-10.
4Q22 (4QpaleoExod^m), *4QpaleoExodus^m*, vgl. P.W. Skehan, E. Ulrich, J.E. Sanderson, DJD IX, 51-130, pl. VII-XXXIII. Een uitgebreide kopie van Exodus in oud-Hebreeuws schrift, verwant aan de Samaritaanse tekst.
4Q23 (4QLev-Num^a) *4QLeviticus-Numeri^a*, vgl. E. Ulrich, DJD XII, 153-176. Veel fragmenten van een handschrift dat resten van Leviticus en Numeri bevat.
4Q24 (4QLev^b) *4QLeviticus^b*, vgl. E. Ulrich, DJD XII, 177-187. Een andere kopie van Leviticus met resten van Leviticus 1-3 en 21-25.
4Q25 (4QLev^c) *4QLeviticus^c*, vgl. E. Tov, DJD XII, 189-192. E. Ulrich, DJD XV, 74. Fragmenten met resten van Leviticus 1-8, waarvan één door twee verschillende handen geschreven werd.
4Q26 (4QLev^d) *4QLeviticus^d*, vgl. E. Tov, DJD XII, 193-195. Vier leesbare en een aantal onleesbare fragmenten van een andere kopie van Leviticus. De leesbare fragmenten bevatten gedeelten uit Leviticus 14-15.
4Q26a (4QLev^e) *4QLeviticus^e*, vgl. E. Tov, DJD XII, 197-201. Een ande-

re kopie van Leviticus met resten van Leviticus 3 en 19-22.

4Q26b (4QLev^g) *4QLeviticus^g*, vgl. E. Tov, DJD XII, 203-204. Een fragment met resten van Leviticus 7.

4Q27 (4QNum^b) *4QNumeri^b*, vgl. N.R. Jastram, DJD XII, 205-267. Een uitgebreide kopie van Numeri met expansionistische tekstoverlevering. Resten van 38 kolommen.

4Q28 (4QDeut^a) *4QDeuteronomium^a*, vgl. S.A. White, DJD XIV, 7-8. Een fragment met resten van Deuteronomium 23-24.

4Q29 (4QDeut^b) *4QDeuteronomium^b*, vgl. J.A. Duncan, DJD XIV, 9-14. Vier fragmenten met resten van Deuteronomium 29-32.

4Q30 (4QDeut^c) *4QDeutemomium^c*, vgl. S.A. White, DJD XIV, 15-34. Uitgebreide kopie van Deuteronomium met een met de Septuaginta verwante tekstoverlevering.

4Q31 (4QDeut^d) *4QDeuteronomium^d*, vgl. S.A. White, DJD XIV, 35-38. Een fragment met resten van Deuteronomium 2-3.

4Q32 (4QDeut^e) *4QDeuteronomium^e*, vgl. J.A. Duncan, DJD XIV, 39-44. De drie belangrijkste fragmenten bevatten resten van Deuteronomium 7-8.

4Q33 (4QDeut^f) *4QDeuteronomium^f*, vgl. S.A. White, DJD XIV, 45-54. Resten van een 'proto-rabbijnse' kopie van Deuteronomium.

4Q34 (4QDeut^g) *4QDeuteronomium^g*, vgl. S.A. White, DJD XIV, 55-59. Resten van een kopie van Deuteronomium in een masoretisch teksttype.

4Q35 (4QDeut^h) *4QDeuteronomium^h*, vgl. J.A. Duncan, DJD XIV, 60-70. Resten van een kopie van Deuteronomium in het aan de Septuaginta ten grondslag liggende teksttype. Gedeelten van Deuteronomium 1-2, 31 en 33.

4Q36 (4QDeut^i) *4QDeuteronomium^i*, vgl. S.A. White, DJD XIV, 71-74. Gedeelten van Deuteronomium 20-23.

4Q37 (4QDeut^j) *4QDeuteronomium^j*, vgl. J.A. Duncan, DJD XIV, 75-91. Het handschrift bevat verschillende passages uit Deuteronomium en Ex. 12:43 – 13:5, volgend op Deut. 11:21. Duncan is derhalve geneigd het handschrift eerder als een soort van catena dan als een bijbeltekst te beschouwen, zie 'Considerations of 4QDt^j in Light of the 'All Souls Deuteronomy' and Cave 4 Phylactery Texts', in: J. Trebolle Barrera en L. Vegas Montaner (red.), *The Madrid Qumran Congress* (STJD 11; Brill, Leiden 1992), 199-215 en 356-361 (= pl. 2-7).

4Q38 (4QDeut^k1) *4QDeuteronomium^k1*, vgl. J.A. Duncan, DJD XIV, 93-98. Gedeelten van Deuteronomium 5, 11 en 32.

4Q38a (4QDeut^k3) *4QDeuteronomium^k3*, vgl. J.A. Duncan, DJD XIV, 99-105. Gedeelten van Deuteronomium 19-26.

4Q38b (4QDeut^k2) *4QDeuteronomium^k2*, vgl. J.A. Duncan, DJD XIV, 107. Een fragment van Deuteronomium 30.
4Q39 (4QDeut^l) *4QDeuteronomium^l*, vgl. J.A. Duncan, DJD XIV, 109-112. Kleine fragmenten van een andere kopie van Deuteronomium.
4Q40 (4QDeut^m) *4QDeuteronomium^m*, vgl. J.A. Duncan, DJD XIV, 113-116. Kleine fragmenten met resten van Deuteronomium 3 en 7, geschreven in *scriptio plena*.
4Q41 (4QDeut^n) *4QDeuteronomium^n*, vgl. S.A. White, DJD XIV, 117-128. De beroemde 'All Souls Deuteronomy', mogelijk een tekst met uittreksels uit Deuteronomium.
4Q42 (4QDt^o) *4QDeuteronomium^o*, vgl. S.A. White, DJD XIV, 129-133. Vijftien kleine fragmenten van een andere kopie van Deuteronomium.
4Q43 (4QDt^p) *4QDeuteronomium^p*, S.A. White, DJD XIV, 135-136. Vier kleine fragmenten van een andere kopie van Deuteronomium met resten van Deuteronomium 5.
4Q44 (4QDeut^q) *4QDeuteronomium^q*, vgl. P.W. Skehan, E. Ulrich, DJD XIV, 137-142. Resten van het 'Lied van Mozes'.
4Q45 (4QpaleoDeut^r) *4QpaleoDeuteronomium^r*, vgl. P.W. Skehan, E. Ulrich, J.E. Sanderson, DJD IX, 131-152. Talrijke fragmenten van een andere kopie van Deuteronomium, geschreven in oud-Hebreeuws schrift.
4Q46 (4QpaleoDeut^s) *4QpaleoDeuteroniun^s*, vgl. P.W. Skehan, E. Ulrich, J.E. Sanderson, DJD IX, 153-154. Een fragment met resten van Deuteronomium 26, geschreven in oud-Hebreeuws schrift.
4Q47 (4QJosh^a) *4QJozua^a*, vgl. E. Ulrich, DJD XIV, 143-152. Fragmenten van een kopie van Jozua met resten van Jozua 2-10.
4Q48 (4QJosh^b) *4QJozua^b*, vgl. E. Tov, DJD XIV, 153-160. Vijf fragmenten van een andere kopie van Jozua met resten van Jozua 2-4 en 17.
4Q49 (4QJud^a) *4QRichteren^a*, vgl. J. Trebolle Barrera, DJD XIV, 161-164. Resten van een kopie van het boek Richteren.
4Q50 (4QJud^b) *4QRichteren^b*, vgl. J. Trebolle Barrera, DJD XIV, 165-169. Twee fragmenten van een andere kopie van Richteren.
4Q51 (4QSam^a) *4QSamuël^a*, vgl. F.M. Cross, D.W. Parry, R.J. Saley, DJD XVII, 1-215. Resten van een kopie van 1 en 2 Samuël.
4Q52 (4QSam^b) *4QSamuël^b*, vgl. F.M. Cross, D.W. Parry, R.J. Saley, DJD XVII, 219-246. Resten van een andere kopie van 1 Samuël.
4Q53 (4QSam^c) *4QSamuël^c*, vgl. E. Ch. Ulrich, DJD XVII, 247-267. Resten van een kopie van 1 en 2 Samuël.
4Q54 (4QKgs) *4QKoningen*, vgl. J. Trebolle Barrera, DJD XIV, 165-169. Resten van het enige bewaard gebleven exemplaar van Koningen uit grot 4.

4Q55 (4QIsa^a) *4QJesaja^a*, vgl. P.W. Skehan, E. Ulrich, DJD XV, 7-18. Fragmenten van Jesaja 1-33.
4Q56 (4QIsa^b) *4QJesaja^b*, vgl. P.W. Skehan, E. Ulrich, DJD XV, 19-43. Een andere kopie van het boek Jesaja.
4Q57 (4QIsa^c) *4QJesaja^c*, vgl. P.W. Skehan, E. Ulrich, DJD XV, 45-74. Een andere kopie van het boek Jesaja.
4Q58 (4QIsa^d) *4QJesaja^d*, vgl. P.W. Skehan, E. Ulrich, DJD XV, 75-88. Fragmenten met resten van Jesaja 45-57.
4Q59 (4QIsa^e) *4QJesaja^e*, vgl. P.W. Skehan, E. Ulrich, DJD XV, 89-97. Resten van Jesaja 2-14.
4Q60 (4QIsa^f) *4QJesaja^f*, vgl. P.W. Skehan, E. Ulrich, DJD XV, 99-111. Fragmenten met resten van Jesaja 1-29.
4Q61 (4QIsa^g) *4QJesaja^g*, vgl. P.W. Skehan, E. Ulrich, DJD XV, 113-115. Een kolom met resten van Jesaja 42-43.
4Q62 (4QIsa^h) *4QJesaja^h*, vgl. P.W. Skehan, E. Ulrich DJD XV, 117-119. Twee fragmenten met resten van Jesaja 42.
4Q62a (4QIsaⁱ) *4QJesajaⁱ*, vgl. P.W. Skehan, E. Ulrich DJD XV, 121-122. Twee fragmenten met resten van Jesaja 56-57.
4Q63 (4QIsa^j) *4QJesaja^j*, vgl. P.W. Skehan, E. Ulrich, DJD XV, 123. Eén fragment met resten van Jesaja 1.
4Q64 (4QIsa^k) *4QJesaja^k*, vgl. P.W. Skehan, E. Ulrich, DJD XV, 125-127. Een kolom met resten van Jesaja 28-29.
4Q65 (4QIsa^l) *4QJesaja^l*, vgl. P.W. Skehan, E. Ulrich DJD XV, 129-130. Twee kleine fragmenten met resten van Jesaja 7-8.
4Q66 (4QIsa^m) *4QJesaja^m*, vgl. P.W. Skehan, E. Ulrich, DJD XV, 131-132. Resten van Jesaja 60-61.
4Q67 (4QIsaⁿ) *4QJesajaⁿ*, vgl. P.W. Skehan, E. Ulrich, DJD XV, 133-134. Een fragment van Jesaja 58.
4Q68 (4QIsa^o) *4QJesaja^o*, vgl. P.W. Skehan, E. Ulrich DJD XV, 135-137. Een fragment van Jesaja 14.
4Q69 (4QpapIsa^p) *4QpapJesaja^p*, vgl. P.W. Skehan, E. Ulrich, DJD XV, 139. Papyrus met resten van Jesaja 5.
4Q69a (4QIsa^q) *4QJesaja^q*, vgl. P.W. Skehan, E. Ulrich, DJD XV, 141. Een fragment met resten van Jesaja 54.
4Q69b (4QIsa^r) *4QJesaja^r*, vgl. P.W. Skehan, E. Ulrich, DJD XV, 143. Drie woorden uit Jesaja 30:32.
4Q70 (4QJer^a) *4QJeremia^a*, vgl. E. Tov, DJD XV, 145-170. Het oudste handschrift van Jeremia met een tekstoverlevering die ten grondslag ligt aan de masoretische tekst van het boek Jeremia.
4Q71 (4QJer^b) *4QJeremia^b*, vgl. E. Tov, DJD XV, 171-176. Fragmenten

van Jeremia 9 [eerder aangeduid als 4QJer^b 1] met een tekstoverlevering die ten grondslag ligt aan de Septuaginta-tekst van het boek Jeremia.
4Q72 (4QJer^c) *4QJeremia^c*, vgl. E. Tov, DJD XV, 177-201. Omvangrijkste resten van een kopie van Jeremia.
4Q72a (4QJer^d) *4QJeremia^d*, vgl. E. Tov, DJD XV, 203-205 [eerder aangeduid als 4QJer^b 2]. Een fragment met resten van Jeremia 43.
4Q72b (4QJer^e) *4QJeremia^e*, vgl. E. Tov, DJD XV, 207 [eerder aangeduid als 4QJer^b 3]. Een fragment van Jeremia 50.
4Q73 (4QEzek^a) *4QEzechiël^a*, vgl. J.E. Sanderson, DJD XV, 209-214. Resten van Ezechiël 10, 23 en 41.
4Q74 (4QEzek^b) *4QEzechiël^b*, vgl. J.E. Sanderson, DJD XV, 215-218. Resten van Ezechiël 1.
4Q75 (4QEzek^C) *4QEzechiël^c*, vgl. J.E. Sanderson, DJD XV, 219-220. Een minuscuul fragment met resten van Ez. 24:2-3.
4Q76 (4QXII^a) *4QKleine Profeten^a*, vgl. R.E. Fuller, DJD XV, 221-232. Het manuscript stamt waarschijnlijk uit de tijd tussen 150-125 v. Chr. en bevat resten van de boeken Zacharia, Maleachi en Jona in een tekst die het midden houdt tussen de masoretische overlevering en die van de Septuaginta.
4Q77 (4QXII^b) *4QKleine Profeten^b*, vgl. R.E. Fuller, DJD XV, 223-226. Enkel zes kleine fragmenten met resten uit Sefanja en Haggai zijn bewaard gebleven.
4Q78 (4QXII^c) *4QKleine Profeten^c*, vgl. R.E. Fuller, DJD XV, 237-251. Resten van Hosea, Joël, Amos, Sefanja en Maleachi. Het manuscript bevat veel fouten, maar tevens vele oorspronkelijke lezingen.
4Q79 (4QXII^d) *4QKleine Profeten^d*, vgl. R.E. Fuller, DJD XV, 253-256. Een enkel fragment uit het begin van de rol met resten van de tekst van Hosea 1:7 – 2:5.
4Q80 (4QXII^e) *4QKleine Profeten^e*, vgl. R.E. Fuller, DJD XV, 257-265. Bijna uitsluitend resten uit het boek Zacharia. De tekstoverlevering die het handschrift vertoont, is verwant met die van de Septuaginta.
4Q81 (4QXII^f) *4QKleine Profeten^f*, vgl. R.E. Fuller, DJD XV, 267-270. Een fragment van Jona en een ander van Micha.
4Q82 (4QXII^g) *4QKleine Profeten^g*, vgl. R.E. Fuller, DJD XV, 271-318. Resten van Hosea, Joël, Amos, Jona, Micha, Nahum, Habakuk, Sefanja en Zacharia.
4Q83 (4QPs^a) *4QPsalmen^a*, vgl. P.W. Skehan, E. Ulrich, P. Flint, DJD XVI, 7-22. Resten van de Psalmen 5, 6, 25, 31, 33, 34, 35, 36, 38, 47, 53, 54, 56, 62, 63, 66, 67 en 69.
4Q84 (4QPS^b) *4QPsalmen^b*, vgl. P.W. Skehan, E. Ulrich, P. Flint, DJD

XVI, 23-48. Resten van de Psalmen 91, 92, 93, 94, 96, 98, 99, 100, 102, 103, 112, 115, 116 en 118.

4Q85 (4QPs^c) *4QPsalmen^c*, vgl. P.W. Skehan, E. Ulrich, P. Flint, DJD XVI, 49-61. Resten van de Psalmen 16, 17(?), 18, 27, 28, 35, 37, 42, 44 (?) 45, 49, 50, 51, 52 en 53.

4Q86 (4QPS^d) *4QPsalmen^d*, vgl. P.W. Skehan, E. Ulrich, P. Flint, DJD XVI, 63-71. Resten van de Psalmen 106, 147 en 104.

4Q87 (4QPs^e) *4QPsalmen^e*, vgl. P.W. Skehan, E. Ulrich, P. Flint, DJD XVI, 73-84. Resten van de Psalmen 76, 77, 78, 81, 86, 88, 89, 103, 109, 114, 115, 118, 104, 105, 120, 125, 126, 129 en 130.

* **4Q88** (4QPs^f) *4QPsalmen^f*, vgl. P.W. Skehan, E. Ulrich, P. Flint, DJD XVI, 85-106. Resten van apocriefe psalmen en de Psalmen 22, 107 en 109.

4Q89 (4QPs^g) *4QPsalmen^g*, vgl. P.W. Skehan, E. Ulrich, P. Flint, DJD XVI, 107-112.. Resten van Psalm 119.

4Q90 (4QPs^h) *4QPsalmen^h*, vgl. P.W. Skehan, E. Ulrich, P. Flint, DJD XVI, 113-115. Resten van Psalm 119.

4Q91 (4QPs^j) *4QPsalmen^j*, vgl. P.W. Skehan, E. Ulrich, P. Flint, DJD XVI, 117-121. Resten van de Psalmen 48, 49 en 51.

4Q92 (4QPS^k) *4QPsalmen^k*, vgl. P.W. Skehan, E. Ulrich, P. Flint, DJD XVI, 123-125. Resten van de Psalmen 135 en 99.

4Q93 (4QPS^l) *4QPsalmen^l*, vgl. P.W. Skehan, E. Ulrich, P. Flint, DJD XVI, 127-129. Resten van Psalm 104.

4Q94 (4QPs^m) *4QPsalmen^m*, vgl. P.W. Skehan, E. Ulrich, P. Flint, DJD XVI, 131-133. Resten van de Psalmen 93, 95, 97 en 98.

4Q95 (4QPs^n) *4QPsalmen^n*, vgl. P.W. Skehan, E. Ulrich, P. Flint, DJD XVI, 135-137. Resten van de Psalmen 135 en 136.

4Q96 (4QPs^o) *4QPsalmen^o*, vgl. P.W. Skehan, E. Ulrich, P. Flint, DJD XVI, 139-141. Resten van de Psalmen 114, 115 en 116.

4Q97 (4QPs^p) *4QPsalmen^p*, vgl. P.W. Skehan, E. Ulrich, P. Flint, DJD XVI, 143-144. Resten van Psalm 143.

4Q98 (4QPs^q) *4QPsalmen^q*, vgl. P.W. Skehan, E. Ulrich, P. Flint, DJD XVI, 145-149. Resten van de Psalmen 31, 33 en 35.

4Q98a (4QPs^r) *4QPsalmen^r*, vgl. P.W. Skehan, E. Ulrich, P. Flint, DJD XVI, 151-152. Resten van de Psalmen 26, 27 en 30.

4Q98b (4QPs^s) *4QPsalmen^s*, vgl. P.W. Skehan, E. Ulrich, P. Flint, DJD XVI, 153-154. Resten van de Psalmen 5 en 6.

4Q98c (4QPs^t) *4QPsalmen^t*, vgl. P.W. Skehan, E. Ulrich, P. Flint, DJD XVI, 155. Resten van Psalm 88.

4Q98d (4QPs^u) *4QPsalmen^u*, vgl. P.W. Skehan, E. Ulrich, P. Flint, DJD

XVI, 157. Resten van Psalm 42.
4Q98e (4QPs^v) *4QPsalmen^v*, vgl. P.W. Skehan, E. Ulrich, P. Flint, DJD XVI, 159. Resten van Psalm 99.
4Q98f (4QPs^w) *4QPsalmen^w*, vgl. P.W. Skehan, E. Ulrich, P. Flint, DJD XVI, 161-162. Resten van Psalm 112.
4Q98g (4QPs^x) *4QPsalmen^x*, vgl. P.W. Skehan, E. Ulrich, P. Flint, DJD XVI, 163-167. Een vorm van Psalm 89 die heel erg verschilt van de vorm zoals overgeleverd in de masoretische of in de Septuaginta-teksten.
4QPs122 (4Q522) *4QPsalm 122*, vgl. E. Puech, DJD XVI, 169-170. Deel van een niet-bijbels geschrift met resten van Psalm 122.
4Q99 (4QJob^a) *4QJob^a*, vgl. E. Ulrich, S. Metso, DJD XVI, 171-178. Resten van Job 36-37.
4Q100 (4QJob^b) *4QJob^b*, vgl. E. Ulrich, S. Metso, DJD XVI, 179-180. Schamele resten van een andere kopie van het boek Job.
4Q101 (4QpaleoJob^c) *4QpaleoJob^c*, vgl. P.W. Skehan, E. Ulrich, J. Sanderson, DJD IX, 155-157. Resten van Job 13-14 in oud-Hebreeuws schrift.
4Q102 (4QProv^a) *4QSpreuken^a*, vgl. P.W. Skehan, E. Ulrich, DJD XVI, 181-182. Een fragment van Spreuken in stichometrische vorm met resten van Spreuken 1-2.
4Q103 (4QProv^b) *4QSpreuken^b*, vgl. P.W. Skehan, E. Ulrich, DJD XVI, 183-186. Resten van Spreuken 13-15.
4Q104 (4QRuth^a) *4QRuth^a*, vgl. E. Ulrich, C. Murphy, DJD XVI, 187-189 Een fragment van een kopie van Ruth 1:1-12.
4Q105 (4QRuth^b) *4QRuth^b*, vgl. E. Ulrich, C. Murphy, DJD XVI, 191-194. Vier kleine fragmenten van een andere kopie van Ruth, inclusief het begin van het boek.
4Q106 (4QCant^a) *4QHooglied^a*, vgl. E. Tov, DJD XVI, 199-204 Een fragment met resten van twee kolommen van het boek Hooglied.
4Q107 (4QCant^b) *4QHooglied^b*, vgl. E. Tov, DJD XVI, 205-218. Drie fragmenten van een andere kopie van het Hooglied, het grootste met resten van Hooglied 2:9-3:2.
4Q108 (4QCant^c) *4QHooglied^c*, vgl. E. Tov, DJD XVI, 219. Een zeer kleine fragment van een andere kopie van het Hooglied.
4Q109 (4QQoh^a) *4QPrediker^a*, vgl. E. Ulrich, DJD XVI, 221-226. Twee grote fragmenten met resten van Prediker 5-7.
4Q110 (4QQoh^b) *4QPrediker^b*, vgl. E. Ulrich, DJD XVI, 227. Twee kleine fragmenten van een andere kopie van Prediker met resten van Prediker 1:10-14.
4Q111 (4QLam) *4QKlaagliederen*, vgl. F.M. Cross, DJD XVI, 230-237.

Resten van Klaagliederen 1.
4Q112 (4QDan[a]) *4QDaniël[a]*, vgl. E. Ulrich, DJD XVI, 239-254.
Fragmenten van een kopie van Daniël.
4Q113 (4QDan[b]) *4QDaniël[b]*, vgl. E. Ulrich, DJD XVI, 255-267.
Fragmenten van een andere kopie van Daniël.
4Q114 (4QDan[c]) *4QDaniël[c]*, vgl. E. Ulrich, DJD XVI, 269-277. Resten van Daniël 10-11.
4Q115 (4QDan[d]) *4QDaniël[d]*, vgl. E. Ulrich, DJD XVI, 279-286.
Fragmenten van een andere kopie van Daniël.
4Q116 (4QDan[e]) *4QDaniël[e]*, vgl. E. Ulrich, DJD XVI, 287-289. Resten van Daniël 9.
4Q117 (4QEzra) *4QEzra*, vgl. E. Ulrich, DJD XVI, 291-293. Drie kleine fragmenten van het enige Ezra-handschrift te Qumran gevonden met resten van Ezra 4-5.
4Q118 (4QChr) *4QKronieken*, vgl. J. Trebolle Barrera, DJD XVI, 295-297. Een enkel fragment met resten van vijf regels.
4Q119 (4QLXXLev[a]) *4QSeptuaginta Leviticus[a]*, vgl. P.W. Skehan, E. Ulrich, J.E. Sanderson, DJD IX, 161-165. Een kolom van Leviticus in het Grieks met resten van Leviticus 16.
4Q120 (4QpapLXXLev[b]) *4QSeptuaginta Leviticus[b]*, vgl. P.W. Skehan, E. Ulrich, J.E. Sanderson, DJD IX, 167-186. Papyrusfragmenten van de eerste drie kolommen van een kopie van Leviticus in het Grieks met resten van Leviticus 1-5.
4Q121 (4QLXXNum) *4QSeptuaginta Numeri*, vgl. P.W. Skehan, E. Ulrich, J.E. Sanderson, DJD IX, 187-194. Resten van Numeri 3-4 in het Grieks.
4Q122 (4QLXXDeut) *4QSeptuaginta Deuteronomium*, vgl. P.W. Skehan, E. Ulrich, J.E. Sanderson, DJD IX, 195-197, pl. XLIII. Resten van Deuteronomium 11 in het Grieks.
4Q123 (4QpaleoParaJosh) *4QParafrase van Jozua*, vgl. P.W. Skehan, E. Ulrich, J.E. Sanderson, DJD IX, 201-203. Pseudo-Jozua, een niet-bijbelse tekst in oud-Hebreeuws schrift.
4Q124 (4QpaleoUnid[1]) *4QOngeïdentificeerde Tekst in Oud-Hebreeuws Schrift 1*, vgl. P.W. Skehan, E. Ulrich, J.E. Sanderson, DJD IX, 205-214.
4Q125 (4QpaleoUnid[2]) *4QOngeïdentificeerde Tekst in Oud-Hebreeuws Schrift 2*, vgl. P.W. Skehan, E. Ulrich, J.E. Sanderson, DJD IX, 215.
4Q126 (4QUnid gr) *4QNiet-geklassificeerde Tekst*, vgl. P.W. Skehan, E. Ulrich, J.E. Sanderson, DJD IX, 219-221. Niet-geïdentificeerde Griekse fragmenten.
4Q127 (pap4QParaExod gr) *4QParafrase van Exodus*, vgl. P.W. Skehan,

E. Ulrich, J.E. Sanderson, DJD IX, 223-242. Niet-bijbelse Griekse papyri, verwant aan het boek Exodus.
4Q128 (4QPhyl^a) *4QPhylacterium A*, vgl. J.T. Milik, DJD VI, 47-51. Resten van Deut. 5:1-14; 5:27-6:3; 10:12-11:17 (recto); Deut. 11:18-21; Ex. 12:43-13:7 (verso).
4Q129 (4QPhyl^b) *4QPhylacterium B*, vgl. J.T. Milik, DJD VI, 51-53. Resten van Deut. 5:1-6:2 (recto); Ex. 13:9-16 (verso).
4Q130 (4QPhyl^c) *4QPhylacterium C*, vgl. J.T. Milik, DJD VI, 53-55. Resten van Ex. 13:1-16; Deut. 6:4-9,11:13-21.
4Q131 (4QPhyl^d) *4QPhylacterium D*, vgl. J.T. Milik, DJD VI, 55-56. Resten van Deut. 11:13-21.
4Q132 (4QPhyl^e) *4QPhylacterium E*, vgl. J.T. Milik, DJD VI, 56-57. Resten van Ex. 13:1-10.
4Q133 (4QPhyl^f) *4QPhylacterium F*, vgl. J.T. Milik, DJD VI, 57. Resten van Ex. 13:11-16.
4Q134 (4QPhyl^g) *4QPhylacterium G*, vgl. J.T. Milik, DJD VI, 58-60. Resten van Deut. 5:1-21 (recto) en Ex. 13:11-12 (verso).
4Q135 (4QPhyl^h) *4QPhylacterium H*, vgl. J.T. Milik, DJD VI, 60-62. Resten van Deut. 5:22-6:5 (recto) en Ex. 13:14-16 (verso).
4Q136 (4QPhyl^i) *4QPhylacterium I*, vgl. J.T. Milik, DJD VI, 62-63. Resten van Deut. 11:13-21; Ex. 12:43-13:10 (recto); Deut. 6:6-7 (?) (verso).
4Q137 (4QPhyl^j) *4QPhylacterium J*, vgl. J.T. Milik, DJD VI, 64-67. Resten van Deut. 5:1-24 (recto) en Deut. 5:24-32, 6:2-3 (verso).
4Q138 (4QPhyl^k) *4QPhylacterium K*, vgl. J.T. Milik, DJD VI, 67-69. Resten van Deut. 10:12-11:7 (recto) en Deut. 11:7-12 (verso).
4Q139 (4QPhyl^l) *4QPhylacterium L*, vgl. J.T. Milik, DJD VI, 70. Resten van Deut. 5:7-24.
4Q140 (4QPhyl^m) *4QPhylacterium M*, vgl. J.T. Milik, DJD VI, 71-72. Resten van Ex. 12:44-13:10 (recto) en Deut. 5:33-6:5 (verso).
4Q141 (4QPhyl^n) *4QPhylacterium N*, vgl. J.T. Milik, DJD VI, 72-74. Resten van Deut. 32:14-20, 32-33.
4Q142 (4QPhyl^o) *4QPhylacterium O*, vgl. J.T. Milik, DJD VI, 74-75. Resten van Deut. 5:1-16 (recto) en Deut. 6:7-9 (verso).
4Q143 (4QPhyl^p) *4QPhylacterium P*, vgl. J.T. Milik, DJD VI, 75-76. Resten van Deut. 10:22-11:3 (recto) en Deut. 11:18-21 (verso).
4Q144 (4QPhy1Q) *4QPhylacterium Q*, vgl. J.T. Milik, DJD VI, 76. Resten van Deut. 11:4-8 (recto) en Ex. 13:4-9 (verso).
4Q145 (4QPhyl^r) *4QPhylacterium R*, vgl. J.T. Milik, DJD VI, 77-78. Resten van Ex. 13:1-7 (recto) en Ex. 13:7-10 (verso).

4Q146 (4QPhyl^s) *4QPhylacterium S*, vgl. J.T. Milik, DJD VI, 78. Resten van Deut. 11:19-21.

4Q147-148 (4QPhyl^t-u) *4QPhylacterium T, U*, vgl. J.T. Milik, DJD VI, 79, Onontcijferd.

4Q149 (4QMez^a) *4QMezuza A*, vgl. J.T. Milik, DJD VI, 80-81. Resten van Ex. 20:7-12.

4Q150 (4QMez^b) *4QMezuza B*, vgl. J.T. Milik, DJD VI, 81. Resten van Deut. 6:5-6; 10:14-11:2.

4Q151 (4QMez^c) *4QMezuza C*, vgl. J.T. Milik, DJD VI 82-83. Resten van Deut. 5:27-6:9; 10:12-20.

4Q152 (4QMez^d) *4QMezuza D*, vgl. J.T. Milik, DJD VI, 83. Resten van Deut. 6:5-7.

4Q153 (4QMez^e) *4QMezuza E*, vgl. J.T. Milik, DJD VI, 83, pl. XXVI. Resten van Deut 11:17-18.

4Q154 (4QMez^f) *4QMezuza F*, vgl. J.T. Milik, DJD VI, 83-84. Resten van Ex. 13:1-4.

4Q155 (4QMez^g) *4QMezuza G*, vgl. J.T. Milik, DJD VI, 84-85. Resten van Ex. 13:11-18.

Niet-bijbelse teksten

* **4Q156** (4QtgLev) *4QTargum van Leviticus*, vgl. J.T. Milik, DJD VI, 86-89, pl. XXVIII. Minimale resten van een targum (parafraserende vertaling in het Aramees) van Leviticus.

* **4Q157** (4QtgJob) *4QTargum van Job*, vgl. J.T. Milik, DJD VI, 90, pl. XXVIII. Minimale resten van een targum van Job.

* **4Q158** (4QRP^a) *4QHerbewerkte Pentateuch^a* [*4QReworked Pentateuch^a*], vgl. J.M. Allegro, DJD V, 1-6, pl. I; J. Strugnell, 'Notes en marge du volume V des "Discoveries in the Judean Desert of Jordan"', *RQ* 7/26 (1970), 168-175. Parafrase van Gen. 32:25-32, Ex. 24:27-28, Gen. 32:31 (?), Ex. 3:12, 24:4-6, 19:17-23, 20:19-22, Deut. 5:29, 18:18-20,22, Ex. 20:12,16,17, Deut. 5:30-31, Ex. 20:22-26, 21:1,3,4,6,8,10,15,16,18,20, 22,25,32,34,35-37, 22:1-11,13, 30:32,34. Mogelijk vormt 4Q158 een onderdeel van het geschrift dat door 4Q364-367 vertegenwoordigd is.

* **4Q159** (4QOrd^a) *4QOrdinantiën^a*, vgl. J.M. Allegro, DJD V, 6-9, pl. II; J. Strugnell, 'Notes', 175-179. Wetstekst die bepaalde bijbelse geboden herformuleert: Deut. 23:25-26, Ex. 30:12, Lev. 25:42, Deut. 22:5, 22:13-14; zie 4Q513 en 4Q514.

* **4Q160** (4QVisSamuel) *4QVisioen van Samuël*, vgl. J.M. Allegro, DJD V, 9-11, pl. III; J. Strugnell, 'Notes', 179-183. Apocrief geschrift rond de

figuur van Samuël. Fragment 1 is een parafrase van 1 Sam. 3:14-17.
* **4Q161** (4QpIsa[a]) *4QJesaja-Commentaar (Pesjer)[a]*, vgl. J.M. Allegro, DJD V, 11-15, pls. IV-V; J. Strugnell, 'Notes', 183-186. Commentaar op Jes. 10:20-21,22,24-27,28-32,33-34, 11:1-5.
* **4Q162** (4QpIsa[b]) *4QJesaja-Commentaar (Pesjer)[b]*, vgl. J.M. Allegro, DJD V, 15-17, pl. VI; J. Strugnell, 'Notes', 186-188, 199-204. Commentaar op Jes. 5:5-6,11-14,24-25,29-30, 6:9 (?).
* **4Q163** (4QpIsa[c]) *4QJesaja-Commentaar (Pesjer)[c]*, vgl. J.M. Allegro, DJD V, 17-27, pls. VII-VIII; J. Strugnell, 'Notes', 188-195. Commentaar op Jes. 8:7,8,9(?), 9:11(?),14-20, 10:12,13,19(?),20-24, 14:8,26-30, 19:9-12, 29:10-11,15-16,19-23, Zach. 11:11, Jes. 30:1-5,15-18, Hos. 6:9, Jes. 30:19-21, 31:1, 32:5-6. Andere niet-geïdentificeerde fragmenten kunnen in 4Q415 worden aangetroffen.
* **4Q164** (4QpIsa[d]) *4QJesaja-Commentaar (Pesjer)[d]*, vgl. J.M. Allegro, DJD V, 27-28, pl. IX; J. Strugnell, 'Notes', 195-196. Commentaar op Jes. 54:11-12.
* **4Q165** (4QpIsa[e]) *4QJesaja-Commentaar (Pesjer)[e]*, vgl. J.M. Allegro, DJD V, 28-30, pl. IX; J. Strugnell, 'Notes', 197-199. Commentaar op Jes. 1:1(?), 40:12, 14:19, 15:4-6, 21:2(?),11-15, 32:5-7.
* **4Q166** (4QpHos[a]) *4QHosea-Commentaar (Pesjer)[a]*, vgl. J.M. Allegro, DJD V, 31-32, pl. X; J. Strugnell, 'Notes', 199-201. Commentaar op Hosea 2:8-9,10-14.
* **4Q167** (4QpHos[b]) *4QHosea-Commentaar (Pesjer)[b]*, vgl. J.M. Allegro, DJD V, 32-36, pls. X-XI; J. Strugnell, 'Notes', 201-203. Commentaar op Hosea 5:13-15, 6:4,7,9-10, 8:6-7,13-14.
* **4Q168** (4QpMic ?) *4QMicha-Commentaar (Pesjer)* (?), vgl. J.M. Allegro, DJD V, 36, pl. XII en J. Strugnell, 'Notes', 204. Commentaar op Micha 4:8-12.
* **4Q169** (4QpNah) *4QNahum-Commentaar (Pesjer)*, vgl. J.M. Allegro, DJD V, 37-42, pls. XII-XIV; J. Strugnell, 'Notes', 204-210. Commentaar op Nahum 1:3-6, 2:12-14, 3:1-5,6-9,10-12,14.
* **4Q170** (4QpZeph) *4QSefanja-Commentaar (Pesjer)*, vgl. J.M. Allegro, DJD V, 42, pl. XIV; J. Strugnell, 'Notes', 210-211. Commentaar op Sef. 1:12-13.
* **4Q171** (4QpPs[a]) *4QPsalmen-Commentaar (Pesjer)[a]*, vgl. J.M. Allegro, DJD V, 42-51, pls. XIV-XVII; J. Strugnell, 'Notes', 211-218. Commentaar op Ps. 37:7,8-19a,19b-26,28c-40, 45:1-2, 60:8-9 (Ps. 108:8-9).
* **4Q172** (4QpUnid) *Niet-geïdentificeerde Commentaar*, vgl. J. M. Allegro, DJD V, 50-51, pl. XVIII; J. Strugnell, 'Notes', 218-219.

Mogelijk deel uitmakend van 4Q161, 4Q166, 4Q167 of 4Q171.
* **4Q173** (4QpPs^b) *4QPsalmen-Commentaar (pesjer)^b*, vgl. J.M. Allegro, DJD V, 51-53, pl. XVIII. J. Strugnell, 'Notes', 219-220. Commentaar op Ps. 127:2-3,5, 129:7-8 en 118:26-27 (?).
* **4Q174** (4QFlor) *4QFlorilegium*, vgl. J.M. Allegro, DJD V, 53-57, pls. XIX-XX; J. Strugnell, 'Notes', 220-225. Bloemlezing gevormd door citaten uit 2 Sam. 7:10-14 (1 Kron. 17:9-13), Ex. 15:17-18, Amos 9:11, Ps. 1:1, Jes. 8:11, Ez. 37:23 (?) en Ps. 2:1 met commentaar; Dan. 12:10 en 11:32 met commentaar; Deut. 33:8-11 met commentaar; Deut. 33:12(?) met commentaar; Deut. 33:19-21 met commentaar en niet-geïdentificeerde fragmenten. Het geheel doet zich voor als een commentaar op Psalm 1 en 2. Vgl. A. Steudel, *Der Midrasch zur Eschatologie aus der Qumrangemeinde (4QMidrEschat^{a,b})* (STDJ 13; Leiden 1994), 5-53.
* **4Q175** (4QTest) *4QTestimonia*, vgl. J.M. Allegro, DJD V, 57-60, pl. XXI; J. Strugnell, 'Notes', 225-229. Verzameling van citaten uit Deut 5:28-29, 18:18-19 (Samaritaanse vorm van Ex. 20:21), Num. 24:15-17, Deut. 33:8-11, Joz. 6:26 en het apocriefe boek 'Psalmen van Jozua' (4Q378 en 4Q379).
* **4Q176** (4QTanh) *4QTanhumim* [Vertroosting], vgl. J.M. Allegro, DJD V, 60-67, pls. XXII-XXIII; J. Strugnell, 'Notes', 229-236. Bloemlezing van bijbelse passages van vertroosting, in het bijzonder ontleend aan Deutero-Jesaja. Citaten uit en commentaar op Ps. 79:2-3; Jes. 40:1-5, 41:8-9, 49:7,13-17, 43:1-2,4-6, 51:22-23, 52:1-3, 54:4-10, 52:1-2; Zach. 13:9.
* **4Q176a,** fragmenten 19-21 (**4QJub^f**) *4QJubileeën^f*, vgl. M. Kister, 'Newly Identified Fragments of the Book of Jubilees: Jub 23,21-23. 30-31', *RQ* 12/48 (1987), 529-536. De auteur identificeerde de fragmenten 19-20 met Jub. 23:21-23 en fragment 21 met Jub. 23:30-31. De fragmenten zouden stammen van 4QJub^f (4Q221).
* **4Q177** (4QCatena A) *4QCatena A*, vgl. J.M. Allegro, DJD V, 67-74, pls. XXIV-XXV; J. Strugnell, 'Notes', 236-248. A. Steudel, *Der Midrasch zur Eschatologie*, 57-124. Op het einde der tijden (eschaton) gerichte exegese in de vorm van een commentaar op de Psalmen 6-17 met gebruikmaking van andere citaten uit en toespelingen op andere bijbelplaatsen.
# **4Q178** *Niet-geklassificeerde Fragmenten*, vgl. J.M. Allegro, DJD V, 74-75, pl. XXV; J. Strugnell, 'Notes', 248-249. Niet-geïdentificeerde fragmenten.
* **4Q179** (4QapocrLam A) *4QApocriefe Klaagliederen A*, vgl. J.M. Allegro, DJD V, 75-77, pl. XXVI; J. Strugnell, 'Notes', 250-252. Klaaglied over de verwoesting van Jeruzalem.

* **4Q180** (4QAgesCreat A) *4QAges of Creation A*, vgl. J.M. Allegro, DJD V, 77-79, pl. XXVII; J. Strugnell, 'Notes', 252-254. Commentaar op de heilige historie en de perioden van de goddeloosheid sedert de val van de engelen. J.T. Milik, 'Milkî-sedeq et Milkî-reša' dans les anciens écrits juifs et chrétiens', *JJS* 23 (1972), 109-126 en *The Books of Enoch,* 248-252, stelt voor dit geschrift en 4Q181 te beschouwen als delen van een en hetzelfde werk: 'Pesjer over (het boek van) de Perioden', waarvan 11QMelch (11Q13) een andere kopie zou zijn; maar zie D. Dimant, 'The 'Pesher on the Periods' (4Q180) and 4Q181', *Israel Oriental Studies* 9 (1979), 77-102.
* **4Q181** (4QAgesCreat B) *4QAges of Creation B*, vgl. J.M. Allegro, DJD V, 79-80, pl. XVIII; J. Strugnell, 'Notes', 254-255. Document dat het lot van de uitverkorenen en de verdoemden beschrijft. Vgl. de studies genoemd onder 4Q180.
* **4Q182** (4QCatena B) *4QCatena B*, vgl. J.M. Allegro, DJD V, 80-81, pl. XXVII. J. Strugnell, 'Notes', 256. Document gelijkend op 4Q177 met mogelijk een citaat uit Jer. 5:7.
* **4Q183** (4QMidrEschat^e?) *4QHistorisch Werk*, vgl. J.M. Allegro, DJD V, 81-82, pl. XXVI; J. Strugnell, 'Notes', 256-263. Document van historisch-exegetische aard, hoewel niet valt uit te maken welke bijbelse tekst becommentarieerd wordt.
* **4Q184** *4QWiles of the Wicked Woman* (Verlokkingen van de Slechte Vrouw), vgl. J.M. Allegro, DJD V, 82-85, pl. XXVIII; J. Strugnell, 'Notes', 263-268. Allegorisch wijsheidsgedicht over de vrouwelijke personificatie van de dwaasheid, geïnspireerd door Spreuken 7 en met duidelijke magische connotaties.
* **4Q185** *4QWijsheidswerk*, vgl. J.M. Allegro, DJD V, 85-87, pls. XXIX-XXX; J. Strugnell, 'Notes', 269-273. Wijsheidsrede, waarin de spreker zijn gehoor aanspoort de Wijsheid te zoeken.
* **4Q186** *4QHoroscoop*, vgl. J.M. Allegro, DJD V, 88-91, pl. XXXI; J. Strugnell, 'Notes', 274-276; M. Popović, *Reading the Human Body. Physiognomics and Astrology in the Dead Sea Scrolls and Hellenistic-Early Roman Period Judaism* (STDJ 67; Brill, Leiden 2007), 18-54, 240-262. Fysiognomische en astrologische tekst, die de verdeling van de geest van personen dan wel dierenriemtekens tussen het licht en de duisternis bepaalt.

[De nummers **4Q187-195** zijn niet aan manuscripten uit grot 4 toebedeeld]

4Q196 (pap4QTob ar[a]) *4QTobit[a]*, vgl. J.A. Fitzmyer, DJD XIX, 7-39, pl. I-V. Origineel of Aramese versie van het apocriefe boek Tobit. Op papyrus geschreven exemplaar. Talrijke fragmenten, waarvan weinige een behoorlijke afmeting hebben. Resten uit Tobit 1-7 en 12-14.

4Q197 (4QTob ar[b]) *4QTobit[b]*, vgl. J.A. Fitzmyer, DJD XIX, 41-56, pl. VI-VII. Origineel of Aramese versie van Tobit. Een kopie die de meeste bewaarde tekst van het apocriefe geschrift biedt. Resten uit Tobit 3-9.

4Q198 (4QTob ar[c]) *4QTobit[c]*, vgl. J.A. Fitzmyer, DJD XIX, 57-60, pl. VIII. Slechts twee fragmenten met resten van Tobit 14.

4Q199 (4QTob ar[d]) *4QTobit[d]*, vgl. J.A. Fitzmyer, DJD XIX, 61-62, pl. VIII. Een enkel fragment met een paar woorden.

4Q200 (4QTob hebr) *4QTobit[e]*, vgl. J.A. Fitzmyer, DJD XIX, 63-76, pl. IX-X. Resten van een Hebreeuwse versie of van het origineel van Tobit. Slechts weinige fragmenten van behoorlijke afmeting. Resten van Tobit 3-5 en 10-14.

* 4Q201 (4QEn[a] ar) *4QHenoch[a] ar*, vgl. J. T. Milik, *The Books of Enoch*, 139-163, 340-343, pls. I-V. Fragmente 2-8, vgl. L. Stuckenbruck, DJD XXXVI, 3-7, pl. I. Exemplaar van het Boek van de Wachters uit 1 Henoch. Resten van 1 Hen. 1:1-6, 2:1-5:6, 6:4-8:1, 8:3-9:3, 9:6-8, 10:3-4, 10:21-11:1, 12:4-6.

* 4Q202 (4QEn[b] ar) *4QHenoch[b] ar*, vgl. J.T. Milik, *The Books of Enoch*, 164-178, 344-346, pls. VI-IX. Een ander exemplaar van het Boek van de Wachters. Resten van 1 Hen. 5:9-6:4, 6:7-8:1, 8:2-9:4, 10:8-12, 14:4-6.

* 4Q203 (4QEnGiants[a] ar) *4QBoek der Reuzen[a] ar*, vgl. J.T. Milik, *The Books of Enoch*, 310-317, pls. XXX-XXXII; E. Puech, DJD XXXI, 17-18, pl. I; L. Stuckenbruck, DJD XXXVI, 8-41, pl. I-II. Kopie met resten van het Boek van de Reuzen, vgl. Gen. 6:4. Zie ook 1Q23-24 en 4Q530-533.

* 4Q204 (4QEn[c] ar) *4QHenoch[c] ar*, vgl. J.T. Milik, *The Books of Enoch*, 178-217, 346-353, pls. IX-XV. Exemplaar met gedeelten uit het Boek der Wachters, het Boek van de Reuzen (= 4QEnGiants[a]), het Boek van de Droomgezichten en de Brief van Henoch. Resten van 1 Hen. 1:9-5:1, 6:7, 10:13-19, 12:3, 13:6-14:16, 14:18-20, 15:11 (?), 18:8-12, 30:1-32:1, hoofdstuk 35, 36:1-4, 89:31-37, 104:13-106:2, 106:13-107:2.

* 4Q205 (4QEn[d] ar) *4QHenoch[d] ar*, vgl. J.T. Milik, *The Books of Enoch*, 217-225, 353-355, pls. XVI-XVII. Exemplaar van het Boek der Wachters en het Boek van de Droomgezichten. Resten van 1 Hen. 22:13-24:1, 25:7-27:1, 89:11-14, 89:29-31, 89:43-44.

* 4Q206 (4QEn[e] ar) *4QHenoch[e] ar*, vgl. J.T. Milik, *The Books of Enoch*, 225-244, 355-359, pls. XVIII-XXI; L. Stuckenbruck, DJD XXXVI, 42-

48. Exemplaar met gedeelten uit het Boek der Wachters, het Boek van de Reuzen (= 4QEnGiants^e ?) en het Boek van de Droomgezichten. Resten van 1 Hen. 18:15 (?), 21:2-4, 22:3-7, 28:3-29:2, 31:2-32:3, 32:3,6, 33:3-34:1, 88:3-89:6, 89:7-16, 89:26-30.

* **4Q207** (4QEn^f ar) *4QHenoch^f ar*, vgl. J.T. Milik, *The Books of Enoch*, 244-245, 359, pl. XXI. Exemplaar van het Boek van de Droomgezichten. Resten van 1 Hen. 86:1-3.

* **4Q208** (4QEnastr^a ar) *4QAstronomische Henoch^a ar*, vgl. J.T. Milik, *The Books of Enoch*, 273-78; E. Tigchelaar, F. García Martínez, DJD XXXVI, 104-131, pl. III-IV. Exemplaar van het Astronomische Boek van 1 Henoch. Het bevat enkel resten van een synchronistische kalender.

* **4Q209** (4QEnastr^b ar) *4QAstronomische Henoch^b ar*, vgl. J.T. Milik, *The Books of Enoch*, 278-284, 288-291, 293-296, pls. XXV-XXVII, XXX; E. Tigchelaar, F. García Martínez, DJD XXXVI, 132-171, pl. V-VII. Een ander exemplaar van het Astronomische Boek. Resten van een synchronistische kalender en andere passages corresponderend met 1 Hen. 76:13-77:4, 78:9-12, 79:3-5 + 78:17-79:2, 82:9-13.

* **4Q210** (4QEnastr^c ar) *4QAstronomische Henoch^c ar*, vgl. J.T. Milik, *The Books of Enoch*, 284-288, 292-293, pls. XXVIII, XXX. Een ander exemplaar van het Astronomische Boek. Resten van 1 Hen. 76:3-10, 76:13-77:4, 78:6-8.

* **4Q211** (4QEnastr^d ar) *4QAstronomische Henoch^d ar*, vgl. J.T. Milik, *The Books of Enoch*, 296-297, pl. XXIX. Een ander exemplaar van het Astronomische Boek. Resten van drie kolommen: tekst volgend op 1 Hen. 82:20.

* **4Q212** (4QEn^g ar) *4QHenoch^g ar*, vgl. J.T. Milik, *The Books of Enoch*, 245-272, 360-362, pls. XXI-XXIV. Exemplaar van de Brief van Henoch. Resten van 1 Hen. 91:10 (?), 91:18-19, 92:1-2, 92:5-93:4, 93:9-10, 91:11-17, 93:11-94:2.

* **4Q213** (4QLevi^a ar) *4QAramese Levi^a*, vgl. M. Stone, J.C. Greenfield, DJD XXII, 1-224, pl. I. Resten van een Aramees werk, verwant aan het Aramese Document van Levi uit de Geniza van Caïro en het Griekse Testament van Levi, dat een onderdeel vormt van de Testamenten van de Twaalf Patriarchen.

* **4Q213a** (4QLevi^b ar) *4QAramese Levi^b*, vgl. M. Stone, J.C. Greenfield, DJD XXII, 25-36, pl. II. Een andere kopie van hetzelfde werk, verwant aan de toevoegingen aan het Griekse Testament van Levi in een handschrift uit Athos.

* **4Q213b** (4QLevi^c ar) *4QAramese Levi^c*, vgl. M. Stone, J.C. Greenfield, DJD XXII, 37-41, pl. III. Een fragment van een andere kopie van het-

zelfde werk.
* **4Q214** (4QLevi^d ar) *4QAramese Levi^d*, vgl. M. Stone, J.C. Greenfield, DJD XXII, 43-51, pl. III. Een andere kopie van hetzelfde werk. Alleen frag. 2 is verwant aan het Aramese Document uit de Geniza.
* **4Q214a** (4QLevi^e ar) *4QAramese Levi^e*, vgl. M. Stone, J.C. Greenfield, DJD XXII, 53-60, pl. IV. Kleine fragmenten van een andere kopie van hetzelfde werk.
* **4Q214b** (4QLevi^f ar) *4QAramese Levi^f*, vgl. M. Stone, J.C. Greenfield, DJD XXII, 61-72, pl. IV. Kleine fragmenten van een andere kopie van hetzelfde werk.
* **4Q215** (4QTNaph) *4QTestament van Naftali*, vgl. M. Stone, DJD XXII, 73-82, pl. V. Hebreeuws Testament van Naftali, niet verwant aan het Testament van Naftali dat deel uitmaakt van de Testamenten van de Twaalf Patriarchen.
* **4Q215a** (4QTime of Righteousness) *4QTijd van Gerechtigheid*, vgl. E. Chazon, M. Stone, DJD XXXVI, 172-184, pl. VIII. Poëtische eschatologische compositie, vroeger beschouwd als deel van *Testament van Naftali*.
* **4Q216** (4QJub^a) *4QJubileeën^a*, vgl. J. C. VanderKam en J.T. Milik, DJD XIII, 1-22, pl. I-II. De oudste kopie van het boek Jubileeën. Gekopieerd door twee verschillende schrijvers.
# **4Q217** (4QpapJub^b?) *4QJubileeën^b?*, vgl. J. C. VanderKam en J.T. Milik, DJD XIII, 23-33, pl. II. Waarschijnlijk een kopie van Jubileeën. Op papyrus geschreven.
* **4Q218** (4QJub^c) *4QJubileeën^c*, vgl. J. C. VanderKam en J.T. Milik, DJD XIII, 35-38. Een enkel fragment met resten van vier regels, corresponderend met Jub. 2:26-27.
* **4Q219** (4QJub^d) *4QJubileeën^d*, vgl. J. C. VanderKam en J.T. Milik, DJD XIII, 39-53, pl. IV. Een kopie van het boek Jubileeën met resten van hoofdstuk 21.
* **4Q220** (4QJub^e) *4QJubileeën^e*, vgl. J. C. VanderKam en J.T. Milik, DJD XIII, 55-61, pl. V. Een fragment met resten van Jub. 21:5-10.
* **4Q221** (4QJub^f) *4QJubileeën^f*, vgl. J. C. VanderKam en J.T. Milik, DJD XIII, 63-85, pl. VI. Kopie van het boek Jubileeën met resten van Jubileeën 21-23, 33 en 37-39.
* **4Q222** (4QJub^g) *4QJubileeën^g*, vgl. J. C. VanderKam en J.T. Milik, DJD XIII, 87-94, pl. V. Zes fragmenten met geringe resten van Jubileeën 25 en 27.
# **4Q223-24** (4QpapJub^h) *4QJubileeën^h*, vgl. J. C. VanderKam en J.T. Milik, DJD XIII, 95-140, pl. VII-IX. Kopie van Jubileeën op papyrus. Ondanks de dubbele nummering gaat het om fragmenten van hetzelfde

handschrift. Resten van de laatste hoofdstukken van Jubileeën.
* **4Q225** (4QpsJub[a]) *4QPseudo-Jubileeën[a]*, vgl. J. C. VanderKam en J.T. Milik, DJD XIII, 141-155, pl. X. Geschrift verwant aan het boek Jubileeën.
# **4Q226** (4QpsJub[b]) *4QPseudo-Jubileeën[b]*, vgl. J. C. VanderKam en J.T. Milik, DJD XIII, 157-169, pl. XI. Geschrift verwant aan het boek Jubileeën.
* **4Q227** (4QpsJub[c]) *4QPseudo-Jubileeën[c]*, vgl. J. C. VanderKam en J.T. Milik, DJD XIII, 171-175, pl. XII. Een Hebreeuws apocrief geschrift, verwant aan Jubileeën en 1 Henoch. Slechts twee fragmenten van dit manuscript zijn bewaard gebleven.
# **4Q228** *Werk met Citaat uit Jubileeën.* Vgl. J. C. VanderKam en J.T. Milik, DJD XIII, 177-185, pl. XII. Resten van een werk dat Jubileeën (?) citeert. Het grootste fragment (met resten van twee kolommen) lijkt gedeelten van het slot van Jubileeën te bevatten.
4Q229 *Pseudepigrafisch Werk in Mischna-Hebreeuws.* Resten van een pseudepigrafisch geschrift in misjna-Hebreeuws (?). Details onbekend.
* **4Q230** *Catalogus van Geesten*, vgl. E. Tigchelaar, ' "These are the Names of the Spirits of…": A Preliminary Edition of *4QCatalogue of Spirits (4Q230)* and New Manuscript Evidence for the *Two Spirits Treatise (4Q257* and *1Q29a)*', RQ 21/84 (2004) 529-547. Catalogus van namen van geesten.
4Q232 (4QNJ?) *4QNieuw Jeruzalem?*, vgl. J.T. Milik, *The Books of Enoch*, 59. Hebreeuwse versie (?) van het Aramese geschrift 'Beschrijving van het Nieuwe Jeruzalem'. Slechts één fragment zou van dit handschrift bewaard gebleven zijn. Details onbekend.
4Q233 *Fragmenten met Plaatsnamen.* Fragmenten met geografische namen. Details onbekend.
4Q234 *Schrijfoefening*, vgl. A. Yardeni, DJD XXXVI, 185-186, pl. IX. Fragmenten van een schrijfoefening met resten van Gen. 27:20-21.
4Q235 *Fragmenten in Nabatees Schrift*, vgl. A. Yardeni, DJD XXVII, 288, pl. LV. Drie fragmenten in Nabatees schrift met resten van de boeken der Koningen, gepubliceerd als Appendix aan 4Q343.
4Q236 (= 4QPs89; zie boven onder bijbelse teksten 4Q98g).
4Q237 (= 4QPsalms; zie boven onder bijbelse teksten 4Q97).
4Q238 (4QWords of Judgement), vgl. P. Flint, DJD XXVIII, 119-123, pl. XL. Een enkel fragment dat eerder gecatalogiseerd was als *Habakuk 3 en Liederen.*
4Q239 *Pesjer (Commentaar) over het Ware Israël.* Details onbekend.
4Q240 *Commentaar op het Hooglied (?).* Details onbekend.

ём **4Q241** *Fragmenten die Klaagliederen citeren.* Twee kleine fragmenten nu gepubliceerd als deel van 4Q282, fragmenten h en i, vgl. J.A. Fitzmyer, DJD XXXVI, 221-222.
* **4Q242** (4QPrNab ar) *4QGebed van Nabonidus ar*, vgl. J. Collins, DJD XXII, 83-93, pl. VI. Resten van een Aramees apocrief, verwant met de Daniël-verhalen.
* **4Q243** (4QpsDan^a ar) *4QPseudo-Daniël^a ar*, vgl. J. Collins, P. Flint, DJD XXII, 97-121, pl. VII-VIII. Aramees apocalyptisch geschrift, verwant aan Daniël.
* **4Q244** (4QpsDan^b ar) *4QPseudo-Daniël^b ar*, vgl. J. Collins, P. Flint, DJD XXII, 123-131, pl. IX. Fragmenten van een andere kopie van hetzelfde werk.
* **4Q245** (4QpsDan^c ar) *4QPseudo-Daniël^c ar*, vgl. J. Collins, P. Flint, DJD XXII, 153-164, pl. X. Fragmenten van een ander werk, ook verwant aan Daniël.
* **4Q246** (4QapocrDan ar) *4QApocrief van Daniël ar*, vgl. E. Puech, DJD XXII, 165-184, pl. XI. Fragment van een apocalyptisch werk in het Aramees, dat de titels 'Zoon van God' en 'Zoon van de Allerhoogste' gebruikt. Eerder aangeduid als 4QpsDan^d, 4Q243 of 4QSon of God.
* **4Q247** (4QPesher on the Apocalypse of Weeks) *4QPesjer op de Apocalyps van Weken*, vgl. M. Broshi, DJD XXXVI, 187-191, pl. IX. Bewaard gebleven is slechts één fragment met resten van zes regels.
* **4Q248** (4QHistorical Text A) *4QHistorische Tekst A*, vgl M. Broshi, E. Eshel, DJD XXXVI, 192-200, pl. IX. Werk met toespelingen op de Hellenistische geschiedenis (?). Bewaard gebleven is slechts één fragment met resten van negen regels.
\# **4Q249** (4QA MSM) *4QCryptisch A: Midrash Sefer Moshe*, vgl. S.J. Pfann, DJD XXXV, 1-24, pl. I-II. Commentaar op Genesis in cryptisch schrift, geschreven op papyrus. Vele fragmenten zijn bewaard gebleven, maar zij zijn van geringe omvang. Op de achterzijde vindt men de titel van het boek in kwadraatschrift: 'Commentaar op het boek van Mozes'.
\# **4Q250** Een gedeelte van de fragmenten van het hiervoor genoemde werk bevat op de achterzijde een in cryptisch schrift geschreven werk dat niet geïdentificeerd is. Deze zijn gepubliceerd als 37 composities door S.J. Pfann, DJD XXXVI, 515-695.
* **4Q251** (4QHalakha A) *4QHalacha A*, vgl. E. Larson, M.R. Lehman, L. Schiffman, DJD XXXV, 25-51, pl. III-IV. Fragmenten van een wetstekst over spijswetten en seksuele voorschriften.
* **4Q252** (4QCommGen A) *4QGenesis-Commentaar A*, vgl. G. Brooke, DJD XXII, 185-207, pl. XII-XIII. De eerste kolommen van het hand-

schrift vormen een parafrase van Genesis 6, het laatste bevat een commentaar op Gen 49:10.
* **4Q253** (4QCommGen B) *4QGenesis-Commentaar B*, vgl G. Brooke, DJD XXII, 209-212, pl. XIV. Drie fragmenten van een andere commentaar op Genesis.
* **4Q253a** (4QCommMal) *4QMaleachi-Commentaar*, vgl. G. Brooke, DJD XXII, 213-215, pl. XIV. Een fragment van een commentaar op Mal 3:16-18.
* **4Q254** (4QCommGen C) *4QGenesis-Commentaar C*, vgl. G. Brooke, DJD XXII, 217-232, pl. XV. Een ander commentaar op Genesis.
* **4Q254a** (4QCommGen D) *4QGenesis-Commentaar D*, vgl. G. Brooke, DJD XXII, 233-236, pl. XVI. Drie kleine fragmenten van een ander commentaar op Genesis.
* **4Q255** (4QpapS^a) *4QRegel der Gemeenschap^a*, vgl. P. Alexander, G. Vermes, DJD XXVI, 27-38, pl. I. Kopie van de Regel der Gemeenschap (vgl. 1QS) op papyrus. Bewaard gebleven zijn vier fragmenten, waarvan twee zeer klein.
* **4Q256** (4QS^b) *4QRegel der Gemeenschap^b*, vgl. P. Alexander, G. Vermes, DJD XXVI, 39-64, pl. II-V. Kopie van de Regel der Gemeenschap met een (oudere) tekstvorm van 1QS.
* **4Q257** (4QpapS^c) *4QRegel der Gemeenschap^c*, vgl. P. Alexander, G. Vermes, DJD XXVI, 65-82, pl. VI-IX. Kopie van de regel der Gemeenschap op papyrus. Wat bewaard is gebleven, correspondeert met 1QS I-IV.
* **4Q258** (4QS^d) *4QRegel der Gemeenschap^d*, vgl. P. Alexander, G. Vermes, DJD XXVI, 83-128, pl. X-XIII. De omvangrijkste kopie van de Regel der Gemeenschap onder de rollen uit grot 4. Naar onze mening is het begin van het handschrift bewaard gebleven, hetgeen zou bewijzen dat deze kopie begon met een verkorte vorm van 1QS V.
* **4Q259** (4QS^e) *4QRegel der Gemeenschap^e*, vgl. P. Alexander, G. Vermes, DJD XXVI, 129-152, pl. XIV-XVI. Het geschrift zou (gedeelten van) 1QS VII 10 – IX 25 in de eerste vier kolommen en kalendergegevens in de resterende bevat hebben (*4QOtot*, 4Q319).
* **4Q260** (4QS^f) *4QRegel der Gemeenschap^f*, vgl. P. Alexander, G. Vermes, DJD XXVI, 153-167, pl. XVII. J.T. Een andere kopie van de Regel der Gemeenschap met resten van vijf kolommen.
* **4Q261** (4QS^g) *4QRegel der Gemeenschap^g*, vgl. P. Alexander, G. Vermes, DJD XXVI, 169-187, pl. XVIII-XIX. Een andere kopie van de Regel der Gemeenschap. Bewaard zijn 18 fragmenten, maar van zo geringe omvang dat slechts vier daarvan met relatieve zekerheid geïdentificeerd kunnen

worden.
* **4Q262** (4QS^h) *4QRegel der Gemeenschap^h*, vgl. P. Alexander, G. Vermes, DJD XXVI, 189-195, pl. XX. Een andere kopie van de Regel der Gemeenschap, waarvan drie fragmenten met resten van drie regels bewaard gebleven zijn. Slechts één daarvan kon geïdentificeerd worden.
* **4Q263** (4QS^i) *4QRegel der Gemeenschap^i*, vgl. P. Alexander, G. Vermes, DJD XXVI, 197-200, pl. XXI. Een andere kopie van de regel der Gemeenschap, waarvan slechts één fragment bewaard gebleven is.
* **4Q264** (4QS^j) *4QRegel der Gemeenschap^j*, vgl. P. Alexander, G. Vermes, DJD XXVI, 201-206, pl. XXI. Een andere kopie van de Regel van de Gemeenschap, waarvan slechts één fragment met het slot van het werk bewaard gebleven is.
* **4Q264a** (4QHalakha B) *4QHalacha B*, vgl. J.M. Baumgarten, DJD XXXV, 53-56, pl. V. Twee fragmenten van sabbat-halacha, vgl. 4Q421.
* **4Q265** (4QMiscellaneous Rules) *4QVerscheidene Regels* (eerder *4QSerek Damascus*), vgl. J.M. Baumgarten, DJD XXXV, 57-78, pl. V-VIII. Regel die elementen van de Regel der Gemeenschap en het Damascusgeschrift lijkt te combineren.
* **CD-A** *Damascus Document^a* [Damascusgeschrift^a = Zadokite Fragments^a]. Eerste kopie van het zogenaamde Damascusgeschrift [= **D**], aan het eind van de vorige eeuw gevonden in de Geniza (rommelkamer) van de Ezra-synagoge van Cairo en gepubliceerd door S. Schechter, *Documents of Jewish Sectaries. Vol. 1: Fragments of a Zadokite Work* (Cambridge 1910) en S. Zeitlin, *The Zadokite Fragments. Facsimile of the Manuscripts in the Cairo Genizah Collection in the Possession of the University Library, Cambridge, England* (Jewish Quarterly Review, Monograph Series 1; Philadelphia 1952) als kolommen I-XVI van CD. M. Broshi (red.), *The Damascus Document Reconsidered* (Jerusalem 1992) biedt een facsimile van beduidend hogere kwaliteit en een nieuwe transcriptie van de fragmenten van de hand van E. Qimron.
* **CD-B** *Damascus Document^b* [Damascusgeschrift^b]. Tweede kopie van het Damascusgeschrift uit de Geniza van de Ezra-synagoge van Cairo, gepubliceerd door Schechter als kolommen XIX-XX de CD-A.
* **4Q266** (4QD^a) *4QDamascus Document^a*, vgl. J.M. Baumgarten, DJD XVIII, 23-93, pl. I-XVII. Voor een reconstructie van dit handschrift vgl. H. Stegemann, 'Towards Physical Reconstructions of the Qumran Damascus Document Scrolls', in J.M. Baumgarten, E. Chazon, A. Pinnick (red.), *The Damascus Document. A Centennial of Discovery* (STDJ 34; Brill, Leiden 2000), 177-200. Een kopie van het Damascusgeschrift met veel nieuw materiaal, inclusief de eerste kolom en het einde van het

geschrift.

* **4Q267** (4D^b) *4QDamascus Document^b*, vgl. J.M. Baumgarten, DJD XVIII, 95-113, pl. XVIII-XXI. Kopie van het Damascusgeschrift, met de Godsnaam *'El* in oud-Hebreeuws schrift geschreven.
* **4Q268** (4QD^c) *4QDamascus Document^c*, vgl. J.M. Baumgarten, DJD XVIII, 115-121, pl. XXII. Een andere kopie van het Damascusgeschrift, waarvan drie fragmenten bewaard gebleven zijn, één met het begin van het werk.
* **4Q269** (4QD^d) *4QDamascus Document^d*, vgl. J.M. Baumgarten, DJD XVIII, 123-136, pl. XXIII-XXV. Resten van een andere kopie van het Damascusgeschrift.
* **4Q270** (4QD^e) *4QDamascus Document^e*, vgl. J.M. Baumgarten, DJD XVIII, 137-168, pl. XXVI-XXXVI. Een andere kopie van het Damascusgeschrift met materiaal dat niet in CD-A gevonden wordt en dat ons in staat stelt de oorspronkelijke volgorde van een aantal kolommen in de kopie uit de Geniza van Cairo te reconstrueren. In het nieuwe materiaal is het slot van het geschrift bewaard gebleven.
* **4Q271** (4QD^f) *4QDamascus Document^f*, vgl. J.M. Baumgarten, DJD XVIII, 169-183, pl. XXXVII-XXXIX. Kleine fragmenten van een andere kopie van het Damascusgeschrift.
* **4Q272** (4QD^g) *4QDamascus Document^g*, vgl. J.M. Baumgarten, DJD XVIII, 185-191, pl. XL. Een andere kopie van het Damascusgeschrift zonder overlappingen met het exemplaar uit de Geniza van Cairo. Bewaard zijn enkel resten van twee kolommen in de vier gepubliceerde fragmenten.
* **4Q273** (4QpapD^h) *4QDamascus Document^h*, vgl. J.M. Baumgarten, DJD XVIII, 193-198, pl. XLI-XLII. Een andere kopie van het Damascusgeschrift, geschreven op papyrus, waarvan slechts kleine fragmenten over zijn.
* **4Q274** (4QTohorot A) *4QRegels voor de Reiniging A*, vgl. J.M. Baumgarten, DJD XXXV, 99-109, pl. VIII. Een regel voor de reiniging, verwant aan 1QS en CD. Eerste geschrift.
* **4Q275** (4QCommunal Ceremony) *4QGemeenschappelijke Ceremonie*, vgl. P. Alexander, G. Vermes, DJD XXVI, 209-216, pl. XXII. Drie fragmenten van een orde voor een liturgische vergadering, vroeger bekend als *4QTohorot B*.
* **4Q276** (4QTohorot B^a) *4QRegels voor de Reiniging B^a*, vgl. J.M. Baumgarten, DJD XXXV, 111-113, pl. IX. Een enkel fragment van een andere kopie van het tweede geschrift van een reinheidsregel, vgl. 4Q275.
* **4Q277** (4QTohorot B^b) *4QRegels voor de Reiniging B^b*, vgl. J.M.

Baumgarten, DJD XXXV, 115-119, pl. IX. Een andere kopie van hetzelfde geschrift.
* **4Q278** (4QTohorot C) *4QRegels voor de Reiniging C*, vgl. J.M. Baumgarten, DJD XXXV, 121-122, pl. IX. Een andere reinheidsregel. Derde geschrift.
* **4Q279** (4QFour Lots) *4QVier Loten*, vgl. P. Alexander, G. Vermes, DJD XXVI, 217-223, pl. XXIII. Vroeger bekend als *4QRegels voor de Reiniging D (?)*. De bewaard gebleven fragmenten behandelen het lezen van aren.
* **4Q280** (4QCurses) *4QVervloekingen*, vgl. B. Nitzan, DJD XXIX, 1-8, pl. I. Slechts drie fragmenten lijken bewaard gebleven te zijn. Het fragment 2, 1-7 zou een tekst bevatten die parallel is aan 1QS II (?).
4Q281-282 (4QUnidentified Fragments A, B), vgl. J.A. Fitzmyer, DJD XXXVI, 212-227, pl. X-XI. Ongeïdentificeerde fragmenten van meerdere handschriften.
* **4Q284** (4QPurification Liturgy) *4QLiturgie voor de Reininging*, vgl. J.M. Baumgarten, DJD XXXV, 123-129, pl. X. Fragmenten van een regel betreffende seksuele onreinheid.
* **4Q284a** (4QHarvesting), *4QReinheid van Vruchten*, vgl. J.M. Baumgarten, DJD XXXV, 131-133, pl. XI. Fragmenten van een regel betreffende de reinheid van vruchten.
* **4Q285** (4QSefer ha-Milhamah) *4QBoek van de Oorlog*, vgl. P. Alexander, G. Vermes, DJD XXXVI, 228-246, pl. XII-XIII. Mogelijk een kopie van het verloren gegane slotgedeelte van 1QM (?), deels samenvallend met 11Q Berakot.
* **4Q286** (4QBer[a]) *4QZegenspreuken[a]* [Berakot], vgl. B. Nitzan, DJD XI, 7-48, pl. I-IV. Verzameling van liturgische werken, voorlopig getiteld: 'Zegenspreuken (en vervloekingen)' bewaard in vijf exemplaren. Laat-Herodiaans handschrift uit het begin van de eerste eeuw n. Chr.
* **4Q287** (4QBer[b]) *4QZegenspreuken[b]*, vgl. B. Nitzan, DJD XI, 49-60, pl. V-VI. Andere kopie van Berakot, geschreven in vluchtig schrift en ouder dan die van 4Q286.
# **4Q288-290** (4QBer[c,d,e]) *4QZegenspreuken[c,d,e]*, vgl. B. Nitzan, DJD XI, 61-74, pl. VII. Schamele resten van drie andere kopieën van hetzelfde (?) geschrift als 4Q286 en 4Q287.
# **4Q291-293** (4QWork Containing Prayers A, B, C) *4QGeschrift met Gebeden A, B, C*, vgl. B. Nitzan, DJD XXIX, 9-24, pl. I. Kleine fragmenten van liturgische werken.
# **4Q294** (4QSapiential-Didactic Work C), vgl. E. Tigchelaar, DJD XXXVI, 247-248, pl. XIV. Een enkel fragment met twee woorden.

[De nummers **4Q295-297** zijn niet toegekend aan manuscripten uit grot 4]

* **4Q298** (4QcryptA Words of the Maskil to All Sons of Dawn) *4QCryptisch A: Woorden van de Wijze tot de Kinderen van de Dageraad*, vgl. S. Pfann, M. Kister, DJD XX,1-30, pl. I-II. Werk in cryptisch schrift, behalve het begin: 'De Wijze spreekt tot de kinderen van de Dageraad'.
* **4Q299** (4QMyst[a]) *4QMysteriën[a]*, vgl. L.H. Schiffman, DJD XX, 33-97, pl. III-VII. De best bewaarde kopie van 'Het Boek van de Mysteriën' [zie 1Q27].
* **4Q300** (4QMyst[b]) *4QMysteriën[b]*, vgl. L. H. Schiffman, DJD XX, 99-112, pl. VIII. Een andere, meer fragmentarische kopie van hetzelfde werk.
* **4Q301** (4QMyst[c]?) *4QMysteriën[c]?*, vgl. L.H. Schiffman, DJD XX, 113-123, pl. IX. Kleine fragmenten mogelijk van hetzelfde werk.
* **4Q302** (4QpapAdmonitory Parable) *4QVermanende Parabel*, vgl. B. Nitzan, DJD XX, 125-149, pl. X-XII Twee fragmenten van redelijke omvang en verder kleine fragmenten. Papyrus. Een Wijsheidswerk.
\# **4Q303-307** (4QMeditation on Creation A,B,C), vgl. T. Lim, DJD XX, 151-158, pl. XIII, en DJD XXXVI, 249-258, pl. XIV. Kleine fragmenten van verschillende Wijsheidswerken.
\# **4Q308-316** Niet-geïdentificeerde fragmenten van leer of papyrus met Hebreeuwse of Aramese tekst, waarvan sommige onbeschreven.
* **4Q317** (4QcryptA Lunisolar Calendar) *4QFasen van de Maan*, vgl. J.T. Milik, *The Books of Enoch*, 68-69. Kalender in het Hebreeuws, gelijkend op de Aramese kalenders van 4QEnastr[a] (= 4Q208), maar gekopieerd in cryptisch schrift. Bewaard gebleven zijn een dozijn fragmenten van grote en vele andere van beperkte omvang.
* **4Q318** (4QZodiology and Brontology ar) *4QBrontologion ar*, vgl. J.C. Greenfield, M. Sokolff, DJD XXXVI, 259-274, pl. XV-XVI. Eén groot fragment met de resten van twee kolommen en vier andere fragmenten van minimale omvang.
* **4Q319** (4QOtot) *4QOtot* [Tekenen], vgl. J. Ben-Dov, DJD XXI, 195-244, pl. X-XIII. Resten van het kalenderdeel van 4QS[e] [zie 4Q259].
* **4Q320** (4QCal. Doc./Mishmarot A) *4QKalender Document/Mishmarot A*, vgl. S. Talmon, DJD XXI, 37-63, pl. I-II. Kalender met synchronismen van de fasen van de maand, de priesterlijke dienstcycli en de feesten.
* **4Q321** (4QCal. Doc./Mishmarot B) *4QKalender Document/Mishmarot B*, vgl. S. Talmon, DJD XXI, 65-79, pl. III-IV Kalender met synchronis-

men van de fasen van de maan en de priesterlijke dienstcycli.
* **4Q321a** (4QCal. Doc./Mishmarot C) *4QKalender Document/Mishmarot C*, vgl. S. Talmon, DJD XXI, 81-91, pl. V. Kalender met synchronismen van de fasen van de maan en de priesterlijke dienstcycli.
* **4Q322** (4QMishmarot A) *4QMishmarot A*, vgl. S. Talmon, DJD XXI, 93-97, pl. V. Minimale resten van een kalender gebaseerd op de priesterlijke dienstcycli.
* **4Q322a** (4QHistorical Text H?) *4QHistorisch Werk H?* vgl. E. Tigchelaar, DJD XXVIII, 125-128, pl. XL. Fragmentarische resten van een geschrift met mogelijke toespelingen op historische gebeurtenissen.
* **4Q323-324** (4QMishmarot B-C)) *4QMishmarot B-C*, vgl. S. Talmon, DJD XXI, 99-111, pl. V-VI. Minimale resten van verschillende kopieën van een kalender gebaseerd op de priesterlijke dienstcycli.
* **4Q325** (4QCal. Doc./Mishmarot D) *4QKalender Document/Mishmarot D*, vgl. S. Talmon, DJD XXI, 123-131, pl. VII. Ander type kalender dat aangeeft wanneer de sabbatten intreden tijdens de diensten van de afzonderlijke priesterafdelingen in de tempel en op welke datum bepaalde feesten vallen.
* **4Q326** (4QCal. Doc. C) *4QKalender Document C*, vgl. S. Talmon, DJD XXI, 133-138, pl. VII. Het document noemt de data waarop de sabbatten vallen binnen de zonnekalender van Kanaän (zonder verwijzing naar de dienst van de priesterafdelingen), en die waarop bepaalde feesten vallen.
* **4Q327** (Cal. Doc. D) *4QKalender Document D*, vgl. S. Talmon, DJD XXI, 157-166, pl. VIII. Het document noemt de data waarop de sabbatten vallen binnen de zonnekalender van Kanaän (zonder verwijzing naar de dienst van de priesterafdelingen), en die waarop bepaalde feesten vallen. Is gepubliceerd als deel van 4QMMT (vgl. 4Q394 1-2).
* **4Q328-330** (4QMishmarot F-I) *4QMishmarot F-I*, vgl. S. Talmon, DJD XXI, 139-154, pl. VII-VIII. Minimale resten van verschillende kopieën van een kalender gebaseerd op de priesterlijke dienstcycli.
* **4Q331-333** (4QHistorical Text C,D,E,H?) *4QHistorische Werken*, Vgl. J.A. Fitzmyer, DJD XXXVI, 275-289, pl. XVII-XVIII. Fragmentarische resten van een of meerdere geschriften met toespelingen op historische gebeurtenissen, die in het kader van de kalender geplaatst worden zoals in de Mishmarot-teksten.
* **4Q334** (4QOrdo) *4QOrdo*, vgl. U. Glessmer, DJD XXI, 167-194, pl. IX. De schamele resten bieden een rooster met het aantal liederen dat per dag gezongen dient te worden.
# **4Q335-337** *4QAstronomische Fragmenten*. Fragmenten betreffende astronomie en kalenders.

4Q338-341 *4QLijsten van Eigennamen*, vgl. M. Broshi, A. Yardeni, DJD XXVII, 77-84, pl. XI. Lijsten met persoonsnamen, Netinim en Profeten, en een schrijfoefening.

4Q342-361 (4QDocumentry Texts) *4QJuridische Documenten*, vgl. A. Yardeni, DJD XXVII, 283-317, pl. LIV-LXI. Minimale resten van contracten, koopakten, rekeningen etc.

4Q362-363 (4QcrypB Uni. A, B), vgl. DJD XXVIII, pl. XLIII. Fragmenten in cryptisch schrift. Onontcijferd.

* **4Q364** (4QRP^b) *4QPentateuch Parafrase^b*, vgl. E. Tov, S. White, DJD XIII, 197-254, pl. XIII-XXI. Parafrase van de Pentateuch.

* **4Q365** (4QRP^c) *4QPentateuch Parafrase^c*, vgl. E. Tov, S. White, DJD XIII, 255-318, pl. XXII-XXXII. Een andere kopie van hetzelfde (?) werk met resten van de vijf boeken van de Pentateuch.

* **4Q365a** (4QTemple?) *4QPentateuch Parafrase^c*, vgl. S. White, DJD XIII, 319-333, pl. XXXIII-XXXIV. Vijf fragmenten van 4Q365 gepubliceerd als een mogelijk kopie van de Tempelrol.

4Q366 (4QRP^d) *4QPentateuch Parafrase^d*, vgl. E. Tov, S. White, DJD XIII, 335-343, pl. XXXV. Een andere kopie met resten van Exodus 21-22, Numeri 29 en Deuteronomium 14 en 16.

4Q367 (4QRP^e) *4QPentateuch Parafrase^e*, vgl. E. Tov, S. White, DJD XIII, 345-351, pl. XXXVI. Een andere kopie met enkel resten uit verschillende hoofdstukken van Leviticus.

4Q368 (4QapocrPent. A) *4QApocryphon Pentateuch A*, vgl. J. VanderKam, M. Brady, DJD XXVIII, 131-149, pl. XLIV-XLV. Vijftien fragmenten, waarvan drie van redelijke afmeting, van een narratief werk verwant aan de Pentateuch.

* **4Q369** (4QPrayer of Enosh) *4QGebed van Enos*, vgl. H. Attridge, J. Strugnell, DJD XIII, 353-362, pl. XXXVII. Gen. 4:26. Een redelijk groot fragment van twee kolommen en kleine fragmenten van een apocrief werk, handelend over de generaties vóór de zondvloed.

* **4Q370** (4QAdmonition on the Flood) *4QVermaning gebaseerd op de Zondvloed*, vgl. C. Newsom, DJD XIX, 85-97, pl. XII. Vermaning gebaseerd op de geschiedenis van de zondvloed. Van het geschrift zijn slechts resten van twee kolommen bewaard gebleven.

4Q371 (4QNarrative and Poetic Composition^a) *4QApocryphon van Jozef^a*, vgl. E. Schuller, M. Bernstein, DJD XXXVIII, 155-163, pl. XLVI. Minimale resten van een narratief werk met apocriefe psalmen, verbonden met de figuur van Jozef.

* **4Q372** (4QNarrative and Poetic Composition^b) *4QVerhalende en Poëtische Tekst^b*, vgl. E. Schuller, M. Bernstein, DJD XXXVIII, 165-197,

pl. XLVII-XLIX. Verhalende tekst met psalmen. Fragment 1 bevat een psalm over de figuur van Jozef.
* **4Q373** (4QNarrative and Poetic Composition[c]) *4QVerhalende en Poëtische Tekst[c]*, vgl. E. Schuller, M. Bernstein, DJD XXXVIII, 199-204, pl. XLIX. Een andere kopie van 2Q22. De tekst vertoont bovendien overeenkomst met fragment 19 van 4Q372.
* **4Q374** (4QExod/Conq. Trad.) *4QExodus en Verovering Traditie*, vgl. C. Newsom, DJD XIX, 99-110, pl. XIII. Mozaïsch-jozuaans pseudepigrafisch geschrift.
* **4Q375** (4QapocrMoses[a]) *4QApocryphon van Mozes[a]*, vgl. J. Strugnell, DJD XIX, 11-119, pl. XIV. Mozaïsch pseudepigrafisch geschrift.
* **4Q376** (4QapocrMoses[b]?) *4QApocryphon van Mozes[b]?*, vgl. J. Strugnell, DJD XIX, 121-136, pl. XV. Mozaïsch pseudepigrafisch werk, waaruit ook 1Q29 stamt.
# **4Q377** (4QApocryphal Pentateuch B) *4QApocryphon Pentateuch B*, vgl. J. VanderKam, M. Brady, DJD XXVIII, 205-217, pl. L-LI. Mozaïsch-jozuaans apocrief geschrift, gekopieerd op de achterzijde van 4Q375. Uiterst slecht bewaard gebleven.
* **4Q378** (4QapocrJoshua[a]) *4QApocryphon van Jozua[a]*, vgl. C. Newsom, DJD XXII, 241-263, pl. XVII-XX. Jozuaans apocrief geciteerd on 4Q175.
* **4Q379** (4QapocrJosh[b]) *4QApocryphon van Jozua[b]*, vgl. C. Newsom, DJD XXII, 263-2888, pl. XXI-XXV. Andere kopie van hetzelfde werk.
* **4Q380** (4QNon-Canonical Psams A) *4QNiet-Canonieke Psalmen A*, vgl. E.M. Schuller, DJD XI, 75-85, pl. VIII. Pseudepigrafische verzameling van apocriefe psalmen.
* **4Q381** (4QNon-Canonical Psalms B) *4QNiet-Canonieke Psalmen B*, vgl. E.M. Schuller, DJD XI, 87-172. Een andere (of dezelfde ?) pseudepigrafische verzameling van apocriefe psalmen.
# **4Q382** (4Qpap paraKings et al.) *4QParafrase van Koningen*, vgl. S. Olyan, DJD XIII, 363-416, pl. XXXVIII-XLI. Talrijke papyrusfragmenten met vertellingen en psalmen gerelateerd aan Samuël-Koningen.
# **4Q383** (4QapocrJer A) *4QApocryphon van Jeremia A*, vgl. D. Dimant, DJD XXX, 117-127, pl. IV. Minimale resten van een werk gerelateerd aan Jeremia.
# **4Q384** (4Qpap apocrJer B?) *4QApocryphon van Jeremia B (?)*, vgl. M. Smith, DJD XIX, 137-152, pl. XVI. Papyriresten van hetzelfde werk (?) gerelateerd aan Jeremia.
* **4Q385** (4QpsEzek[a]) *4QPseudo-Ezechiël[a]*, vgl. D. Dimant, DJD XXX, 17-51, pl. I. Pseudepigrafische apocalypse, toegeschreven aan de profeet Ezechiël.

* **4Q385a** (4QapocrJer Cᵃ) *4QApocryphon van Jeremia Cᵃ*, vgl. D. Dimant, DJD XXX, 129-171, pl. IV-VI. Resten van het derde pseudepigraphische werk toegeschreven aan de profeet Jeremia.
* **4Q385b** (4QpsEzekᶜ) *4QPseudo-Ezechiëlᶜ*, vgl. D. Dimant, DJD XXX, 53-69, pl. II. Ander exemplaar van de pseudepigrafische apocalypse, toegeschreven aan de profeet Ezechiël.
# **4Q385c** (4QpsEzek: Unid. Frags.) *4QPseudo-Ezechiël: Niet-Geïdentificeerd*, vgl. D. Dimant, DJD XXX, 85-88. Niet-geïdentificeerde fragmenten van Pseudo-Ezechiël.
* **4Q386** (4QPsEzekᵇ) *4QPseudo-Ezechiëlᵇ*, vgl. D. Dimant, DJD XXX, 71-75, pl. II. Geringe resten van een tweede kopie van Pseudo-Ezechiël.
* **4Q387** (4QapocrJer Cᵇ) *4QApocryphon van Jeremia Cᵇ*, vgl. D. Dimant, DJD XXX, 173-199, pl. VII-VIII. Geringe resten van een andere kopie van een pseudepigraphisch werk toegeschreven aan de profeet Jeremia.
# **4Q387a** (4QapocrJer Cᶠ) *4QApocryphon van Jeremia Cᶠ*. Geringe resten van een andere kopie van een pseudepigrafisch werk toegeschreven aan Jeremia.
# **4Q388** (4QPsEzekᵈ) *4QPseudo-Ezechiëlᵈ*, vgl. D. Dimant, DJD XXX, 77-84, pl. III. Geringe resten van een andere kopie van Pseudo-Ezekiel.
* **4Q388a** (4QapocrJer Cᶜ) *4QApocryphon van Jeremia Cᶜ*, vgl. Dimant XXX, 201-217, pl. VIII-IX. Geringe resten van een andere kopie van de Apocrief van Jeremia.
* **4Q389** (4QapocrJer Cᵈ) *4QApocryphon van Jeremia Cᵈ*, vgl. D. Dimant, DJD XXX, 219-234, pl. IX-X. Geringe resten van een andere kopie van de Apocrief van Jeremia.
* **4Q390** (4QapocrJer Cᵉ) *4QApocryphon van Jeremia Cᵉ*, vgl. D. Dimant, DJD XXX, 235-253, pl. XI. Twee grote fragmenten van een andere kopie van de Apocrief van Jeremia.
# **4Q391** (4QpapPsEzekᵉ) *4QPseudo-Ezechiëlᵉ*, vgl. M. Smith, DJD XIX, 153-193, pl. XVII-XXV. Een pseudepigrafisch werk, verwant met de voorafgaande. Geschreven op papyrus.
* **4Q392** (4QWorks of God) *4QWerken van God*, vgl. D. Falk, DJD XXIX, 25-44, pl. II-III. Een Wijsheidsgeschrift, waarvan slechts één fragment van redelijke omvang bewaard gebleven is. Volgens de uitgever, misschien deel van hetzelfde rol als 4Q393.
* **4Q393** (4QCommunal Confession) *4QLiturgisch Werk*, vgl. D. Falk, DJD XXIX, 45-61., pl. II-III. Drie vrij grote fragmenten, de resterende van geringe omvang. Een van de fragmenten bevat resten van twee bladen met verschillend schrift, maar aaneengenaaid. De inhoud laat een

Wijsheidsgeschrift vermoeden, hoewel de vermelding van Mozes verwantschap met de hierboven genoemde werken niet onmogelijk maakt.
* **4Q394** (4QMMT^a) *4QHalachische Brief^a* [Miqṣsat Ma^{c}aśe ha-Torah: Enige van de Werken der Wet], vgl. E. Qimron en J. Strugnell, DJD X, 3-13, pl. I-III. Eerste exemplaar van de 'Halachische brief' met aan het begin resten van een kalender (vgl. 4Q327).
* **4Q395** (4QMMT^b) *4QHalachische Brief^b*, vgl. E. Qimron en J. Strugnell, DJD X, 14-15, pl. III. Exemplaar waarvan slechts één fragment bewaard gebleven is.
* **4Q396** (4QMMT^c) *4QHalachische Brief^c*, vgl. DJD X, 15-21, pl. IV. Kopie van het middengedeelte van het geschrift.
* **4Q397** (4QMMT^d) *4QHalachische Brief^d*, vgl. DJD X, 21-28, pl. V-VI. Exemplaar met relatief veel materiaal uit verschillende gedeelten van het geschrift.
* **4Q398** (4QMMT^e) *4QHalachische Brief^e*, vgl. DJD X, 28-38, pl. VII-VIII. Exemplaar geschreven op papyrus, met het slotgedeelte van het geschrift.
* **4Q399** (4QMMT^f) *4QHalachische Brief^f*, vgl. DJD X, 38-40, pl. VIII. Eén enkel fragment met resten van twee kolommen van het slotgedeelte van het geschrift.
* **4Q400** (4QShirShabb^a) *4QLiederen van het Sabbatsoffer^a* [4Q Serek Sirot ^{c}Olat Haššabbat], vgl. C. Newsom, XI, 173, 196, pl. XVI. Kopie van het werk 'Liederen van het sabbatsoffer' met resten van de liederen voor de eerste twee sabbatten.
* **4Q401** (4QShirShabb^b) *4QLiederen van het Sabbatsoffer^b*, vgl C. Newsom, DJD XI, 197-219, pl. XVII-XVIII. Een andere kopie van hetzelfde werk met resten van de liederen voor de eerste, derde en zesde sabbat.
* **4Q402** (4QShirShabb^c) *4QLiederen van het Sabbatsoffer^c*, vgl. C. Newsom, DJD XI, 221-237, pl. XVIII. Een andere kopie van hetzelfde werk met resten van het lied voor de vijfde sabbat.
* **4Q403** (4QShirShabb^d) *4QLiederen van het Sabbatsoffer^d*, vgl. C. Newsom, DJD XI, 253-292, pl. XX. Een andere kopie van hetzelfde werk met resten van de liederen voor de zesde, zevende en achtste sabbat.
* **4Q404** (4QShirShabb^e) *4QLiederen van het Sabbatsoffer^e*, vgl. C. Newsom, DJD XI, 293-305, pl. XXI. Een andere kopie van hetzelfde werk met resten van de liederen voor de zesde, zevende en achtste sabbat.
* **4Q405** (4QShirShabb^f) *4QLiederen van het Sabbatsoffer^f*, vgl. C. Newsom, DJD XI, 307-393, pl. XXII-XXX. Een andere kopie van hetzelfde werk met resten van de liederen voor de zeven laatste sabbatten van het seizoen.

* **4Q406** (4QShirShabb^g) *4QLiederen van het Sabbatsoffer^g*, vgl. C. Newsom, DJD XI, 395-398, pl. XXXI. Minimale resten van een andere kopie van hetzelfde werk met gedeelten van het begin van het lied voor een niet nader te identificeren sabbat.
* **4Q407** (4QShirShabb^h) *4QLiederen van het Sabbatsoffer^h*, vgl. C. Newsom, DJD XI, 399-401, pl. XXXI. Mogelijk een andere kopie van hetzelfde werk. Twee kleine fragmenten.
# **4Q408** (4QApocryphon of Moses^c ?) *4QApocryphon van Mozes^c ?*, vgl. A. Steudel, DJD XXXVI, 298-315, pl. XXI. Minimale resten van een andere kopie van het Apocryphon van Mozes?, vgl. 1Q29 en 4Q376.
* **4Q409** (4QLiturgical Work A) *4QLiturgische Tekst A*, vgl. E. Qimron, DJD XXIX, 63-667, pl. IV. Resten van een hymnisch gedicht.
# **4Q410** (4QVision and Interpretation), vgl. A. Steudel, DJD XXXVI, 316-319, pl. XXI. Minimale resten van een visioen en zijn interpretatie.
# **4Q411** (4QSapiential Hymn) *4QWijsheidsgeschrift*, vgl. A. Steudel, DJD XX, 159-162, pl. XIV. Eén enkel fragment met de eerste woorden van een kolom van 17 regels.
# **4Q412** (4QSapiential-Didactic Wrok A) *4QWijsheidsgeschrift*, vgl. A. Steudel, DJD XX, 163-167, pl. XIV. Minimale resten van een Wijsheidsgeschrift.
* **4Q413** (4QComposition concerning Divine Providence) *4QGoddelijke Voorzienigheid*, vgl. E. Qimron, DJD XX, 169-171, pl. XIV. Eén enkel fragment met het begin van een Wijsheidslied.
* **4Q414** (4QRitPur A) *4QReinigingsritueel A*, vgl. E. Eshel, DJD XXXV, 135-154, pl. XI-XII. Resten van een hymnisch gedicht.
* **4Q415** (4QInstruction^a) *4QWijsheidsgeschrift^a*, vgl. J. Strugnell, D. Harrington, DJD XXXIV, 41-71, pl. I-II. Talrijke fragmenten van een Wijsheidsgeschrift, bewaard in zeven exemplaren.
* **4Q416** (4QInstruction^b) *4QWijsheidsgeschrift^b*, vgl. J. Strugnell, D. Harrington, DJD XXXIV, 73-141, pl. III-VII. Een andere kopie van hetzelfde werk.
* **4Q417** (4QInstruction^c) *4QWijsheidsgeschrift^c*, vgl. J. Strugnell, D. Harrington, DJD XXXIV, 143-210, pl. VIII-IX. Een andere kopie van hetzelfde werk.
* **4Q418** (4QInstruction^d) *4QWijsheidsgeschrift^d*, vgl. J. Strugnell, D. Harrington, DJD XXXIV, 211-474, pl. XII-XXVI. Het best bewaarde exemplaar van dit Wijsheidsgeschrift. Ongeveer 300 fragmenten zijn bewaard gebleven, maar slechts enige zijn van redelijke afmeting.
# **4Q418a** (4QInstruction^e) *4QWijsheidsgeschrift^e*, vgl. J. Strugnell, D.

Harrington, DJD XXXIV, 475-495, pl. XXVIII-XIX. Een andere kopie van hetzelfde werk.
4Q418b (4QText with Quotation from Psalm 107?), vgl. J. Strugnell, D. Harrington, DJD XXXIV, 497-499, pl. XXIX.
4Q418c (4QInstruction^f?) *4QWijsheidsgeschrift^f?*, vgl. J. Strugnell, D. Harrington, DJD XXXIV, 501-503, pl. XXIX. Een andere mogelijke kopie van hetzelfde werk.
* **4Q419** (4QInstruction-like Composition A) *4QInstruction-like Wijsheidsgeschrift A*, vgl. S. Tanzer, DJD XXXVI, 316-319, pl. XXII. Een ander Wijsheidsgeschrift, waarvan slechts het eerste van de bewaard gebleven fragmenten een redelijke omvang heeft.
# **4Q420-421** (4QWays of Righteousness^{a-b}) *Paden van Gerechtigheid^{a-b}*, vgl. T. Elgvin, DJD XX, 173-202, pl. XV-XVI. Minimale resten van twee kopieën van een ander Wijsheidswerk.
* **4Q422** (4QParaphrase of Gen and Exod) *4QParafrase van Genesis en Exodus*. Vgl. T. Elgvin, E. Tov, DJD XIII, 417-441, pl. XLII-XLIII. Resten van een bijbelse parafrase.
* **4Q423** (4QInstruction^g) *4QWijsheidsgeschrift^g*, vgl. T. Elgvin, DJD XXXIV, 505-533, pl. XXX-XXXI. Een andere kopie van het Wijsheidsgeschrift.
* **4Q424** (4QInstruction-like Composition B) *4QInstruction-like Wijsheidsgeschrift B*, vgl. S. Tanzer, DJD XXXVI, 333-346, pl. XXIII. Een ander Wijsheidswerk.
# **4Q425-426** *4QWijsheidswerken*, vgl. A. Steudel, DJD XX, 203-224, pl. XVII-XVIII. Minimale resten van twee Wijsheidswerken.
* **4Q427** (4QH^a) *4QLofprijzingen^a*, vgl. E. Schuller, DJD XXIX, 77-123, pl. IV-V. Resten van een kopie van de Rol van de Lofprijzingen (*Hodayot*) met de hymnen in andere volgorde en met andere composities niet geconserveerd in 1QH; fragment 7 is bekend als 'Lied van Michaël', vgl. 4Q491 en 4Q431.
* **4Q428** (4QH^b) *4QLofprijzingen^b*, vgl. E. Schuller, DJD XXIX, 125-175, pl. VII-XI. Resten van een andere kopie van de Rol van de Lofprijzingen (*Hodayot*).
* **4Q429** (4QH^c) *4Q Lofprijzingen^c*, vgl. E. Schuller, DJD XXIX, 177-194, pl. XI-XII. Resten van een andere kopie van de Rol van de Lofprijzingen (*Hodayot*).
* **4Q430** (4QH^d) *4Q Lofprijzingen^d*, vgl. E. Schuller, DJD XXIX, 195-198, pl. XX. Twee fragmenten van een andere kopie van de Rol van de Lofprijzingen (*Hodayot*), fragment 1 is ook gepubliceerd als 4Q471b.

* **4Q431** (4QH^e) *4Q Lofprijzingen^e*, vgl. E. Schuller, DJD XXIX, 199-208, pl. XII, XXVII. Twee fragmenten van een andere kopie van de Rol van de Lofprijzingen (*Hodayot*).

4Q432 (4QpapH^f) *4Q Lofprijzingen^f*, vgl. E. Schuller, DJD XXIX, 209-232, pl. XIII-XIV. Minimale resten van een kopie op papyrus van de *Hodayot*.

4Q433 (4QHodayot-like Text A) *4QOp de Hodayot lijkende Tekst A*, vgl. E. Schuller, DJD XXIX, 233-236, pl. XV. Drie minuscule fragmenten van een werk gelijkend op de Hodayot.

4Q433a (4QpapHodayot-like Text B) *4QOp de Hodayot lijkende Tekst B*, vgl. E. Schuller, DJD XXIX, 237-245, pl. XV. Vier minuscule fragmenten van een werk gelijkend op de Hodayot, op papyrus.

* **4Q434** (4QBarkhi Nafshi^a) *4QZegen, mijn ziel^a*, vgl. M. Weinfeld, D. Seely, DJD XXIX, 267-286, pl. XVII-XIX. Eerste exemplaar van een werk met lofliederen, die plegen te beginnen met de woorden: 'Zegen, mijn ziel'. Een redelijk omvangrijk fragment met resten van twee kolommen en andere kleinere fragmenten. Fragment twee was bekend als *Dankzegging na de Maaltijd*.

4Q435 (4QBarkhi Nafshi^b) *4QZegen, mijn ziel^b*, vgl. M. Weinfeld, D. Seely, DJD XXIX, 287-293, pl. XX. Minimale resten van een tweede kopie van een werk met lofliederen, vgl. 4Q434.

* **4Q436** (4QBarkhi Nafshi^c) *4QZegen, mijn ziel^c*, vgl. M. Weinfeld, D. Seely, DJD XXIX, 295-305, pl. XXI. Eén enkel fragment met een vrijwel complete kolom van hetzelfde werk.

* **4Q437** (4QBarkhi Nafshi^d) *4QZegen, mijn ziel^d*, vgl. M. Weinfeld, D. Seely, DJD XXIX, 307-325, pl. XXIII. Verschillende fragmenten van een andere kopie van hetzelfde werk.

4Q438 (4QBarkhi Nafshi^e) *4QZegen, mijn ziel^e*, vgl. M. Weinfeld, D. Seely, DJD XXIX, 327-334, pl. XXIII-XXIV. Minimale fragmenten van een andere kopie van hetzelfde werk.

4Q439 (4QLament by a Leader), vgl. M. Weinfeld, D. Seely, DJD XXIX, 335-344, pl. XXIV. Een fragment met resten van twee kolomnen van een klaaglied.

4Q440 (4QHodayot-like Text C) *4QOp de Hodayot lijkende Tekst C*. Vgl. Schuller, DJD XXIX, pl. XVI. Drie fragmenten van het slot van een hymnisch werk gelijkend op de Hodayot.

4Q441-443. Vgl. E. Chazon, DJD XXIX, 343-366, pl. XXV. Schamele fragmenten van gebeden en hymnen.

* **4Q444** (4QIncantation) *4QBezwering*, vgl. E. Chazon, DJD XXIX, 367-378, pl. XXVI. Een fragment tegen de demonen, vgl. 4Q510-511.

4Q445-447. Vgl. E. Tigchelaar, DJD XXIX, 379-390. Schamele fragmenten van hymnen.
* **4Q448** (4QApocr. Psalm and Prayer) *4QApocriefe Psalm en Gebed*, vgl. E. Eshel, H. Eshel, A. Yardeni, DJD XI, 403-425, pl. XXXII.
# **4Q449-57** *4QGebeden*. Vgl. E. Chazon, DJD XXIX, 391-419, pl. XXVII. Schamele resten van liturgische werken.
# **4Q458** (4QNarrative A) *4QVertelling A*, vgl. E. Larson, DJD XXXVI, 353-365, pl. XXV. Schamele resten van een niet nader te identificeren werk.
# **4Q459** (4QNarrative Work Mentioning Lebanon), vgl. Larson, DJD XXXVI, 366-368, pl. XXIV. Een fragment met resten van vier regels.
* **4Q460** (4QNarrative Work and Prayer), vgl. E. Larson, DJD XXXVI, 369-386, pl. XXVI. Resten van een narratief werk met verwijzingen naar de bijbel. Er is een redelijk omvangrijk fragment bewaard gebleven. Vgl. 4Q378-379.
# **4Q461** (4QNarrative B) *4QVertelling B*, vgl. E. Larson, DJD XXXVI, 387-393, pl. XXVII. Vijf kleine fragmenten van een verhalend werk.
* **4Q462** (4QNarrative C) *4QVertelling C*, vgl. M.S. Smith, DJD XIX, 195-209, pl. XVI. Een groot fragment van een verhalend werk.
# **4Q463** (4QNarrative D) *4QVertelling D*, vgl. M.S. Smith, DJD XIX, 211-214, pl. XXVII. Vier fragmenten van een soort van Leviticus-parafrase.
* **4Q464** (Exposition on the Patriarchs) *4QUiteenzetting over de Patriarchen*, vgl. E. Eshel, M. Stone, DJD XIX, 215-230, pl. XXVIII.
# **4Q464a-469** *4QNiet-geklassificeerde Fragmenten*. Vgl. DJD XXXVI, 394-438, pl. XXVII-XXX. Fragmenten van niet geïdentificeerde geschriften.
* **4Q470** (4QText Mentioning Zedekiah) *4QFragment dat Sedekia vermeldt*, vgl. E. Larson, L. Schiffman, J, Strugnell, DJD XIX, 235-244, pl. XXIX. Drie kleine fragmenten van een werk dat koning Sedekia en de engel Michaël vermeldt.
* **4Q471** (4QWar Scroll-like Text B), vgl. E. en H. Eshel, DJD XXXVI, 439-445, pl. XXX. Minimale resten van een werk verwant aan de Rol van de Oorlog (1QM).
* **4Q471a** (4QPolemical Text) *4QPolemisch Fragment*, vgl. E. Eshel en M. Kister, DJD XXXVI, 446-449, pl. XXXI. Een fragment dat waarschijnlijk een onderdeel van het hiervoor genoemde geschrift vormt.
* **4Q471b** (4QSelf-Glorification Hymn) *4QZelfverheerlijkingshymne*, vgl. E. Eshel, DJD XXIX, pl. XXVIII. Eerder bekend als 'Lied van Michaël', zie 4Q491, 4Q427 en 4Q431.

* **4Q471c** (4QPrayer Concerning God and Israel) *4QGebed betreffende God en Israël*, vgl. E. Eshel, DJD XXIX, pl. XXVIII.
\# **4Q472** (4QEschatological Work B), vgl. T. Elgvin, DJD XXXVI, 450-455, pl. XXXI. Minimale resten van een Wijsheidsgeschrift.
\# **4Q472a** (4QHalakha C), vgl. T. Elgvin, DJD XXXV, 155-156, pl. XII. Een klein fragment van onduidelijke inhoud.
\# **4Q473** (4QThe Two Ways) *4QDe Twee Wegen*, vgl. T. Elgvin, DJD XXII, 289-294, pl. XXVI. Twee kleine fragmenten van een Wijsheidsgeschrift.
\# **4Q474** (4QText Concerning Rachel and Joseph), vgl. T. Elgvin, DJD XXXVI, 454-463, pl. XXXI. Een enkel fragment gerelateerd aan de Apocrief van Jozef.
* **4Q475** (4QRenewed Earth) *4QVernieuwde Aarde*, vgl. T. Elgvin, DJD XXXVI, 464-473, pl. XXXI. Een enkel fragment van een eschatologisch werk.
\# **4Q476** (4QLiturgical Work B), vgl. T. Elginv, DJD XXIX, 437-446, pl. XXVIII. Schamele resten van een liturgisch werk.
* **4Q477** (4QRebukes Reported by the Overseer) *4QBestraffingen*, vgl. E. Eshel, DJD XXXVI, 474-483, pl. XXXII.
\# **4Q478-481** (4QMiscellaneous Texts) *4QNiet-geklassificeerde Fragmenten*, vgl. DJD XXII, 295-322, pl. XXVI-XXIX. Minimale resten van niet-geïdentificeerde werken.
\# **4Q482** (4QpapJub^j?), *4QJubileeën^j* (?), vgl. M. Baillet, DJD VII, 1-2, pl. I. Mogelijk een kopie van het boek Jubileeën. Papyrus.
\# **4Q483** (4QpapGen^o) *4QGenesis of Jubileeën* (?), vgl. M. Baillet, DJD VII, 2, pl. I. Mogelijk resten van Gen. 1:18 of van Jub. 2:14. Papyrus.
\# **4Q484** (4QpapTJud?) *4QTestament van Juda,* vgl. M. Baillet, DJD VII, 3, pl. I. Resten van een werk verwant aan het Testament van Juda (?).
\# **4Q485** *4QProfetie*, vgl. M. Baillet, DJD VII, 4, pl. II. Geringe resten van een profetische of Wijsheidstekst, geschreven op papyrus.
\# **4Q486** *4QWijsheidswerk^a*, vgl. M. Baillet, DJD VII, 4-5, pl. II. Schamele resten van een Wijsheidsgeschrift (?).
\# **4Q487** *4QWijsheidsgeschrift (Sapiential Work)^a*, vgl. M. Baillet, DJD VII, 5-10, pls. III-IV. Talrijke, maar onbetekenende resten (53 fragmenten) van een Wijsheidsgeschrift (?), geschreven op papyrus.
\# **4Q488-490** *4QApocriefen*, vgl. M. Baillet, DJD VII, 10-11, pl. 11. Resten van apocriefe boeken (?), geschreven in het Aramees.
* **4Q491** (4QM^a) *4QRol van de Oorlog (War Scroll)^a* [4QMilhama^a], vgl. M. Baillet, DJD VII, 12-44, pls. V-VI. Een met de Rol van de Oorlog

(1QM) verwante tekst. Het manuscript bevat elementen die lijken te corresponderen met 1QM. Andere passages lijken een lappendeken van bewoordingen die in een andere context ook in 1QM voorkomen, terwijl weer andere gedeelten geen parallellen met 1QM vertonen. Een van de hymnische werken (het 'Lied van Michaël' in fragment 11 i) zou ook in twee andere manuscripten van grot 4 voorkomen (4Q427 en 4Q431 = 4Q471b).

* **4Q492** (4QM^b) *4QRol van de Oorlog (War Scroll)*^b, vgl. M. Baillet, DJD VII, 45-49, pl VII. Een ander exemplaar van de Rol van de Oorlog. Fragment 1 correspondeert met 1QM XIX 1-14 en 1QM fragmenten 2, 8 en 1Q33 2. De fragmenten 2-3 zijn niet geïdentificeerd.

* **4Q493** (4QM^c) *4QRol van de Oorlog (War Scroll)*^c, vgl. M. Baillet, DJD VII, 49-53, pl. VIII. Een tekst verwant aan 1QM, maar de bewaard gebleven tekst correspondeert niet met 1QM.

* **4Q494** (4QM^d) *4QRol van de Oorlog (War Scroll)*^d, vgl. M. Baillet, DJD VII, 53-54, pl. VIII. Een ander exemplaar van de Rol van de Oorlog. Het enige fragment dat bewaard gebleven is, correspondeert gedeeltelijk met 1QM II 1-2.

* **4Q495** (4QM^e) *4QRol van de Oorlog (War Scroll)*^e, M. Baillet, DJD VII, 54-56, pl. VIII. Een ander exemplaar van de Rol van de Oorlog. Fragment 2 correspondeert met 1QM XIII 9-12.

* **4Q496** (4QM^f) *4QRol van de oorlog (War Scroll)*^f, vgl. M. Baillet, DJD VII, 57-68, pls. X, XII, XIV, XVIII, XXIV. Een ander exemplaar van de Rol van de Oorlog. De eerste 16 fragmenten (van een totaal van 122) stammen van vijf kolommen, die deels corresponderen met 1QM I 4-IV 2.

\# **4Q497** (4QM^g ?) *4QRol van de Oorlog (War Scroll)*^g (?), vgl. M. Baillet, DJD VII, 69-72, pl. XXVI. Tekst verwant aan 1QM (?).

\# **4Q498** *4QWijsheidshymne*, vgl. M. Baillet, DJD VII, 73-74, pl. XXVII. Fragmenten van hymnen of een Wijsheidsgeschrift (?).

\# **4Q499** *4QHymnisch Gebed*, vgl. M. Baillet, DJD VII, 74-77, pl. XXV. Fragmenten van hymnen of gebeden.

* **4Q500** (4QpapBen) *4QZegening*, vgl. M. Baillet, DJD VII, 78-79, pl. XXVII. Vermoedelijk resten van een zegenspreuk, een exegese van het Lied van de Wijngaard van Jesaja 5.

* **4Q501** (4QapocrLam B) *4QApocriefe Klaagliederen B*, vgl. M. Baillet, DJD VII, 79-80, pl. XXVIII. Resten van een 'Klaaglied', een poëtisch werk verwant aan 1QH.

* **4Q502** (4QpapRitMar) *4QRitueel van een Blijde Bijeenkomst (Rituel de Mariage)*, vgl. M. Baillet, DJD VII, 81-105, pls. XXIX-XXXIV. Fragmenten van een ritueel voor een blijde bijeenkomst, geïnterpreteerd als een viering (gerelateerd aan het Loofhuttenfeest?), waarin oude mannen en vrouwen een hoofdrol speelden. Op papyrus.

* **4Q503** (4QpapPrQuot) *4QDagelijkse Gebeden (Prières Quotidiennes)*, vgl. M. Baillet, DJD VI, 105-136, pls. XXXV, XXXVII, XXXIX, XLI, XLVIII, XLV , XLVII. Resten van een liturgisch geschrift met morgen- en avondgebeden voor elke dag van de maand. Bewaard gebleven zijn gebeden voor vijftien dagen, tussen de 4de en 26ste van de eerste maand (Nisan).

* **4Q504** (4QDibHam^a) *4QWoorden van de Lichten (Dibre Hamm^e'orot)^a*, vgl. M. Baillet, DJD VII, 137-168, pls. XLIX-LIII. Kopie van een liturgisch werk, waarvan de titel 'Woorden van de Lichten' bewaard gebleven is op de achterzijde van fragment 8 en dat gebeden voor elke dag van de week zou hebben bevat (het begin van het gebed voor de woensdag en de sabbat is bewaard gebleven).

* **4Q505** (4QpapDibHam^b) *4QWoorden van de Lichten^b*, vgl. M. Baillet, DJD VII, 168-170, pl. XXIII. Door de auteur geïdentificeerd als een ander exemplaar van de 'Woorden van de Lichten' (4QDibHam); in werkelijkheid lijken de bewaard gebleven fragmenten deel uit te maken van de 'Feestgebeden' (4Q509).

* **4Q506** (4QpapDibHam^c) *4QWoorden van de Lichten^c*, vgl. M. Baillet, DJD VII, 170-175, pls. XVIII, XX, XXIV. Een ander exemplaar van de 'Woorden van de Lichten'.

* **4Q507** (4QPrFêtes^a) *4QFeestgebeden (Prières pour les fêtes)^a*, vgl. M. Baillet, DJD VII, 175-177, pl. XXVIII. Een ander exemplaar (?) van een liturgisch werk dat gebeden zou bevatten voor de verschillende feesten van het liturgische jaar, bekend door de bewaarde fragmenten van 1Q34-34bis.

* **4Q508** (4QPrFêtes^b) *4QFeestgebeden^b*, vgl. M. Baillet, DJD VII, 177-184, pl. LIV. Een ander exemplaar van het liturgisch werk met gebeden voor de verschillende feesten, mogelijk met resten van de gebeden voor het feest van het beweegoffer van de garve, het Wekenfeest, het Nieuwjaarsfeest en de grote Verzoendag (?).

* **4Q509** (4QpapPrFêtes^c) *4QFeestgebeden^c*, vgl. M. Baillet, DJD VII, 184-215, pls. IX, XI, XIII, XV, XVII, XIX, XXI, XXII. Een ander exemplaar van hetzelfde werk met gebeden voor het Nieuwjaarsfeest, de grote Verzoendag, het Loofhuttenfeest, het tweede Pascha en het Wekenfeest (?).

* **4Q510** (4QShir^a) *4QLiederen van de Wijze^a*, vgl. M. Baillet, DJD VII, 215-219, pl. LV. Verzameling van liederen van de Wijze om God te loven en demonen uit te drijven.

* **4Q511** (4QShir^b) *4QLiederen van de Wijze^b*, vgl. M. Baillet, DJD VII, 219-262, pls. LVI-LXII. Een ander exemplaar van hetzelfde geschrift, waarvan 224 fragmenten bewaard gebleven zijn.
* **4Q512** (4QpapRitPur B) *4QReinigingsritueel B*, vgl. M. Baillet, DJD VII, 262-286, pls. XXXVI, XXXVIII, XL, XLII, XLIV, XLVI, XLVIII. Talrijke fragmenten (232) van een reinigingsritueel met voorschriften voor de reinigingen en gebeden die gereciteerd moeten worden naar aanleiding van deze reinigingen.
* **4Q513** (4QOrd^b) *4QOrdinantiën^b*, vgl. M. Baillet, DJD VII, 287-295, pls. LXXII-LXXIII. Wetstekst verwant aan 4QHalacha (4Q251) en 4QMMT (4Q394-399), door de auteur beschouwd als een ander exemplaar van het halachische werk dat door 4Q159 gerepresenteerd wordt.
* **4Q514** (4QOrd^c) *4QOrdinantiën^c*, vgl. M. Baillet, DJD VII, 295-298, pl. LXXIV. Een andere wetstekst, die de voorwaarden voor de reinheid behandelt die noodzakelijk zijn om deel te nemen aan de gemeenschappelijke maaltijden. Door Baillet beschouwd als mogelijk een ander exemplaar van hetzelfde werk als het voorafgaande.
# **4Q515-520** *4QNiet-geidentificeerde Fragmenten*, vgl. M. Baillet, DJD VII, 299-312, pls. LXXV-LXXX. Fragmenten van niet-geïdentificeerde werken.
* **4Q521** (4QMessianic Apocalypse) *4QMessiaanse Apocalyps = 4QOver de Opstanding*, vgl. E. Puech, DJD XXV, 1-40, pl. I-III. Wijsheidsgeschrift dat het geloof in de opstanding verwoordt.
* **4Q522** (4QProphecy of Joshua; 4QapocrJosh^c?) *4QProfetie van Jozua*, vgl. E. Puech, DJD XXV, 39-74.pl. IV-V. Hebreeuws werk met plaatsnamen, gerelateerd aan 4Q378-379 en 5Q9. Een groot fragment met resten van twee kolommen en veel andere kleine fragmenten.
# **4Q523** (4QJonathan) vgl. E. Puech, DJD XXV, 75-83, pl. VI. Schamele resten van een in het Hebreeuws geschreven compositie dat een Jonathan vermeldt.
# **4Q524** (4QTemple Scroll) *4QTempelrol*, vgl. E. Puech, DJD XXV, 85-114, pl. VII-VIII. Schamele resten van de oudste kopie van de Tempelrol, vgl. 11Q19-20.
* **4Q525** (4QBeatitudes) *4QZaligsprekingen*, vgl. E. Puech, DJD XXV, 115-178, pl. IX-XIII. Fragmenten van een Wijsheidsgeschrift dat een reeks van zaligsprekingen bevat.
# **4Q526-528,** vgl. E. Puech, DJD XXV, 179-190, pl. XIV. Drie kleine en niet-geïdentificeerde fragmenten, ieder door een andere hand geschreven.
* **4Q529** (4QWords of Michael ar) *4QWoorden van Michaël ar*, vgl. E.

Puech, DJD XXXI, 1-8, pl. I. Aramees werk, waarvan de titel zou zijn: 'Woorden van het boek dat Michaël zei tot de engelen'. De fragmenten van 6Q23 zouden tot dit geschrift behoren.

* **4Q530** (4QEnGiants[b] ar) *4QBoek der Reuzen[b] ar*, vgl. E. Puech, DJD XXXI, 19-47, pl. I-II. Een ander exemplaar van het Boek van de Reuzen, vgl. 4Q203.

* **4Q531** (4QEnGiants[c] ar) *4QBoek der Reuzen[c] ar*, vgl. E. Puech, DJD XXXI, 49-94, pl. III-V. Een ander exemplaar van het Boek van de Reuzen.

\# **4Q532** (4QEnGiants[d] ar) *4QBoek der Reuzen[d] ar*, vgl. E. Puech, DJD XXXI, 95-104, pl. VI. Twee fragmenten van een andere kopie van het Boek van de Reuzen.

\# **4Q533** (4QEnGiants[e] ar) *4QBoek der Reuzen[e] ar*, vgl. E. Puech, DJD XXXI, 105-115, pl. VI. Kleine fragmenten van een ander exemplaar van het Boek van de Reuzen.

* **4Q534** (4QBirth of Noah[a] ar) *4QGeboorte van Noach[a] ar*, vgl. E. Puech, DJD XXXI, 129-152, pl. VII-IX. De tekst, vroeger bekend als 'Uitverkorene van God' zou betrekking hebben op de geboorte van Noach, vgl. 4Q535-536.

* **4Q535** (4QBirth of Noah[b] ar) *4QGeboorte van Noach[b] ar*, vgl. E. Puech, DJD XXXI, 153-159, pl. X. Drie kleine fragmenten van een andere kopie van het geschrift over de geboorte van Noach.

* **4Q536** (4QBirth of Noah[c] ar) *4QGeboorte van Noach[c] ar*, vgl. E. Puech, DJD XXXI, 161-170, pl. X. Vier kleine fragmenten van het geschrift over de geboorte van Noach.

* **4Q537** (4QTJacob? ar) *4QTestament van Jakob? ar*, vgl. E. Puech, DJD XXXI, 171-190, pl. XI. Resten van een Aramees werk 'Testament of Visioenen van Jakob'. Alleen een enkel fragment van een redelijke omvang, de andere zijn heel klein.

* **4Q538** (4QTJud ar) *4QTestament van Juda ar*, vgl. E. Puech, DJD XXXI, 191-199, pl. XII. Vier fragmenten, resten van een Aramees Testament van Juda.

* **4Q539** (4QTJoseph ar) *4QTestament van Jozef ar*, vgl. E. Puech, DJD XXXI, 201-211, pl. XII. Resten van een Aramees Testament van Jozef.

* **4Q540** (4QapocrLevi[a]? ar) *4QApocrief van Levi[a]? ar*, vgl. E. Puech, DJD XXXI, 217-223, pl. XII. Drie fragmenten van een Apocrief van Levi, vgl. 4Q541.

* **4Q541** (4QapocrLevi[b]? ar) *4QApocrief van Levi[b]? ar*, vgl. E. Puech, DJD XXXI, 225-256, pl. XIII-XIV. Resten van een Apocrief van Levi, vgl. 4Q540.

* **4Q542** (4QTQahat ar) *4QTestament van Kehat ar*, vgl. E. Puech, DJD XXXI, 257-282, pl. XV. Resten van een Aramees Testament van Kehat. Van het geschrift is enkel één fragment met de tekst van één kolom en de helft van die van de volgende bewaard gebleven.
* **4Q543** (4QVisions of Amram^a ar) *4QVisioenen van Amram^a ar*, vgl. E. Puech, DJD XXXI, 289-318, pl. XVI-XVII. Aramees boek van apocalyptische aard, bewaard gebleven in zes exemplaren, vgl. 4Q544-548.
* **4Q544** (4QVisions of Amram^b ar) *4QVisioenen van Amram^b ar*, vgl. E. Puech, DJD XXXI, 319-329, pl. XVIII. Drie fragmenten van een andere kopie van deze werk.
* **4Q545** (4QVisions of Amram^c ar) *4QVisioenen van Amram^c ar*, vgl. E. Peuch, DJD XXXI, 331-349, pl. XIX. Een andere kopie van de compositie.
* **4Q546** (4QVisions of Amram^d ar) *4QVisioenen van Amram^d ar*, vgl. E. Puech, DJD XXXI, 352-374, pl. XX. Een andere kopie van de compositie.
* **4Q547** (4QVisions of Amram^e ar) *4QVisioenen van Amram^e ar*, vgl. E. Puech, DJD XXXI, 375-390, pl. XX. Een andere kopie van de compositie.
* **4Q548** (4QVisions of Amram^f ar) *4QVisioenen van Amram^f ar*, vgl. E. Puech, DJD XXXI, 391-398, pl. XXII. Drie fragmenten van een andere kopie van de compositie.
* **4Q549** (4QVisions of Amram^g ? ar) *4QVisioenen van Amram^g? ar*, vgl. E. Puech, DJD XXXI, 399-405, pl. XXII. Twee fragmenten van een ander mogelijk kopie van het einde van de compositie.
* **4Q550a-e** *4QProto-Ester^{a-e+f} ar*, vgl. J.T. Milik, 'Les modèles araméens du livre d'Esther dans la grotte 4 de Qumrân 175', in: E. Puech en F. García Martínez (red.), *Mémorial Jean Starcky*, Vol. II (Paris 1992) [= *RQ* 15/59 (1992)], 321-406. Vijf exemplaren van een verhalend werk dat de bron geweest zou kunnen zijn van het bijbelse boek Ester. De zesde kopie, door Milik aan dit geschrift toegeschreven, lijkt van een ander geschrift afkomstig te zijn, vgl. F. García Martínez , 'Las fronteras de lo Bíblico', *Scripta Theologica* 23 (1991), 774; K. Beyer, *Die aramäischen Texte vom Toten Meer. Ergänzungsband* (Vandenhoeck & Ruprecht, Göttingen 1994), 133.
# **4Q551** *4QDaniël-Suzanna ar (?)*, vgl. J.T. Milik, 'Daniel et Susanne à Qumrân', in: M. Carrez e.a. (red.), *De la Tôrah au Messie* (Desclée, Paris 1981), 337-359. Kleine fragmenten, die Milik (ten onrechte) in verband heeft gebracht met de geschiedenis van Susanna.
* **4Q552** (Four Kingdoms^a ar) *4QVier Koninkrijken^a ar*, vgl. F. García

Martínez en E. Tigchelaar, *The Dead Sea Scrolls Study Edition*, II, 1102-1105. Een Aramees apocalyptisch geschrift over de vier koninkrijken.
* **4Q553** (Four Kingdoms^b ar) *4QVier Koninkrijken^b ar*, vgl. F. García Martínez en E. Tigchelaar, *The Dead Sea Scrolls Study Edition*, II, 1104-1107. Een andere kopie van hetzelfde geschrift.
* **4Q554** (4QNJ^a ar) *4QNieuw Jeruzalem^a ar*, vgl. J. Starcky, 'Jérusalem et les manuscrits de la mer Morte', *Le Monde de la Bible* 1 (1977), 38-40; F. García Martínez en E. Tigchelaar, *The Dead Sea Scrolls Study Edition*, II, 1106-1111. Een kopie van het Aramese werk 'Beschrijving van het Nieuwe Jeruzalem'.
* **4Q554a** (4QNJ^b ar) *4QNieuw Jeruzalem^b ar*, F. García Martínez en E. Tigchelaar, *The Dead Sea Scrolls Study Edition*, II, 1112-1113. Een kopie van het Aramese werk 'Beschrijving van het Nieuwe Jeruzalem'.
* **4Q555** (4QNJ^c ar) *4QNieuw Jeruzalem^c ar*, vgl. F. García Martínez en E. Tigchelaar, *The Dead Sea Scrolls Study Edition*, II, 1110-1113. Een andere kopie van hetzelfde werk.
# **4Q556-558** (4QVision^{a-c} ar) *4QVisioenen^{a-c} ar*, vgl. F. García Martínez en E. Tigchelaar, *The Dead Sea Scrolls Study Edition*, II, 1112-1115. Minimale resten van Aramese geschriften over visioenen.
* **4Q559** (4QpapBibChronology ar) *4QBijbelse Chronologie ar*, vgl. J. Starcky, 'Le travail d'édition', *RB* 63 (1956), 66; F. García Martínez en E. Tigchelaar, *The Dead Sea Scrolls Study Edition*, II, 1114-1115; M. Wise, 'To Know the Times and the Seasons: A Study of the Aramaic Chronograph 4Q559', *JSP* 15 (1997) 3-51. Een Aramees werk, geschreven op papyrus, dat in de bewaard gebleven fragmenten een chronologie bevat die strekt van Terach tot aan de Richteren.
* **4Q560** (4QExorcism ar) *4QBezwering ar,* vgl. D.L. Penney, M. Wise, 'By the Power of Beelzebub: An Aramaic Incantation Formula from Qumran (4Q560)', *JBL* 113 (1994), 627-650; J. Naveh, 'Fragments of an Aramaic Magic Book from Qumran', *IEJ* 48 (1998), 252-261; F. García Martínez en E. Tigchelaar, *The Dead Sea Scrolls Study Edition*, II, 1116-1117. Resten van een Aramees geschrift dat bezweringen lijkt te bevatten.
* **4Q561** (4QPhysiognomy ar) *4QFysiognomie ar,* vgl. J. Starcky, 'Les quatre étapes du messianisme', 503, n. 66; F. García Martínez en E. Tigchelaar, *The Dead Sea Scrolls Study Edition*, II, 1116-1118; M. Popović, *Reading the Human Body*, 54-65, 262-276. Exemplaar in het Aramees van een fysiognomische lijst.
# **4Q562-575** *4Q Aramese Fragmenten D-Z (Aramaic D-Z)*, vgl. F. García Martínez en E. Tigchelaar, *The Dead Sea Scrolls Study Edition*, II, 1118-

1123. Niet-geïdentificeerde fragmenten van Aramese geschriften.
4Q576 (4QGen^n) *4QGenesis^n*, vgl. E. Puech, DJD XXV, 191-193. Twee fragmenten met resten van Genesis 34 en 50.
4Q577-579 vgl. E. Puech, DJD XXV, 195-211, pl. XV. Schamele resten van drie niet geïdentificeerde composities, een die de zondvloed vermeld, een andere die Ptolemeüs vermeldt, en een derde met fragmenten van hymnen.
* **4Q580** (4QUnid. Text N ar) *4QAramese Tekst*, vgl. E. Puech, DJD XXXVII. Is eerder toegeschreven aan 4Q548 (4QVisions of Amram^f ar), maar de huidige identificatie is onduidelijk.

GROT 5

Bijbelse teksten

5Q1 (5QDeut) *5QDeuteronomium*, vgl. J.T. Milik, DJD III, 169-171, pl. XXXVI. Een fragment met resten van twee kolommen van Deuteronomium.
5Q2 (5QKgs) *5QKoningen*, vgl. J.T. Milik, DJD III, 171-172, pl. XXXVI. Resten van 1 Koningen 1.
5Q3 (5QIsa) *5QJesaja*, vgl. J.T. Milik, DJD III, 173, pl. XXXVI. Een fragment met resten van Jesaja 40.
5Q4 (5QAmos) *5QAmos*, vgl. J.T. Milik, DJD III, 173-174, pl. XXXVI. Een fragment met resten van Amos 1.
5Q5 (5QPs) *5QPsalmen*, vgl. J.T. Milik, DJD III, 174, pl. XXXVII. Resten van Psalm 119.
5Q6 (5QLam^a) *5QKlaagliederen^a*, vgl. J.T. Milik, DJD III, 174-177, pl. XXXVII-XXXVIII. Resten van een kopie van Klaagliederen.
5Q7 (5QLam^b) *5QKlaagliederen^b*, vgl. J.T. Milik, DJD III, 177-178, pl. XXXVIII. Een fragment van een andere kopie van Klaagliederen met resten van hoofdstuk 4.
5Q8 (5QPhyl) *5QPhylacterium*, vgl. J.T. Milik, DJD III, 178, pl. XXXVIII. Phylacterium in zijn koker. Niet open te vouwen.

Niet-bijbelse teksten

5Q9 (5QToponyms) *5QGeschrift met Plaatsnamen*, vgl. J.T. Milik, DJD III, 179-180, pl. XXXVIII. Een werk met toponymen. Niet geïdentificeerd.
* **5Q10** (5QapMal) *5Q Maleachi-Apocryphon*, vgl. J.T. Milik, DJD III,

180, pl. XXXVIII. Voor de identificatie van het geschrift als mogelijk een commentaar op Maleachi vgl. J. Carmignac, 'Vestiges d'un pesher de Malachie (?)', *RQ* 4/13 (1963), 97-100.
* **5Q11** (5QS) *5QRegel der Gemeenschap*, vgl. J.T. Milik, DJD III, 180-181, pl. XXXVIII. Waarschijnlijk een kopie van de Regel der Gemeenschap (vgl. 1QS) met resten van 1QS II 4-7 en II 12-14 (?).
* **5Q12** (5QD) *5QDamascus Document*, vgl. J.T. Milik, DJD III, 181, pl. XXXVIII. Kopie van het Damascusgeschrift met resten van CD IX 7-10.
* **5Q13** (5QRule) *5QRegel*, vgl. J.T. Milik, DJD III, 181-183, pls. XXXIX-XL. Een sektarische orderegel, geïnspireerd door 1QS en CD. Citaat uit 1QS III 4-5 in fragment 4.
* **5Q14** (5QCurses) *5QVervloekingen*, vgl. J.T. Milik, DJD III, 183-184, pl. XL. Geschrift met vloekspreuken.
* **5Q15** (5QNJ ar) *5QNieuw Jeruzalem ar*, vgl. J.T. Milik, DJD III, 184-193, pl. XL-XLI. Resten van het Aramese werk 'Beschrijving van het Nieuwe Jeruzalem', inclusief lezingen van de kopie van hetzelfde werk uit grot 4 (vgl. 4Q554-555).
\# **5Q16-25** *5QNiet-geklassificeerde Fragmenten*. Resten van niet-geïdentificeerde werken.

GROT 6

Bijbelse teksten

6Q1 (6QpaleoGen) *6QGenesis*, vgl. M. Baillet, DJD III, 105-106, pl. XX. Een fragment in oud-Hebreeuws schrift met resten van Genesis 6.
6Q2 (6QpaleoLev) *6QLeviticus*, vgl. M. Baillet, DJD III, 106, pl. XX. Een fragment in oud-Hebreeuws schrift met resten van Leviticus 8.
6Q3 (6QDeut?) *6QDeuteronomium (?)*, vgl. M. Baillet, DJD III, 106-107, pl. XX. Een fragment dat mogelijk resten van Deuteronomium 26 bevat.
6Q4 (6QKgs) *6QKoningen*, vgl. M. Baillet, DJD III, 107-112, pls. XX-XXII. Resten van een kopie van 1 en 2 Koningen.
6Q5 (6QPs) *6QPsalmen*, vgl. M. Baillet, DJD III, 112, pl. XXIII. Een fragment met mogelijk resten uit Psalm 78.
6Q6 (6QCant) *6QHooglied*, vgl. M. Baillet, DJD III, 112-114, pl. XXIII. Een fragment met resten uit Hooglied 1.
6Q7 (6QDan) *6QDaniël*, vgl. M. Baillet, DJD III, 114-116, pl. XXIII. Resten van een kopie van Daniël.

Niet-bijbelse teksten

* **6Q8** (6QpapGiants ar) *6QBoek der Reuzen ar*, vgl. M. Baillet, DJD III, 116-119, pl. XXIV; L. Stuckenbruck, DJD XXXVI, 76-94. Gepubliceerd als een 'Apocrief van Genesis', maar geïdentificeerd door J.T. Milik, *The Books of Enoch,* 300, 309, als een andere kopie van het Aramese Boek van de Reuzen.
* **6Q9** (6QpapSam/Kgs) *6QApocryphon van Samuël-Koningen*, vgl. M. Baillet, DJD III, 119-123, pls. XXIV-XXV. Apocrief geschrift met stof gerelateerd aan de boeken Samuël en Koningen.
# **6Q10** (6QpapProph) *6QProfetie*, vgl. M. Baillet, DJD III, 123-125, pl. XXVI. Profetische tekst (?).
* **6Q11** (6QAllegory of the Vine) *6QAllegorie van de Wijngaard*, vgl. M. Baillet, DJD III, 125-126, pl. XXVI.
# **6Q12** (6QApocr. Proph) *6QApocriefe Profetie*, vgl. M. Baillet, DJD III, 126, pl. XXVI. Een 'apocriefe profetie', die een berekening van jubileeën gebruikt.
# **6Q13** (6QPriestly Proph) *6QPriesteriijke Profetie*, vgl. M. Baillet, DJD III, 126-127, pl. XXVI. 'Priesterlijke profetie' gerelateerd aan Ezra-Nehemia (?).
# **6Q14** (6QApocal. ar) *6QApocalypse*, vgl. M. Baillet, DJD III, 127-128, pl. XXVI. 'Apocalyptische tekst' in het Aramees.
* **6Q15** (6QD) *6QDamascus Document*, vgl. M. Baillet, DJD III, 128-131, pl. XXVI. Kopie van het Damascusgeschrift met resten van CD IV 19-21; V 13-14; V 18 – VI 2; VI 20 – VII 1 en een fragment dat geen gelijkenis vertoont met de ons bekende passages van CD.
* **6Q16** (6QpapBen) *6QZegenspreuken*, vgl. M. Baillet, DJD III, 131-132, pl. XXVII. Zegenspreuken.
# **6Q17** (6QpapCal) *6QKalender Document*, vgl. M. Baillet, DJD III, 132-133, pl. XXVII. Fragment van een kalender.
* **6Q18** (6QpapHymn) *6QHymne*, vgl. M. Baillet, DJD III, 133-136, pl. XXVII. Hymnisch gedicht.
* **6Q19** *6QGenesis? ar*, vgl. M. Baillet, DJD III, 136, pl. XXVIII. Tekst verwant aan Genesis (?).
* **6Q20** *6QDeuteronomium?*, vgl. M. Baillet, DJD III, 136-137, pl. XXVIII. Tekst verwant aan Deuteronomium (?).
# **6Q21-22** *6QNiet-geklassificeerde Fragmenten*, vgl. M. Baillet, DJD III, 137, pl. XXVIII. Niet-geïdentificeerde teksten.
# **6Q23** Vgl. M. Baillet, DJD III, 138, pl. XXVIII. Aramese tekst, door J.T. Milik geïdentificeerd als een kopie van 4QWoorden van Michaël,

The Books of Enoch, 91 (?).
6Q24-25 *6QNiet-geklassificeerde Fragmenten,* vgl. M. Baillet, DJD III, 138, pl. XXVIII.
6Q26 *6QFragmenten van een Rekening of Contract,* vgl. M. Baillet, DJD III, 138-139, pl. XXIX. In het Aramees geschreven.
6Q27-31 *6QNiet-geklassificeerde Fragmenten,* vgl. M. Baillet, DJD III, 139-141, pl. XXIX. Niet-geïdentificeerde teksten.

GROT 7

Bijbelse teksten

7Q1 (7QLXXExod) *7QSeptuaginta Exodus,* vgl. M. Baillet, DJD III, 142143, pl. XXX. Resten van hoofdstuk 28 van Exodus in het Grieks.
7Q2 (7QLXXEpJer) *7QBrief van Jeremia,* vgl. M. Baillet, DJD III, 143, pl. XXX. Resten van de (apocriefe) Brief van Jeremia, verzen 43-44.

Niet-geïdentificeerde teksten

7Q3-19 *7QNiet-geklassificeerde Griekse Teksten,* vgl. M. Baillet, DJD III, 143-144, pl. XXX. Niet geïdentificeerde Griekse teksten. J. O'Callaghan, 'Papiros neotestamentarios en la cueva 7 de Qumrân?', *Biblica* 53 (1972), 91-100; dez., '¿I Tim 3,16; 4,1.3 en 7Q4?', *Biblica* 53 (1972), 362-367; dez., *Los papiros griegos de la cueva 7 de Qumrân* (BAC 353; Editorial Católica, Madrid 1974) heeft voorgesteld de papyrusresten te identificeren met 1 Tim. 3:16; 4:1,3 (7Q4); Marc. 6:52-53 (7Q5); Marc. 4:28 (7Q6, 1); Hand. 27:38 (7Q6,2); Marc. 12:17 (7Q7); Jak. 1:23-24 (7Q8); Rom. 5:11-12 (7Q9); 2 Petr. 1:15 (7Q10); Marc. 6:48 (7Q15). Andere auteurs hebben voorgesteld ze te identificeren met andere bijbelse teksten [G.D. Fee, *JBL* 92 (1973), 109-112:7Q4 = Num. 14:23-24; P. Gamet, *Evangelical Quarterly* 45 (1973), 8-9:7Q5 = Ex. 36:10-11; C.H. Roberts, *JTS* 23 (1972), 446, n. 4:7Q5 = 2 Kon. 5:13-14] of met niet-bijbelse teksten [G.W. Nebe, *RQ* 13 (1988), 629-632:7Q4 = 1 Henoch 103:3-4; E.A. Muro, *RQ* 18 (1997), 307-312:7Q4, 7Q8, 7Q12 = 1 Enoch 103:3-4, 7-8; E. Puech, *RQ* 18 (1997), 313-323: 7Q11, 7Q13 = 1 Enoch 100,12, 103,15]

GROT 8

Bijbelse teksten

8Q1 (8QGen) *8QGenesis*, vgl. M. Baillet, DJD III, 147-148, pl. XXXI.
Twee fragmenten met resten van Genesis 17-18.
8Q2 (8QPs) *8QPsalmen*, vgl. M. Baillet, DJD III, 148-149, pl. XXXI.
Resten van de Psalmen 17-18.
8Q3 (8QPhyl) *8QPhylacterium*, vgl. M. Baillet, DJD III, 149-157, pls.
XXXII-XXXIII. Resten van Ex. 13:1-10, 13:11-16, Deut. 6:4-9, 11:13,
6:1-3, 10:20-22, 10:12-19; Ex. 12:43-51, Deut. 5:1-14, Ex. 20:11, Deut.
10:13(?), 11:2, 10:21-22, 11:1,6-12.
8Q4 (8QMez) *8QMezuza*, vgl. M. Baillet, DJD III, 158-161, pl.
XXXIV. Resten van Deut. 10:12-11:21.

Niet-bijbelse tekst

* **8Q5** (8QHymn) *8QHymne,* vgl. M. Baillet, III, 161-163, pl. XXXV.
Hymnische tekst.

GROT 9

In deze grot werd slechts één papyrusfragment ontdekt, dat niet geïdentificeerd is, vgl. M. Baillet, DJD III, 163, pl. XXXV.

GROT 10

In deze grot is enkel een ostracon, een fragment van een pot met resten van twee letters van de naam van de eigenaar gevonden, vgl. M. Baillet, DJD III, 164, pl. XXXV.

GROT 11

Bijbelse teksten

11Q1 (11 QpaleoLev^a) 11 *QLeviticus^a*, vgl. D.N. Freedman – K.A.
Mathews, *The Paleo-Hebrew Leviticus Scroll (11QpaleoLev)* (Winona Lake

1985). Kopie van Leviticus in oud-Hebreeuws schrift.
11Q2 (11QLev[b]) *11QLeviticus[b]*, vgl. F. García Martínez, E. Tigchelaar, A. van der Woude, DJD XXIII, 1-9, pl. I. Twee fragmenten met resten van een andere kopie van Leviticus.
11Q3 (11QDeut) *11QDeuteronomium*, vgl. F. García Martínez, E. Tigchelaar, A. van der Woude, DJD XXIII, 11-14, pl. II. Een fragment met resten van Deuteronomium 1.
11Q4 (11QEz) *11QEzechiël*, vgl. E.D. Herbert, DJD XXIII, 15-28, pl. II, LIV. Kleine fragmenten van een kopie van Ezechiël.
* **11Q5** (11QPs[a]) *11QPsalmen[a]*, vgl. J.A. Sanders, *The Psalms Scroll of Qumrân Cave 11 (11QP[a])*, DJD VI; F. García Martínez, E. Tigchelaar, A. van der Woude, DJD XXIII 29-36, pl. IV-V. Een kopie van de Psalmen met een van de masoretische tekst verschillende volgorde en met andere gedichten van pseudepigrafische aard.
* **11Q6** (11QPs[b]) *11QPsalmen[b]*, vgl. F. García Martínez, E. Tigchelaar, A. van der Woude, DJD XXIII, 37-47, pl. III. Een andere kopie van het hiervoor genoemde geschrift. Met resten van de 'Plea for Deliverance' 1-15 en Psalm 141:10, 133:1-3, 144:1-2 en 118:1,15-16.
11Q7 (11QPs[c]) *11QPsalmen[c]*, vgl. F. García Martínez, E. Tigchelaar, A. van der Woude, DJD XXIII, 49-61, pl. VI. Resten van een andere kopie van het boek der Psalmen.
11Q8 (11QPs[d]) *11QPsalmen[d]*, vgl. F. García Martínez, E. Tigchelaar, A. van der Woude, DJD XXIII, 6376, pl. VII-VIII. Resten van een andere kopie van het boek der Psalmen.
11Q9 (11QPs[e]?) *11QPsalmen[e]?*, vgl. F. García Martínez, E. Tigchelaar, A. van der Woude, DJD XXIII77-78, pl. VIII. Twee fragmenten met resten van de Psalmen 36-37 en 86, mogelijk een andere kopie van het boek der Psalmen of een deel van 11Q7.

Niet-bijbelse teksten

* **11Q10** (11QtgJob) *11QTargum van Job*, vgl. J.P. van der Ploeg en A.S. van der Woude, *Le targum de Job de la grotte XI de Qumrân* (KNAW, Brill, Leiden 1971); F. García Martínez, E. Tigchelaar, A. van der Woude, DJD XXIII, 79-180, pl. IX-XXI. Aramese parafraserende vertaling (Targum) van Job.
* **11Q11** (11QapocrPs) *11QApocriefe Psalmen*, vgl. F. García Martínez, E. Tigchelaar, A. van der Woude, DJD XXIII, 181-205, pl. XXII-XXV, LIII. Psalmen voor de uitdrijving van demonen. Het handschrift eindigt met Psalm 91.

* **11Q12** (11QJub) *11QJubileeën*, vgl. F. García Martínez, E. Tigchelaar, A. van der Woude, DJD XXIII, 207-220, pl. XXVI. Kopie van het boek Jubileeën.
* **11Q13** (11QMelch) *11QMelchisedek*, vgl. F. García Martínez, E. Tigchelaar, A. van der Woude, DJD XXIII, 221-241, pl. XXVII. Eschatologische commentaar, gebaseerd op Leviticus 28, waarin de hemelse gestalte van Melchisedek een hoofdrol speelt.
* **11Q14** (11QSefer ha-Milhama) *11QBoek van de Oorlog*, vgl. F. García Martínez, E. Tigchelaar, A. van der Woude, DJD XXIII, 243-251, pl. XXVIII. Verzameling van zegenspreuken, afkomstig uit een kopie van de Rol van de Oorlog, vgl. 4Q285.
* **11Q15** (11QHymns^a) *11QHymnen^a*, vgl. F. García Martínez, E. Tigchelaar, A. van der Woude, DJD XXIII, 253-256, pl. XXIX. Verzameling van hymnen.
# **11Q16** (11QHymns^b) *11QHymnen^b*, F. García Martínez, E. Tigchelaar, A. van der Woude, DJD XXIII, 257-258, pl. XXIX. Een andere verzameling hymnen. Enkel één klein fragment is bewaard gebleven.
* **11Q17** (11QShirShabb) *11QLiederen van het Sabbatsoffer*, vgl. F. García Martínez, E. Tigchelaar, A. van der Woude, DJD XXIII, 259-304, pl. XXX-XXXIV, LIII. Kopie van het werk 'Liederen van het Sabbatsoffer' waarin resten van het slotgedeelte van het geschrift bewaard gebleven zijn, met resten van de liederen voor de tiende, elfde, twaalfde en dertiende sabbat. Vgl. 4Q400-407.
* **11Q18** (11QNJ ar) *11QNieuw Jeruzalem ar*, vgl. F. García Martínez, E. Tigchelaar, A. van der Woude, DJD XXIII, 305-355, pl. XXXV-XL, LIII. Kopie van het Aramese werk 'Beschrijving van het Nieuwe Jeruzalem'.
* **11Q19** (11QT^a) *11QTempelrol (Temple Scroll)^a*, vgl. Y. Yadin, *Megillat ham-miqdaš – The Temple Scroll*, 3 vol. met Supplement (Jerusalem 1977) [Modern-Hebreeuwse uitgave; Engelse uitgave met toevoegingen, 1983]. Complete uitgave van de 'Tempelrol'.
* **11Q20** (11QT^b) *11QTempelrol (Temple Scroll)^b*, vgl. F. García Martínez, E. Tigchelaar, A. van der Woude, DJD XXIII, 357-409, pl. XLI-XLVII. Een andere fragmentarische kopie van de 'Tempelrol'.
* **11Q21** (11QT^c) *11QTempelrol (Temple Scroll)$^{c?}$*, vgl. F. García Martínez, E. Tigchelaar, A. van der Woude, DJD XXIII, 411-414, pl. XLVIII. Drie niet-geïdentificeerde fragmenten, mogelijk gerelateerd aan de 'Tempelrol' of aan het boek Jubileeën.
# **11Q22-31** *11QNiet geïdentificeerde of Niet-geklassificeerde Fragmenten*,

vgl. . F. García Martínez, E. Tigchelaar, A. van der Woude, DJD XXIII, 415-446, pl. XLIX-LII. Resten van niet-geïdentificeerde geschriften.

WETSLITERATUUR EN ORDEREGELS

In dit onderdeel zijn de teksten ondergebracht die op een of andere wijze als wetsliteratuur kunnen worden aangeduid. De betreffende geschriften kunnen in drie categorieën worden verdeeld:

a. een aantal geschriften geeft de normen aan waarnaar geheel Israël zich zou moeten richten. Deze voorschriften berusten uiteraard op een bepaalde uitleg van de bijbelse tekst waaraan zij ontleend zijn. Zij verschaffen ons een inzicht in de wijze waarop een bepaalde gemeenschap binnen het vroege jodendom wenste te leven in volkomen trouw aan de Wet van Mozes, en in de verschillen van haar levenspraktijk met die van andere groeperingen. Maar deze teksten geven bovendien aan hoe naar de opvatting van hen uit wier midden zij zijn voortgekomen, geheel Israël zich diende te houden aan de goddelijke voorschriften. 'Enige van de Werken der Wet' (4QMMT) is een goed voorbeeld daarvan, maar ook andere rollen, zoals 4Q Ordinantiën en de Regels voor de Reinheid (4QToh), verschaffen ons verordeningen die als normatief voor geheel Israël werden beschouwd;

b. andere teksten bevatten de voorschriften die allereerst voor de gemeenschap van Qumran golden. Deze geschriften, zoals de Regel der Gemeenschap (1QS; 4QS) en het Damascusgeschrift (CD; 4QD), beperken zich echter niet tot een vermelding van gedragsnormen of tot die van de hiërarchische structuur van de gemeenschap, haar strafbepalingen enz. Zij bevatten ook vele andere elementen, zoals theologische tractaten, uiteenzettingen over de heilige historie, uitlegkundige verhandelingen en aansporingen van ethische aard, benevens concrete voorschriften (betreffende het onderhouden van de sabbat, eden, huwelijksrelaties, rituele reinheid, offers enz.), waaraan zich niet alleen de leden van de gemeenschap moesten houden, maar die ook voor alle Israëlieten die de Wet getrouw wensten te volbrengen, golden;

c. andere teksten lijken voorschriften te bevatten die als utopisch kunnen worden getypeerd. Zij bevatten bepalingen die niet betrekking hebben op de toenmalige situatie van Israël of van de gemeenschap, maar op de eindtijd. De Tempelrol (11QTemple) is een goed voorbeeld van de wetsvoorschriften die dienen te fungeren in het Nieuwe Jeruzalem en in de nieuwe tempel. De Rol van de Gemeente (1QSa) geeft de normen aan waaraan de bijeenkomsten van de leden van de gemeente dienen te beantwoorden, als de messias van Aäron en van Israël zullen zijn verschenen.

In dit onderdeel zijn de teksten niet gerangschikt naar de ouderdom van de *manuscripten* waarin zij bewaard gebleven zijn, maar naar de vermoedelijke *ontstaanstijd* van de geschriften. 4QMMT en 11QTempelrol lijken geschreven te zijn in een periode die *voorafging* aan de beslissing van de gemeenschap zich in de woestijn terug te trekken. Weliswaar kan men de daarin vervatte wetsnormen 'sektarisch' noemen (zij wijken af van die van andere groeperingen, zij vertonen parallellen met die van andere 'sektarische' documenten, zoals het Damascusgeschrift (CD), en zijn afkomstig van een gemeenschap die zich heeft *afgescheiden* van 'de massa van het volk'). Toch getuigen 4QMMT en de Tempelrol nog niet van de heftige polemiek, de definitieve breuk en de theologische ideeën die kenmerkend zijn voor latere geschriften. Hoewel de Regel der Gemeenschap (1QS) en het Damascusgeschrift (CD) duidelijk werken zijn die uit verschillende bronnen zijn samengesteld en gedurende een lange periode zijn bewerkt, stamt de uiteindelijke vorm waarin zij ons zijn overgeleverd, zeker uit de tijd *na* de vestiging in de woestijn en de dood van de leidsman van de gemeenschap, de Leraar der Gerechtigheid (diens overlijden [omstreeks 120 v. Chr.] wordt in CD XIX 35-XX 1 vermeld).

In het onderdeel *Andere Wetsteksten en Orderegels* hebben wij een aantal geschriften ondergebracht waarvan de fragmentarische en onvolledige tekst concrete uitspraken over hun datering onmogelijk maakt.

A. 4Q ENIGE VAN DE WERKEN DER WET (4QMiqsat Ma^{c}ase ha-Torah = 4QMMT = 4Q Halachische Brief = 4Q394-399; gecombineerde tekst)

De inhoud van dit werk is ons gedeeltelijk bekend dankzij zes meer of minder omvangrijke, maar helaas zonder uitzondering fragmentarisch bewaard gebleven handschriften. Vijf van deze zijn op leer, een zesde op papyrus geschreven. Het schrift van iedere rol kan met vrij grote zekerheid worden gedateerd: de kopieën stammen uit de tijd tussen 50 v. Chr. en 50 n. Chr. De ontstaanstijd van 4QMMT is veel moeilijker vast te stellen, maar er zijn goede redenen om te denken aan de tweede helft van de tweede eeuw v. Chr. De hoofdlijnen van de inhoud van het werk en een deel van de bewaard gebleven tekst waren sedert 1984 bekend, maar een volledige uitgave verscheen pas tien jaar later als deel X van de serie *Discoveries in the Judaean Desert* (zie Lijst van handschriften [4Q394-399]).

Twee manuscripten bevatten het slot van het geschrift, twee andere de aanvang van het tweede gedeelte, maar geen enkel het begin van het werk. Zonder dit begin valt moeilijk te bepalen wie de auteur van de tekst is geweest, tot wie deze zich richt en hoe wij het geschrift moeten karakteriseren. Hebben wij te maken met een brief aan een invididu of aan een collectiviteit, met een traktaat over onderwerpen betreffende de Wet van Mozes of eenvoudig met een verzameling van Wetsnormen?

De auteurs hielden in hun eerste aankondiging van het werk het geschrift voor een brief, afkomstig van het hoofd van de (latere) gemeenschap van Qumran (de Leraar der Gerechtigheid) en gericht aan de hogepriester van Jeruzalem, toen de breuk van de gemeenschap met 'de massa van het volk' zijn beslag gekregen had. Het geschrift zou ten doel hebben de beweegredenen van die afscheiding uiteen te zetten en de geadresseerden te bewegen de daarin vervatte gezichtspunten tot de hunne te maken. In hun uitgave in de serie *Discoveries in the Judaean Desert* hebben de auteurs deze opvatting gewijzigd. Zij neigen er momenteel toe het geschrift te beschouwen als een traktaat betreffende enkele punten van de sadducese wetsnormen of als een systematisch opgezet traktaat over tegenstellingen bij de uitleg van de Wet, op grond waarvan een groep 'Zadokidische' essenen zich had afgescheiden van een andere groep, die naderhand als farizees bekend stond. In een appendix aan deze uitgave suggereert Strugnell echter dat de formele kenmerken van het werk eerder aan een brief of een traktaat doen denken dan aan een wetscodex, die (evenals Deuteronomium) eindigt met een aansporing de daarin genoemde voorschriften in de praktijk te brengen.

Het geschrift bestaat uit drie duidelijk van elkaar te onderscheiden delen:

a. resten van een feestkalender, die vermeldt dat het jaar uit 364 dagen bestaat en aangeeft wanneer aan de maanden van 30 dagen schrikkeldagen moeten worden toegevoegd om dit getal te verkrijgen;

b. een verzameling van wetsbepalingen, voorafgegaan door een korte inleiding, die de inhoud daarvan beschrijft als handelend over twee onderwerpen. Helaas is de aanduiding van het eerste verloren gegaan en die van het tweede niet volledig bewaard gebleven. Het tweede onderwerp betreft 'de onreinheid van...'. Inderdaad gaat een groot deel van de in het geschrift aangetroffen wetsnormen over voorschriften om de rituele reinheid van personen en van Jeruzalem, de heilige stad, te waarborgen. Gezien de bewaard gebleven wetsbepalingen zal het eerste onderwerp dat in de inleiding vermeld werd, betrekking hebben gehad op offers en offergaven. Al deze voorschriften geven de wetsnormen weer, waarin de gemeenschap die het document vervaardigde, zich onderscheidde van degenen tot wie zij zich richtte. Daarbij wordt bij tijd en wijle de bijbelse grondslag van de ingenomen opvatting uitdrukkelijk geformuleerd. Hoewel van een aantal van deze voorschriften slechts enkele woorden bewaard gebleven zijn en in andere gevallen niet valt uit te maken of bepaalde tekstfragmenten betrekking hebben op een nog leesbare wetsregel of deel uitmaken van een verloren gegane verordening, is het geheel niettemin consistent en belangrijk genoeg om uitgangspunt te kunnen zijn voor de bestudering van de oudste rechtsnormen van de gemeenschap, die zich naderhand in de woestijn zou terugtrekken.

c. het derde gedeelte draagt een bijzonder karakter en vormt het slot van het werk. Daarin wordt uiteengezet dat de breuk met 'de massa van het volk' veroorzaakt is door het vasthouden aan de eerder genoemde uitleg van de Wet van Mozes. Tegelijkertijd wordt echter een andere fundamenteel gegeven aangevoerd om de afscheiding te rechtvaardigen. Het uitgangspunt van de oproep aan de geadresseerden vormt de aansporing de Schrift (de boeken van Mozes, die van de profeten en van David) te bestuderen om te ontdekken dat de door de gemeenschap voorgestelde uitleg van de Wet de enig juiste is. Die uitleg beperkt zich niet enkel tot aspecten van de Wet, maar omvat ook de komende geschiedenis van het volk. De groepering die het geschrift samenstelde, heeft ontdekt dat reeds een aantal van de zegeningen en vloeken die in de bijbeltekst voorzegd zijn, zich heeft verwerkelijkt en dat men thans leeft in de eindtijd, die een nadere vervulling zal brengen. Na herinnerd te hebben aan het bijzondere lot van de koningen van Israël, eindigt het werk met de aansporing aan de leidsman van de geadresseerden de daarin vervatte standpunten te aanvaarden, hetgeen hem en geheel Israël ten goede zal komen.

De in het eerste gedeelte (A) bewaarde resten van een kalender zijn enkel in één manuscript bewaard gebleven (4Q394) en bestaan slechts uit resten van drie regels (de auteurs hebben in dit verband ook het handschrift 4Q327 met resten van vijf kolommen van een kalender opgenomen, alsof dit een deel gevormd zou hebben van 4Q394; wij zijn echter van mening dat het om een ander geschrift gaat, hoewel wij in navolging van de auteurs de inhoud in onze vertaling van MMT hebben opgenomen [A I-V]). De genoemde resten zijn intussen voldoende om te bewijzen dat de daarin gevolgde kalender dezelfde is als de zonnekalender die wij aantreffen in het boek Jubileeën en in de Tempelrol, een kalender die ons uit verschillende manuscripten van Qumran bekend is en verschilde van de maankalender van het toonaangevende jodendom van de tijd rondom het begin van onze jaartelling. Het is zeer wel mogelijk dat deze zonnekalender deel heeft uitgemaakt van de oorspronkelijke tekst van het geschrift als een van de elementen waarin zich de gemeenschap van 4QMMT van andere groeperingen onderscheidde. Niet uit te sluiten is evenwel dat de kalender een latere toevoeging vormt, omdat 4Q395 deze niet lijkt te hebben bevat.

Het tweede en derde deel van 4QMMT (B en C) vormen ondanks hun verschillende inhoud duidelijk een eenheid. Beide zijn geschreven in dezelfde stijl, gebruiken dezelfde tegenstelling tussen 'gij' in het meervoud en in het enkelvoud en grijpen aan het eind (C 27) op het begin (B 2) terug. Wij vinden in dit tweede en derde deel van het document een merkwaardige wisseling van de tweede persoon enkelvoud en meervoud, respectievelijk in de vertaling met tegenzin door ons aangeduid met 'gijlieden' voor het meervoud en 'gij' voor het enkelvoud. De tekst van de wetsbepalingen en van de aansporing is duidelijk in het meervoud van de eerste persoon ('wij') geschreven en dus afkomstig van een collectiviteit, niet van een individu. Die collectiviteit denkt anders dan een andere collectiviteit, waarover in de derde persoon meervoud ('zij') gesproken wordt en die in C 7 als 'de massa van het volk' wordt aangeduid. Deze groep onderscheidt zich van hen voor wie het geschrift lijkt te zijn bestemd, een collectiviteit tot wie de tekst zich richt in de tweede persoon meervoud ('gijlieden weet'). In de aansporing richt het schrijven zich evenwel doorgaans tot één enkele persoon ('u hebben wij geschreven'), die blijkbaar zo'n grote autoriteit in Israël bezat dat de voorbeelden van oude koningen David en Salomo direct op hem konden worden toegepast en hij in één adem met 'uw volk' (C 27) en 'Israël' (C 31-32) genoemd kon worden.

Dit afwisselend gebruik van 'wij', 'gij' en 'zij' onderstreept het programmatische en polemische karakter van het geschrift. De groepering van de auteur ('wij') heeft zich afgescheiden van een meerderheid ('zij'), met wie zij het oneens is inzake de interpretatie van bepaalde wetsverordeningen, te weten die welke in de brief aan de orde worden gesteld. Deze zelfde groepering van de auteur richt zich in het geschrift tot een andere groep ('gijlieden') en in concreto tot een figuur die kennelijk als het hoofd daarvan kan worden beschouwd ('gij') teneinde hen te bewegen het standpunt in te nemen van de adressanten, niet dat van hun opponenten. Uit het schrijven spreekt de duidelijke hoop op een positief antwoord, omdat de geadresseerden enerzijds de rechtschapenheid van de auteurs van het document kennen en anderzijds voldoende wijsheid en Wetskennis bezitten om de juistheid van de voorgedragen opvattingen te kunnen vaststellen.

Die voorgedragen opvattingen gaan over uiteenlopende zaken. Wij treffen de volgende onderwerpen aan:

het graan van de heidenen (B 3-5);
offers gekookt in koperen vaatwerk (B 5-8);
het offer van de heidenen (B 8-9);
het nuttigen van offers op de dag van het offer zelf (B 9-13);
de reinheid van degenen die betrokken zijn bij het ritueel van de rode koe (B 13-17);
zakken van dierhuiden die niet naar het heiligdom gebracht mogen worden (B 18-20);
onreinheid van de huid van onreine dieren (B 21-22);
gedeeltelijke onreinheid van de huid van reine dieren (B 22-27);
de plaats van de slachting van dieren (B 27-35);
de slachting van drachtige dieren (B 36-38);
degenen aan wie het betreden van het heiligdom ontzegd is (B 39-49);
bepalingen aangaande blinden en doven (B 49-54);
de onreinheid van stromende vloeistoffen (B 55-58);
verbod om honden in Jeruzalem toe te laten (B 58-62);
het fruit van het vierde jaar na de aanplant van vruchtbomen, bestemd voor de priesters (B 62-63);
de tienden van het vee, bestemd voor de priesters (B 63-64); afzondering van melaatsen (B 64-66);
de duur van het reinigingsproces van melaatsen (B 66-72); onreinheid van menselijke lijken (B 72-74);
verbod van een huwelijk tussen een priester en een Israëlitische uit een niet-priesterlijk geslacht (B 75-82);
bepalingen aangaande vrouwen (C 4-7).

Helaas zijn verschillende van deze wetsbepalingen zo fragmentarisch overgeleverd dat daaruit weinig kan worden geconcludeerd. Andere zijn evenwel in hun geheel bewaard gebleven en helpen ons de identiteit van de adressanten, hun opponenten en de geadresseerden te bepalen.

Bijzonder interessant zijn in dit verband de voorschriften aangaande de rode koe en de stromende vloeistoffen, omdat wij betreffende deze onderwerpen over uitvoerige informatie uit de rabbijnse literatuur beschikken. In het eerste geval gaat het om de befaamde strijdvraag tussen de farizeeën, die van opvatting waren dat een onrein persoon de ceremonie terstond na de onderdompeling (vgl. Num. 19:7 vv.) kon verrichten, en de sadduceeën, naar wier mening het nodig was na de onderdompeling te wachten tot zonsondergang. Misjna Para 3:7 zegt uitdrukkelijk: 'Zij hadden de priester die de rode koe moest verbranden, eerst (ritueel) onrein gemaakt vanwege de sadduceeën, opdat zij niet zouden kunnen zeggen dat (de reinigingsceremonie) slechts kon worden voltrokken door iemand over wie de zon is ondergegaan'. Het voorschrift van 4QMMT (B 13-17) valt duidelijk samen met dat van de sadduceeën, hetgeen betekent dat de opvatting van de opponenten die van de farizeeën is. Hetzelfde geldt voor de stromende vloeistoffen: de Rabbijnen hielden zich bezig met de vraag of de onreinheid van een vloeistof van een vaatwerk kon worden overgebracht naar een ander vaatwerk door een stromende vloeistof. Misjna Yadaim 4:7 stelt expliciet: 'De sadduceeën zeggen: Wij protesteren tegen u, farizeeën, omdat gij een stromende vloeistof niet in staat verklaart onreinheid over te brengen'. 4QMMT (B 55-58) sluit zich duidelijk aan bij de sadducese opvatting.

Deze twee voorbeelden en andere wetsbepalingen, zoals de voorschriften betreffende de huiden en de beenderen (B 18vv.) die tegen de farizese opvattingen lijken in te gaan, en vele andere zaken, zoals de bepalingen betreffende drachtige dieren, de opbrengst van het vierde jaar na de aanplant van fruitbomen en de tienden van het vee, waarbij de wetsnormen van 4QMMT de rabbijnse voorschriften weerspreken, bewijzen ons dat de polemiek van 4QMMT gericht is tegen een beweging die later als farizees zal worden aangeduid. Dat betekent dat de 'zij' van het geschrift moeten worden geïdentificeerd met de farizeeën of hun directe voorlopers.

Dat de groepering waaraan wij 4QMMT te danken hebben (de 'wij'), dezelfde is als die welke wij uit andere Qumranteksten kennen, is duidelijk, omdat een groot aantal van de wetsbepalingen die strijdig zijn met de traditionele opvattingen, terugkeren in andere geschriften van Qumran, in het bijzonder in de Tempelrol en het Damascusgeschrift. De normen betreffende het nuttigen van offervlees op de dag zelf van het offer, het gebruik van huiden, de ongeboren vrucht als onderscheiden van het moederdier, de tienden van het vierde jaar en van het vee, het reinigingsproces van de melaatsen en de onreinheid van menselijke lijken zijn voorbeelden van een Wetsbeschouwing die van de latere rabbijnse praktijk afwijkt. Omdat de rabbijnse bronnen deze bepalingen als sadducees aanmerken, kunnen wij concluderen dat de groepering die 4QMMT het licht deed zien, als 'zonen van Sadok' een Wetsinterpretatie aanhingen die op een of andere wijze verwant was met die van de sadduceeën.

Bovendien laat de strikte parallel tussen degenen die het heiligdom niet mogen betreden (B 39-49), en degenen aan wie de toegang tot de gemeenschap ontzegd wordt, evenals de uitspraak dat het eind der dagen reeds is aangebroken (C 21), zien dat niet alleen de Wetspraktijk, maar ook de theologie van degenen die voor de brief verantwoordelijk zijn, dezelfde is als die van de groepering die wij uit andere bij Qumran ontdekte geschriften kennen. Aangezien echter in 4QMMT de thema's ontbreken die kenmerkend zijn voor de breed ontvouwde theologie van Qumran, moeten wij constateren dat de laatste bij wijze van spreken nog in de kinderschoenen stond. Als wij ons verder realiseren dat 4QMMT een polemisch geschrift is, terwijl later een dispuut met andersdenkenden vermeden wordt (vgl. 1QS IX 16-17), ontkomen wij niet aan de conclusie dat de brief uit de vroegste periode van de gemeenschap stamt, toen de betrekkingen met andersdenkenden nog niet definitief verbroken waren en men het ondanks de afscheiding nog mogelijk achtte laatstgenoemden te overtuigen van de juistheid van de ingenomen standpunten. 4QMMT moet derhalve afkomstig zijn uit de tijd die voorafging aan de vestiging van de gemeenschap in de woestijn van Qumran.

Deze conclusie stelt ons ook in staat nader aan te geven wie met de 'gijlieden' en de 'gij' tot wie 4QMMT zich richt, bedoeld zijn. De auteurs van de uitgave van het geschrift vermoeden dat met de 'gij' de hogepriester Jonatan (153/2-143/2 v. Chr.) bedoeld is, volgens hen de goddeloze priester van andere Qumranteksten, toen diens autoriteit door de groepering van 4QMMT nog aanvaard werd. Wij moeten in het midden laten of deze vereenzelviging juist is. De groepering van de 'gijlieden' deelt weliswaar niet de zienswijze van de briefschrijvers, maar hun Wetspraktijk benadert die van de gemeenschap toch voldoende om er degelijk rekening mee te houden dat de geadresseerden de standpunten van de gemeenschap zullen onderschrijven. Zowel de 'wij' als de 'gijlieden' hebben belangstelling voor problemen betreffende de offercultus, de tienden, de rituele reinheid, priesterhuwelijken enz. Wij worden daarom verwezen naar de leidende priesterschap van Jeruzalem, wier functies en werkzaamheden zich rond de tempel bewogen. Te denken valt dus bij de 'gijlieden' aan de sadduceeën of hun voorlopers en bij de 'gij' aan hun leidsman.

De taal van het document is op het eerste gezicht tamelijk verschillend van het bijbelse Hebreeuws dat wij in andere Qumrangeschriften aantreffen, en lijkt verwant te zijn aan het latere Hebreeuws van de misjna. Een nadere analyse van de fonologie, de morfologie en de syntaxis van 4QMMT toont evenwel aan dat deze kenmerkend zijn voor het Hebreeuws van de gemeenschap van Qumran, dat zowel van het bijbelse als van het misjna-Hebreeuws verschilt. Wel vertoont de taal van 4QMMT (en deels die van de koperen rol) een aantal eigenaardigheden, die de conclusie rechtvaardigen dat wij te maken hebben met een vorm van omgangstaal uit de betreffende periode. De woordenschat van het wetsgedeelte van het document beweegt zich weliswaar dichter bij die van het misjna-Hebreeuws dan in andere Qumrangeschriften het geval is, maar niet vergeten mag worden dat deze door de bijzondere inhoud van 4QMMT bepaald is.

De geboden vertaling volgt de door de auteurs van de uitgave op grond van de overgeleverde fragmenten gereconstrueerde tekst, waarbij steeds het best bewaarde gedeelte in de ter beschikking staande handschriften gebruikt is. Voor deze samengestelde tekst is gekozen, omdat een vertaling van de afzonderlijke fragmenten de lezer moeilijk een juiste indruk zou geven van de inhoud van het werk. Daarbij moet worden aangetekend dat een paar kleine fragmenten niet door de uitgevers verwerkt zijn en wij niet kunnen weten of elk handschrift de drie onderdelen bevat heeft die onze vertaling laat zien: 4Q394 bevat enkel resten van de kalender en de wetsbepalingen; 4Q395 en 4Q396 verstrekken ons gedeelten van de wetsbepalingen; 4Q397 en 4Q398 bieden fragmenten uit de wetsbepalingen en de aansporing; 4Q399 geeft enkel het slot van de aansporing.

Er zijn veel studies gewijd aan MMT, vgl. de verzamelde opstellen van verschillende auteurs in J. Kampen, M. Bernstein (red.), *Reading 4QMMT* (Scholars Press, Atlanta 1996); in M. Bernstein, F. García Martínez, J. Kampen (red.), *Legal Texts and Legal Issues* (STDJ 23; Brill, Leiden 1997); en in F. García Martínez, A. Steudel, E. Tigchelaar (red.), *From 4QMMT to Resurrection* (STDJ 61; Brill, Leiden 2006).

Tekst A

(Twee fragmenten van de tekst [4Q394 1-2] bevatten vijf kolommen (I-V), die van boven naar beneden gelezen moeten worden en die doorgaans per regel slechts één of twee woorden bevatten, vgl. DJD XXI, 157-166.)

¹ [De zestiende (dag) daarvan (= van de tweede maand) is een sabbat.] De drieëntwintigste daarvan is een sabbat. De dertigste [daarvan is een sabbat. De zevende van de derde (maand) is een sabbat. De veertiende daarvan is een sabbat. De vijftiende daarvan is het Wekenfeest (Lev. 23:15-21; Num. 28:26-31; Deut. 16:9-12). De] II [éé]nen[twintigste] daarvan is een sabbat. Daarna (= na de sabbat), zondag en maandag. [Dinsdag wordt daaraan (= aan de maand) toegevoegd. En het seizoen eindigt (daarmee) – éénennegentig dagen. De eerste van de vierde (maand) is een gedenkdag. De vierde] III daarvan [is een sabbat.] De el[fde] daarvan is een sabbat. De achttiende daarvan is een sabbat. De vijfentwintigste daarvan is een sabbat. De tweede van de vijf[de (maand)] is een sa[bb]at. [De derde daarvan is het feest van de (nieuwe) wijn ...] IV [De negende daarvan is een sabbat]. De zestiende daarvan is een sabbat. De drieëntwintigste daarvan is een sabbat. De dertigste [daarvan is een sabbat. De zevende van de zesde (maand) is een sabbat. De veertiende daarvan is een sabbat. De eenëntwintigste] V daarvan is een sabbat. De tweeëntwintigste daarvan is het feest van de (nieuwe) olie, op de dag n[a de sa]bbat. Daar[na] de leve[ring van het hout (Neh. 10:34) ...]
¹⁹ [... de achtentwintigste daarvan (= van de twaalfde maand)] is een sabbat; daaraan (= aan de twaalfde maand) wordt na [de] sa[bbat, zondag en maandag, een dinsdag] ²⁰ [toe]gevoegd en is het jaar rond, driehonderd en [vieren]ze[stig] ²¹ dagen.

Tekst B

¹ Dit zijn enige van onze regels [... Israë]l, die en[ige van de regels van] ² [de] werken (der Wet) vormen, naar wij menen. Zij [al]le betreffen [...] ³ en de reinheid van [...
Betreffende de heffing van het (tarwe)gr]aan van de [heidenen dat zij ...] ⁴ en het aanraken [...] van hen en [het] onr[ein maken: niemand mag eten] ⁵ van het graan van [de heide]nen [en het mag niet] naar het heiligdom gebracht worden. [...
Aangaande het zondoffer,] ⁶ dat zij koken in een [koperen] vaatwerk (Lev. 6:28) [en waarin zij ...] ⁷ het vlees van hun offers en [dat zij eten] in de voorho[f (Lev. 6:26) en ...] het ⁸ met het vleesnat van hun offer.
Betreffende het offer van de heidenen [zijn wij van mening dat zij offeren]

⁹ aan de [...] hetgeen gelijk is aan (een vrouw) die met hem hoereert (?). [En betreffende het spijsoffer van] ¹⁰ de vrede[offers] dat zij laten overblijven van de ene dag op de volgende, [menen] w[ij] ¹¹ dat het spijsof[fer moet worden geg]eten, na(dat) de vette delen en het vlees (geofferd zijn), op de dag van [hun] off[er (vgl. Lev. 7:15). Want het zijn] ¹² de priester[s] die zorg moeten dragen voor deze zaak, opdat zij het niet [zijn] ¹³ die het volk schuld doen dragen.

En ook betreffende de reinheid van de (rode) koe van het zondoffer: ¹⁴ die haar slacht en die haar verbrandt en die haar as verzamelt en die [het water van] ¹⁵ de reiniging sprenkelt (Num. 19:1-10) – al dezen worden bij zonsonde[r]gang rein (vgl. Num. 19:10), ¹⁶ zodat een reine kan sprenkelen op de onreine (Num. 19:19). Want de zonen van ¹⁷ Aäron hebben de taak [...] ¹⁸ [En betreffende] de huiden van rundv[ee en schapen ... niet mag men van] ¹⁹ hun [huid]en zakken [maken ...] ²⁰ [om ze naar het heiligd[om te brengen (vgl. Lev. 11:36,39) ...] ²¹ [...] En ook betreffende de huid[en en beenderen van onrein vee: het is niet toegelaten ²² [van hun beenderen] en van hun hu[id]en handvatten van vaa[twerk te maken; en ook betreffende] de huid van het aas van ²³ [een] rein [dier]: wie zo'n aas draagt, zal het [heilige] voedsel [niet] naderen (vgl. Lev. 11:39) ²⁴ [... O]ok betreffende de [...] die z[ij ...] ²⁵ [... want] ²⁶ de pr[ies]ters hebben de taak [te wake]n over al [deze] dingen, [opdat zij het niet zijn] ²⁷ die het volk schuld doen dragen.

[En betref]fende hetgeen geschreven staat: [«Wanneer een man in de legerplaats slacht of] ²⁸ buiten de legerplaats [slacht], – een rund of een schaap of een geit» (Lev. 17:3): want [... is in het noo]rden van de legerplaats. ²⁹ Wij menen dat het heiligdom [de plaats van «de tent der samenkomst» (Lev. 19:4) en dat Je]ruzale[m] ³⁰ «de legerplaats» (Lev. 17:3) is: «buiten de legerplaats» [betekent buiten Jeruzalem]. Dat is de legerplaats van ³¹ hun sted[en]. «Buiten de leger[plaats» zal men het zondo]ffer [... en] zal men de as van ³² [het] altaar brengen en [het zondoffer] verbra[nden, want Jeruzalem] is de plaats die ³³ [Hij verkoren heeft] uit alle sta[mmen van Israël ...] ³⁴ [...] ³⁵ [...] slachten zij [nie]t in het heiligdom.

³⁶ [En betreffende drachtige dieren] me[nen] wij [dat men] het moederdier en het (ongeboren) jong [niet] op één en dezelfde dag [mag slachten (Lev. 22:28)] ³⁷ [... en betreffende] het eten (van een ongeboren jong) menen [wi]j dat men het jong ³⁸ [dat in de moederschoot was, (slechts)] mag eten, [nadat het (ritueel) geslacht is. Gij weet dat dit zo is, namelijk dat de regel verwijst (naar) een drachtig dier.

³⁹ [En betreffende de Ammo]niet, de Moabiet, de bastaard, die door kneuzing ontmand is [en wie] het mannelijk lid [is afgesne]den (Deut. 23:1-3): als zij (desondanks) komen ⁴⁰ in de gemeentevergadering [... en] nemen [vrouwen om te wor]den één been (vgl. Gen. 2:23-24) ⁴¹ [en het heiligdom binnengaan ...] ⁴² [...] onreinheid. Ook menen wij ⁴³ [dat men niet moet ... en geen (seksuele) gemeen]schap met hen [mag hebben (vgl. Lev. 21:14)] ⁴⁴ [... en] men moet hen zich [ni]et laten verzwageren (met een Israëliet) en hen maken ⁴⁵ [één been ... en men moet] hen [niet bren]gen ⁴⁶ [naar het heiligdom ... Maar gij weet dat s]ommigen van het volk ⁴⁷ [... zich verzwageren met] elkaar. ⁴⁸ [Want het is de taak van alle Israëlieten zich in acht te nemen] voor iedere verboden relatie ⁴⁹ en eerbied te hebben voor het heiligdom (Lev. 19:30; 26:3).

[En ook betref]fende de blinden, ⁵⁰ die niet kunnen zien, zodat zij zich niet in acht kunnen nemen voor enige vermen[ging] en een vermenging bij ⁵¹ [het sch]uldoffer niet kunnen zien; ⁵² en ook betreffende de doven, die geen inzetting of gebod of reinheid(seisen) hebben gehoord en die niet ⁵³ hebben gehoord de geboden voor Israël, – want wie niet kan zien of horen, ⁵⁴ weet niet hoe (de Wet) te volbrengen – : zij hebben (niettemin) toegang tot het reine voedsel van het heiligdom (Lev. 21:22).

⁵⁵ En ook betreffende de stromende vloeistoffen: wij zeggen (daarvan) dat daarin geen ⁵⁶ [rei]nheid is. Stromende vloeistoffen kunnen het onreine ook niet scheiden ⁵⁷ van het reine, want het vocht van stromende vloeistoffen en (dat) van (het vaatwerk) dat ze opvangt, is hetzelfde, ⁵⁸ één en hetzelfde vocht.

Men mag geen honden in de heilige legerplaats brengen, omdat zij ⁵⁹ sommige van de botten van het heilig[dom] zouden kunnen eten, [terwijl] het vlees daar (nog) aan is, want ⁶⁰ Jeruzalem is de heilige legerplaats; het is de plaats ⁶¹ die Hij verkoren heeft uit alle stammen van Israël. Want Jeruzalem is de voornaamste van ⁶² de legerplaatsen van Israël.

Voorts be[treffende de (vruchten van een) aan]plant van fruitbomen, geplant ⁶³ in het land van Israël: zij vallen (in het vierde jaar) onder (de wet van) de eerstelingen voor de priesters (Lev. 19:23-25). En de tiende van de runderen ⁶⁴ en de schapen is (eveneens) voor de priesters (Lev. 27:32; 2 Kron. 31:6). Voorts betreffende de melaatsen: wij ⁶⁵ ze[ggen dat zij niet mogen] komen (naar een plaats) met rein voedsel, maar afgezonderd ⁶⁶ moeten blijven, [buiten elk] huis (vgl. Lev. 13:46).] En ook staat er geschreven dat vanaf het moment dat hij (= de melaatse) zich scheert en wast, hij moet verblijven buiten ⁶⁷ [zijn tent gedurende zeven da]gen (Lev.

14:8). Maar nu (geschiedt het dat) terwijl hun onreinheid (nog) bij hen is, [68] mel[aatsen komen b]ij het heilige voedsel van een huis. Gij weet [69] [dat wanneer iemand onopzettelijk een verbodsbepaling schendt,] zonder er zich van bewust te zijn (Lev. 5:2), hij [70] een zondoffer moet brengen (Lev. 5:6), en betref[fende degene die opzettelijk handelt, is gesch]reven dat hij een verachter (van het woord van YHWH) (Num. 15:31) en een lasteraar (van YHWH) is (Num. 15:30). [71] [En ook: omdat] zij de onreinheid der melaatsheid hebben, mag men hun niet van het heilige voedsel te eten geven [72] tot aan zonsondergang op de achtste dag (Lev. 14:10, 20).
En betreffende [de onreinheid (door aanraking) van het lijk van] [73] een mens, – wij zeggen dat elk bot, of [er geen vlees op is] [74] of dat er vlees op is, onderworpen is aan de wet aangaande een dode of verslagene (Num. 19:11,13,16-19).
[75] En betreffende de ontucht (= onwettige huwelijken), die te midden van het volk bedreven wordt: (dit geschiedt, hoewel) zij kinde[ren van] [76] een heilig [zaad] zijn (Ezra 9:2), zoals geschreven staat: «Heilig is Israël» (Jer. 2:3). En betreffende [iemands rein] di[er] [77] staat geschreven dat men niet twee verschillende soorten mag laten paren (Lev. 19:19) en betreffende [iemands] kleding [staat geschreven dat zij niet] [78] uit tweeërlei stof vervaardigd mag zijn (Lev. 19:19; Deut. 22:11); en men mag zijn akker of [wijngaard] niet bezaaien [met tweeërlei zaad (Deut. 22:9)], [79] omdat zij (= de Israëlieten) heilig zijn. Maar de zonen van Aäron zijn het allerh[eiligst.] [80] [En gi]j weet dat enigen van de priesters en [het volk zich met elkaar vermengen] [81] [en dat zij] zich verzwageren en (zo) het [heilig] zaad verontreinigen [alsmede] [82] hun eigen [zaad] door vrouwen die men niet mag huwen. Omdat [de zonen van Aäron ...]

Tekst C

[1] [...] ... [...] [2] ... [...] dat zij zullen komen [...] [3] en wie ... [...] zal zijn ... [...] [4] Betreffende de vrouwen [... gewe]ld en bedrog [...], [5] want in deze [... vanwege] het geweld en de ontucht zijn [een aantal] [6] plaatsen ten onder gegaan. [En voorts] is geschre[ven in het boek van Mozes dat] gij [g]een gruwel zult brengen i[n uw huis (Deut. 7:26), want] [7] een gruwel is verachtelijk. [En gijlieden weet dat] wij ons hebben afgescheiden van de massa van het vo[lk en van al hun onreinheid,] [8] van betrokkenheid bij deze

zaken en deelname met [hen] aan deze dingen. Maar gijlieden w[eet (ook) dat geen] [9] bedrog of leugen of wandaad gevonden wordt bij wat wij doen, want aan [deze dingen] geven wij [ons hart. Voorts] [10] [hebben] wij u [geschreven] dat gij moet navorsen in het boek van Mozes [en] in de geschrift[en van de pr]ofeten en van Davi[d en in de kronieken] [11] [van de gebeurtenissen van] generatie op generatie. En in het boek (van Mozes) staat geschreven [...] niet [12] [...] en eerdere dagen [...] En voorts staat er geschreven dat [gij zult afwijken] van de w[e]g en dat onheil over u zal komen (Deut. 31:29). En er staat gesch[reven] [13] [...] «en het zal geschieden wanneer [14] [al] deze [dingen] over u [kome]n» aan het eind der dagen, «de zegen [15] [en] de vloek, [en gij dit] ter h[arte] [neemt] en u tot Hem [bekeert] met geheel uw hart [16] en met [ge]heel [uw] ziel» (Deut. 30:1-2) [...] aan het ein]de [der tijden ...] [17] [Er staat geschreven in het boek van] Mozes en in [de geschriften van de profet]en, dat zullen komen [over u ...] [18] [de zegen]ing[en die] gekomen zijn in [... en] in de dagen van Salomo, de zoon van David, en tevens de vloeken [19] [die] gekomen zijn in de dagen van [Jer]obeam, de zoon van Nebat, tot aan de balling]schap van Jeruzalem en Sedekia, de koning van Jud[a,] [20] dat Hij hen zou brengen in [...] En wij onderkennen dat sommige van de zegeningen en vloekwoorden (reeds) zijn uitgekomen, [21] die staan geschreven in het b[oek van Mo]zes. En dit is het eind der dagen, waarin zij weer naar Isra[ël] zullen komen, [22] voor im[mer ...] en zij zullen geen keer nemen [...], maar de goddelozen zullen godde[lo]os handelen (Dan. 12:10) en [...] [23] en de [...] Gedenk de koningen van Israë[l] en let op hun daden, hoe degene onder hen [24] die ontzag had [voor de We]t, verlost werd uit benauwdheden; zij waren degenen die de Wet zo[ch]ten, [25] [wier] zonden [werden verge]ven. Gedenk David, hoe hij een man van (goddelijke) genadebewijzen was. Ook [26] hij werd verlost uit vele benauwdheden en hem werd vergiffenis geschonken.

Wij hebben u [27] enige van de werken der Wet geschreven, zoals wij (daarover) denken, ten goede van u en uw volk. Want wij zien [28] bij u schranderheid en kennis van de Wet. Let op al deze (dingen) en vraag van Hem dat Hij [29] uw raad recht make en verre van u were kwade intrige en Belialsoverleg, [30] opdat gij u moogt verheugen aan het einde van de tijd door te ontdekken dat deze sommige van onze regels gegrond zijn. [31] Het zal u als gerechtigheid worden toegerekend (vgl. Gen. 15:6), wanneer gij doet wat recht en goed is voor zijn (= Gods) aangezicht, ten goede van u [32] en Israël.

B. 11Q TEMPELROL (11QTemple[a] = 11Q19, aangevuld met 11Q-Temple[b] = 11Q20)

Het manuscript van de Tempelrol werd blijkbaar samen met de overige rollen uit grot 11 in 1956 ontdekt en bleef in het bezit van een antiquair te Betlehem, totdat het in 1967 door het Israëlische leger geconfisqueerd werd. In hetzelfde jaar bood Yigael Yadin een eerste beschrijving van de inhoud van het geschrift. Dezelfde publiceerde in 1977 de eerste uitgave van de rol, samen met een uitvoerige inleiding en een uitgebreid commentaar in een luxueus uitgevoerd en in modern Hebreeuws geschreven werk van drie delen en een supplement met foto's (zie de Lijst van manuscripten [11Q19]). De rol is de grootste van alle die bij Qumran gevonden zijn, en is momenteel meer dan 8 meter lang. Het binnenste gedeelte is betrekkelijk goed bewaard gebleven: het onderste deel van de kolommen is geheel intact, maar het bovenste is geheel of in aanzienlijke mate verloren gegaan. Het buitenste gedeelte van de rol, dat het begin van het werk bevatte, heeft zwaar geleden, zodat enkel fragmenten daarvan over zijn. Van het slot van het werk ontbreken hooguit een aantal regels, die geschreven waren aan het verloren gegane begin van kolom LXVI, die in haar huidige staat geen tekst bevat.

Een andere kopie van hetzelfde werk (11QTemple[b] = 11Q20) stelt ons in staat ontbrekende gedeelten van het eerste document aan te vullen. Dit fragmentarisch overgeleverde handschrift behoort tot de rollen uit grot 11, wier bewerkings- en publicatierecht met steun van de Nederlandse Organisatie voor Zuiver-Wetenschappelijk Onderzoek (ZWO) in 1961 werd aangekocht door de Koninklijke Nederlandse Akademie van Wetenschappen. F. García Martínez publiceerde de integrale tekst van de fragmenten in 1992.

11QTemple[a] is gekopieerd door twee verschillende schrijvers: de kolommen I-IV op het eerste vel zijn van iets jongere datum en van een andere hand dan de overige. Beide schrijvers verrichtten hun werk aan het eind van de eerste eeuw v. Chr. of het begin van de eerste eeuw n. Chr. Van iets jonger datum is het schrift van 11QTemple[b], dat stamt uit het eerste kwart van de eerste eeuw n. Chr. De kopiist van dit manuscript lijkt dezelfde geweest te zijn als degene aan wie wij het afschrift van het Habakuk-commentaar uit grot 1 (1QpHab) te danken hebben.

De systematische wijze waarop de redactor van de Tempelrol de verschillende onderdelen van het geschrift gerangschikt heeft, vergemakkelijkt de beschrijving van zijn inhoud. Hoewel het begin onherroepelijk verloren is gegaan, suggereert reeds kolom II dat het verhalende kader waarin het wetscorpus van het geschrift is opgenomen, de sluiting van het Sinai-verbond is. De auteur presenteert zijn werk als een directe openbaring van God aan Mozes, waarbij hij die gedeelten die in Deuteronomium beschreven zijn als een mededeling van Mozes aan het volk, omzet in de eerste persoon van de directe (goddelijke) rede. Daarmee stelt hij het geheel voor als woorden van God, als een nieuwe Wet voor geheel Israël, hoewel de auteur of de redactor deze fictie soms vergeet en in die gevallen de derde persoon van de bijbelse tekst handhaaft. Dit 'nieuwe' Deuteronomium integreert op systematische wijze de verschillende wetten aangaande het heiligdom en zijn offers die wij in de boeken Exodus, Leviticus en Numeri aantreffen, soms letterlijk, soms in gewijzigde vorm of met toevoegingen die in de bijbeltekst niet voorkomen. Ten slotte wordt een nieuwe versie van Deuteronomium 12-23 geboden.

Als wij de kolommen van 11QTemple[a] één voor één doorlopen, kunnen wij constateren dat de auteur de wetten die hij wenst door te geven, naar vier grote thema's gerangschikt heeft. Het eerste daarvan is de bouw van de tempel, die in twee blokken behandeld wordt: de kolommen II-XIII spreken over de bouw van het heiligdom en het altaar, de kolommen XXX-XLV over die van de tempelpleinen en de daar gesitueerde gebouwen. Tussen deze twee blokken wordt in de kolommen XIII-XXIX een tweede onderwerp aangesneden: de cyclus van de jaarlijkse feesten met de daarbij behorende offers; aan de orde komen het feest van de eerstelingen van het nieuwe graan, van de wijn en de olie en van het houtoffer. Het derde thema heeft betrekking op reinheidswetten. De auteur behandelt de voorschriften die de rituele reinheid van de tempel en de heilige stad moeten waarborgen (kolommen XLV-XLVII) en meer algemene reinheidsregels (kolommen XLVIII-LI). Het vierde onderwerp is een herschrijving van de wetten van Deuteronomium 12-23 met dezelfde diversiteit die wij in de bijbeltekst aantreffen. Daartussen treffen wij een uitvoerig traktaat aan dat gewijd is aan Deut. 17:14-20 en bekend staat als de 'Koningswet' (kolommen LVI-LIX), benevens bepalingen betreffende de levieten (LX 1-11) en de kruisiging als straf voor een halsmisdaad (LXIV 6-13).

De genoemde thema's stellen ons in staat de bronnen waarvan zich de auteur bij de redactie van de Tempelrol bediend heeft, in hoofdlijnen op het spoor te komen. In de eerste plaats heeft hij gebruik gemaakt van de Thora (in het bijzonder van Deuteronomium), die hij aan eigen bedoelingen heeft aangepast door combinatie van verschillende bijbelse uitspraken, door harmonisatie, door verduidelijkingen, door toevoegingen en door modificaties, als hij deze noodzakelijk achtte. Behalve de Thora heeft de auteur zich evenwel ook bediend van andere bronnen: een document met aanwijzingen voor de tempelbouw, een feestkalender, een geschrift betreffende reinheidsnormen en een uitlegging van Deuteronomium, waaraan hij de 'Koningswet', de bepalingen voor de levieten en betreffende de kruisiging ontleende.

Het literaire genre van het werk is moeilijk te bepalen. Yadin beschouwde het geschrift als een herschrijving van de Thora met het doel de bijbeltekst tot een eenheid om te smeden, die gelijkluidend te maken en de daarin aangetroffen problemen op te lossen. H. Stegemann houdt daarentegen de Tempelrol veeleer voor een zesde boek van de Thora, een nieuwe Wet om de bestaande aan te vullen. B. Z. Wacholder is van mening dat de auteur van de Tempelrol de opvatting huldigde dat Mozes op de berg Sinai een tweede Thora ontvangen had, die geopenbaard moest worden wanneer de eerste vanwege de zonden van Israël had afgedaan. De Tempelrol zou zich presenteren als deze tweede Thora, als eeuwige Wet, superieur aan de eerste en bestemd om deze te vervangen als de enige normatieve Wet van de toekomst.

Naar onze mening moet de relatie tussen de Tempelrol en de bijbelse tekst gezocht worden op het vlak van de uitleg, een uitleg die als door God geopenbaard wordt beschouwd en daarom normatief is, en die de auteur toestaat de bijbelse tekst in een andere vorm te gieten. Daarom kan het werk met W. O. Wise als een nieuw Deuteronomium gedefinieerd worden, hoewel wij, anders dan Wise, niet menen dat het gaat om een nieuw Deuteronomium met de bedoeling Deuteronomium 12-26 'in het laatst der dagen' te vervangen, maar om een nieuw Deuteronomium dat de enige legitieme weg tot het begrijpen van de ware bedoeling van de bijbelse tekst biedt.

De herkomst van het werk is omstreden. Een aantal geleerden meent dat het onafhankelijk van de gemeenschap van Qumran ontstaan is, anderen houden het voor een geschrift dat in haar midden geschreven werd. Wij zijn van mening dat het dateert uit de tijd vóór de vestiging van de gemeenschap in de woestijn en samengesteld werd in de kringen van hen uit wier midden naderhand de gemeenschap van Qumran is voortgekomen.

De architectonische en rituele gegevens benevens de gedetailleerde aanwijzingen voor de offercultus van de eerste gebruikte bron verwijzen ons naar priesterkringen voor wie de tempel een centrale factor en de juiste bepaling van de reinheidsgraden een aangelegenheid van fundamentele betekenis was. Deze gegevens verhelderen de doelstelling van het werk. De verschillen met de destijds bestaande tempel vallen terstond in het oog. Maar de auteur biedt zijn gedetailleerde plan niet aan als een profetisch visioen van de tempel die God aan het einde der tijden zal oprichten, maar als een concreet bouwprogramma dat op de Sinai geopenbaard en daarom normatief is. Het toont aan dat naar de opvatting van de auteur de bestaande tempel niet is wat het heiligdom moest zijn, wilde het beantwoorden aan de geopenbaarde voorschriften van Gods wege.

Naar de genoemde priesterlijke kringen verwijzen ons ook concrete details van de in de Tempelrol geboden uitleg van Deuteronomium. De bepaling aangaande de monogamie als verplicht voor de koning vindt haar weerslag in het Damascusgeschrift (CD IV 20vv.). De in de rol voorgeschreven machtsverdeling tussen koning en hogepriester treffen wij ook in de Regel van de Gemeente (1QSa) aan. Deze gegevens bewijzen dat bepaalde kringen gedurende de Hasmonese tijd (eind tweede eeuw en begin eerste eeuw v. Chr.) opponeerden tegen de heersende machtsverhoudingen: zij bepleitten een onderwerping van het koninklijke gezag aan het hogepriesterlijke en ontzegden aan de vorst elke cultische activiteit. De noodzaak tot herformulering van de bijbelse gegevens ten aanzien van het koningschap drong zich op nadat de Makkabeeën de nationale onafhankelijkheid hadden bevochten. Dat betekent niet (zoals geopperd is) dat wij het ontstaan van de in de Tempelrol geboden Koningswet pas in de tijd van het bewind van Alexander Jannaeus (103-76 v. Chr.) moeten plaatsen: huursoldaten waren sedert de regering van Johannes Hyrcanus I (135-104 v. Chr.) in Joodse dienst, alle Hasmoneeën zagen zich verwikkeld in offensieve en defensieve oorlogen, zij allen maakten oorlogsbuit en gedurende de gehele periode bleef gevaar van de kant van Egypte bestaan. De ingehouden polemiek van de Tempelrol is beter denkbaar in de beginjaren van de nationale onafhankelijkheid dan in de tijd toen de Hasmoneeën hun territorium tot een Hellenistisch getint rijk hadden omgevormd, dat weinig verschilde van andere koninkrijken. In ieder geval is de polemiek van de Tempelrol ver verwijderd van de anti-Hasmonese uitlatingen die wij in latere Qumrangeschriften, zoals de bijbelcommentaren, aantreffen.

Aan de andere kant zijn er vele overeenkomsten tussen de Tempelrol en de geschriften die algemeen als afkomstig uit de gemeenschap van Qumran beschouwd worden. De meest opvallende zijn: het verbod van polygamie, van een huwelijk tussen oom en nicht en van seksuele relaties in 'de stad van het heiligdom' (vgl. het Damascusgeschrift); de uitsluiting van vrouwen uit de heilige stad en de legerplaats gedurende de oorlog van de eindtijd, talrijke parallellen betreffende de militaire organisatie en de plaats van de toiletten (vgl. de Rol van de Oorlog [1QM]); de straf van de kruisiging (vgl. het Nahumcommentaar van 4Q) en de kalender met de uitdrukkelijke vermelding van het feest van de olie op de 22ste van de zesde maand (vgl. 4Q327). Bovendien zijn degenen die volgens de Rol van de Gemeente

(1QSa) uitgesloten zijn van deelneming aan de gemeenschap, dezelfden als aan wie de Tempelrol de toegang tot Jeruzalem ontzegt. De namen van de poorten van Jeruzalem in de 'Beschrijving van het nieuwe Jeruzalem' zijn dezelfde als die de auteur van de Tempelrol aangeeft voor de poorten van de tempelpleinen. Overeenkomsten met de Qumrangeschriften bestaan ook ten aanzien van de taak van de levieten en de raadgevingen van de koning en de gemeenschap.

Hoewel de overeenkomsten ongetwijfeld indrukwekkend zijn, verhinderen een aantal andere gegevens naar onze mening toch de conclusie te trekken dat de Tempelrol geschreven werd toen de gemeenschap zich reeds in Qumran gevestigd en met de tempel van Jeruzalem gebroken had: de zaken waarvoor zich de uitgesproken sektarische teksten van Qumran interesseren, zijn zeer verschillend van die van de Tempelrol, de wijze van Schriftuitleg is afwijkend, de Wetspraktijk vertoont verschillen (zoals in het geval van de getuigen) en een van de voornaamste feesten van Qumran (het verbondsfeest) ontbreekt in onze tekst. Er zijn opmerkelijke verschillen in spraakgebruik (bijv. ten aanzien van de aanduiding van de hogepriester) en de houding die in latere teksten wordt ingenomen ten aanzien van de tempel en de autoriteiten, laat zich niet met die van de Tempelrol in overeenstemming brengen.

De genoemde overeenkomsten en verschillen zijn echter met elkaar te rijmen als men aanneemt dat de Tempelrol afkomstig is uit kringen waaruit naderhand de gemeenschap van Qumran voortkwam, dus dat het document geschreven werd vóór de vestiging in Qumran. Deze conclusie staat toe veranderingen veroorzaakt door de breuk met het toonaangevende jodendom en een ontwikkeling van ideologische standpunten en wetsopvattingen die door de nieuwe situatie veroorzaakt werden, te verdisconteren. Daarom zijn wij van mening dat de these die het ontstaan van de rol in priesterlijke kringen rond de tempel van Jeruzalem verdedigt, de beste uitleg biedt van de gegevens waarover wij beschikken. Deze these is ook in overeenstemming met de verrassende overeenkomsten in taalgebruik, inhoud en concrete Wetsbepalingen tussen de Tempelrol en 4QMMT.

De bepaling van de tijd waarin de Tempelrol geschreven werd, is even moeilijk als die van het milieu waaruit het geschrift is voortgekomen. Gedacht is zowel aan de vierde eeuw v. Chr. als de eerste n. Chr. Vanzelfsprekend is het werk jonger dan de bronnen die het gebruikt heeft, maar de bronnen zijn moeilijk te dateren.

De gebruikte feestkalender is afhankelijk van de Henochitische kalender, die in Aramese teksten van Qumran bewaard gebleven is en die tot op de vierde eeuw v. Chr. kan teruggaan. Hoewel de als bron benutte kalender ongetwijfeld jonger is dan deze tijd, is hij aan de andere kant minder precies uitgewerkt dan in het boek Jubileeën en in andere geschriften van Qumran. Dat blijkt uit de onnauwkeurige aanduiding van de data van de cultische feesten. De als brongeschrift gebruikte kalender zal derhalve stammen uit het einde van de derde of het begin van de tweede eeuw v. Chr.

Een andere aanwijzing voor de tijd waarin de Tempelrol geschreven werd, wordt ons geboden door een op het eerste gezicht onbelangrijk detail. In kolom XLVII vinden wij het verbod huiden van niet in de tempel geslachte reine dieren Jeruzalem binnen te brengen. Deze bepaling gaat veel verder dan het decreet van de Seleucidische koning Antiochus III (223-187 v. Chr.) dat enkel het brengen van huiden van onreine dieren verbood. De relatie tussen beide teksten lijkt ons duidelijk, hoewel die verschillend kan worden uitgelegd. Zo meende Yadin dat de wetseis van de Tempelrol een verscherping van die van het decreet van Antiochus betekent en derhalve van jongere datum moet zijn. Het is echter evengoed mogelijk dat Antiochus een minder rigoureuze bepaling gekozen heeft dan hem werd gesuggereerd, zodat het voorschrift van de Tempelrol ouder kan zijn. Daarom zouden wij voor het werk waaraan de bepaling van kolom XLVII ontleend is, de Seleucidische periode als achtergrond mogen aannemen.

Een andere gebruikte bron, die van de reinheidsvoorschriften, verschaft ons geen concrete gegevens ten aanzien van ontstaanstijd en herkomst. Het enige dat wij kunnen vaststellen, is de verscherping van de reinheidsproblematiek als consequentie van de Makkabese opstand (167-164 v. Chr.). De herinwijding van de tempel door Judas Makkabaeus werd gezien als een reiniging van het heiligdom en de verovering van de steden door de Makkabeeën als een reiniging van het land. In deze tijd plaatst Flavius Josephus het ontstaan van de Joodse religieuze sekten en hun herinterpretatie van de reinheidsvoorschriften. In diezelfde periode situeert de rabbijnse traditie de disputen tussen sadduceeën en farizeeën over reinheidsnormen. Daarom kan de tijd kort na de Makkabese opstand de periode geweest zijn waarin de ideeën geformuleerd werden die wij in de reinheidswetten van de Tempelrol aantreffen.

De uitleg van Deuteronomium bevat in de 'Koningswet' een aantal elementen die naar een iets latere tijd verwijzen. De discussies die voorafgingen aan de investituur van Simon Makkabaeus en die indirect in 1 Makk. 1:48 doorschemeren, zouden de aanleiding geweest kunnen zijn voor de formulering van de in de 'Koningswet' gevonden ideeën.

Omdat laatstgenoemde bron ons verwijst naar de tijd van de Makkabeeën en de Tempelrol, naar wij hebben trachten aan te tonen, ouder moet zijn dan het Damascusgeschrift (dat stamt uit het eind van de tweede of het begin van de eerste eeuw v. Chr.), kunnen wij het ontstaan van de Tempelrol plaatsen in de tweede helft van de tweede eeuw v. Chr. Het geschrift stamt derhalve ongeveer uit dezelfde tijd en is afkomstig uit dezelfde priesterkringen als 4QMMT. Laatstgenoemd document toont ons aan dat er in die periode binnen de priesterschap een duidelijk herkenbare groepering bestond die zich zowel had afgescheiden van opponenten die wij als voorlopers van de farizeeën hebben aangeduid, als van hen die wij voorlopers van de sadduceeën noemden. Deze groepering zou zich later in de woestijn terugtrekken en de gemeenschap van Qumran vormen. De Tempelrol is uit haar midden voortgekomen, hoewel het geschrift, anders dan 4QMMT, zich niet aandient als een werk van een bepaalde beweging en zich niet richt tot een bepaalde groepering, maar tot geheel Israël. Het is daarom niet uitgesloten dat het enkele jaren vóór 4QMMT ontstaan is.

De schrijver of redactor van de Tempelrol is ons evenmin bekend als de schrijver of redactor van andere grote documenten van Qumran. Het gezaghebbende karakter van het document, de diepgaande kennis die daaruit spreekt, en de moed waarmee de auteur de bijbelse tekst waagt te herschrijven, doen onvermijdelijk denken aan de sterke profetische persoonlijkheid van de priester die de Qumrangeschriften aanduiden als de Leraar der Gerechtigheid. Geen enkel onderdeel van het geschrift kan evenwel bevestigen dat hij in werkelijkheid de schrijver van de Tempelrol is geweest. Ondanks deze anonimiteit is het werk te beschouwen als een van de voornaamste documenten van het jodendom van de tweede eeuw v. Chr.

De studies gewijd aan de Tempelrol zijn onoverzienbaar (vgl. de systematische bibliografie van F. García Martínez in de nieuwe uitgave door E. Qimron, *The Temple Scroll. A Critical Edition* (Israel Exploration Society-Ben-Gurion University of the Negev Press, Jerusalem-Beer Sheva 1996). Behalve de *editio princeps* van Y. Yadin (zie de Lijst van handschriften bij 11Q19) en diens meer populaire boek *The Temple Scroll. The Hidden Law of the Dead Sea Sect* (Weidenfeld & Nicolson, London 1985) verdienen vermeld te worden de monografieën van J. Maier, *Die Tempelrolle vom Toten Meer* (Reinhardt, München 1978; Engelse uitgave Sheffield 1985), van B. Z. Wacholder, *The Dawn of Qumran. The Sectarian Torah and the Teacher of Righteousness* (Hebrew Union College Press, Cincinnati 1983), van M. O. Wise, *A Critical Study of the Temple Scroll from Qumran Cave 11* (Oriental Institute of the University of Chicago, Chicago 1990), van A. Viviano, *Rotolo del Tempio* (Paideia, Brescia 1990), van D.D. Swanson, *The Temple Scroll and the Bible* (STDJ 15; Brill, Leiden 1995), alsook de verzamelde opstellen van verschillende auteurs in G. Brooke (ed.), *Temple Scroll Studies* (JSOT Press, Sheffield 1989), en de uitgave van meer dan dertig artikelen over de Tempelrol van de hand van L.H. Schiffman, *Studies on the Temple Scroll*, te verschijnen in 2008 in de STDJ series bij Brill te Leiden.

De vertaling die wij bieden, is die van 11QTemple[a], aangevuld met fragmenten van 11QTemple[b]. De reconstructie van het begin van sommige kolommen in het slotgedeelte van het document (aangeduid met 01 enz.) is gebaseerd op de bijbelse tekst die door de redactor van het werk gebruikt werd.

Kolom I (verloren gegaan)

Kolom II

[1] [... want ontzagwekkend is, wat I]k [met u] doe (Exod. 34:10). [Onderhoud wat Ik u heden gebied.] [2] [Zie, voor u uit verdrijf Ik] de A[moriet, de Kanaäniet,] [3] [de Hethiet, de Girgasiet,] de Pe[rizziet, de Chiwwiet en] [4] [de Jebusiet (Exod. 34:11). Ne]em u in acht dat gij geen ver[bond] sluit [met de inwoners van het land] [5] tot wie [gij] gaat, opdat zij niet tot een val[strik in uw midden worden (Exod. 34:12). Integendeel,] [6] hun [alta]ren zult gij neerhalen, [hun] gewijde stenen [verbrijzelen,] [7] hun [gewijde palen] omhouwen (Exod. 34; 13) en de gesneden beelden van [hun] go[den verbranden] [8] [met vuur (Deut. 7:25). Ni]et zult gij het zilver en goud begeren (Deut. 7:25), d[at ...] [9] [Niet] zult gij het van hem aannemen en het niet bren[gen als gruwel naar uw huis,] [10] [zodat gij zoudt komen] onder de ban zoals hij; gij zult het ten sterkste verfoe[ien en verafschuwen,] [11] [want] het ligt onder de ban (Deut. 7:26). Gij zult u niet nederbuigen voor een [andere] go[d, want YHWH, wiens] [12] [naam Naijverige is,] is een naijverig God (Exod. 34:14). Neem u in acht dat gij geen [verbond] sluit [met de inwoners van het land;] [13] [wanneer zij overspelig hun] god[en] na[lopen en aan hun goden] offeren, [dan zouden zij u uitnodigen] [14] [en gij zoudt van hun slachtoffer eten (Exod. 34:15). Wanneer] gij [van hun dochters voor uw zonen nee]mt [en] [15] [hun dochters haa]r [goden overspelig nalopen,] dan [zouden zij (tevens) uw zonen verleiden tot overspelig nalopen van haar] [16] [goden (Exod. 34:16) ...]

Kolom III

¹ [...] die in [...] ² [...] blauwpurper en roodpurper [...] ³ [... a]l uw vijanden r[ondom ...] ⁴ [... een hui]s om mijn naam daarop te leggen a[lle ...] ⁵ [...] daarin zilver en goud uit alle l[anden ...] ⁶ [...] en niet zult gij het verontreinigen, maar van [...] ⁷ [... bro]ns en ijzer en gehouwen stenen om te bo[uwen...] ⁸ [...] en al zijn voorwerpen zal men maken van lou[ter] goud [...] ⁹ [...] het zoendeksel dat daarop is, van louter goud (Ex. 25:17) [...] ¹⁰ [... het altaar] van het welriekend reukwerk en de tafe[l ...] ¹¹ [...] zal niet ontbreken in het heiligdom. [Zijn] schot[els ...] ¹² [...] en zijn kommen zullen van louter goud zijn (Ex. 25:29). En de vuurpanne[n ...] ¹³ [... om] daarmee vuur naar binnen te brengen. En de kandelaar en al[le ...] ¹⁴ [...] ONBESCHREVEN Het gehele brandof[fer]altaar [...] ¹⁵ [...] louter [br]ons en het traliewerk (Ex. 35:16) d[at] boven [...] ¹⁶ [...] brons [...] om te zien [...] ¹⁷ [...] bro[ns ...] ... [...] ¹⁸ [...] ... [...]

Kolom IV

¹ [...] ac[ht ...] ² [...] die naar buiten gaan naar [...] ⁴ [...] het huis, breed vi[er ...] ⁴ [...] ... en een geplaveid terras tussen de [...] ⁵ [... tus]sen de zesde; een geplaveid terras [...] ⁶ [...] ... ONBESCHREVEN [...] ⁷ [...] de breedte en de hoogte van de [...] ⁸ [... el]len en gij zult de voorhal binnengaan [...] ⁹ [...] tien ellen. En de wanden [...] ¹⁰ [...] zestig ellen hoog [...] ¹¹ [... tw]aalf ellen en de h[oogte ...] ¹² [...] eenentwintig ellen [...] ¹³ [...] twintig ellen in het vierkant [...] ¹⁴ [...] ... ONBESCHREVEN ¹⁵ [...] de helft daarvan [...] ¹⁶ [...] ... [...] ¹⁷ [...] ... [...]

Kolom V

¹ [...] verbonden [...] ² [...] ellen. [...] ³ [...] de dikte drie [...] ⁴ [...] daarin naar de maat [...] ⁵ [...] van achtentwinti[g ...] ⁶ [...] en het gebinte ook [...] ⁷ [...] ellen, de gehele hoogte [...] ⁸ [...] ... en vier poorten [...] ⁹ [...] de poort twaalf [...] ¹⁰ [...] per el en al het vakwe[rk ...] ¹¹ [... ond]eraan en alles overtrokken [...] ¹² [...] ONBESCHREVEN [...] ¹³ [...] ... gij zult maken [...] een stoa [...] ¹⁴ [...] in alle [...]

Kolom VI

¹ [...] ... [...] ² [...] boven de [...] ³ [...] ... a[chtentwintig] ell[en ...] ⁴ [...] ... ve[ertig el[le]n en het gebi[nte ...] ⁵ [...] tien ellen de gehele hoogte van de stoa en de ven[sters ...] ⁶ [... vie]r poorten naar de zolder naar de vier [windstreken ...] ⁷ [... twa]alf ellen en de [hoogte] daarvan el[f ...] ⁸ [...] zijn deuren [...] de onderste en alle [...] ⁹ [...] ... [...] ... [...]

Kolom VII

¹ [...] de tafel[en ...] ² [...] ... [...] ³ [...] de tafelen van h[out ...] ⁴ [...] honderd (?) en tien [...] ⁵ [...] tachtig ta[felen ...] ⁶ [...] ..., boven alle [...] ⁷ [...] ... honderd ... [...] ⁸ [...] in het geheel vijf el[len ...] ⁹ [...] ... zijn hoogte en het verzoendeksel dat daarbo[ven ...] ¹⁰ [...] zijn breedte en twee cherubs ... [...] ¹¹ [...] het andere einde, de vleugels uitspreidend [...] ¹² [...] boven de ark en hun gezichten, de ee[n ...] ¹³ [...] ONBESCHREVEN En gij zult maken een voorhangsel van goud [...] ¹⁴ [...] ... [...] , het voorhangs[el ...] ¹⁵ [...] ... [...]

Kolom VIII

¹ [...] ... [...] ² [...] tegenover de ar[k ...] ³ [...] ... zeven [...] ⁴ [...] ... [...] ⁵ [...] ... zijn breedte en een el [...] ⁶ [...] ... en gij zult maken ⁷ [...] ... ⁸ [...] ... twee ⁹ [...] ... boven de twee rijen ¹⁰ [...] dit wierook voor het brood als gedenkoffer ¹¹ [... o]p het wierookaltaar bij uw verwijderen ¹² [...] brood, zult gij daarop wierook plaatsen. Niet ¹³ [... eeu]wig naar hun geslachten. [...] dit b[ro]od ¹⁴ [...] zullen komen ... [...]

Kolom IX

¹ [...] ² [...] ... zijn [...] en [zijn] bloesemversiering ³ [...] aan zijn beide zijden ⁴ [...] ... dr]ie bij drie ⁵ [...] ... en de bloesemversiering ⁶ [...] ... ⁷ [...] ...

8 [...] ... drie ⁹ [...] de hele arm ¹⁰ [...] ... drie ¹¹ [...] en zijn kaarsesnuiters, zijn geheel twee talenten ¹² [... ont]steken alle lampen en gij zult plaatsen ¹³ [...] en zullen verzorgen de priesters, de zonen van ¹⁴ [Aäron ...] eeuw[ig]e inzettingen [voor] hun [geslach]ten.

Kolom X

¹⁻⁷ LETTERRESTEN AAN HET EIND VAN DE REGELS
⁸ [...] poort [...] ⁹ [...] gij [zult] hen [ma]ken boven de poort ¹⁰ [...] ... een karmozijnrood weefsel ¹¹ [...] boven deze, pilaren ¹² [...] rood purper en de kapitelen ¹³ [...] ... [...] boven ¹⁴ [...] karmoz[ijnrood ...] ¹⁵⁻¹⁸ LETTERRESTEN AAN HET BEGIN VAN DE REGELS

Kolom XI

¹⁻⁸ LETTERRESTEN AAN HET EIND VAN DE REGELS
⁹ [...] ... op de sabbatten en bij het begin van ¹⁰ [...] ... en op het feest van de ongezuurde broden en op de dag van het bewegen van de eerstelingsgarve ¹¹ [...] de eerstelingen voor het tarweoffer ¹² [...] en op het feest van de (nieuwe olijf)olie en op de zes dagen van ¹³ [... en op het fee]st van de loofhutten en van de samenkomst van ¹⁴ [...] ... [...]
¹⁵⁻¹⁶ LETTERRESTEN AAN HET BEGIN VAN DE REGELS

Kolom XII

¹⁻⁷ ONLEESBAAR EN GROTENDEELS VERLOREN GEGAAN
⁸ [... a]l zijn afmetingen zullen ⁹ [...] ... [...] hoek en een el ¹⁰ [...] gebouwd geheel van ¹¹ [st]en[en ... Gij zult] maken alle ¹² muren (?) [...] ¹³ en zijn hoo[rnen] en [zijn] hoek[en ... zult gij ma]ken daarvoor ¹⁴⁻¹⁶ LETTERRESTEN

Kolom XIII

[1] opdat [...] [2] tien e[llen ...] [3] zult gij maken [...] [4] en [zijn] deuren [...] [5] één rechts en één [links ...] [6] bedekt [...] [7] daarvoor een poort als [...] [8] ONBESCHREVEN [...] [9] en de offer[gave ...] [10] het bloed voor het volk [... En dit is wat gij op het altaar zult bereiden: twee éénja]rige [11] gave [lammeren per dag als dagelijks brandoffer; het ene schaap zult gij des morgens bereiden met als bijbehorend spijsoffer een tie]nde [12] fijn meel, aangemaakt met [een vierde hin gestoten olie als dagelijks brandoffer tot een liefelijke reuk, een vuuroffer] [13] voor YHWH /en het bijbehorende plengoffer van wijn, een vi[erde van een hin]/ (Ex. 29:38vv.; Num. 28:3vv.). ONBESCHREVEN [En de priester die het brandoffer brengt, – de huid van] [14] zijn brand[of]fer [zal] voor hem [zijn (Lev. 7:8). Het andere schaap zult gij bereiden in de avondsche]mering; [15] gelijk het spijsoffer [des] morgens en gelijk het bijbehorend plengoffer [zult gij het bereiden, een vuuroffer tot liefelijke reu]k voor [YHWH.] [16] Niet zult gij [...] [17] en op de s[abbat]dagen zult gij offeren twee [gave, éénjarige schapen en twee]

Kolom XIV

[01] [tienden fijn meel als spijsoffer, aangemaakt met olie, en het bijbehorend plengoffer. Het is het brandoffer van de sabbat op elke sabbat] [02] [boven het dagelijks brandoffer en het bijbehorend plengoffer (Num. 28:9-10). En bij het begin van uw maanden zult gij YHWH offeren:] [1] [twee jonge stieren, één ram, zeven gave, éénjarige schapen] [2] [met als spijs]offer fijn meel, [drie tienden,] aangemaakt [met een halve hin olie, en wijn als plengoffer,] [3] [een hal]ve hin, bij [elke stier; als spijsoffer fijn meel, aangemaakt met olie, twee] [4] [tienden], met een derde deel van [een hin en wijn als plengoffer, een derde deel van een hin, voor elke ram;] [5] [en telkens] als spijs[offer] een tiende [fijn meel aangemaakt met een vierde deel van een hin en wijn, een vierde deel] [6] [van een hi]n, voor elk schaap [... tot een] [7] liefelijke reuk voor YHWH aan het beg[in van uw maanden. Dit is het maandelijks brandoffer in elke maand] [8] van de maanden van het jaar (Num. 28:11-14) ... [...]
[9] En op de eerste (dag) van de [eerste] maand [- zij zal u het begin van de

maanden, de eerste der maanden van] [10] het jaar zijn (Ex. 12:2) – [zult gij g]enerlei sl[aafse] arbeid [verrichten en gij zult bereiden een geitebok tot een zondoffer:] [11] enkel die zal bereid worden om verzoen[ing te doen voor u en gij zult een brandoffer bereiden: één jonge stier,] [12] één ram, [zeven gave, éénjarige] schapen (Num. 29:2) [...,] [13] [beh]al[ve het brand]of[fer, en als spijsoffer drie tienden fijn meel, aangemaakt met olie,] [14] een halve hin, [bij de ene stier en wij]n als plengoffer, [een halve hin tot een liefelijke reuk voor YHWH; en twee] [15] tienden fijn meel als spijsoffer, aangemaakt met [olie, een derde deel van een hin, en wijn als plengoffer zult gij offeren,] [16] een de[rde] deel van een hin, bij de e[ne ram als een vuuroffer, een liefelijke reuk voor YHWH; en een tiende] [17] [fijn meel] als spijsoff[er, aangemaakt met olie, een vierde deel van een hin, en wijn als plengoffer zult gij offeren,] [18] [een vierde deel van een hin voor] elk [schaap ...] de schapen en voor de [geite]bok (Num. 29:2-6)

Kolom XV + 11QTemple[b], fragment 1, regel 1-13 (cursief)

[1] elke dag [...] [2] *zeven* [één]jarige [schapen] *en een* [geite]*bo*[*k* tot zondoffer met het bijbehorende spijs- en plengoffer] [3] *volgens dit voorschrift.* [*Voor de priesterwijding telkens één ram voor elke* dag] /[en] korven met brood voor alle ram[men voor de inwijding, één korf voor]/ [4] één [ram]. Zij moeten verdelen *al*[*le rammen en de korven over de zeven* dagen van de wijding van] [5] [dag] tot dag, volgens [hun] afdelingen. [*Zij moeten aan* YHWH *offeren als brandoffer* de rechterschenkel] [6] als brandoffer van de ram, [het vet dat de ingewanden bedekt, de *beide*] [7] nieren, het vet [*dat daarop is,* het vet dat zich bevindt op] [8] de lendenen, de [gehele] vetstaa[rt, (afgesneden) *dicht bij de ruggegraat, het aanhangsel van de lever*] [9] en het bijbehorende spijs- en plengoffer, volgens het vo[orschrift (Exod. 29:22-23; Lev. 3:9-10; 8:25). Zij moeten nemen één ongezuurde broodkoek *uit de korf,*] [10] *één geoliede broodkoek en* [*één*] *dunne* [*koek* en dat alles leggen op de vetstukken] [11] samen met de schenkel van de *heffing, de* [*rechterschenkel. De offeraars zullen bewegen*] [12] de rammen en broodkorven als een be[weegoffer vóór *het aangezicht van* YHWH: *een brandoffer is het,*] [13] *een vuuroffer tot een liefelijke reuk* voor YHWH. [Zij zullen alles op het altaar in rook doen opgaan, op] [14] *het brandoffer, om hun zielen te wijden de ze*[*ven dagen* van de wijding. ONBESCHREVEN]. [15] *Wanneer de hogepriester,* [die] gewijd is [16]

door (hem) te bekleden met de klederen in *zijns vaders* plaats (Lev. 16:32; 21:10), zal optreden [om dienst te doen vóór het aangezicht van YHWH, *zal hij*] [17] [één stier *offeren* vo]or het gehele vo[lk] en één voor de *pries*[*ters; hij zal die*] [18] [voor de *priester*]s het eerst [*offeren*] en de oudsten van de priester[s zullen hun handen] leggen

Kolom XVI + 11QTemple[b], fragment 1, r. 14-16, fragment 2 (?), fragment 3 en fragment 4 (cursief)

[01] [op *zijn kop en na hen de hogepriester en alle* priesters. Zij zullen *de stier* slachten] [02] [vóór het aangezicht van YHWH *en de oudsten van de priesters zullen van het bloed van de stier nemen en* met hun vinger *van het bloed* aanbrengen op de hoornen] [03] [van het altaar; het (overige) bloed *zullen zij uitgieten rondom* de *vier hoeken van de onderbouw van* het altaar (Ex. 29:10-12).] [04] [...] [1] [...] ... [...] [2] [nemen van zijn bloed en] het bloed [aan]brengen [aan zijn rechteroorlel en de duim van zijn] [3] [rechterhand en *de grote teen* van zijn] rechter[voet] en sprenkelen [van het bloed dat op het altaar is, en *van de olie* der zalving op hem] [4] [en op zijn klederen (Ex. 29:19-21). Heilig zal hij] zijn al zijn dagen. [Bij geen enkele dode zal hij komen.] [5] [Aan zijn vader of moeder] zal hij zich [niet] verontreinigen (Lev. 21:11), want heil[ig is hij ...] [6] [... op het al]taar en hij zal in rook doen opgaan [het vet van de eerste stier ...,] [7] [al het vet d]at de ingewanden bedekt, [het aanhangsel van de lever, de twee] [8] [nie]ren, het vet dat daaraan zit, [het vet dat zich bevindt op] [9] de lendenen en het bijbehorend spijs- en plengof[fer, volgens het voorschrift. Op het altaar *zullen zij* ze *offeren:*] [10] [een brand]offer is het, een vuuroffer tot een liefelijke reuk voor [YHWH. Het vlees van de stier] [11] en zijn huid samen met zijn mest zullen zij verbranden *buit*[*en* de stad ... (Ex. 29:14; Lev. 4:11-12; 8:14-17)] [12] op een afgezonderde plaats als zondoffer; daar zullen zij [hem] verbr[anden met kop, onderschenkels] [13] en al zijn ingewanden: ze zullen hem daar geheel verbranden met uitzondering van zijn vet. Een zon[doffer] [14] is het. (Daarna) zal hij de tweede stier nemen, die voor het volk, en daarmee verzoening doen [voor heel het volk van] [15] de gemeente, met zijn bloed en zijn vet: zoals hij gedaan heeft met de eer[ste] stier, [zo zal hij doen] [16] met de stier voor de gemeente. Hij zal met zijn vinger van het bloed aanbrengen op de hoornen van het [altaar en al] [17] zijn (overige) bloed sprenkelen

a[an de vi]er hoeken van de onderbouw van het altaar. Maar [zijn vet,] ¹⁸ [het bijbehorende sp]ijs- en pleng[offer] zal hij in rook doen opgaan op het altaar. Het is een zondoffer voor de gemeente (Lev. 4:21).

Kolom XVII

¹ [... de] priesters en zij zullen geven ... [...] ² [...] en zij zullen zich verheugen, want hij heeft verzoening voor hen gedaan [...] ³ [... zal zi]jn die dag voor hen […] ⁴ [...] in al hun woonplaatsen en zij zullen zich verheugen en bl[ij zijn …] ⁵ [...]. ONBESCHREVEN.
⁶ [Op de veer]tiende van de eerste maand [tussen de avonden zullen zij houden] ⁷ [het Pascha voor YHWH (Lev. 23:5)] en (het paaslam) slachten vóór het avondoffer en slachten [...;] ⁸ vanaf twintig jaar en daarboven zullen zij het doen (Jub. 49:17) en het bij nacht eten ⁹ in de hoven van [het] heiligdom; vroeg zullen zij op weg gaan, een ieder naar zijn eigen tent.
¹⁰ ONBESCHREVEN
En op de vijftiende van deze maand zal er een hei[lige] bijeenkomst zijn; ¹¹ generlei slaafse arbeid zult gij daarop doen: het is het feest van de ongezuurde broden, zeven dagen (lang), ¹² voor YHWH. Gij zult van dag tot dag, gedurende de[ze] zeven dagen, ¹³ een brandoffer aan YHWH offeren: twee stieren, één ram, zeven éénjarige schapen ¹⁴ die gaaf zijn, en een geitebok ten zondoffer met het bijbehorende spijs- en plengoffer ¹⁵ [naar het voor]schrift voor stieren, rammen, schapen en de (geite)bok. Op de zevende dag ¹⁶ [is er een samenkomst] voor [YH]WH. Daarop zult gij generlei slaafse arbeid verrichten (Lev. 23:6-8; Num. 28:17-25).

Kolom XVIII

¹ [...] ... [...] ² [...] voor deze ram [...] ³ [... Een heilige samenkomst zal voor hen] deze dag [zijn] en [...] ⁴ [...] een geite[bok] ten zondoffer [...] ⁵ [... het bijbehorende spijs- en pl]engoffer naar het voorschrift: een tiende fijn meel, ⁶ [met olie aangemaakt, een vierde van een hin, en] wijn voor het plengoffer, een vierde van een hin. ⁷ [... zal hij verzoening doen vo]or het volk van de gemeente vanwege al [hun] schuld; ⁸ [die zal hun worden

vergeven. Voor al hun geslachten] zal dit een eeuwige [inzet]ting voor hen zijn ⁹ [in al] hun [woonplaatsen]. Daarna zullen zij de ram offeren, één per keer, ¹⁰ [...] op de dag van het bewegen van de garve (Lev. 23:10-14; Num. 28:17-25). ONBESCHREVEN
En gij zult ¹¹ [voor u] zeven volle sabbatten tellen vanaf de dag waarop de garve van ¹² [het beweegoffer] hebt gebracht; [gij zult te]llen tot aan de dag volgende op de zevende sabbat; gij zult tellen ¹³ [vijftig] dagen en (dan) een nieuw spijsoffer voor YHWH brengen uit uw woonplaatsen: ¹⁴ nieuw [brood van fijn me]el, dat gezuurd is, als eerstelingen voor YHWH, tarwebrood, ¹⁵ twa[alf koeken;] iedere koek [zal be]staan [uit twee] tienden fijn meel. ¹⁶ [De hoofden van de] cl[an]s van de stammen van Israël [zullen ze brengen] en offeren (Lev. 23:15vv.; Num. 28:26-31)

Kolom XIX + 11QTempleᵇ, fragment 5 en fragment 6, regel 1-4 (cursief)

¹ [...] ... [...] ² [...] het brandof[fer ...] ³ [... *van de dag zullen zij offeren*] twaal[f ...] ⁴ [... *gave (dieren); hun spijs- en* hun plengoffer] naar het voorschrift en [zij] zullen beweg[en ...] ⁵ [...] de eerstelingen *zul*[*len zijn voor*] *de priesters; zij zullen ze eten in de* ⁶ [binnenste] *hof,* [een ni]euw [spijsoffer], brood der eerstelingen. Daarna [...] ⁷ [...] nieuw brood van jonge en weke *aren.* [Deze] da[g] zal er zijn ⁸ [... als altoos d]urende [inzetting] voor hun geslachten. Generlei *slaaf*[*se*] *arbeid* ⁹ [zullen zij verrichten. Het feest der w]eken is het en het feest van de eerstelingen ter eeuwi[ge] herinnering.¹⁰ ONBESCHREVEN.
¹¹ Gij [zult tellen] vanaf de dag waarop gij het nieuwe offer aan YHW[H] hebt gebracht, ¹² het *brood der eerstelingen, zeven* weken; zeven volle weken ¹³ [zullen het zijn. To]t aan de dag na de *zevende* sabbat *zult gij vijftig* dagen *tellen* ¹⁴ en (daarna) [zult gij] nieuwe wijn [brengen] voor het plengoffer, vier hin uit alle stammen van *Israël,* ¹⁵ *een d*[*erde deel van*] *een hin per* stam. Behalve de wijn zullen op deze dag ¹⁶ *alle* hoofden van de duizenden van Israël [YHWH *twaa*]*lf rammen* [offeren]

Kolom XX + 11QTemple[b], fragment 6, regel 5-20, en fragment 7 (cursief)

01 [... *ram*]*men en hun spijsoffer naar het voorschrift: twee* [tienden fijn meel aangemaakt met olie,] 02 [het derde deel van een *h*]*in, olie voor de ram, boven dit plengoffer* [...] 03 [...] *zeven éénjarige* [*scha*]*pen en een* [*geite*]*bok* [...] 04 [...] *gemeente* [...] 05 *hun* [*spijs-*] *en plengoffer* /*naar het voorschrift*/ *voor stieren, een ram* [...] 06 *voor* YHWH. *In het vierde deel van de dag zullen zij offeren* [...] ¹ [...] *rammen en het plengoffer en zij zullen offeren* [...] ² [...] *veertien* [*éénjarige schapen* ...] ³ [... *het brand*]*offer. Zij zullen die maken* [...] ⁴ [... *maar het vet daarvan*] *zullen zij in rook doen opgaan op het al*[*taar:*] ⁵ [*het vet dat de ingewanden bedekt*], *al het ve*[*t*] *dat op de in*[*gewanden is,*] ⁶ [*het aanhangsel van de lever en*] *de nieren zal men verwijderen, benevens het vet* [*dat*] *d*[*aarop is,*] ⁷ [(*het vet*) *dat op de lendenen is en*] *de vetstaart,* (*afgesneden*) *dicht bij de ruggegraat, en zij zullen* ⁸ [*alles*] *in ro*[*ok doen opgaan op het altaar*], *samen met het bijbehorende spijs- en plengoffer, een vuuroffer, een lie*[*felijke*] *reuk* ⁹ [*voor* YHWH (Lev. 3:9-11).]
Men zal elk spijsoffer, waarmee een plengoffer gepaard gaat, offeren naar het [*voorschrift.*] ¹⁰ [*Van elk spijsoffer*], *waarmee wierook gepaard gaat of dat droog is* (Lev. 2:2; 7:10), *zal men* (*het deel van*) ¹¹ [*het gedenkof*]*fer nemen en in rook doen opgaan op het altaar; de rest daarvan* (= *van de spijsoffers*) *zal men eten in de* ¹² [*binne*]*n*[*ste*] *hof:* [*als ongezuurde koeken*] *zullen de priesters het eten* (Lev. 6:16); *gezuurd zult gij het niet eten; op de dag zelf zult gij het et*[*en*;] ¹³ *de zon mag daa*[*rover niet onderga*]*an. Al uw offergaven zult gij zouten: gij zult* ¹⁴ [*het zoutverbond*] *niet laten ontbreken* [*in eeuwigheid* (Lev. 2:13; Num. 18:19)]. ONBESCHREVEN
Voor YHWH *zullen zij als heffing nemen* ¹⁵ [*van de ram*]*men en de schapen de rechterschenkel, de borst,* ¹⁶ [*de wangstukken, de ma*]*ag* (vgl. Deut. 18:3) *en de schouder tot aan het schouderbeen en ze bewegen als een beweegoffer*

Kolom XXI + 11QTemple[b], fragment 8, kolom I (cursief)

01 [...] 02 [voor de priesters] *zullen zijn de schenkel van de heffing en de borst* [...,] 03 [*de schouderstukk*]*en, de wangstukken en de magen tot delen* [...] 04 [*tot een altoosdurende verplichting voor de kinderen van Isra*]*ël* (Ex. 29:28). *En het schouderstuk dat overblijft van de schouder,* [...] 05 [...] *een*

altoosdurende inzetting voor hen en hun nageslacht. [06] [...] *de oversten van de duizenden;* [*van*] *de rammen en van* [1] [de schapen voor de priesters één ram en één schaap en voor de levieten *één* ram *en één schaap; en voor elke*] [2] *stam* [één ram en één schaap. Zo zullen zij doen] met alle stam [men van de *twaalf stammen*] [3] [*van Israël. Zij zullen ze* op deze dag *eten* in de buiten]ste [hof] voor het aangezicht van YHWH. [ONBESCHREVEN (?)] [4] [... de priesters *zullen daar*] *als eersten* [*drinken*] en de levieten [...] [5] [...] *de vorsten van de vendels* (Num. 2:3) *het eer*[*st*] [6] [...] ... en na hen het gehele volk, van groo[t] *tot* [*klein,*] [7] [*zullen de nieuwe wijn gaan drinken*, maar niet zullen zij] enige onrijpe druif van de wijnstokken [et]e[n, want] [8] [op *deze dag doet men* verzoening *voor*] *de most*. De kinderen van Israël *zullen zich verheugen* voor het aa[ngezicht van] YHWH. [9] [Het is een] altoosdurende [inzetting] voor hun geslachten *op al hun woonplaatsen. Zij zullen zich verheugen* op [deze] d[ag,] [10] [omdat zij gaan] uitgieten een plengoffer van bedwelmende drank, van nieuwe wijn, op het altaar van YHWH, *van jaar tot jaar.* [11] ONBESCHREVEN
[12] Vanaf *deze* dag zult gij [voor u] *zeven weken* tellen, *zevenmaal,* negen [13] en veertig dagen; zeven volle weken zullen het zijn tot aan de dag *na de* [14] *zevende sabbat.* Gij zult vijftig dagen tellen en dan nieuwe olie offeren uit de woonplaatsen van de [15] [st]ammen van de ki[nderen van Is]raël, elke stam *een halve hin:* nieuwe, gestoten olie, [16] [...] verse olie op het brandofferaltaar als eerstelingen vóór het aangezicht van YHWH.

Kolom XXII + 11QTemple[b], fragment 9 en 8, kol. II, regel 1-8 (cursief)

[01] [...] *rammen* [...] [02] [... *zal*] *daarmee* [*verzoeni*]*ng doen voor de gehele gemeente vóór het aangezicht van* [YHWH ...] [03] [...] *met deze olie, een halve hin,* [...] [04] [... *naar het voo*]*rschrift. Een brandoffer is het, een vuuroffer, een* [*liefelijke*] *reuk* [05] [*voor* YHWH. ...] *Deze olie* [1] [*zullen zij ontsteken in de lam*]*pen.* Met d[eze zullen zij verlichten ...] [2] [...] *de oversten van de duizend*[*en met de vorsten* ...] ... [3] [...] *veertien* [*éénjarige schapen met het bijbehorende spijs- en plengoffer* ...] [4] [... *voor de schapen en*] *voor de rammen. De levieten zullen slachten* [...] [5] [*en* /*de priesters*/, *de zonen van*] *Aäron, zullen* (van) *hun bloed* [*spre*]*nkelen* [*op het altaar* ...] [6] [... *en*] *hun vet zullen zij in rook doen opgaan op het* [*brandoffer*]*altaar* [...] [7] [*hun spijs-*] *en hun plengoffer zullen zij in rook doen opgaan op de vetstuk*[*ken*

... een vuuroffer, een] [8] liefelijke [reuk *voor*] YHWH. ONBESCHREVEN Zij zullen verheffen v[an ...] [9] de rechterschenkel en de borststukken van *het beweegoffer en als* be[ste de schouder,] [10] de wangstukken en de maag. Zij zullen voor de priesters zijn als deel *naar het voorschrift daarvoor.* [...] [11] de schouder. Daarna zullen zij ze brengen naar de kinderen van Israël. De kinderen van *Israël* zullen *aan de priesters* geven [12] één ram en één lam en aan de levieten één ram en één lam en aan elke afzonderlijke [13] *stam één ram en één lam.* Zij zullen ze op de dag zelf eten in de buitenste hof [14] vóór het aangezicht van YHWH: een *altoosdurende* inzetting *voor hun geslachten,* van jaar tot jaar. Nadat [15] zij gegeten hebben, zullen zij zich zalven met de nieuwe olie, die van de olijven, *want op deze dag brengen zij verzoening teweeg* [6] [*do*]*or* [*a*]l [de verse ol]ie van het land vóór het aangezicht van YHWH, eenmaal per jaar. Zich zullen verheugen

Kolom XXIII + 11QTemple[b], fragment 8, kol. II, regel 9-18 (cursief)

[01] *alle kinderen van Israël in al* [hun woonplaatsen vóór het aangezicht van YHWH. Een altoosdurende inzetting is het] [02] [voor hun geslachten. ONBESCHREVEN (?)] [03-05] [...] *voor het alta*[*ar* ...] ... [... Op de eerste dag] *de stammen van* [Levi] *en Juda, op* [de tweede dag Benjamin] [1] [en de zonen van Jozef, op de derde dag Ruben en] Sim[eon, *op de vierde dag Issakar*] [2] [en Zebulon, op de vijfde dag Gad en] Aser en op de [zesde dag Dan *en Naftali.*] [3] [Zij zullen offeren op het feest van *het hout*] *een brandoffer voor* YH[WH ...] [4] [...] *tw*[*ee*] geitebok[ken ...] [5] [... en het] bijbehorende [spijs-] en plengoffer naar het vo[orschrift ...] [6] [...] /één stier/, één ram en [éen] la[m ...] [7] [... st]am voor stam, de twaalf zonen van Jako[b ...] [8] [...] op het al[ta]ar na het dage[lijkse] brandoffer [....] [9] ONBESCHREVEN De hogepriester zal [het brandoffer van de levieten] [10] het eerst offeren en daarna zal hij het brandoffer van de stam van Juda in rook doen opgaan. Ter[wijl hij bezig is] [11] het in rook te doen opgaan, zal men vóór zijn ogen eerst de geitebok slachten. Hij zal [12] zijn bloed in een sprengbekken naar het altaar brengen en met zijn vinger (van) zijn bloed aanbren[gen] op de vier hoornen van het brandofferalta[ar] [13] en op de vier hoeken van de onderbouw van het altaar; hij zal zijn bloed rondom sprenkelen op het funda[ment] van [14] de onderbouw van het altaar. Maar zijn vet zal hij op het altaar in rook doen opgaan: het vet dat de ingewanden bedekt, [15] en dat op de inge-

wanden is, het aanhangsel van de lever met de nieren [16] zal hij verwijderen en het vet dat zich daarop bevindt, en dat op de lendenen is, [17] dat alles zal hij in rook doen opgaan op het altaar samen met het bijbehorende spijs- en plengoffer, een vuuroffer, een liefelijke reuk voor YHWH en

Kolom XXIV

[1] [...] de ko[p ...] [2] [...] en de [...] [3] [...] de borst met de [...] [4] [...] de onderschenkels en zij zullen in ro[ok doen opgaan ...] [5] [... het of]fer van zijn olie en het plengoffer [van zijn wijn ...] [6] [...] het vlees tot een [liefelijke] reuk [...] [7] [... voor elke] stier, voor elke ram en voor [elk lam] [8] en zijn stukken zul[len] afgezonderd worden met het bijbehorende [spij]s- en plengoffer daarop. Een [altoosdurende] inzetting [is het] [9] voor uw geslachten vóór het aangezicht van YHWH. ONBESCHREVEN [10] Na dit brandoffer zal hij het brandoffer van de stam van Juda afzonderlijk bereiden. Zoal[s] [11] hij gedaan heeft met het brandoffer van de levieten, zo zal hij doen met het brandoffer van de kinderen van Juda, na de levieten. [12] ONBESCHREVEN Op de tweede dag zal hij het brandoffer van Benjamin het eerst bereiden en daarna [13] zal hij het brandoffer van de kinderen van Jozef bereiden, Efraïm en Manasse te zamen. Op de derde dag zal hij [14] het brandoffer van Ruben afzonderlijk en het brandoffer van Simeon afzonderlijk bereiden. Op de vierde dag [15] zal hij het brandoffer van Issakar afzonderlijk bereiden en het brandoffer van Zebulon afzonderlijk. Op de vijfde dag [16] zal hij het brandoffer van Gad afzonderlijk bereiden en het brandoffer van Aser afzonderlijk. Op de zesde dag

Kolom XXV

[01] [zal hij het brandoffer van Dan afzonderlijk bereiden en het brandoffer van Naftali afzonderlijk.] [02-05] [...] [1] [...] zal hij offeren het br[andoffer ...] [2] [...] In de [zevende] ma[and] [3] [op de eerste van de maand zal er voor u een volkomen sabbat zijn, een geden]kdag met trompetgeschal, [een heilige samenkomst,] [4] [en gij zult een brandoffer bereiden, een vuuroffer, een lie-

felijke reuk v]óór het aangezicht van YHWH. Gij zult offe[ren éé]n ⁵ [jonge stier, één ram,] zeven éénjari[ge schap]en, [gave (dieren), en] ⁶ [één geitebok als zondoffer met] het bijbehorende spijs- en plengoffer volgens het voorschrift: [een liefelijke reuk] ⁷ [voor YHWH. Afgezien van het] dagelijkse brandoffer en het maandelijkse [brandof]fer (zult gij die offeren): daarna [zult gij] ⁸ dit [brandoffer bereiden] gedurende het derde deel van de dag. Een altoosdurend voorschrift is het voor u[w] geslachten [in al uw woonplaatsen]. ⁹ Gij zult u verheugen op deze dag. Generlei slaa[fse] arbeid zult gij daarop verrichten: een volkomen sabbat zal ¹⁰ deze dag voor u zijn (Lev. 23:23-25; Num. 29:1-6). ONBESCHREVEN

De tiende van deze maand ¹¹ is de (grote) verzoendag. Op die (dag) zult gij u verootmoedigen, want ieder die zich niet ¹² verootmoedigt op diezelfde dag, zal worden uitgeroeid uit zijn volksgenoten. Gij zult op die (dag) een brandoffer ¹³ aan YHWH offeren: één stier, één ram, zeven éénjarige lammeren en ¹⁴ één geitebok als zondoffer, afgezien van het zondoffer der verzoening (Exod. 30:10) en het bijbehorende spijs- en plengoffer ¹⁵ volgens het voorschrift voor een stier, een ram, lammeren en een geitebok. Als zondoffer der verzoening zult gij ¹⁶ twee rammen ten brandoffer offeren: de ene zal de hogepriester offeren voor zichzelf en voor zijns vaders huis

Kolom XXVI

¹ [...] ... [...] ² [...] ... [...] ³ [... en de hogeprie]ster [zal over beide] ⁴ [bokken het lot werpen]: é[én] lot [voor YHWH en één lot voor Azazel (Lev. 16:8).] ⁵ Hij zal de bok slachten waar[op het lot voor YHWH] geval[len is, en] ⁶ zijn bloed in het gouden sprengbekken dat hij in zijn ha[nd houdt, nemen en doe]n met het bl[oed zoals hij deed met het bloed van] ⁷ de stier die voor hemzelf bestemd was, en hij zal daarmee verzoening doen voor heel het volk van de gemeente. Zijn vet en het bijbehorende ⁸ plengoffer zal hij in rook doen opgaan op het brandofferaltaar, maar zijn vlees, zijn huid en zijn mest ⁹ zal men verbranden naast de voor hem bestemde stier. Een zondoffer voor de gemeente is het: hij zal daarmee verzoening doen voor geheel het volk van de gemeente, ¹⁰ opdat zij vergeving ontvangen. Dan zal hij zijn handen en voeten wassen van het bloed van het zondoffer, gaan naar ¹¹ de levende bok en boven zijn kop alle ongerechtigheden van de kinderen van Israël belijden met ¹² al hun schuld naar al hun zonde; hij zal die leggen op de kop van de bok en hem ¹³ door iemand die daarvoor

gereed staat, voor Azazel naar de woestijn laten brengen: de bok zal alle ongerechtigheden dragen

Kolom XXVII

[1] [...] ... [...] [2] voor /alle/ kinderen van Israël, opdat zij vergeving ontvangen [...]. [3] Daarna zal hij de stier, de [ra]m en de [lammeren volgens het] voor hen geldende [voorsch]rift [offeren] [4] op het brandofferaltaar. Het brandoffer zal welgevallen bewerken voor de kinderen van Israël: een eeuwige inzett[ing] (is het) [5] voor hun geslachten. Eenmaal per jaar zal de[ze] dag hun tot gedachtenis strekken; [6] op die (dag) zullen zij generlei arbeid verrichten, want het zal [voor h]en een volkomen sabbat zijn. Ieder [7] die daarop arbeid verricht of zich daarop niet verootmoedigt, zal uitgeroeid worden uit [8] zijn volksgenoten: een volkomen sabbat, een heilige samenkomst, zal deze dag voor u zijn; [9] gij zult hem heiligen tot gedachtenis in al uw woonplaatsen en generlei [10] arbeid verrichten (Lev. 16; 23:27-32; Num. 29:7-11). ONBESCHREVEN
Op de vijftiende (dag) van deze maand

Kolom XXVIII

[01] [zal er een heilige samenkomst voor u zijn. Generlei slaafse arbeid zult gij verrichten en gij zult offeren] [02] vuuroffers tot een liefe[lijke] reuk [voor YHWH en gij zult zeven dagen feest vieren voor YHWH.] [03] Gij [zult offeren] op de [eerste] dag [dertien jonge stieren,] [04] [twee bokken en veertien éénjarige schapen; gaaf zullen zij zijn;] [05] [en één geitebok als zondoffer met het bijbehorend spijsoffer: fijn meel aangemaakt met olie,] [06] [drie tienden met een halve hin, en een plengoffer van wijn, een halve hin,] [07] [voor één stier van de dertien stieren; een spijsoffer van fijn meel aangemaakt met] [08] [olie, twee tienden met een derde deel van een hin, en een plengoffer, een derde deel van] [09] [een hin wijn voor één ram van de twee rammen; en telkens een tiende] [010] [bij het spijsoffer van fijn meel aangemaakt met een vierde deel van] een hin en een pleng[offer, het vierde deel van] [011] [een hin wijn voor één schaap. Z]o zal men doen met [de veer-

tien] ¹ schapen [en de geitebok, ongeacht het dagelijk]s [brandoffer] en het [bijbehorende] spij[s- en plengoffer van alles op] ² het altaar, vuuroffers tot een [liefelijke] r[euk voor YHWH (Num. 29:12-16). ONBESCHREVEN (?) Op de] ³ tweede dag: twaalf stieren, [twee rammen, veer]tien [schapen] ⁴ en één geitebok [als zondoffer met het bijbehorende s[pijs- en plengoffer] ⁵ naar het voorschrift voor de stieren, de ram[men], de lammeren en de geitebok: een vuuroffer, ⁶ een liefelijke reuk is het voor YHWH (Num. 29:17-19). ONBESCHREVEN Op de derde dag: ⁷ elf [st]ieren, twee rammen, [vee]rtien schapen ⁸ en één geitebok als zondoffer met het bijbehorende spijs- en plengoffer naar het voorschrift voor de stieren, ⁹ de rammen, de lammeren en de geitebok (Num. 29:20-22). ONBESCHREVEN Op de vi[er]de dag: ¹⁰ tien stieren, twee rammen, veertien éénjarige schapen ¹¹ en één geitebok als zondoffer met het bijbehorende spijs- en plengoffer voor de stieren,

Kolom XXIX

⁰¹ [de rammen, de lammeren en de geitebok naar het voorschrift (Num. 29:23-25). ONBESCHREVEN Op de vijfde dag:] ⁰² [negen stieren, twee rammen, veertien schapen en één geitebok] ⁰³ [als zondoffer met het bijbehorende spijs- en plengoffer naar het voorschrift voor de stieren, de rammen,] ⁰⁴ [de schapen en de geitebok (Num. 29:26-28). ONBESCHREVEN Op de zesde dag: acht stieren,] ⁰⁵ [twee rammen, veertien schapen en één geitebok als zondoffer] ⁰⁶ [met het bijbehorende spijs- en plengoffer naar het voorschrift voor de stieren, de rammen, de schapen en de geitebok (Num. 29:29-31).] ⁰⁷ [ONBESCHREVEN Op de zevende dag: zeven stieren, twee rammen,] ⁰⁸ [veertien schapen en één geitebok als zondoffer met het bijbehorende spijs- en plengoffer] ⁰⁹ [naar het voorschrift voor de stieren, de rammen, de schapen en de geitebok (Num. 29:32-34). ONBESCHREVEN Op de] ⁰¹⁰ [achtste dag zult gij een feestelijke vergadering hebben: generlei slaafse ar[be]i[d zult gij] ⁰¹¹ [verrichten op die (dag) en gij zult een brandoffer, een vuuroffer, een liefelijke reuk voor YHWH offeren: één stier, één ram,] ⁰¹² [zeven schapen en één geitebok als zondoffer met het bijbehorende spijs-] ¹ en pleng[offer naar het voorschrift voor de stier, de ram, de schapen en de geitebok (Num. 29:35-38).]
² Dit [zult gij voor YHWH op uw feesten bereiden (Num. 29:39) ...] ³ als

uw brandoffers en uw plengoffers [...] in het huis waarover [Ik] [4] mijn naam [zal uitroepen, ...] brandoffers [... van dag] tot dag, overeenkomstig de wet van dit voorschrift, [5] voortdurend, van de kant van de kinderen van Israël, ongeacht hun vrijwillige offers. Alwat zij offeren, [6] al hun plengoffers en al hun spijsoffers, die zij Mij brengen om voor z[ich] welgevallen te bewerken, [7] zal Ik in welgevallen aannemen. Zij zullen Mij tot een volk zijn en Ik zal er altoosdurend voor hen zijn. Ik zal [8] eeuwig en altijd bij hen wonen en mijn [he]iligdom door mijn glorie heiligen, omdat Ik [9] mijn glorie daarboven zal doen verblijven tot de dag van de schepping, als Ik zelf mijn heiligdom zal scheppen [10] door het voor Mij te vestigen voor alle tijd, overeenkomstig het verbond dat Ik met Jakob in Betel gesloten heb (Lev. 26:42; Gen. 28:10-22; 35:1-15).

Kolom XXX

[1] [...] Ik zal heiligen [2] [...] [3] [...] maken en [gij] zult maken [.....] [4] voor de treden van de wenteltr[ap ...] in het (trappen)huis dat gij zult bouwen [...] [5] ... [...] gij [zult maken] een wenteltrap aan de noordkant van de tempel, een vierkant gebouw, [6] van hoek tot hoek twintig ellen, corresponderend met zijn vier hoeken, op een afstand van [7] zeven ellen van de muur van [de] tempel, ten noordwesten daarvan. Gij zult de muur daarvan vier [8] ellen dik maken [...] als de tempel en zijn inwendige van hoek tot hoek [9] twaalf [ellen]. Een pilaar zal in het inwendige zijn, in zijn midden, vierkant, met een breedte van vier [10] ellen naar alle zijden [...], rondom welke traptreden omhooggaan na[ar

Kolom XXXI

[1] [...] ... [2] [...] de poort [3] [...] ... [4] [...] de tweede priester (in rang) [5] naar het gebouw [... de h]oge[priester.
[6] Op de bovenverdieping van [dit (trappen)huis zult gij een po]ort [maken], die toegang verleent tot het dak van de tempel. Een pad zal gemaakt worden [7] in deze poort om toegang te verlenen tot [het dak van de] tempel, waarover men kan gaan naar de bovenverdieping van de tem-

pel. ⁸ [He]el dit trappenhuis moet gij met goud overtrekken: zijn wanden, zijn poorten, zijn dak, van binnen ⁹ en buiten, zijn pilaar en zijn trappen. Gij zult het maken overeenkomstig alles wat Ik u zeg.
¹⁰ Gij zult een gebouw maken voor het wasvat (1 Kon. 7:23-26), tegen het zuidoosten, vierkant, naar alle zijden éénentwintig ¹¹ ellen, vijftig ellen verwijderd van het altaar. De dikte van de [mu]ur zal drie ellen bedragen en de hoogte ¹² twintig el[len …]. Daarin moet gij poorten aanbrengen aan de oost-, noord- ¹³ en westzijde; de breedte van de poorten zal vier ellen zijn en hun hoogte zeven

Kolom XXXII + 11QTemple^b, fragment 11 (cursief)

¹ […] drie ellen […] ²⁻⁵ […] … […] ⁶ […] hun schuld om verzoening te doen voor het volk; bij [hun] opgaan ⁷ […] … en om in rook te doen opgaan op het ⁸ bra[ndoffer]altaar […] … in de muur van ⁹ dit gebouw nis[sen aan de binnenkant]; en midden tussen hen […] een el breed, ¹⁰ vanaf de grond (gerekend) vier el[len] hoog, [*overdekt met*] *goud, waarin* zij kunnen neerleggen ¹¹ hun kleren waarin zij naar boven [gekome]n zijn vanaf het huis van […,] ¹² als zij komen om in het heilige dienst te doen. Gij zult een waterleiding rondom het wasvat maken in zijn huis. De waterleid[ing] ¹³ moet lopen [van het huis van] het wasvat naar een gat dat in de grond afzinkt en zich [uitsp]reidt, zodat ¹⁴ het water uitgestort kan worden, daarheen loopt en in de grond verdwijnt. ¹⁵ Niemand mag het (water) aanraken, want bloed van het brandoffer is daarmee vermengd

Kolom XXXIII

¹ […] … binnenkomen […] ² […] op het moment da[t …] ³ […] … en […] ⁴ […] die daarin zijn en zij zullen leg[gen …] ⁵ […] … het hui[s] van het wasvat en … […] en voor het was[vat …] ⁶ [… die] daar [heen gaan] en daarvandaan gaan naar […] ⁷ zullen mijn volk heiligen in heilige kleren, die […]
⁸ ONBESCHREVEN
Gij zult een huis ten oosten van het huis van het [was]va[t] maken van dezelfde afmetingen als [het huis van het wasv]at. ⁹ De af[st]and tussen de

muur van het ene tot de muur van het andere zal zeven ellen bedragen; zijn [ge]hele bouw en gebinte zullen gelijk zijn aan die van het huis van het wasvat. ¹⁰ Twee poorten zal het hebben: aan de noord- en aan de zuidzijde, de ene tegenover de andere, van dezelfde afmetingen als de poor[ten] van het huis van het ¹¹ wasvat. Geheel dit huis zal over het gehele wandoppervlak van binnen voorzien worden van blinde vensters, ¹² twee ellen (diep), twee ellen breed en vier ellen hoog, ¹³ met deuren, nissen voor het altaargerei: voor de sprengbekkens, de plengkannen, de vuurpannen ¹⁴ en het zilveren vaatwerk, waarmee men de ingewanden en ¹⁵ de poten op het altaar brengt. ONBESCHREVEN Wanneer zij beëindigd hebben in vuur te doen opgaan

Kolom XXXIV

¹ [...] ... op een plaat van br[ons ...] ² [...] ... en tussen pilaar en pi[laar ...] ³ [...] die tussen de pilaren is [...] ⁴ [...] ... tussen de rade[ren ...] ⁵ [...] ... en de raderen sluiten en [...] ⁶ en de koppen van de stieren vastbinden aan de ringen en [...] in de ringen. ⁷ Daarna zullen zij hen slachten, [hun bloed] in sprengbekkens opvangen ⁸ en het ringsom sprenkelen bij het fundament van het altaar. ONBESCHREVEN Dan zullen zij ⁹ de raderen openen en de huiden van de stieren van hun vlees afscheuren, ¹⁰ hen in stukken snijden, de stukken met zout zouten, ¹¹ de ingewanden en de schenkels wassen, met zout zouten en hen in rook doen opgaan op ¹² het vuur dat op het altaar is, stier voor stier en zijn stukken voor zich met het bijbehorende spijsoffer van fijn meel daarop ¹³ en de wijn van het bijbehorende plengoffer daarbij met de bijbehorende olie daarop. De priesters, de zonen van Aäron, zullen dat alles in rook doen opgaan ¹⁴ op het altaar: een vuuroffer, een liefelijke reuk vóór het aangezicht van YHWH. ¹⁵ Gij zult kettingen maken, die van de balken van de twaalf pilaren naar beneden hangen

Kolom XXXV

¹ [... het heili]ge der heilig[en] ² [...] allen die niet [...] ³ [...] allen die niet [... he]ilig ⁴ [...] ... en alle [...] die niet ⁵ priester is, zal gedood worden.

Ieder die [... prie]ster die binnentreedt ⁶ ... zonder bekleed te zijn met de [heilige] kl[ederen, waar]mee hij gewijd is: ⁷ ook die zullen worden gedood. Zij zullen [het heil]igdom van hun God niet ontw[ijden] door ⁸ zondeschuld op zich te laden, die ten dode voert: gij zult de om[gev]ing van het altaar, de tempel, het wasvat ⁹ en de stoa heiligen: het zal hoogheilig zijn voor immer en altoos. ONBESCHREVEN
¹⁰ Gij zult een plaats maken ten westen van de tempel, rondom een stoa van opstaande pilaren ¹¹ voor het zond- en schuldoffer, van elkaar gescheiden voor het zondoffer van de priesters en de bokken ¹² èn de zondoffers van het volk en hun schuldoffers. Zij mogen in het geheel niet met elkaar vermengd worden, ¹³ maar hun plaatsen moeten van elkaar gescheiden worden, opdat ¹⁴ de priesters zich niet vergissen met betrekking tot enig zondoffer voor het volk noch enig schuldoffer, waardoor zij ¹⁵ zondeschuld op zich zouden laden. ONBESCHREVEN
Wat het gevogelte op het altaar betreft: men zal de tortelduiven bereiden

Kolom XXXVI

¹ [...] ... [...] ² [...] poorten en honderd [...] ³ [...] van de hoek [...] ⁴ [tot de hoe]k van de poo[rt honderdtwintig ellen en] de poort zal veertig ⁵ [ellen] breed zijn, naar iedere windrichting [overeenkomstig deze afmeting]. En [de dik]te van [zijn] mu[ur] zal zeven ellen bedragen ⁶ [en] zijn [hoogte] vijf[enveertig ellen tot aan het geb]inte van [zijn] dak. [De breed]te van [zijn] nissen zal ⁷ zesentwintig ellen bedragen van hoek tot hoek. De poorten waardoor men naar binnen ⁸ en naar buiten gaat: de breedte van de poort zal veert[ie]n ellen bedragen en hun hoogte ⁹ achten[tw]intig ellen vanaf de drempel tot aan de bovendorpel. De hoogte ¹⁰ van het gebinte vanaf de bovendorpel zal veertien ellen bedragen; zijn balkwerk zal een vakwerk van ¹¹ cederhout zijn, met louter goud overdekt; ook zijn deuren zullen met fijn goud overdekt zijn. ¹² ONBESCHREVEN
Van de hoek van de poort tot aan de tweede hoek van de voorhof zal (de afstand) ¹³ honderdtwintig ellen bedragen. Zo zal de afmeting van al deze poorten zijn die ¹⁴ tot de binnenste voorhof behoren. De poorten steken naar binnen uit, naar het binnenste van de voorhof

Kolom XXXVII + 11QTemple[b], fragment 12 (cursief)

¹ [...] ... [...] ² [...] nieuw van de tuinen, voor al de [...] ³ [...] tussen [...] ⁴ [de] binnenste [voorhof] op het terrein van het altaar dat [...] ⁵ de vredeoffers van de kinderen van Israël en voor de pr[iesters ...] ⁶ [...] de hoeken van de onderste stoa, gemaakt ...⁷ en [de ko]okplaatsen naast [... de] p[oo]rten,
van de twee [kanten] van de poort.
⁸ Gij zult in de [bi]nnenste voor[hof] een ver[tre]k met zitplaatsen voor de priesters m[a]ken en tafels ⁹ vóór de zitplaatsen, in de *binnenste stoa naast* de buitenmuur van *de voorhof*, ¹⁰ plaatsen gemaakt voor de priesters, voor hun sl[acht]toffers, voor de *eerstelingen, voor de tienden* ¹¹ en voor de vredeoffers die zij zullen offeren. Niet mogen ¹² *de vredeoffers van de kinderen van Israël* ver[*mengd worden*] met de offers van de priesters. ONBESCHREVEN
¹³ Op de vier hoeken van de voorhof zult gij voor hen een plaats [*voor haarden*] maken, ¹⁴ *waar zij* hun slacht- [en] zondoffers *kunnen koken*

Kolom XXXVIII + fragment PAM 43.366 (cursief)

¹ [...] zullen zij eten [...] ² [...] ... [...] ... [...] ³ [...] zullen zij eten en drinken [...] ⁴ en ete[n ...] ... *koren en most en* [*olie* ...] ⁵ [... *de kinderen van Israël. Op de dag van de eerstelingen* ...] ⁶ eten naast de westelijke poort [... *druiven en granaatappels*] ⁷ [...] alle hout dat komt naar [... *het spijsoffer van*] ⁸ [*de offergaven is het. Daarop* wierook en [... *het spijsoffer der*] *jaloersheid* (Num. 5:15).
⁹ *Rech*[*t*]*s van deze poort* ... [...] ¹⁰ ... *daar zullen zij eten* [*de opbrengsten* ...]
¹¹ ONBESCHREVEN
¹² Gij zult een tweede [voor]hof maken rondom [de bin]nenste [voorhof], honderd ellen breed ¹³ en vierhonderdtachtig ellen *lang aan de* oostelijke zijde. Zo zullen de breedte en *lengte zijn naar alle* ¹⁴ *windrichtingen* daarvan, naar het zuiden, naar het westen en naar het noorden. De dikte van de muur zal [vi]er ellen bedragen en de hoogte ¹⁵ achtentwintig ellen. Nissen zullen in de muur gemaakt worden aan de buitenkant; *tussen de afzonderlijke nissen drie* ¹⁶ [*en een halve el*]

Kolom XXXIX

¹ [...] ... ² ... [...] van het gebinte van het dak [...] ³ ... [...] de deuren daarvan overdek[t met g]oud ⁴ ... [...] deze voorhof [...] ⁵ ... [...] het vie[rde] geslacht van de {kinderen} van ⁶ Israël [...] om zich neer te buigen voor de gehele gem[een]te van de kinderen van ⁷ Israël ... [...]. Niet zal daarin komen een vrouw of een kind tot de dag ⁸ waarop ... [... voor] zich aan YHWH een halve sikkel: het is een altoosdurende inzetting ⁹ ter gedachtenis in hun woonplaatsen. De sikkel bedraagt twintig gera (Exod. 30:13).
ONBESCHREVEN
¹⁰ Wanneer [...] voor Mij. Daarna zullen komen (degenen) van ¹¹ twintig jaar [en ouder]. De na[men van de po]orten van deze [voo]rhof [zullen zi]jn naar de nam[en] van ¹² de zonen van Is[ra]ël: Simeon, Levi en Juda aan de oostzijde; [R]uben, Jozef en Benjamin aan de zuidzijde; ¹³ Issakar, Zebulon en Gad aan de westzijde; Dan, Naftali en Aser aan de noordzijde. Tussen poort en poort ¹⁴ zal de afstand van de noordoostelijke hoek tot de poort van Simeon negenennegentig ellen zijn en de poort (zelf) ¹⁵ achtentwintig ellen. Van deze poort {van Simeon} tot de poort van Levi negenennegentig ¹⁶ ellen en de poort (zelf) achtentwintig ellen; en van de poort van Levi tot de poort van Juda

Kolom XL

¹ [...] om aan te trekken de kl[ederen ...] ² [...] om te dienen [...] ³ [...] de kinderen van Israël en niet ... [...] ⁴ [...] deze [voorh]of ... [...] ⁵ [...]. Gij zult een derde voorhof maken [...] ⁶ [...] en voor hun dochters en de vreemdelingen die geboren werd[en...] ⁷ [... de bree]dte rondom de middelste voorhof zal ze[shonderd ellen bedragen] ⁸ over een lengte van duizendzes[honderd] ellen van hoek tot hoek, in elke windrichting, naar deze afmeting. ⁹ In het oosten, het zuiden, het westen en het no[or]den zal de breedte van de muur zeven ellen zijn en de hoogte ¹⁰ negenenveertig ellen. Nissen zullen worden [gem]aakt tussen zijn poorten, buiten bij het fundament ¹¹ tot aan zijn kroonlijsten. Drie poorten zullen daarin (= in de muur) in het oosten zijn, drie in het zuiden, drie ¹² in het westen en drie in het noorden. De breedte van de poorten zal vijftig ellen bedragen en hun hoogte zeventig ¹³ ellen; [de afstand] tussen poort en poort zal drie-

honderdzestig ellen zijn: van de hoek tot aan [14] de poort van Simeon driehonderdzestig ellen en van de poort van Simeon tot de poort van Levi [15] dezelfde afmeting. Van de poort van Levi tot de poort van Juda dezelfde afmeting: drie[honderd]zestig

Kolom XLI + PAM 43.366 (cursief)

[01] [ellen; van de poort van Juda tot aan de zuidelijke hoek dezelfde afmeting:] [02] [driehonderdzestig ellen; van deze hoek] [03] [tot de poort van Ruben driehonderdzestig ellen en van de poort van] [04] [Ruben tot de poort van Jozef dezelfde afmeting: driehonderdzestig] [05] [ellen; van de poort van Jozef tot de poort van Benjamin] [1] [driehonderdzestig ellen en van de poort van Benjamin tot de we]ste[lijke hoek] [2] [driehonderdzestig ellen; evenzo van] deze [hoek] [3] tot de po[ort van Issakar driehonderdzestig] ellen en van de poort [4] van Issakar [tot de poort van Ze[bulon *drie*]*honderd*[*zestig*] *ellen;* [5] *van de poort van Zebulon tot de poort van Gad* driehonderdzest[ig] [6] ellen; *van de poo*[*rt van*] *Gad* [tot de noordelijke hoek] driehonderdzestig [7] *ellen;* ONBESCHREVEN [*en*] *van deze hoek tot* [8] *de poort van Dan driehonderdzestig ellen; evenzo* van de poort van Dan tot [9] *de poort van Naftali driehonderdzestig ellen; van de poort van Naftali* [10] *tot de poort van Aser driehonderdzestig ellen; van de poort van* [11] *Aser tot de oostelijke hoek driehonderdzestig ellen.* [12] *De poorten zullen uit de muur van de voorhof naar buiten zeven ellen vooruitsteken* [13] *en naar binnen vanuit de muur van de voorhof zesendertig ellen vooruitspringen.* [14] *De breedte van de poortopeningen zal veertien ellen zijn en hun hoogte* [15] *achtentwintig ellen tot aan de bovendorpel, betimmerd* [16] *met cederhouten vakwerk en overdekt met goud, hun deuren overdekt met* [17] *louter goud. Tussen de afzonderlijke poorten zult gij* aan de binnenzijde cellen maken

Kolom XLII + PAM 43.366 (cursief)

[01] *en kamers en stoa's.* ONBESCHREVEN [02] *De breedte van de kamer zal tien ellen, haar lengte twintig ellen* [03] *en haar hoogte veer*[*tien ellen, betimmerd met*] [04] *cederhouten* [vakwerk,] *zijn. De breedte van de muur zal twee ellen*

zijn. Daarbuiten ⁰⁵ *de cellen.* ONBESCHREVEN ¹ [De breedte van een cel zal tien ellen zijn en haar lengte *twintig ellen. De muur zal twee ellen breed zijn*] ² [en haar hoogte veertien ellen] tot aan de bovendorpel *en* [*haar*] *in* [*gang*] ³ [*drie ellen breed.* Zo zult gij doen] met al de cellen en hun kamers ⁴ en de sto[a ... De bre]edte zal tien ellen zijn. Tussen poort ⁵ en poort [zult gij acht]tien cellen [maken] en hun ⁶ acht[tien] kamers.

ONBESCHREVEN

⁷ Een trappenhuis zult gij maken naast de muren van de poorten in de ⁸ stoa, (met treden) die ringsom leiden naar de tweede en derde stoa ⁹ en naar het dak. De cellen en hun kamers en hun zuilengangen moeten worden gebouwd zoals de onderste, ¹⁰ die op de tweede en derde verdieping overeenkomstig de afmeting van de onderste. Op het dak van de derde (verdieping) ¹¹ zult gij pilaren maken, betimmerd met balken van pilaar tot pilaar, ¹² een plaats voor de loofhutten, acht ellen hoog. De loofhutten zullen ¹³ aan hen bevestigd worden van jaar tot jaar gedurende het loofhuttenfeest voor de oudsten van ¹⁴ de gemeente, voor de vorsten, voor de hoofden van de clans van de kinderen van Israël ¹⁵ en voor de oversten over duizend en de oversten over honderd, die naar boven gaan ¹⁶ en daar gezeten zullen zijn gedurende het offeren van het feestoffer dat (behoort) ¹⁷ bij het loofhuttenfeest, van jaar tot jaar. Tussen poort en poort zullen zijn

Kolom XLIII

¹ [...] ... [...] ² [...] gedurende de dagen van de sabbatten en de dage en ...] ³ [...] en gedurende de dagen van de eerstelingen van het koren, de morst en de olie] ⁴ [en het feest van de offergave van het] hout. Gedurende deze dagen zal het gegeten worden en niets zal over[blijven] ⁵ [van het ene jaar] op het volgende. Zo zullen zij het eten: ⁶ vanaf het feest van de eerstelingen van het tarwegraan zullen zij het graan eten ⁷ tot het volgende jaar, tot de dag van het feest van de eerstelingen; de wijn vanaf de dag van ⁸ het feest van de (nieuwe) wijn tot het volgende jaar, tot de dag van het feest van ⁹ de (nieuwe) wijn; en de olie vanaf de dag van haar feest tot het volgende jaar, ¹⁰ tot het feest van de dag van het brengen van de nieuwe olie op het altaar. Alles wat ¹¹ overblijft na hun feesten, moet als heilig beschouwd worden: het zal met vuur verbrand worden; het zal niet meer genuttigd worden, ¹² want het is heilig.

Zij die op een afstand van meer dan drie dagreizen van het heiligdom wonen, [13] zullen alles wat zij kunnen brengen, brengen. Maar als zij het niet kunnen [14] vervoeren, zullen zij het voor geld verkopen: zij zullen het geld meebrengen en daarmee koren, [15] wijn, olie, runderen en schapen kopen en die nuttigen gedurende de feestdagen (Deut. 14:24-26). Maar zij mogen daarvan op de werkdagen niet(s) [16] nuttigen om zich te sterken, want het is heilig. [17] Op de heilige dagen zal het genuttigd worden, maar op de werkdagen zal het niet genuttigd worden.

Kolom XLIV

[1] [...] die wonen [...] [2] [...] die in de stad zijn, naar het oo[sten ...] [3] [...] ONBESCHREVEN en gij zult toedelen [de cellen en de kamers (?). Vanaf de poort van] [4] [Sime]on tot de poort van Juda zullen zij voor de priesters zijn [...] [5] en alles rechts van de poort van Levi en links daarvan. Aan de zonen van Aäron, uw broeder, zult gij toe[delen] [6] honderdacht cellen met hun kamers en hun twee loofhutten [7] die op het dak zijn; aan de zonen van Juda vanaf de poort van Juda tot [8] de hoek vierenvijftig cellen met hun kamers en de loofhut [9] daarboven; aan de zonen van Simeon vanaf de poort van Simeon tot [10] de tweede hoek hun cellen met hun kamers en hun loofhutten; aan de zonen van Ruben [11] vanaf de hoek die bij de zonen van Juda is, tot de poort van Ruben [12] tweeënvijftig cellen met hun kamers en hun loofhutten; vanaf de poort van [13] Ruben tot de poort van Jozef aan de zonen van Jozef, aan (die van) Efraïm en Manasse; [14] vanaf de poort van Jozef tot de poort van Benjamin aan de zonen van Kehat uit de levieten; [15] vanaf de poort van Benjamin tot de westelijke hoek aan de zonen van Benjamin; vanaf [16] deze poort tot de poort van Issakar aan de zonen van Issakar; vanaf de poort van

Kolom XLV + 11QTemple[b], fragment 13, kolom I, regel 1-8 (cursief)

[01] [Issakar tot de poort van Zebulon aan de zonen van Zebulon; vanaf de poort van Zebulon tot de poort van] [02] [Gad aan de zonen van Gerson uit de levieten; vanaf de poort van Gad tot de noordelijke hoek aan de zonen

van Gad;] [03] [vanaf deze hoek tot de poort van Dan aan de zonen van Dan; vanaf de poort van Dan tot de poort van Naftali] [04] [aan de zonen van Naftali; vanaf de poort van Naftali tot de poort van Aser aan de zonen van Merari uit de levieten;] [1] en vanaf de po[ort van Aser tot de oostelijke hoek aan de zonen van Aser ...] [2] zeventig [...] [3] Wanneer [...] zal de tweede links binnengaan [...] [4] zal de eerste rechts naar buiten gaan. Zij mogen zich niet met elkaar vermengen en met [hun] gerei [...] ... [5] dienstafdeling op haar plaats, zullen de [kom]ende(n) en gaande(n) gedurende de achtste dag een kamp opslaan en [6] de nissen één voor één reinigen [op] de tijd dat de eerste (dienstafdeling) gaat: daar zal geen [7] vermenging ontstaan. ONBESCHREVEN

Heeft ie[mand] een nachtelijke zaadlozing, dan mag hij [8] het heiligdom in zijn geheel niet betreden, totdat hij drie dagen heeft [vol]gemaakt. Hij moet zijn kleren wassen en zich baden [9] op de eerste dag en op de derde dag (eveneens) zijn kleren wassen /en zich baden/. Nadat de zon is ondergegaan, [10] mag hij het heiligdom (weer) betreden (Deut. 23:10-11). Zij mogen mijn heiligdom niet betreden in hun vuile onreinheid; zij zouden het verontreinigen.

[11] *Wanneer* een man met zijn vrouw *slaapt* en zaad loost, zal hij de hele stad van [12] het heiligdom, waarin Ik mijn naam zal doen wonen, drie *dagen* lang niet betreden (vgl. Lev. 15:18).

Geen enkele blinde [13] mag haar zijn leven lang betreden, opdat zij de stad niet verontreinigen, [14] *in wier midden* Ik *woon,* want Ik, YHWH, woon te midden van de kinderen van Israël voor eeuwig en immer (vgl. Lev. 21:17vv.; 2 Sam. 5:8). ONBESCHREVEN

[15] Ieder die zich reinigt van zijn vloeiing, zal zeven dagen tellen met het oog op zijn reiniging, op de [16] *zevende* dag zijn kleren wassen en zijn hele lichaam in levend water baden (Lev. 15:13). Daarna mag hij de stad van [17] het heiligdom (weer) betreden.

Ieder die *onrein is door* (het aanraken van) *een lijk,* mag haar *niet* betreden, voordat hij rein is (vgl. Num. 5:2).

Geen melaatse [19] of (door een andere huidziekte) getroffene mag haar betreden, *totdat men rein is* (Num. 5:2-3). *Wanneer* hij rein is, zal hij offeren

Kolom XLVI + 11QTemple[b], fragment 13, kolom I, regel 9-10, fragment 14, fragment 15 en fragment 16 (cursief)

01 [...] *hij zal het heiligdom niet betreden* [...] 02 [...] *eten en naar het heiligdom* [...] 03-04 [...] 1 [...] ... [... ni]et mag vliegen [enige] 2 onreine vogel over [mijn] heilig[dom ...] ... de daken van de poorten [die] 3 tot de buitenste voorhof behoren. Alle [...] zijn in mijn heiligdom voor eeu[wig] 4 en immer, al de dagen dat *I*[*k*] te midden van hen [*woo*]*n*. ONBESCHREVEN 5 ONBESCHREVEN
Gij zult een terras maken rond de buitenste voorhof aan de buitenzijde, 6 veertien ellen breed, overeenkomstig alle *poortingangen*. 7 Twaalf treden zult gij daaraan aanbrengen, *waarover* de kinderen van Israël naar boven kunnen gaan 8 *om mijn heiligdom te betreden.* ONBESCHREVEN
9 Gij zult een omwalling rondom het heiligdom maken, honderd ellen breed, die 10 *het* heilige *heiligdom* van de stad scheidt (Ez. 43:12), opdat men niet zonder zich daarvan bewust te zijn 11 mijn heiligdom betreedt en het ontwijdt: men zal mijn *heiligdom heiligen* en voor mijn heiligdom eerbied hebben (Lev. 19:30), 12 omdat Ik in hun midden woon. ONBESCHREVEN
13 Gij zult voor hen *toiletten* maken *buiten* de stad, waarheen zij kunnen gaan, 14 naar buiten, ten noordwesten van de stad: huisjes met getimmerde balken en *kuilen daarin,* 15 waarin de uitwerpselen kunnen vallen, /zonder/ door iemand gezien te worden, op een afstand 16 van de stad van drieduizend ellen (vgl. Deut. 23:12-13). ONBESCHREVEN Gij zult 17 drie plaatsen ten oosten van de stad maken, de ene van de andere gescheiden, waarheen moeten 18 gaan de melaatsen, de vloeienden *en de mannen die* een verontreiniging hebben.

Kolom XLVII

1 [...] ... [...] 2 [...] boven en niet bened[en ...] 3 [en] hun steden [zullen] rein [zijn] en ... [...] tot in eeuwigheid en de stad 4 die Ik zal heiligen door mijn naam en [mijn] heil[igdom daarin] te vestigen [... .] zal heilig zijn en rein 5 van alle soorten van onreinheid waarmee men zich kan verontreinigen. Alwat in haar midden is, zal 6 rein zijn en alwat daarheen komt, zal rein zijn: wijn, olie, alle voedsel 7 en alle drank zullen rein zijn. Geen enke-

le huid van een rein dier dat zij slachten ⁸ in hun steden, mogen zij daarheen brengen: in hun steden zullen zij ⁹ daarmee hun werk verrichten naar al hun behoeften, maar naar de stad van mijn heiligdom mogen zij (die) niet brengen. ¹⁰ Want zoals hun vlees zal ook hun reinheid (gewaardeerd) zijn; zij zullen de stad waarbinnen ¹¹ Ik mijn naam en mijn heiligdom vestig, niet verontreinigen. Maar met de huiden (van de dieren) die men ¹² in het heiligdom geslacht heeft, zullen zij hun wijn, hun olie en alle ¹³ voedsel naar de stad van mijn heiligdom brengen: zij zullen mijn heiligdom niet bezoedelen met de huiden van ¹⁴ hun profane slachtingen, die zij in hun land verrichten. Gij zult een stad ¹⁵ uit uw steden niet voor (even) rein houden als mijn stad, want zoals de reinheid van zijn vlees zijn ook de huiden rein: als ¹⁶ gij het (dier) slacht in mijn heiligdom, is het rein overeenkomstig (de reinheid van) mijn heiligdom, maar als gij het slacht in uw steden, is het rein ¹⁷ overeenkomstig (de reinheid van) uw steden. Al (hetgeen moet beantwoorden aan) de reinheid(sgraad) van het heiligdom zult gij in huiden van het heiligdom brengen: gij zult ¹⁸ mijn heiligdom en mijn stad niet verontreinigen met de huiden van uw profane slachtingen, omdat Ik in haar midden woon.

Kolom XLVIII

¹ [de aalscholver, de ooievaar en alle soo]rten [reigers]; de ho[p en de vleermuis (Deut. 14:17-18) ...] ² [...]. ONBESCHREVEN ³ [Van al het wemelend gediert] met vleugels moogt gij eten alle soorten sprinkhanen, alle soorten trek[sprin]khanen, ⁴ alle soorten veldsprinkhanen en alle soorten kleine treksprinkhanen (Lev. 11:22). Deze van het wemelend gediert met vleugels moogt gij eten: die op vier poten gaan, die ⁵ boven zijn voeten dijen heeft om daarmee over de grond te springen (Lev. 11:21) en met zijn vleugels kan vliegen.
Geen ⁶ aas van gevogelte of rundvee moogt gij eten; maar gij moogt het aan een buitenlander verkopen (Deut. 14:21).
Niets dat een gruwel is, ⁷ zult gij eten (Deut. 14:4), want gij zijt een volk dat YHWH, uw God, heilig is (Deut. 14:21). ONBESCHREVEN Kinderen zijt gij ⁸ van YHWH, uw God (Deut. 14:1).
Gij zult u geen inkervingen maken en geen kale plek tussen uw ogen aanbrengen ⁹ vanwege een dode en geen insnijdingen maken in uw lichaam

(Lev. 19:28; 21:5) vanwege een overledene; geen tekens zult gij prikken [10] in uw huid (Lev. 19:28), want gij zijt een volk dat YHWH, uw God, heilig is (Deut. 14:1). ONBESCHREVEN Gij zult [11] uw land niet verontreinigen. ONBESCHREVEN Gij zult niet doen zoals de heidenen doen: op elke plaats plegen zij [12] hun doden te begraven, zelfs in hun huizen begraven zij hen. Gij evenwel zult plaatsen [13] afzonderen in uw land, waar gij uw doden zult begraven. Onder vier [14] steden zult gij een plaats inrichten om daar te begraven.
In elke afzonderlijke stad zult gij plaatsen inrichten voor degenen die getroffen zijn [15] door melaatsheid, huiduitslag of schurft, opdat zij niet naar uw steden komen en die verontreinigen; ook voor de vloeienden en [16] voor de vrouwen, als zij hun menstruatie- en geboorteonreinheid hebben, opdat zij niet onreinheid veroorzaken in hun midden [17] door hun seksuele onreinheid. De melaatse, die een chronische melaatsheid heeft of schurft en die de priester voor onrein verklaard heeft

Kolom XLIX

[1] [...] ... [...] [2] [...] ... hen [...] [3] ......] met cederhout, met hysop en met [...] [4] uw steden door de plaag van de melaatsheid en verontreinigingen. ONBESCHREVEN
[5] Als een mens in uw steden sterft: het ganse huis waarin de overledene gestorven is, zal [6] zeven dagen onrein zijn: alwat in het huis is en ieder die het huis betreedt, zal onrein zijn, [7] zeven dagen lang; alle voedsel waarover w[at]er werd uitgegoten, zal onrein zijn; alle drank [8] zal onrein zijn. De aarden vaten zullen onrein zijn en alwat zich daarin bevindt, zal voor iedere reine [9] onrein zijn. De geopende (vaten) zullen onrein zijn voor ieder mens uit Israël, elke drank [10] die daarin is. ONBESCHREVEN [11] Op de dag waarop men de dode daaruit draagt, zal men het huis zuiveren van alle [12] bevlekking van olie, wijn en watervochtigheid; zijn vloer, zijn wanden en zijn deuren zal men afschrapen [13] en zijn sloten, deurposten, drempels en bovendorpels met water afwassen. Op de dag waarop [14] de dode daaruit uitgedragen wordt, zal men het huis reinigen benevens al zijn gerei: de handmolen, de vijzel [15] en alle houten, ijzeren en bronzen voorwerpen, alle voorwerpen aan welke (rituele) reinheid toekomt. [16] De kleren, de omwindselen en de huiden zullen worden gewassen. Wat de mensen

betreft: ieder die in het huis was, [17] en ieder die het huis betreden heeft, zal zich op de eerste dag baden in water en zijn kleren wassen; [18] op de derde dag zullen zij daarop reinigingswater sprenkelen, zij zullen zich baden en hun gewaden [19] en het gerei dat in het huis is, wassen. ONBESCHREVEN Op de zevende dag [20] zullen zij (hen) ten tweede male besprenkelen; zij zullen zich baden en hun kleren en hun gerei wassen. 's Avonds zullen zij rein zijn [21] van de dode, zodat zij al hun reine zaken kunnen aanraken en (ook) een mens die zich niet verontreinigd heeft aan (Num. 19:11-22: Lev. 11:33-34)

Kolom L + 11QTemple[b], fragment 18, kolom I, en fragment 19 (cursief)

[01] [...] dag [02] [...] de zevende d[ag] [03] [...] met water [04] [... verontrei[nigen] door een dode [05] [...] ... en eten [1] [...] ... [...] ... [...] [2] want het water der reinigin[g ... ver]mengmg van de dode [...] [3] zijn verontreinigd. *Niet wee[r ...]* totdat zij ten twee[de male] sprenkelen [4] op de zevende dag; ['s av]onds [zullen zij] re[in zijn], als de zon ondergaat (Num. 19:13, 21). ONBESCHREVEN
Ieder [5] die op het vrije veld het gebeente van een *overledene,* een met het zwaard doorboorde [6] of een kadaver of het bloed van een gestorvene of een graf aanraakt, moet zich reinigen overeenkomstig de inzetting van [7] dit voorschrift (vgl. Num. 19:16). Als hij zich niet reinigt overeenkomstig *het voorschrift* van deze wet, is hij onrein; [8] zijn onreinheid blijft aan hem kleven; ieder die hem aanraakt, moet zijn kleren wassen en zich baden *en hij zal rein zijn* [9] *in* de avond(tijd).
[10] Een vrouw die zwanger is en wier kind in haar moederschoot sterft, zal alle dagen dat [11] het in haar *dood is, onrein zijn* als een graf. Elk huis dat zij betreedt, zal [12] met al zijn voorwerpen onrein zijn zeven dagen lang. Ieder die het (huis) aanraakt, zal onrein zijn tot de avond. Als [13] hij het huis met haar binnengaat, zal hij zeven dagen lang onrein zijn: hij zal zijn kleren wassen [14] en zich baden op de eerste {dag}; op de derde dag zal hij (het reinigingswater) sprenkelen, zijn kleren wassen en zich baden [15] en op de zevende dag zal hij ten tweede male (het reinigingswater) sprenkelen, zijn kleren wassen en zich baden: als de zon is ondergegaan, [16] zal hij rein zijn (Num. 19:19). ONBESCHREVEN
Met alle gereedschap, kleren, huiden [17] en alwat van geitehaar gemaakt is,

zult gij overeenkomstig het voorschrift van deze wet handelen (Num. 31:20), maar alle [18] aarden potten zullen gebroken worden (Lev. 6:28; 11:33; 15:12), omdat zij onrein zijn en niet weer rein kunnen worden [19] tot in eeuwigheid. ONBESCHREVEN
[20] Alwat op de grond wemelt, zult gij voor onrein houden: de mol, de muis en alle soorten padden, de hagedis, [21] de varaan, de slak en de kameleon. Ieder die ze aanraakt, als ze dood zijn (Lev. 11:29-31),

Kolom LI + 11QTemple[b], fragment 18, kolom II (cursief)

[1] [... ieder die] uit hen [naar buiten] gaat [... zulle]n onrein zijn [2] [voor u; niet] zult gij u verontreinigen aan hen. [Ieder die ze aanraakt, als] zij dood zijn, zal onrein zijn [3] to[t de] avond (Lev. 11:31). Hij zal zijn kleren wassen en zich baden [in water; als] de zon [is ondergegaan], zal hij rein zijn. [4] Ieder die iets vervoert van hun gebeente en kadaver, huid, vlees of klauw, zal [5] zijn kleren wassen en zich baden in water: *nadat de zon is ondergegaan*, zal hij rein zijn (Lev. 11:25). Gij zult [6] de kinderen van Israël voor alle (soorten van) onreinheid waarschuwen (vgl. Lev. 15:31) ONBESCHREVEN
Zij mogen zich niet verontreinigen aan de zaken die [7] Ik *u op deze berg* (= Sinai) aanzeg, opdat zij niet onrein zijn. ONBESCHREVEN Want Ik, YHWH, woon [8] te midden van de kinderen van Israël (Num. 35:34): gij zult u heiligen en heilig zijn (Lev. 11:44). Zij zullen [9] *zichzelf* niet verfoeilijk maken *door alles* wat Ik voor hen als onrein heb afgezonderd, maar [10] heilig zijn (Lev. 11:43,47; 20:25). ONBESCHREVEN
[11] *Rechters en opzieners* zult gij voor u aanstellen in al uw steden om het volk te berechten [12] met een rechtvaardige rechtspraak (Deut. 16:18). Zij zullen de persoon bij de rechtspraak niet aanzien (Deut. 1:17; 16:19), *geen (omkoop)geschenk aannemen (*Ex. 23:8; Deut. 16:19) *en* [13] het recht niet buigen, want een (omkoop)geschenk buigt het recht, verdraait rechtvaardige uitspraak en verblindt [14] de ogen van de wijzen (Ex. 23:8; Deut. 16:19). *Het veroorzaakt grote schuld* en verontreinigt het huis door [15] zondige ongerechtigheid. Gij zult alleen gerechtigheid najagen, opdat gij moogt leven en [16] het land moogt betreden en in bezit nemen *dat Ik u geef* om het voor alle tijd te bezitten (Deut. 16:20). Degene [17] die een (omkoop)geschenk aanneemt en het rechtvaardige recht buigt, zal ter dood gebracht worden: gij zult er niet voor terugschrikken [18] hem te doden. ONBESCHREVEN

¹⁹ Gij zult in uw land niet doen zoals de heidenen doen: op elke plaats plegen zij (slachtoffers) ²⁰ te slachten, gewijde palen voor zich te planten en gewijde stenen op te richten (Deut.16:21-22; 12:4); ²¹ zij zetten stenen met beeldhouwwerk om zich daarvoor neer te buigen (Lev. 26:1) en bouwen voor zich

Kolom LII

¹ [...] Gij zult [u geen gewijde paal noch enig geboomte] planten [naast mijn altaar] ² [dat gij] u [maken zult] (Deut. 16:21). Gij zult u ook geen gewijde steen oprichten, [die Ik haat (Deut. 16:22). Een st]een met ³ [bee]ldhouwwerk zult gij u niet maken in uw gehele land om u daarvoor neer te buigen (Lev. 26:1).
Niet zult gij ⁴ Mij (ten offer) een rund of een schaap slachten waaraan enig gebrek is, want zij zijn ⁵ Mij een gruwel, (Deut. 17:1). Niet zult gij Mij een rund of een schaap of een geit (ten offer) slachten, als zij drachtig zijn, want zij zijn Mij een gruwel.
⁶ Een rund of een schaap zult gij niet met zijn jong op één dag slachten (Lev. 22:28) en gij zult een moederdier niet doodslaan ⁷ met de jongen (vgl. Deut. 22:7).
Alle eerstelingen van het mannelijk geslacht die onder uw runderen en uw kleinvee geboren worden, ⁸ zult gij Mij heiligen; gij zult niet arbeiden met de eersteling van uw rund, en de eersteling van ⁹ uw schaap zult gij niet scheren (Deut. 15:19). Voor mijn aangezicht zult gij ze jaar op jaar eten op de plaats die Ik verkiezen zal (Deut. 15:20). Maar wanneer ¹⁰ er een gebrek aan is, als het kreupel of blind is of enig ander ernstig gebrek heeft, dan zult gij het voor Mij niet slachten (Deut. 15:21). In uw woonplaatsen ¹¹ zult gij, zowel de onreine als de reine onder u, er dan van eten, als van een gazel en een hert (Deut. 15:22). Alleen het bloed zult gij niet nuttigen; ¹² gij zult het op de grond uitgieten als water (Deut. 15:23) en het met aarde bedekken (Lev. 17:13).
Gij zult een dorsende os niet muilbanden (Deut. 25:4).
¹³ Gij zult niet ploegen met een rund en een ezel te zamen (Deut. 22:10), Gij zult geen rein rund of schaap of geit (ten offer) slachten ¹⁴ in één van uw woonplaatsen die minder dan drie dagreizen van mijn heiligdom verwijderd is (Exod. 3:18), maar in ¹⁵ mijn heiligdom zult gij het slachten om

het als brand- of vredeoffer te bereiden en gij zult eten [16] en u verheugen vóór mijn aangezicht op de plaats die Ik zal verkiezen om mijn naam daar te vestigen (Deut. 12:5-7,11-12). Alle [17] rein vee waaraan een gebrek is, moogt gij in uw woonplaatsen eten, die van mijn heiligdom [18] in een omtrek van dertig stadiën verwijderd zijn. Nabij mijn heiligdom moogt gij (het) niet slachten, want het is vlees van profane slachting. [19] Niet zult gij het vlees van een rund, /een schaap/ of een geit in mijn stad eten, die Ik heilig [20] door mijn naam daarin te vestigen, dat niet in mijn heiligdom komt: men zal het daar slachten. [21] Zijn bloed zal men sprenkelen bij het fundament van het brandofferaltaar en zijn vet in vuur laten opgaan

Kolom LIII

[07] [... Wanneer Ik uw gebied zal uitbreiden,] [1] [zoals Ik u toegezegd heb, en de plaats die Ik verkiezen zal om daar mijn naam te vestigen, te ve]r [voor u is] [2] [en gij denkt: ik wil vlees eten, omdat het] uw verlangen is vle[es] te eten, [moogt gij zoveel gij wilt,] [3] vle[es] eten (Deut. 12:20-21). Gij moogt [s]la[ch]ten van uw schapen en runderen overeenkomstig mijn zegen die Ik [4] U geef (Deut. 12:15) en eten in uw woonplaatsen, de reine als de onreine beiden onder u, als van een gazel [5] en een hert (Deut. 12:21-22). Houd er echter aan vast dat gij geen bloed nuttigt: gij zult het op de grond uitgieten als water (Deut. 12:23) en het [6] met aarde bedekken (Lev. 17:13), want het bloed is de ziel; gij zult de ziel niet met het vlees eten, opdat [7] het u en uw kinderen na u wèl ga tot in eeuwigheid en gij doet wat recht en goed is [8] in mijn ogen (Deut. 12:23-25, 28). Ik ben YHWH, uw God. ONBESCHREVEN
[9] Doch uw heilige gaven en al uw gelofteoffers zult gij meenemen en gij zult gaan naar de plaats waar Ik [10] mijn naam zal vestigen (Deut. 12:26). Daar zult gij slachten vóór mijn aangezicht overeenkomstig hetgeen gij gewijd en beloofd hebt met uw mond. [11] Want als gij een gelofte doet, talm niet die in te lossen, want Ik zal die zeker van uw hand eisen [12] en gij zoudt u bezondigen (Deut. 23:21). Maar wanneer gij u onthoudt van het doen van een gelofte, zondigt gij niet (Deut. 23:22). [13] Wat over uw lippen gegaan is, moet gij houden; zoals gij met uw mond de gelofte gedaan hebt, moet gij die volbrengen, [14] zoals gij beloofd hebt (Deut. 23:23). ONBESCHREVEN Wanneer iemand Mij een gelofte doet of [15] een eed zweert,

waardoor hij een verplichting op zich neemt, dan zal hij zijn woorden niet schenden; geheel zoals hij het uitgesproken heeft, [16] zal hij doen (Num. 30:2). Maar wanneer een vrouw Mij een gelofte gedaan of een verplichting op zich genomen heeft [17] in het huis van haar vader door een eed in haar jeugd en haar vader de gelofte of [18] de verplichting die zij op zich genomen heeft, gehoord heeft, maar haar vader tegen haar gezwegen heeft, dan zullen [19] al haar geloften van kracht zijn en elke verplichting die zij op zich genomen heeft, zal van kracht zijn (Num. 30:3-4). Indien echter [20] haar vader haar krachtig weerstaan heeft, toen hij het hoorde, dan zal geen van de geloften en verplichtingen [21] die zij op zich genomen heeft, van kracht zijn. Ik zal het haar vergeven, want hij heeft haar weerstaan (Num. 30:3-5).

Kolom LIV + 11QTemple[b], fragment 20, regel 1-2 (cursief)

[1] [hij het] h[oort. Maar maakt hij ze ongeldig na] de da[g dat hij ze] geh[oord heeft, dan zal hij] [2] haar ongerechtigheid [dragen] ... [... Elke gelofte] of elke ver[plichting] onder ede [om zichzelf te verootmoedigen], [3] zal haar man kunnen bekrach[tigen] en haar man [zal] ze ongeldig kunnen maken (Num. 30:13) op de dag dat hij die hoort. Ik zal het haar vergeven. [4] ONBESCHREVEN Elke gelofte van een weduwe en een verstoten vrouw, elke verplichting die zij op zich genomen heeft, [5] zal voor haar van kracht zijn (Num. 30:9), overeenkomstig al wat uit haar mond is voortgekomen. Alle dingen die [6] Ik u heden gebied, zult gij naarstig onderhouden; gij zult daaraan niet toedoen noch [7] daarvan afdoen (Deut. 12:32). ONBESCHREVEN

[8] Wanneer onder u een profeet optreedt of iemand die dromen heeft, en hij u een teken of [9] een wonder aankondigt, en het teken of het wonder komt waarover hij tot u gesproken heeft met de woorden: [10] laten wij andere goden gaan dienen, die gij niet gekend hebt, dan zult gij niet [11] naar het woord van die profeet of die dromer luisteren; want [12] Ik stel u op de proef om te weten of gij YHWH, [13] de God van uw vaderen, liefhebt met uw ganse hart en met uw ganse ziel (Deut. 13:1-3). YHWH, [14] uw God, zult gij volgen, Hem dienen, Hem vrezen, naar zijn stem luisteren [15] en Hem aanhangen (Deut. 13:4). Die profeet of dromer zal ter dood gebracht worden, omdat hij afval gepredikt heeft [16] van YHWH, uw God, die u uit het land Egypte geleid en [17] uit het diensthuis verlost heeft, om u

af te trekken van de weg die Ik u geboden heb te gaan. Zo zult gij [18] het kwaad uit uw midden wegdoen (Deut. 13:5).
[19] Wanneer uw broeder, de zoon van *uw* vader *of* de zoon van uw moeder, of uw zoon, uw dochter, [20] uw eigen vrouw of uw *boezemvriend* u *in het geheim* wil verleiden en zegt: [21] laten wij andere goden gaan dienen, die gij niet gekend hebt

Kolom LV + 11QTemple[b], fragment 20, regel 3-7 (cursief)

[01] [noch *uw vaderen, behorende tot de goden* der volken rondom u, dichtbij] [02] [of veraf, *van het ene einde der aarde tot* het andere, dan zult gij] [03] [hem niet ter wille zijn noch naar hem luisteren: gij zult *hem* niet ontzien *noch* hem *sparen*] [04] [en zijn schuld niet bedekken, maar hem zeker doden; het *eerst* zal uw hand zich tegen hem keren] [05] [*om hem te doden en (*daarna*) de hand* van het gehele volk. Gij zult hem stenigen, zodat hij sterft, omdat] [06] [hij getracht heeft *u* af te *trekken* van YHWH, uw God, die u uit het land Egypte,] [07] [uit het diensthuis, geleid heeft. Dan zal geheel Israël het horen en men zal niet opnieuw] [1] [zulk een wandaad in uw midden doen (Deut. 13:6-11). ONBESCHREVEN]
[2] Als gij in ee[n van de steden die I]k u geven zal om [daar] te wo[nen,] hoort [3] zeggen: Er zijn [sno]de mannen uit uw midden voortgekomen, die de [be]woners [4] van hun stad tot afval gebracht hebben door te zeggen: laten wij goden gaan dienen, die gij niet gekend hebt, [5] dan zult gij grondig navragen en terdege onderzoek doen; en als het waar blijkt, als het feit vast staat, [6] als deze gruwel in Israël bedreven is, dan zult gij de inwoners van [7] die stad zeker slaan met de scherpte van het zwaard door haar zelf met al wat daarin is, met de ban te treffen en [8] al haar vee zult gij slaan met de scherpte van het zwaard. De gehele (op haar behaalde) buit zult gij midden op [9] haar plein bijeenbrengen en gij zult de stad met de gehele buit met vuur verbranden als een volledig brandoffer voor YHWH ,[10] uw God: zij zal blijvend een puinhoop zijn en niet herbouwd worden; ook zal [11] niets van het gebannene aan uw hand kleven; opdat Ik mijn brandende toorn laat varen, u [12] barmhartigheid betoon, mij over u erbarm en u talrijk maak, zoals Ik gesproken heb tot uw vaderen: [13] wanneer gij naar mijn stem luistert om al mijn geboden te onderhouden die Ik u [14] heden gebied – door te doen wat recht en goed is in de ogen van YHWH, uw God (Deut.

13:12-18).
¹⁵ Wanneer in uw midden in een van uw steden die ¹⁶ Ik u zal geven, een man of een vrouw aangetroffen wordt, die doet wat kwaad is in mijn ogen ¹⁷ door mijn verbond te overtreden, die andere goden gaat dienen en zich daarvoor neerbuigt, ¹⁸ voor de zon of de maan of heel het heir des hemels, en men u daarover bericht ¹⁹ en gij deze zaak hoort, dan zult gij terdege onderzoek doen: als ²⁰ het waar blijkt, als het feit vast staat, als deze gruwel in Israël bedreven is, dan zult gij ²¹ die man of die vrouw naar buiten brengen en gij zult ze stenigen,

Kolom LVI

⁰¹ [zodat ze sterven. Op de verklaring van twee of drie getuigen zal] ⁰² [de ter dood veroordeelde ter dood gebracht worden; op de verklaring van één getuige zal hij niet ter dood gebracht worden.] ⁰³ [Het eerst zal de hand der getuigen zich tegen hem keren om hem ter dood te brengen en daarna de hand van het gehele volk. Zo zult gij het kwaad] ⁰⁴ [uit uw midden wegdoen (Deut. 17:2-7). ONBESCHREVEN]
⁰⁵ [Wanneer een zaak voor u te moeilijk is om daarin uitspraak te doen, in geval van bloedschuld, geschil] ⁰⁶ [of lichamelijk letsel – aanleidingen tot rechtsgedingen in uw steden -, dan zult gij u begeven] ⁰⁷ [naar de plaats die Ik verkiezen zal; gij zult gaan naar de priesters en de levieten] ¹ [o]f naar de [r]ec[hters die er dan zullen wezen] en hen raadplegen; en [zij zullen] ² de zaak waarom gij gek[omen zijt om (hen) te raadplegen, behandelen en] u de uitspraak [aanz]eggen. ³ En gij zult handelen naar de aanwijzing dat zij u geven, en naar de uitspraak ⁴ die zij u meedelen uit het boek van de Wet, en u betrouwbaar aanzeggen ⁵ op de plaats die Ik verkiezen zal om daar mijn naam te vestigen; gij zult nauwgezet doen ⁶ naar alles waarvan zij u onderrichten, en naar de uitspraak die zij u meedelen, ⁷ zult gij handelen. Van de uitspraak die zij u aanzeggen, zult gij niet naar rechts ⁸ of naar links afwijken. De man die niet luistert en in overmoed handelt door niet ⁹ te luisteren naar de priester die daar in dienst staat vóór mijn aangezicht, of naar ¹⁰ de rechter, die man zal sterven; zo zult gij het kwaad uit Israël wegdoen. Dan zal het gehele ¹¹ volk dit horen en vrezen en niet meer overmoedig zijn in Israël (Deut. 17:8-13). ONBESCHREVEN
¹² Wanneer gij gekomen zijt in het land dat Ik u geven zal, dit in bezit

genomen hebt en [13] daarin woont, en gij dan zoudt zeggen: Ik wil een koning over mij aanstellen, zoals alle volken rondom mij hebben, [14] dan zult gij over u een koning aanstellen /die Ik verkiezen zal/; uit het midden van uw broeders zult gij een koning over u aanstellen. [15] Gij zult niet een buitenlander, die niet uw broeder is, over u aanstellen. Alleen zal hij niet [16] veel paarden houden en het volk niet ten strijde naar Egypte terugvoeren om [17] zich veel paarden aan te schaffen en zilver en goud; ONBESCHREVEN Ik heb u gezegd: [18] Op deze weg zult gij nooit meer terugkeren. Ook zal hij niet vele vrouwen nemen, opdat [19] zij zijn hart niet van Mij doen afwijken; ook zal hij zich niet te veel zilver en goud vergaren.
[20] ONBESCHREVEN Wanneer hij op zijn koninklijke troon gezeten is, zal men [21] hem deze wet opschrijven op een boekrol in aanwezigheid van de priesters.

Kolom LVII

[01] [Deze zal hij bij zich hebben en daarin lezen gedurende heel zijn leven om] [02] [te leren Mij te vrezen door al de woorden van deze wet] [03] [en al deze inzettingen naarstig te onderhouden, opdat zijn hart zich niet verheffe] [04] [boven zijn broeders, en hij van het gebod niet afwijke naar rechts of naar links,] [05] [opdat hij lange tijd koning moge blijven, hijzelf en zijn zonen, te midden van] [06] [Israël (Deut. 17:14-20) ONBESCHREVEN
[07] [ONBESCHREVEN]
[1] Dit is de wet [...] de priesters [...] [2] Op de dag dat zij [hem] als koning aanstellen, [zullen zich verzamelen (?) al] de kinderen van Israël [3] van twintig tot zestig jaar naar hun vendels; {zij zullen} [4] aan hun hoofd aanstellen oversten over duizend en oversten over honderd en oversten over vijftig [5] en oversten over tien in al hun steden. Uit dezen zal hij zich telkens duizend [6] uit elke stam kiezen om met hem te zijn: twaalfduizend krijgslieden, [7] die hem niet alleen zullen laten, zodat hij in handen van de heidenen zou kunnen vallen. Al [8] de gekozenen die hij kiest, zullen betrouwbare en godvrezende mannen zijn, [9] die winstbejag haten, flinke krijgshelden (Exod. 18:21). Zij zullen voortdurend bij hem zijn, [10] dag en nacht, om hem te behoeden voor elke misstap [11] en voor een vreemd volk, zodat hij niet in hun handen valt. Twaalf [12] vorsten van zijn volk zullen bij hem zijn en twaalf priesters en [13] twaalf levieten, die samen met hem zitting zullen

houden inzake rechtspraak [14] en wet. Hij zal zijn hart niet boven hen verheffen en niets doen [15] inzake enig besluit buiten hen om. ONBESCHREVEN Een vrouw uit al de [16] dochters van de heidenen mag hij niet nemen, maar uit zijns vaders huis zal hij zich een vrouw nemen, [17] uit het geslacht van zijn vader (vgl. Lev. 21:14). Naast haar mag hij geen andere vrouw nemen (Lev. 18:18), maar [18] zij alleen zal bij hem zijn gedurende heel zijn leven. Als zij sterft, mag hij [19] zich een andere nemen uit zijns vaders huis, uit zijn geslacht. Hij zal het recht niet buigen, [20] geen (omkoop)geschenk aannemen om het recht te buigen. Niet zal hij begeren [21] velden, wijngaarden of enig bezit, huizen of iets kostbaars in Israël, zodat hij het rooft (vgl. 1 Sam. 8:14)

Kolom LVIII

[1] [...] ... [...] [2] [...] hun mannen. ONBESCHREVEN
[3] Wanneer /de koning/ hoort van enig volk of (enige) natie dat het van plan is iets te roven van alwat toebehoort [4] aan Israël, zal hij een boodschap zenden aan de oversten over duizend en de oversten over honderd, die zijn aangesteld in de steden van [5] Israël; (dan) zullen die met hem een tiende van het (krijgs)volk uitzenden om met hem ten strijde uit te trekken tegen [6] hun vijanden. Zij zullen met hem uittrekken. Maar als een talrijk volk komt naar het land van Israël, dan zullen zij [7] met hem een vijfde van de krijgslieden uitzenden. Als het gaat om een koning met (krijgs)wagens, paarden en een groot leger, [8] zullen zij met hem een derde van de krijgslieden uitzenden en de twee (andere) eenheden zullen [9] hun steden bewaken en hun gebied, opdat niet een (krijgs)bende hun land binnendringt. [10] Wordt hem de strijd (desondanks) te machtig, dan zullen zij hem de helft van het (krijgs)volk zenden, de mannen van [11] het leger, maar de (overblijvende) helft van het (krijgs)volk zal niet uit hun steden wegtrekken. ONBESCHREVEN Behalen zij de overwinning [12] op hun vijanden en breken zij hen en slaan zij hen met de scherpte van het zwaard, dan zal men de op hen gemaakte buit nemen en [13] daarvan een tiende deel geven aan de koning, een duizendste aan de priesters en een honderdste aan de levieten [14] van alles; de helft van de rest zullen zij verdelen onder degenen die aan de strijd hebben deelgenomen, en hun broeders, [15] die zij in hun steden hebben gelaten (Num. 31:27-28; 1 Sam. 30:24-25). ONBESCHREVEN

Wanneer hij ten strijde uittrekt tegen [16] zijn vijanden, zal met hem een vijfde deel van het krijgsvolk uittrekken, allen [17] weerbare mannen. Zij zullen zich hoeden voor elke onreinheid, voor elke schandelijkheid, voor elke overtreding en schuld (vgl. Deut. 23:9,14). [18] Hij zal niet uittrekken voordat hij voor de hogepriester gekomen is en deze voor hem de beslissing van de urim [19] en de tummim gevraagd heeft (Num. 27:21). Op zijn aanwijzing zal hij uittrekken en op zijn aanwijzing terugkeren met alle kinderen Israëls die [20] bij hem zijn. Op eigen initiatief zal hij niet uittrekken, voordat hij de beslissing van de urim [21] en de tummim gevraagd heeft. Hij zal slagen op al zijn wegen, omdat hij op grond van de beslissing is uitgetrokken die

Kolom LIX

[1] [...] ... [...] [2] [en] zij zullen hen verstrooien in vele landen en zij zullen [tot] een voorwerp van ont[zetting], een spreekwoord en spotrede worden (Deut. 28:37); zij zullen (lijden) onder een zwaar juk [3] en gebrek aan alles. Daar zullen zij goden dienen die het werk van mensenhanden zijn, (maaksels van) hout, steen, zilver [4] en goud (Deut. 28:36). En gedurende dat alles zullen hun steden tot een woestenij, een aanfluiting en een puinhoop worden; [5] (zelfs) hun vijanden zullen zich over hen ontzetten (Lev. 26:31-32). Zij zelf zullen in de landen van hun vijanden zuchten [6] en luid om hulp schreien vanwege het zware juk. Zij zullen roepen, maar Ik zal niet luisteren; zij zullen om hulp schreien, maar Ik zal [7] hen niet antwoorden vanwege de boosheid van hun handelingen. Ik zal mijn gezicht voor hen verbergen en zij zullen worden tot voedsel, [8] tot prooi en tot buit, zonder dat iemand hen helpt, vanwege hun slechtheid, omdat zij mijn verbond verbroken hebben [9] en hun ziel mijn Wet verfoeid heeft (vgl. Lev. 26:43), totdat zij heel hun schuld geboet hebben. Daarna zullen zij zich [10] tot Mij bekeren met hun gehele hart en hun gehele ziel overeenkomstig al de woorden van deze Wet. [11] Dan zal Ik hen redden uit de macht van hun vijanden en hen verlossen uit de hand van hun haters en hen brengen [12] naar het land van hun vaderen. Ik zal hen verlossen en talrijk maken en Mij over hen verheugen. [13] Ik zal hun tot een God zijn en zij zullen Mij tot een volk zijn (Lev. 26:12; Ez. 37:27). De koning wiens [14] hart en oog overspelig is afgeweken van mijn geboden, zal nimmer iemand hebben die

(na hem) gezeten zal zijn op de troon van ¹⁵ zijn vaderen, want tot in eeuwigheid zal Ik zijn nakroost van verdere heerschappij over Israël uitsluiten. ¹⁶ ONBESCHREVEN Maar als hij in mijn inzettingen wandelt en mijn geboden bewaart en doet ¹⁷ wat recht en goed is voor mijn aangezicht, dan zal hem tot in eeuwigheid iemand uit zijn (eigen) kinderen niet ontbreken die gezeten is op de troon van het koningschap ¹⁸ van Israël (1 Kon. 2:4; 9:5). Ik zal met hem zijn en hem redden uit de macht van zijn haters en uit de macht van ¹⁹ degenen die trachten hem van het leven te beroven. Ik lever al zijn vijanden aan hem uit: hij zal over hen heersen ²⁰ naar zijn goeddunken, maar zij zullen niet over hem heersen. Ik zal hem bovenaan stellen, niet onderaan, tot een hoofd ²¹ en niet tot een staart (Deut. 28:13). Hij zal lange tijd koning blijven, hijzelf en zijn zonen na hem (Deut. 17:20).

Kolom LX

¹ [...] .... [...] ... [...] ² en al hun beweegoffers en iedere eerstgeborene van hun [vee], van het mannelijk geslacht en alle [...] ³ van hun vee en al hun heilige gaven die zij Mij heiligen, met elke heilige gave van de ⁴ lofprijzing (Lev. 19:24), de afdracht van hun heffing op vogels, wilde dieren en vissen, een duizendste van ⁵ wat men vangt en van alles wat men in de ban doet, en de afdracht van de buit (Num. 31 :28) en het geplunderde. ONBESCHREVEN ⁶ ONBESCHREVEN De levieten (komt toe) een tiende van het koren, de most en de olie, hetgeen ⁷ men Mij eerst geheiligd heeft (Num. 18:21; Neh. 13:5), en het schouderstuk van de kant van hen die het slachtoffer brengen (vgl. Deut. 18:3); de afdracht van ⁸ de buit en van het geplunderde, van de jachtbuit aan vogels, wilde dieren en vissen één procent ⁹ en van de wilde duiven en de tiende van de (wilde) honing één op vijftig. Aan de priesters (komt echter toe) ¹⁰ één procent van de wilde duiven, want hen heb Ik verkoren uit al uw stammen ¹¹ om voor mijn aangezicht te staan, dienst te doen en te zegenen in mijn naam, hem en zijn zonen, alle dagen (Deut. 18:5). ¹² ONBESCHREVEN
Wanneer een leviet uit een van uw steden in geheel Israël, waar ¹³ hij als vreemdeling vertoeft, naar de wens van zijn hart komt naar de plaats die Ik verkiezen zal om ¹⁴ mijn naam (daar) te vestigen, zal hij dienst doen zoals zijn broeders, de levieten, die daar voor mijn aangezicht staan; hetzelfde

deel ¹⁵ zullen zij eten, afgezien van wat hij door verkoop van zijn vaderlijk
goed verworven heeft (Deut. 18:6-8). ONBESCHREVEN
¹⁶ Wanneer gij komt in het land dat Ik u geven zal, dan zult gij niet leren
doen ¹⁷ naar de gruwelen van die volken. Onder u zal er niemand worden
aangetroffen, die zijn zoon of zijn dochter ¹⁸ door het vuur doet gaan, die
waarzeggerij pleegt, geen wichelaar, uitlegger van voortekenen, of tovenaar,
geen bezweerder, niemand die de geest van een dode ¹⁹ of een waarzeggen-
de geest ondervraagt of die de doden raadpleegt. Want een gruwel zijn Mij
allen die ²⁰ deze dingen doen en vanwege deze gruwelen zal Ik hen voor u
uitdrijven.
²¹ Gij zult onberispelijk zijn met YHWH, uw God; want deze volken die

Kolom LXI

⁰¹ [gij verdrijven zult, luisteren naar wichelaars en waarzeggers, maar u heb
Ik dit niet] ⁰² [toegelaten. Een profeet uit uw midden, uit uw broeders,
zoals Mozes, zal Ik u verwekken; naar hem zult gij luisteren.] ⁰³ [Juist zoals
gij van Mij gevraagd hebt op de Horeb, op de dag van de samenkomst,
toen gij zeidet: Ik wil niet langer] ⁰⁴ [de stem van YHWH, mijn God, horen
en dit grote vuur niet langer zien, opdat ik niet sterf] ⁰⁵ [en Ik zei: Het is
goed wat zij gesproken hebben; een profeet zal Ik hun verwekken uit het
midden van hun broeders, zoals hij; Ik zal] ⁰⁶ [mijn woorden in zijn mond
leggen en hij zal alles tot hen zeggen wat Ik hem gebied. De man die niet
luistert] ⁰⁷ [naar mijn woorden, die de profeet in mijn naam spreken zal,
van die zal Ik rekenschap vragen. Maar de profeet die overmoedig (genoeg)
is] ¹ om in [mijn] na[am een woord] te spr[eken dat Ik hem n]iet gebood
[te] spreken, of di[e in de naam van ande]re gorden spreekt], ² die profeet
zal gedood worden. ONBESCHREVEN Wanneer gij nu bij uzelf mocht zeggen: Hoe onderkennen wij het woord ³ dat YHWH niet gesproken heeft?, –
als een profeet spreekt in de naam van YHWH en (zijn) woord wordt niet
vervuld ⁴ en komt niet uit, dan is dat een woord dat Ik niet gesproken heb;
in overmoed heeft de profeet het gesproken, gij zult niet vrezen ⁵ voor hem
(Deut. 18:9-22). ONBESCHREVEN
⁶ Eén enkele getuige zal niet tegen iemand kunnen optreden ter zake van
enige ongerechtigheid of zonde, welke ook, die hij begaan mocht hebben;
op de verklaring van twee ⁷ of drie getuigen zal een zaak vaststaan. Als een

misdadig getuige tegen iemand optreedt om ⁸ hem van een overtreding aan te klagen, dan zullen de twee mannen die /dit geschil/ hebben, zich vóór Mij stellen, vóór de priesters en de levieten en vóór ⁹ de rechters die er dan zijn zullen. Dan zullen de rechters dit onderzoeken, en blijkt dat de getuige een valse getuige is en dat hij een valse aanklacht ¹⁰ tegen zijn broeder heeft ingediend, dan zult gij hem doen zoals hij zijn broeder dacht te doen. Zo zult gij het kwaad uit uw midden wegdoen, ¹¹ want de overigen zullen dit horen en vrezen en niet /weer/ zulk een kwade zaak in uw midden doen. ¹² Gij zult hem niet ontzien; leven om leven, oog om oog, tand om tand, hand om hand, voet om voet (Deut. 19:15-21). ONBESCHREVEN Wanneer ¹³ gij ten strijde trekt tegen uw vijanden, en gij ziet paarden en wagens: een volk talrijker dan gij – dan zult gij ¹⁴ daarvoor niet vrezen, want Ik ben met u, die u uit het land Egypte heeft gevoerd. Wanneer gij dan vlak voor de strijd staat, ¹⁵ moet een priester naar voren treden, het volk toespreken en zeggen: Hoor, Israël! Gij staat

Kolom LXII

⁰¹ [thans vlak voor de strijd tegen uw vijanden; laat uw hart niet week worden, vreest niet,] ⁰² [wordt niet angstig en siddert niet voor hen, want YHWH, uw God, is het die] ⁰³ [met u gaat om voor u te strijden tegen uw vijanden, teneinde u de overwinning te geven. En de rechters (?) zullen] ⁰⁴ [aldus het volk toespreken: Wie heeft een nieuw huis gebouwd, maar het nog niet in gebruik genomen? Hij mag heengaan en] ⁰⁵ [naar zijn huis terugkeren, opdat hij niet in de strijd omkome en een ander het in gebruik neme. En wie heeft] ⁰⁶ [een wijngaard geplant, maar de vrucht daarvan nog niet genoten? Hij mag heengaan en naar zijn huis terugkeren, opdat hij niet in de strijd omkome en] ¹ [een ander de vrucht daarvan geniete. En wie heeft een vrouw ondertrouwd, maar haar nog niet gehuwd? Hij mag heengaan en naar] ² zijn huis [terugkeren, opdat hij niet in de strijd omkome en een ander haar huwe. Verder zullen de] re[chters] ³ nog tot het volk zeggen: Wie is bevreesd en week van hart? Hij mag heengaan en ⁴ naar zijn huis terugkeren, opdat het hart van zijn broeders niet versmelte zoals het zijne. Wanneer de rechters ⁵ hun toespraak tot het volk hebben beëindigd, dan zal men de legeroversten aan het hoofd van het volk stellen (Deut. 20:1-9). ONBESCHREVEN Wanneer ⁶ gij een stad nadert om daartegen te strijden, dan zult gij ze vrede aanbieden. Als zij u dan ⁷ een vredelie-

vend antwoord geeft en de poort voor u opent, dan zal de gehele bevolking die zich daar bevindt, [8] u tot herendienst verplicht zijn en u dienen. Maar als zij geen vrede met u sluit, doch de strijd met u aanbindt, [9] dan zult gij ze belegeren. En Ik zal ze in uw macht geven en gij zult al haar mannelijke inwoners slaan met de scherpte van het zwaard. Alleen [10] de vrouwen, de kinderen, het vee en alles wat zich in de stad bevindt, de gehele buit, moogt gij [11] voor u zelf roven en deze op uw vijanden behaalde buit, die Ik u geef, moogt gij u ten nutte maken. Zo zult gij doen [12] met de steden die op zeer verre afstand van u liggen, die niet behoren tot de steden van deze volken. [13] Maar uit de steden van de volken, die Ik u ten erfdeel zal geven, zult gij [14] niets wat adem heeft, in leven laten, maar gij zult ze volledig met de ban slaan, de Hethieten, de Amorieten, de Kanaänieten, [15] de Chiwwieten, de Jebusieten, de Girgasieten en de Perizzieten, zoals Ik u bevolen heb, opdat [16] zij u niet leren te doen naar al de gruwelen die zij voor hun goden doen,

Kolom LXIII

[01] [zodat gij tegen Mij zoudt zondigen (Deut. 20:10-18). ONBESCHREVEN Wanneer gij lange tijd een stad belegert, daartegen strijdende om haar in te nemen,] [02] [dan moogt gij het geboomte daaromheen niet vernietigen door de bijl erin te slaan, maar gij moogt daarvan wel eten, doch het niet vellen; want zijn] [03] [de bomen in het veld mensen, dat zij door u bij het beleg betrokken zouden worden? Alleen het geboomte waarvan gij weet dat het geen geboomte met eetbare vruchten is, dat moogt gij vernietigen] [04] [en vellen om een belegeringswal te bouwen tegen de stad die met u strijd voert, totdat zij valt (Deut. 20:19-20).] [05] [ONBESCHREVEN Wanneer men in het land dat Ik u in bezit zal geven, in het open veld iemand vindt liggen,] [06] [die vermoord is, zonder dat men weet wie hem gedood heeft, dan zullen uw oudsten en rechters uitgaan en de afstand meten] [07] [van de vermoorde naar de steden in de omtrek. En de oudsten van de stad die het dichtst bij de vermoorde gelegen is, zullen een jonge koe nemen, waarmee nog geen] [1] werk gedaan is, die [nog in geen juk heeft getrokken. ONBESCHREVEN De oudsten] van die stad [zullen] [2] de jonge koe brengen naar een dal dat altijd water heeft, dat bewerkt noch bezaaid is, en daar de jonge koe de nek breken.

³ ONBESCHREVEN De priesters, de zonen van Levi, zullen naar voren treden – want hen heb Ik verkoren om vóór mijn aangezicht te dienen en te zegenen in mijn naam; ⁴ naar hun uitspraak zal elk rechtsgeding en elk geval van lichamelijk letsel beslecht worden -. Al de oudsten van die stad die het dichtst bij de vermoorde ligt, ⁵ zullen hun handen wassen boven de kop van de jonge koe die in het dal de nek gebroken is, en zij zullen betuigen: Onze handen ⁶ hebben dit bloed niet vergoten en onze ogen hebben het niet gezien. Doe verzoening voor uw volk Israël dat Gij bevrijd hebt, ⁷ YHWH, en leg geen onschuldig bloed in het midden van uw volk Israël. Dan zal het bloed voor hen verzoend zijn. Zo zult gij onschuldig bloed uit uw midden wegdoen en doen wat recht en goed is voor YHWH, uw God (Deut. 21:1-9).⁹ ONBESCHREVEN
¹⁰ Wanneer gij uittrekt ten strijde tegen uw vijanden en Ik hen in uw macht geef en u uit hen gevangenen maakt, ¹¹ en gij ziet onder de gevangenen een vrouw, schoon van gestalte, zodat gij behagen in haar hebt en haar tot vrouw wilt nemen, ¹² dan zult gij haar in uw huis brengen: gij zult haar hoofdhaar afscheren, haar nagels knippen en doen afleggen ¹³ het kleed dat zij bij haar wegvoering droeg. Zij zal in uw huis blijven en haar vader en moeder bewenen, ¹⁴ een volle maand lang. Daarna moogt gij tot haar komen en haar huwen, zodat zij uw vrouw wordt (Deut. 21:10-13). Zij mag ¹⁵ zeven jaar lang bij u niets dat (ritueel) rein is, aanraken en (het vlees van) een vredeoffer niet eten, totdat zeven jaren voorbijgegaan zijn; daarna mag zij eten.

Kolom LXIV

⁰¹ [ONBESCHREVEN Hebt gij geen behagen (meer) in haar,] ⁰² [dan zult gij haar laten gaan, waarheen zij wil; gij moogt haar in geen geval voor geld verkopen; gij moogt haar niet als slavin behandelen,] ⁰³ [want gij hebt haar gedwongen (Deut. 21:14). ONBESCHREVEN]
⁰⁴ [Wanneer een man twee vrouwen heeft, van wie hij de ene bemint en de andere niet, en zij hebben] ⁰⁵ [hem zonen gebaard, zowel de beminde als de niet-beminde, en de eerstgeboren zoon is van de niet-beminde, dan mag hij, wanneer hij zijn bezit] ⁰⁶ [aan zijn zonen vermaakt, aan de zoon van de beminde niet het eerstgeboorterecht geven ten nadele van] ⁰⁷ [de zoon van

de niet-beminde, de eerstgeborene. Maar de eerstgeborene, de zoon van de niet-beminde, moet hij erkennen door hem een dubbel deel te geven] ¹ [van alles wat het zijne zal blijken te zijn, want hij is de eersteling van zijn kracht: hem behoort het eerstgeboorterecht (Deut. 21:15-17) ONBE-SCHREVEN].

² Wanneer een man een weerbarstige, oproerige zoon heeft, die naar zijn vader en zijn moeder niet wil luisteren, ³ en hun niet gehoorzaamt, hoewel zij hem tuchtigen, dan zullen zijn vader en moeder hem grijpen en hem brengen naar ⁴ de oudsten van zijn stad, naar de poort van zijn woonplaats, en zij zullen tot de oudsten van zijn stad zeggen: Deze zoon van ons is weerbarstig ⁵ en oproerig, hij wil niet naar ons luisteren, hij is een doorbrenger en een drinker. Dan zullen alle mannen van zijn stad hem stenigen, ⁶ zodat hij sterft. Zo zult gij het kwaad uit uw midden wegdoen; alle kinderen van Israël zullen dit horen en vrezen (Deut. 21:18-21). ONBESCHREVEN

Wanneer ⁷ een man zijn volk in diskrediet brengt, zijn volk aan een vreemd volk uitlevert en kwaad bedrijft tegen zijn volk, ⁸ dan zult gij hem aan een hout ophangen, zodat hij sterft. Op de verklaring van twee of drie getuigen ⁹ zal hij gedood worden en zij zullen hem aan een hout ophangen. Wanneer iemand een zonde begaat waarop de doodstraf staat, naar ¹⁰ de (heiden)volken vlucht en zijn volk vervloekt, de kinderen van Israël, dan zult gij ook die aan een hout ophangen, ¹¹ zodat hij sterft. Hun lijk zal niet gedurende de nacht aan het hout blijven, maar gij zult hen dezelfde dag nog begraven, want ¹² vervloekten door God en mensen zijn de gehangenen aan een hout: gij zult de grond niet verontreinigen die Ik ¹³ u ten erfdeel zal geven (Deut. 21:22-23). ONBESCHREVEN

Wanneer gij ziet dat het rund, een stuk kleinvee of de ezel van uw broeder ¹⁴ verdwaald is, dan zult gij u aan de zorg daarvoor niet onttrekken; gij zult het zeker aan uw broeder terugbrengen. En indien uw broeder niet in uw nabijheid woont ¹⁵ en gij hem niet kent, dan zult gij het in uw huis opnemen en het zal bij u blijven, totdat

Kolom LXV

⁰¹ [uw broeder het zoekt; dan zult gij het hem teruggeven. Zo zult gij doen met zijn ezel, zo zult gij doen met zijn kleed,] ⁰² [zo zult gij doen met elk

verloren voorwerp van uw broeder, dat hij verloren heeft en gij gevonden hebt; gij moogt u daaraan niet] 03 [onttrekken. ONBESCHREVEN
Als gij de ezel of] 04 [het rund van uw broeder op de weg ziet neervallen, zult gij u aan de zorg daarvoor niet onttrekken; gij zult ze voorzeker met hem weer ophelpen (Deut. 22:1-4). ONBESCHREVEN]
05 [Een vrouw zal geen manskleren dragen en een man geen vrouwenkleed aantrekken, want ieder die deze dingen doet, is] 06 [Mij een gruwel (Deut. 22:5). ONBESCHREVEN
Gij zult uw wijngaard niet met tweeërlei zaad bezaaien, opdat niet de gehele oogst] 07 [van het zaad dat gij gezaaid hebt, en de opbrengst van de wijngaard aan mijn heiligdom vervalt (Deut. 22:9). ONBESCHREVEN
Gij zult u niet kleden met een kleed van tweeërlei stof, wol en linnen tezamen.] 1 [Gij zult u gedraaide snoeren maken aan de vier hoeken van het kleed, waarmee gij u bedekt (Deut. 22:11-12)].
2 [Wan]neer gij onderweg een vogel[nest] aantreft in een of andere boom of op de grond, met 3 jongen of eieren, en de moeder zit op de jongen of de eieren, 4 dan zult gij met de jongen niet ook de moeder wegnemen; de moeder zult gij in elk geval laten wegvliegen, maar de jongen 5 moogt gij meenemen, opdat het u wèl ga en gij lang leeft (Deut. 22:6-7).
Wanneer gij een nieuw huis bouwt, 6 dan zult gij aan zijn dak een borstwering maken, opdat gij geen bloedschuld over uw huis brengt, als er iemand 7 af valt (Deut. 22:8). ONBESCHREVEN Wanneer iemand een vrouw neemt en met haar het huwelijk voltrekt, maar een afkeer van haar krijgt, haar in opspraak brengt 8 en haar een slechte naam bezorgt door te zeggen: Deze vrouw heb ik gehuwd, maar bij de echtelijke 9 gemeenschap bevond ik dat zij geen maagd was -, dan zullen de vader en de moeder van het meisje 10 bewijzen van de maagdelijkheid van het meisje nemen en tot de oudsten in de poort brengen. En de vader van het meisje zal 11 tot de oudsten zeggen: Mijn dochter heb ik /aan/ deze man /tot vrouw/ gegeven, maar hij heeft een afkeer van haar gekregen en hij brengt 12 haar in opspraak door te zeggen: Ik heb bevonden dat uw dochter geen maagd was; maar dit zijn de bewijzen van de maagdelijkheid 13 van mijn dochter. Daarbij zullen zij het kleed vóór de oudsten van die stad uitspreiden. Dan zullen de oudsten van 14 die stad die man nemen, hem tuchtigen, hem een boete van honderd zilverlingen opleggen 15 en die aan de vader van het meisje geven – omdat hij een slechte naam bezorgd heeft aan een Israëlitische maagd; zij zal {hem}

Kolom LXVI

⁰¹ [tot vrouw zijn; hij zal haar niet mogen wegsturen, zolang hij leeft. ONBESCHREVEN] ⁰² [Maar indien deze beschuldiging waar is en de maagdelijkheid bij het meisje niet gevonden is, dan zal men] ⁰³ [het meisje voor de ingang van het huis van haar vader brengen en de mannen van haar stad zullen haar stenigen, zodat zij sterft -] ⁰⁴ [omdat zij een schanddaad in Israël gepleegd heeft door in het huis van haar vader ontucht te bedrijven. Zo zult gij het kwaad uit uw midden wegdoen (Deut. 22:13-21).] ⁰⁵ [ONBESCHREVEN
Wanneer een man betrapt wordt, terwijl hij gemeenschap heeft met een vrouw] ⁰⁶ [die gehuwd is, dan zullen zij beiden sterven: de man die met de vrouw gemeenschap gehad heeft, en ook de vrouw. Zo zult gij] ⁰⁷ het kwaad uit Israël wegdoen (Deut. 22:22). ONBESCHREVEN
Wanneer een man een meisje] ⁰⁸ [dat nog maagd is en dat met iemand ondertrouwd is, in de stad ontmoet en gemeenschap met haar heeft,] ¹ [dan zult gij hen beiden naar de poort] van die stad [brengen] ² en hen stenigen, zodat zij sterven: het meisje, omdat zij niet om hulp geroepen heeft ³ in de stad, en de man, omdat hij de vrouw van zijn naaste onteerd heeft. Zo zult gij ⁴ het kwaad uit uw midden wegdoen. Maar als de man /de vrouw/ in het veld ontmoet, op een verafgelegen en een ⁵ vanuit de stad onzichtbare plaats, haar vastgrijpt en gemeenschap met haar heeft, dan zal alleen de man die gemeenschap met haar gehad heeft, gedood worden; ⁶ het meisje zult gij echter niets doen, aan het meisje kleeft geen zonde waarop de doodstraf staat, want dit geval is hetzelfde als wanneer ⁷ iemand zich tegen zijn naaste keert en hem om het leven brengt. Want hij heeft haar in het veld ontmoet; ⁸ het ondertrouwde meisje heeft om hulp geroepen, maar er was niemand die haar te hulp kwam (Deut. 22:23-27). ONBESCHREVEN
Wanneer een man een meisje verleidt, ⁹ dat nog maagd is en niet ondertrouwd en zij volgens de inzetting bij hem past (als echtgenote), en gemeenschap met haar heeft ¹⁰ en betrapt wordt, dan zal de man die bij haar gelegen heeft, aan de vader van het meisje vijftig zilverlingen geven, en zij zal {hem} ¹¹ tot vrouw zijn, omdat hij haar onteerd heeft; hij zal haar niet mogen wegzenden, zolang hij leeft (Deut. 22:28-29).
¹² Een man zal de vrouw van zijn vader niet nemen noch het dek van zijn vader opslaan (Deut. 22:30). Hij zal de vrouw ¹³ van zijn broer niet nemen noch het dek van zijn broer, de zoon van zijn vader of de zoon van zijn

moeder, opslaan, want dat is een onreine zaak. [14] Een man zal niet zijn zuster nemen, de dochter van zijn vader of de dochter van zijn moeder: dat is een gruwel. Niet [15] zal een man de zuster van zijn vader of de zuster van zijn moeder nemen, want dat is een schandelijkheid. Niet [16] zal een man ONBESCHREVEN [17] de dochter van zijn broer of de dochter van zijn zuster nemen, want dat is een gruwel. ONBESCHREVEN Niet zal hij nemen

C. DE REGEL DER GEMEENSCHAP

De Regel van de Gemeenschap is ons bijkans volledig overgeleverd in een tekst uit grot 1 (1QS) en ten dele in tien fragmentarische handschriften uit grot 4, uitgegeven in 1998 in DJD XXVI. Daarbij komt mogelijk een onbeduidend fragment uit grot 5. Sommige van de kopieën uit grot 4 vertonen een tekst die afwijkt van die uit grot 1. Zij helpen ons de ontstaansgeschiedenis van het geschrift te reconstrueren.

Het manuscript uit grot 1 is onderdeel van een rol die ook de tekst van de Regel van de Gemeente (1QSa) en de Zegenspreuken (1QSb) bevat. Oorspronkelijk werd kolom I van de rol voorafgegaan door een vel op de achterkant waarvan de titel van de verschillende werken die het manuscript bevatte, was aangegeven. Deze gedeeltelijk bewaarde titel en het gebruik daarvan in 11 en 16 laten er geen twijfel over bestaan dat het werk *Serek ha-yachad* (Regel der Gemeenschap) genoemd werd. De kopie uit grot 1 vertoont, hoewel zij het best bewaard is, defecten, vooral in de kolommen VII en VIII, die verschillende correcties van een andere hand dan die van de schrijver van het manuscript vertonen. Sommige van deze verbeteringen herstellen fouten van de kopiist, maar andere brengen varianten aan die in een latere periode in de tekst zijn aangebracht. Ook treffen wij veranderingen in de wetgeving aan (vgl. de wijziging van zes maanden in plaats van één jaar in VII 8). Het handschrift van de eerste kopiist stamt uit de eerste eeuw v. Chr.

Met inachtneming van de tekens die de overschrijver aan de rand van de kolommen heeft aangebracht en de verdelingen die hij in de tekst heeft aangegeven, kunnen wij de inhoud van het werk als volgt samenvatten:
een algemene inleiding die het doel van het geschrift onder woorden brengt (I 1-15);
een beschrijving van de jaarlijkse ceremonie van de toetreding tot het verbond, waarbij aandacht geschonken wordt aan de daarvoor geldende regels. Vermeld worden de zegeningen van de priesters voor de 'zonen van het licht' en de vervloekingen van de levieten voor de 'zonen der duisternis' naast de veroordeling door beide groepen van degenen die na toetreding tot het verbond ontrouw zijn geworden, en die weigeren tot het verbond toe te treden (I 16-III 12);
een traktaat over de twee geesten, de geest der waarheid en het licht èn de geest van de ongerechtigheid en de duisternis, wier voortdurende strijd de menselijke geschiedenis beheerst. Dit dualisme karakteriseert niet enkel de levenswandel van alle mensen, maar ook het hart van iedere persoon (III 13-IV 26);

de regel van de gemeenschap in engere zin, die omvat: een soort van inleiding over het doel van het vasthouden aan de gemeenschap, bepalingen ten aanzien van de eed van trouw en afzondering van alle buitenstaanders, voorschriften voor de inschrijving van de leden, voor een leven in gemeenschap, voor de bijeenkomst van de Velen en voor de toelating van de leden benevens een strafcodex, waarin de straffen voor overtredingen gespecificeerd zijn (V-VII);
een ontwerp voor de stichting van de toekomstige gemeenschap, die geconstitueerd moet worden als een geestelijke tempel in de woestijn, en de gedragsregels voor de Wijze, onderbroken door een fragment van de strafcodex (VIII-IX);
een uitvoerige dankhymne, verwant aan de liederen van de Rol van de Lofprijzingen (X-XI).
Deze samenvatting van de inhoud van 1QS wijst erop dat de tekst zoals wij die uit het handschrift uit grot 1 kennen, het resultaat is van een langdurig groeiproces en dat de opvatting van degenen die het werk beschouwen als de schepping van één enkele persoon, onwaarschijnlijk is. Hoewel het geheel in zijn huidige vorm een goede opbouw vertoont, doet de diversiteit van onderwerpen denken aan een redactor die in zijn werk verschillende bronnen verwerkt heeft.

Dat het ontwerp voor de stichting van de toekomstige gemeenschap en de regel van de gemeenschap oorspronkelijk twee verschillende geschriften vormden, blijkt uit het opmerkelijk verschil in woordgebruik en stijl. In het eerste worden bovendien de stichting van de gemeenschap en de terugtrekking in de woestijn nog getekend als een zaak voor de toekomst; in die toekomstige gemeenschap zullen de priesters alle autoriteit bezitten en is de toelating van de leden voorbehouden aan de Wijze. In het tweede is de gemeenschap reeds verwerkelijkt en goed en wel gevestigd, met concrete normen voor het gemeenschapsleven, voor de toelating van novieten, de bestraffing van overtredingen enz. In die gemeenschap behoort de zeggenschap niet uitsluitend aan de priesters, maar daaraan participeren ook de leden.

De slothymne is blijkbaar afkomstig uit een verzameling liederen vergelijkbaar met die van de Rol van de Lofprijzingen en vormt een onafhankelijk bestanddeel. 4Q260 en 4Q264 bevatten enkel resten daarvan (hoewel moet worden toegegeven dat dit op toeval kan berusten, gezien de fragmentarische overlevering van deze handschriften). In elk geval bezitten wij een kopie uit grot 4 (4Q259) die een stadium in de groei van onze tekst lijkt te vertegenwoordigen waarin de hymne nog niet verbonden is met het werk, maar die in haar plaats een uitvoerige kalender betreffende de priesterlijke dienstcycli biedt.

De herkomst uit een andere bron van het ritueel van de toetreding tot het verbond wordt bewezen door het feit dat de redactor daarvan een samenvatting heeft geboden.

Ook het karakteristieke en homogene traktaat over de twee geesten (dat geciteerd lijkt te zijn in een ritueel dat mogelijk uit de tijd vóór de vestiging in Qumran stamt [4Q502]) geeft aanleiding te denken aan een overgenomen geschrift.

De herkomst van deze bronnen is moeilijk vast te stellen. Het ontwerp voor de stichting van de gemeenschap in de woestijn stamt uiteraard uit een tijd voorafgaande aan haar realisering. De regel van de gemeenschap in engere zin veronderstelt het gemeenschapsleven in de woestijn. Daar moet ook de oorsprong van het ritueel van de verbondsvernieuwing gezocht worden, die volgens een kopie van het Damascusgeschrift uit grot 4 elk jaar in het kader van het Wekenfeest gehouden werd. De slothymne stamt ongetwijfeld uit kringen aan wie wij de Rol van de Lofprijzingen (1QH) te danken hebben, dat wil zeggen aan de gemeenschap van Qumran. Het enige brongeschrift waarvan de herkomst omstreden blijft, is het traktaat over de twee geesten. Beïnvloeding door Perzisch getint dualisme is aannemelijk, maar even opvallend zijn overeenkomsten met de Oorlogsrol (1QM) en de invloed die het traktaat heeft gehad op andere documenten van Qumran. Het kan daarom uit de gemeenschap van Qumran zijn voortgekomen. Al met al kunnen wij constateren dat aangezien het handschrift van 1QS uit het begin van de eerste eeuw v. Chr. stamt, de gebruikte bronnen uit de tweede eeuw v. Chr. afkomstig moeten zijn.

Vergelijking van 1QS met de kopieën van het geschrift die afkomstig zijn uit grot 4, leert ons dat het document het resultaat is van een lang groeiproces. Daarin kunnen wij een aantal stadia onderscheiden, waarbij de genoemde bronnen geleidelijk rondom de oudere kern, die door het ontwerp voor de stichting van de gemeenschap gevormd wordt, zijn toegevoegd. De oorspronkelijke vorm van dit ontwerp vinden wij niet in 1QS VIII-IX, maar in 4Q259 (4QS[e]). In dit geschrift, het oudste dat wij bezitten, volgt IX 12 direct op VIII 15: het fragment van de straf codex dat in 1QS de gedachtegang onderbreekt en daarom reeds vóór de publicatie van 4Q259 als een latere toevoeging werd beschouwd, is in dit manuscript nog niet voorhanden.

Hetzelfde handschrift vertegenwoordigt een stadium in de wordingsgeschiedenis van de Regel der Gemeenschap waarbij de oorspronkelijke kern reeds verenigd is met de regel van de gemeenschap in engere zin, maar de slothymne niet wordt aangetroffen. In plaats daarvan vinden wij, zoals reeds aangeduid, een kalender betreffende de priesterlijke dienstcycli. De paleografische datering van 4Q259 bewijst dat het genoemde stadium reeds aan het eind van de tweede eeuw v. Chr. bereikt was.

4Q258 (4QS^d) vertegenwoordigt eveneens een etappe in de wordingsgeschiedenis van de Regel. Hier zijn de kolommen I-IV nog geen onderdeel van het geschrift, omdat het manuscript begint met kolom V, voorafgegaan door een brede marge, hetgeen lijkt te bewijzen dat wij inderdaad met het begin te maken hebben. Wel is in 4Q258 de slothymne reeds toegevoegd.

Een nog later stadium wordt vertegenwoordigd door 1QS, een compilatie van uiteenlopende stof, hoewel over het geheel genomen goed gestructureerd: de liturgie van het verbondsfeest, het traktaat over de twee geesten en de slothymne functioneren als kader van zowel de destijds geldende regel van de gemeenschap als van het oorspronkelijke ontwerp voor haar stichting. De inleiding en een aantal redactionele toevoegingen smeden al deze gedeelten tot een geheel samen.

Sommigen hebben de geschetste literaire wordingsgeschiedenis van de Regel der Gemeenschap in verband trachten te brengen met de vroegste geschiedenis van de gemeenschap van Qumran. Maar de onmogelijkheid de stadia in de literaire wordingsgeschiedenis van de Regel exact te dateren en onze onkunde betreffende de historische ontwikkeling van de gemeenschap maken dergelijke ontwerpen uiterst speculatief. Het enige dat wij met zekerheid kunnen weten, is dat de Regel reeds aan het eind van de tweede eeuw v. Chr. de vorm had aangenomen die wij in 1QS aantreffen. Gezien het compositorische karakter van dit manuscript is de vraag naar de identiteit van de auteur of redactor uiteraard zinloos.

In zijn uiteindelijke vorm is de Regel der Gemeenschap een document van uitzonderlijke waarde. Zijn bijdrage is beslissend voor de tekening van de gemeenschap uit wier midden het geschrift voortkwam en waarvoor het verordeningen bood. 1QS is de voornaamste bron voor onze kennis van de instellingen van de gemeenschap van Qumran, haar organisatie, bestuur, functionarissen, toelatingseisen, rechtbanken, de levenspraktijk van haar leden, het gemeenschappelijk bezit, de maaltijden en rituele baden, de gang van zaken tijdens de gemeenschappelijke vergaderingen, de relatie met buitenstaanders, de ceremoniën en de Wetsstudie. Even belangrijk is de bijdrage die de Regel biedt voor onze kennis van de religieuze gedachtewereld van de gemeenschap, haar opvattingen over het verbond, de goddelijke voorbeschikking, het dualisme, de centrale plaats van de Schrift en de trouw aan de Wet van Mozes, haar eschatologische en messiaanse verwachtingen, haar verzet tegen de tempelcultus en haar vervanging van de offerdienst door de 'lof van de lippen'.

De Regel wordt blijkbaar geciteerd in 5Q13 en in 4Q502. Een klein fragment uit grot 5 (5Q11) is mogelijk afkomstig van een kopie van het geschrift. In het laatste geval gaat het om een onbeduidend brokstuk. Grot 4 heeft evenwel belangrijke fragmenten van tien kopieën van de Regel opgeleverd, die wij hierna in het kort beschrijven.

4Q255 (4QpapS[a]) is een op papyrus geschreven kopie, waarvan vier fragmenten bewaard gebleven zijn, één daarvan van minimale afmetingen. De tekst van de regel staat op de achterzijde van het document; de voorzijde bevat een hymnisch werk verwant aan de Rol van de Lofprijzingen. De eerste twee fragmenten bevatten de tekst van 1QS I 1-5 en III 7-12 zonder noemenswaardige varianten. De eerste regel van fragment 1 bevat de titel van het werk: 'Het boek van de regel der gemeenschap'. De twee andere fragmenten hebben wij niet kunnen plaatsen. Het semicursieve schrift is zeker oud en lijkt uit de tweede helft van de tweede eeuw v. Chr. te stammen.

4Q256 (4QS[b]) verschaft ons twee grote fragmenten, één met de resten van twee kolommen, en verschillende kleine brokstukken. Het grote fragment 4 bevat de bovenste, onderste en rechter marge van een kolom die het begin vormt van een nieuw vel. De tekst correspondeert met 1QS V 1-20. De kopiist heeft aan de zijkant met de derde letter van het Hebreeuwse alfabet (*gimel*) aangegeven dat het om het derde vel van het document gaat, waaruit wij kunnen afleiden dat deze kopie niet (zoals waarschijnlijk 4Q258) met kolom V begon, maar alle onderdelen van 1QS bevatte. Niettemin biedt 4Q256 ons in fragment 5 een kortere en blijkbaar oudere versie van 1QS, vergelijkbaar met die van 4Q259. De tekst van het andere grote fragment (6) is daarentegen identiek met 1QS IX 18-22 en X 3-7. Het schoonschrift van het manuscript verwijst ons naar de overgang van de Hasmonese naar de Herodiaanse tijd en stamt derhalve uit de tweede helft van de eerste eeuw v. Chr.

4Q257 (4QpapS[c]) is een kopie geschreven op papyrus, waarvan drie fragmenten van redelijke omvang bewaard gebleven zijn. De eerste twee volgen op elkaar en bevatten in twee kolommen resten van 1QS II 4-11 en II 26 – III 10; het derde biedt delen van IV 4-10. Het Herodiaanse schrift van het document stamt uit het begin van de eerste eeuw v. Chr.

4Q258 (4QS[d]) vormt de best bewaarde kopie uit grot 4. Drie fragmenten hebben ons een aanzienlijk deel van 1QS V-VI en IX-X bewaard, twee kleinere brokstukken een deel van 1QS VIII, maar in een vorm die duidelijk verschillend en veel ouder is dan de tekst uit grot 1, hoewel de toevoeging van VIII 16 – IX 11 reeds aanwezig is. In de versie van de kolommen

V-VI is de term 'mannen van de Wet' in plaats van 'mannen van de gemeenschap' belangwekkend naast de vermelding dat de autoriteit niet berust bij 'de priesters, de zonen van Aäron, en de menigte van de mannen van de gemeenschap', maar enkel bij de Velen. Opmerkelijk is ook het ontbreken van verwijzingen naar de bijbel, daaronder het citaat uit Jes. 40:3 in kolom VIII. De brede marge die aan de eerste bewaarde kolom voorafgaat, laat veronderstellen dat de tekst van 1QS I-IV geen deel uitmaakte van het manuscript. Het handschrift maakt geen gebruik van de *scriptio plena* van 1QS en andere Qumranrollen, maar van de *scriptio defectiva*. Het fraaie Herodiaanse schrift stamt uit het eind van de eerste eeuw v. Chr.

4Q259 (4QS[e]) stelt ons in staat drie opeenvolgende kolommen van 1QS VII 8 – IX 21 te reconstrueren, waarbij (zoals eerder aangegeven) IX 12 direct volgt op VIII 15. Andere kleine fragmenten lijken resten te bevatten van de volgende kolom, omdat wij daarin een deel van X 21 kunnen lezen. Weer andere fragmenten verschaffen ons resten van een kalender met priesterlijke dienstcycli, die blijkbaar volgden op het verloren gegane slot van kolom IX. Deze kalender nam de plaats in van de slothymne van andere kopieën. De kalender is bekend als 4QOtot (4QTekenen = 4Q319). Het begin van 4Q259 is verloren gegaan, zodat wij niet kunnen weten of het document de tekst van 1QS I-IV bevat heeft, maar de bewaard gebleven fragmenten leiden tot het vermoeden dat dit niet het geval is geweest. Het met grote letters in Hasmonees schrift geschreven document stamt hoogstwaarschijnlijk uit de tweede helft van de eerste eeuw v. Chr.

4Q260 (4QS[f]) biedt zes fragmenten met resten van 1QS IX 23-X 24 in een versie die identiek is aan de tekst van de rol uit grot 1. Het schrift van het document stamt uit de eerste helft van de eerste eeuw n. Chr.

4Q261 (4QS[g]) omvat 18 zeer kleine fragmenten, waarvan slechts zes te identificeren zijn. Het document biedt geen varianten met 1QS en zijn schrift is afkomstig uit het begin van de eerste eeuw n. Chr.

4Q262-264 (4QS[h-j]) bieden drie kleine fragmenten, alle uit een verschillend handschrift, zonder varianten met 1QS. Zij zijn van late datum.

De aan de Regel van de Gemeenschap gewijde studies zijn zeer talrijk. Onder deze verdienen de volgende monografieën vermeld te worden: P. Wernberg-Møller, *The Manual of Discipline* (Leiden 1957); J. Licht, *The Rule Scroll* (Bialik Foundation, Jerusalem 1965; modern-Hebreeuws); A.R.C. Leaney, *The Rule of Qumran and its Meaning* (SCM, London 1966), J. Pouilly, *La Règle de la Communauté. Son évolution littéraire* (Gabalda, Paris 1966), C. Martone, *La "Regola della Comunità". Edizione critica* (Zamorani, Torino 1995), S. Metso, *The Textual Development of the Qumran Community Rule* (STDJ 21; Brill, Leiden 1996) P. Sacchi, *Regola della Comunità* (Paideia, Brescia 2006). In het Nederlands is een uitgebreide studie gewijd aan de slothymne in de dissertatie van H. Goedhart, *De slothymne van het Manual of Discipline* (Rotterdam 1965).

Wij bieden de vertaling van 1QS en van andere kopieën van het geschrift die verschillen vertonen met de tekst uit grot 1. Aan 4Q259 is een vertaling van 4Q319 toegevoegd, omdat het laatstgenoemde document oorspronkelijk deel uitmaakte van 4Q259.

1. 1Q Regel der Gemeenschap (1QSerek ha-Yachad = 1QS)

Kolom I

¹ Van [de Wijze ... Het boek van de rege]l der gemeenschap: om ² God [van ganser harte en met heel de ziel] te zoeken [door] te doen wat goed en recht is (Deut. 12:28) voor zijn aangezicht, zoals ³ Hij geboden heeft door Mozes en door al zijn knechten, de profeten; om alles lief te hebben ⁴ wat Hij verkoren heeft, en een afkeer te hebben van wat Hij verworpen heeft; om zich verre te houden van alle kwaad ⁵ en alle goede werken aan te hangen; om waarheid, gerechtigheid en recht ⁶ in het land te doen en niet langer te wandelen in verstoktheid van het schuldige hart (Jer. 11:8; 13:10;23:17) en van de ontuchtige ogen (vgl. Num. 15:39; Ez. 6:9) ⁷ om allerlei kwaad te doen; om allen die zich vrijwillig aanbieden om de inzettingen van God te volbrengen, ⁸ in het verbond der genade (vgl. Deut. 7:9,12) te brengen teneinde zich te verenigen in de raadsvergadering Gods en onberispelijk voor zijn aangezicht te wandelen (Gen. 17:1b) {overeenkomstig} alles ⁹ wat geopenbaard werd gedurende de tijden van hun getuigenissen; om alle zonen des lichts lief te hebben, ieder ¹⁰ naar zijn toegewezen plaats in de raadsvergadering Gods, en een afkeer te hebben van alle zonen der duisternis, ieder naar zijn schuld ¹¹ in de wraak Gods (vgl. Matt. 5:43). Allen die zich vrijwillig aanbieden voor zijn waarheid, zullen al hun kennis, kracht ¹² en bezit inbrengen in de gemeenschap Gods om hun kennis te reinigen door de waarheid van Gods inzettingen, hun kracht in te zetten ¹³ overeenkomstig de volmaaktheid van zijn wegen en al hun bezit volgens zijn rechtvaardige raad. Zij mogen geen enkele ¹⁴ van alle bevelen Gods aangaande hun tijden overtreden: zij mogen op hun tijden niet vooruitlopen noch één ¹⁵ van al hun feesten uitstellen. Zij mogen niet afwijken van de inzettingen van zijn waarheid door naar rechts of links te gaan (Deut. 28:14).

¹⁶ Allen die komen tot de orde van de gemeenschap, zullen vóór Gods aangezicht tot het verbond toetreden om te doen ¹⁷ naar alles wat Hij geboden heeft. Zij zullen zich van Hem niet afkeren vanwege enige angst, vrees of beproeving, ¹⁸ die [zullen geschieden] gedurende de heerschappij van Belial.
Wanneer zij toetreden tot het verbond, zullen de priesters ¹⁹ en de levieten de God des heils prijzen en alle werken van zijn trouw. Allen ²⁰ die tot het verbond toetreden, zullen na hen zeggen: 'Amen, amen'! ONBESCHREVEN
²¹ ONBESCHREVEN De priesters zullen de heilsdaden van God in hun machtige werken verhalen ²² en alle barmhartige gunstbewijzen jegens Israël verkondigen. De levieten zullen verhalen ²³ de ongerechtigheden van de kinderen van Israël, al hun schuldbeladen afvalligheden en hun zonden gedurende de heerschappij van ²⁴ Belial. [En allen] die tot het verbond toetreden, zullen na hen belijden:
'Wij hebben onrecht gedaan,
²⁵ [wij zijn afvallig geweest],
wij [hebben gezondigd], wij hebben kwaad gedaan,
wij en onze [va]deren vóór ons (1 Kon. 8:47; Dan. 9:5,15; Ps. 106:6),
doordat wij wandelden ²⁶ [in strijd met de inzettingen] der waarheid
en rechtvaar[dig ...] zijn oordeel over ons en over [onze] vaderen,

Kolom II

¹ maar Hij heeft ons van eeuwigheid tot eeuwigheid zijn barmhartige gunst betoond' (vgl. Jes. 63:7).
En de priesters zullen zegenen alle ² mannen van het erfdeel Gods (Deut. 32:9), die onberispelijk in al zijn wegen wandelen (Ps. 15:2), en zeggen:
'Hij zegene u met alle ³ goed
en beware u voor alle kwaad (Ps. 121:7).
Hij verlichte uw hart met wijsheid ten leven (vgl. Spr. 16:22)
en begiftige u met eeuwige kennis.
⁴ Hij verheffe zijn genadig aangezicht over u tot eeuwige vrede' (Num. 6:24-26).
De levieten zullen vervloeken alle mannen van ⁵ het erfdeel van Belial, het woord nemen en zeggen:
'Vervloekt zijt gij om al uw schuldbeladen goddeloze werken.

Moge [6] God u aan mishandeling prijsgeven (Ez. 23:46) door middel van
allen die wraak oefenen (= de engelen),
en u bezoeken met verdelging door allen die [7] vergelding doen.
Vervloekt zijt gij, van erbarmen uitgesloten, naar de duisternis uwer werken
en verdoemd zijt gij [8] tot de donkerheid (= de hel) van het eeuwige vuur.
God zij u niet genadig, wanneer gij (tot Hem) roept,
en vergeve u niet door uw ongerechtigheden te verzoenen.
[9] Hij verheffe zijn toornig aangezicht (over u) om u vergelding te schenken
en er moge voor u geen heil voortvloeien
uit wat enige (engel) die voorspraak doet, zegt'.
[10] Allen die tot het verbond zijn toegetreden, zullen na degenen die gezegend en vervloekt hebben, zeggen: 'Amen, amen'.
[11] ONBESCHREVEN De priesters en de levieten zullen voortgaan en zeggen:
'Vervloekt zij degene die tot dit verbond toetreedt met de afgoden van zijn hart om overtredingen te begaan,
[12] en (degene) die wat hem een struikelblok tot ongerechtigheid is, voor zich stelt (Ez. 14:4,7), waardoor hij ten val komt,
die, [13] wanneer hij de woorden van dit verbond hoort,
zich in zijn hart gelukkig prijst door te denken:
Ik zal vrede hebben,
[14] wanneer ik in verstoktheid van mijn hart wandel (Deut. 29:19).
Zijn geest moge worden weggevaagd,
het droge met het bevloeide, zonder [15] pardon (Deut. 29:19-20).
De toorn van God en de grimmigheid van zijn gerichten mogen tegen hem opvlammen tot eeuwige verdelging.
Al [16] de vloeken van dit verbond mogen hem aankleven
en God moge hem afzonderen voor het onheil.
Hij moge afgesneden worden uit het midden van al de kinderen des lichts,
omdat hij zich [17] van God heeft afgekeerd door zijn afgoden en wat hem een struikelblok tot ongerechtigheid was.
Hij moge hem een erfdeel geven te midden van de eeuwig vervloekten'.
[18] Allen die tot het verbond zijn toegetreden, zullen na hen antwoorden en zeggen: 'Amen, amen'. ONBESCHREVEN
[19] ONBESCHREVEN Zo zal men van jaar tot jaar doen, al de dagen van de heerschappij van Belial. De priesters zullen [20] als eersten zich in gelid opstellen, overeenkomstig hun geestesgaven, de één na de ander; na hen zullen de levieten zich opstellen; [21] ten derde zal het volk zich in gelid opstellen, de één na de ander, naar duizendtallen, naar honderdtallen, [22]

naar vijftigtallen en naar tientallen (Ex. 18:21), opdat ieder van de
Israëlieten zijn eigen plaats in de gemeenschap Gods kenne, [23] overeenkomstig het eeuwig raadsbesluit. Niemand neme een lagere plaats in dan
zijn eigen of een hogere dan de post die hem is toebedeeld, [24] want allen
zullen een gemeenschap van waarheid, van deugdzame ootmoed (vgl. Ps.
45:5), van trouwe liefde (Micha 6:8) en van rechte overlegging (Spr. 12:5)
[25] jegens elkaar vormen in de heilige raad, als leden van een eeuwige vergadering. Maar ieder die weigert toe te treden [26] [tot het verbond Go]ds door
te wandelen in verstoktheid van zijn hart, zal niet [komen in de ge]meen-
schap van zijn waarheid, want een afkeer heeft

Kolom III

[1] zijn ziel van het onderricht in de kennis van de rechte voorschriften. Hij
heeft geen kracht getoond zijn leven te veranderen en zal niet onder de
rechtvaardigen gerekend worden (vgl. Ps. 69:29). [2] Zijn kennis, kracht en
bezit zullen niet in de raad van de gemeenschap komen, want hij ploegt in
het slijk der goddeloosheid (Hos. 10:13) en bevlekkingen hechten [3] aan
zijn (voorgewende) bekering. Hij zal niet gerechtvaardigd worden, zolang
hij de verstoktheid van zijn hart volgt en duisternis aanziet voor wegen des
lichts. {Onder} de onberispelijken [4] zal hij niet gerekend worden. Hij zal
door zoenoffers niet ontzondigd, door water der ontzondiging (Num.
19:9) niet gereinigd, door zeeën [5] en rivieren niet geheiligd en door water
ter afwassing niet gereinigd worden. Onrein, onrein zal hij zijn al de dagen
dat hij de verordeningen van [6] God versmaadt (Lev. 26:43), door zich niet
te laten gezeggen door de gemeenschap van zijn raad. Wanneer de wegen
van een mens (geschieden) in de geest van de raad der waarheid Gods,
worden al [7] zijn ongerechtigheden verzoend, zodat hij het licht des levens
(Ps. 56:14) aanschouwt. Door de geest der heiligheid van de gemeenschap,
(gegrond) in zijn waarheid, wordt hij gereinigd van al [8] zijn ongerechtigheden en door de geest van rechtschapenheid en ootmoed wordt zijn zonde
verzoend. Wanneer zijn ziel zich in ootmoed onderwerpt aan alle inzettingen van God, zal [9] zijn vlees gereinigd worden bij de besprenkeling met
het water der ontzondiging (Num. 19:9) en bij de heiliging door het water
der reiniging. Dan zal hij zijn schreden vast maken om onberispelijk te

wandelen (Ps. 15:2) [10] in al de wegen van God, zoals Hij geboden heeft gedurende de tijden van zijn getuigenissen, naar rechts of links niet afwijken en niet [11] één van al zijn woorden overtreden (Deut. 28:14). Dan zal hij welgevallen vinden door Gode aangename zoenoffers en het zal hem zijn tot een verbond van [12] eeuwige gemeenschap. ONBESCHREVEN

[13] ONBESCHREVEN Het is de taak van de Wijze alle zonen des lichts inzicht te verschaffen en te onderrichten in de natuur van alle mensenkinderen [14] betreffende de geaardheid van hun geesten naar hun kenmerken, betreffende hun daden in hun generaties en betreffende de bezoeking met de plagen die hen zullen treffen, alsmede [15] de tijden van hun vrede. Van de alwetende God (1 Sam. 2:3) komt alles wat is en zal zijn. Voordat zij er zijn, heeft Hij al hun voornemens vastgelegd. [16] Eenmaal tot aanzijn geroepen vervullen zij naar hun bestemming hun werk onveranderd in overeenstemming met zijn majesteitelijk voornemen. Bij Hem berusten [17] de voorschriften van al wat is en Hij draagt zorg voor hen bij alles wat zij verrichten. Hij heeft de mens geschapen om te heersen [18] over de wereld (Gen. 1:28) en hem twee geesten toegewezen om daarin te wandelen tot aan de vastgestelde tijd van zijn bezoeking: de geesten van [19] de waarheid en het onrecht. In de bron van het licht ligt de oorsprong van de waarheid en in de wel van de duisternis de oorsprong van het onrecht. [20] Bij de vorst van het licht berust de heerschappij over alle rechtvaardigen; zij bewandelen de wegen van het licht. Bij de engel van [21] de duisternis berust de ganse heerschappij over de onrechtvaardigen; zij bewandelen de wegen van de duisternis (vgl. Spr. 2:13). Door de engel van de duisternis (overkomt) [22] alle rechtvaardigen dwaling. Al hun zonde, ongerechtigheden, schuld en afvallige daden (worden veroorzaakt) door zijn heerschappij, [23] overeenkomstig Gods geheimenissen, tot aan zijn tijd. Al de plagen die hen treffen, en de tijden van hun benauwenissen (zijn het gevolg) van zijn vijandige heerschappij. [24] Al de geesten van zijn erfdeel (trachten) de kinderen des lichts ten val te brengen. Maar de God van Israël en de engel zijner waarheid komen alle [25] kinderen des lichts te hulp. Hij heeft de geesten van het licht en de duisternis geschapen en op hen alle daden gefundeerd: [26] [op] hun [wetten] ieder werk en op hun wegen [iedere [bezoe]king. De ene (geest) mint God tot in alle

Kolom IV

¹ eeuwigheid en in al zijn daden heeft Hij voor altijd een welgevallen. De andere verafschuwt Hij ten zeerste en van al zijn wegen heeft Hij blijvend een afkeer. ONBESCHREVEN
² ONBESCHREVEN Dit zijn hun wegen in de wereld: (wat betreft de geest der waarheid,) het hart van een mens te verlichten, voor hem alle wegen der gerechtigheid {en} der waarheid te effenen en zijn hart vrees in te boezemen voor de gerichten van ³ God; een geest van ootmoed, lankmoedigheid, overvloedig erbarmen, eeuwige goedheid, verstand, kennis en krachtige wijsheid, vertrouwend op alle ⁴ daden van God en steunend op zijn overvloedige genade; een geest van kennis bij alles wat hij zich voorneemt te doen, van ijver voor rechtvaardige voorschriften, van ⁵ heilig voornemen in standvastige zin (Jes. 26:3), van overvloedige liefde jegens de kinderen der waarheid, van glorieuze reinheid, die alle onreine afgoden verafschuwt, van omzichtige wandel ⁶ in wijsheid betreffende alle dingen en van verzwijging aangaande de waarheid van de geheimenissen der kennis. Dit zijn de grondslagen van de geest van de kinderen der waarheid in de wereld en het loon van allen die daarin wandelen, strekt tot genezing, ⁷ grote vrede (Ps. 37:11) in lengte van dagen, menigvuldigheid van nakomelingschap met alle bestendige zegeningen, blijvende blijdschap in een eeuwig leven en de krans der heerlijkheid (1 Petr. 5:4) ⁸ met een majesteitelijk kleed in het eeuwige licht (Jes. 60:19-20). ONBESCHREVEN
⁹ ONBESCHREVEN Tot de geest van het onrecht behoren hebzucht, traagheid der handen in het doen van gerechtigheid, kwaad en leugen, trots en hoogmoedigheid, misleiding en verderfelijk bedrog, ¹⁰ grote goddeloosheid, opvliegendheid, veel dwaasheid en trotse ijver, gruwelijke daden (bedreven) in een geest van hoererij, vuile levenswandel in dienst van de onreinheid, ¹¹ lasterlijke tong, blindheid der ogen en doofheid van oor, halsstarrigheid en verharding van het hart om te wandelen op alle wegen der duisternis (Spr. 2:13) en boze geniepigheid. Het loon van ¹² allen die daarin wandelen, bestaat in vele plagen (bewerkt) door alle plaagengelen tot eeuwig verderf door de grimmigheid van Gods wrekende toorn, in eeuwige angst en altoosdurende ¹³ schande met de smaad van de verdelging door het vuur in de duistere plaatsen. En al hun tijden van hun generaties zullen voorbijgaan in kommervolle rouw en bitter onheil, in duister verderf, totdat ¹⁴ zij verdelgd zijn, zonder dat hun een rest en ontkomen overblijven (Ezra 9:14). ONBESCHREVEN

¹⁵ ONBESCHREVEN In deze (beide geesten) is de natuur van alle mensenkinderen (begrepen) en aan hun gelederen hebben al hun scharen naar hun geslachten deel. Zij wandelen op hun wegen en alle daden ¹⁶ die zij verrichten, (vallen) onder hun gelederen naar iemands aandeel, hetzij veel of weinig, voor alle eeuwige tijden. Want God heeft hun gelijke delen beschoren tot de ¹⁷ eindtijd en eeuwige vijandschap bestemd tussen hun (twee) gelederen. De werken van het onrecht zijn een gruwel voor de waarheid en alle wegen der waarheid zijn een gruwel voor het onrecht. Er is een heftige ¹⁸ strijd over al hun voorschriften, want samen kunnen zij niet gaan. Maar God heeft in zijn wijze geheimenissen en zijn majesteitelijke wijsheid een eind gesteld aan het bestaan van het onrecht en op de tijd van ¹⁹ zijn bezoeking zal Hij het voor eeuwig verdelgen (Ps. 92:8). Dan zal de waarheid op aarde voor immer naar voren treden, want zij heeft zich bezoedeld op de wegen van de goddeloosheid onder de heerschappij van het onrecht tot aan ²⁰ de tijd die voor het oordeel bepaald is. Dan zal God door zijn waarheid alle werken van de mens reinigen en voor zich 's mensen bouwsel louteren door iedere geest van onrecht uit het binnenste van ²¹ zijn vlees weg te doen en hem door een heilige geest te reinigen van alle goddeloze daden. Hij zal op hem sprenkelen de geest van de waarheid als water ter ontzondiging (om hem te reinigen) van alle gruwelen van de leugen en bezoedeling ²² door een onreine geest. Zo zal Hij de rechtvaardigen onderwijzen in de kennis van de Allerhoogste en hen die onberispelijk van wandel zijn (Ps. 119:1), onderrichten in de wijsheid van de zonen des hemels. Want hen heeft God uitverkoren voor het eeuwig verbond ²³ en aan hen zal al de heerlijkheid van Adam toebehoren. Er zal geen onrecht meer zijn; te schande zullen worden alle bedriegelijke werken.

Tot dan zullen de geesten van de waarheid en het onrecht elkaar in het hart van de mens bestrijden: ²⁴ zij wandelen in wijsheid en dwaasheid; overeenkomstig hetgeen een mens verkregen heeft aan waarheid en gerechtigheid, zal hij een afkeer hebben van onrecht, maar naar zijn aandeel aan het erfdeel van het onrecht zal hij goddeloos daarin handelen en zo ²⁵ een afschuw van de waarheid hebben. Want God heeft hun gelijke delen beschoren tot aan het vastgestelde einde en de nieuwe schepping. Hij kende (van te voren) het doen van hun werken gedurende alle perioden van ²⁶ [de wereldtijde]n en Hij heeft hen de mensenkinderen toebedeeld om (het onderscheid tussen) goed [en kwaad] te onderkennen. [Want God zal] het lot van iedere levende [ten tijde van de] bezoeking bepalen overeenkomstig de in [hem] werkzame geest.

Kolom V

¹ ONBESCHREVEN Dit is de orderegel voor de mannen der gemeenschap, die zich vrijwillig aanbieden om zich te bekeren van alle kwaad en zich te houden aan alles wat Hij naar zijn welgevallen geboden heeft, door zich af te scheiden van de gemeente van ² de mannen van het onrecht, teneinde een gemeenschap in Wet en bezit te vormen, en die zich onderwerpen aan de autoriteit van de zonen van Sadok, de priesters, die het verbond bewaren, en aan de autoriteit van de menigte van de mannen van de ³ gemeenschap, die vasthouden aan het verbond. Op hun aanwijzing zal de lotsbeschikking getroffen worden inzake iedere aangelegenheid betreffende de Wet, het bezit en het recht om gezamenlijk waarheid en ootmoed, ⁴ gerechtigheid en recht, trouwe liefde en omzichtige wandel te betrachten op al hun wegen, opdat niemand wandele in verstoktheid van zijn hart door af te dwalen door zijn hart, ⁵ zijn ogen (Num. 15:39) en zijn driftmatige overlegging te volgen. Zij zullen {daarentegen} in de gemeenschap de voorhuid van de drift en de hardnekkigheid besnijden (vgl. Jer. 4:4) om een fundament der waarheid voor Israël te leggen, voor de gemeenschap van het ⁶ eeuwig verbond, om verzoening te bewerken voor al degenen die zich vrijwillig hebben aangeboden voor de heiligheid in Aäron en het huis der waarheid voor Israël, en degenen die zich bij hen aansluiten tot gemeenschap, rechtsgeding en gericht ⁷ om te veroordelen allen die de inzetting overtreden.

Dit zijn de voor hen geldende gedragsregels inzake al deze inzettingen, wanneer zij zijn verzameld tot de gemeenschap:
ieder die de raad van de gemeenschap binnentreedt, ⁸ zal het verbond van God binnentreden in tegenwoordigheid van allen die zich vrijwillig hebben aangeboden. Hij zal zich door een bindende eed verplichten zich met heel (zijn) ⁹ hart en heel (zijn) ziel te bekeren tot de Wet van Mozes, overeenkomstig alles wat Hij geboden heeft, naar alles wat daarvan geopenbaard is aan de zonen van Sadok, de priesters, die het verbond bewaren en zijn wil zoeken, en aan de menigte van de mannen van hun verbond, ¹⁰ die zich gezamenlijk vrijwillig hebben aangeboden om zijn waarheid in acht te nemen en te wandelen naar zijn wil. Hij zal zich door het verbond verplichten zich af te scheiden van alle mensen die onrecht bedrijven, die wandelen ¹¹ op de weg van de goddeloosheid, want dezen worden niet tot zijn verbond gerekend, omdat zij zijn inzettingen niet gezocht noch doorvorst hebben om de verborgenheden te kennen, ¹² waarin zij tot eigen

schuld verdwaald zijn geraakt, en de geopenbaarde dingen (Deut. 29:29) met aanmatiging hebben gedaan, waardoor zij toorn, die om gericht en voltrekking van vergelding naar de verbondsvloeken roept (vgl. Deut. 29:20), opwekken om aan hen [13] ontzaglijke gerichten te voltrekken, die tot eeuwige verdelging voeren, zonder dat er één overblijft. ONBESCHREVEN Zo iemand zal niet in het water komen om deel te hebben aan het reine voedsel van de heilige mannen (Ex. 22:31) – immers men wordt niet gereinigd [14] tenzij men zich van zijn kwaad bekeert -, want hij is onrein onder allen die zijn woord overtreden. Niemand zal zich met hem verbinden in zijn arbeid en in zijn bezit, opdat hij geen [15] schuldige ongerechtigheid over hem brenge, maar men zal zich in ieder opzicht verre van hem houden, want zo staat geschreven: 'Van elke bedriegelijke zaak moet gij u ver houden' (Ex. 23:7). Geen van de mannen van [16] de gemeenschap zal zich onderwerpen aan de autoriteit van dezen inzake enige wet of (enig) voorschrift. Niemand zal iets van wat hun toebehoort eten of drinken of iets uit hun hand aannemen, [17] tenzij tegen koopprijs, zoals geschreven staat: 'Laat toch af van de mens, wiens adem in zijn neus is, want wat is hij te achten' (Jes. 2:22)? Want [18] allen die niet tot zijn verbond gerekend worden, moeten buitengesloten worden met alles wat zij bezitten: geen heilig man mag steunen op enig [19] ijdel schepsel; immers ijdelheid zijn al degenen die zijn verbond niet kennen. Allen die zijn woord misachten, zal Hij van de aarde verdelgen; al hun werken zijn onreinheid [20] in zijn ogen en onreinheid kleeft aan hun bezit.

Maar wanneer iemand tot het verbond toetreedt om te handelen naar al deze inzettingen door zich aan te sluiten bij de heilige gemeente, dan zal men in de gemeenschap onderzoek doen naar [21] {zijn} geest(esgaven), (onderscheid makend) tussen de een en de ander, inzake zijn inzicht en wetswerken (en wel) op aanwijzing van de zonen van Aäron, die zich vrijwillig hebben aangeboden in de gemeenschap om [22] zijn verbond op te richten en acht te slaan op al zijn inzettingen die Hij geboden heeft te doen, en op aanwijzing van de menigte van Israël, die zich vrijwillig heeft aangeboden om in de gemeenschap terug te keren tot zijn verbond. [23] Men zal hen in rangorde registreren, de een vóór de ander, overeenkomstig iemands inzicht en werken, opdat alle gehoorzaam zijn, de een aan de ander, de geringere aan de hogere (in rang). Men zal [24] hun geest(esgaven) en werken jaar op jaar onderzoeken, teneinde iemand te promoveren in overeenstemming met zijn inzicht en onberispelijke wandel of te degraderen in overeenstemming met zijn tekortkomingen. Terechtwijzen moet [25]

de een de ander in waar[heid], ootmoed en trouwe liefde. ONBESCHREVEN
Niemand zal de ander toespreken in toorn of al morrend, [26] of in
[hard]nekkigheid [of] kwade [naijver] en hem geen haat toedragen [in
onbesnedenheid] van zijn hart: op de dag zelve zal men hem terechtwijzen
en niet

Kolom VI

[1] ter wille van hem schuld op zich laden (Lev. 19:17). Niemand mag tegen
zijn naaste iets inbrengen bij de Velen zonder dat het tot terechtwijzing
voor getuigen gekomen is (vgl. Deut. 19:15).
Daarin [2] zullen zij wandelen in al hun nederzettingen {naar} alles wat
gevonden is, de een met de ander. Zij zullen gehoorzaam zijn, de geringere
aan de hogere (in rang), inzake arbeid en bezit. Gemeenschappelijk zullen
zij eten, [3] gemeenschappelijk lofprijzen en gemeenschappelijk beraadslagen.
Overal waar tien mannen van de raad der gemeenschap zijn, mag onder
hen [4] een priester niet ontbreken. Ieder zal overeenkomstig zijn rang vóór
hem zitten en zo zal om hun advies betreffende elke aangelegenheid
gevraagd worden. Wanneer men de tafel aanricht om te eten of most [5] te
drinken, zal de priester het eerst zijn hand uitstrekken om aan het begin
over het brood {en} de most de zegen uit te spreken [[of most te drinken,
zal de priester het eerst zijn hand uitstrekken [6] om over het brood en de
most de zegen uit te spreken]]. Op een plaats waar tien (mannen) zijn,
mag niet iemand ontbreken die dag en nacht de Wet onderzoekt (Joz. 1:8;
Ps. 1:2), [7] bij voortduur, elkaar aflossend. De Velen zullen gemeenschappelijk een derde deel van al de nachten van het jaar wakende doorbrengen
met te lezen in het Boek (= de bijbel), het recht te bestuderen [8] en
gemeenschappelijk te lofprijzen. ONBESCHREVEN
Dit is de orderegel voor de zitting van de Velen: ieder (zal plaats nemen)
volgens zijn rang. De priesters zullen vooraan zitten, de oudsten op de volgende zetels en de rest van [9] heel het volk zal zitten ieder naar zijn rang. In
deze volgorde zullen zij om hun advies gevraagd worden inzake het recht
en iedere juridische aangelegenheid die de Velen hebben te behandelen,
opdat ieder zijn kennis [10] aan de raad van de gemeenschap kenbaar maakt.
Niemand zal zijn naaste in de rede vallen, zolang zijn broeder aan het
woord is (Jez. Sir. 11:8). Ook zal men niet spreken vóór iemand wiens

rang hoger geregistreerd staat: [11] degene die om advies gevraagd wordt, zal spreken wanneer hij aan de beurt is. Tijdens de zitting van de Velen zal niemand iets zeggen zonder toestemming van de Velen, behalve [12] de opziener over de Velen; ieder die iets tot de Velen te zeggen heeft, maar niet de positie inneemt van degene die de raad van [13] de gemeenschap consulteert, – die mag opstaan en zeggen: 'Ik heb de Velen iets te zeggen'. En als zij het hem toestaan, mag hij (het) zeggen.
Ieder uit Israël die zich vrijwillig aanbiedt [14] om zich aan te sluiten bij de raad van de gemeenschap, zal door de opziener die aan hoofd van de Velen staat, ondervraagd worden met betrekking tot zijn inzicht en werken. Als hij de tucht kan aanvaarden, zal hij hem [15] tot het verbond laten toetreden om tot de waarheid terug te keren en zich af te wenden van alle onrecht; hij zal hem onderrichten in alle voorschriften van de gemeenschap.
Daarna, als hij binnengekomen is om te staan vóór de Velen, zullen [16] allen omtrent zijn aangelegenheden om advies gevraagd worden. Naar gelang het lot uitvalt bij de beraadslaging van de Velen zal hij toegelaten worden of zich moeten verwijderen. Wanneer hij tot de raad van de gemeenschap wordt toegelaten, mag hij het reine voedsel van [17] de Velen niet aanraken, zolang men hem betreffende zijn geest(esgaven) en werken niet onderzocht heeft, zodra hij een compleet jaar heeft volgemaakt. Ook mag hij niet delen in het bezit van de Velen. [18] Wanneer hij een jaar heeft volgemaakt te midden van de gemeenschap, zullen de Velen om advies gevraagd worden omtrent zijn aangelegenheden op het punt van zijn inzicht en zijn werken met betrekking tot de Wet. En wanneer het lot voor hem zo uitvalt [19] dat men hem toelaat tot de binnenste cirkel van de gemeenschap, op aanwijzing van de priesters en de menigte van de mannen van hun verbond, zullen ook zijn goederen en inkomsten ter beschikking komen van degene [20] die het opzicht uitoefent over de inkomsten van de Velen. Zij zullen ze te zijner beschikking op rekening schrijven: ten behoeve van de Velen mag hij ze niet uitgeven. De drank van de Velen mag hij niet aanraken vóór [21] hij een tweede jaar te midden van de mannen van de gemeenschap heeft volgemaakt. Wanneer hij het tweede jaar heeft volgemaakt, zullen zij hem op aanwijzing van de Velen aan een onderzoek onderwerpen. Wanneer [22] het lot voor hem zo uitvalt dat hij wordt toegelaten tot de gemeenschap, zullen zij hem naar de orde van zijn rang inschrijven onder zijn broeders met het oog op de Wet, het recht, de reinheid en de deelname aan zijn bezit. Zijn advies [23] en oordeel zullen de gemeenschap ten dienste staan. ONBESCHREVEN

²⁴ ONBESCHREVEN Dit zijn de voorschriften volgens welke men naar gelang van zaken zal oordelen bij een gemeenschappelijk onderzoek. Als onder hen iemand wordt aangetroffen die bewust valse verklaringen aflegt ²⁵ over het bezit, dan zal men hem een jaar lang uitsluiten van het reine voedsel van de Velen en hij zal gestraft worden met (het inhouden van) een vierde deel van zijn voedsel(rantsoen). Wie ²⁶ zijn naaste in hardnekkigheid van repliek dient {of} in opvliegendheid (met hem) spreekt, zodat hij de grondslag van het samenzijn met hem [verb]reekt door te rebelleren tegen de autoriteit van zijn naaste die vóór hem ingeschreven staat, ²⁷ heeft het [rec]ht in eigen hand genomen: hij zal met een jaar bestraft worden [...]. En [w]ie iets bezweert met (gebruikmaking van) de naam van Degene, die boven alles te vereren is, [...]

Kolom VII

¹ En als hij een vloek heeft uitgesproken, door onheil opgeschrikt of om enige zaak die hem overkwam, [[ ]] terwijl hij in het Boek las of zegenspreuken uitsprak, dan zal men hem uitsluiten ² en hij zal niet weer naar de raad van de gemeenschap terugkeren. Wanneer iemand tegen een van de priesters die in het boek geregistreerd staan, in toorn gesproken heeft, zal hij een straf van ³ één jaar krijgen en in afzondering worden uitgesloten van het heilige voedsel van de Velen. Heeft hij onopzettelijk gesproken, dan zal hij zes maanden krijgen. Wie bewust liegt, ⁴ zal een straf van zes maanden krijgen. Wie bewust zijn naaste zonder reden belastert, zal een straf van één jaar krijgen ⁵ en worden uitgesloten. Wie tegen zijn naaste in bitterheid spreekt of bewust bedriegelijk handelt, zal zes maanden krijgen. Indien ⁶ ONBESCHREVEN hij jegens zijn naaste /nalatig is/, zal hij een straf van drie maanden krijgen. Is hij nalatig ten aanzien van het bezit van de gemeenschap, zodat het verloren gaat, dan zal hij het ⁷ geheel vergoeden. DE REST VAN DE REGEL EN DE TWEE VOLGENDE REGELS ONBESCHREVEN ⁸ Als hij niet bij machte is het te vergoeden, zal hij een straf /van zestig dagen/ krijgen. Wie zonder reden wrok jegens zijn naaste koestert, zal zes maanden krijgen /één jaar/. ⁹ Evenzo degene die zichzelf wreekt, voor welke zaak ook maar. Wie met zijn mond een onpassend woord spreekt: drie maanden. Wie zijn naaste onder het spreken in de rede valt: ¹⁰ tien dagen. Wie zich neerlegt en slaapt tijdens de zitting van de Velen: dertig dagen. Zo zal

ook degene die zich gedurende de zitting van de Velen [11] zonder toestemming verwijdert of tot drie keer toe indut gedurende één zitting, een straf van tien dagen krijgen. Maar als men staat (?) ONBESCHREVEN [12] en hij verwijdert zich, dan zal hij dertig dagen krijgen. Wie naakt voor de ogen van zijn naaste rondloopt zonder daartoe genoodzaakt te zijn, zal een straf van zes maanden krijgen. [13] Degene die spuwt te midden van de zitting van de Velen, zal een straf van dertig dagen krijgen. Wie zijn penis van onder zijn kleding te voorschijn haalt of [14] deze lompen zijn, zodat zijn schaamte zichtbaar is, zal een straf van dertig dagen krijgen. Wie op luidruchtige wijze dwaas lacht, zal dertig [15] dagen krijgen. Wie zijn linkerhand uitsteekt om daarmee te gesticuleren, zal tien dagen krijgen. Degene die zijn naaste belastert, [16] zal men één jaar lang van het reine voedsel van de Velen uitsluiten en hij zal gestraft worden. Wie de Velen belastert, zal van hen weggezonden worden [17] en nooit meer terugkeren. Ook degene die murmureert tegen de grondslag van de gemeenschap, zal men wegzenden; hij mag niet terugkeren. Als hij [18] ten onrechte tegen zijn naaste murmureert, zal hij een straf van zes maanden krijgen. Degene wiens geest zodanig gaat afwijken van de grondslag van de gemeenschap, dat hij de waarheid afvallig wordt [19] en in verstoktheid van zijn hart wandelt, zal, wanneer hij zich bekeert, een straf van twee jaar krijgen. In het eerste jaar mag hij het reine voedsel van de Velen niet aanraken ONBESCHREVEN [20] ONBESCHREVEN[[ ]] en in het tweede jaar mag hij [[ ]] /de drank van/ de Velen niet aanraken en moet hij zitten achter alle mannen van de gemeenschap. Als [21] zijn twee jaar volledig verstreken zijn, zullen de Velen ONBESCHREVEN omtrent zijn aangelegenheden om advies gevraagd worden. Laten zij hem (weer) toe, dan zal hij (weer) naar zijn rang ingeschreven worden en daarna zal hij (weer) aangaande rechtsaangelegenheden om advies gevraagd worden. [22] [[ ]] Maar ieder die al een volle tien jaar deel heeft uitgemaakt [[ ]] van de raad van de gemeenschap ONBESCHREVEN [23] ONBESCHREVEN[[ ]] ONBESCHREVEN en wiens geest zich afwendt door van de gemeenschap afvallig te worden en zich onttrekt aan ONBESCHREVEN [24] de Velen door in verstoktheid van zijn hart te wandelen, zal nooit meer terugkeren naar de raad van de gemeenschap. Ieder van de mannen van de gemeen[schap die zich] [25] met hem heeft ingelaten inzake zijn reinheid of bezit da[t ...] de Velen, zal op dezelfde manier gestraft worden: men zal [hem] weg[zenden].

Kolom VIII

¹ De raad van de gemeenschap zal bestaan uit twaalf mannen benevens drie priesters, die volmaakt zijn in alles wat uit de gehele ² Wet geopenbaard is, om waarheid, gerechtigheid, recht en trouwe liefde te betrachten en omzichtig met elkaar te wandelen, ³ om de getrouwheid in het land te bewaren in een standvastige zin (Jes. 26:3) en verbroken geest (vgl. Ps. 51:19), om de ongerechtigheid te verzoenen door rechtvaardige werken ⁴ en de druk der beproeving en om met allen te wandelen naar de maat van de waarheid en de ordening van de tijd. Wanneer dit in Israël geschiedt, ⁵ is de raad van de gemeenschap vast gegrond in de waarheid, ONBESCHREVEN tot een eeuwige planting, een heilig huis voor Israël, een allerheiligste kring ⁶ voor Aäron, waarachtige getuigen van het recht en uitverkorenen van (Gods) welgevallen om verzoening te doen voor het land en ⁷ de goddelozen hun daden te vergelden. ONBESCHREVEN Dit is de beproefde muur, de kostbare hoeksteen (Jes. 28:16): niet ONBESCHREVEN ⁸ zullen /zijn fundamenten/ wankelen en van hun plaats geraken, ONBESCHREVEN een allerheiligste woning ⁹ voor Aäron, in {altoosdurende} kennis van het verbond van het recht en om een liefelijke /reuk/ ten offer brengen, en een huis der volmaaktheid en waarheid in Israël ¹⁰ om het verbond op te richten volgens de eeuwige in/zetting/en. /Zij zullen behaaglijk zijn om verzoening voor het land te bewerken en het oordeel over de goddeloosheid te bepalen, [[ ]] zodat er geen onrecht (meer) zal zijn /. Wanneer men deze (mannen) twee volle jaren lang op de grondslag van de gemeenschap in onberispelijke wandel aangesteld heeft, ¹¹ /zullen zij/ (als) heilig /afgezonderd worden/ te midden van de raad van de mannen der gemeenschap. Geen enkele zaak die voor Israël verborgen was, maar die door ¹² een onderzoeker ontdekt wordt, zal hij voor dezen verbergen uit vrees voor een afvallige geest. ONBESCHREVEN

Wanneer dezen /tot een gemeenschap/ in Israël geworden zijn ¹³ /volgens deze normen/, zullen zij zich afscheiden van de woonplaats van {de mannen} van het onrecht door naar de woestijn te gaan om daar de weg van HEM te bereiden, ¹⁴ zoals geschreven staat: 'Bereidt de weg van **** (= YHWH), effent in de wildernis een baan voor onze God' (Jes. 40:3). ¹⁵ Dat is het onderzoek van de Wet, {die} Hij door bemiddeling van Mozes bevolen heeft, om te handelen naar alles wat van tijd tot tijd geopenbaard is ¹⁶ en zoals de profeten hebben geopenbaard door zijn heilige Geest.
Ieder van de mannen der gemeenschap, het verbond van ¹⁷ de gemeen-

schap, die opzettelijk in enig opzicht van het ganse gebod afwijkt, zal het reine voedsel van de heilige mannen niet aanraken [18] of weten van al hun beraad, totdat zijn werken gereinigd zijn van alle onrecht door onberispelijk te wandelen. Dan zal men hem (weer) toelaten [19] tot de raad op aanwijzing van de Velen en daarna mag hij (weer) worden ingeschreven naar zijn rang. Volgens dit voorschrift (zal men doen) met ieder die zich bij de gemeenschap aansluit. [20] ONBESCHREVEN Dit zijn de voorschriften waarin de mannen van onberispelijke heiligheid zullen wandelen, de een met de ander. [21] Ieder die toegetreden is tot de heilige raad van hen die wandelen op onberispelijke wijze, zoals Hij bevolen heeft, ieder van hen [22] die iets van de Wet van Mozes overtreedt, opzettelijk of uit nalatigheid, zal men wegzenden uit de raad van de gemeenschap [23] en hij zal nooit meer terugkomen. Niemand van de heilige mannen mag zich inlaten met zijn bezit en zijn raad in enige [24] aangelegenheid. Maar indien hij onopzettelijk gehandeld heeft, zal hij van het reine voedsel en van de beraadslaging uitgesloten worden en men zal het voorschrift (zo) uitleggen [25] dat hij over niemand mag oordelen en niet om enig advies gevraagd zal worden gedurende twee volle jaren. Indien zijn wandel (weer) onberispelijk is [26] bij de zitting, in het onderzoek en bij de beraadslaging [op aanwijzing van de Vel]en en hij niet nogmaals onopzettelijk gezondigd heeft gedurende twee [27] volle jaren –

Kolom IX

[1] immers voor een onopzettelijke zonde zal iemand een straf van twee jaar krijgen; maar wie opzettelijk handelt, zal niet weer terugkeren; enkel degene die onopzettelijk gehandeld heeft, [2] zal twee volle jaren op de proef gesteld worden betreffende de onberispelijkheid van zijn wandel en zijn raadgeving op aanwijzing van de Velen; – daarna zal hij (weer) worden ingeschreven naar zijn rang in de heilige gemeenschap.
[3] ONBESCHREVEN Wanneer dit in Israël geschiedt in overeenstemming met deze verordeningen tot grondslag voor een heilige geest, tot [4] eeuwige waarheid, om verzoening te doen voor de schuld van de afvalligheid en de ontrouw van de zonde en tot (goddelijke) goedgunstigheid jegens het land, zonder het vlees van brandoffers en het vet van slachtoffers (vgl. 1 Sam. 15:22) – het hefoffer van [5] de lippen volgens het voorschrift is als een

(offer)reuk van de gerechtigheid en onberispelijke wandel als een welgevallig vrijwillig offer (Jez. Sir. 35:1-4) -, in die tijd zullen de mannen der [6] gemeenschap een heilig huis voor Aäron afzonderen om zich te verenigen als allerheiligste en een huis der gemeenschap voor Israël, degenen die onberispelijk wandelen.

[7] Enkel de zonen van Aäron zullen autoriteit hebben over het recht en het bezit en naar hun aanwijzing zal het lot bepaald worden over iedere verordening van de mannen der gemeenschap [8] en het bezit van de heilige mannen, die onberispelijk wandelen. Hun bezit mag niet verenigd worden met het bezit van de mannen van het bedrog, die [9] hun wandel niet gelouterd hebben door zich af te keren van het onrecht en onberispelijk hun weg te gaan. Zij zullen van geen enkele raad van de Wet afwijken door [10] in alle verstoktheid van hun hart te wandelen, maar beoordeeld worden naar de eerste voorschriften, waarmee de mannen van de gemeenschap aanvankelijk tucht hebben uitgeoefend, [11] totdat de profeet (vgl. Deut. 18:15; Joh. 1:21) en de messiassen van Aäron en Israël komen. VERDER ONBESCHREVEN EN EEN REGEL WIT [12] ONBESCHREVEN Dit zijn de inzettingen voor de Wijze om daarin met ieder levende te wandelen naar de ordening van iedere tijd en het gewicht (= de rang) van ieder mens: [13] hij zal Gods wil doen (Ps. 40:9; 143:10) overeenkomstig alles wat voor de respectieve tijden geopenbaard is; alle inzicht leren die gevonden is naar de tijden, alsmede [14] de norm van de tijd; de zonen van Sadok afzonderen en wegen ONBESCHREVEN naar hun geest; de uitverkorenen van de tijd sterken overeenkomstig [15] zijn wil, zoals Hij geboden heeft; ieder beoordelen naar zijn geest; iemand toelaten overeenkomstig de reinheid van zijn handen en overeenkomstig zijn inzicht [16] doen naderen. Zo zal zijn liefde en zijn afkeer zijn. ONBESCHREVEN Hij zal de mannen van het verderf niet terechtwijzen of met hen een twistgeding aangaan, [17] maar de raad van de Wet verbergen te midden van de mannen van het onrecht (vgl. Matt. 7:6; 2 Kor. 6:14). (Wel) zal hij (met) ware kennis en rechtvaardig oordeel degenen terechtwijzen die [18] de Weg (Hand. 9:2; 24:22) gekozen hebben, ieder naar zijn geest, naar de norm van de tijd. Hij zal hen met kennis leiden en zo onderrichten in de wonderbare geheimenissen en de waarheid te midden van [19] de mannen van de gemeenschap, opdat zij onberispelijk met elkaar wandelen in alles wat hun is geopenbaard. Dit is de tijd van het effenen van de weg [20] naar de woestijn (Jes. 40:3). Hij zal hen onderrichten {in} alles wat gevonden is, om (dat) in deze tijd te doen en zich af te zonderen van ieder die zijn weg niet [21] van alle onrecht heeft afgewend.

Dit zijn de gedragsnormen voor de Wijze in deze tijden betreffende zijn liefde en zijn afkeer: eeuwige afkeer [22] van de mannen van het verderf in een geest van verberging door aan hen bezit en opbrengst der handen te laten, zoals een slaaf (doet) tegenover zijn heer en een onderdrukte tegenover [23] degene die over hem heerst. Hij zal van ijver bezield zijn voor de inzetting en de tijd daarvan, voor de dag van de wraak, door de wil (van God) te doen bij alles wat zijn handen ondernemen [24] en bij alles waarover hij het beheer heeft, zoals Hij bevolen heeft. Alles wat hem overkomt, zal hij willig aanvaarden (Jez. Sir. 2:4) en in niets zal hij welgevallen hebben dan in de wil van God. [25] [In a]l de woorden van zijn mond zal hij een behagen hebben en niets begeren wat Hij niet bevo[len heeft. Op het g]ebod van God zal hij steeds bedacht zijn, [26] [...] zal hij zijn Schepper loven en bij alles wat geschiedt, zal hij [zijn wonderen] verha[len (Ps. 9:2; 26:7), door het offer] der lippen Hem lofprijzen (Ps. 50:14,23)

Kolom X

[1] gedurende de tijden die G(od) heeft vastgesteld:
aan het begin van de heerschappij van het licht (= de zon),
gedurende zijn kringloop,
en wanneer het zich terugtrekt naar zijn vastgestelde plaats;
aan het begin van [2] de waken der duisternis (= de nachtwaken),
 wanneer Hij haar schatkamer opent (vgl. Deut. 28:12; Jez. Sir. 43:14a)
en (haar) uitspreidt {over de aarde},
gedurende haar kringloop,
en wanneer zij zich terugtrekt voor het (zon)licht;
als [3] de (hemel)lichten glanzend verschijnen vanuit de heilige woning (Jes. 63:15)
en als zij zich terugtrekken naar de majesteitelijke plaats;
bij de intrede van de sterrenbeelden van de dagen van de nieuwe maan,
met hun kringloop en [4] onderlinge opeenvolging,
wanneer zij zich vernieuwen:
dat is een feestdag voor de Allerheiligste
en een teken [[ ]] van de opening van zijn eeuwige gunstbewijzen,
van het intreden van [5] de sterrenbeelden in alle tijd die komt.

Bij het begin van de maanden naar hun sterrenbeelden
en de heilige dagen in hun orde,
ter herdenking bij hun sterrenbeelden,
⁶ zal ik Hem met het offer der lippen prijzen
naar de inzetting die voor eeuwig ingegrift is:
bij het begin van de jaren en tijdens de kringloop van hun sterrenbeelden,
wanneer de inzetting van ⁷ hun orde in vervulling gaat,
op de door Hem voorgeschreven dag, de een na de andere:
het beeld van de oogst tot de zomer,
het beeld van (de tijd van) het zaaien tot de tijd van het gras,
de beelden der jaren tot hun (jaar)weken;
⁸ aan het begin van hun (jaar)weken tot de tijd van de vrijlating (Lev. 25:10; Ez. 46:17).
Zolang ik leef zal de inzetting op mijn tong ingegrift zijn tot een vrucht van lofprijzing
en een (offer)gave van mijn lippen.
⁹ Ik zal zingen met kennis
en al mijn snarenspel zal ter ere van God strekken,
het getokkel van mijn harp zijn heilige orde gelden
en de fluit aan mijn lippen zal ik stemmen naar zijn juiste richtsnoer.
¹⁰ Bij het aanbreken van dag en nacht
zal ik Gods verbond binnentreden
en bij het verstrijken van avond en morgen zijn inzettingen reciteren;
door hun zijn bepaal ik ¹¹ mijn grens,
zonder (daarvan) af te keren.
Zijn gericht onderschrijf ik overeenkomstig mijn verkeerdheid,
want mijn overtredingen staan mij voor ogen als een ingegrifte inzetting (vgl. Ps. 51:5).
Maar tot God zal ik zeggen: 'Mijn gerechtigheid',
¹² en tot de Allerhoogste: 'Bevestiger van mijn welzijn,
Wel van kennis en Bron van heiligheid,
Hoogverhevene in glorie en Almachtige in eeuwige majesteit'.
Ik zal verkiezen wat ¹³ Hij mij leert,
graag aanvaarden hoe Hij over mij oordeelt.
Wanneer ik begin mijn handen en voeten uit te strekken,
zal ik zijn naam prijzen;
wanneer ik begin uit of in te gaan,
¹⁴ bij zitten en opstaan,

en wanneer ik op mijn legerstede lig,
zal ik Hem toejubelen (vgl. Deut. 6:7);
ik zal Hem prijzen met het offer dat van mijn lippen uitgaat,
in de rij der mensen.
[15] Voordat ik mijn hand ophef
om mij te goed te doen aan de heerlijke opbrengst der aarde,
bij het begin van vrees en schrik,
op de plaats van benauwdheid en verlatenheid,
[16] zal ik Hem prijzen, omdat Hij zeer wonderbaar handelt,
zijn macht overpeinzen
en heel de dag steunen op zijn gunstbewijzen.
Ik weet dat bij Hem het oordeel berust over [17] al wat leeft,
en dat al zijn werken waarheid zijn.
Als benauwdheid losbreekt, zal ik Hem loven,
en over zijn verlossing eveneens een juichkreet aanheffen.
Ik zal niemand kwaad [18] met kwaad vergelden;
een mens zal ik met het goede achtervolgen.
Want aan God komt het oordeel toe over al wat leeft:
Hij is het die aan ieder het verdiende loon vergeldt (vgl. Deut. 32:35).
Ik zal niet ijverzuchtig zijn in een geest van [19] goddeloosheid
en mijn ziel zal niet haken naar gewelddadig verkregen bezit.
Een proces met de man{nen} van het verderf zal ik /niet aangaan,
vóór de Dag van/ de wraak /aanbreekt/.
Maar mijn toorn zal ik niet [20] afwenden van de mannen van het onrecht
en niet tevreden zijn, vóór het oordeel voltrokken is.
Ik zal niet toorn koesteren
jegens degenen die zich van (hun) overtredingen bekeren,
maar ik zal mij niet erbarmen
[21] over degenen die zich van de Weg (Hand. 9:2; 24:14) afwenden.
Ik zal de geslagenen niet vertroosten,
totdat hun wandel onberispelijk is.
Belial zal ik in mijn hart niet koesteren
en uit mijn mond zal niet gehoord worden [22] dwaasheid of zondig bedrog.
Misleiding en leugens zullen op mijn lippen niet worden gevonden.
De vrucht der heiligheid zal op mijn tong zijn
en afschuwelijke zaken zal men daarop [23] niet aantreffen.
Met lofprijzingen zal ik mijn mond opendoen,
mijn tong zal voortdurend de heilsdaden van God vermelden,

(maar ook) de ontrouw van mensen,
totdat de maat van 24 hun overtreding vol is.
IJdele woorden zal ik van mijn lippen weren,
onreinheid en arglistigheden van de kennis van mijn hart.
In wijs beleid zal ik kennis verbergen /verhalen/,
25 met verstandige kennis haar [om]tuinen met een stevige muur
om trouw en krachtig recht te beschermen,
overeenkomstig de gerechtigheid van God.
[Ik zal] 26 de inzetting [meten] aan het meetsnoer der tijden,
[...] gerechtigheid {en} trouwe liefde jegens de onderdrukten
en versterking der handen voor de versaa[gden van hart (Jes. 35:4)]

Kolom XI

1 om] inzicht [te leren] aan de dwalenden van geest (Jes. 29:24)
en de murmurerenden te onderwijzen in de leer;
om in ootmoed de hoogmoedigen te antwoorden
en met een verbroken geest (Ps. 51:19) de mannen 2 die het recht buigen,
die met de vinger wijzen,
boosheid spreken en rijkdom (trachten te) verwerven.
Wat mij aangaat, mijn recht is bij God
en de onberispelijkheid van mijn wandel is in zijn hand,
evenals de oprechtheid van mijn hart.
3 Door zijn heilsdaden wordt mijn ongerechtigheid uitgewist,
want uit de bron van zijn kennis
heeft Hij zijn licht doen opgaan:
mijn oog heeft zijn wonderdaden geschouwd
en het licht van mijn hart het 4 komende geheim[enis].
Wat eeuwig blijft is de steun van mijn rechterhand;
de weg van mijn schreden is op een sterke rots,
die door niets zal wankelen,
want de waarheid van God is 5 de rots van mijn schreden
en zijn sterkte de steun van mijn rechterhand.
Uit de bron van zijn gerechtigheid komt mijn recht,
het licht in mijn hart uit zijn wonderbare geheimenissen.
Wat eeuwig blijft 6 heeft mijn oog aanschouwd,

wijsheid die voor mensen verborgen is,
kennis en verstandig inzicht, (verborgen) voor de mensenkinderen,
een bron van gerechtigheid, een reservoir van [7] sterkte,
en een fontein van glorie, (verborgen) voor de kring van vleselijke stervelingen.
Aan wie God uitverkoren heeft, heeft Hij ze gegeven tot een eeuwig bezit;
en Hij heeft hun een erfdeel gegeven aan het toegemeten deel van [8] de heiligen (Kol. 1:12).
Hun kring heeft Hij verbonden met de hemelingen
om (te vormen) een raad der gemeenschap,
en een kring van een heilig bouwwerk,
om een eeuwige planting te zijn
gedurende alle [9] toekomstige tijd.
Ik evenwel behoor tot de goddeloze mensheid
en tot de kring van het onrechtvaardige vlees;
mijn ongerechtigheden, mijn overtredingen en mijn zonden,
samen met de verkeerdheid van mijn hart,
[10] behoren tot de kring van de wormen (vgl. Jes. 66:24; Jez. Sir. 7:17)
en van hen die in duisternis wandelen (Jes. 9:1).
Want het is {niet} aan de mens zijn weg te kiezen (Jer. 10:23)
en een sterveling richt zijn eigen schreden niet:
immers aan God (komt) het oordeel (toe)
en uit zijn hand (komt) [11] onberispelijke wandel.
Alles geschiedt door zijn kennis
en al wat is, bestuurt Hij naar zijn voornemen:
buiten Hem om geschiedt niets.
Wat mij betreft, als [12] ik wankel,
zijn Gods gunstbewijzen voor altijd mijn redding;
als ik struikel door de ongerechtigheid van het vlees,
is mijn recht voor eeuwig gegrond op Gods gerechtigheid.
[13] Wanneer mijn benauwenis zich baanbreekt,
redt Hij mijn leven van de Groeve
en maakt mijn schreden voor de Weg vast (vgl. Ps. 37:23; 40:3).
Door zijn barmhartigheid heeft Hij mij doen naderen
en door zijn gunstbewijzen komt [14] mijn recht.
In de gerechtigheid van zijn waarheid zal Hij over mij oordelen
en in zijn overvloedige goedheid al mijn overtredingen verzoenen.

Door zijn gerechtigheid zal Hij mij reinigen van alle onreinheid van [15] een mens
en van de zonde van mensenkinderen
om God lof te zingen vanwege zijn gerechtigheid
en de Allerhoogste vanwege zijn majesteit.
Geprezen zijt Gij, mijn God,
die voor de kennis [16] het hart van uw dienaar hebt geopend.
Bevestig in gerechtigheid al zijn daden
en richt de zoon van uw dienstmaagd op,
zoals het U behaagd heeft de uitverkorenen der mensheid
[17] eeuwig voor uw aangezicht te stellen.
Want zonder U is geen wandel onberispelijk
en zonder uw welbehagen geschiedt niets.
Gij zijt het die [18] alle kennis hebt onderwezen
en alles dat is geschied, gebeurde door uw welgevallen.
Buiten U is er niemand
om zich te verzetten tegen uw beslissing,
[19] uw ganse heilige overlegging te verstaan,
te schouwen in de diepte van uw geheimenissen
en al uw wonderdaden te begrijpen,
alsmede [20] uw machtige sterkte.
Wie kan uw glorie verdragen?
En wat is hij inderdaad, het mensenkind,
onder uw wonderbaarlijke werken?
[21] Wat is een uit een vrouw geborene (Job 14:1) {te achten}
in uw ogen?
Zijn bouwsel is uit stof (geformeerd)
en zijn woning is het voedsel van wormen.
Hij is uitgespuwd speeksel,
[22] een afgeknepen stuk leem,
wiens begeerte naar het stof (uitgaat).
Wat kan het leem antwoorden,
het met de hand geformeerde?
En welk raadsbesluit kan hij begrijpen?

2. Teksten uit grot 4 (4QS^{a-j})

a. *4Q Regel der Gemeenschap^a (4Q255 = 4QpapS^a)*

Fragment 1 = 1QS I 1-5 (zeer fragmentarisch); Fragment 2 = 1QS III 7-12 (fragmentarisch)

Fragment 3

> ¹ [...] ... ² [...] ... de man ³ [...] ... aan hem twee ⁴ [...] in het recht ⁵ [...] hij die

b. *4Q Regel der Gemeenschap^b (4Q256 = 4QS^b)*

Fragment 1 = 1QS I 10 (zeer fragmentarisch); Fragment 2 = 1QS I 15-II 5 (zeer fragmentarisch); Fragment 3 = 1QS II 6-11 (zeer fragmentarisch)

Fragment 4 (kortere en oudere versie van 1QS V 1-20)

> ¹ Midrasj (= aanwijzing) voor de Wijze betreffende [de mannen der Wet die zich vrijwillig aanbieden om zich te bekeren van alle kwaad en zich te houden aan alles] ² wat Hij geboden heeft. Zij moeten zich afscheiden van de gemeente van de ma[nnen van het onrecht teneinde een gemeenschap in Wet en bezit te vormen, zich onderwerpen] ³ aan de autoriteit van de Velen inzake iedere aangelegenheid betreffende de Wet [en het bezit en betrachten ootmoed, gerechtigheid en recht,] ⁴ trouwe [liefde] en omzichtige wandel op al hun wegen. [Niemand mag wandelen in verstoktheid van zijn hart om af te dwalen,] ⁵ maar men moet een fundament der waarheid voor Israël leggen tot gemeenschap, voor ieder [die zich vrijwillig aanbiedt voor de heiligheid in Aäron en het huis van] ⁶ de waarheid voor Israël en degenen die zich bij hen aansluiten tot gemeenschap. Ieder die [de raad van de gemeenschap] binnentreedt, [zal zich] ⁷ door een bindende eed [verplichten] zich te bekeren tot de Wet van Mozes met (zijn) ganse hart en met [(zijn) ganse ziel, naar alles wat geopenbaard is uit de Wet aan de menigte van] ⁸ de raad van de mannen der gemeenschap, en zich af te scheiden van alle me[n]sen die onrecht bedrijven. [Dezen zullen het reine voedsel van de] ⁹ heilige [mannen niet naderen.] Met zo iemand zal men

> [in] de gemeenschap niet eten en niet zal [iemand van de mannen der gemeenschap zich onderwerpen aan hun autoriteit] [10] inzake enige wet of (enig) voorschrift. Nie[mand zal zich met hem verbinden in bezit of arbeid en eten van wat hem toebehoort, zal niemand] [11] [van de] heilige [ma]nnen. ONBESCHREVEN [... Zij zullen niet steunen] [12] [op enig ijdel schepsel; immers ijdelheid zijn al degenen] die niet ke[nnen zijn verbond ...] [13] [...] onrein in zijn ogen [...]

Fragment 5 = 1QS VI 10-13, 15-18 (zeer fragmentarisch; kortere versie); Fragment 6, kolom I = 1QS IX 17-23 (fragmentarisch); Fragment 6, kolom II = 1QS X 3-7 (deels fragmentarisch); Fragment 7 = 1QS X 12-18 (zeer fragmentarisch)

c. *4Q Regel der Gemeenschap[c]* (4Q257 = 4QpapS[c])

Fragment 1, kolom I = 1QS I 1-3 (zeer fragmentarisch); Fragment 1, kolom II = 1QS II 4-11 (fragmentarisch); Fragment 1, kolom III- fragment 2 = 1QS II 26-III 10 (zeer fragmentarisch); Fragment 3, kolom I = 1QS IV 4-10 (zeer fragmentarisch); Fragment 3, kolom II = 1QS IV 23-25.

d. *4QRegel der Gemeenschap[d]* (4Q258 = 4QS[d])

Fragment 1, kolom I (vgl. 1QS V 1-20 en 4QS[b], fragment 4)

> [1] Midrasj voor de Wijze betreffende de mannen der Wet die zich vrijwillig aanbieden om zich te bekeren van alle kwaad en zich te houden aan alles wat Hij geboden heeft. [2] Zij moeten zich afscheiden van de gemeente van de mannen van het onrecht teneinde een gemeenschap in Wet en bezit te vormen, zich onderwerpen aan de autoriteit van de Velen inzake iedere aangelegenheid [3] betreffende de Wet en het bezit en ootmoed, gerechtigheid en recht, [trouwe] liefde [en] omzichtige wandel betrachten op al hun wegen. [4] Niemand mag wandelen in verstoktheid van zijn hart om af te dwalen, maar men moet [een fundament der] waarheid voor Israël leggen tot gemeenschap, voor ieder [5] die zich vrijwillig aanbiedt voor de heiligheid in Aäron en het huis der waarheid voor Israël en degenen die zich bij hen

aansluiten tot gemeenschap. Ieder die de raad van [6] de gemeenschap binnentreedt, zal zich door een bindende eed verplichten [zich te bekeren to]t [de W]et van Moz[es] met (zijn) ganse hart en met (zijn) ganse ziel, naar alles wat geopenbaard is uit [7] [de Wet] aan [de menigte van] de raad van de man[nen der] gemeenschap [en zich af te scheiden van alle mensen] die onrecht bedrijven. Dezen zullen het reine voedsel van de [8] [heil]ige mannen niet naderen. Met zo iemand zal men niet eten in de [gemeenschap. Niem]and van de mannen van de gemeenschap [zal zich onderwerpen] aan hun autoriteit inzake enige [9] [wet] of (enig) voorschrift. Men zal [zich niet met hen inlaten inzake enig bezit] of arbeid en geen van de heilige mannen zal eten [10] [van wat hem toebehoort.] Zij zullen niet steunen op [enig] ijdel [schep]sel; immers ijdelheid zijn al degenen die [11] [zijn verbond niet kennen; allen die] zijn woord [veracht]en, zullen van de wereld verdelgd worden. Hun werken zijn onrein in [zijn (= Gods) ogen ...] [12] [...] de volken. Eden, toewijdingen en geloften in hun mond [...] [13] [...] [...]

Fragment 1, kolom II (vgl. 1QS V 21-VI 7)

[1] hun Wetswerken (en wel) op aanwijzing van de zonen van Aäron, die zich vrijwillig hebben aangeboden om zijn verbond op te richten en zich te houden aan al zijn inzettingen, die Hij geboden heeft [2] te doen, op aanwijzing van de menigte van Israël, die zich vrijwillig heeft aangeboden zich te bekeren in de gemeenschap. Men zal hen in rangorde registreren, de een vóór de ander, overeenkomstig iemands inzicht [3] en Wetswerken, opdat alle gehoorzaam zijn, de een aan de ander, de geringere aan de hogere (in rang). Men zal hun geest(esgaven) en werken [4] in de Wet jaar op jaar onderzoeken, teneinde iemand te promoveren in overeenstemming met zijn inzicht of te degraderen in overeenstemming met zijn tekortkomingen. Terechtwijzen moet de een de ander in trouwe liefde. [5] Niemand zal de ander toespreken in toorn of al morrend, of in kwade naijver. Ook mag niemand tegen zijn naaste iets inbrengen bij de Velen [6] zonder dat het tot terechtwijzing voor ge[tuigen] gekomen is (vgl. Deut. 19:15).
Daarin zullen zij wandelen in al hun nederzettingen, steeds wanneer de een de ander ontmoet. [Zij zullen gehoorzaam zijn, de geringere] [7] aan de

hogere (in rang), inzake arbeid [en bezit. Gemeenschappelijk zullen zij eten,] gemeenschappelijk lofprijzen en gemeenschappelijk be[raadslagen. Overal waar tien] [8] mannen van [de raad der gemeenschap zijn, mag onder h]en een prie[ster niet ontbreken. Ie]der zal overeenkomstig zijn rang [vóór hem zitten en zo zal om hun advies betreffende elke aangelegenheid gevraagd worden.] [9] Wanneer [men de tafel aanricht om te eten of] most [te drinken, zal de pries]ter [het eerst zijn hand] uitstr[ekken om aan het begin over het brood] [10] en de most [de zegen uit te spreken ...]

Fragment 1, kolom III (vgl. 1QS VI 9-13 en 4QS^b, fragment 5)

[1] ieder zijn ken[nis aan de raad van de gemeenschap kenbaar maakt. Niemand zal zijn naaste in de rede vallen, zolang zijn broeder aan het woord is. Tijdens de zitting van] [2] de Velen zal niemand iets zeg[gen zonder toestemming van de Velen, behalve de opziener over de Velen; ieder die iets] [3] aan de Velen te zeggen heeft, maar [niet de positie inneemt ...]

Fragment 3 (vgl. 1QS VIII 6-21)

[1] [...] de goddelozen te vergelden [2] [hun daden. Dit is de beproefde muur, de kostbare hoeksteen (Jes. 28:16); niet zullen zijn fundamenten wankelen en van] hun [p]laats [geraken], een allerheiligste woning [3] [voor Aäron ... in Israë]l om het verbond op te richten volgens de eeuwige inzettingen. [4] [Zij zullen behaaglijk zijn om verzoening voor het land te bewerken en het oordeel over de goddeloosheid te bepalen. Wanneer men deze (mannen)] twee volle jaren lang [op de gr]ondslag van de gemeenschap [heeft aangesteld] [5] [in onberispelijke wandel, zullen zij (als) heilig afgezonderd worden te midden van de raad van de mann]en der gem[eenschap. Geen enkele zaak die voor I]sraël ver[borgen was,] maar die ontdekt wordt [6] door een [onderzoeker, zal hij voor dezen verbergen uit vrees voor een afvallige geest.] ONBESCHREVEN Wanneer dezen [in Israël] zijn, zullen zij zich afscheiden van [de woonplaats van] [7] de mannen van [het onrecht door naar de woestijn te gaan om daar de weg der waarheid te effenen. Dat is het onderzoek van de We]t, die Hij bevolen heeft door bemiddeling van

[Mozes, om te han]delen naar alles [wat van] ⁸ t[ijd tot tijd geopenbaard is en zoals de profeten hebben geopenbaard door zijn heilige Geest. Ied]er van de mannen van de [gemeenschap ...] ⁹⁻¹⁰ [...] ¹¹ [...] bij de gemeenschap [...] ¹² [...] ieder die toege[tre]den is tot [de heilige raad ...]

Fragment 4, kolom I (vgl. 1QS VIII 24-IX 10)

¹ zal men hem van het reine voedsel en van de beraadslaging uitsluiten gedurende twee [vol]le jar[en]. Hij mag weer terugkeren naar het onderzoek en de beraadslaging, als hij niet nogmaals ² onopzettelijk gezondigd heeft gedurende twee volle jaren. Want voor een onopzettelijke zonde zal iemand een straf van twee jaar krijgen, maar in geval van opzet zal hij niet weer terugkeren. Enkel ³ zal hij (die onopzettelijk gezondigd heeft) twee volle jaren op de proef gesteld worden met betrekking tot de onberispelijkheid van zijn wandel en zijn raadgeving op aanwijzing van de Velen. Dan zal hij (weer) worden ingeschreven naar zijn rang in de heilige gemeenschap. ONBESCHREVEN ⁴ [Wanneer] dezen in Israël [word]en tot een gemeenschap in overeenstemming met deze verordeningen tot grondslag voor een heilige geest, tot eeuwige waarheid, om verzoening te doen voor de schuld van de afvalligheid ⁵ en [de ontr]ouw van [de zond]e en tot (goddelijke) goedgunstigheid jegens het lan[d, zonder het het vlees van] brandoffers en het vet van slachtoffers, zullen het hefoffer en het vrijwillig offer van de lippen volgens het voo[rschr[i]ft zijn als een (offer)reuk van ⁶ [de gerechtigheid en onberispelijke wand]el als een welgevallig vrijwillig offer. ONBESCHREVEN In die tijd zullen zij het huis van Aäron afscheiden voor de heiligheid, voor alle [...] ⁷ [gemeenschap voor Is]raël, degenen die onberis[pelijk] wandelen. [Enkel de zonen van Aäron zullen autoriteit hebben over het re]cht en het bezit ONBESCHREVEN En het bez[it ...] ⁸ [die] onberispelijk [wande]len. [Hun bezit] mag niet vere[nigd worden met] het bezit van [de mannen van het bedrog, die [hun wandel] niet gelou[terd hebben ...] ⁹ [...] en beoordeeld worden naar de in[zettingen ...]

Fragment 4, kolom II (vgl. 1QS IX 15-X 3 en 4QSᵇ, fragment 6)

¹ en overeenkomstig zijn inzicht hem doen naderen. Zo zal zijn liefde en zijn afkeer zijn. Hij zal de mannen van het verderf niet terechtwijzen of met hen een twistgeding aangaan, ² maar zijn raad verbergen te midden van de mannen van het onrecht (vgl. Matt. 7:6; 2 Kor. 6:14). (Wel) zal hij (met) ware kennis en rechtvaardig oordeel degenen terechtwijzen die de Weg (Hand. 9:2; 24:22) gekozen hebben, ieder naar zijn geest, naar de norm van ³ de tijd. [Hij zal hen] met kennis [leiden] en zo onderrichten in de wonderbare geheimenissen en de waarheid te midden van de mannen van de gemeenschap, opdat zij onberispelijk ⁴ [met elkaar] wandelen [in alles] wat hun is geopenbaard. Dit is de tijd van het effenen van de weg in de woestijn (Jes. 40:3) om hen te onderrichten in alles wat gevonden is, om (dat) te doen. ONBESCHREVEN In [die] tijd ⁵ [zullen zij zich afzonderen van ie]der die zijn wegen niet van alle onrecht heeft afgewend. ONBESCHREVEN
Dit zijn de gedragsnormen voor de Wijze in [deze] tijd[en] ⁶ [betreffende zijn liefde en] zijn afkeer: eeuwige afkeer van de mannen van het verderf in een geest van verberging door aan hen bezit, vuil gewin ⁷ [en opbrengst der handen te laten, zoals een slaaf (doet) tegenover zijn heer] en een onderdrukte tegenover degene die over hem heerst. Hij zal van ijver bezield zijn voor de inzetting en de tijd daarvan, voor de dag van de wraak, door ⁸ [de wil (van God) te doen bij alles wat zijn handen ondernemen en bij] alles waarover hij het beheer heeft, zo[als Hij bevolen heeft.] Alles wat hem overkomt, zal hij willig aanvaarden (Jez. Sir. 2:4) en in niets zal hij welgevallen hebben dan in de wi[l van God.] ⁹ [In al] de woorden van zijn mond zal hij een behagen hebben en niets begeren wat Hij niet bevo[len heeft en steeds bedacht zijn op het geb]od van God [...] ¹⁰ [...] zal hij [zijn Schepper] loven gedurende [...] ¹¹ [...] het zich terugtrekt naar zijn vastgestelde plaats; aan het begin van [...]
¹² [... zij zich terug]trekt voor het (zon)licht; als [de (hemel)lichten] glanzend verschijnen [vanuit de heilige woning (Jes. 63:15)] ¹³ [en als zij zich terugtrekken naar de majesteitelijke plaats; bij de intrede van de sterrenbeelden van de dagen van de nieuwe maan, met hun kringloop en onderlinge opeenvolging]

Fragment 5, kolom I = 1QS X 4-12 (fragmentarisch en met geringe tekstvarianten ten opzichte van 1QS); Fragment 4, kolom II = 1QS X 12-18 (zeer fragmentarisch)

e. *4Q Regel der Gemeenschap^e (4Q259 = 4QS^e)*

Fragment 1 = 1QS VII 8-15 (zeer fragmentarisch); Fragment 2, kolom I = 1QS VII 20-VIII 10 (zeer fragmentarisch)

Fragment 2, kolom II, fragment 3 (vgl. 1QS VIII 10-15 en IX 12-20)

¹ [... afgezonderd worden] (als) heilig te midden van de raad van de mannen der [gemeenschap.] ² [Geen enkele zaak die voor Israël verborgen was, maar die ontde]kt wordt door een uitlegger, zal hij [voor dezen verber]gen ³ [uit vrees voor een afvallige geest.] Wanneer dezen in Israël zijn door zich af te [scheiden van] ⁴ de mannen van [het onrecht, zullen zij naar de woestijn gaan om daar de weg van] de waarheid [te bereiden,] zoals [geschreven staat]: ⁵ 'In de woestijn [bereidt de weg van **** (= YHWH), effent] in de wildernis een baan voor onze God' (Jes. 40:3). ⁶ Dat is [het onderzoek van de Wet, die Hij bevolen heeft] door bemiddeling van Mozes.

Dit zijn de inzet[tingen] ⁷ voor de Wij[ze om daarin] met ieder levende [te wandelen] naar de ordening van iedere [tijd] ⁸ en het gew[icht (= de rang) van ieder mens: hij zal] Gods wil [doen (Ps. 40:9; 143:10)] overeenkomstig alles wat [voor de respectieve tijden] geopenbaard is; ⁹ [alle inzicht leren die gev]onden is naar de tijden, alsmede de [norm van de tijd;] ¹⁰ de zonen van de gerechtigheid [afzonderen en we]gen naar hun geest(esgaven); ¹¹ [de uitverkorenen van de tijd sterken] overeenkomstig zijn wil, zoals Hij geboden heeft; [ieder beoordelen] ¹² [naar zijn geest(esgaven);] iemand toelaten overeenkomstig de reinheid van zijn handen en overeenkomstig [zijn inzicht] ¹³ [doen naderen. Zo zal zijn liefde] en zijn afkeer zijn. Hij [zal de man]nen van het verderf niet [terechtwijzen] ¹⁴ [of met hen een twistgeding aangaan,] maar [de raad van] ¹⁵ de Wet verbergen [te midden van de mannen van het onrecht (vgl. Matt. 7:6; 2 Kor. 6:14).] (Wel) zal hij (met) ware kennis en ¹⁶ rechtvaardig oordeel degenen terechtwijzen [die de Weg (Hand. 9:2; 24:22) gekozen hebben, ieder] naar zijn geest(esgaven) en naar de norm van de tijd. Hij zal hen ¹⁷ met ken[nis] leiden [en zo onderrichten in de] wonderbare [geheime]nissen, {de waarheid en de onberispelijke}

wandel van de kring ¹⁸ der gemeenschap, [opdat zij onberispelijk] met el[kaar wandelen] in alles wat hun is geopenbaard.
¹⁹ Dit is de [tijd van het bereiden van de weg] voor de woestijn (Jes. 40:3). Hij zal hen onderrichten in alles

Fragment 4 = 1QS IX 20-25 (zeer fragmentarisch)

Kolom V (= 4Q319 4Otot, vgl. 1 Kron. 24:7-18)

¹⁰ [...] ... In het vierde (jaar van de cyclus van) Sjebet [...] ¹¹ [...] de schepping. In het vierde (Jaar), het teken van Gamul. Bij de kwijtschelding (Deut. 15:1-11), het tek]en van ¹² [Sekanja. In het der]de, het teken van Gamul. In het zesde, het teken van [Sekanja. In het tweede, het teken van Ga]mul. ¹³ [In het vijfde, het teken van] Sekanja. Na de kwijtschelding, het teken van Ga[mul. In het vierde, het teken van Sekanja. ¹⁴ [Bij de kwijtschelding, het te]ken van Gamul. In het derde, het teken van Sekanja. [In het zesde, het teken van Ga]mul. ¹⁵ [In het tweede, het te]ken van Se[kanja.] In het vijfde, het teken van Ga[mul. Na de kwijtschelding, het teken van ¹⁶ [Sekanja. In het vier]de, het teken van Gamul. Bij de kwijtschelding, het einde van het tweede jubileum (= reeks van zeven jaarsabbatten, vgl. Lev. 25:10-54). De tekenen van het ¹⁷ [tweede] jubileum: zeventien tekens. Vanaf dit bij de kwijtschelding [twee] tekens [...] de schepping ¹⁸ [... het tek]en van Sekanja. In het derde jaar, het teken van Gamul. [In het zesde, het te]ken van Sekanja. ¹⁹ [In het tweede, het teken van Ga]mul. In het vijfde, het teken van Sekanja. Na de kwij[tschelding, het teken van Ga]mul.

Kolom VI

¹ [In het vierde, het teken van Sekanja. Bij de kwijtschelding, het teken van Gamul. In het derde, het teken van Sekanja.] ² [In het zesde, het teken van Gamul. In het twee]de, het te[ken van Sekanja. In het vijfde, het teken van Gamul.] ³ [Na de kwijtschelding,] het teken van Sekanja. In het vier[de, het teken van Gamul. Bij de kwijtschelding, het teken van] ⁴ [Sekanja. In

het der]de, het teken van Gamul. In het zes[de, het teken van] Sekanja. [In het tweede, het einde van] [5] het der[de jubileum]. De tekenen van het [derde] jubileum: zes[tien]. Vanaf dit tot de kwijtschelding [6] blijven twee tekens van (de cyclus van) Sekanja. [In het tweede jaar, het teken van Ga]mul. In het vijfde, het teken van Sekanja. [7] Na de kwijtschelding, het te[ken van Gamul. In het vierde, het tek]en van Sekanja. Bij de kwijtschelding, het teken van [8] Gamul. In het derde, het teken van [Sekanja. In het zesde, het teken van Ga]mul. In het tweede, het teken van [9] Sekanja. In het vijfde, het teken van [Gamul. Na de] kwijtschelding, het teken van Sekanja. [10] In het vierde, het teken van Gamul. [Bij de kwijtschelding, het teken van] Sekanja. In het derde, het teken van Gamul. [11] In het zesde, het teken van Seka[nja. In het tweede, het teken van] Gamul. In het vijfde, het teken van Sekanja. [12] Na de kwijtschelding, het te[ken van het einde van het jubileum: Gamul. Het] /vierde/ [jubi]leum heeft zeventien tekens: [13] vanaf de laatste tot aan de kwijtschelding (blijven) twee /tekens/ van (de cyclus van) [Gamul.] In het vierde jaar, het teken van Sekanja. [14] [Bij de kwijt]schelding, het teken van Gamul. [In het derde, het teken van Sekanja. In het zesde, het teken van Gamul.] [15] In het tweede, het teken van Sekanja. In het vijf[de, het teken van Gamul. Na de kwijtschelding, het teken van Sekanja.] [16] In het vierde, het teken van Gamul. Bij [de kwijtschelding, het teken van Sekanja. In het derde, het teken van Gamul.] [17] In het zes[de, het teken van Sekanja. In het tweede, het teken van Gamul. In het vijfde, het teken van Sekanja.] [18] [Na de] kwijtschelding, het teken van Ga[mul. In het vierde, het teken van Sekanja. Bij de kwijtschelding, het einde van het] [19] [vij]fde [jubileum] in (het teken van) Jesebab. [De tekens van het vijfde jubileum zijn zestien. Vanaf dit gedurende de kwijtschelding.]

Kolom VII

[1] [(blijven) drie tekens (van de cyclus van) Gamul. In het derde jaar, het teken van Sekanja. In het zesde, het teken van [2] [Gamul. In het twee]de, het teken van Sekanja. In [het vijfde, het teken van Gamul. Na de kwijt]schelding, [3] het teken van Sekanja. In het vierde, het teken van Ga[mul. Bij de kwijtschelding, het teken van Sekanja.] In het derde, [4] het teken van Gamul. In het zesde, het teken van Sekanja. [In het tweede, het

teken van] Gamul. [5] In het vijfde, het teken van Sekanja. Na [de kwijtschelding], het teken van [6] Gamul. In het vierde, het teken van Sekanja. Bij de kwijt[schelding, het teken van Gamul. In] het derde, [7] het teken van [Sekanja. In het zes]de, het /teken/ van het einde van het [zesde] jubileum [... De tekens van] [8] het [zesde] jubileum: zes[tien]. Vanaf dit bij [de kwijtschelding] (blijven) twee tekens [...] [9] ... [...] [10] En bij het jubi[leum van Gamul, in het tweede jaar, het teken van Sekanja. In het vijfde, het teken van Gamul. Na] [11] de kwijtschelding, [het teken van Sekanja. In het vierde,] het teken van Gamul. [Bij de kwijtschelding,] [12] [het teken van Sekanja. In het derde, het teken van] Gamul. In het zesde, het te[ken van Sekanja.] [13] [In] het tweede, het te[ken van Gamul.] In het vijfde, het teken van Sekanja. [Na] [14] de kwijtschelding, [het teken van Ga]mul. In het vierde, het teken van Sekanja. Bij de kwijt[schelding, het teken van] [15] Gamul. [In het der]de, het teken van Sekanja. In het zesde, het teken van [Gamul.] [16] In het tw[eede, het teken van Sekanja.] In het vijfde, het teken van het einde van het [ze]vende jubileum. [17] [De tekens van het] zevende [Jubileum:] zestien. Vanaf dit (blijven) bij de kwijtschelding [18] [twee tekens ...] het teken van de jubileeën, het jaar van de jubileeën, volgens de dagen van [...] [19] [...] in Miamin, het derde Je[daja ...]

Kolom VIII (vgl. 1 Kron. 24:7-18)

[1] Gamul [...] [2] Jedaja [...] [3] Miamin [...] [4] Sekanja [...] [5] Jesebab [...] [6] Happisses [...] [7] Gamul [...]

Kolom IX (vgl. 1 Kron. 24:7-18)

[1] [... het tweede] Pascha (Num. 9:10-12). De [...] van [...]
[2] [...] van Chezir [...] [3] [...] van Maäzja, het Pascha [...]
[4] [...] de dag der gedachtenis [...]

Kolom XI

> ¹ [...] en over de sabbatten van ⁵ [hun dagen ...] en over de feesten ⁶ [van hun dagen, en over de] maanden van hun [jaren] en over de tekens van ⁷ hun (jaren van) kwijtschelding (Deut. 15; 1-11) en over hun jubileeën op de sabbat van ⁸ de zonen van [Gamul], op de vierde dag.

f. *4Q Regel der Gemeenschap^f (4Q260 = 4QS^f)*

Fragment 1, kolom I = 1QS IX 23-24 (zeer fragmentarisch); Fragment 1, kolom II, fragment 2, kolom I = 1QS X 1-5 (zeer fragmentarisch); Fragment 2, kolom II = 1QS X 9-11 (zeer fragmentarisch); Fragment 4 = 1QS X 15-20 (fragmentarisch); Fragment 5 = 1QS X 20-24 (met weinig hiaten)

g. *4Q Regel der Gemeenschap^g (4Q261 = 4QS^g)*

Fragment 1 = 1QS V 22-24 (zeer fragmentarisch); Fragment 2 = 1QS VI 2-5 (zeer fragmentarisch); Fragment 3 = 1QS VII 22-25 (zeer fragmentarisch); Fragment 4 = 1QS VI 26-VII 4 (zeer fragmentarisch); Fragment 5 = 1QS VII 9-14; Fragment 6 = 1QS VII 15-18

h. *4Q Regel der Gemeenschap^h (4Q262 = 4QS^h)*

Fragment 1 = 1QS III 4-6 (fragmentarisch); twee ongeïdentificeerde fragmenten.

i. *4Q Regel der Gemeenschap^i (4Q263 = 4QS^i)*

Fragment 1 = 1QS V 26 – VI 4 (zeer fragmentarisch)

j. *4Q Regel der Gemeenschap^j (4Q264 = 4QS^j)*

Fragment 1 = 1QS XI 13-22 (fragmentarisch)

3. 5Q Regel der Gemeenschap (5Q11 = 5QS)

Fragment 1, kolom I = 1QS II 4-7 (zeer fragmentarisch); Fragment 1, kolom II = 1QS II 2-14 (?) (uiterst fragmentarisch)

D. HET DAMASCUSGESCHRIFT (= CD [Cairo Document] = Zadokite Fragments)

Onder de handschriften die aan het eind van de vorige eeuw in de geniza (rommelkamer) van de Ezra-synagoge van Oud-Cairo ontdekt werden, bevonden zich twee kopieën van een eerder onbekend werk. Zij werden door S. Schechter onder de titel *Fragments of a Zadokite Work* (Cambridge 1910) gepubliceerd. Van de eerste kopie (CD A), stammend uit de tiende eeuw n. Chr., zijn acht dubbelzijdig beschreven bladen bewaard gebleven, met uitzondering van de twee laatste in ongeschonden staat. Van de tweede kopie (CD B), afkomstig uit de elfde of twaalfde eeuw, is ons slechts één blad bekend, eveneens aan beide kanten beschreven, door Schechter als kolom XIX en XX aangeduid. Kolom XIX valt in grote lijnen samen met kolom VII-VIII van CD A. De tekst van kolom XX vormt het vervolg van kolom XIX, maar ontbreekt in CD A. Dit feit wijst erop dat laatstgenoemd document niet compleet is en gedeeltelijk afwijkt van de oorspronkelijke volgorde van het werk.

De studies gewijd aan het geschrift in de jaren voorafgaande aan de vondsten van Qumran hadden reeds de ouderdom en het sektarische karakter van het werk vastgesteld, dat als C(airo) D(amascus) D(ocument) of kortweg als C(airo) D(ocument) werd aangeduid [het woord 'Damascus' werd gekozen, omdat in het geschrift verschillende malen sprake is van '(het land van) Damascus']. Na de ontdekking van de Regel der Gemeenschap (1QS) uit grot 1 van Qumran viel terstond op dat de inhoud van dit geschrift nauw verwant is met dat van CD. De vondst van fragmenten van het Damascusgeschrift in de grotten 5 en 6 bevestigde dat CD behoorde tot dezelfde collectie van sektarische geschriften als 1QS. Dat het om een belangrijk geschrift van de gemeenschap van Qumran ging werd duidelijk toen bekend werd dat in grot 4 niet minder dan acht kopieën van het werk waren aangetroffen. Deze zijn gepubliceerd in DJD XVIII.

De laatstgenoemde handschriften, waarvan in sommige gevallen relatief omvangrijke gedeelten bewaard gebleven zijn, stellen ons in staat vast te stellen in welke volgorde de vellen van CD A gelezen moeten worden. Zij tonen ook aan dat tenminste een derde deel van het oorspronkelijke werk in dit handschrift ontbreekt.

De oorspronkelijke volgorde was de volgende:
het begin van het werk, niet vertegenwoordigd in CD, maar gedeeltelijk bewaard gebleven in 4QD^a en 4QD^c;
de kolommen I-VIII van CD A;
kolom XX van CD B;

talrijke wetsvoorschriften, bewaard gebleven in verschillende handschriften uit grot 4;
kolom XV-XVI van CD A;
kolom IX-XIV van CD A;
een vervolg van de wetsvoorschriften, bewaard gebleven in 4QD^c;
een boetedoeningscodex, bewaard gebleven in 4QD^{b,c,e};
het ritueel van de uitsluiting van ontrouwe leden en het slot van het werk, bewaard gebleven in 4QD^a en 4QD^e.

Inhoudelijk kan het geschrift verdeeld worden in drie verschillende hoofdstukken:

a. Vermaningen aan het adres van de leden van de gemeenschap als inleiding op de wetsvoorschriften die volgen;

b. een verzameling van wetsvoorschriften, ontleend aan de bijbel of gebaseerd op de Wetsuitleg van de gemeenschap, en speciale reglementen die het leven van de gemeenschap bepaalden;

c. een verzameling van bepalingen voor de bijeenkomsten van de legerplaatsen, voor de Opzichter, voor de Velen, gevolgd door een strafcodex voor inbreuken op de regels van de gemeenschap en door het proces van uitsluiting van een schuldige, dat besloten wordt met een beschrijving van de ceremonie van de uitsluiting uit de gemeenschap.

De Vermaningen ('Admonitions') vormen een breed uitgewerkte weergave van de heilige historie, waarin de geschiedenis van de gemeenschap verworteld wordt geacht. De structuur van dit gedeelte is complex en mogelijk het resultaat van een lang proces van literaire groei. Het begon, afgaande op de schamele resten van 4QD^a, met een oproep aan 'de kinderen van het licht' zich af te scheiden van degenen die 'de grenzen verleggen', gehoor te geven aan de stem van Mozes en trouw te blijven aan al zijn voorschriften. Mogelijk bevatte deze inleiding een exemplarische beschrijving van de zonden begaan door de overtreders van de Wet, als het juist is dat hier de zondencatalogus van 4QD^e 2, kolommen I-II, thuishoort. In deze catalogus (gedeeltelijk verwant aan die van CD A VI 14-VII 4) wordt melding gemaakt van consultatie van dodenbezweerders en waarzeggers, van een bepaald seksueel vergrijp jegens de eigen echtgenote, de tienden, de losprijs, huidaandoeningen, politiek verraad en slachting van drachtige dieren. Deze onderwerpen komen terug in concrete wetsbepalingen en de catalogus eindigt met het begin van een discours in de eerste persoon, parallel aan de inleiding tot de drie redevoeringen die in de rest van de Vermaningen voorkomen. Van deze verhandeling is slechts het begin bewaard gebleven: 'Nu dan, luistert naar mij allen die weet hebt van de gerechtigheid en die de Wet doet. Ik zal geven aan u wegen ten leven, maar de paden van het verderf zal ik openen voor de goddelozen en hun werken' (4QD^e 2 II 19-20). De rest van de Vermaningen bevat drie redevoeringen van een onderwijzer, eveneens gesteld in de eerste persoon en gericht tot zijn 'kinderen', degenen die tot het verbond zijn toegetreden en de gerechtigheid kennen. In de eerste (CD A I 1-11 1) onderwijst hij hen in de wegen van God, die hun hoogtepunt vonden in de verschijning van de Leraar der Gerechtigheid en de stichting van de gemeenschap. In de tweede (II 2-13) behandelt hij wat God voor de rechtvaardigen en de goddelozen beschikt heeft. In de derde (II 14-IV 12) geeft hij een samenvatting van de heilige historie vanaf de val van de engelen (vgl. Genesis 6) tot aan de stichting van de gemeenschap als 'een duurzaam huis in Israël', waarin al de getrouwen samenkomen. Deze drie redevoeringen worden gevolgd door een gedeelte waarin de buitenstaanders, die door de drie 'netten van Belial' (ontucht, rijkdom en verontreiniging van de tempel) gevangen zijn (IV 12-VI 1), gesteld worden tegenover degenen binnen de gemeenschap, 'de bekeerden van Israël die uit het land Juda weggetrokken zijn om te vertoeven in het land van Damascus' (VI 2-11), en een korte weergave van de voorschriften waaraan de leden van de gemeenschap zich dienen te houden (VI 11-VII 9). Deze aansporing wordt besloten met twee vermaningen: de eerste daarvan (in twee verschillende vormen bewaard gebleven in CD A VII 9-VIII 19 en CD B XIX 1-33) richt zich tegen degenen die besloten hebben zich niet bij de gemeenschap te voegen, de vorsten van Juda en de 'bouwers van de muur', de tweede (enkel bewaard gebleven in CD B XIX 33-XX 27) tegen de leden van de gemeenschap die ontrouw geworden zijn aan het nieuwe verbond en geen gehoor gegeven hebben aan de woorden van de Leraar der Gerechtigheid, afvalligen voor wie geen mogelijkheid tot terugkeer bestaat. De Vermaningen eindigen met de belofte van heil voor die leden die trouw gebleven zijn aan alle voorschriften (CD B XX 27-34).

Het tweede deel van het Damascusgeschrift bestaat uit een conglomeraat van wetsvoorschriften, die globaal gezien thematisch worden behandeld en waarvan de onderdelen vaak van een inleidende titel zijn voorzien. Wij treffen niet een systematische verhandeling betreffende de Wetsvoorschriften van de gemeenschap aan of een exposé van bijbelse normen zoals wij die in het Oude Testament vinden, maar een bloemlezing van op verschillende onderwerpen betrokken geboden, ontleend aan verschillende wetsverzamelingen. Daarin wisselen de voor geheel Israël geldende normen af met aanwijzigingen voor de tot de gemeenschap behorende bewoners van de steden en van de legerplaatsen benevens hun functionarissen, zonder dat wij daarin een rode draad kunnen herkennen. De onderwerpen die wij aantreffen, als wij de documenten uit grot 4 met CD A combineren, zijn de volgende: voorschriften betreffende frauduleuze handelingen, ondermeer bij het uithuwelijken van een dochter (4QD^f 3), de tienden, de offers van de heidenen en de metalen waarvan zij gebruik maken (4QD^f 2), de ontrouwe vrouw en het bittere water (4QD^e 4, vgl. Num. 5), de functies van de priesters en hun feilen (4QD^a 5 II), huidaandoeningen, vloeiingen en baring (4QD^a 6 I), gaven van de opbrengst van het veld (4QD^a 6 III-IV), de eden (CD A XV), de toegang tot de gemeenschap (CD A XV-XVI), de eden van vrouwen (CD A XVI), de vrijwillige offers (CD A XVI), de eden en de getuigen (CD A IX), de rechters van de vergadering (CD A X), de reinheid (CD A X), de sabbat (CD A X-XI), de relaties met de heidenen (CD A XII) en spijswetten benevens rituele reinheid (CD A XII). In sommige gevallen is begrijpelijk waarom de tekst het ene voorschrift met het andere combineert: de eed bij de toetreding tot de gemeenschap motiveert de voorschriften voor de toelating en het verbod van offers op de sabbat leidt tot voorschriften betreffende de tempel en de tempelstad. Maar in andere gevallen kunnen wij de redenen die de volgorde van de voorschriften hebben bepaald, niet meer achterhalen.

Het derde deel van het geschrift is homogener dan het voorafgaande en bevat de wetgeving van de gemeenschap: voorschriften voor de legerplaatsen (CD A XII 23-XIII 7), voor de opziener van de legerplaats (XIII 7- XIV 2), een reglement voor de algemene vergadering van alle legerplaatsen met bepalingen ten aanzien van de leidende priester en de opziener over alle legerplaatsen (XIV 3-12) en aanwijzingen voor de onderlinge hulpverlening (XIV 12-18). Deze voorschriften worden gevolgd door een beschrijving van het strafrecht, waarin de straffen voor vergrijpen tegen de binnen de gemeenschap geldende normen vermeld worden (4QD^a 10 II en 4QD^e 7 I-II). Dit strafrecht is grotendeels gelijk aan dat van 1QS, hoewel hier andere overtredingen aan worden toegevoegd, die de uitsluiting uit de gemeenschap motiveren, zoals het bedrijven van ontucht met eigen vrouwen het geringschatten van de vaders van de gemeenschap (geringschatting van moeders leidt slechts tot een tijdelijke uitsluiting). Dit gedeelte (en daarmee het gehele werk) eindigt met een beschrijving van het ritueel van de uitsluiting van ontrouwe leden, een ceremonie die plaatsvond gedurende het feest van de verbondsvernieuwing, het Wekenfeest (4QD^a 11 en 4QD^e 7 I-II).

De geboden beschrijving van de inhoud toont duidelijk aan dat het Damascusgeschrift zoals wij het kennen, van zeer verschillende bronnen gebruik gemaakt heeft, maar eveneens dat het eindresultaat van het literaire proces een strikte opbouw en eenheid vertoont. Dat het tweede deel van CD geredigeerd is op grond van bestaande werken met wetsvoorschriften blijkt uit het resumerende karakter van vele bepalingen, uit de variëteit van de aangesneden onderwerpen en de ordeloosheid bij hun weergave. Daarbij komen de toegevoegde sektarische wetsvoorschriften inzake de toelating tot de gemeenschap (XV 5-XVI 6) en de rechters (X 4-10). Bovendien biedt dit tweede deel een slotsamenvatting in CD A XII 19-20 en in CD A XII 20-22 kan men nog de redactionele aansluiting van het tweede aan het derde deel van het document onderkennen. Dat ook het derde deel op grond van eerdere gegevens geschreven is, lijkt ons duidelijk. De herkomst van de daarin vervatte stof (voorschriften, strafcodex en ceremonie van de uitsluiting) is gemakkelijk te traceren. Ook de Vermaningen aan het begin van het geschrift bevatten elementen die op vroegere herkomst wijzen. Te denken valt aan een collectie van preken, aan welke de redevoeringen die in de Vermaningen te vinden zijn, ontleend werden, of aan een exegetische verzameling, waaruit de redactor de uitleg aangaande de drie netten van Belial (CD A IV 12-V 19), die betreffende de bron en de staf (VI 3-11) en die over de gevallen hut van David (VII 14-21) putte. Toegegeven moet echter worden dat deze ook het werk van de redactor zelf kunnen zijn. Ook de kritiek op de vorsten van Juda (CD A VIII 3-19) en de aanvallen op ontrouwe leden, die samenhang vertonen met verschillende historische gebeurtenissen tijdens het leven en na de dood van de Leraar der Gerechtigheid, kunnen op oudere bronnen teruggaan. In ieder geval vond de eindredactie na het overlijden van de Leraar der Gerechtigheid plaats (CD B XIX 35-XX 1).

Sommige geleerden, zoals Rabin en nog nadrukkelijker Stegemann (*Revue de Qumrân* 14/55 (1990), 409-434), hebben gesteld dat de Vermaningen oorspronkelijk een afzonderlijk geschrift vormden, onafhankelijk van en zonder relatie met de verzameling wetsbepalingen en sektarische voorschriften die daarop volgen. Maar de fragmenten uit grot 4 laten in bijna alle kopieën niet alleen duidelijk zien dat het eerste deel van het werk met de andere twee verbonden was, maar ook dat de Vermaningen een inleiding vormen op het vervolg. De in 4QD^e 7 I genoemde overtredingen veraanschouwelijken de voorschriften waarvan de juiste naleving in de wetten van het tweede gedeelte uitgelegd is; de samenvatting van de geschiedenis van de gemeenschap in het eerste deel correspondeert met de gemeenschapsregels in het derde; zowel in het eerste als in het derde deel van het werk treffen wij de uitdrukking 'de tijd van de toorn' als aanduiding van de eigen tijd aan en in beide delen heeft de geldigheid van de voorschriften als horizon de komst van de messias van Aäron en die van Israël (CD B XX 1; CD A XIV 19 en parallellen uit grot 4); in alle drie de delen van het werk treffen wij hetzelfde soort bijbelcitaten aan, die ons karakteristieke voorbeelden verschaffen van de sektarische exegese. Deze en vele andere details leiden tot de conclusie dat het eerste deel van het Damascusgeschrift een aansporing is tot nakoming van de 'juiste uitleg van de Wet' (CD A IV 8; VI 14), een interpretatie van de Wet die in het tweede en derde deel vervat is en die aan het slot (4QD^a 11) nogmaals dè uitleg van de Wet genoemd wordt. Onverlet de voorgeschiedenis van de tekst en de herkomst van de gebruikte bronnen en ondanks het feit dat de overgang tussen de Vermaningen van het eerste deel naar de wetsbepalingen van de twee volgende in geen enkel handschrift wordt aangetroffen, kunnen wij derhalve concluderen dat de Vermaningen een integraal bestanddeel van het Damascusgeschrift vormen.

Dat het Damascusgeschrift een sektarisch werk is, blijkt uit elk onderdeel daarvan, niet enkel uit de sektarische voorschriften van het derde gedeelte: de Vermaningen plaatsen de geschiedenis van de gemeenschap in het kader van de heilige historie, tekenen de leden van de groepering als degenen die zich hebben afgescheiden van de 'kinderen van de Groeve', die een nieuw verbond in het leven hebben geroepen, zich onderwerpen aan de vroegere voorschriften en een bepaalde Wetsinterpretatie aanhangen. Zij vermelden zelfs de Leraar der Gerechtigheid en de leugenachtige Spotter (CD A I 11,14). Het sektarisch karakter van de voorschriften in het tweede deel is minder duidelijk, omdat zij apodictisch geformuleerd zijn en geen polemiek met andere groeperingen bevatten, maar de overeenkomsten van de ingenomen standpunten met de wetsbepalingen in 4QMMT en de Tempelrol bewijzen dat zij zich richten tot dezelfde sektarische kringen, die kringen die verantwoordelijk zijn voor de toevoeging van de bepalingen betreffende de toelating tot de gemeenschap en haar functionarissen.

Veel moeilijker is het de geaardheid van deze sektarische groepering en haar relatie tot de groepering van de Regel der Gemeenschap te bepalen. Dat het Damascusgeschrift en de Regel der Gemeenschap op literair niveau verwantschap vertonen is duidelijk in het licht van literaire parallellen. Beide werken tonen in hun uiteindelijke vorm onmiskenbare sporen van een slotredactie door de gemeenschap van Qumran. Dat de groeperingen tot welke zich beide geschriften richten, met elkaar verwant waren, wordt bewezen door gegevens die beide gemeenschappen gemeen hebben: zij beschouwen zichzelf als het ware Israël, aanvaarden de autoriteit van de Sadokidische priesters en worden door priesters geregeerd; het hoofd van beide groeperingen draagt dezelfde titel *Mebaqqer (*Opziener), de toelating tot beide wordt voorafgegaan door een eed van trouw aan het verbond, beide hebben hetzelfde strafrecht, beide kennen een vergadering van de Velen enz. Belangrijker dan deze overeenkomsten zijn evenwel de verschillen: de gemeenschap van 1QS leeft in de woestijn, die van CD in legerplaatsen of steden; de groepering van 1QS mijdt alle contact met buitenstaanders, maar CD regelt de omgang met anderen, inclusief heidenen; de gemeenschap van 1QS lijkt te bestaan uit ongetrouwden, terwijl de leden van de groepering van CD een normaal gezinsleven kennen, met vrouwen kinderen; de gemeenschap van CD veronderstelt rechters, die niet in 1QS genoemd worden; de Opziener van CD handelt op eigen gezag, maar die van 1QS weet zich omringd door een raad; de leden van de gemeenschap van 1QS hebben alle bezittingen gemeen, maar die van CD behouden hun inkomen en betalen daarmee de boete die hun is opgelegd; de gemeenschap van CD kent een systeem van onderlinge hulpverlening, dat wij in 1QS niet aantreffen; de toelating tot de gemeenschap van 1QS geschiedt na een proefperiode die minstens twee jaar duurt, een zaak die niet vereist is om tot de leden van de legerplaatsen te worden toegelaten enz. De beste manier om zowel de overeenkomsten als de verschillen te verklaren, is die welke een relatie tussen beide gemeenschappen, maar niet een vereenzelviging aanneemt. De door de meesten aanvaarde verklaring van deze relatie is dat de gemeenschappen van CD samenvallen met esseense groeperingen, terwijl de groepering van 1QS een afsplitsing binnen de esseense beweging vormt, die zich onder leiding van de Leraar der Gerechtigheid in de woestijn terugtrok; zij ontwikkelde een eigen gemeenschapsleven, in menig opzicht verschillend van dat van de essenen in de legerplaatsen en de steden.

Deze verklaring van de relatie tussen beide groeperingen is van belang voor het vaststellen van de ontstaanstijd van CD. De gegevens over de geschiedenis van de gemeenschap in de Vermaningen van het Damascusgeschrift laten niet toe deze met zekerheid te bepalen. De aanhaling van het boek Jubileeën in CD A XVI 3 maakt een tijdstip na het ontstaan van dit geschrift, dat waarschijnlijk omstreeks 150 v. Chr. geschreven werd, noodzakelijk. Het oudste handschrift van het Damascusgeschrift stamt uit de eerste helft van de eerste eeuw v. Chr. Derhalve moet CD dateren uit de tweede helft van de tweede eeuw v. Chr. In die periode en op een tijdstip vóór de eindredactie van 1QS moet de Qumraneditie van het geschrift het licht hebben gezien.

In het vervolg geven wij een korte beschrijving van de bij Qumran ontdekte handschriften van het Damascusgeschrift.

Van de kopie uit grot 5 (5Q12) is slechts een klein fragment bewaard gebleven. Grot 6 heeft vijf fragmenten van een handschrift overgeleverd (6Q15), waarvan vier overeenstemmen met de tekst van CD en een vijfde tekstgedeelten bevat die elders niet worden aangetroffen.

De in grot 4 ontdekte manuscripten zijn beter bewaard gebleven en belangwekkender. Zij verdienen een korte, maar gedetailleerder beschrijving.

4Q266 (4QD[a]) is de best bewaarde, de oudste en de meest interessante kopie van de acht die in grot 4 ontdekt zijn. Het document is geschreven in semicursief Hasmonees schrift uit de eerste helft van de eerste eeuw v. Chr. Het biedt ons gelukkigerwijze zowel het begin als het einde van het werk. De eerste kolom bewijst dat het begin van het Damascusgeschrift in de kopie uit de geniza van Cairo niet vertegenwoordigd is. Het begin van CD verschijnt in fragment 2, kolom I, regel 6 van het manuscript. Een groot aantal fragmenten biedt tekstdelen die in CD ontbreken. Bovendien bewijst fragment 17 dat kolom IX van CD oorspronkelijk volgde op kolom XVI, en fragment 18 dat het oorspronkelijk geschrift niet eindigde met de verzameling wetsvoorschriften van kolom XIV, maar dat deze gevolgd werd door een wetscodex die sterke overeenkomsten met die van 1QS VII vertoont, en een beschrijving van de ceremonie van de uitsluiting van hen die de voorschriften van de gemeenschap niet in acht genomen hadden.

4Q267 (4QD[b]) stamt uit het midden van de eerste eeuw n. Chr. De meeste fragmenten van deze kopie zijn uiterst klein. De best bewaarde vertonen minimale varianten in vergelijking met de tekst van CD.

4Q268 (4QD[c]) biedt slechts vijf fragmenten, waarvan drie van minimale afmeting. Een daarvan heeft de Godsnaam in oud-Hebreeuws schrift. Het handschrift stamt uit het midden van de eerste eeuw n. Chr. Het grootste fragment verschaft ons een deel van de tekst die direct aan het begin van CD voorafging en de eerste elf regels van CD A.

4Q269 (4QD[d]) bestaat uit vele fragmenten, die helaas klein van omvang zijn, zodat het belang van het handschrift niet groot is. Het schrift van het document is Herodiaans, stammend uit het begin van de eerste eeuw n. Chr.

4Q270 (4QD[e]) is geschreven in Herodiaans schoonschrift uit de eerste helft van de eerste eeuw n. Chr. Van het handschrift zijn redelijk grote fragmenten bewaard gebleven. Behalve tekstgedeelten die parallel lopen met CD en andere kopieën uit grot 4, bevat het document ook stof die elders ontbreekt. Het biedt ons tevens het slot van het Damascusgeschrift met een aantal varianten ten opzichte van 4QD[a], benevens de overgang van kolom XVI naar kolom IX.

4Q271 (4QD[f]) verschaft ons een redelijk deel van de tekst van vier kolommen. De inhoud van twee daarvan correspondeert met CD, de twee andere bieden stof die eerder onbekend was. Daarin zijn bepalingen voor het huwelijk en de tienden belangwekkend. Het manuscript is geschreven in een fraai Herodiaans schrift uit de eerste helft van de eerste eeuw n. Chr.

4Q272 (4QD^g) biedt slechts magere resten van twee kolommen met stof die niet in CD A voorkomt, maar wel in 4QD^b. Het schrift van de rol is Hasmonees, stammend uit het midden van de eerste eeuw v. Chr.

4Q273 (4QD^h) is op papyrus geschreven en stamt uit het begin van de eerste eeuw n. Chr. De bewaard gebleven fragmenten zijn uiterst klein en vaak onleesbaar.

Vele studies zijn aan CD gewijd. Een bibliografie van de werken die vóór 1970 gepubliceerd werden, is opgenomen in het Prolegomenon van J. A. Fitzmyers heruitgave van S. Schechter, *Documents of Jewish Sectaries. Fragments of a Zadokite Work* (Ktav Publishing House, New York 1970), 25-34. Een overzicht van de naderhand verschenen studies vindt men in de bijdrage van F. García Martínez (Damascus Document: A Bibliography of Studies 1970-1989) aan de nieuwe uitgave van het document (met uitstekende foto's) in M. Broshi (red.), *The Damascus Document Reconsidered* (Israel Exploration Society, Jerusalem 1992), 63-83. De belangrijkste monografieën zijn: L. Ginzberg, *Eine unbekannte jüdische Sekte* (New York 1922; Engelse vertaling, vermeerderd met drie hoofdstukken: *An Unknown Jewish Sect*, Jewish Theological Seminary of America, New York 1976); C. Rabin, *The Zadokite Documents* (Clarendon Press, Oxford 1954); P. R. Davies, *The Damascus Covenant. An Interpretation of the 'Damascus Document'* (JSOT Press, Sheffield 1983); C. Hempel, *The Laws of the Damascus Document* (STDJ 29; Brill, Leiden 1998); J. Baumgarten, E. Chazon, A. Pinnick (red.), *The Damascus Document: A Centennial of Discovery* (STDJ 34; Brill, Leiden 1998); Ben Zion Wacholder, *The New Damascus Document* (STDJ 56; Brill, Leiden 2007); S. Hultgren, *From the Damascus Covenant to the Covenant of the Community* (STDJ 66; Brill, Leiden 2007).

De vertaling die wij geven, biedt achtereenvolgens de inhoud van CD A en CD B. Daarbij is vastgehouden aan de gangbare nummering van de kolommen, maar zijn de kolommen XV-XVI vóór IX-XIV geplaatst, omdat eerstgenoemde blijkens hun inhoud en de gegevens van grot 4 oorspronkelijk aan de laatste voorafgingen. Bij de vertaling van de fragmenten uit grot 4 zijn in voorkomende gevallen de parallelle gedeelten in CD aangegeven.

1. Documenten uit de Geniza van Cairo (CD; aan het eind van de vorige eeuw gevonden in de rommelkamer van de Ezra-synagoge van Cairo)

Tekst A

Kolom I

¹ ONBESCHREVEN Nu dan, hoort allen die de gerechtigheid kent (Jes. 51:7), en verstaat de daden van ² God, want Hij heeft een rechtsgeding met alle vlees (Jer. 25:31; Hos. 4:1) en Hij zal het vonnis voltrekken aan allen die Hem verachten. ³ Want wegens hun trouwbreuk, waarmee zij Hem verzaakten (Lev. 26:40), verborg Hij zijn gezicht voor Israël (Ez. 39:23) en zijn heiligdom ⁴ en gaf hen over aan het zwaard. Maar gedenkend aan het verbond met de voorvaderen (Lev. 26:42,45) bewaarde Hij een rest ⁵ voor Israël en gaf hen niet aan de vernietiging prijs. En gedurende de tijd van de toorn, driehonderd ⁶ en negentig jaar (vgl. Ez. 4:5) nadat Hij hen had overgeleverd aan de macht van Nebukadnessar, de koning van Babel (Jer. 27:6), ⁷ heeft Hij hen opgezocht en liet Hij uit Israël en Aäron een wortel der planting uitspruiten om ⁸ zijn land te beërven (Jes. 60:21) en zich overvloedig te verkwikken aan de goede gaven van zijn grond. Zij zagen hun ongerechtigheid in en beseften dat ⁹ zij schuldige mensen waren. Zij waren als blinden (Deut. 28:29; Jes. 59:10) en als degenen die naar de weg tasten, ¹⁰ twintig jaar lang.
Maar God gaf acht op hun daden, omdat zij Hem met een onverdeeld hart zochten. ¹¹ Hij deed voor hen een Leraar der Gerechtigheid (Joël 2:23) opstaan om hen te leiden op de weg van zijn hart ONBESCHREVEN en maakte ¹² aan de latere geslachten bekend wat Hij {zou} doen aan het laatste geslacht, aan de gemeente van de afvalligen. ¹³ Zij zijn degenen die zich van de weg hebben afgekeerd (Ex. 32:8; Deut. 9:16; Richt. 2:17). Dit is de tijd waarover geschreven werd: 'Als een weerspannige koe ¹⁴ is Israël weerspannig' (Hos. 4:16), toen de Spotter (vgl. Jes. 28:14) opstond, die over Israël ¹⁵ wateren van leugen uitgoot en hen in een ongebaande wildernis deed ronddolen (Ps. 107:40) door de eeuwige hoogten te doen ineenzinken (Hab. 3:6), af te wijken ¹⁶ van de paden der gerechtigheid en de grenzen te verleggen, waarmee de voorvaderen hun erfdeel hadden afgebakend (Deut. 19:14), zodat ¹⁷ Hij de vervloekingen van het verbond aan hen deed kleven en hen overleverde aan het zwaard dat wraak neemt over ¹⁸ het verbond (Lev. 26:25). Want zij zochten aangename dingen, verkozen begoochelingen (Jes. 30:10), spiedden ¹⁹ naar bressen, verkozen de schone hals

(Hos. 10:11) en stelden de schuldige in het gelijk, maar veroordeelden de rechtvaardige. [20] Zij overtraden het verbond en verbraken de inzetting. Zij spanden samen tegen het leven van de rechtvaardige, van allen die onberispelijk wandelen, [21] had hun ziel een afschuw, zij vervolgden hen met het zwaard en wakkerden de twist onder het volk aan. Toen ontstak de toorn

Kolom II

[1] van God tegen hun gemeente, zodat Hij hun ganse menigte in verwarring bracht; hun daden waren onreinheid in zijn ogen.
[2] ONBESCHREVEN Nu dan, hoort naar mij, gij allen die tot het verbond zijt toegetreden, en ik zal uw oren [3] de wegen van de goddelozen openbaren. ONBESCHREVEN God heeft de kennis lief, wijsheid en inzicht heeft Hij vóór zich gesteld; [4] omzichtigheid en kennis dienen Hem. Lankmoedigheid is bij Hem en overvloedige vergeving [5] om vergiffenis te schenken aan degenen die zich van de overtreding bekeren, maar kracht, macht en grote toorn met vuurvlammen (Jes. 66:15) [6] {door middel van} alle verderfengelen tegen hen die van de weg afwijken en de inzetting verafschuwen: zij zullen geen rest [7] of ontkomenen hebben. Want God heeft hen vanaf het begin van de wereld niet uitverkoren; voordat zij geschapen werden, kende Hij [8] hun daden. Hij verafschuwde de generaties vanwege het bloedvergieten en verborg zijn gezicht voor het land, [9] van {Israël}, totdat zij waren omgekomen. Hij kende de jaren van het bestaan en het getal en de details van hun tijden, naar alles [10] wat eeuwig is en geschiedt tot en met wat er zou gebeuren in hun tijden gedurende alle jaren van weleer. [11] Uit hen allen verwekte Hij voor zich mannen van naam (Num. 16:2) om een rest voor het land over te laten en [12] het aardoppervlak met hun nakroost te vullen. ONBESCHREVEN Hen onderwees Hij door {de} met zijn heilige Geest gezalfden en de zieners [13] der waarheid; en hun namen werden nauwkeurig vastgelegd. Maar van wie Hij een afkeer had, bracht Hij op een dwaalspoor.
[14] ONBESCHREVEN Nu dan, kinderen, hoort naar mij en ik zal uw ogen openen, opdat gij ziet en verstaat de werken [15] van God, verkiest wat Hem behaagt, verwerpt waarvan Hij een afkeer heeft, onberispelijk wandelt [16] op al zijn wegen en de gedachten van de schuldige neiging en de ontuchtige ogen niet volgt (vgl. Num. 15:39), want velen [17] zijn daardoor verdwaald en dappere helden zijn vanaf oeroude tijden tot nu toe daarover

gestruikeld. Omdat zij wandelden in verstoktheid van [18] hun hart zijn de wachters des hemels daardoor ten val gekomen (Gen. 6:1-4); zij werden daardoor verstrikt, omdat zij de geboden van God niet hielden. [19] Hun zonen, wier lengte was als die van de hoogte van ceders (Amos 2:9; 1 Hen. 7:2) en wier lichamen als bergen waren, zijn (eveneens) ten val gekomen. [20] Alle vlees dat op het droge was, kwam om (door de zondvloed [Gen. 7:22]); zij werden alsof zij er niet geweest waren, omdat zij [21] hun (eigen) zin deden en de geboden van hun Schepper niet hielden, totdat zijn toorn tegen hen ontbrandde.

Kolom III

[1] ONBESCHREVEN Daardoor dwaalden de zonen van Noach en hun families: zij werden verdelgd.
[2] Abraham wandelde daarin niet en werd als [vr]iend gere[kend] (Jes. 41:8), omdat hij de geboden van God hield en [3] zijn eigen zin niet verkoos. Hij gaf (ze) door aan Isaak en Jakob; zij hielden (ze) en werden opgeschreven als vrienden [4] van God en leden van het verbond voor altijd. De zonen van Jakob dwaalden daardoor en werden gestraft overeenkomstig [5] hun dwalingen. Hun zonen wandelden in Egypte in verstoktheid van hun hart door te rebelleren tegen [6] de geboden van God en ieder voor zich te doen wat recht was in eigen ogen. Zij aten bloed (Gen. 9:4) en [7] hun mannen werden in de woestijn verdelgd. {Hij sprak} tot hen in Kades: 'Trekt op en neemt {het land} in bezit' (Deut. 9:23b), {maar zij kozen} hun eigen zin en luisterden niet [8] naar de stem van hun Schepper, (naar) de geboden die Hij hun geleerd had, en morden in hun tenten (Ps. 106:25a). Toen ontbrandde de toorn van God [9] tegen hun gemeente. Hun kinderen gingen daardoor te gronde, hun koningen werden daardoor verdelgd, hun helden [10] gingen daardoor te gronde en hun land werd daardoor een woestenij. Daardoor laadden de eersten die tot het verbond toetraden, schuld op zich; zij werden overgeleverd [11] aan het zwaard, omdat zij het verbond van God verzaakten, hun (eigen) zin kozen en de verstoktheid [12] van hun hart volgden, doordat ieder zijn eigen zin deed. ONBESCHREVEN
Maar met hen die vasthielden aan de geboden van God, [13] die uit hen waren overgebleven, richtte God zijn verbond met Israël voor eeuwig op, hun openbarend [14] de verborgen dingen, waarin geheel Israël gedwaald

had: zijn heilige rustdagen, zijn [15] luisterrijke feesten, zijn rechtvaardige getuigenissen, zijn trouwe wegen en de verlangens van zijn wil, waardoor [16] een mens die ze doet, zal leven (Lev. 18:5), ONBESCHREVEN legde Hij voor hen open. En zij groeven een put voor vele wateren; [17] wie ze veracht, zal niet leven. Zij evenwel hadden zich verontreinigd door menselijke overtreding en onreine wandel [18] en hadden gezegd: 'Neen, het is van ons' (Ez. 11:15). Maar God verzoende in zijn wonderbare geheimenissen hun zonde en vergaf hun overtreding. [19] Hij bouwde voor hen een duurzaam huis in Israël (vgl. 1 Sam. 2:35), welks gelijke er niet gestaan heeft sedert oude tijden tot [20] nu toe. Zij die daaraan vasthouden, (zijn bestemd) voor het eeuwige leven en alle heerlijkheid van Adam zal hun deel zijn; zoals [21] God voor hen bepaalde door de profeet Ezechiël door te zeggen: 'De priesters en de levieten en de zonen van

Kolom IV

[1] Sadok, die de dienst in mijn heiligdom in acht namen, toen de Israëlieten [2] van Mij afdwaalden, die zullen Mij vet en bloed brengen' (Ez. 44:15). ONBESCHREVEN De priesters zijn de bekeerden van Israël, [3] die weggetrokken zijn uit het land Juda, {en de levieten} degenen die zich bij hen aansloten; de zonen van Sadok zijn de uitverkorenen [4] van Israël, de mannen van naam, die aan het eind der dagen dienst doen. Zie de nauwkeurige registratie van [5] hun namen naar hun geslachten, de tijd van hun optreden, het getal van hun benauwenissen en de jaren van [6] hun verblijf in den vreemde en de nauwkeurige registratie van hun daden {......} ONBESCHREVEN van heiligheid. {Zij zijn de vroe}geren, aan wie [7] God vergeving schonk en die de rechtvaardige in het gelijk stelden en de schuldige veroordeelden (Deut. 25:1), en allen die na hen toetraden, [8] om te handelen overeenkomstig de juiste uitleg van de Wet, waardoor zich de vroegeren lieten onderwijzen, tot aan de voleindiging [9] van het tijdperk van deze jaren. Overeenkomstig het verbond dat God met de vroegeren oprichtte om hun [10] hun zonden te vergeven, zal Hij ook hun vergiffenis schenken. Maar wanneer het tijdperk naar het getal van [11] deze jaren voleindigd is, zal er geen aansluiting bij het huis van Juda meer zijn, maar ieder moet gaan staan op [12] zijn eigen wachttoren (Hab. 2:1): 'De muur is gebouwd en de inzetting ver' (vgl. Micha 7:11).

Gedurende deze jaren zal [13] Belial worden losgelaten tegen Israël, zoals God gesproken heeft door de profeet Jesaja, de zoon van [14] Amoz, door te zeggen:
'Schrik en kuil en strik over u, bewoners van het land' (Jes. 24:17). ONBESCHREVEN De verklaring hiervan: Het zijn de drie netten van Belial, waarvan Levi, de zoon van Jakob, sprak, waarmee hij Israël vangt en die hij {hun} voorstelt als drie soorten van [17] gerechtigheid. Het eerste is de ontucht, het tweede de rijkdom, het derde [18] de verontreiniging van het heiligdom. Wie aan het ene ontkomt, wordt in het andere gevangen, en wie uit het ene gered wordt, wordt [19] in het andere gevangen (Jes. 24:18). De bouwers van de muur (Ez. 13:10), die achter Zaw aanlopen – Zaw is de prediker, [20] van wie Hij zei: 'Zij zullen zeker prediken' (Micha 2:1) -, worden in twee opzichten gevangen in de ontucht: (ten eerste) door [21] twee vrouwen tijdens hun leven te huwen, terwijl het scheppingsprincipe is: 'Man en vrouw schiep Hij hen' (Gen. 1:27).

Kolom V

[1] En die de ark binnengingen, zijn twee bij twee de ark binnengegaan (Gen. 7:9). En van de vorst staat geschreven: [2] 'Hij zal zich niet vele vrouwen nemen' (Deut. 17:17). David had het verzegelde boek van de Wet, dat [3] zich in de ark (van het verbond) bevond, niet gelezen, want het was in Israël niet geopend sedert de dag van de dood van Eleazar, [4] Jozua en de oudsten, omdat men de Astartes diende (Richt. 2:13); verborgen was [5] {het} geopenbaarde, totdat Sadok optrad. Van de daden van David werd hoog opgegeven, behalve van het bloed van Uria, [6] en God schold ze hem kwijt.
Ook verontreinigen zij het heiligdom, omdat zij niet [7] het onderscheid (tussen rein en onrein) in acht nem{en} overeenkomstig de Wet, maar liggen bij haar die haar bloedvloeiing ziet (Lev. 15:19). (Ten tweede) huwt [8] ieder de dochter van zijn broer of de dochter van zijn zuster, ONBESCHREVEN terwijl Mozes heeft gezegd: 'Gij zult niet [9] naderen tot de zuster van uw moeder; zij is de naaste verwante van uw moeder' (Lev. 18:13). De wet tegen incest is (weliswaar) met betrekking tot mannen [10] geschreven, maar geldt ook voor vrouwen. Wanneer de dochter van de broer de schaamte van de broer van [11] haar vader ontbloot, is zij (ook zijn) naaste verwante.

Ook verontreinigen zij hun heilige geest en [12] openen hun mond met lasterlijke taal tegen de inzettingen van het verbond van God door te zeggen: Zij staan niet vast, en [13] zij spreken afschuwelijke dingen daartegen. Zij zijn ontstekers van vuur en aanstekers van brandpijlen (Jes. 50:11); [14] spinnewebben zijn hun webben en eieren van giftige slangen hun eieren (Jes. 59:5). Wie hen benadert, [15] blijft niet ongestraft. {Hoe meer (hij het doet)}, des te schuldiger zal hij zijn, tenzij hij gedwongen wordt. Want {reeds} van oudsher heeft [16] God hun daden gestraft en is zijn toorn ontbrand tegen hun daden, want het is geen volk van inzicht (Jes. 27:11). [17] Zij zijn een volk, dat elk begrip mist (Deut. 32:28), omdat bij hen geen inzicht is. Want eertijds traden [18] Mozes en Aäron op door de vorst van de lichten, maar Belial deed in zijn sluwheid Jannes en [19] zijn broer opstaan (2 Tim. 3:8), toen Israël voor de eerste maal gered werd. ONBESCHREVEN [20] ONBESCHREVEN En ten tijde van de verwoesting van het land zijn er lieden opgestaan die de grenzen verlegden (Hos. 5:10) en Israël op een dwaalspoor brachten. [21] Het land werd tot een woestenij, omdat zij afval predikten tegen de geboden van God, (die gegeven zijn) door Mozes en ook

Kolom VI

[1] door de heilige gezalfden (= de profeten), en leugen profeteerden om Israël er toe te brengen [2] God niet langer te volgen.
Maar God gedacht aan het verbond met de voorvaderen (Lev. 26:45) ONBESCHREVEN en verwekte uit Aäron verstandigen en uit Israël [3] wijzen (Deut. 1:13). Hij deed hen luisteren en zij groeven de bron: 'de bron, die de vorsten groeven, (die) [4] de edelen des volks boorden met de staf' (Num. 21:18). De bron is de Wet en die haar groeven, ONBESCHREVEN zijn [5] de bekeerden van Israël, die uit het land van Juda zijn weggetrokken om te vertoeven in het land van Damascus, [6] die God allen vorsten noemde, omdat zij Hem zochten en aan [7] wier eer in niemands mond afbreuk werd gedaan. ONBESCHREVEN De staf is de Onderzoeker van de Wet, van wie [8] Jesaja gezegd heeft: 'die een instrument voor zijn arbeid vervaardigt' (Jes. 54:16). ONBESCHREVEN De edelen des volks zijn degenen [9] die kwamen om de bron te boren met hun staven (= voorschriften), die de staf (= de

wetgever) verordineerde [10] om daarin te wandelen gedurende het gehele tijdperk van de goddeloosheid – zonder deze bereiken zij niet(s) – tot aan de verschijning van [11] de Leraar der Gerechtigheid aan het eind der dagen.
ONBESCHREVEN
Allen die tot het verbond werden gebracht, [12] zullen het heiligdom niet betreden om tevergeefs zijn altaar te ontsteken. Zij zullen degenen zijn die [13] de deur sluiten, van wie God gezegd heeft: 'Wie onder u zal zijn deur sluiten, opdat gij niet tevergeefs mijn altaar ontsteekt?' (Mal. 1:10). [14] Zij zullen er zeker zorg voor dragen te handelen overeenkomstig de juiste uitleg van de Wet gedurende het tijdperk van de goddeloosheid: door zich af te zonderen [15] van de mannen van de Groeve; door zich te onthouden van onreine schatten der goddeloosheid, (verkregen) uit geloften en wijgeschenken [16] en uit het tempelbezit door de armen van zijn volk te beroven, zodat weduwen hun prooi worden [17] en men de wezen vermoordt (Jes. 10:2; Ps. 94:6); door onderscheid te maken tussen onrein en rein en het verschil bij te brengen tussen [18] heilig en profaan (vgl. Ez. 22:26); door de sabbat te onderhouden overeenkomstig de juiste uitleg daarvan evenals de feesten [19] en de vastendag overeenkomstig het bevinden van hen die tot het nieuwe verbond zijn toegetreden in het land van Damascus; [20] door de heilige gaven te heffen (Lev. 22:15) overeenkomstig de juiste uitleg daarvan; door elk voor zich zijn broeder lief te hebben [21] als zichzelf (Lev. 19:18); door de ellendige, de arme en de vreemdeling te ondersteunen (Ez. 16:49); ONBESCHREVEN door elk voor zich het welzijn

Kolom VII

[1] van zijn broeder te zoeken, zodat niemand ontrouw is aan degene, die vlees van zijn vlees is (vgl. Gen. 2:23); door zich verre te houden van ontucht, [2] overeenkomstig het voorschrift; door elkaar terecht te wijzen overeenkomstig het gebod en (jegens iemand) geen toorn te blijven koesteren [3] van de ene dag op de andere (Lev. 9:17-18); door zich verre te houden van alle onreinheden, volgens de voorschriften, zodat [4] niemand zijn heilige geest verontreinigt, overeenkomstig de onderscheiding die God voor hen getroffen heeft (Lev. 20:25). Al degenen die [5] daarin wandelen in heilige onberispelijkheid op aanwijzing van al {zijn} voorschriften, voor die is het verbond van God een zekerheid [6] dat zij zullen leven duizend geslach-

ten door. ONBESCHREVEN Wanneer zij in legerplaatsen wonen overeenkomstig de regel van het land en [7] vrouwen nemen en kinderen verwekken, zullen zij wandelen naar de eis van de Wet ONBESCHREVEN en naar het voorschrift van [8] de vermaningen, overeenkomstig de orde van de Wet, zoals Hij gezegd heeft: 'tussen een man en zijn vrouw en tussen een vader [9] en zijn zoon' (Num. 30:16). Maar alle verachters – wanneer God het land bezoekt, zal Hij hun de vergelding van de goddelozen toedelen, [10] als het woord in vervulling gaat dat geschreven staat onder de woorden van de profeet Jesaja, de zoon van Amoz, [11] die zei: 'Komen zullen over u, over uw volk en over uws vaders huis dagen, zoals [12] er niet aangebroken zijn sedert Efraïm zich van Juda afscheidde' (Jes. 7:17). Toen de beide huizen van Israël uiteengingen, [13] scheidde zich Efraïm van Juda af en werden alle afvalligen aan het zwaard overgeleverd. Maar zij die vasthielden, [14] ontkwamen naar het land van het noorden, ONBESCHREVEN zoals Hij gezegd heeft: 'Verbannen zal Ik de Sikkut van uw koning [15] en de Kiyyun van uw beelden van mijn tent naar Damascus' (Amos 5:26). ONBESCHREVEN De boeken van de Wet zijn de Sukkat (= tent) van [16] de koning, zoals Hij gezegd heeft: 'Ik zal de vervallen hut van David weer oprichten' (Amos 9:11). ONBESCHREVEN De koning [17] is de gemeente [[en de Kiyyune]] en de Kiyyon (= het voetstuk) van de beelden zijn de boeken der profeten, [18] wier woorden Israël veracht heeft. ONBESCHREVEN En de Ster (Amos 5:26) is de Onderzoeker der Wet, [19] die naar Damascus zal komen, zoals geschreven staat: 'Een ster gaat op uit Juda en een scepter rijst op [20] uit Israël' (Num. 24:17). De scepter is de Vorst van de ganse gemeente; wanneer hij verschijnt, zal hij [21] alle zonen van Set verpletteren (Num. 24:17). ONBESCHREVEN Dezen ontkwamen ten tijde van de eerste bezoeking.

Kolom VIII

[1] maar de afvalligen werden aan het zwaard overgeleverd.
Zo zal (ook) het gericht zijn over allen die (wel) tot zijn verbond zijn toegetreden, maar [2] aan deze (geboden) niet vasthouden: Hij zal hen bezoeken tot verdelgens toe door de hand van Belial. Dat is de dag [3] waarop God bezoeking zal doen (zoals Hij gezegd heeft): 'De vorsten van Juda zijn degenen waarover Ik de toorn zal uitstorten' (Hosea 5:10). [4] Want zij hopen (wel) op genezing, {maar een smet kleeft (hen) aan}: allen zijn

opstandelingen, omdat zij zich niet hebben afgewend van de weg van de [5] trouwelozen en zich verontreinigd hebben door ontuchtige wandel en rijkdom der goddeloosheid, door zich te wreken en de toorn te behouden [6] jegens elkaar en van elkaar een afkeer te hebben. Zij onttrekken zich aan hun bloedverwanten, [7] komen naderbij om schanddaad te plegen en stellen zich aanmatigend op inzake bezit en gewin: ieder doet wat recht is in zijn ogen [8] en verkiest de verstoktheid van zijn hart. Zij scheiden zich niet van het volk af, maar laten zich met voorbedachten rade gaan [9] met te wandelen op de weg der goddelozen, van wie God gezegd heeft: 'Venijn van slangen is hun wijn [10] en wreed addervergif' (Deut. 32:33). De slangen zijn de koningen der volken ONBESCHREVEN en hun wijn [11] hun wegen. Het addervergif is het hoofd van de koningen van Griekenland, die komt om zich [12] op hen te wreken.

Maar al deze dingen hebben degenen die de muur bouwen en met kalk bepleisteren (Ez. 13:10), niet begrepen, want [13] iemand die wind weegt en leugen predikt (Micha 2:11), heeft hun gepredikt, zodat Gods toorn tegen zijn ganse gemeente ontbrandde.

[14] En zoals Mozes gezegd heeft: 'Niet wegens uw gerechtigheid en de oprechtheid van uw hart gaat gij [15] deze volken beërven, maar omdat Hij uw vaderen liefhad en omdat Hij de eed hield' (Deut. 9:5; 7:8), [16] ONBESCHREVEN zo is ook de beslissing voor de bekeerden van Israël, die zich hebben afgekeerd van de weg van het volk: met de liefde waarmee God [17] de eerderen liefhad, die Hem navolgend {getuigenis aflegden}, heeft Hij die na hen gekomen zijn, lief, want hunner [18] het verbond met de vaderen. ONBESCHREVEN

Maar omdat Hij van de bouwers van de muur een afkeer heeft, is zijn toorn ontbrand ONBESCHREVEN. Overeenkomstig [19] deze beslissing gaat het allen die de geboden van God verachten, die verzaken en zich afwenden in de verstoktheid van hun hart. ONBESCHREVEN [20] ONBESCHREVEN Dat is het woord dat Jeremia gesproken heeft tot Baruch, de zoon van Neria, en Elisa [21] tot zijn knecht Gechazi. ONBESCHREVEN Alle mannen die toegetreden zijn tot het nieuwe verbond in het land van Damascus

Kolom XV (fragmenten uit grot 4 tonen aan dat de kolommen XV en XVI oorspronkelijk aan de kolommen IX-XIV voorafgingen. Deze volgorde is hier overgenomen, maar de traditionele nummering van de kolommen is gehandhaafd)

¹ [Hij zal niet zwe]ren bij *'alef* en *lamed* (= *'El* [God]) noch bij *'alef* en *dalet* (= *'Adonay* [de Heer]), maar met de eed van de jongeren ² bij de vervloekingen van het verbond. ONBESCHREVEN De Wet van Mozes zal hij niet noemen, want [...] ³ ONBESCHREVEN Wanneer hij (daarbij) zou zweren en (naderhand de eed) zou breken, zou hij de Naam ontheiligen (Lev. 19:12). ONBESCHREVEN Als hij bij de vervloekingen van het verbond zwee[rt ten overstaan van] ⁴ rechters, – ONBESCHREVEN als hij (de eed) breekt, dan is hij schuldig; hij zal (dan zijn zonde) belijden en (de zaak) goedmaken; (dan) zal hij geen schuld dragen ⁵ en (niet) sterven. ONBESCHREVEN Wie tot het verbond is toegetreden, dat voor geheel Israël is tot een eeuwige inzetting – hun zonen, die (de leeftijd) bereiken ⁶ om over te gaan tot de getelden (Ex. 30:14), moeten met de eed van het verbond zweren. ONBESCHREVEN Dat is ook ⁷ het voorschrift gedurende het ganse tijdperk van de goddeloosheid voor ieder die zich bekeert van zijn verdorven wandel. Op de dag dat hij spreekt ⁸ met de Opziener van de Velen, zal men hem monsteren met de eed van het verbond, dat ⁹ Mozes met Israël gesloten heeft: het verbond der terug[keer] tot de Wet van Mozes met (zijn) ganse hart en ga[nse] ¹⁰ ziel, tot wat gevonden is om te doen gedurende het gan[se tijd]perk van [de goddeloosheid]. Niemand mag hem ¹¹ de voorschriften bekendmaken, voordat hij zijn opwachting bij de Opziener gemaakt heeft, opdat deze door hem niet misleid wordt als hij hem test. ¹² Maar wanneer hij zich verplicht heeft zich te bekeren tot de Wet van Mozes met (zijn) ganse hart en ganse ziel, ¹³ [zullen] zij [zich] op hem [wreken,] als hij on[trou]w wordt. ONBESCHREVEN Alles wat uit de Wet geopenbaard is aan de me[nigte] ¹⁴ [van het legerkamp,] – mocht hij daarin onopzettelijk dwalen, dan zal de Opziener hem [dat] mee[delen], hem aanwijzingen geven en le[ren] ¹⁵ gedurende een geheel jaar. Overeenkomstig zijn kennis {zal hij opgenomen worden}, maar wie dwaas of gek is, {mag niet opgenomen worden}. Iedere onnoz[ele] {of} (geestelijk) ver[war]de, ¹⁶ iemand die blind is, zo [dat hij niet kan zien, een kreupele, een slingerende, een dove en mi]nder[jarige], ¹⁷ nie[mand van hen] mag binnenkomen [in de raadsvergadering, omdat de heilige engelen te midden van haar zijn.] ¹⁸⁻²⁰ [...] ...

Kolom XVI

¹ met u een verbond en met geheel Israël. Daarom zal een man zich verplichten zich te bekeren tot ² de Wet van Mozes, want daarin is alles precies vastgelegd. ONBESCHREVEN En de exacte ontvouwing van hun tijden betreffende de blindheid ³ van Israël voor al deze dingen, zie dat is precies vastgelegd in het boek van de indelingen der tijden ⁴ volgens hun jubeljaren en (jaar)weken (= het boek Jubileeën). Op de dag dat iemand zich verplicht zich te bekeren ⁵ tot de Wet van Mozes, zal de engel van de vijandschap (= de satan) van hem wijken, als hij zich aan zijn (onder ede uitgesproken) woorden houdt. ⁶ Daarom is Abraham besneden op de dag van zijn kennis. ONBESCHREVEN En wat (betreft hetgeen) Hij gezegd heeft: 'Wat over uw lippen gegaan is, ⁷ moet gij stipt volbrengen' (Deut. 23:23a), ONBESCHREVEN elke bindende eed, waartoe iemand zich verplicht heeft, ⁸ om een voorschrift uit de Wet te doen, mag hij, zelfs als het hem het leven zou kosten, niet {breken}. ONBESCHREVEN Alles waartoe ⁹ iemand zich [verp]licht heeft in afwijking van [de We]t, zal hij niet uitvoeren, zelfs als het hem het leven zou kosten. ¹⁰ [Wa]t [betre]ft de eed van een vrouw, – aangezien Hij geze[gd heeft]: 'Haar man [kan] haar eed ongeldig maken' (Num. 30:8,15), – niet ¹¹ mag een man een eed ongeldig maken, waarvan hij niet weet of die gehouden ONBESCHREVEN of teniet gedaan moet worden. ¹² Als het verbond (daardoor) overtreden wordt, moet hij die (echter) tenietdoen en niet houden. ONBESCHREVEN Dat is ook het voorschrift voor haar vader.

¹³ Wat betreft het voorschrift voor de vrijwillige gaven: Niemand mag het altaar iets wijden dat onrechtmatig verkregen is. Ook ¹⁴ [de pr]iesters mogen van Israël niet [iets] aannemen [dat onrechtmatig verkregen is. Nie]mand mag het voedsel van ¹⁵ zijn mond [aan Go]d heiligen (Marc. 7:11-12), want dat is wat Hij zegt: 'Ieder tracht zijn naaste met een ban te vangen' (Micha 7:2). Niet ¹⁶ mag [iema]nd (enig dier) hei[ligen] uit alle [eerstgeborenen van het vee, hetzij een rund hetzij een stuk kleinvee (Lev. 27:26). En als hij een deel] van zijn grondbezit ¹⁷ heiligt aan [God] (Lev. 27:16), dan zal [oo]k [dit voorschrift gelden: als hij erop staat (die) te lossen (Lev. 27:19)], zal een boete worden geëist van ¹⁸ degene die de gelofte gedaan heeft: [een zesde deel van het geld van de geschatte waarde zal hij daarbij voegen ...] ¹⁹ aan de recht[ers om rechtvaardig te oordelen en te schatten ... Daarna zal het aan de gelofte onderworpene ...]; ²⁰ indien [het onrechtmatig verkregen is, zal hij die het onrechtmatig verkreeg, (het) vergoeden; indien hij met zijn naaste de waarheid niet gesproken heeft, ...]

Kolom IX

¹ ONBESCHREVEN 'Iedere {ban}, waarmee een mens (iemand) uit de mensen (aan God) wijdt' (Lev. 27:28), die zal ter dood gebracht worden (Lev. 27:29) volgens de inzettingen der heidenen. ² En (betreffende) wat Hij gezegd heeft: 'Gij zult niet wraakzuchtig en haatdragend zijn tegenover de kinderen van uw volk' (Lev. 19:18): ieder van degenen die zijn toegetreden tot ³ het verbond, die een aanklacht inbrengt tegen zijn naaste zonder hem voor getuigen terechtgewezen te hebben, ⁴ of die inbrengt in grimmige toorn of de oudsten (van de zaak) in kennis stelt om hem in achting te doen dalen, die is een wraakzuchtige en haatdragende. ⁵ ONBESCHREVEN Staat er niet geschreven: 'Hij is een wreker voor zijn tegenstanders en Hij blijft toornen tegen zijn vijanden' (Nah. 1:2)? ⁶ Als hij van dag tot dag tegenover hem gezwegen heeft en hem (daarna) in zijn grimmige toorn van een halsmisdaad beschuldigt, ⁷ heeft hij tegen zichzelf getuigd, omdat hij het bevel van God niet volbracht heeft, die (hem) gezegd heeft: 'Openlijk zult gij ⁸ uw naaste terechtwijzen en niet ter wille van hem zonde op u laden' (Lev. 19:17). ONBESCHREVEN
Betreffende de eed.
(Betreffende) wat ⁹ Hij gezegd heeft: 'Gij zult het recht niet in eigen hand nemen (1 Sam. 25:26): wanneer iemand (een ander) verplicht te zweren in het open veld, ¹⁰ niet voor rechters of in hun opdracht, dan heeft hij het recht in eigen hand genomen. Als iets verloren geraakt is ¹¹ en onbekend is wie het gestolen heeft uit het vermogen van de legerplaats waaruit het gestolen is, zal men zijn eigenaar ¹² een eed van vervloeking (Num. 5:21) laten zweren. Wie die hoort, is, wanneer hij (van de zaak) kennis draagt, maar (die) niet meedeelt, schuldig (Lev. 5:1). ¹³ ONBESCHREVEN Als een schuld teruggegeven moet worden, maar er geen eigenaar is (aan wie het bedrag toekomt), zal degene die (de schuld) teruggeeft, voor de priester een bekentenis afleggen: ¹⁴ aan deze zal die toevallen, ongeacht de ram van het schuldoffer (Num. 5:8). ONBESCHREVEN [[ ]] Evenzo zal elk verloren voorwerp dat gevonden wordt, maar ¹⁵ dat zonder (bekende) eigenaar is, de priesters toevallen, omdat de vinder niet weet wie er recht op heeft: ¹⁶ wanneer de eigenaar daarvan niet gevonden wordt, zullen zij (het) in hun hoede nemen. ONBESCHREVEN (Voor) iedere zaak waarin iemand ¹⁷ de Wet ontrouw wordt, en zijn naaste dat ziet, terwijl hij alleen is, (geldt): als het om een halsmisdaad gaat, zal hij het ¹⁸ in zijn bijzijn ONBESCHREVEN ter terechtwijzing bekendmaken aan de Opziener. De Opziener zal het eigenhandig opschrijven. Wanneer hij het nog eens doet ¹⁹ in het bijzijn

van een ander, zal die het weer aan de Opziener bekendmaken. Als hij dan opnieuw betrapt wordt in het bijzijn van [20] een ander, is zijn vonnis rond. ONBESCHREVEN Maar als er twee zijn, die getuigen betreffende [21] één zaak, dan zal de man uitgesloten worden van de heilige spijs, ONBESCHREVEN mits zij betrouwbaar zijn, [22] en iemand het op dezelfde dag dat hij (het) gezien heeft, aan de Opziener bekendmaakt. Inzake bezit zal men twee [23] betrouwbare getuigen toelaten, ONBESCHREVEN maar op grond van één (getuige) mag men iemand van de heilige spijs uitsluiten. Niet toelaatbaar mag zijn

Kolom X

[1] voor de rechters een getuige om op grond van zijn verklaring de doodstraf te vellen, die (nog) niet oud genoeg is om over te gaan [2] tot de getelden (Ex. 30:14) als een godvrezende. ONBESCHREVEN Niemand mag geloofwaardig gelden [3] als getuige tegen zijn naaste, die enig gebod opzettelijk heeft overtreden, totdat hij gereinigd is teneinde (in de gemeenschap) te kunnen terugkeren.
[4] ONBESCHREVEN Dit is de orderegel voor de rechters van de gemeente: tien mannen in getal, gekozen [5] uit de gemeente, voor een bepaalde tijd, vier uit de stam van Levi, te weten uit Aäron, en uit Israël [6] zes, wel onderlegd in het Boek der overpeinzing (= de Schrift; Ps. 1:2) en in de grondslagen van het verbond, personen tussen vijfentwintig [7] en zestig jaar (Num. 8:24-25; Lev. 27:7). Niemand mag in functie blijven vanaf [8] zestig jaar en daarboven om recht te spreken over de gemeente, want vanwege de ontrouw van de mensen [9] zijn zijn dagen verkort (Gen. 6:3) en in de grimmige toorn van God tegen de bewoners der aarde heeft Hij bevolen [10] hun kennis te laten afnemen, voordat zij hun dagen voleindigd hebben (Jub. 23:11).
Betreffende de reiniging met water:
niemand mag [11] baden in water dat vuil of onvoldoende is om iemand te bedekken. [12] ONBESCHREVEN Men mag daarin geen vaatwerk wassen. Wat iedere poel in een rots betreft, waarin niet voldoende (water) is, [13] om (een mens) te bedekken: als een onreine het beroerd heeft, is het water daarvan onrein, {zoals} het water van een vaatwerk.
[14] Betreffende de sabbat teneinde haar te onderhouden overeenkomstig

(het voor) haar (geldende) voorschrift: ONBESCHREVEN niemand mag op de [15] [[ ]] zesde dag een werk verrichten vanaf het moment dat de zonneschijf [16] over de afstand van haar eigen middellijn van de (westelijke) poort (waardoor zij verdwijnt,) verwijderd is, want dat is het wat Hij gezegd heeft: 'Onderhoud [17] de sabbatdag, dat gij die heiligt' (Deut. 5:12). Op de sabbatdag mag niemand een [18] dwaas of lichtzinnig woord spreken. Men mag niets aan zijn naaste lenen. Men mag niet beslissingen treffen over bezit en winst. [19] Men mag niet spreken over aangelegenheden van werk of bezigheden die de volgende dag verricht moeten worden. [20] ONBESCHREVEN Niemand mag naar {zijn} akker gaan om door hem gewenst werk te verricht. [21] Op de sabbat mag men niet meer dan duizend ellen buiten zijn stad gaan. [22] ONBESCHREVEN Niemand mag op de sabbatdag (iets) eten dan wat (vooraf) is klaargemaakt. Wat [23] op het veld verloren is, mag men niet eten. Men mag slechts drinken van wat in de legerplaats is.

Kolom XI

[1] Als men op reis is en afdaalt om zich te baden, mag men ter plaatse drinken, ONBESCHREVEN maar men mag niet (water) putten in [2] enig {vaatwerk}. Men mag op de sabbatdag niet een vreemdeling uitsturen om gewenste zaken te verrichten. [3] ONBESCHREVEN Niemand mag kleren aantrekken die vuil of in een kist opgeborgen zijn, tenzij [4] ze in water gewassen of met wierook ingewreven zijn. ONBESCHREVEN Niemand mag uit eigen wil vasten [5] op de sabbat (Jub. 50:12). ONBESCHREVEN Niemand mag achter zijn vee aangaan om het buiten zijn stad te weiden [6] verder dan tweeduizend ellen (Num. 35:3). ONBESCHREVEN Men mag zijn hand niet opheffen om het met zijn vuist te slaan. ONBESCHREVEN Als [7] het weerspannig is, mag men het niet uit zijn huis halen. ONBESCHREVEN Niemand mag iets uit huis [8] naar buiten of van buiten in huis brengen (Jer. 17:22a). Bevindt men zich in een hut, dan mag men daaruit niets naar buiten brengen [9] of daarin binnenhalen. Men mag op de sabbat niet een verzegeld voorwerp openen. ONBESCHREVEN Niemand mag [10] op de sabbat reukwerk bij zich dragen om daarmee uit en in te gaan. ONBESCHREVEN Men mag in zijn woonhuis niet [11] een steen of aarde optillen. ONBESCHREVEN Een voedstervader mag op de sabbat niet een zuigeling opnemen om daarmee naar buiten of naar binnen te gaan. [12] ONBESCHREVEN

Niemand mag op de sabbat zijn slaaf, slavin of dagloner het leven moeilijk maken.
[13] ONBESCHREVEN [[ ]] Niemand mag op de sabbatdag een dier bij het jongen werpen helpen. ONBESCHREVEN Als het in een put [14] of een kuil valt, mag men het er op de sabbat niet uittrekken (vgl. Matt. 12:11). ONBESCHREVEN Niemand mag op de sabbat op een plaats vertoeven die dicht [15] bij de heidenen gelegen is. ONBESCHREVEN Niemand mag op de sabbat de sabbat ontheiligen terwille van bezit en winst. [16] Een levend mens, die in een waterpoel of een {bron} valt, [17] mag iemand er niet met een ladder, touw of een (ander) voorwerp uithalen. ONBESCHREVEN Niemand mag op de sabbat iets anders op het altaar brengen [18] dan het brandoffer voor de sabbat, want zo staat geschreven: 'behalve uw sabbatten' (Lev. 23:38). ONBESCHREVEN
Niemand mag [19] naar het altaar een brand- of spijsoffer, wierook of hout zenden door bemiddeling van iemand die op enigerlei wijze [20] onrein geworden is, deze (zo) toelatende het altaar te verontreinigen, want er staat geschreven: 'Het offer van de [21] goddelozen is een gruwel, maar het gebed der rechtvaardigen is als een welgevallig spijsoffer' (Spr. 15:8). ONBESCHREVEN Ieder die [22] naar een gebedshuis gaat, zal het niet in een staat van onreinheid binnenkomen, die een (rituele) wassing vereist. Als de bazuinen van de gemeentevergadering klinken, [23] moet hij deze (wassing) voordien volbracht hebben of nadien volbrengen: niet zullen zij de hele dienst onderbreken (om de laatkomer alsnog toe te laten), [want een hui]s

Kolom XII

[1] der heiligheid is het. ONBESCHREVEN
Geen man mag met een vrouw slapen in de stad van het heiligdom om (zo) [2] de stad van het heiligdom door hun onreinheid te verontreinigen (Lev. 15:18) . ONBESCHREVEN
Ieder over wie de geesten van Belial heerschappij voeren [3] en die afval predikt (Deut. 13:6), zal naar het voorschrift voor de dodenbezweerder en de waarzegger berecht worden (Lev. 20:27). Ieder die (geestelijk) ontspoort, [4] zodat hij de sabbat en de feesten ontheiligt, zal niet ter dood gebracht worden, maar op mensen rust de verplichting [5] hem in het oog te houden. Indien hij daarvan geneest, zal men hem (nog) gedurende zeven jaar in het

oog houden; daarna ⁶ mag hij (weer) in de gemeentevergadering komen.
ONBESCHREVEN
Men mag zijn hand niet uitsteken om het bloed van iemand uit de heidenen te vergieten ⁷ terwille van bezit en winst. ONBESCHREVEN Ook zal men niet iets uit hun bezit nemen, opdat zij niet ⁸ godslasteringen uiten, behalve in opdracht van de gemeenschap van Israël. ONBESCHREVEN Niemand mag rein vee ⁹ of gevogelte aan de heidenen verkopen, opdat zij die niet offeren (aan de goden). ONBESCHREVEN Van zijn dorsvloer ¹⁰ of perskuip mag hij aan hen niet(s) verkopen, onder geen beding. Niemand mag zijn slaaf of zijn slavin ¹¹ aan hen verkopen, want zij zijn met hem toegetreden tot het verbond van Abraham (Gen. 17:27; Ex. 21:8). ONBESCHREVEN
Niemand mag zichzelf verfoeilijk maken ¹² door enig wild of kruipend gedierte (Lev. 11:43) door daarvan te eten, van de larven van de bijen (in de honing) af tot ieder ¹³ levend wezen toe, dat in het water krioelt (Lev. 11:46), toe. Vissen mogen alleen gegeten worden als zij ¹⁴ levend opengesneden zijn, zodat hun bloed is uitgestort. Alle sprinkhanen, van welke soort ook maar, moeten in vuur of water komen, ¹⁵ terwijl zij nog in leven zijn, want dat is het voorschrift voor de consumptie van hen. ONBESCHREVEN
Alle hout of steen ¹⁶ of aarde die bevlekt zijn geworden door de onreinheid van mensen ten gevolge van oliebevlekking in hen: overeenkomstig ¹⁷ hun onreinheid wordt degene die ze aanraakt, onrein. ONBESCHREVEN Ieder voorwerp, nagel of muurpin ¹⁸ die met een dode in het huis waren, zijn onrein (Lev. 11:32), zoals een stuk gereedschap onrein is. ¹⁹ ONBESCHREVEN (Dat is) de orderegel voor de bewoners van de steden van Israël: volgens deze voorschriften moeten zij onderscheid maken tussen ²⁰ onrein en rein en dat tussen heilig en profaan doen weten. ONBESCHREVEN Dit zijn (ook) de inzettingen ²¹ voor de Wijze om daarin te wandelen met alle levenden volgens het voorschrift voor iedere tijd. Naar ²² dit voorschrift zal het zaad van Israël wandelen, opdat het niet vervloekt wordt. ONBESCHREVEN
Dit is de orderegel voor de bewoners van ²³ de legerpl[aat]sen, voor hen die daarin wandelen gedurende het tijdperk van de goddeloosheid, totdat de messias van Aäron

Kolom XIII

¹ en (die van) Israël verschijnen, in groepen van tien mannen minimaal, naar duizend-, honderd-, vijftig- ² en tientallen (opgedeeld). Op een plaats van tien mag niet een priester ontbreken die wel onderlegd is in het Boek der overpeinzing. Naar ³ zijn aanwijzing zullen zij allen geregeerd worden. Wanneer hij niet in al deze zaken een deskundige is, maar een van de levieten is ⁴ daarin (wel) een deskundige, dan zal de beslissing over het uit- en ingaan van degenen die in de legerplaats gekomen zijn, naar diens aanwijzing genomen worden (Num. 27:21). ONBESCHREVEN Als ⁵ een rechtszaak inzake de wet op de melaatsheid (Lev. 13-14) op iemand van toepassing is, moet de priester komen en zich in de legerplaats opstellen. ⁶ De Opziener moet hem dan onderrichten in de juiste uitleg van de Wet. ONBESCHREVEN Ook als hij (= de priester) eenvoudig van geest is, zal hij hem (= de melaatse) opsluiten, want ⁷ de beslissing komt hun (= de priesters) toe (Deut. 21:5). ONBESCHREVEN
Dit is de orderegel voor de Opziener van de legerplaats: hij zal de Velen onderwijzen in de werken ⁸ van God, hen onderrichten in zijn wonderbare machtsdaden en voor hen de gebeurtenissen van weleer verhalen, samen met de uitleg daarvan. ⁹ Hij zal erbarmen met hen hebben, zoals een vader met zijn kinderen (Ps. 103:13), en iedere {gekwelde onder hen} onder zijn hoede nemen, zoals een herder zijn kudde. ¹⁰ Hij zal de boeien die hen binden, losmaken, zodat er in zijn gemeente geen verdrukte of gebrokene is (Jes. 58:6). ¹¹ ONBESCHREVEN Ieder die zich bij zijn gemeente wenst te voegen, zal hij onderzoeken aangaande zijn werken, kennis, kracht, macht en bezit. ¹² Men zal hem inschrijven op de hem toekomende plaats overeenkomstig zijn erfdeel in het toegewezen deel van het licht (Kol. 1:12). ONBESCHREVEN Niemand ¹³ van de leden van de legerplaats mag zich de bevoegdheid aanmeten iemand tot de gemeente toe te laten buiten de aanwijzing van de Opziener van de legerplaats om. ¹⁴ ONBESCHREVEN Niemand van allen die tot het verbond van God zijn toegetreden, mag handel drijven met de zonen van het verderf, behalve ¹⁵ (koop) tegen contante betaling. ONBESCHREVEN Niemand mag een contract inzake koop of verkoop sluiten, tenzij hij ¹⁶ de Opziener van de legerplaats (daarvan) in kennis heeft gesteld: hij zal in overleg handelen; men zal geen fo[ut begaan. Evenzo] met betrekking tot [ie]der die een vrou[w] h[uw]t: ¹⁷ ... [... in] overleg. Evenzo met betrekking tot iemand die (zijn vrouw) verstoot: hij zal [hun kinderen] onderr[ichten ...] ¹⁸ [en hun kleine kinderen in een

geest van] ootmoed en trouwe liefde. Hij mag geen toorn tegen hen blijven koesteren [in grimmigheid ...] [19] [...] hun [over]tredingen. En wat niet besloten is in [...] [20] [...]. ONBESCHREVEN Dit is {het reglement voor} de bewoners van de legerplaatsen [gedurende] het gehele [tijdperk van de goddeloosheid. Wie] hier[aan niet [21] vasthouden], zullen niet geschikt zijn om het land te bewonen bij [de komst van de messias van Aäron en (die) van Israël] [22] [aan het eind der dagen]. Dit zijn de [bepaling]en voor de Wijze [om daarin te wandelen met alle levenden, totdat] [23] [God het land zal bezoeken, zoals Hij gezegd heeft: 'Over u, over uw volk en over uws vaders huis zullen dagen aanbreken,]

Kolom XIV

[1] zoals er niet aangebroken zijn sedert de dag dat Efraïm zich van Juda afscheidde' (Jes. 7:17). Voor allen die hierin wandelen, [2] is het verbond van God de verzekering (Ps. 89:29) dat zij zullen worden gered van alle valstrikken van het Verderf (vgl. Spr. 13:14; 14:27), maar de onverstandigen {overtreden ze} en worden bestraft (Spr. 27:12).
[3] ONBESCHREVEN De orderegel voor de vergadering van alle legerplaatsen: zij zullen allen bij name gemonsterd worden, de priesters eerst, [4] ten tweede de levieten, ten derde de Israëlieten en ten vierde de proselieten. Zij zullen bij name worden ingeschreven, [5] de een na de ander; de priesters eerst, ten tweede de levieten, [6] ten derde de Israëlieten en ten vierde de proselieten. Zo zullen zij (ook) gezeten zijn en zullen zij om advies gevraagd worden in alles (wat aan de orde is). De priester die [7] {aan het hoofd} van de Velen is aangesteld, moet tussen dertig en zestig jaar oud zijn, wel onderlegd in het Boek der [8] overpeinzingen en in alle voorschriften van de Wet om ze volgens hun voorschriften naar voren te kunnen brengen. ONBESCHREVEN De Opziener over [9] alle legerplaatsen moet tussen dertig en vijftig jaar oud zijn, kundig in alle [10] geheimen der mensen en in elke taal {naar hun aantal}. Op zijn aanwijzing zullen de leden van de gemeente binnentreden, [11] ieder op zijn beurt. Iedere zaak waarover enig iemand (de gemeente) wenst te spreken, zal hij de Opziener zeggen, [12] of het nu gaat om een twistgeding of een vonnis. ONBESCHREVEN
Dit is de orderegel voor de Velen om aan al hun behoeften tegemoet te komen:

het loon [13] van minstens twee dagen per maand zal men ter beschikking stellen van de Opziener en de rechters. [14] Daarvan zal men aan gewonden geven en daarmee zal men armen en behoeftigen voorthelpen, de grijsaard, die [15] [gebo]gen is, de mens die (door ziekte) gesla[g]en is, degene die naar een vreemd volk gevankelijk is weggevoerd, de maagd die [16] geen losser heeft, en de {jongeman} [na]ar wie niemand omziet: de ganse dienst van de gemeenschap; niet [17] [zal het huis van de gemeenschap] hun [handen ontvallen]. ONBESCHREVEN

Dit is de nauwkeurige uiteenzetting van de bewoners van de le[gerplaatsen en dit zijn de grondslagen] [18] [die gelden voor de ge]meente. ONBESCHREVEN En dit is de nauwkeurige uiteenzetting van de voorschriften waardoor [zij geoordeeld zullen worden gedurende het tijdperk] [19] [van de goddeloosheid tot aan de verschijning van de messi]as van Aäron en (die) van Israël. Hij zal hun zonde verzoenen [...] [20] [...] en wie willens en wetens terzake van geld {bedrog pleegt}, zal worden [uitgesloten ...] [21] [...] zal zes dagen krijgen; en wie zich ui[t ...] [22] [en wie toorn blijft koesteren jegens zijn naaste en wel] ten onrechte, [zal ... krij]gen ... [...] [23] [...]

Tekst B

Kolom XIX (vgl. tekst A, kolom VII en VIII)

[1] hebben zij de zekerheid dat zij tot in duizend geslachten zullen leven; zoals geschreven staat: 'Die het verbond en de goedertierenheid houdt [2] jegens wie Hem liefhebben en zijn geboden onderhouden, tot in het duizendste geslacht' (Deut. 7:9). ONBESCHREVEN

Wanneer zij in legerplaatsen wonen overeenkomstig de regel van het land, zoals het was van oudsher, en vrouwen nemen volgens de leidraad van de Wet en kinderen verwekken, [4] dan zullen zij wandelen naar de eis van de Wet ONBESCHREVEN en naar het voorschrift van de vermaningen, overeenkomstig de orde van de Wet, [5] zoals Hij gezegd heeft: 'tussen een man en zijn vrouw en tussen een vader en zijn zoon' (Num. 30:16). Maar al degenen die de geboden [6] en de inzettingen verachten, zal Hij de vergelding van de goddelozen toedelen, wanneer God het land straft, [7] als het woord in vervulling gaat dat door de hand van de profeet Zacharia geschre-

ven werd: 'Zwaard, waak op tegen [8] mijn herder en tegen de man die mijn metgezel is, zegt God. Sla de herder, zodat de schapen verstrooid worden; [9] en Ik zal mijn hand keren tegen de kleinen' (Zach. 13:7). Die op Hem letten, zijn de armen onder de schapen (Zach. 11:11). [10] Dezen zullen ontkomen ten tijde van de bezoeking, maar de overigen zullen aan het zwaard worden overgeleverd, als de messias van [11] Aäron en (die) van Israël komen, zoals het geweest is ten tijde van de eerste bezoeking, waarvan Hij [12] door de hand van Ezechiël zei: 'Maak een teken op de voorhoofden van de zuchtenden en kermenden' (Ez. 9:4), [13] maar de overigen werden overgeleverd aan het zwaard dat wraak neemt over het verbond (Lev. 26:25). Zo zal (ook) het gericht zijn over allen die (wel) [14] tot het verbond zijn toegetreden, maar aan deze inzettingen niet vasthouden: Hij zal hen bezoeken tot verdelgens toe door de hand van Belial. [15] Dat is de dag waarop God bezoeking zal doen, zoals Hij gesproken heeft: 'De vorsten van Juda zijn geworden als degenen die [16] grenzen verleggen; over hen zal Ik als water toorn uitgieten' (Hos. 5:10). Want zij zijn (wel) tot het verbond van de bekering toegetreden, [17] maar zij hebben zich niet afgekeerd van de weg van de trouwelozen en zich verontreinigd door ontuchtige wandel en rijkdom der goddeloosheid, [18] door zich te wreken en de toorn te behouden jegens elkaar en van elkaar een afkeer te hebben. Zij onttrekken zich [19] aan hun bloedverwanten, komen naderbij om schanddaad te plegen en stellen zich aanmatigend op inzake bezit en gewin: ieder doet [20] wat recht is in zijn ogen en verkiest de verstoktheid van zijn hart. Zij scheiden zich niet af van het volk [21] en van hun zonden, maar laten zich met voorbedachten rade gaan met te wandelen op de wegen van de goddelozen, van wie [22] God gezegd heeft: 'Venijn van slangen is hun wijn en wreed addervergif' (Deut. 32:33). De slangen zijn [23] de koningen der volken en hun wijn hun wegen. Het addervergif is het hoofd van [24] de koningen van Griekenland, die komt om zich op hen te wreken.
Maar al deze dingen hebben degenen die [25] de muur bouwen en met kalk bepleisteren (Ez. 13:10), niet begrepen vanwege iemand die wind naliep en stormen woog en mensen [26] leugen predikte (Micha 2:11), zodat Gods toorn tegen zijn ganse gemeente ontbrandde. ONBESCHREVEN
En zoals Mozes [27] Israël gezegd heeft: 'Niet wegens uw gerechtigheid en de oprechtheid van uw hart gaat gij deze volken beërven, [28] maar omdat Hij uw vaderen liefhad en omdat Hij de eed hield' (Deut. 9:5; 7:8), zo is (ook) [29] de beslissing voor de bekeerden van Israël, die zich hebben afgekeerd van de weg van het volk: met de liefde waarmee God de eerderen liefhad, [30] die

God navolgend tegen het volk getuigenis aflegden, heeft Hij die na hen gekomen zijn, lief, want hunner is [31] het verbond van de vaderen. Maar omdat God van de bouwers van de muur een afkeer heeft en (hen) verafschuwt, is zijn toorn tegen hen ontbrand en tegen allen [32] die hen navolgen.
Overeenkomstig deze beslissing gaat het allen die de geboden van God verachten, [33] die verzaken en zich afwenden in de verstoktheid van hun hart.
ONBESCHREVEN Evenzo zullen alle mannen die tot het [34] nieuwe verbond in het land van Damascus zijn toegetreden, maar zijn afgevallen en afgeweken zijn van de bron van het levende water, [35] niet tot de vergadering van het volk gerekend en in hun register ingeschreven worden, vanaf de dag van het overlijden van

Kolom XX

[1] de Leraar der gemeenschap tot aan het verschijnen van de messias van Aäron en (die) van Israël. ONBESCHREVEN
Eenzelfde beslissing [2] zal gelden voor ieder die tot de gemeente van de mannen van onberispelijke heiligheid is toegetreden, maar er voor terugschrikt de voorschriften van de rechtvaardigen te doen. [3] Hij is de man die in de smeltoven gesmolten wordt (Ez. 22:22). Als zijn daden aan het licht komen, zal hij uit de gemeente verbannen worden [4] als iemand wiens lotsdeel niet gevallen is onder de leerlingen van God (Jes. 54:13).
Overeenkomstig zijn ontrouw zullen de mannen van [5] de kennis hem terechtwijzen tot de dag waarop hij zijn plaats tussen de mannen van onberispelijke heiligheid weer mag innemen. [6] Maar zodra zijn daden aan het licht gekomen zijn overeenkomstig de uitleg van de Wet, volgens welke [7] de mannen van onberispelijke heiligheid wandelen, zal niemand met hem omgaan inzake bezit en werk, [8] want alle heiligen van de Allerhoogste hebben hem vervloekt.
Een zelfde beslissing zal gelden voor ieder die (de geboden) veracht, zowel onder de vroegeren [9] als de lateren, want zij hebben afgoden in hun hart geplaatst (Ez. 14:3) en wandelen in de verstoktheid van [10] hun hart: zij hebben geen deel in het huis van de Wet. Overeenkomstig de beslissing (die geveld is) over hun metgezellen, die terug zijn gegaan [11] samen met de spotters (Jes. 28:14), zullen zij geoordeeld worden, omdat zij dwalingen

hebben uitgesproken tegen de rechte inzettingen en ¹² het verbond en het pact veracht hebben dat zij in het land van Damascus hebben opgericht, dat is het Nieuwe Verbond. ¹³ Zij noch hun families zullen een deel hebben in het huis van de Wet.
Vanaf de dag van ¹⁴ het heengaan van de Leraar der gemeenschap tot aan het einde van alle krijgslieden die terug zijn gegaan ¹⁵ met de man van de leugen, verlopen ongeveer veertig jaar (Deut. 2:14). ONBESCHREVEN In die tijd zal ¹⁶ de toorn van God ontbranden tegen Israël, zoals Hij heeft gezegd: 'zonder koning en zonder vorst' (Hos. 3:4), zonder rechter en zonder ¹⁷ iemand die in rechtvaardigheid terechtwijst. Degenen die zich hebben bekeerd van de overtreding van Jakob (Jes. 59:20), hebben het verbond van God gehouden. Zij zullen dan onder ¹⁸ elkaar spreken (Mal. 3:16) door zich rechtvaardig te betonen jegens elkaar om hun schreden te houden op de weg van God. ¹⁹ God zal hun woorden merken en horen en er zal een gedenkboek (voor zijn aangezicht) geschreven worden ten goede van hen die God vrezen en zijn ²⁰ naam in ere houden (Mal. 3:16), totdat heil en gerechtigheid geopenbaard zullen worden voor hen die God vrezen. Dan zult gij weer het onderscheid zien tussen de rechtvaardige ²¹ en de goddeloze, tussen wie God dient, en wie Hem niet dient (Mal. 3:18). Hij zal barmhartigheid doen aan [duizenden] van hen die Hem liefhebben ²² en op Hem letten (Exod. 20:6b; Deut. 7:9), tot in duizend geslachten (Deut. 7:9).
[...] van het huis van Peleg (= het huis van de afscheiding; vgl. Gen. 10:25), die uit de heilige stad weggetrokken zijn ²³ en op God steunden, toen Israël trouwbreuk pleegde, maar het heiligdom verontreinigden en terugkeerden naar ²⁴ de weg van het volk in som[mige] zaken, zullen [all]en, ieder naar zijn geest(esgaven), berecht worden in de ²⁵ heilige raadsvergadering. ONBESCHREVEN
En allen onder degenen die tot het verbond zijn toegetreden, die de grens van de Wet doorbroken hebben, zullen, wanneer ²⁶ de heerlijkheid van God voor Israël aan het licht treedt, verdelgd worden uit de legerplaats en met hen alle kwaaddoeners van ²⁷ Juda in de dagen van zijn louteringen. ONBESCHREVEN Maar allen die aan deze wetten vasthouden door uit- ²⁸ en in te gaan overeenkomstig de Wet, die luisteren naar de stem van de Leraar en voor God belijden: Wij ²⁹ hebben goddeloos gehandeld, wij zowel als onze vaderen, door te wandelen in strijd met de inzettingen van het verbond; recht ³⁰ en billijk zijn uw oordelen over ons; die de hand niet opheffen tegen zijn heilige inzettingen, ³¹ rechtvaardige geboden en

waarachtige getuigenissen; die zich laten gezeggen door de vroegere geboden, waarnaar [32] de mannen van de gemeenschap geoordeeld werden; die luisteren naar de stem van de Leraar der Gerechtigheid en [33] de rechte inzettingen niet verwerpen, als zij die horen, zij zullen jubelen en zich verheugen (Ps. 40:17; 70:5), hun hart zal sterk zijn en zij zullen [34] alle aardbewoners overmogen. God zal verzoening voor hen bewerken en zij zullen zijn heil zien (Ps. 91:16), omdat zij schuilen bij zijn heilige naam (Ps. 37:40; Sef. 3:12).

2. Teksten uit grot 4

a. *4Q Damascusgeschrift[a] (4Q266 = 4QD[a])*

Fragment 1 (regels 20-24 = 4QD[b] 1 2-6)

[1] [... de kin]deren van het licht om zich te onthouden van de we[gen van ...] [2] [...] totdat ten einde komt de tijd van de bezoeking aan [het eind van] [3] [de dagen ...] God al haar werken om verder[f] te brengen [4] over [... al]len die de grenzen verleggen en verderf zal Hij brengen [...] [5] de goddeloosheid van de [...] ... en ik doe weten aan u ... [...] [6] de geduchte [...] zijn wonderbare [...] verhaal ik u [...] [7] van de mens [... van de he]melen, waar leeft iedere ... [...] [8] in de ondoorgrondelijkheid van [...] [9] het zegel [...] [10-13] [...] [14] door de gebod[en ...] [15] door de offerande [...] [16] de stem van Mozes [...] [17] lasteraar ten aanzien van de inzetting[en] en van het verbond van God [...] [18] het kleine en het grote ... [...] [19] Maak ons toch bekend [...] [20] uw aandacht ... [...] [21] staat gij en versta [...] [22] [...] en zullen antwoorden (?) [... ik ben stof] [23] en as en wie ... [... niet] [24] begrij[pt ...]

Fragment 2, kolom I, regels 1-6 = 4QD[c] I 2-8; regels 6-23 = CD I 1-20 (fragmentarisch); Fragment 2, kolom II = CD I 21 – II 21 (zeer fragmentarisch); Fragment 3, kolom I = CD IV 6-14 (uiterst fragmentarisch); Fragment 3, kolom II = CD V 13 – VI 20 (zeer fragmentarisch); Fragment 3, kolom III = CD VI 20-VII 4, VII 17-VIII 3 (uiterst fragmentarisch); Fragment 3, kolom IV = CD VIII 3-9 (zeer fragmentarisch); Fragment 4 = CD XX 33-34 (uiterst fragmentarisch)

Fragment 5, kolom I

[1] [... de voorschr]iften van [...] [2] [...] want voor alle rechtschapen van hart in I[s]raël [3] [...] zijn inzetting verklaren zij rechtvaardig door [...]

Fragment 5, kolom II (regels 1-5 = 4QD^b fragment 5, kolom III 2-8)

¹ [...] ... en ieder d[ie te zacht of staccato spreekt,] ² [zonder] zijn woorden (zo) in te delen dat hij [zijn stem] (duidelijk) doet horen, [zal niet uit het boek van] ³ [de Wet lezen,] opdat hij niet een dwaling veroorzaakt in een halszaak [...] ⁴ [...] zijn broeders, de priesters, in de dienst [... En ieder] ⁵ van de zonen van Aäron die gevankelijk is weggevoerd naar de heidenen [..., zal niet binnengaan] ⁶ om het te ontheiligen door hun onreinheid. Niet zal hij naderen tot de dienst van [...] ⁷ van het huis van het voorhangsel en hij zal niet eten van de [aller]heiligste [offers ...] ⁸ Ieder van de zonen van Aäron die men uitsluit om die[nst te doen ...] ⁹ met hem in de raad van het volk en indien om te verraden ... [... Ieder van de zonen van] ¹⁰ Aäron die zijn naam liet afvallen van de waarheid [... door te wandelen] ¹¹ in verstoktheid van zijn hart om te eten van het heilige [...] ¹² van Israël de raad van de zonen van Aäron ... [...] ¹³ degene die eet [...] en hij zal schuld op zich laden vanwege het bloed [...] ¹⁴ ... Dit is de orderegel voor de zitting van [...] ¹⁵ heilig[heid in hun legerplaatsen] en hun steden in al[le ...] ¹⁶ [... zit]ting ... [...]

Fragment 6, kolom I (regels 01-08 = 4QD^g 1 I 1-8; regels 02-04 = 4QD^f 7 1-3; regels 1-12 = 4QD^g 1 I 9-20; regels 1-6 = 4QD^h 1 II 6-11; regels 12-16 = 4QD^g 1 II 1-5; samengestelde tekst)

⁰¹ [Wanneer iemand op de huid van zijn lichaam een zwelling o]f uitslag of een li[chte plek heeft (Lev. 13:1)] ⁰² [en de zwelling een ...] is en de uitslag (het gevolg van) een klap van hout of steen of welke klap ook is, wanneer de ge[es]t komt [en zich me]ester maakt ⁰³ van het bloedvat, het bloed op- en neerwaarts doet keren, en het bloedvat [...] ⁰⁴ [...] na het bloed [..., dan zal] ⁰⁵ [de priester] het levende [en het dode vel bezien .... En als de] dode (huid) [niet dieper is] dan ⁰⁶ [de levende, zal hij hem opsluiten (Lev. 13:4), totdat] het vlees aangroeit, / [totdat] het bloed naar het bloedvat terugkeert en [daar]na zal hij vergelijken /. De priester zal hem bezien ⁰⁷ [op] de zevende [dag (Lev. 13:5): wanneer de] levens[ge]est op- en neergaat en het vlees is aangegroeid, ⁰⁸ is [de wond] genezen [...] de uitslag: de priester hoeft de huid van het vlees niet te bezien. ¹ [... Maar als de zwelling of] de uitsla[g dieper is] ² [dan de huid] en de priester ziet

daarin het verschijnsel van levend vlees en [...], ³ [dan is] het [melaatsheid], die zich meester heeft gemaakt van de levende huid. Overeenkomstig dit voorschrift [...] ⁴ [...] De priester zal (het) op de zevende dag bezien: wanneer van het levende is toegevoegd ⁵ [aan het dode (vlees),] is het kwaadaardige [me]laatsheid.
Het voorschrift voor een aangetaste plek op het hoofd of in de baard (Lev. 13:29 vv.): ⁶ [... als de priester het beziet] en de geest het hoofd of de baard is binnengetreden als een blokkade ⁷ [... onder het ha]ar en zijn uiterlijk in dun, geel (haar) veranderd is – want als een plant ⁸ is het, waaronder een worm zi[t]; die verkort zijn wortel en laat zijn bloeisel verdorren –. En wat betreft wat ⁹ Hij gezegd heeft: 'De priester zal bevelen dat hij het hoofd scheert, maar de aangetaste plek zal hij niet scheren' (vgl. Lev. 13:33), (is) opdat ¹⁰ de priester het dode en levende haar kan tellen en kan bezien: als ¹¹ het levende zich gevoegd heeft bij het dode gedurende de zeven dagen, is hij onrein (Lev. 13:36). Maar als hij van het levende niet heeft toegevoegd ¹² aan het dode en het bloedvat met [bl]oed gevuld is en de levensgeest daarin op- en neerwaarts gaat, [is] ¹³ deze plaag [genezen]. Dit is het voorschrift voor de wet der melaatsheid voor de zonen van Aäron om onderscheid te maken [...] ¹⁴ ONBESCHREVEN [Dit is het voor]schrift voor iemand die een vloeiing heeft (Lev. 15:13). Iedere man die [een vloei]ing hee[ft,] ¹⁵ zal gaan [...]
[...] ¹⁶ [...] ... [...]

Fragment 6, kolom I (regels 6-11 = 4QDᵍ fragment 1, kolom I-II)

⁶ [...] de geweldigen van kracht bij de plaag [...] ⁷ [de heilige mannen die vasthou]den aan [zijn] heili[ge] naam [...] ⁸ [zich verbindt terug te keren ...] ... want in Juda [...] ⁹ [...] voor Israël, wanneer optreedt [...] om te onderwijzen ¹⁰ [... de vre]de. En al de overgeble[venen van Israël ...] ¹¹ [... om] hem [te doen nade]ren, een ieder naar [zijn] geest(esgaven) [...] ¹² [...] zullen zich verwijderen op aanwijzing van de Opziener [...] ¹³ [... zullen wande]len daarin alle bekeerden van Israël [...] ¹⁴ [...] de zonen van Sadok, de priesters. Zie zi[j zijn ...] ¹⁵ [...] de laatste wet. Dit zijn de inzet[tin]gen voor de Wij[ze ...] ¹⁶ [...] daarin voor geheel Israël, want niet ... [...] ¹⁷ [...] ... om te wandelen in ... [...]

Fragment 6, kolom II

¹ [... die slaapt] ² [met haar, zal de zon]de der onreinheid op hem rusten. Als het [wee]r gezien wordt en zij niet ³ [...] zeven dagen. Zij zal niet eten van het heilige en zij mag niet ⁴ het heiligdom be[treden], totdat de zon is ondergegaan op de achtste dag. ONBESCHREVEN ⁵ Wanneer een vrouw [moed]er wordt en een kind van het mannelijk geslacht baart, [zal] zij zeven [dagen onrein zijn] ⁶ als bij [haar maandelijkse af]zondering (Lev. 12:2) [...]

Fragment 6, kolom III (regels 2-9 = 4QD^e 3 II = 4QD^b 6)

¹ [...] ... [...] ² [die doen drinken] het water der reiniging ... [Het zal tot een altoosdurende inzetting zijn] ³ [voor de kinderen van Isra]ël ONBESCHREVEN[...] ⁴ [...] en de nalezing van de wijnga[ard: tot tien vrucht]en van [de nale]zing ⁵ [...] en ieder die (aren) leest, [... tot een maat per halve m]ud; ⁶ waarin zich geen zaad bevindt, [zal een heilige gave zijn]. Het afgevallene [van uw wijngaard (Lev. 19:10)] ⁷ [...] en bij de nalezing daarvan: tot tien vr[uchten]. En bij het afsl[aan] ⁸ [van de olijven (Jes. 17:6) ..., als het afslaan beëindigd is, ...] ... zijn opbrengst (?). Indien ⁹ [het veld vastgestampt is, dan zal hij daarvan één van elke drie nemen en al]les wat [...]

Fragment 6, kolom IV

¹ [...] ... [...] ² de planten van de wijnga[ard en al]le {vruchtbomen} en alle bomen van het ve[ld ...] ³ overeenkomstig het voor hen geldende voorschrift. [Een] heilige [gave is het] in het land waarin zij vertoeven. Daarna zullen [zij] ⁴ daarvan verkopen om te ko[pen ...]. En in[dien] iemand [pl]ant, in het [de]rde jaar [...] ⁵ [zal hij] het hei]ligen in [het vierde] jaa[r (Lev. 19:23-24) ...] ⁶ dat wat het bedekt en [...] ⁷ [...] ... [...] ⁸ zal daaraan toevoegen [...]

Fragment 7, kolom II

¹ [...] geheel de legerplaats [...] ² [...] het vierde deel daarvan. ONBESCHRE-
VEN[...] ³ [...] ... [...] ⁴ [... d]ie niet naar het voorsch[rift ...] ⁵ [...] Ieder die
naar de voorschriften [...

Fragment 7, kolom III

¹ [...] de legerplaats. ONBESCHREVEN[...] ² [...] zal onderzoeken ... [...] ³
[...] die verach[t ...

Fragment 8, kolom I = CD XV 10-17 (regels 3-9 = 4QDᵉ 10 II 6-10);
Fragment 8, kolom II = CD XVI 17-20 + IX 1-2 (regels 1-2 = 4QDᶜ 2 II
16; regels 3-10 = 4QDᵉ 6 III 13-17) (zeer fragmentarisch); Fragment 8,
kolom III = CD X 3-12 (zeer fragmentarisch); Fragment 9, kolom II = CD
XII 14-22 (uiterst fragmentarisch); Fragment 9, kolom III = CD XIII 15-
XIV 2 (fragmentarisch); Fragment 10, kolom I = CD XIV 8-20 (fragmentarisch tot zeer fragmentarisch)

Fragment 10, kolom II (vgl. 1QS VII 8-16)

¹ [zal tweehond]erd dagen [uitgesloten worden] en zal met honderd dagen
bestraft worden. Als het om een halszaak gaat en hij wraakzuchtig blijft, zal
[hij] niet ² [weer] terugkeren. [Wi]e zijn naaste onopzettelijk [smaa]dt,
[zal] een jaar lang [uit]gesloten [worden] en bestraft worden met ³ z[es
maanden]. Wie een onzinnig woord met zijn mond uitspreekt, zal bestraft
worden met t[ie]n ⁴ [dagen; men zal hem] drie maande[n uitsluiten. Wie
[zijn naaste] in de relde] valt [of] teugelloos is, ⁵ [zal gestraft worden met
tien] dagen. [Wie zich neerle]gt [en] slaapt gedurende [de zit]ti[ng van de
Velen of ...] ⁶ [zal] dertig dagen [uitgesloten worden en] met tien dagen
worden bestraft. [Zo zal ook geschieden met iemand die zich] ⁷ zonder toestemming van de Ve[le]n [verw]ijdert [of) tot driema[al] toe [gedurende]
één [zitting] indut; ⁸ [hij zal bestraft worden] met tien dagen. Maar als hij
[opnieuw] zich verwijdert [uit de zitting van de Velen, zal hij gestraft wor-

den met de]rtig ⁹ da[gen]. Wie [naakt] voor de ogen van [zijn] naaste wandelt, [zonder daartoe gedwongen te zijn, of wie naakt loopt vo]o[r de ogen van] ¹⁰ de (andere) schepselen, zal zes [maanden] worden uitgesloten [... Wie] ¹¹ zijn penis van onder [zijn] kle[ding te voorschijn haalt, [... zal uitgesloten worden gedurende ...] ¹² [da]gen en met tien (dagen) bestraft worden. [Wie dwaas en luid]ru[chtig] la[cht ..., zal uitgesloten worden gedurende] ¹³ [de]rtig dagen en met vijf [dagen] bestraft worden. [Wie] zijn li[nker]hand [uitsteekt] ¹⁴ [om] daarmee [te gesticu]leren, zal bestraft worden [met tien dagen ... Wie ¹⁵ zijn naa]ste bel[astert], [die zal men één jaar lang uitsluiten van het reine voedsel ...]

Fragment 11, (regels 1-7 = 4QD^e 7 I 16-21; regels 16-20 = 4QD^e 11 II 11-15)

¹ over de Velen en hij zal zijn oordeel naar zijn welgevallen aanvaarden, zoals Hij gezegd heeft door bemiddeling van ² Mozes aan[gaande] de persoon die onopzettelijk gezondigd heeft, dat zij zouden brengen ³ zijn zond- of zijn schuldoffer (Num. 15:27; Lev. 5:15). En aangaande Israël staat geschreven; 'Ik ga ⁴ naar de einden des hemels en Ik wil uw liefelijke reuk niet (meer) ruiken' (Lev. 26:31). Op een andere plaats ⁵ /en op een andere plaats staat geschreven: 'Scheurt uw hart en niet uw klederen' (Joël 2:13)/ staat geschreven dat men zich tot God moet bekeren met geween en vasten (Joël 2:12). Ieder die deze voorschriften veracht, ⁶ naar al de inzettingen die gevonden worden in de Wet van Mozes, zal niet gerekend worden ⁷ onder al de kinderen van zijn waarheid, want zijn ziel heeft in opstandigheid de tucht der gerechtigheid verafschuwd. Van ⁸ de Velen zal hij weggezonden worden en de priester die is aangesteld over de Velen, zal hem toespreken. Hij zal het woord nemen ⁹ en zeggen:
Gezegend zijt Gij, die alles zijt.
In uw handen is het heelal.
(Gij zijt) de Schepper van alles,
(Gij) die gevestigd hebt ¹⁰ de [vo]lken
naar hun sibben,
naar hun talen
en naar hun naties,
maar hen hebt doen ronddolen ¹¹ [[ ]] in ongebaande wildernis

(Ps. 107:40).
Gij hebt onze vaderen verkoren,
aan hun zaad gegeven uw waarachtige inzettingen
12 en uw heilige voorschriften,
waardoor een mens die ze doet, zal leven (Lev. 18:5).
Gij hebt grenzen gesteld 13 voor ons:
wie ze overschrijden, vervloekt Gij.
Wij, het volk dat Gij verlost hebt,
en de schapen die Gij weidt (Ps. 74:1; 79:13; 100:3),
14 Gij vervloekt die ze overschrijden,
maar wat ons betreft, zij hebben ons doen opstaan.
Weggaan zal degene die weggezonden wordt, de man 15 die macht uitoefent vanwege zijn bezit en degene die zijn (eigen) welzijn nastreeft [[ ]], benevens degene die zich met hem associeert. 16 Zijn aangelegenheden zullen eigenhandig met inkt (?) beschreven worden door de Opziener en het oordeel over hem zal definitief zijn. De zonen van Levi 17 [en de mannen van] de legerplaatsen zullen bijeenkomen in de derde maand en vervloeken degene die rechts 18 [of links van de] Wet afwijkt. Dit is de juiste uitleg van de voorschriften die zij zullen betrachten in iedere tijd 19 [van de goddeloosheid ... die staan]de blijven [in all]e tijden van de toorn en (bij) hun marsrouten met betrekking tot alle 20 [bewoners van de legerplaatsen en al hun steden. Zie,] dit [all]es bet[reft] de [ui]tleg van de Wet

b. *4Q Damascusgeschrift^b* *(4Q267 = 4QD^b)*

Fragment 1 (regels 1-6 = 4QD^a 1 20-24)

1 [...] ... 2 [... uw aandacht] bij 3 [...] staat gij 4 [en versta ...] 5 [... zullen antwoorden ... I]k ben stof en as 6 [...] niet begrijpt gij 7 [...] in uw monden 8 [...] alle vlees en sche[psel]

Fragment 2 = CD V 17-VI 7 (fragmentarisch tot zeer fragmentarisch);
Fragment 3 = CD XX 25-28 (uiterst fragmentarisch);

Fragment 4

> [1] [...] ... [...] [2] [...] zod[at ...] [3] [...] ... [...] nog steeds [4] [...] vergeef, hij zal het niet brengen [5] [...] ... [6] [...] en niet [...] in de naam [7] [...] ONBESCHREVEN [8] [...] in het verbond [...] ... [9] [...] ... [...] laat hem niet staa[n ...] laat h[e]m h[e]t niet geve[n] [10] [als b]org, en zijn geld voor rent[e en] zijn [voed]sel voor woeker laat hem niet geve[n] [11] [...] in ijdelheid, want ... [... hij zoe]kt ge[e]sten van de doden e[n] [12] [geesten van divinat]ie ... [...] [13] [...] valsheid [...] [14] [...] die [...] [15] [...] ... [...]

Fragment 5, kolom I (verloren gegaan)

Fragment 5, kolom II = 4QD^a 5 I 6-11 (zeer fragmentarisch); Fragment 5, kolom III = 4Q (uiterst fragmentarisch); 5 II 1-5 (uiterst fragmentarisch); Fragment 6 = 4QD^a 6 III, 4QD^e 3 II (zeer fragmentarisch); Fragment 7 = 4Q D^g 3 (uiterst fragmentarisch); Fragment 8 = 4Q D^a 7 III (uiterst fragmentarisch)

Fragment 9 (regels 2-7 = 4QD^e 6 11-18; regels 2-6 = 4QD^b 122-9)

> [1] [...] ... [2] [Het zal tot een altoosdurende inzetting voor de kinderen van Israël zijn ... en de nalezing van de wijngaard]: tot tien vruchten van de nalezing [3] [en ieder die (aren) leest ...]: tot een maat per halve mud; waar]in zich geen zaad bevindt, zal een heilige gave zijn [4] [... het afgevallene van uw wijngaarden bij de nalezing: tot tien vruchten. En bij het afslaan van de olijven ... als het afslaan beëindigd is, ...] [5] [... zijn opbrengst. Indien het veld vastgestampt is, dan zal hij daar]van één van elke drie nemen en alles [6] [wat ... het ve]ld of moet gij met vuur verbranden en afgezonderd zal worden [7] [... tot een maat per halve mud zal de tiende daarvan zijn en] indien één persoon (aren) leest

Fragment 9, kolom I = CD IX 6-14 (uiterst fragmentarisch); Fragment 9, kolom II = CD XI 5-6, 14 (uiterst fragmentarisch); Fragment 9, kolom III = CD XII 6-9 (uiterst fragmentarisch); Frament 9, kolom IV = CD XIII 5-14 (zeer fragmentarisch); Fragment 9, kolom V = CD XIII 22-XIV 10 (fragmentarisch)

Fragment 9, kolom VI = 4QDᵉ 7 I

¹ [zal met zes dagen bestraft worden ...]. Iemand die ² [het oordeel van de Velen veracht, zal weggaan en niet] weer [terugke]ren. ONBESCHREVEN ³ [Iemand die zijn voedsel neemt buiten het voorschr]ift [om], zal het teruggeven aan degene ⁴ [van wie hij het genomen heeft ...] Wie nadert om hoererij te bedrijven ⁵ [met zijn vrouw, niet in overeenstemming met het voorschrift, zal weggaan en] n[iet] weer [terugke]ren. ONBESCHREVEN

c. *4Q Damascusgeschrift*ᶜ *(4Q268 = 4QDᶜ)*

Fragment 1 (regels 2-8 = 4QDᵃ 2 I 1-6; regels 9-17 = CD I 1-11)

¹ [...] de laatste [geslachten]. Zullen zo niet komen [...]
² [...] waar is zijn begin en waar zijn einde en [...] ³ [... tot]dat hij over hen komt, omdat ... [...] ⁴ [... niet] op een van h[un] feesten vooruit te lopen [of] (die) [uit te st[ellen ...] ⁵ [...] ONBESCHREVEN Heeft Hij [niet] de tijden van de too[rn] vastgesteld [voor het volk, dat Hem niet kent ?] ⁶ [...] wil voor degenen die zijn geboden onderzoeken en voor [hen die wandelen op een onberispelijke] ⁷ weg en [... onderzoek do]en naar de verborgen dingen. Hij heeft hun oor geopend en [zij hebben ondoorgrondelijke dingen gehoord] ⁸ en verstaan al wat zal geschieden, wanneer het hun overkomt. ONBESCHREVEN
⁹ Nu dan, hoort allen naar mij die de gerechtigheid kent (Jes. 51:7), en verstaat de dad[en van God, want Hij heeft een rechtsgeding] ¹⁰ [met alle vlees (Jer. 25:31; Hos. 4:1)] en Hij zal het vonnis voltrekken aan allen die Hem verachten. Want wegens [hun trouwbreuk, waarmee] ¹¹ [zij Hem verzaakten (Lev. 26:40), verborg Hij] zijn [gezicht] voor Israël (Ez. 39:23) [en] zijn heiligdom en gaf hen over [aan het zwaard. Maar gedenkend aan] ¹² [het verbond met de vo]orvaderen (Lev. 26:42-45) [bewaarde Hij een r]est voor Israël [en gaf hen] ni[et aan de vernietiging prijs.] ¹³ [En gedurende de tijd van toorn,] driehonderd en negen[tig ja]ar (vgl. Ez. 4:5) [nadat Hij hen had overgeleverd aan de macht van Nebukadnessar,] ¹⁴ [de koning van Babel (Jer. 27:6),] heeft Hij hen opgezocht en [liet Hij uit Isra]ël en A[är]on een wort[el der planting uitspruiten om] ¹⁵ [zijn land te be]ërven (Jes. 60:21) en zich overvloedig te verkwikken aan de goe]de gaven

> van zijn grond. [Zij zagen hun] ongerechtigheid in [en beseften dat zij] [16] [schuldige mensen waren. Zij waren als blinden (Deut. 28:29; Jes.59:10) en als degenen die naar de] w[eg ta]sten, [twintig jaar lang. Maar God gaf acht] [17] [op hun daden, omdat zij Hem met een onverdeeld hart z]ochten. [Hij deed voor hen een Leraar der Gerechtigheid opstaan]

Fragment 2 = CD XIV 2-6 (uiterst fragmentarisch)

Fragment 3

> ...] ... de heili[gen ...]

d. *4Q Damascusgeschrift^d (4Q269 = 4QD^d)*

Fragment 1 = CD I 4-6 (uiterst fragmentarisch); Fragment 2 = CD III 7-11 (fragmentarisch tot zeer fragmentarisch); Fragment 3 = CD IV 19-21 (uiterst fragmentarisch); Fragment 4, kolom I = CD V 21-VI 2 (uiterst fragmentarisch); Fragment 4, kolom II = CD VI 19-VII 3 (uiterst fragmentarisch); Fragment 5 = CD VII 17-20 (uiterst fragmentarisch); Fragment 6 = CD VIII 5-6 (uiterst fragmentarisch); Fragment 7 = 4QD^a 6 I 02-04 (fragmentarisch); Fragment 8 = 4QD^e 3 IIII = 4QD^f 2 (fragmentarisch); Fragment 9 = 4QD^e 5 = 4QD^f 3 (zeer fragmentarisch); Fragment 10 (tekst verloren gegaan); Fragment 11, kolom I = CD XIV 18-22; Fragment 11, kolom II = 4QD^a 10 II (uiterst fragmentarisch)

e. *4Q Damascusgeschrift^e (4Q270 = 4QD^e)*

Fragment 1, kolom I = CD II 16-18 (uiterst fragmentarisch); Fragment 1, kolom II = CD IV 2-3, 7-8 (uiterst fragmentarisch); Fragment 2, kolom I = CD XX 32-33? (uiterst fragmentarisch)

Fragment 2, kolom I

> [9] [...] zal hij voorbij gaan of wegzenden [...] de zon [10] [...] de dagen of een dodenbezweerder en waarzeggers consulteert [11] [...] ... die de Naam ontheiligt. [12-15] [...] [16] [...] een maagd in het huis [17] [... Niet] mag hij daarna met haar slapen. [18] [... Niet mag hij] zijn vrouw [nade]ren op de dag van [19] [...] of wanneer [...] [20] [...] [21] [...] geheel

Fragment 2, kolom II

¹ op ... [...] ² ... [...] ³ naar de plaats [...] ⁴ naar [...] ⁵ [...] ... om op te nemen [...] ⁶ [...] de zonen van Aäron. De planting [...] ⁷ [... en hij zal geven] alles wat zij hebben en een tiende van het grootv[ee] ⁸ en het kleinvee benevens de losprijs voor het onreine [vee] (Lev. 27:27), de losprijs voor het gro[otvee of] ⁹ het kleinvee en het geld van de schatting als losprijs voor hun leven [...] ¹⁰ zonder het terug te geven en een vijfde deel daarbovenop (Lev. 27:13,27) of [...] ¹¹ in hun naam om zijn heilige geest te verontreinigen [...] ¹² of getroffen door de plaag der melaatsheid of onrei[ne] vloeiing. [Ieder] ¹³ die een geheim van zijn volk aan de heidenen openbaart of (het) vervloekt of ¹⁴ ongehoorzaamheid jegens de met de heilige Geest gezalfden predikt, zijn [volk] misleidt [of weerspannig is] ¹⁵ tegen het bevel van God of ook een dier slacht, waar[in] het jong nog leeft [of] ¹⁶ een zwangere vrouw schrik aanjaagt, bloed [..., zoals men] ¹⁷ een vrouw beslaapt, zijn overtreders van [...] ¹⁸ daarin heeft Hij verordineerd niet [zijn] kind[eren] te laten gaan [...] ¹⁹ Nu dan, luistert naar mij allen die weet hebt van de gerechtigheid en [die de] We[t doet. Ik zal geven] ²⁰ aan u wegen ten leven, maar de paden van het verderf zal ik openen voor [de goddelozen en hun werken.] ²¹ Laat u niet te pakken nemen en in uw inzicht in de werken van geslacht tot geslacht

Fragent 3, kolom II (= 4QD^a 6 III122-9; 4QD^b 6)

⁶ [...] deze [...] ⁷ [...] ONBESCHREVEN [...] ⁸ [...] ONBESCHREVEN [...] ⁹ [...] de dag en de zon de oogst ... [...] ¹⁰ [...] en het veld [...] die doen drinken [het water der reiniging] ¹¹ [... Het zal tot een altoosdurende inzetting zijn voor de kinderen van Israël] ONBESCHREVEN ¹² [... en de nale]zing van de wijngaard: [to]t ti[en vruchten van] ¹³ [de nale]zing [... en ieder die (aren) leest], tot een maat per halve mud; waarin ¹⁴ [zich] geen z[aad bevindt, zal een] heilige ga[ve zijn. Het afgevallene van uw wijngaard (Lev. 19:10) ...] en bij de nalezing daarvan: tot tien vr[uchten]. ¹⁵ [En bij het afsl]aan van de olijven (Jes. 17:6) [...], als het afslaan beëindigd is, [...] ¹⁶ zijn [opbrengst]. Indien het veld vastgestampt is, dan [zal hij daarvan één van elke dr]ie [nemen] en alles [wat ...] ¹⁷ [het veld of moet gij met vuur verbranden en afgezonderd zal worden ... to]t een maat per halve mud zal de

tiende daarvan zijn. Indien [18] [één persoon] (aren) leest [... en hij leest] één daarvan op de eerste dag, zal een tiende daarvan een heilige gave zijn. [19] [...] de broden van de heilige gave voor alle huizen van Israël die eten van het brood [20] [...] ... eenmaal per jaar zal een tiende het bez[it (?)] zijn [...] [21] [...] zullen compleet zijn voor Israël een [maal per jaar]. Iedere man

Fragment 4

[1] [... Indien] een man een vrouw brengt om haar te vervloeken [2] [...] die rondkijkt; als hij de vrouw van [3] [zijn broeder] ziet [...] [4] [...] ... tenzij haar bloed vloeit [5] [... iemand van] de priesters en ophoudt (?) [6] [...] en te drinken geeft aan [7] [de vrouw ... Ni]et zult gij uit [haar] hand aannemen [en]ige [8] [...] de heiligen. [9] [... Ni]et zal iemand geven [10] [...] ... [11] [...] ... [12] [...] voor koningen [13] [...] met een vrouw [14] [... het] gehoonde dienstmeisje (?), maar [15] [...] zegt: Niet zult gij [...] [16] [... zal hij] haar nemen ... [...] [17] [...] ... [...] [18] [...] zijn brood [...] [19] [... Niet zal hij] slapen met

Fragment 5 = 4QD^d 9; 4QD^f 3 (fragmentarisch); Fragment 6, kolom I = CD XV 4-5 (uiterst fragmentarisch); Fragment 6, kolom II = CD XV 13-18 + XVI 3-6 (regels 6-10 = 4QD^a 8 I) (zeer tot uiterst fragmentarisch); Fragment 6, kolom III = CD XVI 18-23 + IX 1-7 (regels 13-17 = 4QD^a 8 II) (fragmentarisch); Fragment 6, kolom IV = CD IX 10-12 + IX 20-X 13 (zeer fragmentarisch); Fragment 6, kolom V = CD X 13-19 + XI 7-19 (fragmentarisch tot zeer fragmentarisch)

Fragment 7, kolom I (regels 3-7 = 4QD^a 10 II; regels 10-13 = 4QD^b 9 VI; regels 16-21 = 4QD^a 10)

[3] [...] Wie in een huis of op het veld [naakt l]oopt [voor de ogen van schepselen, zal zes maanden worden uitgesloten] [4] [... Wie] zijn penis van onder zijn kleding [te voorschijn haalt, die [...] [5] [dagen en met tien (dagen) bestraft worden. Wie] dwaas en luid[ruchtig la]cht, [... zal uitgesloten worden gedurende dertig dagen en met vijf] [6] [dagen bestraft worden.

Wie zijn li]nker[hand uitsteekt] om daarmee te gesticuleren, zal be[straft worden met tien dagen ... Wie] [7] [zijn naaste belastert, die zal men één] jaa[r lang uitsluiten] van het reine voedsel [...] [8] [... en niet] zal hij w[eer] terugkeren [...] [9] en ni[et zal hij weer terugkeren ... en de]gene die opgewonden [van geest] is, [...] [10] op [...] ... [zal bestr]aft worden met zestig [dagen ...] [11] [... Iemand] die het oordeel van de Velen veracht, zal weggaan en [niet weer terugkeren. Iemand die] [12] zijn voedsel [neemt] buiten het voorschrift om, zal het teruggeven aan degene van [wie] hij het genomen heeft [...] Wie nade[rt] [13] om ontucht te bedrijven met zijn vrouw, niet in overeenstemming met het voorschrift, zal weggaan en niet weer terugkeren [...] tegen de vaderen [14] [zal weggaan] uit de gemeente en niet [weer] terugkeren; [en indien] tegen de moeders, zal hij [be]straft worden met tie[n] dagen, want de moeders hebben geen eigen kleur te midden van [15] [de gemeente ... Dit zijn de voo]rschriften waarin [zullen wandelen] allen die zich hebben laten tuchtigen en allen die [16] [... en w]ie komt, zal het aan de priester bekendmaken, [die aan]gesteld is o[ver de Velen en hij zal zijn oordeel naar zijn welgevallen aanvaarden, zoals] [17] Hij gez[eg]d heeft door bemid[deling van] Mozes aangaande de persoon die [onopzettelijk] gezondigd heeft, dat zij zouden brengen] zijn zond- of zijn [schu]ldoffer (Num. 15:27; Lev. 5:15). En [aan]gaande [18] Israël staat geschreven; 'Ik ga naar de einden des he[mels en Ik wil uw lie]felijke reuk [niet (meer) ruiken' (Lev. 26:31).] Op een [andere] pl[aats staat geschreven:] [19] 'Scheurt uw hart en niet uw klederen' (Joël 2:13) en er staat geschre[ven dat men zich tot God moet bekeren met geween en vasten (Joël 2:12).] Ieder die [20] deze [voorschriften] vera[cht], naar al de inzettingen die gevonden word[en in de Wet van Mozes, zal niet gerekend worden onder al de kin]deren van [zijn] waarheid, [want zijn ziel heeft] [21] de tucht der gerechtigheid [verafschuwd.] ONBESCHREVEN En al[le ...]

Fragment 7, kolom II = 4QD[a] 11 (fragmentarisch)

f. *4Q Damascusgeschrift[f] (4Q271 = 4QD[f])*

Fragment 1 ENIGE LETTERRESTEN

Fragment 2 (regels 7-13 = 4QD[f] 8 I-II; regels 8-10 = 4QD[e] 3 III)

¹ [...] van de dorsvloer zal hij brengen een tiende van een ho]mer en van de e]fa ² [...] de efa en de bat hebben beide één (en dezelfde) geijkte maat (Ez. 45:11). Van [de homer is het ze]sde (deel) ³ [een hin ...] het hout mag niemand afzonderen om het op te nemen voor [éé]n stuk kleinvee op honderd ⁴ [...] mag iemand [niet] eten van [zijn ...] of van de tuin. Voordat [de priest]ers hun hand uitstrekken ⁵ [...] het eerst [...] aan iemand verkoopt en ... [...] Dan zal hij vrij zijn van ⁶ [...] en [... het] onder hypotheek gebrachte stuk grond. ⁷ [...] één driemaal. ⁸ Niet mag [iemand vlees] (in aanraking) brengen [... met het bloed van de offers van de heidenen ...] zijn [...] in zijn reinheid. Alle ⁹ goud of zilver, [brons,] tin of lo[od, waarmee de heidenen af]godenbeelden [gemaakt hebben], daarvan mag niemand iets (in aanraking) brengen ¹⁰ met de reinheid [... van de nieuwe opbr]engst (van het land) die komt van de nieuwe opbrengst, [... Niet mag iemand] enige huid, kleding of ¹¹ enig (ander) voorwe[rp], waarmee [men ar]beid [verricht], die de ziel van [een mens] verontreinigen, brengen, [ten]zij zij besprenkeld zijn naar het voorschrift.
¹² [... Dit is de orderegel voor de] gemeente in de tijd der goddeloosheid: ieder ... [... en ieder die in moeilijkheden ver]keert, die ¹³ [onder hypotheek brengt ... om]dat zijn dagen zich vermeerderen om over te gaan naar [...]

Fragment 3 (regels 8-14 = 4QD^e 5)

¹ [...] met zilver [...] ² [...] en is aangekomen ... [...] ³ [...] en hij mag niet overlaten aan ... [...] ⁴ [...] één, want dat is een gruwel, en dat wat Hij gezegd heeft: 'Wanneer [gij iets verkoopt] ⁵ [aan uw volksgenoot of iets koopt van] uw volksgenoot, zult gij elkaar niet benadelen' (Lev. 25:14,17). En dit is de juiste uitl[eg ...] ⁶ [...] in alles wat hij weet, wat aangetroffen is ... [... Niet mag] hij geven ⁷ [...] en hij weet dat hij daarin ontrouw handelt, wat betreft een mens of vee, en als ⁸ [... iemand om zich te verlo]ven, moet hij hem al haar gebreken vertellen, opdat Hij niet over hem brenge het oordeel van ⁹ [de vervloeking, zoals Hij gezegd heeft: 'Vervloekt is hij die een blinde op een verkeerde weg leidt' (Deut. 27:18). Ook mag hij haar niet geven aan wie voor haar niet geschikt is, want ¹⁰ [dat komt neer op 'tweeërlei' (Lev. 19:19; Deut. 22:9) ... als (bij) een ru]nd en een ezel en (bij) een kleed van wol en linnen te zamen (Deut. 22:10-11).

Geen man mag brengen ¹¹ [... het heilig]dom (een vrouw), die wist afgoderij te bedrijven (?) in het open veld en die wist ¹² [afgoderij te bedrijven in het huis van] haar vader, of een weduwe die zich geprostitueerd heeft, vanaf het moment dat zij weduwe geworden is. Iedere (vrouw) ¹³ [die een] slechte [na]am [had], toen zij als jonge vrouw (nog) in het huis van haar vader verbleef, moet niemand huwen, maar die, welke ¹⁴ [gezien] betrouwbare en kundige [vrouwen], onbesproken is volgens de ordinantie van de Opziener die aan het hoofd van ¹⁵ [de vergadering van de Velen staat]. Haar (= de eerder genoemde) zal hij [niet] huwen en wanneer hij haar (toch) huwt, zal hij handelen volgens het v[oor]schrift [...] ... [...] ...

Fragment 4, kolom I (= CD XV 2-10) (uiterst fragmentarisch);

Fragment 4, kolom II = CD XVI 1-18

¹ [...] ... [...] ² en het [ver]bond [...] verbond; en over het verbond van de [...] ³ door te zeggen: [overeen]komstig [de]ze wo[orden] heb Ik met u een verbond gesloten en m[et geheel Israël (*zie verder CD XVI 1-18*)

Fragment 5, kolom I = CD XI 4-XII 6 (fragmentarisch); Fragment 5, kolom II: ENIGE LETTERRESTEN

g. *4Q Damascusgeschrift* *(4Q272 = 4QD^g)*

Fragment 1, kolom I (= 4QD^a 6 I) (fragmentarisch)

Fragment 2, kolom II (regels 1-5 = 4QD^a 6 I-II)

¹ [en] het bloedvat met [bl]oed gevuld is en de levensgeest daarin op- en nee[rwaarts] gaat, [is] ² [de pl]aag [genezen]. Dit is [het voorschrift voor de zo]nen van Aäron [om onderscheid te maken ...] ³ Het voor[schrift voor iemand die] zijn vl[oei]ing [heeft (Lev. 15:13). Iedere man die een vloei[ing heeft ...] ⁴ [...] ⁵ [...] ⁶ [...] ⁷ Hij zal zijn kl[er]en wassen (Lev. 15:11) [...] ⁸ aan hem. Degene die hem aanraakt, ... [...] ⁹ (een vrouw) die

bloed vloeit, ... [... zal] [10] zeven dagen blijven [in haar maandelijkse onreinheid (Lev. 15:19) ...] de onreinheid en ieder [11] [die] het [aanraa]kt (Lev. 15:22), [zal onrein zijn; hij zal zijn kleren wassen en zich met water baden ... (Lev. 15:22)] [12] en 's av[onds zal hij rein zijn ...] [13] ... [...] [14] het water [...] [15] [...] [16] ... [...] [17] [zijn] handen [...] [18] het levende [...]

h. *4Q Damascusgeschrift^b (4Q273 = 4QD^b)*

Fragment 1

[1] [Dit zijn de voorschr]iften voor het geslacht van Aäron om [te doen ...

Fragment 2 (= CD V 2 ? 4QD^b 5 III?)

[1] [en David had ni]et gelezen in het [verzegelde] boek van de We[t ...

Fragment 4, kolom I

[6] [...] het voedsel [7-8] [...] [9] [... I]saak [10] [...] voor hem [11] [...]

Fragment 4, kolom II = 4QD^g 1 I 6-15 (regels 2-5 = 4QD^f 8 2-4; regels 6-11 = 4QD^a 6 I) (zeer fragmentarisch)

Fragment 5

[1] [...] .., en zij bedekt [...] [2] [...] ... haar onreinheid ... want die [...] [3] [...] ... eeuwig zijn zij. Niemand mag opnemen ... [...] [4] [...] ... zal zij vertellen ... [...] ... totdat [...]

3. Teksten uit andere grotten

a. 5Q Damascusgeschrift (5Q12 = 5QD)

Fragment 1 = CD IX 7-10 (zeer fragmentarisch)

b. 6Q Damascusgeschrift (6Q15 = 6QD)

Fragment 1 = CD IV 19-21 (uiterst fragmentarisch); Fragment 2 = CD V 13-14 (uiterst fragmentarisch); Fragment 3 = CD V 18-VI 2 (zeer fragmentarisch); Fragment 4 = CD VI 20-VII 1 (uiterst fragmentarisch)

Fragment 5

¹ [...] ... [...] ² [... di]e slaapt met [...] ³ [... Geen man zal gemeenschap hebben met] een die van het mannelijk geslacht is, zoals men gemeenschap heeft [met een vrouw (Lev. 18:22; 20:13) ...] ⁴ [... Ja]kob om weg te doen[...] ⁵ [...] het verbond van God in hun hart [...]

E. ANDERE WETSTEKSTEN EN ORDEREGELS

1. 1Q Regel van de Gemeente (Règle de la Congrégation = 1Q28a = 1QSa)

Dit geschrift is ons slechts in één handschrift, afkomstig uit grot 1 van Qumran, bewaard gebleven, hetzelfde handschrift uit de eerste helft van de eerste eeuw v. Chr. dat ook de Regel der Gemeenschap (1QS) en een verzameling van zegenspreuken (1QSb) bevat. De titel waaronder het bekend staat, berust op de eerste regel van de tekst: 'En dit is de regel voor de gehele gemeente van Israël aan het eind der dagen' en het veelvuldig gebruik van het woord 'gemeente' (*edah*), dat kenmerkend is voor het document en het doet verschillen van 1QS, dat aan het gebruik van 'gemeenschap' (*yachad*) de voorkeur geeft. Het werk bevat twee kolommen tekst en is ons blijkbaar in zijn geheel overgeleverd, omdat een belangrijk deel van de tweede kolom onbeschreven is.

De inhoud van het geschrift kan als volgt worden samengevat: een algemene inleiding die aangeeft dat de inlijving in de gemeente in de laatste dagen zal geschieden door een plechtige proclamatie van en een onderricht in alle inzettingen van het verbond (I 1-5); een vermelding van de regels die gelden voor de leden vanaf de jeugd tot aan de ouderdom: onderricht in het Boek der overpeinzingen (= de bijbel), registratie en huwelijk vanaf 20 jaar, promotie met 25 jaar en volle verantwoordelijkheid vanaf 30 jaar (I 6-19); een opsomming van de voorschriften betreffende de taakvervulling in de gemeente en de functies van de levieten (I 19-25); een uitgebreide paragraaf waarin uiteengezet wordt wie gekwalificeerd zijn de vergaderingen bij te wonen en wie daarvan zijn uitgesloten (I 25-II 10); ten slotte een beschrijving van de messiaanse maaltijd, waarbij wordt aangegeven welke personen in het verloop daarvan een eerste plaats dienen in te nemen (II 11-22).

Een aandachtige lezing van het document toont aan dat het niets anders is dan een verzameling van voorschriften ten dienste van één thema: de gemeenschap van de laatste dagen. Van deze bepalingen, waarvan sommige een eigen inleiding bezitten en die oorspronkelijk heel goed onafhankelijk van elkaar kunnen hebben gecirculeerd, heeft de redactor slechts een aantal elementen overgenomen. Het onvolledige begin van I 12 en de interruptie in I 27 lijken het resumerende karakter van het werk aan te geven. Zowel het thema als het samengestelde karakter van het geschrift laten ons toe te begrijpen waarom het aan de Regel der Gemeenschap is toegevoegd.

Deze verzameling van voorschriften weerspiegelt op directe wijze de dagelijkse praktijk van de Qumrangemeenschap, haar reinigingsriten, haar maaltijden en bovendien haar karakteristieke bestuursorganen, zoals de raad van de gemeenschap, en projecteert deze realiteiten in de toekomst. Er kan geen twijfel over bestaan dat het geschrift stamt uit de gemeenschap van Qumran. Maar tegelijkertijd treffen wij elementen aan die kenmerkend zijn voor de groeperingen tot welke het Damascusgeschrift zich richt: de komende gemeenschap zal bestaan uit mannen, vrouwen en kinderen, rechters bezitten en al degenen uitsluiten die het Damascusgeschrift de toegang tot de gemeenschap ontzegt (vgl. 1QSa II 5-9 met CD A XV 15vv., aangevuld met 4QD^a 11. In het perspectief van het document zullen in de eindtijd, als de messias van Aäron en die van Israël verschenen zijn, de gemeenschappen van CD zich verenigen met de gemeenschap van Qumran om één enkele gemeente te vormen, de gemeenschap van de verlosten, die zal deelnemen aan de eindstrijd tegen de machten van het kwaad.

Als zodanig bevat het werk geen gegevens die ons helpen de tijd van zijn redactie te bepalen. De paleografische datering van het handschrift waarin het ons bewaard gebleven is, verwijst ons in ieder geval naar een tijdstip vóór de eerste helft van de eerste eeuw v. Chr. De afhankelijkheid van 1QS en CD vereisen een ontstaanstijd na deze beide geschriften. Derhalve lijkt een datering in de tweede helft van de tweede eeuw v. Chr. na de uiteindelijke redactie van 1QS en CD gegrond.

Het grootste belang van het geschrift is gelegen in zijn eschatologische dimensie, in de messiaanse verwachtingen die het weerspiegelt, en in zijn conceptie van de gemeenschap in het laatst der dagen. Het element dat het meest de aandacht heeft getrokken, is de vermelding in II 11-12 dat God de messias zal verwekken, een tekst waarvan de lezing en de uitleg fel bediscussieerd is.

Hoewel de studies over het geschrift, speciaal over II 11-12, talrijk zijn, is slechts één monografie aan 1QSa als geheel gewijd: L.H. Schiffman, *The Eschatological Community of the Dead Sea Scrolls. A Study of the Rule of the Congregation* (SBL Monograph Series 38; Scholars Press, Atlanta 1989).

Kolom I

¹ En dit is de regel voor de gehele gemeente van Israël aan het eind der dagen, als zij zich [gemeenschappelijk] verenigen [om te wand]elen ² naar het voorschrift van de zonen van Sadok, de priesters, en de mannen van hun verbond, die zich hebben afgewend [van de wandel op] de weg van ³

het volk (Jes. 8:11). Zij zijn de mannen van zijn (= Gods) raad, die zijn verbond onderhouden hebben te midden van de goddeloosheid om verzoen[ing te bewerken voor het lan]d.
4 Wanneer zij komen, zullen zij alle (tot de gemeente) toegetredenen verzamelen, van de kinderen tot aan de vrouwen, en voor [hun] o[ren] voorlezen 5 [al]le inzettingen van het verbond om hen te onderrichten in al hun voorschriften, opdat zij in [hun dwalingen] niet verdwalen.
6 ONBESCHREVEN Dit is de regel voor alle legerscharen van de gemeente, voor iedere geboren Israëliet (Lev. 23:42). Vanaf [zijn] jeu[gd] 7 [moet men] hem [onderw]ijzen in het Boek der overpeinzingen (= de bijbel) en naar gelang van zijn leeftijd onderrichten in de inzettingen van het verbond; hij zal zich l[aten] 8 [gez]eggen door hun voorschriften. Tien jaar zal hij onder de {kinderen} gerekend worden en op zijn twintigste [overgaan] 9 [naar] de getelden (Ex. 30:14; 38:26) om de (hem) toebedeelde plaats in zijn geslacht in te nemen teneinde zich aan te sluiten bij de heilige gemeen[te.] Niet mag hij 10 een vrouw [naderen] om seksuele gemeenschap met haar te hebben, voordat hij de volle leeftijd van twintig jaar bereikt heeft, wanneer hij kennis heeft [van goed] 11 en kwaad (Deut. 1:39). Dan zal zij aanvaard worden om als getuige tegen hem de voorschriften van de Wet aan te roepen en haar plaats in te nemen bij het aanhoren van de voorschriften. 12 Ouder geworden (?) ONBESCHREVEN zal hij als vijfentwintigjarige komen om pla[ats] te nemen in de 'fundamenten' van de 13 heilige gemeente om het dienstwerk van de gemeente te verrichten. Met dertig jaar (vgl. Num.4:3,23) zal hij opklimmen tot deelname aan een proces 14 en een vonnis en om zijn plaats in te nemen onder de hoofden over de duizenden van Israël, bij de oversten over honderd, de oversten over vij[f]tig, 15 [de oversten] over tien, de rechters en de opzieners van hun stammen in al hun geslachten, [op aanwijz]ing van de zonen van 16 [Aär]on, de priesters. Ieder familiehoofd van de gemeente, die door het lot is aangewezen om zijn pla[ats] in te nemen in de dienstverrichtingen 17 om voor de gemeente 'uit en in te gaan' zal naar de mate van zijn inzicht en in onberispelijke wandel zijn lendenen vastmaken (Nah. 2:2) ten behoeve van de plaat[s die hij inneemt, om uit]werking te geven aan 18 zijn dienstwerk te midden van zijn broeders: [onderschei]dend tussen veel en weinig, [de een boven de] ander, zal men de een meer in ere houden dan de andere. 19 Als iemands jaren talrijk zijn geworden, dan geve men hem overeenkomstig zijn kracht een taak in het [dien]stwerk van de gemeente. Een onverstandige 20 mag (echter) niet in hetgeen (de gemeente) beschikt is komen om een

plaats in de gemeente van Israël te bekleden met het oog op een proc[es of vo]nnis, de last van de gemeente te dragen (Num. 11:17) ²¹ of een plaats te bekleden in de strijd ter onderwerping van heidenen (vgl. Ez. 38:58). Hij zal slechts zijn geslacht inschrijven in het register van het leger ²² en in de corvee zal hij zijn dienstwerk verrichten naar de mate van zijn kunnen. De zonen van Levi zullen hun dienstwerk verrichten, ieder naar zijn positie, ²³ op aanwijzing van de zonen van Aäron, door de gehele gemeente te doen in en uitgaan, ieder in zijn rang, onder leiding van de ²⁴ familiehoofden der gemeente: de commandanten, de rechters /en de opzieners/ naar het getal van hun legerscharen op aanwijzing van de zonen van Sadok, de priesters, ²⁵ [en van alle fa]miliehoofden van de gemeente.
Als er een oproep uitgaat naar de gehele gemeente betreffende een rechtszaak of ²⁶ een gemeenschappelijk beraad of een oproep ten oorlog, zal men zich drie dagen lang heiligen (Ex. 19:14-15), opdat ieder die komt, ²⁷ daar[voor] kl[aar] is. Dit zijn de mannen die worden opgeroepen deel te nemen aan de raad van de gemeenschap, vanaf twin[tig] jaar (oud): al de ²⁸ w[ijzen] van de gemeente, de verstandigen en de ervarenen (Deut. 1:13), wier wandel onberispelijk is, en de geoefende strijders samen met ²⁹ [de oversten van de stam]men, alle rechters en opzieners, de oversten over duizend en de oversten over [honderd],

Kolom II

¹ over vijftig en over tien, benevens de levieten, (ieder) in zijn dienst[afde]ling. Dit zijn ² de mannen van naam, de opgeroepenen ter volksvergadering (Num. 16:2), die bijeenkomen voor de raad van de gemeenschap in Israël ³ vóór de zonen van Sadok, de priesters.
Ieder die getroffen is door een van de menselijke onreinheden, ⁴ mag niet in de gemeentevergadering van {God} komen. Ieder die daardoor getroffen is, mag niet ⁵ een positie binnen de gemeente aanvaarden. Ieder die lichamelijk getroffen is, wiens voeten ⁶ of handen verlamd zijn, die hinkt, blind, doof of stom is, die getroffen is door een (ander) lichaamsgebrek ⁷ dat zichtbaar is, of een wankelende grijsaard die zich te midden van de gemeente niet krachtig op de been kan houden: ⁸ dezen mogen niet k[omen] om [te mid]den van de gemeente van de m[an]nen van naam een plaats in te nemen (vgl. Lev. 21:17-20), want ⁹ heilige engelen zijn [in]

hun [gemeen]te (1 Kor. 11:10). Als [iemand van] hen de heilige raad iets te zeggen heeft, [10] zal [men hem] in een persoonlijk onderhoud (daarnaar) vragen; maar te midden van [de gemeente] zal hij [ni]et komen, want getroffen (door een gebrek) [11] is [h]ij.
[Dit is de plaa]tsorde van de mannen van naam, [de opgeroepenen] ter vergadering van de raad der gemeenschap, als [12] [God] de messias onder hen geboren laat worden. Binnenkomen zal [de priester], die het hoofd is van de ganse gemeente van Israël, met al [13] [zijn] br[oeders, de zonen van] Aäron, de priesters, [de opgeroepenen] ter volksvergadering, de mannen van naam; zij zullen [14] v[óór hem (= de opperpriester)] plaatsnemen, [ieder] overeenkomstig zijn waardigheid. Daarna [zal de messia]s van Israël [binnenkomen]. Vóór hem zullen plaatsnemen de hoofd[en] van [15] de d[uizenden van Israël, iede]r overeenkomstig zijn waardigheid, naar [zijn] pl[aats] in hun legerplaatsen en bij hun marsen. Alle [16] fa[milie]hoofden [van de gemee]nte samen met de wijz[en en de ervarenen (?)] zullen vóór hen plaatsnemen, ieder overeenkomstig [17] zijn waardigheid.
[Wanneer] zij samenkom[en voor een] gemeenschappelijke [taf]el [of om mo]st [te drinken] en de tafel [18] der gemeenschap aangericht [en de] most [gemengd is] om te drinken, [dan mag n]iemand zijn hand [uitsteken] naar de eerste bete van [19] het brood en [de most] vóór de priester, want [hij zal] de zegen uitspreken over de eerste bete van het brood [20] en de mos[t en] als eerste zijn hand [uitsteken] naar het brood. Daarn[a zal] de messias van Israël zijn hand [uitst]eken [21] naar het brood. [Daarna zal] de gehele gemeente van de gemeenschap [de zegen uitsp]reken, ie[der overeenkomstig] zijn waardigheid. Volgens deze inzetting zullen zij handel[en] [22] bij elke maal[tijd, wanneer] (ten minste) tien mann[en samen]komen.

2. 2Q Juridische Tekst (2Q25)

Van dit manuscript, geschreven in Herodiaans schrift uit de eerste helft van de eerste eeuw n. Chr., zijn enkel drie uiterst kleine fragmenten bewaard gebleven, waarvan slechts één een vertaling toelaat. De minimale resten van het laatstgenoemde laten zich in verband brengen met CD A XVI 6-7 en suggereren een wetstekst waarin de bijbelse grondslag voor de uiteengezette voorschiften werd aangevoerd. Hoewel het om een onbetekenend fragment gaat, hebben wij het niettemin in vertaling weergegeven, omdat het de uitdrukking 'zo staat geschreven in het boek van Mozes' bevat, een uitdrukking die behalve hier slechts in 4QMMT voorkomt.

> ¹ [... gev]uld is hun mond [...] ² [...] deze verbintenissen [...] ³ [... want] zo staat geschreven in het boek van Moze[s ...]

3. 4Q Ordinantiën

Onder de titel Ordinantiën zijn drie verschillende, uit grot 4 van Qumran afkomstige handschriften gepubliceerd (4Q159; 4Q513; 4Q514; zie de Lijst van manuscripten).

Van 4Q159, een manuscript uit het begin van de eerste eeuw n. Chr., zijn twee onvolledige kolommen bewaard gebleven, die nadere uitwerkingen van bijbelse wetten bevatten: over Deut. 23:24-25, dat toestaat druiven en aren te plukken op het veld van een ander, maar hier toegepast op behoeftigen, waarbij wordt aangegeven dat men daarvan mag eten, maar ze niet mag verzamelen om naar huis mee te nemen; over Ex. 30:11-16, de halve sikkel van de heffing, waarbij wordt bepaald dat deze éénmaal in het leven moet worden afgedragen (niet als een jaarlijkse gift, vgl. Neh. 10:32) en verder een aantal monetaire eenheden en maten nader gepreciseerd worden; over Lev. 25:39-46, waarbij de verkoop van een Israëliet aan een heiden verboden wordt; over de instelling van een tribunaal van twaalf personen met de bevoegdheid de doodstraf op te leggen; over Deut. 22:5 met de bepaling dat een man geen vrouwenkleren mag dragen; een samenvatting van Deut. 22:13-21 over het verlies van de maagdelijkheid vóór het huwelijk.

Van 4Q513, een manuscript uit het midden van de eerste eeuw v. Chr., zijn 44 fragmenten bewaard gebleven, maar van slechts enkele daarvan laat zich de inhoud vaststellen. Het eerste fragment bevat een specificatie van maten en gewichten om de afzondering van het voor de priesters gereserveerde deel te waarborgen. Het tweede fragment behandelt het huwelijk van priesterdochters met heidenen, dat de betreffende priesterfamilies verhindert deel te hebben aan de heilige spijzen. Fragment 3 biedt een felle polemiek tegen de schending van de sabbat door het bewegen van de garve van de eerstelingen, terwijl fragment 13 het gebruik van natuurlijke holten voor rituele baden lijkt te verbieden en olie als overbrenger van onreinheid voorstelt .

Van 4Q514, een manuscript uit de tweede helft van de eerste eeuw v. Chr., zijn drie fragmenten bewaard gebleven, waarvan twee vrijwel waardeloos zijn. Het grootste fragment behandelt de reinheidseisen voor deelname aan de maaltijden, waarbij onderscheid wordt gemaakt tussen eerste en tweede onreinheid, zodra het proces van reiniging is begonnen.

Hoewel deze drie handschriften als kopieën van een en hetzelfde werk zijn gepubliceerd, blijft het onmogelijk na te gaan of zij inderdaad uit één collectie stammen of drie afzonderlijke geschriften representeren. Het enige punt van overeenkomst is de aanhaling uit Ez. 45:11, die aangetroffen wordt in 4Q519 en 4Q513, hoewel in verschillende context, en die ook in 4QD^f 2 voorkomt. In ieder geval verschaffen ons deze teksten een goed voorbeeld van bloemlezingen van wetsbepalingen die schriftelijk circuleerden en die wij ook gebruikt vinden in andere documenten (zoals CD en 4QMMT).

De herkomst van dit literatuurgenre is moeilijk te achterhalen, maar de drie handschriften bewaren elementen van sektarische wetspraktijk: de bepalingen over de halve sikkel en het tribunaal van de twaalf in 4Q159, het huwelijk met heidenen, het bewegen van de garve op de sabbat, het gebruik van natuurlijke holten als reinigingsbaden en de bezoedeling door olie in 4Q513 en in het bijzonder het in 4Q514 beschreven reinigingsproces, dat ons de redenen voor het verzet tegen de *tevul yom* doet begrijpen. Omdat een groot deel van deze wetsbepalingen, die afwijken van de traditionele voorschriften, ons slechts bekend is door de wetsbepalingen van CD en 4QMMT (vgl. bijvoorbeeld 4Q513 3 met CD A XI 17-18; 4Q513 2 met 4QD^a 5 II over de priesters die vreemden dienen, en 4Q513 13 met CD A X 12-13 en CD A XII 16), kunnen wij concluderen dat deze teksten de wetspraktijk van dezelfde groepering als die in CD en 4QMMT aan het woord is, weerspiegelen en in die gemeenschap hun oorsprong hebben.

De geaardheid van de wetsteksten verschaft ons nauwelijks elementen om vast te stellen wanneer zij voor het eerst gepubliceerd zijn. De paleografische datering van het oudste document (4Q513) vereist een datering vóór de tweede helft van de eerste eeuw v. Chr. Een detail in dit handschrift geeft aan dat het later ontstaan is dan het Damascusgeschrift: het feit dat de aanbieding van de garve gedurende de sabbat wordt gekwalificeerd als 'dwaling der blindheid' toont een radicalisering van de polemiek aan, die ver verwijderd is van de neutrale en niet gepassioneerde wijze waarop het verbod in CD A XI 17 geformuleerd is, en wijst op een periode waarin de relaties met de opponenten van de gemeente van Qumran duidelijk verslechterd zijn. Een datering van het ontstaan van de geschriften in de eerste helft van de eerste eeuw v. Chr. lijkt derhalve aannemelijk.

a. *4Q Ordinantiën^a (4Q159 = 4QOrd^a)* [9 fragmenten]

Fragment 1, kolom II

¹ [...] ... niet [...] ... [...]² [... Israë]l zijn [overtredin]gen en om verzoening te doen voor al h[un] zonden. [Wanneer iemand] ³ [zijn akker oogst en] daarvan een dorsvloer of een perskuip maakt: degene die naar de dorsvl[oer of de perskuip] komt, [een leviet, een vreemdeling, een wees of een weduwe], ⁴ die in Israël verblijft en niets bezit, mag daarvan eten en voor zich verzamelen, maar voor [zijn] h[uis mag hij niet verzamelen, want wie het te velde staande koren] ⁵ van een akker [betreedt] mag wel zelf eten (Deut. 23:25; Matt. 12:1), maar naar zijn huis mag hij het niet brengen om het (daar) op te slaan [...]
⁶ Over [het losgeld]: het geld van de census dat iemand geeft als losprijs voor eigen persoon, bedraagt een halve [sikkel naar de tempelsikkel, een offergave aan God (Ex. 30:12).] ⁷ Slechts één ke[er] in zijn leven zal hij die geven – de sikkel is 20 gera (Ex. 30:13; Num. 18:16), gerekend naar [de tempelsikkel –, ieder die de getelde groep binnengaat:]
⁸ voor de 600.000: honderd talenten; voor de 3000: een halve talent [– dat is dertig mina; voor de 500: vijf mina] ⁹ en voor de 50: een halve mina – dat is vijfen[twintig] sikkels (Ex. 38:26; Num. 1:46). Het totaal [bedraagt zesduizendenvijfendertig mina en een halve] ¹⁰ mina. [Hun] vr[edeoffer] naar [hun getelde groeperingen: duizend ma]n tien mina; [honderd man één mina; vijftig man een halve mina;] ¹¹ [tien man vijf sikkels – vi]jf zilveren (sikkels) vormen een tiende van een [mina; één man: tien gera – tien zilveren (gera's)] ¹² [vormen een halve sikkel, want de sikkel is twintig gera naar de] tempelsi[kkel: een hal[ve sikkel is de offerande voor God.] ¹³ [...] de efa en de bat hebben de[zelfde] geijkte maat (Ez. 45:11) [...] ¹⁴ [... d]rie tienden [...] ¹⁵ ONBESCHREVEN ¹⁶ [... he]el het volk en zij zullen [hun ha]nden opheffen ...] ¹⁷ [... I]sraël, hij zal het ve[t] verbranden [...]

Fragment 2-4

¹ En indien [hij verarmt en zich verkoopt aan een] vreemdeling of aan iemand die uit een gesla[cht van vreemdelingen] afkomstig is, [laat hij dan zijn als een dagloner tot het jubeljaar (Lev. 25:39-40). Hij zal niet met

hardheid over hem heersen (Lev. 25:43)] [2] voor de ogen van Isra[ël. Laten zij niet] de heidenen dienen. Met een [uitgestrekte] ar[m en een machtige hand heeft Hij hen uitgeleid uit het land] [3] Egypte en {betreffende hen} bevolen dat hij niet verkocht wordt, zoals men een slaaf verkoopt (Lev. 25:42b). [Gaat het om een uitzonderlijk geval, laat men dan opgaan naar de tie]n mannen [4] en de twee priesters; laten zij beoordeeld worden ten overstaan van deze twaalf. [De beslissing die zij uitspreken, zal iemand opvolgen.

Indien er] [5] een halszaak in Israël is, zal men naar hun aanwijzing onderzoek doen. Wie zich [brutaal tegen hen] verzet [door niet naar hen te luisteren], [6] zal ter dood gebracht worden, omdat hij zich arrogant heeft gedragen (vgl. Joz. 1:18).

Laat een vrouw niet manskleren dragen; ieder [die dit doet, is YHWH een gruwel (Deut. 22:5). Laat een man] [7] zich niet bedekken met vrouwenmantels en laat hij zich niet kleden in de jurk van een vrouw, want dat is (YHWH) een gruwel (Deut. 22:5). ONBESCHREVEN

[8] Indien een man een Israëlitisch meisje een kwade naam bezorgt, – als hij dat zegt op het [moment] dat hij haar gehuwd heeft, dan zal men het onderzoeken. [Indien] [9] het waar blijkt te zijn en hij niet ten aanzien van haar gelogen heeft, zal men haar doden. Maar wanneer hij een [vals] getuigenis over haar heeft afgelegd, zal hij met twee mina bestraft worden. [Niet] [10] mag hij zich van haar laten scheiden zijn leven lang (Deut. 22:13-20). Ieder [meisje] dat [...] ... [...].

b. *4Q Ordinantiën^b (4Q513 = 4QOrd^b)* [44 fragmenten]

Fragment 1-2, kolom I

[1] [...] ... [...] [2] [De sikkel bedraagt twin]tig [gera] naar de [tempel]sikkel [...]. De helft van [3] [de sikkel bedraagt twa]alf [obolen, twee] zilverling[en ...] /Ook/ uit hen komt de onreinheid voort. [4] [De efa en de] bat / – [uit] hen komt onreinheid voort – / hebben dezelfde geijkte maat (Ez. 45:11): [tien issarons. Evenals de efa van het] koren is de bat van de wijn. De sea [5] [bedraagt drie issa]rons en ééénderde [issaron. Uit hen komt onrein]heid [voort]. En een tiende van een efa [6] [is een issaron ...] ONBESCHREVEN [...]

Fragment 2, kolom II

¹ om hen [niet] te doen aanraken de [hei]lige reine spijzen, want onrein [zijn zij ...] ² maîtresses van vreemdelingen en betreffende iedere ontucht (= onwettige huwelijken; vgl. Lev. 21:7,14) die [... die] ³ Hij voor zich heeft uitverkoren om hen te doen eten van elke gave van ... [...] ⁴ en tot een maal van engelen (?; vgl. Ps. 78:25) en om verzoening teweeg te brengen [[door deze]] /door deze/ ten gunste van I[sraël ...] ⁵ de ontucht van hun voedsel, heeft hij de schuld gedragen, want hij heeft verontheiligd ... [...] ⁶ zij [...] ... [...] schuld, doordat zij ontheiligden [...] ⁷ ... [...] ... [...]

Fragment 3

[...] ... [...] ² [... een heilige] samenkomst [...] het bewegen van de garve (Lev. 23:11-15) [...] ³ [...] op de sabbatdag voor ... [...] behalve de sabbatten (vgl. Lev. 23:38) [...] ⁴ [...] om een gedachtenis te vieren aan [...] de dwaling der blindheid [...] ⁵ [...] die ... [...] en niet uit de Wet van Mozes [...] ⁶ [...] ... [...]

Fragment 10

¹ [...] . [...] ² [en] de kinderen van Israël [...] ³ [en] zich niet te vermengen met [...] ⁴ hen in de on[reinheid ...] ⁵ [en] ... [...] ⁶ in reinheid [...] ⁷ het heiligdom [...] ⁸ uit de zonen van Aä[ron ...]

Fragment 13

¹ [...] ... ² [...] tot welgevallige verzoening. ³ [...] doende en zich verontreinigende ⁴ [... zich veront]reinigende met olie (vgl. Flavius Josephus, *Joodse oorlog* II viii 3) [...] ⁵ [...] hun onreinheid [...] ⁶ [...] voor de drank [...] ⁷ [...] maar als [...] ⁸ [...] uit alles da[t ...]

c. *4Q Ordinantiën^c (4Q514 = 4QOrd^c)* [3 fragmenten]

Fragment 1, kolom I

> ¹ [...] een vrouw [...] ² hij mag niet eten [...] voor allen die on[re]in zijn [...] ³ om voor [zich] te tellen [zeven dagen van af]wassing. Hij moet zich baden en (zijn kleren) reinigen ten d[ag]e van [zijn] reiniging (Lev. 15:13) [... en laat niet] ⁴ eten [degene] die niet begonnen is zich te reinigen van zijn vloe[ii]ng. [En laat hij ook niet eten, wanneer hij nog] ⁵ in zijn eerste onreinheid is. Al de tijdelijk onreinen zullen zich op de dag van hun [rei]niging baden ⁶ en (hun kleren) reinigen in water en zij zullen rein zijn. ONBESCHREVEN Daarna mogen zij hun brood eten overeenkomstig het voorschrift van de reinheid.
> ⁷ Laat niemand in arrogantie tijdens zijn eerste onreinheid eten, die niet begonnen is zich te reinigen van zijn vloeiing, ⁸ en laat hij evenmin eten gedurende zijn eerste onreinheid. Alle tijdelijk [on]reinen zullen zich op de dag van ⁹ hun rei[niging] baden en (hun kleren) reinigen in water en zij zullen rein zijn. Daarna mogen zij hun brood eten ¹⁰ overeenkomstig het v[oorschrift. En laat] niemand [et]en of dr[in]ken met wie ook maar die gereedmaakt ¹¹ [...] ... in de [die]nst ... [...]

4. 4Q Halacha A (4Q251) [24 fragmenten]

Van dit manuscript, geschreven aan het begin van de eerste eeuw n. Chr., zijn 24 fragmenten bewaard gebleven, de meeste van minimale afmeting. Op de grootste treffen wij aanhalingen en bewerkingen van bijbelse voorschriften aan. Fragment 1 behandelt Ex. 21:18-19 (de vergoeding van de gedwongen rusttijd van een gewonde die met een ander op de vuist gegaan is) en Ex. 21:28-29 (het stotige rund). Fragment 2 is gewijd aan de aanbieding van de eerstelingen op basis van Ex. 22:29, Lev. 23:15-21 en Deut. 26:1-11. Fragment 3 spreekt over de eerstgeborenen en de verplichting in het vierde jaar na de aanplant de opbrengst van fruitbomen aan de priesters te geven (vgl. Lev. 19:23-25). Fragment 4 bevat het verbod aas te eten (Deut. 14:21) of het vet van een gestorven of verscheurd dier (Lev. 7:24) en fragment 7, dat de titel van de betreffende paragraaf toont, keert zich tegen incest, waaronder het huwelijk tussen oom en nicht gerekend wordt.

Deze laatste verbodsbepaling, die karakeristiek voor CD A V 8-11 is, en de parallel tussen de inhoud van fragment 2 en 11QTemple XVIII (dat aantoont dat het feest van de eerstelingen van de tarwe, dat is het Wekenfeest, vijftig dagen na het feest van de beweging van de garve gevierd werd) bewijzen de sektarische oorsprong van de wetsvoorschriften van 4QHalacha A en hun relatie met andere Qumranteksten. Gelet op de slechte staat van het manuscript, is dit alles wat wij over zijn inhoud kunnen zeggen.

Fragment 1

¹ [...] om de zonde (?) [...] ² [...] zal hij [diens (gedwongen) rus[ttijd] vergoeden [en de genezi]ng vergoeden (Ex. 21:19).] ³ [Als een rund een man of een vr]ouw [stoot], zodat deze sterft, zullen zij het rund stenigen ⁴ [en zijn vlees zal niet gegeten worden, maar de eigenaar van het rund zal vrijuit gaan. Indien echter dat rund] reeds vroeger [sto]tig was ⁵ [en zijn eigenaar gewaarschuwd was, maar hij het niet bewaakte, en het doodt een m]an of een vrouw, ⁶ [dan zal het rund gestenigd worden, maar ook de eigenaar zal ter dood gebracht worden ...] (Ex. 21:28-29) ... [...]

Fragment 2

¹ [Niemand mag koren, mo]st of olie [nuttigen,] voordat [de priester bewogen heeft] ² hun eerstelingen van hun vroege vruchten. Niemand mag talmen de volle maat te geven (Ex. 22:29), want [... de most] ³ is de eersteling van de volle maat, het koren het beste [... Het brood van] ⁴ de eerstelingen zijn de gezuurde koeken, die zij moeten brengen [op de d]ag van de [eerstelingen (Lev. 23:17) ...] ⁵ zijn de eerstelingen. Niemand mag nieuwe tarwe eten [...] ⁶ tot de dag van het brood van de eerstelingen komt. Niet mag [...]

Fragment 3

¹ [...] ... [...] ² [...] Niet mag [...] ³ [...] de issaron voor [...] ⁴ [... de eerstgeborene van de men]s en het on[reine] vee [...] ⁵ [... de eerst]geborene van de mens en het onreine vee ⁶ [...] de schapen en het heiligdom van ⁷ [... da]t is de eersteling. En de opbrengst van de bomen ⁸ [...] ... en de olijf in het vierde jaar (Lev. 19:24) ⁹ [... en de heff]ing; al het gebannene is voor de priester

Fragment 4

¹ [...] het lam en de geit, die niet volmaakt zijn (Deut. 14:21) ² [...] en gij zult zijn vlees niet eten, want [...] ³ [...] Niet zal iemand het vlees eten van een dier ⁴ [...] en het verscheurde dat niet leeft (Lev. 7:24), want ⁵ [...] voor de vreemde en het vet om te ma[ken ...] ⁶ [...] ... daarvan [...] ⁷ [...] ... [...]

Fragment 5

¹ [...] ... [...] ... ² zullen zij eten van zijn brood. Slechts ... ³ [...] misdaad die hij bedrijft ⁴ [...] om te eten, want een gruwel ⁵ [...] een man die geen lo[ss]er heeft

Fragment 6

¹ [... een ma]n met zijn naaste [...] ² [...] ... om te verontreinigen [...] ³ [...] de gewonde die zal vallen [...] ⁴ [...] de ziel verandert [...] ⁵ [...] is een verandering. Ieder die wordt afgesneden [...] ⁶ [...] die geen ziel heeft, de dood [...]

Fragment 7

¹ Over de immorele verbintenissen: [...] ² Een man mag niet nemen [...] ³ de dochter van zijn broer en de dochter van [zijn zuster ... Niet ontbloten zal] ⁴ iemand de schaamte van de zuster van [zijn] va[der of van de zuster van zijn moeder (Lev. 18:12-13) en niet zal een vrouw gegeven worden aan de broer van] ⁵ haar vader of de broer van haar moeder [om hem tot vrouw te zijn ...] ⁶ Niemand mag ontbloten de schaamte van [...] ⁷ Niet mag iemand nemen de dochter van [...]

5. 4Q Halacha B (4Q264a) [3 fragmenten]

4QHalacha B is geschreven in een mooi Herodiaans schrift omstreeks het begin van onze jaartelling. De tekst gaat over voorschriften met betrekking tot het houden van de sabbatsrust. Genoemd worden onder andere: (1) de sabbatweg, die gesteld wordt op niet meer dan 1000 ellen (ongeveer 450 m); (2) het niet aanbrengen van schrijfcorrecties, alleen het lezen en leren van teksten; (3) het niet spreken over werk en arbeid, maar wel het spreken over gebed, eten en drinken.

Fragment 1

1 [... verder dan duiz]end ellen. Laat niemand nemen 2 [...] ook de priesters, de zonen van 3 [Aäron ... over alle] brandoffers en de slachtoffers die 4 [...de ro]l van een boek /door te lezen/ het geschrevene op de dag van [de sabbat ...] 5 [...] zij zullen lezen [en] leren daarvan. Laat niemand [hardop] berekenen [...] 6 [... laat niemand spreken] over alle zaken van werk, of over bezit, of [...] 7 [...] op de dag van de sa[bb]at, en laat iemand niet [woo]rden spr[eken] behalve te [spreken] 8 [heilige woorden. Volgens het voorschrift zal iemand spr]eken om God te prijzen. Inderdaad, iemand mag spreken om te eten en om te dr[inken ...]

Fragment 2-3

1 [...] vreugde op de d[ag van de sabbat ...] 2 [... laat niemand uitstorten] kolen van vuur [...] 3 [...] zijn hoogte ... [...] 4 [...] ... [...] 5 na hen om te [...] 6 en hout en elke kluit (aarde) ... [...] 7 in een huis of in de stad ... [...] 8 om te vechten met hem [...]

6. 4Q Verscheidene Regels (4Q265; eerder *4QSerek Damascus*) [25 fragmenten]

Van dit handschrift (nu gepubliceerd met de titel *Miscellaneous Rules*) dat aan het eind van de eerste eeuw v. Chr. gekopieerd werd, zijn 25 fragmenten bewaard gebleven. Vier daarvan zijn van redelijke afmeting. Uit de ons ter beschikking staande inhoud kunnen wij afleiden dat het geschrift een kruisingsproduct is van de Regel der Gemeenschap (1QS) en het Damascusgeschrift (CD).

Fragment 4 I bevat de resten van een strafwetboek. Hoewel de slechte staat van het handschrift ons niet meer toelaat uit te maken om welke overtredingen het gaat, zijn de opgelegde straffen, inhouding van een deel van het voedselrantsoen, meer verwant aan die van het strafwetboek van 1QS VII dan aan die van 4QD^a 10 II, dat tijdelijke uitsluiting in plaats van inhouding van voedsel voorschrijft.

Verwant met 1QS VI is de beschrijving van de toelating tot de raad van de gemeenschap in fragment 4 II, waarbij de Velen de ondervraging uitvoeren. Omgekeerd bevat fragment 6-7 een reeks van voorschriften betreffende de sabbatsrust die bij alle verschillen gelijkenis vertonen met CD A X-XI. Beide documenten verbieden op de sabbat een dier dat in het water gevallen is, daaruit op te halen, maar terwijl CD A XI 16-17 eveneens verbiedt een mens met een ladder of een touw te helpen, staat 4Q265 toe de persoon op te trekken door het toewerpen van een kledingstuk.

Deze wetsvoorschriften voor de sabbat vinden een vervolg in fragment 2 II, waar de grens van de afstand die men mag gaan om vee te weiden, op 2000 el gesteld wordt (en niet op 1000, zoals in CD A XI 5-6). Daarna wordt gerefereerd aan de raad van de gemeenschap, die evenals in 1QS VIII 1 vijftien personen telt. Hetzelfde fragment bevat een citaat uit Lev. 12:2-5 betreffende de verschillende duur van de onreinheid van een vrouw, wanneer zij moeder geworden is van een zoon of van een dochter. Daarbij wordt dit verschil blijkbaar uitgelegd door een narratieve, maar vanwege de slechte staat van het handschrift duistere tekst over de betreding van Adam en Eva van de hof van Eden.

De combinatie van bijbelse wetsvoorschriften met een uitgesproken sektarisch strafwetboek en een verhalende tekst toont aan dat het geschrift een compilatie van stof bevat, die ons herinnert aan soortgelijke onderdelen van 1QS en CD. Wat de datering van het werk betreft, kunnen wij slechts zeggen dat het jonger moet zijn dan CD en 1QS. Het biedt een tekst die zowel belangrijk is voor een beter begrip van de literaire relaties tussen 1QS en CD als voor dat van de betrekkingen tussen de door deze geschriften getekende gemeenschappen.

Fragment 4, kolom I

^{1} [...] ... ONBESCHREVEN [...] ^{2} [...] ... ONBESCHREVEN [...]
^{3} [..t]ien dagen. ONBESCHREVEN [...] ^{4} [...] dertig dagen [...] ^{5} de helft van

zijn brood(rantsoen) vijf[tien ...] [6] zal gestraft worden met drie maanden [...] [7] zijn naaste die vóór hem ingeschreven staat, en hij zal uitgesloten worden [...] [8] door hen met de helft van zijn brood(rantsoen). ONBESCHREVEN En wie [...] [9] dertig dagen. ONBESCHREVEN Wie op[zettelijk] liegt [...] [10] maanden en hij zal door hen bestraft worden met de helft van zijn brood(rantsoen) ONBESCHREVEN [...] [11] opzettelijk in enige zaak, zal met dertig dagen bestraft worden [...] [12] op[zettelijk], zal zes maanden uitgesloten worden. ONBESCHREVEN [...]

Fragment 4, kolom II

[1] [...] tijdens de zitting van de Velen, zal bestraft worden met der[tig dagen ...] [2] [...] zal hij toerekenen wie tot driemaal toe indut; en als [...] [3] [...] Wie binnentreedt om [...] tot de raad van [de gemeen]schap [...] [4] [...] de Velen, indien op hem valt [...] zullen zij onderzoek doen en [hem] ondervr[agen ...] [5] [...] de Velen zullen om advies gevraagd worden. ONBESCHREVEN En als niet gevonden wordt. ..] [6] [...] de Opziener over de Velen [...] de Wet en niet [...] [7] nog een volledig jaar [...] ... het jaar van [...] [8] [...] de Opziener over de Velen [...] [9] [...] zal hij toetreden [...]

Fragment 6

[1] en [...] [2] op de sabbatdag. Niemand mag [... in] vuile [kleren ...] [3] ... Wie in vui[le] kleren [rondloopt of] in welke stoffig zijn of [...] [4] ... van de sabbat. ONBESCHREVEN Niemand mag uit zijn tent een vaatwerk of voed[sel naar buiten brengen] [5] op de dag ONBESCHREVEN van de sabbat. ONBESCHREVEN Niemand mag een dier optrekken dat [6] op de sabbatdag [in] het water gevallen is. Maar als het een mens is die in het water gevallen is [7] op de sabbatdag, mag men hem zijn kleed toewerpen om hem daarmee op te trekken. Een vaatwerk zal men niet dragen [8] [...] sabbat. En als ... [...]

Fragment 7

¹ [...] op de dag van de [sabbat ...] ² [...] sabbat. En niet [...] ³ [N]iemand van het zaad van Aäron [ma]g reinigingswater (Num. 19:9) sprenkelen op de sabbatdag [...] ⁴ [...] is een hoogtijdag en van vasten op de dag [...] ⁵ [met] vee gaan tweeduizend ellen (vgl. Num. 35:5) [...] ⁶ [de tem]pel dertig stadiën. Men zal niet verwij[deren ...] ⁷ [...] zullen zijn in de raad van de gemeenschap vijft[ien ...] ⁸ [...] ... de raad van de gemeenschap vast gegrond [zijn in ... de uitverkorenen van] ⁹ het (goddelijke) welbehagen, en het zal zijn een welriekende reuk om verzoening te doen voor het land van al[le ...] ¹⁰ Hij zal in het gericht een eind maken aan de tijden van de goddeloosheid en [...] ¹¹ ONBESCHREVEN In de eerste week [werd Adam geschapen, maar hij had niets heiligs, voordat] ¹² hij gebracht werd naar de tuin van Eden. En been [van zijn been werd genomen voor zijn vrouw ...] ¹³ [wa]s voor haar, totdat zij gebracht werd naa[r hem in de tweede week ...] ¹⁴ [want] heilig is de tuin van Eden. En iedere bloesem die daarin is, is heilig. [Als een vrouw moeder wordt en een kind van het mannelijk geslacht baart,] ¹⁵ zal zij zeven dagen onrein zijn. Overeenkomstig de dagen van haar maandelijkse onreinheid zal zij onrein zijn. En [drieën]der[tig dagen zal zij blijven in] ¹⁶ het reinigings[bloed.] Maar als zij een kind van het vrouwelijk geslacht baart, zal zij [twee weken] onrein zijn, [als bij haar menstruatie, en zij zal zesenzestig dagen] ¹⁷ [blij]ven in het reinigingsbloed. [N]iets heiligs [zal zij aanraken, naar het heiligdom zal zij niet komen ... (Lev. 12:2-5)]

7. 4Q Regels voor de Reiniging (4QTohorot)

Onder de algemene aanduiding *Tohorot* worden zes handschriften gerubriceerd die verschillende reinheidsvoorschriften bevatten en blijkbaar afkomstig zijn van vier werken, waarvan één (Tohorot B) in twee kopieën vertegenwoordigd is.

Het best bewaarde document is 4Q274 (Tohorot A). Het is een handschrift van kleine afmeting (niet meer dan 5 cm hoogte), geschreven in een Herodiaans schrift van het eind van de eerste eeuw v. Chr. De eerste kolom behandelt de onreinheid die door vloeiing bewerkt wordt (Lev. 15). Aan de vloeiende, op wie woorden uit Lev. 13:45-46 (bestemd voor een melaatse) worden toegepast, wordt niet slechts voorgeschreven dat hij buiten de stad moet verblijven, maar ook op een bepaalde afstand van andere onreinen (vgl. 11QTemple XLVI 16-18 dat voorziet in drie afzonderlijke plaatsen buiten de stad voor melaatsen, vloeienden en voor degenen die een zaadlozing hebben gehad), omdat hij ook besmet wordt door hen die reeds onrein zijn, waardoor de graad van onreinheid verhoogd wordt. Aan een menstruerende zijn dezelfde contacten ontzegd, omdat het menstruatiebloed uitdrukkelijk op één lijn gesteld wordt met vloeiing. Evenals 4Q512 en 4Q514 verbiedt de tekst samen met onreine personen te eten voordat zij zich gereinigd hebben. Fragment 2 zet blijkbaar de behandeling van dezelfde onderwerpen voort, omdat het spreekt over zaadlozing en de aard van het reinigingsproces op de sabbat. Fragment 3 lijkt reinheidsvoorschriften in verband met de maaltijd te bevatten.

Van het handschrift 4Q275, dat gekopieerd werd in het midden van de eerste eeuw v. Chr., zijn slechts drie kleine fragmenten bewaard gebleven. Het was bekend als Tohorot B, hetgeen suggereert dat 4Q276 en 4Q277 tot hetzelfde werk behoren. Toch biedt het weinige dat wij kunnen afleiden uit de inhoud van 4Q275 (algemene wetsvoorschriften; opschrijving in een register; aanwezigheid van de Opziener en grijsaards), niet alleen geen overeenkomsten met de andere twee manuscripten, maar evenmin reinheidswetten. Daarom lijkt 4Q275 eerder onderdeel te zijn van een aan CD of 1QS verwante sekteregel. 4Q275 is nu gepubliceerd onder de titel *Communal Ceremony*.

De handschriften 4Q276 (Tohorot B[a]), en 4Q277 (Tohorot B[b]) zijn echter zeker twee kopieën van hetzelfde werk. Beide behandelen het rituee1 van de rode koe (Num. 19:1-10) en bevestigen het in 4QMMT B 13-17 ingenomen standpunt. Het tweede manuscript heeft vervolgens voorschriften voor degenen die een vloeiing hebben, hoewel de bewaard gebleven tekst niet samenvalt met die van 4Q274.

Van 4Q278 (Tohorot C) is slechts één klein fragment over, waaruit geen inhoudelijke conclusies te trekken zijn.

Voor studie van *Regels voor de Reiniging* vgl. H.K. Harrington, *The Purity Texts* (T&T Clark, London 2004).

a. *4Q Regels voor de Reiniging A (4Q274 = 4QTohorot A)* [6 fragmenten]

Fragment 1, kolom I

[1] hij zal beginnen met zijn verzoek neer te leggen (?). Op een bed van kommer zal hij liggen en een woning van zuchten zal hij bewonen.

Afgezonderd van alle (andere) onreinen zal hij verblijven en twaalf ellen verwijderd van ² het reine voedsel. In de hem toegewezen wijk, noordwestelijk van elke nederzetting, zal hij verblijven, op een afstand van deze afmeting.
³ Ieder van de onreinen zal zich [op de zeven]de [da]g in water baden en zijn kleren wassen; daarna mag hij eten, want dat is het wat Hij zegt: 'Onrein, onrein ⁴ zal hij roepen, zolang [hij de plaa]g heeft' (Lev. 13:45-46). Zij die een zevendaagse (menstruale) bloedvloeiing heeft (Lev. 15:19), mag geen man die een vloeiing heeft, aanraken noch enig vaatwerk dat de man die een vloeiing heeft, heeft aangeraakt ⁵ [[waarop hij gezeten heeft]] /of/ waarop hij gezeten heeft. Als zij ze aanraakt, zal zij haar kleren wassen en zich baden; daarna mag zij eten. Onder geen beding mag zij zich (onder anderen) mengen gedurende (die) zeven ⁶ dagen, opdat zij de legerplaatsen van de hei[ligen van] Israël niet verontreinigt. Ook mag zij geen enkele vrouw die lange tijd bloed vloeit (Lev. 15:25), aanraken. ⁷ Wie (zijn zeven dagen) telt, of het nu een man is of een vrouw, mag een [vrouw die vloeit,] niet [aanraken] noch haar die vloeit in haar (maandelijkse) onreinheid (Lev. 15:33), tenzij zij rein geworden is [van] haar [onreinheid], want het bloed van ⁸ die onreinheid wordt gerekend als een vloeiing [voor] degene die het aanraakt. Indien iemand een vloeiing [van het lichaam of uit]gestort zaad heeft aangeraakt, zal h[ij] onrein zijn. [Wie] iemand van al ⁹ deze onreinen [aan]raakt, zal gedurende de zeven dagen van [zijn] rei[niging] niet eten, zoals iemand die onrein is door (het aanraken van) een lijk. [Hij zal zich in water baden] en (zijn kleren) wassen; daar[na mag hij eten

Fragment 2, kolom I

¹ [d]ie over hem sprenkelt voor de eerste maal, en hij zal zich baden en (zijn kleren) wassen, voordat ² [...] ... de zevende op de zevende dag. Men zal niet sprenkelen op een sabbat, want ³ [...] op de sabbat; hij zal slechts het reine voedsel niet aanraken, totdat hij wisselt ⁴ [van kleding ...]. Wie uitgestort menselijk zaad heeft aangeraakt, moet elk voorwerp (in water) onderdompelen en ieder die het (voorwerp) gedragen heeft, ⁵ [... moet zich onderdomp]elen en het kleed waarop het (zaad) zich bevindt, en ieder voorwerp dat hij gedragen heeft, moet hij onderdompelen (Lev. 15:17) ⁶ [...] en als in het legerkamp iemand is wiens draagkracht ontoereikend is

(Lev. 5:3,11), [...] ⁷ [...] het kleed dat zij niet heeft aangeraakt. Slechts zal hij het niet aanraken, (te weten) zijn spijs (Lev. 22:4-7). Wie het aanraakt, ⁸ [...] ... als hij het niet heeft aangeraakt. Hij zal het in water wassen. Als ⁹ [hij het heeft aangeraakt ...] en hij zal wassen. Met het oog op alle heilige gaven zal iemand wassen [...] in water

Fragment 2, kolom II

¹ zijn vlees en zo [...] ² en indien [...] ³ hij zegt [...] ⁴ zijn spijs [...] ⁵ onr[ein] wemelend gedierte [...] ⁶ en wie hem aanraakt [...] ⁷ en al[le ...] ⁸ en indien [...] ⁹ die [...]

Fragment 3

¹ [...] ... zijn oogappel en ... [...] ² [...] ... en elke inzetting [...] ³ [...] of elke [...] ⁴ [...] ... [...] ⁵ [...] en zij is onrein [...] ⁶ [...] ... en het [niet] eet in reinheid ... [...] ⁷ [... dat] zij hebben stukgewreven en waarvan het vocht verdampt is, mag niemand eten [...] ⁸ [...] de onreine onder hen. En ook van groente [...] ⁹ [...] of een gekookte komkommer, degene die drinkt [...]

b. *4Q Gemeenschappelijke Ceremonie (4Q275 = 4QCommunal Ceremony)* [3 fragmenten]

Fragment 1

¹ [het voor]schrift en zij zullen getuchtigd worden tot de week [...] ² [...] zij zullen bezit nemen van hun erfdeel, omdat ... [...] ³ [...] de waarheid; en zij die onrechtvaardig ge[win] haten [...] ⁴ [...] ... om geen mens te doden ⁵ [...] het gericht [...] ⁶ [...] de plaats. ONBESCHREVEN [...] ⁷ [...] Indien ... [...]

Fragment 2

¹ [... gaa]n naar de paden van [...] ² [...] de met name aangewezenen [...] ³ [...] in de derde maand [...] ⁴ [...] Hij zal het woord nemen en zeggen: ONBESCHREVEN [...] ⁵ [...] en de volken in [...] ⁶ [...] voor hen [...] ⁷ [...] ... [...]

Fragment 3

¹ en de grijsaards met hem tot [...] ² en hij zal opschrijven in het register [...] ³ De Opziener zal ... [en hij zal geen] ⁴ mededogen [hebben]. Vervloe[kt zij ...] ⁵ van zijn erfdeel voor altijd [...] ⁶ [...] bij zijn verdel[gende] bezoeking [...]

c. *4Q Regels voor de Reiniging B^a* (4Q276 = *4QTohorot B^a*) [2 fragmenten]

Fragment 1

¹ [... de kleren] waarin hij niet gediend heeft in het hei1i[ge] ² [der heiligen ...]. Hij zal de kleren ondeugdelijk verklaren en men zal slach[ten ...] ³ [de] (rode) koe in zijn tegenwoordigheid. Men zal het bloed opvangen in een nieuw vaatwerk dat ⁴ [niet] op het altaar [gekomen is]. Hij (= de priester) zal met [zijn] vinger van haar bloed zeven[maal] sprenkelen ⁵ [i]n de richting van de tent der samenkomst en het cederhout, ⁶ [de hysop en het schar]laken op de brandende (koe) werpen. ⁷ [En de priester, degene die (haar) verbrand heeft, en degene die] de as van de koe [verza]meld [heeft, zullen zich baden] ⁸ [en hun kleren wassen en onrein zijn tot de avond. Zij zullen (de as) neer]leggen om bewaard te worden ⁹ [voor (de bereiding van) het water der reiniging van de ontzondiging als een altoosdurende inzetting (Num. 19:310)]. De priester zal zich bekleden

d. *4Q Regels voor de Reiniging B^b* (4Q277 = *4QTohorot B^b*) [2 fragmenten]

Fragment 1

¹ [het cederhout,] de hysop en het [scharlaken ...] ² [...] rein van alle zon[dige] onreinheid [...] ³ [... en] de priester die verzoening doet met het bloed van de koe, zal zich be[kleden] en alle [...] ⁴ [... en zij zullen wassen het op]per[kleed en] de genaaide mantel [waar]in zij verzoening hebben gedaan (door) het voorschrift van [de ontzondiging] (te volbrengen). ⁵ [Ieder zal zich] in wate[r baden en on]rein zijn tot de av[on]d. Hij die

[het v]at van het water der reiniging draagt, zal on[rein zijn tot de avond].
⁶ [... Niemand mag] het water der reiniging op onreinen sprenkelen
[be]halve een reine priester (vgl. Num. 19:19). [Hij zal] ⁷ [het water der
reiniging op] hen [sprenkelen], wa[nt] hij zal verzoening doen voor de
onrei[ne]. Een kwaaddoener mag (het) niet sprenkelen op een onreine.
Ieder ⁸ [die ...] het water der reiniging. Zij zullen het water binnengaan en
rein zijn van de onreinheid (door het aanraken) van een lijk [...] ⁹ [...] een
andere. [De prie]ster zal het water der reiniging op hen [spr]enkelen om te
reinigen ¹⁰ [.... veel]eer zullen zij rein zijn en hun [vl]ees zal re[in zijn].
Ieder die aanraakt [...] ¹¹ in zijn vloeiing [...] zonder dat hij [de handen]
heeft afgespoeld met water (Lev. 15:11), ¹² zal onrein zijn [...] zijn [be]d
(Lev. 15:5) en [zijn] verblijf[plaats ... allen die] zijn vloei[ing] aanraken,
zijn als degene die de onreinheid van [een lijk] aanraakt. ¹³ [Wie (hem)]
aanraakt, [zal zich baden en hij zal on]rein zijn tot [de] avond (Lev. 15:7).
Wie haar draagt, [zal] zijn [kl]eren [wassen] en onrein zijn tot de avond

e. *4Q Regels voor de Reiniging C (4Q278 = 4QTohorot C)*

Fragment 1

¹ [...] niemand mag gaan liggen ² [...] waar woont ³ [...] indien hij hem niet
aanraakt ⁴ [... de der]de bij degenen die aanraken ⁵ [...] die het bed aanraakt
(Lev. 15:5) ⁶ [...] ... op de plaats ⁷ [...] ...

f. *4Q Vier Loten (4Q279)* [4 fragmenten]

Slechts twee kleine fragmenten, geschreven in semiformeel schrift uit het
eind van de eerste eeuw v. Chr., zijn van dit document behouden gebleven.
Beide gaan over het lezen van aren en behandelen de reinheidsvoorwaarden
waaronder dit kan geschieden. Het verbod de drank van de Velen niet te
naderen, bevestigt het sektarisch karakter van de voorschriften.

Fragment 1

¹ [zullen zij aren le]zen. En [niet] zullen zij ze lezen [...] ² [...] hij zal de
drank van de Velen niet naderen, want [...] ³ [zullen zij] ze [le]zen en de

vijgebomen [[...]] [...] ⁴ hun drank zal weggaan over[eenkomstig ...] Allen zullen lezen [in reinheid ...] ⁵ [...] die niet gebr[acht is ...] en als zij belachelijk maken (?) [...] ⁶ Niet mag hij ze lossen met [...] /om ze bekend te maken/, totdat hij [...] ... [...] ⁶ [Zij zullen le]zen in reinheid en [...] hun werk en [...]

Fragment 2

¹ [...] voor al[le ...] ² [...] zullen lezen in reinh[eid ...] ³ [...] en ie[der] zal ze lezen [...] ⁴ [...] ... [...] ⁵ [...] onschuldigen [...] ⁶ [...] ... [...]

8. 4Q Liturgie voor de Reiniging (4Q284) [10 fragmenten]

4Q284 is geschreven in een laat-Herodiaans schrift in de eerste eeuw n. Chr. De tekst bevat liturgische instructies voor rituele reinigingen. De voorschriften omtrent rituele reiniging bevatten regels waaraan iemand zich houden moet tijdens zijn of haar onreinheid en de duur van de periode dat iemand zich reinigen moet. De tekst vermeldt wanneer er gebeden moeten worden opgezegd en ook wat er moet worden gezegd nadat de reiniging uitgevoerd is.

Fragment 1

1-2 [...] ³ [... sa]bbat van elk van de [we]ken van ⁴ [... van het jaar en] zijn twaalf maanden ⁵ [... en de vier sei]zoenen van het jaar op de dagen van ⁶ [...] regel van lofprijzingen voor Israël ⁷ [...] water ter ontzondiging (vgl. 1QS IV 21) om zich [rei]n te houden ⁸ [...] een zaadlozing ⁹ [...] ... voor hem ... ¹⁰ [...] ONBESCHREVEN ¹¹ [...] die

Fragment 2, kolom I

¹ [...] ... [...] hij zal niet eten ² [van het reine voedsel ...] alles wat hij aanraakte [...] het water van ³ [de besprenkeling (vgl. 4Q512 fragmenten 1-6, regels 6-7) ... en wanneer] hij zijn zeven [dagen] heeft vol gemaakt [...] ⁴ [...] en hij zal [zijn] lich[aam] wassen [in water ...] 5-6 [...]

Fragment 2, kolom II

¹ jullie moeten [hem] verlaten vanwege de onreinheid van [...] ² heiligen, en nie[t ...] ³ van het voedsel zeven [dagen ...] ⁴ [bij] zons[ondergang] op de zevende dag [... hij zal antwoorden en zeggen]: ⁵ 'Gezegend ben jij, God van Israël [...] ⁶ perioden van vre[de] voor de ongeluk[kigen ...]

Fragment 3

¹ [...] haar vastgestelde tijden [...] ² [...] bij zonsondergang op de ze[vende] dag [...] ³ [... water] van de ontzondiging. Hij zal antwoorden en zeggen: 'Gezegend ben ji[j, God van Israël ...] ⁴ [...] jij hebt een ware reiniging gegrift voor jouw volk om te [...] ⁵ [... om te] reinigen met hen van al hun onre[in]heden om te [...]

Fragment 4

¹ [...] ... [...] ² voor de zonen van jouw verbond [...] ³ in het lot van jouw waa[rheid] voor [...] ⁴ en rein voor jouw aangezicht in [...] ⁵ voor een persoon die sterft in [...] ⁶ en het zal zijn in de tijd van de tegenslagen [...]

9. 4Q Reinheid van Vruchten (4Q284a) [4 fragmenten]

De tekst van 4Q284a is gekopieerd in een Herodiaans schrift omstreeks het begin van onze jaartelling. De tekst schrijft regels voor bij het oogsten van verschillende vruchten zoals vijgen en olijven. De regels hebben vooral betrekking op wie geschikt is om te oogsten en wie niet. Het gaat om een sektarische tekst waarbij onreine en nog niet volwaardige leden niet geschikt zijn om de oogst binnen te halen, omdat daarmee het gevaar dreigt dat het voedsel van de hele gemeenschap onrein wordt. De gemeenschap van Qumran had zeer strikte reinheidsregels met betrekking tot voedsel en drank. Met name vloeistoffen waren verdacht en werden geacht makkelijk onreinheid door te geven.

Fragment 1

¹ [...] ² [...] man[d ... maar een ieder die onrein is], zal ze [ni]et verzamelen, [en een ieder] ³ [die] de drank van de Velen niet mag aanraken, want dezen [zullen verontreinigen] ⁴ [de] mand en de vijgen en [[de granaatappels]], [indien] ⁵ hun [sa]p er uitkomt wan[neer hij] ze allemaal [pe]rst en ze verzameld worden door ⁶ [iemand] die niet in het ver[bond] is bin[nen]gebracht. En indien ze [olijven] persen ⁷ [in de olijf]pers, laat hij ze niet op en[ige wij]ze (?) verontreinigen /door ze te openen/ voordat hij [ze] uitgiet [in de olijfpers] ⁸ [laat ze uitgepe]rst worden in reinheid en wanneer hun verwerking is ge[eindigd] zullen ze geget[en worden in reinheid]

Fragment 2

¹ [...] ... [...] voor al[le ...] ² [...] zij zullen verzamelen in reinhe[id ...] ³ [...] en dauw, en ze worden verzameld door ie[mand ...] ⁴ [...] een ieder van de ma[nnen] van de gemeen[schap ...] ⁵ [... rei]nheid [...] ⁶ [...] onschuldigen [...] ⁷ [...] tenzij [...]

10. 5Q Regel (5Q13; bevat toespelingen op de heilige historie) [21 fragmenten]

Dit werk, bewaard gebleven in één handschrift uit de eerste helft van de eerste eeuw n. Chr., waarvan 21 als regel uiterst schamele fragmenten over zijn, lijkt een combinatie van stof te bevatten zoals wij die ook in het Damascusgeschrift aantreffen. De eerste twee fragmenten bevatten een meditatie over de heilige historie, vanaf de zondvloed tot de tijd van Abraham en Jakob, terwijl fragment 4 en andere minuscule fragmenten een wetstekst bieden. De sektarische herkomst van het geschrift valt niet te betwijfelen vanwege de vermelding van de Opziener. Het is bovendien waarschijnlijk dat 1QS III 4-5 in fragment 4 geciteerd wordt.

Fragment 1

¹ [...] ... [...] ² [...] de God van het al [...] ³ [...] en gegrondvest o[p ...] ⁴ [...] ... schatten [...] ⁵ [...] hen alleen, zoals [Gij hebt] ged[aan ...] ⁶ [...] hebt Gij verkoren uit de he[me]lingen en [...] ⁷ [...] in Noach hebt Gij een welbehagen gehad ... [...] ⁸ [...] hebt Gij verdelgd ... [...] ⁹ [...] om te begrijpen de dad[en ...] ¹⁰ [...] ... de dienst van [...] ¹¹ [...] ... [om be]kend te maken de verborgen din[gen ...] ¹² [...] ... hebt Gij hem bevolen ... [...] ¹³ [...] voor iedere Israëliet [...] ¹⁴ [...] ... [...]

Fragment 2

¹ [...] ... ²⁻³ [...] ⁴ [...] tot in eeuwigheid ⁵ [...] met Abraham ⁶ [...] aan Jakob hebt Gij in Betel bekendgemaakt (vgl. Gen. 28:10-15) ⁷ [...] en Levi hebt Gij [geheiligd] en hem gegeven (de macht) om te ontbinden ⁸ [en te binden (vgl. Matt. 16:19; 18:18) ...] Gij hebt uitverkoren [de zonen van] Levi om uit te gaan ⁹ [en in te gaan ...] in hun geest voor uw aangezicht ¹⁰ [...] en na de jaren van ¹¹ [...] eed op ¹² [...] ...

Fragment 4

¹ [... zal st]aan vóór de Opziener [...] ² [...] en hij zal niet ontzondigd worden door zoenoffer[s ...] ³ [...] Onrein, onrein zal hij roepen, [zo]l[ang hij de plaag heeft (Lev. 13:45-46) ...] ⁴ [...] deze dingen zullen zij doen jaar op jaar, al[le dagen ...] ⁵ [...] voor de geest[en ...]

Fragment 5

¹ [...] hun werk ... [...] ² [...] door de hand van Belial en niet [...] ³ [... I]sraël toen het oprichtte [...]

Fragment 6

¹ [...] ... [...] ² [...] hen om hen te verderven [...] ³ [...] uw [...] en indien niet [...] ⁴ [...] en niet [...]

11. 4Q Bestraffingen (4Q477)

Van dit manuscript, geschreven in de eerste helft van de eerste eeuw v. Chr., zijn twee fragmentarische kolommen bewaard gebleven. Ondanks de beperkte tekst die zij ons bieden, is het handschrift zeer belangrijk, omdat het een bewijs levert van de realisering van het voorschrift van CD A IX 17-20, volgens hetwelk de Opziener een register moest aanhouden van de wetsovertredingen begaan door leden van de gemeenschap. Gedeeltelijk bewaard gebleven is de beschrijving van de bestraffing van vier personen, maar de slechte staat van het handschrift laat niet in alle gevallen toe de aard van hun misdrijf te bepalen. In ieder geval verschaft ons het handschrift de namen van enkele leden van de gemeenschap.

Fragment 1, kolom I

¹ [...] en ook de mannen van de gemeenschap ² [...] hun ziel en om te bestraffen ³ [... de le]gerplaatsen van de Velen betreffende ⁴ [...] ...

Fragment 1, kolom II

¹ om [...] ² die [... omdat] er een is die kwaad doet [...] ³ de Velen [... zij hebben bestraft] Jochanan, de zoon van Matta[tias, omdat hij ...] ⁴ hij kortaangebonden was [...] met hem [...] een slecht oog heeft (vgl. Luc. 11:34) en ook een pochende geest [...] ⁵ [...] hij ... voor de duisternis [...] ONBESCHREVEN. En Chananja Notos hebben zij bestraft, omdat hij [...] ⁶ [... door te doen] afwijken de geest van de gemeensch[ap van de Weg] en ook door borg te zijn voor [...] ⁷ [...] en zij hebben bestraft [...], de zoon van Jozef, omdat hij een slecht oog heeft, en ook omdat hij niet [...] ⁸ [...] ... en ook gehecht was aan de zaadlozingen van zijn lichaam [...] ⁹ en [zij hebben bestraft] Chananja, de zoon van Sim[eon ...] ¹⁰ [... en oo]k was hij gehecht aan [...]

POËTISCHE TEKSTEN

POËTISCHE TEKSTEN

Dit onderdeel bevat teksten van zeer verschillende inhoud, maar zij hebben met elkaar gemeen dat zij een poëtisch karakter dragen (met uitzondering van 4Q560, de tekst over het aantal dichtwerken van David in 11QPs^a XXVII en sommige wijsheidsgeschriften [of gedeelten daarvan]). Het onderscheid tussen poëzie en proza is in de geschriften van Qumran niet steeds gemakkelijk te maken, zoals bewezen wordt door het feit dat sommige auteurs een aantal gedeelten van het Damascusgeschrift voor poëzie houden. Nog moeilijker is het een duidelijke scheidslijn te trekken tussen poëzie die geschreven werd om individuele of collectieve overdenking te bevorderen of om uitdrukking te geven aan persoonlijke gevoelens, en die welke voor liturgisch gebruik gedicht werd. Het feit dat bijv. de Regel der Gemeenschap (1QS) zowel liturgische elementen bevat als een gedicht dat niet voor liturgische doeleinden bestemd lijkt te zijn, toont aan hoe moeilijk het is in dit opzicht op juiste manier onderscheidingen aan te brengen. Het criterium dat wij hebben aangewend om bepaalde teksten in dit onderdeel op te nemen en niet onder de liturgische geschriften te rangschikken, is het ontbreken van concrete aanwijzingen voor liturgisch gebruik.

De hier gevonden teksten kunnen in grote lijnen in vier categorieën worden verdeeld:

a. een aantal gedichten, waarvan de verzameling van hymnen zoals aangetroffen in de Lofprijzingen (1QH) het beste voorbeeld is, zijn ontstaan in de gemeenschap van Qumran en verschaffen ons een beeld van de religieuze opvattingen die in haar midden heersten;

b. andere liederen, zoals de apocriefe en de niet-canonieke psalmen, lijken hun oorsprong niet in de gemeenschap van Qumran te hebben; zij zijn verwant met de bijbelse poëzie, in het bijzonder met die van het Boek der Psalmen, en vormen de uitlopers daarvan in de periode van de tweede tempel;

c. andere werken, zoals de wijsheidsgedichten, kunnen wel dan niet binnen de gemeenschap van Qumran ontstaan zijn, maar alle vormen een uitloper van de bijbelse Wijsheidsliteratuur;

d. andere teksten laten zich eerder door hun inhoud dan door hun vorm karakteriseren; daarbij gaat het om werken bestemd om de strijd tegen de boze geesten te ondersteunen (gebeden, bezweringen en vervloekingen).

Aan het slot van dit onderdeel hebben wij een aantal gedichten verzameld die tot een van de genoemde categorieën behoren, maar waarvan zo weinig tekst bewaard gebleven is dat hun bijdrage tot onze kennis van de poëtische literatuur van Qumran gering is.

A. DE ROL VAN DE LOFPRIJZINGEN (HODAYOT)

De Rol van de Lofprijzingen uit grot 1 van Qumran (1QH[a]) werd in 1954 door Sukenik (zie de Lijst van manuscripten) gepubliceerd in de vorm van 18 kolommen en 66 losse fragmenten. Een gedetailleerde studie van E. Puech (Quelques aspects de la restauration du Rouleau des Hymnes, *Journal of Jewish Studies* 39 [1988], 38-55) heeft echter de oorspronkelijke volgorde van de verschillende vellen van het manuscript gereconstrueerd, waarbij aan de fragmenten hun eerdere plaats wordt aangewezen. Daaruit blijkt dat 26 kolommen te reconstrueren zijn, waarvan 24 een min of meer volledige tekst bieden, hoewel wij noch het begin noch het slot van het werk bezitten. Omdat deze reconstructie geheel samenvalt met die welke onafhankelijk van Puech (en eerder) door H. Stegemann (*Rekonstruktion der Hodayot. Die ursprüngliche Gestalt der Hymnenrolle aus Höhle 1 von Qumrân*, Dissertatie Heidelberg 1964, onuitgegeven) werd voorgesteld, hebben wij haar in onze vertaling gevolgd.

Het manuscript werd gekopieerd door twee verschillende personen. Het handschrift van de ene is eleganter dan dat van de andere, hoewel beide uit de Herodiaanse tijd stammen.

De tweede kopie van het werk uit grot 1 van Qumran (1QH[b]) is ons slechts bekend door twee kleine fragmenten. Het schrift van dit document is identiek met dat van de eerste schrijver van 1QH[a], maar de Godsnaam is geschreven in oud-Hebreeuwse letters. Het grootste fragment bevat resten van twee hymnen en stelt ons in staat een klein gedeelte van kolom XV van 1QH[a] aan te vullen.

Het werk bevat een verzameling van liederen die sterk beïnvloed zijn door de taal van het Oude Testament en die daaraan veel uitdrukkingen ontlenen. Sommige van de psalmen beginnen met de formule 'Geprezen zijt gij, Heer' maar de meeste worden ingeleid door 'Ik prijs u, Heer'. Vandaar de titel die Sukenik aan het geschrift gaf: *Hodayot*, Lofprijzingen.

Vanwege de hiaten en het fragmentarisch karakter van het manuscript kunnen wij niet precies het aantal hymnen bepalen dat in het geschrift was opgenomen. De volgorde van de verschillende liederen in 1QH[a] lijkt het werk van een compilator te zijn. Een van de kopieën van het werk uit grot 4 van Qumran bewijst duidelijk dat deze volgorde in de verschillende manuscripten kon wisselen: fragment 8 van 4Q427 vertoont in twee opeenvolgende kolommen een belangrijk deel van de kolommen VII en XX.

Het hoofdthema van de Hodayot is God. Zijn almacht, zijn alwetendheid, zijn macht en zijn barmhartigheid komen voortdurend in de liederen ter sprake. God is rechter en niets en niemand kan zijn gerechtigheid weerstaan. Maar deze ontzagwekkende en rechtvaardige God is bovenal genadig en toont een eindeloze liefde. De dichter onderstreept Gods barmhartigheid en het voortdurende gebruik van het voornaamwoord van de tweede persoon, wanneer hij zich tot Hem richt, doet ons de intensiteit van de betrokkenheid op God en de diepgang van het onwankelbare vertrouwen op Hem navoelen. Het is daarom niet verwonderlijk dat in de Lofprijzingen het thema van Gods vaderschap uitgebreider aan de orde komt dan in de Psalmen en dat de dichter ons God ook tekent met de trekken van een moeder. In tegenstelling tot de God van het licht bieden de Hodayot echter een negatief beeld van de mens, een maaksel van leem, een vleselijke geest, slecht vanaf de moederschoot en gedoemd tot de dood. Niet enkel de onrechtvaardigen, maar ook de dichter zelf en de trouwste leden van de gemeenschap, zijn niet anders dan zondig. De ondraaglijke spanning tussen deze twee uitersten wordt in de Lofprijzingen opgelost door de overtuiging dat God in zijn mysterieuze barmhartigheid en medelijden besloten heeft degenen die Hij heeft geroepen tot zijn verbond toe te treden, te verlossen. Aan de uitverkorenen, onder wie de dichter een voorname plaats inneemt, openbaart God zijn wegen. Hen reinigt Hij en hun beschikt Hij rechtvaardiging.

Het literaire genre van de liederen is zeer homogeen. Al kan worden vastgesteld dat een klein aantal van de gedichten, hoewel zij dezelfde aanhef en hetzelfde karakter vertonen als de overige, zich zowel door hun meer op de gemeenschap betrokken inhoud als door sommige formele elementen van de andere onderscheiden en daarom als 'hymnen' beschouwd kunnen worden, vertoont het overgrote deel van de liederen toch de opbouw van dankliederen. Niettemin treffen wij deze literaire vorm in de Hodayot niet onaangetast aan. De klassieke vorm van het danklied is vermengd met talrijke elementen van het individuele klaaglied, van boetepsalmen, van lofliederen, van aan de Wijsheidsliteratuur ontleende aansporingen en ook van apocalyptische visioenen.

De belangrijkste poëtische vormgeving die wij in de Lofprijzingen aantreffen, is die van het parallellisme der versdelen. Alle vormen van parallellisme die wij uit het bijbelse boek der Psalmen kennen, verschijnen meer of minder frequent in de Hodayot. Er kan geen twijfel aan bestaan dat beide poëtische bundels deel hebben aan dezelfde traditie. Maar er zijn ook duidelijke verschillen. In de Hodayot treffen wij veel meer drieregelige parallelle versdelen aan dan in het boek der Psalmen; het tweeregelig vers komt ongetwijfeld het meest voor in de Hodayot, maar het drieregelige wordt veelvuldiger gebruikt dan in de Psalmen en vierregelige vers gedeelten zijn talrijk. Bovendien wordt het parallellisme in de Hodayot gebruikt om een groot aantal regels in strofen te verenigen (voorbeelden van zes, acht, negen, tien en twaalf regels zijn niet zeldzaam) en hoewel deze strofen natuurlijk in kleinere onderdelen kunnen worden uiteengelegd, wordt het geheel toch in sterke mate door het parallellisme gestructureerd. Een ander kenmerk van de poëtische stijl van de Lofprijzingen is de uitgesproken tendens de basisregel met een groter aantal grammaticale eenheden op te bouwen dan gebruikelijk in de Psalmen. Hoewel een groot aantal regels identiek is aan die van de Psalmen, is hun variëteit veel groter en maken regels met vijf of zes grammaticale eenheden een tien procent uit van de Hodayot. Ten gevolge van deze variëteit in de uitbreiding van de basisregel is de metrische wetmatigheid in de Hodayot gebrekkig of geheel ontbrekend. Andere kenmerken van de stijl van de Lofprijzingen zijn de overvloed van persoonlijke voornaamwoorden en suffixen, het veelvuldig gebruik van opsommigen en lijsten, de talrijke toespelingen op de tekst van de Psalmen (in sommige gevallen in de vorm van een citaat), het overwicht van nominale zinnen (poëtische versdelen zonder werkwoord) en de aaneenschakeling van zinnen in de infinitivus, die de poëzie bij wijlen het karakter van proza geven.

De homogeniteit van het literaire genre, de poëtische vormgeving en de stijl doen vermoeden dat de liederen binnen een betrekkelijk korte periode ontstaan zijn. Hun auteurs (of hun auteur) kenden de bijbelse Psalmen en werden door deze geïnspireerd, maar meer dan deze te imiteren zetten zij vanuit dezelfde poëtische en religieuze traditie deze liederenschat voort. Inderdaad vormen de Hodayot naar de mening van vele geleerden het werk van één auteur, die zij gaarne vereenzelvigen met de mysterieuze persoon die in andere Qumrangeschriften wordt aangeduid als de Leraar der Gerechtigheid. Maar de toewijzing van de Hodayot aan deze gestalte is allerminst zeker en het lijkt ons onbewezen dat de verschillende dichtwerken van één persoon afkomstig zijn. Een studie van het woordgebruik en de fraseologie die kenmerkend zijn voor sommige gedichten, en het voorkomen van bepaalde sleutelwoorden die herhaald worden in een aantal liederen, maar totaal ontbreken in andere van soortgelijke inhoud, maken het meer dan waarschijnlijk dat de Hodayot het werk zijn van verschillende auteurs, al laat de constateerbare verregaande afhankelijkheid van het bijbelse woordgebruik geen definitieve conclusies toe.

Dat de Leraar der Gerechtigheid beschouwd is als de auteur van tenminste een deel van de liederen, lijkt ons grotendeels het gevolg van een vereenzelviging van het probleem van de auteur met dat van de betekenis van het 'ik' dat in vele liederen weerklinkt, en met de aanname dat een dichter enkel vanuit eigen ervaring spreekt. Ongetwijfeld drukt het 'ik' van de Hodayot op bewonderenswaardige wijze de ervaring van lijden, vervolging, verlating, kennis van eigen zondigheid en de genade van de goddelijke verlossing uit benevens de vreugde over de ontvangst van de openbaring. Het is mogelijk dat al deze gevoelens de persoonlijke ervaring van de auteur weergeven en dat zij het derhalve mogelijk maken zijn persoonlijke geschiedenis te reconstrueren om deze dan te doen samenvallen met het weinige dat wij over de Leraar der Gerechtigheid weten. Maar het is evenzeer mogelijk dat de beschreven gevoelens de uitkomst zijn van een zich verplaatsen in situaties van lijden, vervolging enz., zoals die in het Oude Testament staan beschreven, die de dichter overbrengt en toepast op zijn eigen situatie en tijd. Wanneer men bedenkt dat de weergave daarvan vervat is in woorden die aan het Oude Testament ontleend zijn, is de tweede mogelijkheid de enige die niet extrapoleert wat wij aantreffen. Als het 'ik' van de Lofprijzingen, evenals het 'ik' van de bijbelse Psalmen, ieder lid van de gemeenschap kan zijn die de liederen reciteert, en de gemeenschap op zodanige wijze eigen ervaringen personifieert, is het gebruik van de inhoud van de gedichten om een beeld op te roepen van de schrijver en historische gebeurtenissen uit zijn leven een aanslag op hun betekenis en een veronachtzaming van de oudtestamentische basis waarop de inhoud berust. Daarbij wordt voorbijgegaan aan het feit dat een ware dichter op grond van overgeleverde woorden scheppend uitdrukking kan geven aan universele menselijke ervaring. De auteur (of auteurs) van de Hodayot schreef zijn liederen niet om geschiedenis te vertellen, maar om aan ieder die dat wenste, de woorden te bieden waarmee hij die ervaring kon uitdrukken.

Hoewel de auteur (of de auteurs) van de gedichten onbekend is (zijn), kan er niet aan getwijfeld worden dat hij (zij) behoorde(n) tot de gemeenschap van het verbond. De gebruikte woordenschat en specifieke uitdrukkingen, de uitdrukkelijke verwijzingen naar de context van de gemeenschap en enige van haar functionarissen, de aanwezigheid van karakteristieke theologische opvattingen als het dualisme, de voorstelling van de goddelijke voorbeschikking, de radicaliteit van de zonde enz., bewijzen dat de gedichten zijn ontsprongen aan het sektarisch milieu dat wij uit andere Qumrangeschriften kennen.

Minder duidelijk is wat de functie van de liederen is geweest. Het blijft moeilijk vast te stellen of de Hodayot bedoeld waren om gebruikt te worden in de eigen liturgie van de gemeenschap. Dat deze liturgie een belangrijke plaats innam in het leven van de gemeenschap kan niet betwijfeld worden. Andere Qumrangeschriften geven daarvan veelvuldig blijk, vgl. bijvoorbeeld het begin van de Regel der Gemeenschap en het slot van één van de kopieën van het Damascusgeschrift, die teksten bevatten bestemd voor de liturgie van de verbondsvernieuwing. Maar in tegenstelling tot andere werken die in de bibliotheek van Qumran ontdekt zijn en duidelijke aanwijzingen bevatten van hun liturgische functie (gebeden voor verschillende dagen van de week, voor bepaalde feesten enz.), ontbreken deze in de Hodayot geheel en al. Dat geldt ook voor die liederen die wij als 'hymnen' hebben aangeduid en die in sterke mate nadruk leggen op de gemeenschap.

Het is derhalve niet bevreemdend dat bepaalde geleerden veronderstellen dat de liederen van de Hodayot vooral een didactische functie vervuld hebben en dat zij gedicht zijn om gebruikt te worden in bijeenkomsten waarin onderricht werd gegeven, of ook om de denkbeelden van de sekte ieder van haar leden in te prenten. Deze opvatting berust zowel op de 'persoonlijke' inhoud van de gedichten als op hun stijl. Deze overladen stijl met buitengewoon lange zinnen, zonder een herkenbaar regelmatig metrum, wordt beschouwd als ongeschikt voor liturgisch gebruik, maar veeleer passend bij persoonlijk onderwijs of onderricht binnen de gemeente. Het bewijs voor dit didactisch gebruik meent men te vinden in 1QH IX 35. Maar het ontbreken van werkelijk didactische uiteenzettingen en morele aansporingen ondergraaft deze opvatting in ernstige mate. De uitleg van de aangehaalde passage, die uniek is in de Hodayot, als typisch voor Wijsheidsliteratuur, vergeet dat in de bijbelse Psalmen dit soort van aansporing veelvuldig in oproepen gevonden wordt die de Psalmist tot alle gelovigen richt. Bovendien hebben wij gezien dat de 'persoonlijke' inhoud van de liederen in werkelijkheid niet meer of minder 'persoonlijk' is dan die van het 'ik' in de bijbelse Psalmen. Het argument ontleend aan de stijl is evenmin overtuigend. Daartegen kan men gemakkelijk inbrengen dat de vaste formule waarmee de gedichten worden ingeleid, het antifonale karakter van de eerste strofe, dat in de meeste liederen wordt aangetroffen, en het voorkomen van refreinen en conclusies de gedichten uitermate geschikt maken voor liturgisch gebruik. Zelfs J. Carmignac, voor wie de gedichten behoorden tot een bijzonder literair genre, dat van de 'meditatie', erkende dat deze 'meditaties' van de Leraar der Gerechtigheid (die hij beschouwde als de auteur) niet alleen vele malen opnieuw gebruikt werden door zijn leerlingen, maar dat zij zeer wel een functie in de liturgie van de gemeenschap kunnen hebben vervuld. Te concluderen valt derhalve dat hoewel niets in de liederen wijst op liturgisch gebruik, ook niets zich daartegen verzet.

De ontstaanstijd van de verschillende gedichten is onmogelijk vast te stellen, omdat zij geen aanwijzingen bevatten voor een datering of toewijzing aan een situatie in de geschiedenis van de gemeenschap tot welke zij zich richten. De datering van het oudste handschrift uit grot 4 van Qumran, te weten in de eerste helft van de eerste eeuw v. Chr., vereist natuurlijk een tijd van ontstaan die daaraan voorafgaat, maar nadere gegevens kunnen wij niet verstrekken.

De belangrijkste studies die aan de Hodayot gewijd zijn, zijn de volgende: A. Dupont-Sommer, *Le Livre des Hymnes découvert près de la Mer Morte* (Librairie d'Amérique et d'Orient Adrien-Maisonneuve, Paris 1957); J. Licht, *The Thankgiving Scroll. A Scroll from the Wilderness of Judaea* (Bialik Foundation, Jerusalem 1957; in modern Hebreeuws); G. Morawe, *Aufbau und Abgrenzung der Loblieder von Qumrân* (Evangelische Verlagsanstalt, Berlin 1960); S. Holm-Nielsen, *Hodayot. Psalms from Qumrân* (Universitetsforlaget, Aarhus 1960); M. Delcor, *Les Hymnes de Qumrân (Hodayot)* (Letouzey et Ané, Paris 1962); B. Kittel, *The Hymns of Qumran* (SBL Dissertation Series 50; Scholars Press, Chico 1981); M.O. Wise, *The First Messiah. Investigating the Saviour Before Christ* (Harper, San Francisco 1999); C. Newson, *The Self as Symbolic Space. Constructing Identity and Community at Qumran* (STDJ 52; Brill, Leiden 2004); J.A. Huges, *Scriptural Allusions and Exegesis in the Hodayot* (STDJ 59; Brill, Leiden 2006). In het Nederlands werden twee vertalingen van de Rol van de Lofprijzingen uitgegeven: A. S. van der Woude, *De Dankpsalmen* (Proost en Brandt, Amsterdam 1957) en A. van Selms, *De Rol der Lofprijzingen* (Bosch en Keuning, Baarn 1957). Een volledige bibliografie over de Hodayot is te vinden in E.M. Schuller, L. DiTomasso, "A Bibliography of the Hodayot 1948-1996," *DSD* 4 (1997), 55-101.

De vertaling die wij van 1QH^a bieden, volgt de reconstructie van het manuscript die door E. Puech is voorgesteld, maar geeft tussen haakjes de nummering van de uitgave van E. Sukenik aan.

1. Teksten uit grot 1

a. *1Q Rol van de Lofprijzingen^a* (= *1QH^a* = *1Q Hodayot^a*)

Kolom I en II (totaal verloren gegaan)

Kolom III (= fragment 16 en 11)

Fragment 16

¹ [...] weerspanning zijn [...] ² [... de onder]drukten [...] ³ [...] bruisten tegen de behoeftig[en ...] ⁴ [...] en wie kan meten [...] ⁵ [...] en wie kan meten de krach[t ...] ⁶ [...] eeuwig. Wie kan uitden[ken ...] ⁷ [... de vr]oegere en wi[e ...] ⁸ [...] uw ... [...]

Fragment 11

¹ [...] ... [...] ² [...] heeft gestaan tot alle jaren der eeu[wigheid ...] ³ [...] van uw hand elk zegel ... [...] ⁴ [...] ... de mensenkinderen naar hun inzicht [...] ⁵ [...] ... verwerkelijkt zich. Wie heeft al deze dingen gemaakt? [...] ⁶ [...] ... en van U is de begeerlijke gave. In gerechtigheid plaatst Gij [...] ⁷ [...] voor uw aangezicht ... en de uit le[em] gevormde [...] ⁸ [...] ... antwoordt. Gij zijt geprezen boven alle go[den ...] ⁹ [...] uw heiligheid en zoals hetgeen in uw ziel is [...] ¹⁰ [...] voor uw naam. Gij ... in de gemeente van de heili[gen ...]

Kolom IV (= XVII en fragm. 14)

¹ [...] klein van maat [...] ² [...] geopenbaard, zonder geri[cht, maar] door de geest van ³ [...] vuur dat verteert het vle[es van] zijn doden, zonder dat ⁴ [...] op het droge en een struikel [blok] zonder gericht ⁵ [...] treffend geheel onverwa[cht] als was ⁶ [dat voor vuur smelt ...] gericht vanwege de geest die [U] zoe[kt. Oprichten zal zich ⁷ [...] wegslingeren zult Gij in [...] het gebod. ONBESCHREVEN Vanwege de geest ... [...] ... ⁸ [...] in de plagen van [...] ONBESCHREVEN [...] ONBESCHREVEN.
⁹ [IK PRIJS U, HEER],
vanwege de verborgenheden die [Gij geopenbaard hebt aan ... en] die hen niet bereikt hebben in ...[...]
¹⁰ [...] en vanwege het gericht van ... [...
de over]leggingen van de goddeloosheid ... [...] ¹¹ [...] ... en vanwege het gericht ... [...
Gij hebt gereinigd] uw dienstknecht van al zijn overtredingen [vanwege] uw [grote] goedertierenheid (Ps. 51:3),

¹² [zoals Gij gespr]oken hebt door middel van Mozes,
[dat Gij wildet vergeven overtreding], ongerechtigheid en zonde
en wildet verzoenen on[recht] en trouwbreuk.
¹³ [Ook al branden] de fundamenten van de bergen
en [verteert] vuur de onderste hel (Deut. 32:22),
degenen die [vasthouden] aan uw geboden, ¹⁴ [zult] Gij [redden],
hen die U dienen in getrouwheid,
[opdat] hun nageslacht alle dagen vóór U zij (Ps. 102:29).
[Een eeuwige] naam hebt Gij [hun] gesteld
¹⁵ [door hun alle over]treding [te vergeven],
al hun z[onden] weg te werpen (Micha 7:19)
en hun een erfdeel te geven aan alle heerlijkheid van Adam
[en] lengte van dagen. ONBESCHREVEN
¹⁶ ONBESCHREVEN
¹⁷ [IK PRIJS U, HEER],
vanwege de geesten die Gij in mij gegeven hebt.
Ik wil het antwoord van de tong [vin]den
om uw heilsdaden te vertellen
en de lankmoedigheid van ¹⁸ [al uw gerichten],
de daden van uw sterke rechterhand
[en de vergiffenis] van mijn vroegere overtredingen;
om [mij neer te bui]gen en om vergeving te smeken
vanwege ¹⁹ [...] van mijn daden
en de verkeerdheid van [mijn] h[art].
Want ik heb mij in onreinheid gewenteld,
van het geheimenis [van uw waarheid afgewend]
en mij niet ge[voegd] bij ²⁰ [...]
Want bij U is de gerechtigheid (Dan. 9:7)
en uw naam past de lofprijzing tot in eeuwighe[id.
[Toon daarom] uw gerechtigheid
en verlos ²¹ [de ziel van uw dienstknecht].
Mogen de goddelozen vergaan (vgl. Ps. 104:35)!
Ik heb begrepen dat Gij de weg [effent] van wie Gij verkoren hebt,
met de wijsheid ²² [van uw kennis]
hem [af]trekt van zondigen tegen U
door hem zijn nederigheid te [hergev]en door uw tuchtigingen
en door uw beproe[vingen] zijn hart [te versterken]. ONBESCHREVEN ²³
[Gij, Heer, trekt] uw dienstknecht [af] van zondigen tegen U,

van struikelen over al wat U welgevallig is.
Graveer [(dan) in hem uw] gebo[den
om te weerstaa]n de geesten van [24] [het kwaad;
om te] wandelen in alles wat Gij liefhebt
en te versmaden alles waarvan [Gij] een afkeer hebt,
[door te doen] wat goed is in uw ogen
[25] [...] ... in mijn binnenste.
Want een vleselij[ke] geest [is] uw dienstknecht. ONBESCHREVEN
[26] [IK PRIJS U, HEER,
omdat] Gij [uw] heilige Geest over uw dienstknecht uitgebreid hebt
[...] ... [...] zijn hart
[27] [...] en ieder menselijk verbond aanschouw ik
[...] zij zullen haar vinden.
[28] [...] ... en zij die haar liefhebben
[... tot in] alle eeuwigheid.

Kolom V (= XIII + fragm. 15 + 31 + 17 + 20 + 33)

[1] [Een psalm. Van de Wij]ze.
Om zich neer te buigen vo[or God
en om ontferming te smeken vanwege de zonden;
om te begrijpen de grote] daden van God
[2] en om de eenvoudigen te verstaan te geven [zijn wonderbare geheimenissen; om al zijn heilsdaden te ver]t[ellen
en om te openen in de] eeuwige [funda]menten [3] [een bron van ken]nis;
om de mens te doen begrijpen [de geneigdhei]d van het vlees
en de raadslagen van de geesten der on[gerechtigheid,
want zij allen] wandelen [op de wegen der men]sen.
[4] [Geprezen zijt] Gij, Heer,
om[dat] een vleselijke geest [ve]rzoend is door [uw] barm[hartigheid
en Gij een menselijke geest hebt gesterkt]
door de kracht van uw sterkte [5] [en] uw [overvloedige gena]de,
te zamen met uw grote goedheid [en] lank[moedigheid],
de ijver van uw gericht [en veelvuldige vergeving, zonder] einde.
Al wie [6] [uitverkoren is om] alle inzicht te kennen, zal [dit] begr[ijpen], de geheimenissen van uw voornemen

en het principe van [elk werk dat] Gij ⁷⁽¹⁾ [voor hem] hebt bepaald.
[Want] U [behoort] de heiligheid van eeuwig[heid her t]ot in alle eeuwigheid.
Gij zijt het [die mij in uw genade hebt doen toetreden tot de raad van] de heiligen
⁸⁽²⁾ en die [mij] bekendgemaakt hebt met uw wonderbare geheimenissen [ter]wille van uw eer.
In uw diepe ke[nnis hebt Gij mij onderwezen
en de bron van] uw kennis niet (voor mij) ⁹⁽³⁾ [verborgen].
Gij hebt mij de wegen van de waarheid en de werken van het kwaad geopenbaard,
de wijsheid en de dwaasheid.
[Want Gij hebt in (uw)] rechtvaardig [voornemen] ¹⁰⁽⁴⁾ [het werk van] hun daden bepaald,
de waarheid en het inzicht, het onrecht en de dwaasheid:
allen wandelen [op hun wegen.
Gij zult ... met overvloedig] ¹¹⁽⁵⁾ [erbarme]n
en eeuwige gunstbewijzen
naar al hun tijden, welzijn of verderf.
Elk [werk zult Gij oordelen en vergelden naar] ¹²⁽⁶⁾ hun [...] ... :
eeuwige heerlijkheid, genot en bestendige vreugde voor elk [goed] werk,
[maar plagen en kastij]ding voor een ¹³⁽⁷⁾ [kwa]ad w[erk].
ONBESCHREVEN Deze zijn het die [Gij] bep[aald hebt van] eeuwigheid her
om daardoor ¹⁴⁽⁸⁾ al uw schepselen te regeren vóór zij geschapen werden,
te zamen met het heir van uw geesten en de vergadering van [de hemelingen,
m]et uw heilige firmament en al ¹⁵⁽⁹⁾ zijn scharen,
met de aarde en al haar {opbrengsten},
met de zeeën en de oerdiepten,
[overeenkomstig] al hun voornemens in alle eeuwige tijden
¹⁶⁽¹⁰⁾ en bestendige taak.
Want Gij hebt ze bepaald van eeuwigheid her
en het werk van [de mensen] hebt Gij ... [...] door hen,
opdat ¹⁷⁽¹¹⁾ zij uw eer in al uw heerschappij vertellen.
Want Gij hebt hun doen zien wat zij niet gez[ien hadden,
door weg te doen] wat eerder was,
en door ¹⁸⁽¹²⁾ nieuwe dingen te scheppen (Jes. 43:18; 48:3 vv.),
door te verbreken de eerdere realiteiten

en door [op te rich]ten wat eeuwig zal zijn.
Want Gij hebt ze [bepaald]
en Gij zijt 19(13) tot in alle eeuwigheid.
In de geheimenissen van uw wijsheid
hebt Gij hen alle ingedeeld
om uw eer te doen kennen.
Maar wat is een vleselijke geest,
dat hij 20(14) dit alles zou begrijpen
en inzicht hebben in [uw wonderbaar en groot] geheim?
En wat is een uit een vrouw geborene onder al uw ontzagwekkende werken?
Hij 21(15) is een bouwsel van stof, met water gekneed;
[zond]ige sch[uld is zijn raadslag,
smadelijke schande en een br[on] van onreinheid,
en een verkeerde geest heerst 22(16) over hem.
Als hij goddeloos handelt,
zal hij [tot in eeu]wigheid [een teken] zijn
en een voorteken voor de geslachten,
een afgrijzen voor alle vlees (Jes. 66:24).
Enkel door uw goedheid 23(17) wordt een mens gerechtvaardigd
en door [uw] grote barmhart[igheid gereinigd].
Met uw glorie zult Gij hem sieren
en [hem] aanstellen [over] vele liefelijkheden,
met 24(18) eeuwige vrede en lengte van dagen.
Want [Gij zijt waarheid]
en uw woord wijkt niet terug. ONBESCHREVEN
Ik, uw knecht, weet 25(19) door de geest die Gij in mij gegeven hebt,
[dat ...]
en al uw werken gerechtigheid zijn.
Uw woord wijkt niet terug
en al 26(20) uw tijden zijn vastge[steld tot in eeuwigheid
voor uw heiligen
en ver]kozen voor hun aangelegenheden.
Ik weet [dat ...] 27(21) en de goddeloze ... [...
de recht]vaardige om te begrijpen [...]
28(22) [... het hei]r van uw geesten en het h[eir van [uw ...] 29(23) [...] ... [...]

Kolom VI (= XIV + fragm. 15 + 18 + 22 + 44 + 19)

¹ [...] hun aanwijzingen [...] in uw volk ... [... e]er.
² [Gij openbaart] onze oren [de geheimenissen van uw wonderbare voornemens.
Welzalig] de mensen der waarheid en de uitverkorenen der ge[rechtigheid,
die uitzijn] ³ op wijsheid en inzicht zoeken,
de bou[wers ...],
die barmhartigheid [liefh]ebben, de armen van geest,
de gezuiverden ⁴ door ellende en de gelouterden door beproeving,
de barmhar[tigen ...],
die zich bedwingen tot de tijd van uw oordelen
⁵ en die uitzien naar uw redding.
Gij [hebt ...]
en uw inzettingen bevestigd door middel van hen
om ⁶ recht op de wereld te doen,
al [uw] hei[lswerken] te doen beërven
[en hen te doen staan in de] heilige raad tot in eeuwige geslachten.
Al ⁷ het werk van hun daden met hun ge[luk zult Gij ...]
de mannen van uw visioen.
⁸ ONBESCHREVEN
[IK PRIJS U], HEER,
die in het hart van uw dienstknecht inzicht gegeven hebt
⁹ om al deze dingen te begrijpen
en om te ver[staan ...],
om zich te bedwingen bij de da[den] van de goddeloosheid
en te prijzen ¹⁰ in gerechtigheid allen die uw wil verkiezen,
[om lief te hebben alles w]at Gij liefhebt.
en een afschuw te hebben van alles waarvan ¹¹ [Gij een afkeer hebt].
Gij hebt uw dienstknecht doen begrijpen
[... de geest]en van de mens;
want overeenkomstig de geesten [schei]dt [Gij] hen ¹² in goeden en kwaden
en Gij bepaalt [voor hen ...
om] hun [aan te wijz]en hun taak.
Ik weet door het inzicht dat Gij mij gegeven hebt.
¹³ dat Gij in uw welgevallen jegens de me[ns
zijn deel aan] uw heilige [ge]est [groot maakt].

Zo hebt Gij mij doen naderen tot uw kennis
en naarmate [14] ik (die) naderde.
kwam ik vol vuur op tegen hen die goddeloosheid bedrijven
en (tegen) de mannen van het bedrog.
Want allen die u naderden, weerstreven uw bevel niet
[15] en allen die U kennen, veranderen uw woorden niet.
Immers Gij zijt rechtvaardig
en waarheid zijn al uw uitverkorenen.
Alle ongerechtigheid [16] [en god]deloosheid zult Gij voor altijd verdelgen
en uw gerechtigheid zal openbaar worden voor de ogen van al uw schepselen. ONBESCHREVEN
[17] Wat mij aangaat, ik weet (het) door uw grote goedheid
en heb onder ede mijzelf opgelegd
niet tegen U te zondigen
[18] en niets te doen van al wat kwaad is in uw ogen.
Zo ben ik naar voren gekomen in de gemeenschap
van alle mannen van mijn raad:
naar [19] zijn inzicht laat ik hem naar voren treden
en naar de grootte van zijn erfdeel heb ik hem lief.
Ik toon mij het kwaad niet genegen
en aan sm[eergeld] wijd ik geen aandacht.
[20] Ik ruil uw waarheid [niet] in voor rijkdom
of al uw voorschriften voor smeergeld;
maar naar[dat iema]nd [U genaderd is].
[21] [heb ik] hem lief,
en naar dat Gij hem verre stelt, veracht ik hem. ONBESCHREVEN
Ik breng niet in de raad [van uw waarheid]
degenen die zich hebben afgewend
[22] [van] uw [verbo]nd. ONBESCHREVEN
[23] [IK PRIJS] U, HEER,
naar de grootte van uw kracht
en uw vele wonderdaden van eeuwigheid her tot in [eeuwigheid.
Gij zijt hoogverheven] en groot,
[24] [rijk aan barmhartig]heid,
die hen die zich van de overtreding afwenden, vergeeft,
maar de ongerechtigheid van de goddelozen straft.
[Gij hebt de waarheid lief] in vrijwillige [25] [...],
maar hebt voor altijd een afkeer van de ongerechtigheid.

Mij, uw dienstknecht, hebt Gij begenadigd met de geest der kennis,
[om lief te hebben] waarheid 26 [en gerechtigheid]
en een afschuw te hebben van alle wegen van het onrecht.
Ik heb U vrijwillig lief (vgl. Hosea 14:5)
en met [mijn] gehele hart 27 [zoek ik] uw wijsheid.
Want door uw hand is dit gebeurd:
zonder [uw welbehagen geschiedt er niets].
28 [...] zal het vlees beheersen [...]
29 [...] hij en hij zal bouwen met hulp [...]
30 [...] van het firmament onder de vleugels van de wind [...]

Kolom VII (= XV + fragm. 10 + 32 + 34 + 42; vgl. 4QHodayot[a], fragment 8, kolom I, voor de regels 5-9)

1 [...] ... [...] 2 [...] ... ik heb wijsheid gekregen [...]
3 [... op] uw [wonderdad]en, wat zullen wij antwoorden?
Want Gij hebt ons gedaan ... [...]
en wonderbaar gehandeld [met ons ...]
4 [...] ... wij versterkende kracht
om [uw] heerlijkheid te kennen
[en te verte]llen [uw] wonderda[den ...]
5 [uw] barmhartigheid [...] ... naar hun wijsheid
en overeenkomstig hun kennis [en om] uw eer [...]
6 voor [...] zonder ophou[den.
Van tijd] tot tijd zullen zij doen horen en van [feest tot feest ...]
7 [...] en wij hebben ons in een gemeenschap verenigd
en met degenen die weten, [laten wij ons terechtwijzen /door U/ en juichen over] 8 [...] het volk van uw helden
en op wonderbare wijze willen wij tezamen vertellen in de ver[gadering van God en met ...]
9 [...] en onze nakomelingschap hebt [Gij] doen ken[nen met] de mensenkinderen tu[s]sen [de kinderen van] Adam,
10 want [...] wonderbaar ten zeerste. ONBESCHREVEN
11 ONBESCHREVEN [Een ps]alm. Van de Wij[ze ...] ... [...]
12 [...]
13(9) [... hebben] U [l]ief alle dagen

en ... [...]
14(10) ... [...]
Ik heb U vrijwillig lief,
van ganser harte en met geheel mijn ziel heb ik gezuiverd
[...]
15(11) [Ik heb mijzelf] opg[elegd niet te] wijken
van alles wat Gij geboden hebt.
Ik sluit mij aan bij de Velen [...
en mij aan geen] 16(12) van uw geboden te onttrekken. ONBESCHREVEN
Ik weet door het inzicht dat Gij mij gegeven hebt,
dat [iemands treden] niet in de macht van het vlees zijn,
[en dat] een mens [niet beschikt over] 17(13) zijn weg;
een sterveling kan zijn schreden niet bevestigen (vgl. Ps. 37:23; Spr. 20:24).
Ik weet dat de neiging van iedere geest in uw hand is
[en dat Gij zijn ....] 18(14) hebt vastgesteld,
voordat Gij hem geschapen hebt.
Hoe zou iemand uw woorden kunnen wijzigen?
Gij alleen hebt 19(15) de rechtvaardige [geschapen]
en vanaf de moederschoot hem voorbestemd voor de tijd van het welbehagen,
om acht te geven op uw verbond en te wandelen op al (uw wegen);
om zich daarover te verheugen 20(16) in uw overvloedig erbarmen
en alle verdrukking van zijn ziel open te stellen
voor de eeuwige verlossing (Jes. 45:17) en een bestendige vrede zonder gebrek.
Verheven hebt Gij zijn eer 21(17) boven het vlees. ONBESCHREVEN
Maar de goddelozen hebt Gij geschapen voor [de tijd van] uw [too]rn
en vanaf de moederschoot hebt Gij hen voor de dag van de slachting gewijd;
22(18) immers zij wandelen op een weg die niet goed is,
en zij verachten [uw] ver[bond];
van uw [geboden] gruwt hun ziel
en zij hebben geen behagen in al wat 23(19) Gij geboden hebt,
maar verkiezen waarvan Gij een afkeer hebt.
Allen [die] uw [verbond verachten],
hebt Gij ertoe voorbestemd
om tegen hen grote strafgerichten te oefenen
24(20) voor de ogen van al uw schepselen,

opdat zij zijn tot een teken en voorte[ken
voor de] eeuwige [geslachten],
opdat [allen] uw majesteit en uw 25(21) grote kracht zouden kennen.
Maar wat is het vlees,
dat het [uw wonderdaden] zou begrijpen?
[En] hoe kan stof zijn tred bepalen?
26(22) Gij hebt de geest gevormd
en zijn taak bepaald [van eeuwigheid her].
Uit U is de wandel van al wat leeft.
Wat mij aangaat, ik weet dat 27(23) geen enkele rijkdom tegen uw waarheid opweegt
en geen [... tegen] uw heiligheid.
Ik weet dat Gij hen uitverkoren hebt boven allen
28(24) en dat zij U voor altijd zullen dienen.
Gij nee[mt] niet [een geschenk aan voor de ongerechtigheid]
en neemt niet een losprijs aan voor goddeloze daden (vgl. Ps 49:8).
Want 29(25) Gij zijt een God van waarheid
en alle ongerechtigheid [zult] Gij [tot in eeuwigheid uitdelgen]:
het zal voor uw aangezicht niet (meer) bestaan.
Ik weet 30(26) dat van U is [...] 31(27 uw heiligheid [...] 32(28) want [...]

Kolom VIII (= fragm. 13 + XVI)

1 [...] alle [...] 2 [...] ... brengt hij naar het getal 3 [...] ... in hemel en op aarde 4 [...] ... en in uw hand is het oordeel over alle 5 [...] en wat zal hij denken van ... 6 [...] ... en niets is geschied 7 [...] en naar uw raad hebt Gij bezocht 8 [...] ... met ... 9(1) [...] ... [...] 10(2) door [uw] hei[lige] geest [...] ... [...] en niet kan [...] 11(3) [uw] heili[ge] geest [...] de volheid van de hemel en de aarde [...] uw majesteit de volheid [...].
12(4) Ik weet dat Gij door [uw] welbeh[agen] jegens de mens vermeerderd hebt ... [...]
... uw waarheid in alle [...]
13(5) en de plaats van de gerechtigheid ...
die Gij hem hebt opgelegd ... [...]
... te struikelen over alles.
14(6) Omdat ik van deze dingen weet,

wil ik het antwoord der tong (Spr. 16:1) vinden
om mij neer te buigen en om ver[geving te smeken
vo]or mijn overtredingen
en te zoeken een geest van [...];
15(7) om gesterkt te worden door [uw] hei[lige] geest,
de waarheid van uw verbond aan te hangen,
U te [dienen] in waarheid en met een volkomen hart
en [uw wil] lief te hebben.
16(8) GEPREZEN ZIJT GIJ, HEER,
schepper [van alle dingen,
groot van r[aa]d en ma[chtig] van daad (Jer. 32:19),
wiens werk het heelal is.
Zie, Gij hebt verkozen [uw] die[nstknecht 17(9) gunst te be[wijzen]
en Gij hebt mij begenadigd door de geest van uw barmhartigheid
en de [g]lans van uw majesteit.
Bij U (alleen) is de gerechtigheid (Dan. 9:7),
want Gij hebt [dit] all[es] gedaan (vgl. Jer. 14:22).
18(10) Omdat ik weet
dat Gij de geest van de rechtvaardige opgetekend hebt,
verkies ik mijn handen te zuiveren overeenkomstig [uw] wi[l]
en gr[uw]t de ziel van uw dienstknecht van iedere 19(11) onrechtvaardige
daad.
Ik weet dat geen mens rechtvaardig is buiten U om (vgl. Jes. 45:25).
(Daarom) zoek ik uw gunst
door de geest die Gij [in mij] gegeven hebt,
om te volvoeren 20(12) uw [gunstbe]wijzen jegens uw dienstknecht voor [altijd]
door mij te reinigen door uw heilige geest
en mij (U) nabij te brengen door uw welbehagen
naar uw grote gunstbewijzen
[en ...] ... 21(13) met mij.
[...] de plaats van het welbe[hagen],
die [Gij hebt] verk[oren] voor degenen die U liefhebben,
en [uw] ge[bod]en onderhouden (Exod. 20:6) [...],
22(14) voor uw aangezicht [tot in eeuwig]heid.
[Laat niet ...] zich vermengen met de geest van uw dienstknecht
en met al [zijn] werk[en ...]
23(15) ... [...]

Laat hem geen plaag [overkomen]
als een struikelblok (dat hem doet afvallen) van de inzettingen van het verbond,
maar [...] 24(16) der glorie.
Gij zijt [een genadig] en barmhartig [God],
la[nk]moedig [en groot van] goedertierenheid en waarheid (Ex. 34:6),
die de overtreding [en de zonde] wegneemt,
25(17) die berouw hebt over [het onheil (Joël 2:13; Jona 4 :2) van degenen die U liefhebben
en uw] gebo[den] onderhouden,
die zich in getrouwheid en met een volkomen hart
tot U bekeren (vgl. 2 Kron. 19:9)
[...] 26(18) om U te dienen
[en om te doen wat] goed is in uw ogen.
Wijs uw dienstknecht niet af
[en verwerp] de zoon van uw dienstmaagd (Ps. 86:16) [niet. ...] 27(19) [...]
Ik ben [U] op grond van uw woorden gena[derd ...]
28(20) [...]

Kolom IX (= I)

1-2 [...] 3 eeuwigheid [...] 4 in hen en het ger[icht ...] want [...] ... [...] 5 en de bron van de ste[rkte ...] groot van raad (Jer. 32:19) [...] zonder tal en uw ijver 6 voor [...] ... [...] en lankmoedig in het gericht.
[Gij] zijt rechtvaardig in al uw werken.
7 In uw wijsheid hebt Gij hun eeuwige [loopbaan vastgesteld]
en voordat Gij hen geschapen hadt,
kendet Gij al hun verrichtingen 8 tot in alle eeuwigheid.
[Want zonder U] geschiedt er [n]iets
en zonder uw wil wordt niets gekend.
Gij hebt 9 iedere geest geformeerd (Zach. 12:1),
hun [d]a[den vastgesteld]
en de inzetting voor al hun werken. ONBESCHREVEN
Gij hebt de hemel uitgespannen 10 tot uw glorie,
al [hun heir vastgesteld] naar uw welbehagen

en de krachtige geesten naar (de) hun (opgelegde) inzettingen,
voordat [11] zij werden tot uw [heilige] engelen [in hun erfdelen]
en tot eeuwige geesten in hun machtsdomeinen:
de lichten (= zon en maan) naar hun geheimenissen,
[12] de sterren naar [hun] banen,
[alle stormwinden] naar hun opdracht,
de bliksemflitsen en -stralen naar hun verrichtingen,
[13] de kunstige schatkamers naar hun werk,
[...] naar hun geheimenissen. ONBESCHREVEN
Gij hebt de aarde geschapen door uw kracht (Jer. 10:12),
[14] de zeeën en de oerwateren [door uw macht];
hun [diepten] hebt Gij in Uw wijsheid bepaald
en al wat daarin is, [15] naar uw welbehagen vastgesteld.
[Gij hebt hen onder de heerschappij van] de geest van de mens gesteld,
die Gij op aarde geformeerd hebt ten eeuwigen dage
[16] en tot in altoosdurende geslachten
om h[eerschappij over hen te voeren] in hun tijden.
Gij hebt (hun) hun dienst toebedeeld gedurende al hun geslachten
en rechte orde [17] in hun vastgestelde tijden
voor [hun] heer[schappij [...]
van geslacht tot geslacht
en de bepaling van hun vergelding
samen met [18] [[ ]] al hun plagen.
[...]
Gij hebt die toebedeeld aan al hun nakomelingen
naar het getal van de eeuwige geslachten
[19] en alle jaren bij voortduur.
[Door uw ...] en uw wijze kennis
hebt Gij hun lot bepaald, voordat [20] zij er waren.
Overeenkomstig [uw welbehagen is] alles [gewor]den
en zonder U geschiedt er niets. ONBESCHREVEN
[21] Deze dingen weet ik door het inzicht mij door U gegeven,
want Gij hebt mij het oor geopend voor wonderbare geheimenissen,
hoewel ik slechts uit leem geboetseerd (vgl. Jes. 29:16)
en met water gekneed ben:
[22] een grondslag van schande en een onreine bron,
een smeltoven van schuld en een zondig bouwsel,
een dwalende en verdorven geest zonder [23] inzicht,

terugschrikkend voor rechtvaardige oordelen.
Wat kan ik zeggen wat niet (reeds) gekend is,
en wat doen horen wat niet verhaald werd?
Alles [24] is vóór U opgetekend
met de griffel ter gedachtenis (Vgl. Mal. 3:16) voor alle altoosdurende tijden
en de keer van het getal der eeuwig voortgaande jaren op al hun voorbestemde tijden:
[25] zij zijn voor U niet verborgen en ontgaan U niet.
Hoe kan een mens zijn zonde opsommen
en zijn ongerechtigheden verdedigen?
[26] En wat kan de onrechtvaardige inbrengen tegen een rechtvaardig gericht?
Van U, alwetende God (1 Sam. 2:3), zijn alle werken der gerechtigheid
(vgl. Dan. 9:7) [27] en de grondslag der waarheid;
van de mensenkinderen echter dienst aan de zonde en werken van bedrog.
ONBESCHREVEN
Gij hebt [28] de ademtocht op de tong geschapen,
Gij kent haar woorden
en hebt de vrucht van de lippen (Spr. 18:20) vastgesteld,
voordat zij er zijn (vgl. Ps. 139:4).
Gij hebt de woorden aan een metrum onderworpen
[29] en de uiting van de adem der lippen aan een maat.
Gij doet versregels uitspreken naar hun geheimenissen
en de uitingen van de ademtochten naar hun dichtkunst
om bekend te maken [30] uw glorie,
om te verhalen uw wonderdaden
in al de werken uwer waarheid en uw [rechtv]aardige [oordelen]
en om uw naam te prijzen [31] met aller mond,
opdat men U kenne naar mate van hun inzicht
en U lofprijze tot in de eeuwen [der eeuwen].
Gij hebt in uw erbarmen [32] en de veelvoud van uw gunstbewijzen
de geest van de mens sterk gemaakt tegen de plaag
[en zijn binnenste] gerei[nigd] van een menigte van schuld,
[33] opdat hij uw wonderdaden zou verhalen
in tegenwoordigheid van al uw schepselen. ONBESCHREVEN
[Ik wil de gemeente van de eenvoudigen vertellen]
de oordelen waardoor ik ben getroffen,

³⁴ en de mensenkinderen al uw wonderdaden,
waardoor Gij U hebt groot gemaakt [in mij bij alle
stervelingen]. ONBESCHREVEN
Luister, ³⁵ wijzen (Job 34:2) en gij die over kennis nadenkt,
en versaagden: Wees standvastig.
[Eenvoudigen], vermeerder inzicht,
³⁶ rechtvaardigen, laat af van onrecht
en al die onberispelijk van wandel zijt, houd vast [aan het verbond].
[Gij die getroffen zijt] door ellende, wees ³⁷ geduldig
en veracht ge[en van de oordelen van God ...
Zij die dw]aas van hart zijn, verstaan ³⁸ deze dingen niet [...]
³⁹ [en de geweld]dadigen knar[setanden (Ps.37:12) ...]

Kolom X (= II)

¹ [...] ... [...] ² [...] sterken (?) [...] ³ [...] alle onrechtvaardige werken [...]
⁴[...] ... [...de gees]ten der gerechtigheid [waarheid] in alle [...] ⁵ [...] heeft
geslagen [...] die vreugde aankondigen bij kommer[volle] rouw [...] ⁶ [...] ...
bij alle onheil een boodsch[ap ...] die sterk waren, toen mij hart smolt, en
[de kracht] vermeerderden ⁷ bij de [pla]ag.
Maar Gij hebt antwoord der tong (Spr. 16:1) gegeven aan mijn onbe[sneden] lippen
en mijn ziel gesteund door mijn lendenen te sterken
⁸ en mijn kracht te vermeerderen.
Gij hebt mijn treden vast doen zijn in het bereik van het kwaad:
zo werd ik een valstrik voor de kwaaddoeners (vgl. Jes. 8:14),
maar een medicijn voor allen ⁹ die zich van de zonde afkeren,
(een bron van) inzicht voor de eenvoudigen
en een standvastige geest voor alle versaagden van hart (vgl. Jes. 26:3; 35:4).
Gij hebt mij (wel) tot een voorwerp van spot ¹⁰ en hoon van de trouwelozen gemaakt (vgl. Ps. 44:14),
(maar tot) een fundament van waarheid en kennis voor de oprechten van wandel (vgl. Ps. 37:14)
Ik werd vanwege de ongerechtigheid van de goddelozen ¹¹ tot een voorwerp van achterklap op de lip van de gewelddadigen;

de spotters knarsetandden.
Ja, ik ben het voorwerp van een spotlied voor de kwaaddoeners geworden
12 en de vergadering van de goddelozen barst tegen mij los; zij maken
rumoer als onstuimige zeeën:
als hun golven omhoogschieten, spuiten zij slijk 13 en modder op (Jes. 57:20).
Maar Gij hebt mij tot een banier gesteld voor degenen die ten heil zijn uitverkoren,
en tot een vertolker van kennis aangaande de wonderbare geheimenissen
om te beproeven 14 [de mannen der] waarheid
en hen die de tucht liefhebben (Spr. 12:1), op de proef te stellen.
Een man van twist (Jer. 15:10) ben ik geworden van de vertolkers der dwaling,
[maar een man] 15 [des vre]des voor allen die de waarheid schouwen (Jes. 30:10).
Ik ben geworden tot een geest van ijver voor allen die aange[name dingen] (Jes. 30:10) nastreven.
16 [Alle] bedriegers maken rumoer tegen mij als het geluid van het gedruis van vele wateren.
Duivelse beramingen zijn [al] 17 hun [over]leggingen.
Zij keren ten grave het leven van de man
in {wiens} mond Gij inzicht bevestigd en geleerd hebt.
18 Gij hebt hem in het hart gegeven de bron van de kennis te openen voor allen die inzicht bezitten.
Maar zij verruilden (dat) voor een onbesneden lip
19 en een vreemde tong van een volk zonder inzicht (vgl. Jes. 27:11; 28:11; 33:19),
zodat zij ten val zullen komen door hun dwaling. ONBESCHREVEN
20 ONBESCHREVEN
IK PRIJS U, HEER,
omdat Gij mijn ziel gelegd hebt in de bundel der levenden (1 Sam. 25:29)
21 en mij hebt beschut voor alle valstrikken van de Groeve.
[Want] gewelddadigen stonden mij naar het leven (Ps. 86:14),
toen ik 22 op uw verbond steunde.
Zij zijn een ijdele gemeenschap en een duivelse horde.
Zij beseffen niet dat ik door U staande blijf,
23 en dat Gij door uw gunstbewijzen mijn leven redt:
immers mijn schreden komen uit U voort (vgl. Ps. 37:23).

Wat hen aangaat, uit U is het dat zij ²⁴ mijn leven belaagden,
opdat Gij U zoudt verheerlijken door het gericht over de goddelozen
en U door mij groot zoudt maken bij de ²⁵ mensenkinderen.
Want door Uw gunst houd ik mij staande.
Ik dacht:
Sterken hebben zich tegen mij gelegerd;
zij omsingelen {mij} met al ²⁶ hun oorlogstuig.
Onherstelbaar slaan pijlen toe
en flikkerende lanspunten {als} vuur dat bomen verteert.
²⁷ Als het gedruis van vele wateren is hun rumoerig geroep,
als een orkaanregen, die velen in het verderf stort.
Tot aan de sterren spuiten ²⁸ addergif en valsheid omhoog, wanneer hun
golven zich verheffen.
Maar wat mij aangaat, al smolt mijn hart ook als water,
mijn ziel hield vast aan uw verbond.
²⁹ Zij echter, het net dat zij voor mij gespannen hadden,
greep hun (eigen) voet,
en de valkuilen die zij voor mij verborgen hadden,
daarin zijn zij (zelf) gevallen (vgl. Ps. 9:16).
Maar mijn voet staat op een effen baan.
³⁰ Vanuit hun vergadering prijs ik Uw naam (Ps. 26:12). ONBESCHREVEN
³¹ IK PRIJS U, HEER,
omdat uw oog va[st gericht is] op mij (vgl. Ps. 32:8)
en Gij mij hebt bewaard voor de ijver van valse uitleggers
³² en voor de samenkomst van hen die aangename dingen (Jes. 30:10)
nastreven.
Gij hebt het leven van een behoeftige verlost,
waaraan zij dachten een einde te maken
door zijn bloed ³³ te vergieten, omdat hij U diende.
[Zij bese]ften echter [niet] dat mijn schreden uit U zijn.
Zij maakten mij tot een voorwerp van spot ³⁴ en smaad
in de mond van allen die bedrog nastreven.
Maar Gij, mijn God, hebt het leven van een arme en nooddruftige gered
³⁵ uit de greep van degene die sterker is dan hij (Jer. 31:11).
Gij hebt mijn leven verlost uit de greep van machtigen.
Door hun hoonwoorden hebt Gij mij niet moedeloos laten worden,
³⁶ zodat ik de dienst aan U zou verlaten
uit vrees voor terreur van de god[delo]zen.

en een standvastige zin (Jes. 26:3) zou verruilen voor verblinding, die
³⁷ [...] inzettingen en getuigenissen, ten gehore gegeven ³⁸ [... ver]derf voor
al hun kroost ³⁹ [...] bij uw leerlingen en [...]

Kolom XI (= III + fragm. 25)

¹⁻² [...] ... [...] ³ [...] Gij hebt mijn aangezicht verlicht [...] ⁴ [...] voor U in
eeuwige glorie met alle [...] ⁵ [...] Uw mond. Gij hebt mij gered van [...] en
van [...] ⁶ ONBESCHREVEN
Nu dan, mijn ziel [...] achtten zij mij
en zij maakten mijn ziel als een schip op volle [zee],
⁷ als een vestingstad tegeno[ver de vijand].
Ik was in benauwdheid als een vrouw die haar eerstgeborene baart,
wanneer haar de weeën overvallen ⁸ en verscheurende pijn haar baarmoedermond
om de geboorte te laten beginnen in de 'oven' van de zwangere.
Immers kinderen komen bij golven van de dood (vgl. 2 Kon. 19:3; 2 Sam. 22:5)
⁹ en wie van een knaap zwanger is, krimpt ineen onder haar pijnen.
Want in golven van de dood brengt zij een man voort
en in helse pijnen springt op ¹⁰ uit de 'oven' van de zwangere
een wonder van een raadsman met zijn sterkte (Jes. 9:5)
en ontkomt een knaap aan de golven.
In haar die van hem zwanger gaat, verhevigen zich alle ¹¹ weeën en {verscheurende} pijn bij hun geboorte;
siddering overvalt haar die van hen zwanger gaan.
Wanneer hij gebaard wordt, breken alle weeën los
¹² in de 'oven' van de zwangere.
Zij die zwanger gaat van een 'slang',
geraakt in verscheurende pijn
en helse golven leiden tot schrikbarende verrichtingen.
¹³ De muurfundamenten breken,
zoals een schip op het wateroppervlak:
wolken bulderen met bulderend lawaai
en zij die op het vasteland wonen, worden ¹⁴ als degenen die de zeeën
bevaren (Ps. 107:23), door schrik bevangen

vanwege het bulderen van de wateren.
Hun wijzen zijn voor hen als matrozen op volle zee,
want verslonden wordt [15] al hun wijsheid door het gebulder van de zee (Ps. 107:27).
Als de oerwateren kolken boven de waterbronnen,
worden zij [opgezwee]pt tot hoge golven
[16] en watervloeden met bulderend lawaai.
Als zij worden opgezweept, openen zich H[e]l [en Afgrond (Spr. 15:11);
alle] pijlen van de Groeve [17] doen bij hun gang tot aan de Oeroceaan hun geluid horen.
De poorten van [de Hel] worden geopend [voor alle] werken van de 'slang'
[18] en de deuren van de Groeve gesloten achter haar die van onheil zwanger gaat,
de eeuwige grendels achter alle geesten van de 'slang'. ONBESCHREVEN
[19] ONBESCHREVEN
IK PRIJS U, HEER,
omdat Gij mijn leven hebt gered van de Groeve (Jes. 38:17)
en mij uit Hel en Verderf [20] hebt opgevoerd tot eeuwige hoogte,
zodat ik wandel op een grenzeloze effen baan.
Ik weet dat er hoop is voor hem die [21] Gij uit stof gevormd hebt voor de eeuwige gemeenschap. Een verdorven geest hebt Gij gereinigd van grove overtreding (Ps. 19:14)
om een plaats in te nemen met [22] het heir van de heiligen
en in gemeenschap te treden met de vergadering van de hemelingen.
Gij hebt de mens een eeuwig lot laten toevallen
met de geesten van [23] de kennis (= de engelen)
om uw naam te loven in gemeenschappelijke j[ube]l en uw wonderen te verhalen (Ps. 9:2; 26:7) ten overstaan van al uw schepselen.
[24] Maar ik, uit leem gevormd (Jes. 29:16), wat ben ik?
Met water gekneed, voor wie word ik gehouden?
En welke kracht bezit ik (Job 6:11)?
Ik verbleef immers in het domein van het kwaad
[25] en deelde het lot van de booswichten;
de ziel van de behoeftige woonde bij talloze verwarringen
en verschrikkelijk onheil vergezelde mijn schreden.
[26] Wanneer alle valkuilen van de Groeve opengaan,
alle vangnetten van het kwaad worden uitgespreid
en de netten van de booswichten op het wateroppervlak,

²⁷ wanneer alle pijlen van de Groeve onafwendbaar vliegen (vgl. Ps. 91 :5)
en hopeloos verdelging aanrichten,
wanneer het meetsnoer valt op het recht (vgl. Jes. 28:17),
het lot van de toorn ²⁸ op de verlorenen
en de uitstorting van gramschap op de huichelaars,
de tijd van de toorn aanbreekt voor iedere Belial
en de banden van de dood onontkoombaar omvangen (Ps. 18:5),
²⁹ dan zullen de Belialsstromen alle hoge beschotten overspoelen
als een vuur dat al hun {bewatering} verteert
en een eind maakt aan alle geboomte, fris ³⁰ en dor, bij hun waterlopen
(vgl. Ez. 20:47).
Het zal met lekkende vlammen rondgaan,
totdat allen die daaruit plachten te drinken (Ez. 31:14, 16), er niet meer zijn.
Het zal de lemen fundamenten verteren
³¹ benevens de glooiing van het vasteland.
De grondvesten van de bergen zullen verbranden (Deut. 32:22)
en de granieten steenaders zullen pekstromen worden.
Het zal doordringen tot aan de ³² grote Oeroceaan.
Tot aan de Afgrond zullen zich de Belialsbeken splitsen
en de diepten van de Oeroceaan zullen bulderen vanwege het rumoer van
hen die slijk opwerpen (Jes. 57:20).
De aarde ³³ zal krijsen vanwege het verderf dat op de wereld geschiedt,
en al haar diepten zullen huilen;
allen die haar bewonen, zullen dol worden
³⁴ en wankelen vanwege het g[ro]te onheil.
Want God zal donderen met zijn krachtig gebulder
³⁵ en zijn heilige woning (Jes. 63:15) zal dreunen vanwege zijn majesteitelijke waarheid;
het heir van de hemel zal zijn stem verheffen.
Wankelen en beven zullen de eeuwige fundamenten.
De oorlog van de helden ³⁶ des hemels (= de engelen) zal over de wereld razen
en niet ophouden tot aan de vastgestelde eeuwige verwoesting.
Weergaloos zal zij zijn! ONBESCHREVEN
³⁷ ONBESCHREVEN
IK PRIJS U, HEER,
omdat Gij voor mij een sterke muur geweest zijt

[38] en [... al]le verdervers en alle [...]
[39] [...] Gij hebt mij beschut voor verschrikkelijke rampen [...]
[40] [...] niet zullen komen ijzeren staven [...]
[41] [...] rondom haar, opdat niet ... [...]

Kolom XII (= IV en fragment 43)

[1-2] [...] ... [...] ... [...] [3] [...] mijn voet op een rots [... mijn] schreden [...] [4] [Gij hebt mij gebracht op] de eeuwige weg (Ps. 139:24) en op de paden die Gij hebt verkozen, [hebt Gij mijn schreden vastgemaakt].
[5] ONBESCHREVEN
IK PRIJS U, HEER,
omdat Gij mijn aangezicht verlicht hebt voor uw verbond
en [...] [6] [...] zoek ik U.
Als het vaste ochtendgloren zijt Gij mij verschenen in [volmaa]kt li[cht].
Maar genen [brengen] uw volk [op een dwaalspoor],
[7] [want ...] vleien hen
en bedriegelijke vertolkers [verleiden] hen:
zonder inzicht komen zij ten val (Hos. 4:14),
want [zij doen] [8] hun werken in dwaasheid.
Immers, {ik werd} door hen {verstoten} en niet geacht,
toen Gij U in mij groot maaktet,
maar men verdreef mij uit mijn land [9] als een vogel uit zijn nest;
al mijn vrienden en bekenden hebben zich van mij vervreemd en houden
mij voor een gebroken vaatwerk (Ps. 31:13).
Zij, die [10] leugen vertolken en bedrog schouwen,
bedachten duivelse plannen tegen mij
om mij Uw openbaring, die Gij in mijn hart gegrift hebt,
te doen verruilen voor aangename dingen (Jes. 30:10) [11] voor uw volk.
Zij onthielden de drank van de kennis aan de dorstigen
en gaven hun voor hun dorst azijn te drinken (Ps. 69:22),
{om} het oog te richten op [12] hun dwaling,
zich onzinnig te gedragen op hun feesten
en in hun netten verstrikt te worden.
Maar Gij, God, veracht iedere [13] Belialsoverlegging:
Uw raad, die blijft bestaan (Spr. 19:21)

en de overlegging van uw hart staat eeuwig vast.
Maar zij, de huichelaars, [14] denken Belialsplannen uit, zij zoeken U in dubbelhartigheid (Ps. 12:3)
en zijn niet vastgegrond in uw waarheid.
Een wortel die gif en alsem voortbrengt (Deut. 29:18), is in hun overleggingen
[15] en in verstoktheid van hun hart doen zij navorsing;
zij zoeken U in de afgoden,
stellen vóór zich het struikelblok van hun ongerechtigheid (Ez. 14:3,4,7)
en gaan [16] U zoeken op gezag van leugenprofeten,
die door dwaling verleid zijn.
Dezen spreken [met stamelende] lippen en in vreemde taal tot uw volk (Jes. 28:11)
[17] om door bedrog al hun werken zinloos te maken.
Want niet hebben zij uw we[g] gekozen
en gehoor gegeven aan uw woord,
maar zij zeiden [18] van het visioen van de kennis:
'Dat is niet juist'
en van de weg van uw hart: 'Zo is het niet'.
Maar Gij, God, zult hen antwoorden
door hen te richten [19] in uw kracht
[overeenkomstig] hun afgoden en de menigte van hun overtredingen,
opdat in hun eigen overleggingen verstrikt worden
degenen die van uw verbond zijn afgeweken.
[20] Gij zult in het ge[rich]t alle bedriegers verdelgen
en degenen die dwaling schouwen, zullen niet meer gevonden worden.
Immers niets onzinnigs is er in al uw werken
[21] en geen bedrog [in] de beraadslaging van uw hart.
Zij die met U eensgezind zijn, zullen eeuwig voor uw aangezicht staan
en die wandelen op de weg van uw hart, [22] voor immer bestand hebben.
Wat [m]ij aangaat, terwijl ik aan U vasthoud, richt ik mij op en weersta degenen die mij versmaden,
ja, mijn handen keren zich tegen allen die mij geringschatten.
Want [23] zij achten [mij] niet, [hoe]wel Gij U in mij hebt groot gemaakt
en mij in uw kracht verschenen zijt in volmaakt licht.
Gij hebt niet met schande bedekt het gelaat [24] van al degenen die zich door mij lieten zoe[ken],
die /gezamenlijk/ bijeenkwamen voor uw verbond,

zodat naar mij luisterden die op de weg van uw hart wandelen.
Zij hebben zich voor U toegerust [25] in de raad der heiligen (Ps. 89:8).
Gij hebt hun recht doen zegevieren en de waarheid tot gerechtigheid.
Gij laat hen niet verleiden door booswichten, [26] zoals dezen met hen voorhebben,
maar Gij zult vrees voor hen aan Uw volk opleggen
en verwoesting aan alle volken van de landen
om in het gericht te verdelgen allen [27] die uw gebod overtreden.
Door mij hebt Gij het gelaat van velen verlicht
en U oneindige malen sterk betoond,
want Gij hebt mij onderwezen in uw wonderbare geheimenissen.
[28] In uw wonderbare gemeenschap hebt Gij mijn plaats groot gemaakt
en wonderbaarlijk gehandeld ten overstaan van velen,
ter wille van uw majesteit,
en om te doen kennen [29] aan alle levenden uw krachtige daden.
Wat is (een mens van) vlees in vergelijking daarmee?
Wat een uit leem gevormde, dat hij grote wonderdaden zou kunnen doen?
Hij ligt in ongerechtigheid [30] vanaf de moederschoot
en tot in grijze ouderdom in schuldige afvalligheid.
Ik weet dat bij de mens geen gerechtigheid is
en bij het mensenkind geen onberispelijke [31] wandel.
Van de Allerhoogste God zijn alle werken der gerechtigheid
en 's mensen weg is enkel bestendig door de geest die God hem schept
[32] om voor de mensenkinderen de wandel onberispelijk te maken,
opdat al zijn schepselen de kracht van zijn sterkte kennen
en zijn grote erbarmen jegens de kinderen [33] van zijn welbehagen.
Ik evenwel, siddering en schrik grepen mij aan,
heel /mijn gebeente/ was gebroken,
mijn hart smolt als was voor vuur
en mijn knieën gleden weg [34] als water dat van een helling afgutst (Micha 1:4),
toen ik mij mijn schuld indachtig maakte,
te zamen met de afvalligheid van mijn vaderen,
toen goddelozen tegen uw verbond in opstand kwamen
[35] en booswichten tegen uw woord.
Ik dacht: Door mijn zonden ben ik van uw verbond uitgesloten (vgl. Ps. 31:23).
Maar toen ik mij te binnen bracht de macht van uw hand

benevens ³⁶ uw overvloedig erbarmen,
richtte ik mij op en verhief mij (vgl. Ps. 20:9);
mijn geest won vastigheid tegenover de plaag.
Want [ik] steunde ³⁷ op uw gunstbewijzen en uw overvloedig erbarmen:
immers Gij verzoent de ongerechtigheid en rei[nigt een men]s van schuld
door uw gerechtigheid.
³⁸ Het is niet aan de mens [...] doet Gij het.
Want Gij hebt geschapen de rechtvaardige en de goddeloze [...] ³⁹ [...] Ik
klamp mij vast aan uw verbond tot [...] ⁴⁰ [...] want Gij zijt waarheid (vgl.
Joh. 14:6) en gerechtigheid zijn al [uw werken ...]

Kolom XIII (= V en fragment 29; vgl. voor de regels 7-9 4Q Hodayot^c, fragment 1, kolom I, voor de regels 15-19 4Q Hodayot^c, fragment 1, kolom II, voor de regels 26-28 4Q Hodayot^c, fragment 1, kolom III, en voor de regels 29-38 4Q Hodayot^c, fragment 1, kolom IV)

¹ tot de dag ... [...] ² uw vergiffenissen en [uw] overvloedig [erbarmen ...] ³
en omdat ik dit wist, troostte [ik mij ...]
⁴ naar de mate van uw welbehagen
en in uw ha[nd] ligt het oordeel over hen allen. [ONBESCHREVEN]
⁵ IK PRIJS U, HEER,
omdat Gij mij niet verlaten hebt,
toen ik verbleef onder een [vreemd] volk [...]
[en] mij [niet] naar mijn schuld ⁶ hebt berecht.
Gij hebt mij niet overgelaten aan de overleggingen van mijn gezindheid,
maar mijn leven van de Groeve gered.
Gij hebt gegeven [...] te midden van ⁷ leeuwen,
die voor schuldigen bestemd zijn,
leeuwen die het gebeente van sterken breken
en het blo[ed] van helden drinken.
Gij hebt mij doen ⁸ wonen bij vele vissers,
die (hun) net op het wateroppervlak uitspreiden,
en (bij) jagers behorend tot de onrechtvaardigen (vgl. Jer. 16:16).
Daar hebt Gij mij tot een oordeel ⁹ gesteld (vgl. Hab. 1:12)
en het fundament der waarheid in mijn hart sterk gemaakt;
van {toen aan} is het verbond voor degenen die het zoeken.

Gij hebt de muil van de jonge leeuwen gesloten,
wier [10] tanden als een zwaard
en wier hoektanden als een scherpe spies zijn (vgl. Ps. 57:5).
Drakengift (Deut. 32:33) zijn al hun overleggingen,
om te vangen liggen zij op de loer (Ps. 10:9).
Maar niet [11] hebben zij hun muil tegen mij opengesperd (vgl. Ps. 22:14),
want Gij, mijn God, hebt mij voor de mensen verborgen
en uw wet [in mij] verborgen,
[t]ot de tijd [12] waarin uw redding mij geopenbaard werd.
Want in mijn zielsbenauwdheid hebt Gij mij niet verlaten
en bij de bitterheid van mijn ziel hebt Gij mijn roep gehoord.
[13] Gij hebt acht geslagen op mijn kommervolle klacht bij (al) mijn zuchten
en het leven van de arme in het hol van de leeuwen gered,
die hun tong als een zwaard hadden gewet (Ps. 64:4).
[14] Gij, mijn God, hebt hun tanden toegesloten (vgl. Dan. 6:23),
opdat zij niet zouden verscheuren het leven van een arme en behoeftige.
Gij hebt hun tong [15] ingetrokken als een zwaard naar zijn schede,
zodat zij niet kon [tref]fen het leven van uw dienstknecht.
Om U /in mij/ groot te maken voor de mensenkinderen
hebt Gij wonderbaar [16] met een arme gehandeld.
Gij hebt hem in de smeltkr[oes] geplaatst,
[zoals gou]d bij het werk van het vuur,
en zoals zilver, dat gelouterd wordt in de vuurhaard van smeden
om het zevenvoudig te zuiveren (vgl. Ps. 12:7).
[17] Machtige goddelozen stormden op mij af met hun verdrukkingen
en de gehele dag lang vertraden zij mijn ziel (Ps. 143:3).
[18] Maar Gij, mijn God, hebt de storm in een zacht suizen veranderd (vgl. Ps. 107:29)
en het leven van een arme gered,
zo[als een herder] een prooi [redt] uit de muil [19] van leeuwen. ONBESCHREVEN
[20] /GEPREZEN ZIJT GIJ/, HEER,
omdat Gij een wees niet verlaten
en een behoeftige niet veracht hebt.
Want uw macht is [onbegrensd]
en uw glorie [21] onmetelijk.
Wonderbare helden (= engelen) zijn uw dienaren
en met ootmoedigen zijn zij die in [uw] voetsporen treden (?).

[Gij zijt] met degenen die ²² gerechtigheid vrezen,
door uit het verderf de gemeenschap van alle armen der genade op te trekken (Ps. 40:3).
Wat mij betreft, ik ben vanwege de on[gerechtigheid van] mijn [tegenstande]rs geworden
tot een (voorwerp van) twist ²³ en onenigheid voor mijn naasten,
(van) naijver en toorn voor degenen die tot mijn verbond zijn toegetreden,
van gemor en gemurmureer voor allen die zich bij mij gevoegd hebben:
ze[lfs zij die] mijn brood [e]ten, ²⁴ hebben (hun) hiel tegen mij opgeheven
(Ps. 41:10)
en met boosaardige lip hebben mij belasterd allen die zich aan mijn
gemeenschap verbonden hebben.
De leden van mijn [raadsvergade]ring zijn weerspannig
²⁵ en murmureren alom.
Het geheimenis dat Gij in mij verborgen hebt,
belasteren zij bij de kinderen van het onheil.
Maar om [U] in mij [groot te bewijzen] en vanwege ²⁶ hun schuld
hebt Gij de bron van het inzicht en het fundament der waarheid verborgen.
Zij evenwel zinnen in hun hart op verderf (Ps. 52:4)
[en Be]lial[slieden] hebben ²⁷ leugentaal verspreid,
drakengift (Deut. 32:33) gelijk, dat opbloeit tot doornen;
dieren gelijk die in het stof voortschuifelen (Deut. 32:24), spuiten zij [hun] et[ter] uit,
[het gif] van adders, ²⁸ dat niet te bezweren is.
Het is geworden tot een ongeneeslijke smart (Jes. 17:11)
en een boosaardige plaag in het binnenste van uw dienstknecht,
om [de geest] te doen struikelen
en ²⁹ de kracht te vernietigen,
zodat men niet kan standhouden.
Zij haalden mij in in de benauwing (vgl. Klaagl. 1:3) zonder (mogelijkheid tot) ontkoming
en niet ... [...] ...
Zij bazuinen ³⁰ op de citer het twistgeding met mij uit
en bij snarenspel eenstemmig hun gemurmureer,
met vernieling en vernietiging (Sef. 1:15).
Verontwaardiging [greep mij aan] (Ps. 119:53),
smart als de weeën van ³¹ een barende.

Mijn hart was onrustig in mij (vgl. Ps. 42:6, 12),
ik kleedde mij in het zwart
en mijn tong kleefde aan mijn gehemelte (Ps. 137:6),
[omdat] zij [mij om]singel[den in de ... van] hun hart
en hun neiging (tot het kwaad) 32 mij verscheen in bitterheden.
Het licht van mijn gezicht werd verduisterd tot donkerheid
en alle kleur week van mijn gelaat (Dan. 10:8).
Gij, mijn God, 33 hebt ruimte in mijn hart geopend,
maar zij hebben mijn benauwenis vermeerderd
en mij in diepe duisternis gehuld.
Ik eet brood der smarten
34 en mijn drank bestaat uit tranen zonder einde (vgl. Ps. 102:10).
Want mijn ogen zijn dof geworden van verdriet (Ps. 6:8; 31:10)
en mijn ziel door de bitterheden van de dag.
[Ge]w[een] en kommer 35 omringen mij
en schande bedekt mijn gelaat.
Mijn br[oo]d is voor mij veranderd in twist
en mijn drank in een aanklacht.
Zij zijn doorgedrongen in [mijn] beend[eren]
36 om (mijn) geest te doen struikelen
en (mijn) kracht teniet te maken,
overeenkomstig de geheimenissen van de afvalligheid,
die de werken van God in hun misdadigheid veranderen.
Want ik ben met 37 niet stuk te scheuren touwen gebonden
en met ketenen die niet te verbreken zijn.
Een st[erke] muur [omringt mij],
ijzeren grendels en [koperen] deure[n (Ps. 107:16) houden mij gevangen
...] 38 [...]
Mijn [gevan]genis is vergelijkbaar met de afgrond,
zonder [...
Stromen van 39 Be]lial omringen mijn ziel [...]

Kolom XIV (= VI en fragment 26; vgl. voor de regels 16-22 4Q Hodayot^c, fragment 1, kolom I, voor de regels 22-29 4Q Hodayot^c, fragment 1, kolom II)

¹ [...] ² mijn hart, bij de veracht[ing ...] ³ oneindig verderf en vernietiging zonder [...
Gij, mijn God,] ⁴ hebt mijn oor geopend [voor de ver]man[ing] (Job 36:10) van degenen die in gerechtigheid terechtwijzen,
te zamen met [...
Gij hebt mij verlost] ⁵ van de gemeente van de [ijdelh]eid
en van de kring van de gewelddaad.
Gij hebt mij gebracht in [uw heilige] raadsvergadering [...]
schuld.
⁶ Ik weet dat er hoop is voor hen die zich afkeren van de overtreding
en die de zonde opgeven, in [...
om] te wandelen ⁷ op de weg van uw hart, zonder onrecht.
Ik weet mij getroost bij het lawaai van het volk
en bij het rumoer van de ko[nin]krijken,
wanneer zij zich verzamelen (Jes. 13:4),
[want] ik [we]et dat ⁸ Gij binnenkort overlevenden in uw volk zult verhogen
en een overblijfsel in uw erfdeel (Micha 7:18).
Gij loutert hen om hen van schuld te reinigen,
want al ⁹ hun werken zijn in uw waarheid
en in uw gunst oordeelt Gij hen
met overvloedige barmhartigheid en veel vergeving;
overeenkomstig uw woorden onderricht Gij hen
¹⁰ en overeenkomstig de rechtheid van uw waarheid bevestigt Gij hen in uw raadsvergadering.
Om uw eer en om uwentwil hebt Gij [dit] ged[aan]
om [groot te ma]ken de Wet en [de waarheid],
om [...] ... ¹¹ de mannen van uw raadsvergadering te midden van de mensen
om eeuwige geslachten uw wonderdaden te vertellen,
opdat zij [uw] grote daden [overpe]inzen, ¹² zonder ophouden,
en alle volken uw waarheid kennen
en alle naties uw glorie.
Want Gij hebt [uw waarheid en] uw [glo]rie doen komen

[13] naar alle mannen van uw raadsvergadering
en in het toegewezen deel, samen met de engelen van het aangezicht (Jes. 63:9; Tobit 12:15),
zonder dat er een middelaar is voor [uw] he[iligen ...]
[14] heraut (?),
want [...] ... [...] ... [...] ...
en zij antwoorden op uw glorierijk bevel
en zijn uw vorsten in het toegewezen de[el van uw heiligen.
Hun .....] [15] zal uitspruiten als een blo[em van het veld to]t in eeuwigheid
door een scheut te doen opgroeien
voor de takken van de eeuwige planting (Jes. 60:21),
opdat hij de gehele [wereld] met zijn schaduw bedekke,
[zijn kruin zich uitstrekke] [16] tot de hemel
[en] zijn wortels (reiken) tot aan de afgrond.
Alle stromen van Eden [zullen] zijn [tak]ken [drenken]
en hij zal worden tot [een grote boom, on]metelijk (Ez. 31:3-9; Dan. 4:10-12).
[17] De glorie van zijn woud (Jes. 10:18) zal onophoudelijk over de aarde zijn (uitgestrekt)
en tot aan de onderwereld [zullen zijn wortels reiken].
De bron van het licht zal [18] een eeuwige wel zijn, onuitputtelijk.
In zijn flikkerende vuurvlammen zullen alle ki[nderen van het onrecht] branden
[en hij zal worden] tot een vuur dat alle [19] schuldigen verteert, tot (volkomen) vernietiging.
Zij die zich bij mijn getuigenis hadden aangesloten,
hebben zich laten verleiden door hen die [leugen] vers[preiden
en] de dienst aan de gerechtigheid (vgl. Jes. 32:17) [hebben opgegeven],
[20] hoewel Gij, God, hun bevolen hadt,
in plaats van hun wegen baat te vinden op [uw heilige] weg,
waarop [zij konden wandelen] (vgl. Jes. 48:17; Deut. 13:5; Jes. 35:8),
maar waarover een onbesnedene, een onreine en een geweldenaar [21] niet zal trekken (Jes. 52:1).
Zij zijn al wankelend afgevallen van de weg van uw hart
en in een verderf [zonder einde] verkwijnen zij.
Belial is de raadgever [22] van hun hart
en overeenkomstig de overlegging van de goddeloosheid
wentelen zij zich in schuld.

Ik [ben] geworden als een zeeman op een schip bij het woeden [23] van de zee:
haar golven en al haar baren bruisen over mij heen (vgl. Ps. 42:8; Jona 2:3),
een wervelwind [zonder] stilte om op adem te komen,
zonder [24] een weg om recht te koersen op het wateroppervlak.
De afgrond weergalmt van mijn zuchten
en [mijn ziel is gekomen] tot aan de poorten van de dood (Ps. 107:18).
Ik ben [25] als iemand die een versterkte stad binnengaat
en zich in veiligheid brengt op een steile muur,
totdat redding komt.
Ik st[eun op] uw waarheid, mijn God,
want Gij [26] plaatst het fundament op een rots
en de spanribben naar juiste maat,
het paslood [...]
om de beproefde stenen (Jes. 28:16) te [...]
voor de bou[w van een] [27] sterke [stad (Jes. 26:1)], die onbeweeglijk is.
Allen die haar betreden, zullen niet wankelen,
want een vreemde zal daar niet binnenkomen.
Haar [poor]ten zijn [28] ontoegankelijke gepantserde deuren,
de sterke grendels onverbrekelijk.
Niet zal (daarin) een bende met haar oorlogstuig komen,
wanneer alle ... [...] van [29] de oorlogen van het kwaad ten einde zullen komen.
Dan zal het zwaard van God zich haasten
ten tijde van het gericht
en alle kinderen van zijn waarheid zullen ontwaken
om de [kinderen] [30] der goddeloosheid te ver[nietigen]
en geen van de kinderen van de schuld zal er meer zijn.
De Held (= God) zal zijn boog spannen
en de belegering doorbreken [...]
[31] over een eindeloze breedte.
De eeuwige poorten (zal Hij openen)
om het oorlogstuig naar buiten te brengen
en zij zullen zich machtig betonen
van het ene einde tot [het andere.
Er zal geen redding zijn voor] [32] [...]
en geen ontkoming voor de schuldige gezindheid.

Tot vernietiging toe zullen zij hen vertreden,
zonder dat er een r[est] zal overblijven.
Hoop op de menigte [van hun wapenen zal er niet zijn]
33 en voor geen van de krijgshelden zal er een toevlucht zijn.
Want van de Allerhoogste God is de s[trijd (1 Sam. 17:47) ...]
34 Zij die in het stof liggen, zullen de banier opheffen (Jes. 62:10)
en de worm van de doden (Jes. 66:24) zal de vaan opsteken
om ... [...] ... 35 in de strijd met de overmoedigen.
Hij die de voortstormende gesel doet doortrekken (Jes. 28:15,18),
zal niet komen in de vesting [...].
36 [...] voor de kalk
en als balken niet [...]
37 van ... [...]
38 de waarheid ... [...]

Kolom XV (= VII)

1 [...] ik ben verstomd (Ps. 39:10) [...] 2 [... (mijn) ar]m is uit zijn pijp
gebroken (Job 31:22),
mijn voeten zijn in {modder} gezonken (Jer. 38:22),
mijn ogen zijn dichtgekleefd (Jes. 6:10) vanwege het zien van
3 het slechte,
mijn oren vanwege het horen naar een moordplan (Jes. 33:15).
Ontzet is mijn hart vanwege het zinnen op kwaad,
want Belial is bij de openbaring van hun 4 verderfelijke gezindheid.
Alle fundamenten van mijn (lichaams)gebouw zijn gebroken,
mijn beenderen zijn ontwricht (Ps. 22:15),
mijn ingewanden gaan op en neer als een schip tijdens het woeden van 5
een storm.
Mijn hart bonst tot verdervens toe,
een wervelstorm verslindt mij
vanwege het verderf van hun overtreding. ONBESCHREVEN
6 ONBESCHREVEN
IK PRIJS U, HEER,
omdat Gij mij hebt ondersteund door uw kracht
en 7 uw heilige Geest over mij gespreid hebt,

opdat ik niet zou wankelen (Ps. 10:6; 16:8; 30:7).
Gij hebt mij gesterkt tegen de oorlogen van de goddeloosheid
en bij al hun verderf.[8] (mij) niet van uw verbond afgeschrikt.
Gij hebt mij gesteld als een sterke toren (Ps. 61:4),
als een steile muur (vgl. Spr. 18:10-11).
Gij hebt [9] mijn gebouw op een rots bevestigd (vgl. Matt. 7:24),
eeuwige fundamenten tot mijn grondslag
en al mijn wanden tot een beproefde muur, die onwrikbaar is.
[10] Gij, mijn God, hebt mij {gegeven} aan de vermoeiden van de heilige raadsvergadering.
Gij [hebt mij onderwezen] uw verbond
en mijn tong is als die van uw leerlingen (vgl. Jes. 50:4).
[11] De geest van het verderf echter vindt geen woorden
en de tong van alle [kin]deren van de schuld geen antwoord,
want [12] de leugenlippen zullen verstommen (Ps. 31:19).
Want allen die mij aanvallen, zult Gij schuldig verklaren in het gericht (vgl. Jes. 54:17)
[om] door mij onderscheid te maken tussen rechtvaardige en goddeloze (Mal. 3:18).
[13] Want Gij kent iedere gezindheid van een schepsel (vgl. Deut. 31:21)
en onderkent elk antwoord der tong (Spr. 16:1).
Gij hebt mijn hart bevestigd [14] [als (dat van)] uw [lee]rlingen en overeenkomstig uw waarheid
om mijn schreden te richten naar de paden der gerechtigheid (vgl. Spr. 12:28),
om voor uw aangezicht te wandelen in het land van [15] [de levend]en (vgl. Ps. 116:9),
naar de wegen van glorie [[en leven]] en [einde]loze vrede,
[die n]immer ophouden.
[16] Gij kent de gezindheid van uw dienstknecht,
dat ik niet [st]eun [op ...] ... door [mijn] h[art] te verheffen
[17] [en] door toevlucht te zoeken in kracht.
Voorwendselen van het vlees zijn bij mij niet
[en in ...] is niet de gerechtigheid
om gered te worden van de z[onde,]
[18] [zon]der vergeving.
Ik steun op [uw] gr[oot erbarmen
en op] uw [overvloedige] gunst hoop ik

om te doen bloeien [19] [de plant]ing en te doen groeien de scheut,
om toevlucht te zoeken in uw kracht [...
Want door] uw gerechtigheid hebt Gij mij bestemd [20] voor uw verbond
en ik houd vast aan uw waarheid.
Gij [hebt ...]
en mij aangesteld als een vader voor de vromen (Jes. 57:1)
[21] en als een voedstervader voor de mannen van het teken (vgl. Zach. 3:8).
Zij openen (hun) mond als een zuigeli[ng bij de borst van zijn moeder]
en zoals een klein kind zich vermaakt op de schoot van [22] zijn verzorgers.
Gij hebt mijn hoorn verhoogd (Ps. 92:11) boven allen die mij verachten,
en verst[rooid is de r]est van de mannen die oorlog tegen mij voerden
en van [23] mijn bestrijders (vgl. Jes. 41:11-12), als kaf voor de wind (Ps. 35:5).
Mijn heerschappij strekt zich uit over de kin[deren ...
Gij,] mijn [Go]d, hebt mijn ziel geholpen
en mijn hoorn [24] verhoogd (Ps. 92:11).
Ik verschijn in zevenvoudig li[cht] (vgl. Jes. 30:26),
in [licht dat] Gij [gevest]igd hebt tot uw eer.
[25] Want Gij zijt mij een [eeu]wig licht (vgl. Jes. 60:20)
en Gij hebt mijn voet op een ef[fen baan] gesteld (vgl. Ps. 26:12). ONBE-
SCHREVEN
[26] ONBESCHREVEN
IK [PRIJS U, HEER],
omdat Gij mij onderwezen hebt in uw waarheid
[27] en mij bekendgemaakt hebt met uw wonderbare geheimenissen
en uw gunstbewijzen jegens een [zondig] mens,
met uw groot erbarmen jegens verdorvenen van hart.
[28] Wie is als Gij onder de goden, Heer (Ex. 15:11),
en wie gelijk aan uw waarheid?
Wie is rechtvaardig voor U, als hij geoordeeld wordt?
Geen enkele geest [29] kan /iets/ antwoorden op uw bestraffing
en niemand kan standhouden voor uw grimmigheid.
Maar alle kinderen [30] van uw waarheid /brengt Gij/ in vergeving vóór U
[om] hen in uw grote goedheid te [rein]igen van hun overtredingen
en hen in uw overvloedig erbarmen [31] tot in alle eeuwigheid vóór U te
doen staan.
Want een eeuwig God zijt Gij
en al uw wegen staan voor immer [32] [en al]t[oos] vast.

Er is niemand behalve Gij (1 Kron. 17:20; Jes. 45:5, 21).
Maar wat is hij, een mens, nietigheid en bezitter van een ademtocht,
dat hij uw wonderbare werken zou kunnen doorgronden,
33 [die zo gro]o[t zijn?] ONBESCHREVEN
34 ONBESCHREVEN
I[K PRIJS U], HEER,
omdat Gij mijn lot niet /hebt laten vallen/ op de gemeente van de ijdelheid
en mijn deel niet gesteld hebt in de kring van de huichelaars,
35 [maar mij hebt geroepen] tot uw gunstbewijzen en [uw] vergeving.
[...] en uw overvloedig erbarmen bij alle gerichten van 36 [...] ... [...] ongerechtigheid en door de inzetting

Kolom XVI (= VIII)

1 [...] 2 [...] uw gerechtigheid staat eeuwig vast, want niet [...] 3 [...] ...
ONBESCHREVEN
4 IK [PRIJS U, HEER,
omdat] Gij mij begiftigd hebt met een wel van beken in een droog land (Jes. 44:3),
een waterbron in een dor land (vgl. Jes. 35:7; 49:10)
en kanalen, die een 5 tuin bevochtigen.
[In een woestijn] hebt Gij een hof van cypressen en platanen benevens dennebomen (Jes. 60:13; 41:19b) geplant tot uw glorie,
bomen 6 des levens aan een mysterieuze bron,
verscholen te midden van allerlei bomen aan het water (Ez. 31:14).
Zij dienen om scheuten te doen ontspruiten tot een eeuwige planting (Jes. 60:21),
7 om wortel te schieten, voordat zij ontspruiten;
hun wortels slaan zij uit tot aan de be[ek] (Jer. 17:8)
en ieders wortelstronk staat open voor het water des levens
8 om tot een eeuwige bron te worden.
Met zijn uitspruitend loof zal zich al het [gedierte] van het woud voeden,
zijn wortelstronk zullen allen betreden die 9 de weg langs trekken,
en zijn takken zijn voor al het gevleugeld gevogelte.
Alle bo[men] aan het water zullen zich boven hem verheffen,

want in hun planting schieten zij omhoog,
¹⁰ hoewel zij hun wortels niet tot aan de beek uitslaan (Jer. 17:8).
Maar wie de heilige scheut doet uitspruiten tot een planting der waarheid,
verbergt, niet ¹¹ geacht en niet gekend, zijn geheimenisvolle zegel. ONBESCHREVEN
G[ij, Go]d, beschermt zijn vrucht met het geheimenis van krachtige helden
(= engelen; vgl. Ps. 103:20)
¹² en heilige geesten (= engelen)
en het flikkerend vuur, dat zich heen en weer wendt (Gen. 3:24).
Niet zal [een vreemde] de bron des levens [bereiken]
noch met de eeuwige bomen ¹³ het heilige water drinken.
Niet zal zijn vrucht gedijen bij [de rege]n van de wolken.
Want hij ziet zonder op te merken;
¹⁴ hij overlegt zonder te vertrouwen op de bron des levens (Ps. 36:10):
hij geeft z[ich over aan de] overoude [we]g (Job 22:15)(?).
Ik evenwel werd [be]spot door de ¹⁵ onstuimige rivieren,
want zij spoten hun modder tegen mij op. ONBESCHREVEN
¹⁶ Maar Gij, mijn God, hebt in mijn mond als het ware een vroege regen
voor alle [dorstigen] geplaatst,
een bron van levende wateren,
die niet teleurstelt (vgl. Jes. 58:11b).
Als ¹⁷ de h[em]el opengaat, ontbreken zij niet,
maar worden zij tot een beek die de water[keringen] overstroomt (vgl. Jer. 47:2),
en tot zeeën zonder ei[nd].
¹⁸ Plotseling springen te voorschijn
die in het geheim verborgen waren;
[zij vloeien als altijd vlietende stromen voort]
en worden tot [een verkwikking voor iedere boom],
¹⁹ groen of dor, een poel voor alle dieren.
Maar de [slechte] b[omen zullen verzinken als] lood in geweldige wateren (Ex. 15:10).
²⁰ Vuur [zal te voorschijn komen] en zij zullen verdrogen.
Maar de planting van de vrucht [der gerechtigheid (Amos 6:12) ... zal worden tot een] eeuwige [...],
tot een heerlijke tuin, die zal bloei[en voor altijd].
²¹ Door mijn hand hebt gij hun bron geopend,
te zamen met [hun water]beken,

om [hun ...] te richten naar de juiste maat
en de planting van ²² hun bomen naar de stand van de zon,
om [...] tot heerlijke takken.
Wanneer ik mijn handen beweeg om ²³ zijn voren uit te graven,
slaan zijn wortels in een granietrots
en [...] in de grond hun wortelstok;
in de tijd van de hitte, houdt hij ²⁴ (zijn) kracht.
Maar als ik (mijn) hand terugtrek,
wordt hij een kale str[uik in de steppe (Jer. 17:6)] gelijk
[en] zijn wortel stomp als lathyrus in een zoutwoestijn;
{in} zijn waterbeddingen ²⁵ schieten doornen en distels op.
Tot stekels en doornstruiken [...
De bomen van] zijn oever veranderen in struiken met wilde druiven;
vanwege ²⁶ de hitte verdort zijn loof
en hij opent zich niet bij de r[egen.
Wat mij betreft, ik lijd onder] schrik en ziekten
en [mijn] ha[rt] is ver[trouwd] ²⁷ met plagen.
Ik ben als een verlaten man in [mijn smart en lijden],
een toevlucht heb ik niet.
Want mijn p[laa]g is ²⁸ tot bittere pijn uitgegroeid
en (tot) ongeneeslijke smart (Jes. 17:11), zonder ophouden.
[Mijn ziel is onru]stig in mij (vgl. Ps. 42:6,12; 43:5),
zoals degenen die naar de onderwereld afdalen,
en bij ²⁹ doden zoekt men mijn geest;
want [mijn] le[ven] is de Groeve nabij (Ps. 88:4)
[en in mij ver]smacht mijn ziel (Jona 2:7; Ps. 107:5) dag en nacht,
³⁰ zonder rust te vinden.
(Mijn plaag) groeit uit als brandend vuur,
opgesloten in [mijn] ge[beente (Jer. 20:9);
het gehele jaar door vreet {haar vlam} voort
³¹ om aan mijn kracht op termijn een einde te maken
en het vlees op bepaalde tijd te vernietigen.
Golven (van pijn) vliegen [mij] aan
³² en mijn ziel buigt zich in mij tot verdervens toe neer (vgl. Ps. 42:7).
Want al mijn kracht is uit mijn lichaam geweken,
mijn hart vervliet als water
en mijn vlees versmelt ³³ als was;
de sterkte van mijn lendenen is een schrik geworden,

mijn arm is uit zijn pijp gebroken (Job 31:22),
zodat ik mijn hand [nie]t kan bewegen,
34 [en mijn vo]et is in een boei gevangen;
mijn knieën druipen als water (Ez. 7:17):
het is onmogelijk een pas vooruit te komen
en een stap te doen bij het geluid van mijn voeten.
35 [...] zijn [gek]lonken in boeien (Nah. 3:10) om te doen struikelen.
Maar de taal in mijn mond hebt Gij krachtig gemaakt,
zonder weggenomen te worden;
niet kon tot zw[ijg]en gebracht worden
36 de stem van de [ta]al van het onderricht
om de geest van de struikelenden te doen herleven
en met een woord de moede te ondersteunen (Jes. 50:4).
Verstomd zijn alle lippen van de 37 [...] met boeien van gericht
[...] mijn hart ... [...] in bitterheden.
Inzicht zal verkrijgen het hart van de on[bezonne]nen (Jes. 32:4).
... 38 [...] ... [...] de wereld ...
39 [...] zijn verstomd als niets
40 [...] een mens tot ...

Kolom XVII (= IX)

1 [...] ... [...] 2 [...] ni[et] slaapt bij nacht ... [...]
3 [...] zonder erbarmen.
In toorn doet hij de strijdlust ontbranden (Jes. 42:13)
en op verdelging [...
Mij omvangen] 4 baren des doods (2 Sam. 22:5),
de hel is op mijn bed;
mijn legerstede heft een klaagzang aan
[en mijn rustplaats] een roep van verzuchting.
5 Mijn ogen zijn als rook in de oven
en mijn tranen als waterbeken (vgl. Klaagl. 2:18).
Mijn ogen smachten naar rust
en [mijn kracht] blijft 6 ver van mij staan,
mijn leven terzijde.
Toch overpeinst mijn ziel

van benauwdheid tot verderf,
van smart tot plaag,
en van pijnen 7 tot weeën,
uw wonderdaden
en Gij hebt mij in uw gunst niet verstoten.
Van de ene tijd 8 tot de andere verlustigt zich mijn ziel
in uw overvloedig erbarmen.
Ik kan degenen die mij willen verslinden, antwoorden
9 en hen die mij wensen neer te werpen, terechtwijzen.
Mijn eigen oordeel heb ik voor onrechtvaardig verklaard,
maar uw gericht als rechtvaardig erkend,
want ik heb weet 10 van uw waarheid.
Ik heb het gericht over mij verkozen
en heb ingestemd met de plagen die mij treffen,
omdat ik hoop op uw gunstbewijzen.
Gij hebt 11 een smeekbede in de mond van uw dienstknecht gelegd,
mijn leven niet bedreigd,
mijn welzijn niet versmaad
en 12 mijn hoop niet verzaakt,
maar mijn geest standvastig laten zijn in het gezicht van de plaag.
Want Gij hebt mijn geest bevestigd
en Gij kent mijn bedoelingen:
13 in mijn benauwdheden hebt Gij mij getroost,
over de vergeving verheug ik mij
en heb berouw over de vroegere overtreding.
14 Ik weet dat er hoop is, dank zij uw gunstbewijzen,
en verwachting vanwege uw grote kracht.
Niemand is rechtvaardig 15 als Gij gericht houdt (vgl. Ps. 143:2),
en [onschuldig bij] uw rechtsgeding.
De ene mens moge rechtvaardiger zijn dan de andere,
de ene man 16 verstandiger dan de andere,
een vlees waardiger dan een (ander) bouwsel [uit leem]
en een geest sterker dan een (andere) geest,
toch is er niemand die uw ma[cht] evenaart 17 in kracht;
uw glorie kent geen [grenzen
en] uw wijsheid is mateloos.
Aan uw [trouw komt] geen [einde]:
18 ieder die daarvan verstoken is, [gaat verloren]. ONBESCHREVEN

Wat mij aangaat, in U ... [...]
¹⁹ mijn plaats en niet [...]
²⁰ als degene die tegen mij beraamt [...]
en wanneer om beschaamd te doen staan [...]
²¹ aan mij en Gij [hebt mij] in [uw] gr[ote erbarmen gesteund,
zodat] mijn vijand [zich niet] boven mij kon verheffen,
tot een struikelblok om [...]
²² krijgslieden [...
beschaa]mdheid en smaad voor hen die tegen mij murmureren. ONBE-
SCHREVEN
²³ Want Gij, mijn God, ... [...
en] Gij beslecht mijn twistzaak (Jer. 50:34),
want door het geheimenis van uw waarheid hebt Gij mij terechtgewezen.
²⁴ Gij hebt de waarheid verborgen tot de t[ijd ...
en uw ... tot het] daarvoor bestemde moment.
Uw terechtwijzing is mij een (reden tot) vreugde en blijdschap geworden
²⁵ en mijn plaag tot eeu[wige] genezing [en] altoosdurende [heling];
de spot van mijn vijanden is mij een erekroon geworden
en mijn struikelen een ²⁶ eeuwige sterkte.
Want in [uw] wij[sheid hebt Gij mij onderricht (?)]
en door uw glorie werd mijn licht openbaar;
Gij hebt immers ²⁷ voor [mij] een licht uit de duisternis doen oplichten
[en mij genezing geschonken voor] de mij toegebrachte wonde (vgl. Jes. 30:26),
wonderbare sterkte voor mijn struikeling
en ²⁸ eeuwige r[ui]mte bij de benauwdheid van [mijn] ziel,
[want Gij, mijn God, zijt] mijn [toe]vlucht, mijn burcht,
mijn sterke steenrots en mijn vesting (Ps. 18:3).
Bij U ²⁹ schuil ik voor allen die [mij vervolgen.
Gij zijt] mij een redding tot in eeuwigheid. ONBESCHREVEN
Want Gij ³⁰ kent mij sedert mijn vader (mij verwekte)
en vanaf de moederschoot [hebt Gij mij afgezonderd.
Sedert de buik] van mijn moeder hebt Gij mij welgedaan
en sedert de borsten van haar die van mij zwanger was, rust uw erbarmen
³¹ op mij.
Op de schoot van mijn verzorgster [was uw gunst met mij]
en vanaf mijn jeugd zijt Gij mij verschenen
met de wijsheid van uw oordeel;

³² met onwrikbare waarheid hebt Gij mij ondersteund
en door uw heilige geest mij verheugd;
tot op heden [heeft uw kracht mij geleid],
³³ uw rechtvaardige terechtwijzing mijn [weg]en vergezeld
en uw heilvolle hoede mijn ziel gered.
Mijn schreden vergezellen ³⁴ een menigte van vergeving en overvloedig [er]barmen,
als Gij met mij in het gericht treedt.
Tot in de grijze ouderdom zult Gij mij verzorgen,
want ³⁵ mijn vader kent mij niet
en mijn moeder heeft mij aan U overgelaten.
Maar Gij zijt een vader voor al de [kinderen] van uw waarheid
en verheugt U ³⁶ over hen, zoals een (moeder) die zich ontfermt over haar baby;
als een voedstervader verzorgt Gij op uw schoot al uw schepselen (vgl. Num. 11:12).
³⁷ ONBESCHREVEN
³⁸ [IK PRIJS U, HEER,
want] Gij hebt U groot bewezen, t[al]loze malen [...]
³⁹ [...] uw naam om wonderbaar te maken ... [...]
⁴⁰ [...] ophouden [...]
⁴¹ [...] ... en prijzen [...]

Kolom XVIII (= X en fragment 30)

¹ [... de voor]nemens van uw hart (vgl. Jer. 23:20; 30:24) [...] ² [...] ... en zonder uw wil geschiedt het niet;
en niemand krijgt inzicht in [uw] wij[sheid
en ... van] ³ uw [...] kan niemand aanschouwen.
Wat dan is hij, de mens?
Aarde is hij, ONBESCHREVEN [uit leem] ⁴ afgeknepen,
en tot stof keert hij weder (Gen. 3:19; Job 34:15).
Toch onderricht Gij hem in wonderdaden zoals deze
en ⁵ maakt Gij hem het fundament van [uw] waa[rheid] bekend.
Ik, stof en as (Gen. 18:27),
wat kan ik mij voornemen, zonder dat Gij het wenst,

wat uitdenken, ⁶ zonder dat Gij het wilt?
Hoe kan ik mij sterk maken, als Gij mij niet opricht,
en hoe inzicht hebben, zonder dat Gij ⁷ (dat) mij schept?
Hoe kan ik spreken, als Gij mijn mond niet opent,
en hoe een antwoord geven, als Gij mij geen inzicht geeft?
⁸ Zie, Gij zijt de Vorst van de hemelingen
en de Koning van de eerbiedwaardigen (= de engelen),
de Heer van iedere geest (vgl. Num. 16:22)
en de Heerser over elk schepsel.
⁹ Zonder U om wordt er niet(s) gedaan
en zonder uw welbehagen niet(s) gekend.
Behalve U is er niemand (Jes. 45:5; 1 Kron. 17:20)
¹⁰ en niemand evenaart U in kracht;
niets weegt op tegen uw glorie
en voor uw sterkte bestaat geen prijs.
Wie ¹¹ onder al uw grote wonderwerken bezit de kracht
om voor uw glorie stand te houden?
¹² Wat is dan hij die tot het stof wederkeert,
dat hij [de kracht] zou behouden?
Slechts tot uw glorie hebt Gij al dezen gemaakt (vgl. Jes. 43:7).
¹³ ONBESCHREVEN
¹⁴ Geprezen zijt Gij, Heer,
God der barmhartigheid [en rijk aan] genade,
omdat Gij [mij] hebt doen kennen [de]z[e dingen]
om [te vertellen] ¹⁵ uw wonderdaden (Ps. 26:7)
en (daarover) niet te zwijgen overdag en des n[achts
...] ... [...
Ik hoop] ¹⁶ op uw genade in uw grote goedheid
en [uw] over[vloedig erbarmen ...]
¹⁷ want ik steun op uw waarheid
[...] ... [...] ¹⁸ zonder uw w[i]l
en zonder [... ;
zonder] uw dreiging is er geen struikeling
[en er is geen] ¹⁹ plaag zonder uw (voor)kennis
en [geen ... zonder] uw [...]. ONBESCHREVEN
²⁰ Ik zal naar de mate van mijn kennis van [uw] waa[rheid uw naam prijzen],
bij het aanschouwen van uw glorie ²¹ uw wonderdaden vertellen,

bij mijn inzicht in [uw geheimenissen steunen op] uw [over]vloedig erbarmen
en naar uw vergeving ²² vol verwachting uitzien.
Want Gij hebt [de geest van uw dienstknecht] gevormd
[en in] uw [welbehag]en mij bevestigd.
Gij hebt ²³ mijn steun niet gesteld op onrechtvaardig gewin
en naar rij[kdom] mijn [ha]rt [niet doen haken].
De neiging van het vlees hebt Gij mij niet als toevlucht gegeven.
²⁴ De sterkte van (aardse) helden (berust) op talrijke geniet[ingen,
hun kracht op een me]nigte van koren, most en olie;
²⁵ zij verheffen zich [op] bezit en have.
[Maar de rechtvaardigen zijn als een wee]lderige [boom] aan waterbeken
(vgl. Jer. 17:8; Ps. 1:3)
om loof te dragen ²⁶ en het gebladerte te vermeerderen,
want Gij hebt verkozen [dat ...] mensen
en allen zich overvloedig voeden aan de aarde.
²⁷ De kinderen van uw waarheid hebt Gij [eeuwig] in[zicht
en] blijvende [wijsheid] gegeven
[en] naar de mate van hun kennis staan zij in ere,
²⁸ de een meer dan de andere.
Zo hebt Gij de zoon van [uw] di[enstmaagd ...]
en zijn erfdeel ²⁹ aan de kennis van uw waarheid vermeerderd;
naar de mate van zijn kennis en [...].
De ziel van uw dienstknecht veracht r[ijkdom] ³⁰ en onrechtvaardig gewin
en aan luxueuze genietingen [heeft zij] geen [welbehagen].
Mijn hart verheugt zich over uw verbond
en in uw waarheid ³¹ verlustigt zich mijn ziel.
Ik bloei [als een le]lie (vgl. Hos. 14:6)
en mijn hart staat open voor de eeuwige bron;
³² ik steun op de toevlucht uit de Hoge,
maar [...] moeite
en verdorde als een bloem vanwege de h[itte].
³³ Mijn hart was uitzinnig van angst,
mijn lendenen beefden,
mijn gesteun bereikte de oervloed
³⁴ en drong tegelijk in de kamers van het dodenrijk door.
Schrik beving mij toen ik uw oordeel over de ³⁵ krachtige helden (= de engelen, vgl. Ps. 103:20) hoorde

en uw rechtsgeding met het heir van uw heiligen
in [...]
36 en het gericht tegen al uw schepselen
en gerechtigheid [...]
37-39 [...]

Kolom XIX (= XI; vgl 4QHodayot[a], fragment 1, voor de regels 17-26)

¹ in vrees en ... [... m]oeite [bleef] mijn ogen [niet verborgen (Job 3:10)]
en kom[mer ...] ² bij de overpeinzing van mijn hart. ONBESCHREVEN
³ IK PRIJS U, MIJN GOD,
omdat Gij wonderbaar gehandeld hebt met stof (vgl. Ps. 103:14)
en U zeer, /zeer/ groot betoond hebt jegens een uit leem gevormde.
Wat ben ik,
dat ⁴ Gij mij [bekend gemaakt hebt] het fundament van uw waarheid
en mij onderricht hebt in uw wonderdaden?
Gij hebt mij lofzangen in de mond gegeven,
op mijn tong ⁵ [een lofprijzin]g
en uiting mijner lippen op een plaats van gejubel.
Ik wil zingen van uw gunstbewijzen
en uw macht overdenken de gehele ⁶ dag.
Voortdurend wil ik uw naam prijzen (vgl. Ps. 145:1)
en uw glorie onder de mensenkinderen vertellen;
in uw grote goedheid ⁷ verlustigt zich mijn ziel.
Ik weet dat (het woord van) uw mond waarheid (Ps. 119:160),
dat in uw hand gerechtigheid,
in uw overlegging ⁸ alle kennis
en in uw kracht alle sterkte is;
alle glorie is bij U (1 Kron. 29:12).
Door uw toorn geschieden alle plaaggerichten,
⁹ maar vanwege uw goedheid is er veel vergeving;
uw erbarmen geldt alle kinderen van uw welbehagen.
Want Gij hebt hun het fundament van uw waarheid doen kennen
¹⁰ en hen onderwezen in uw wonderbare geheimenissen.
Terwille van uw glorie hebt Gij een mens van overtreding gereinigd
om zich ¹¹ voor U te heiligen (door af te zien) van alle onreine gruweldaad

en de schuld der trouweloosheid,
om verenigd te worden [met] de kinderen van uw waarheid
en in het toegewezen deel met 12 uw heiligen;
om uit het stof de worm van de doden (Jes. 66:24) tot een [eeuwige] gemeenschap te verhogen
en van een verdorven geest tot kennis [van U],
13 opdat hij zijn plaats voor uw aangezicht zou innemen,
samen met het bestendige heirleger en de [eeuwige] geesten,
om zich te vernieuwen met al wat 14 is
en met de wetenden in de gemeenschap van jubel. ONBESCHREVEN
15 IK PRIJS U, MIJN GOD,
ik wil U verheffen, mijn Rots (Ps. 144:1),
en wonderbaar [...]
16 [...].
Want Gij hebt mij het fundament van [uw] waarheid bekendgemaakt [...]
17 en] uw [wonder]daden mij geopenbaard.
Ik aanschouw [... van de] genade.
Ik weet 18 [dat] de gerechtigheid van U is (Dan. 9:7)
en dat er door uw gunstbewijzen [...] is,
maar verdelging, als Gij niet barmhartig zijt.
19 Wat mij betreft, mij werd een bron van bittere smart geopend [...]
en moeite bleef mijn ogen niet verborgen (Job 3:10),
20 toen ik de neigingen van een mens kende,
het antwoord van de mensen [bedacht
en] de zonde en de kommer van de 21 schuld [peilde].
(Deze zaken) kwamen mijn hart binnen
en drongen door in [mijn] gebeente (vgl. Hab. 3:16);
[(zij leidden) tot smartelijke overdenking]
en tot overpeinzing in 22 kommervolle meditatie.
/Ik zuchtte bij de cither van het klaaglied vanwege alle komme[rvolle] smart/
en bittere weeklacht,
totdat de ongerechtigheid een einde gevonden zou hebben,
en er geren bedrog] en geen ziektebrengende plaag (meer) zou zijn.
Dan 23 zal ik zingen bij de cither van de uitredding en de harp van de vreu[gde (vgl. Ps. 71:22),
de tamboerijn van de blijdsch]ap en de fluit van de lofzang (vgl. Jes. 5:12),
zonder 24 ophouden.

Maar wie onder al uw schepselen kan uw [wonderdaden] vertellen?
(Eens) zal door de mond van hen allen 25 uw naam bezongen worden tot in alle eeuwigheid;
zij zullen U prijzen naar de mate van [hun] inzi[cht],
in koor [van dag tot dag] (uw lof) doen horen 26 met jubelgeroep.
Geen kommer, zuchten, ongerechtigheid [en ...] zal er (meer) zijn,
maar uw waarheid zal verschijnen 27 tot eeuwige glorie en {bestendige} vrede.
Geprezen zijt Gi[j, Heer,
d]ie aan [uw dienstknecht] 28 het inzicht van de kennis geschonken hebt
om uw wonderdaden te begrijpen
en [uw ...] te vertellen vanwege uw talrijke gunstbewijzen.
29 Geprezen zijt Gij, God van barmhartigheid en genade,
vanwege de groot[te van] uw [krach]t,
de overvloed van uw waarheid
en de menigte van 30 uw gunstbewijzen jegens al uw schepselen.
Verheug de ziel van uw dienstknecht (Ps. 86:4) door uw waarheid
en reinig mij 31 door uw gerechtigheid,
naardat ik wacht op uw goedheid
en verlangend uitzie naar uw gunstbewijzen.
Voor [uw] vergeving 32 hebt Gij mij bevrijd van mijn golven (van pijn)
en mij in mijn kommer getroost,
want {ik steunde} op uw barmhartigheid.
Geprezen zijt Gij, 33 Heer,
omdat Gij deze dingen bewerkt
en in de mond van uw dienstknecht [lofprijzing en ...],
34 smeking en antwoord der tong (Spr. 16:1) gelegd hebt.
Gij hebt voor mij bevestigd werk[en ...]
35 en ik heb behoud[en de kracht ...]
36 en Gij [...]
37-38 ... [...]

Kolom XX (= XII en fragment 60; vergelijk 4QHodayot^a, fragment 2-3 voor de regels 1-5)

¹ [...] Gij verruimt [mijn] ziel [...]
² [... met de eeuwige geesten (= de engelen) zal ik] veilig [verblijven] in [uw] hei[lige] woning,
in rust en voorspoed.
³ [...] zijn in de tenten van gl[or]ie en redding (vgl. Ps. 118:15).
Ik wil uw naam loven te midden van die U vrezen.
⁴ [VAN DE WIJZE.
Lo]fprijzingen en gebed
om neer te vallen en te smeken,
voortdurend, van tijd tot tijd:
wanneer het licht (= de zon) ⁵ tot zijn heerschappij treedt,
bij de kringloop van de dag naar zijn orde,
overeenkomstig de inzettingen voor het grote licht (Gen. 1:16);
als de avond aanbreekt en ⁶ het (zon)licht ondergaat,
bij het begin van de heerschappij van de duisternis
voor de tijd van de nacht in haar kringloop;
bij het aanbreken van de ochtend,
ten tijde ⁷ dat zij zich terugtrekt naar haar woning voor het (zon)licht,
bij het verdwijnen van de nacht en de komst van de {dag}:
voortdurend bij alle ⁸ geboorten van de tijd,
de grondslagen van de periode
en de kringloop der sterrenbeelden naar hun orde,
bij hun tekens naar al ⁹ hun heerschappij,
naar de orde vastgesteld op bevel van God
en als getuigenis van wat is.
Zij (= deze orde) zal ¹⁰ eindeloos bestaan;
buiten haar is er geen geweest
en zal er ooit zijn.
Want de alwetende God (1 Sam. 2:3) ¹¹ heeft haar vastgesteld
en er is niet een ander naast Hem.
Ik, de Wijze, ken U, mijn God,
door de geest ¹² die U in mij gegeven hebt;
trouw heb ik geluisterd naar uw wonderbaar geheimenis door uw heilige Geest.
¹³ Gij hebt voor mijn binnenste kennis van het geheimenis van uw wijs-

heid opengesteld
en de bron van [uw] sterk[te ...] uw [...]
¹⁴ [...] naar de overvloed van uw genade
en ijver ter vernietiging ... [...]
¹⁵ [...] de glans van uw glorie tot een ee[uwig] licht [...]
¹⁶ [... an]gst voor het kwaad en geen bedrog [...]
¹⁷ [... tij]den van verwoesting, want niet [...]
¹⁸ [... n]iet meer verdrukking, want voor [uw] toorn [...]
¹⁹ [...] vluchtten zij weg.
Niemand is rechtvaardig bij U (Ps. 143:2; Job 9:2) [...]
²⁰ [om te] begrijpen al uw geheimenissen en een antwoord te geven [op ...]
²¹ [op] uw terechtwijzing.
Naar uw goedheid zien zij uit,
want door [uw] gena[de ...],
²² opdat zij U kennen
en ten tijde van uw glorie jubelen.
Overeenkomstig [hun] ke[nnis hebt Gij hen doen naderen
en] naar hun inzicht ²³ hen toegelaten.
Overeenkomstig hun heerschappij dienen zij U naar [hun] afde[lingen,
[...] van U ²⁴ om uw woord niet te overtreden.
Wat mij betreft, uit stof ben [ik] gen[omen
en uit leem gek]nepen
²⁵ tot een bron van onreinheid en smadelijke schande,
een verzamelplaats van stof en een [met water] gekn[ede,
een ...] en een woonplaats van ²⁶ duisternis.
De uit leem gevormde moet naar het stof wederkeren
ten tijde dat hij weg[genomen wordt
en ...] in het stof,
²⁷ daarheen, vanwaar hij genomen werd (Gen. 3:19).
Wat kan stof en [as] (Gen. 18:27) antwoorden [...
en hoe kan] het ²⁸ diens [wer]ken begrijpen?
Hoe kan het standhouden voor Hem die het aanklaagt?
... [... de hei]lige
²⁹ [...] eeuwige, de verzamelplaats van de glorie,
de bron van de kennis.
De [wonderb]are hel[den] (= de engelen),
(zelfs) zij ³⁰ [kunnen] al uw glorie niet vertellen
en standhouden voor uw toorn;

niets is te antwoorden [31] op uw aanklacht,
want Gij zijt rechtvaardig en niemand kan U weerstaan.
Hoe dan (zou een mens dat kunnen,) die wederkeert naar zijn stof?
[32] Wat mij betreft, ik was verstomd (vgl. Ps. 39:3).
Wat zou ik hierop (kunnen) zeggen?
/Ik spreek/ (immers slechts) naar dat ik kennis heb,
naar de {zin} van een uit leem gevormde!
Wat kan [33] ik zeggen, als Gij mijn mond niet opent?
Hoe kan ik begrijpen, als Gij mij niet onderwijst?
Wat kan ik bed[enken], [34] als Gij mijn hart niet opent?
Hoe kan ik mijn pad recht maken, als Gij [mijn schreden] niet ri[cht?
Hoe] [35] kan mijn g[ang] vast zijn, [als Gij mij niet] met kracht sterkt?
Hoe kan ik mij oprichten, [als Gij mij niet ...] ?
[36] Alle [...] ... [...] [37] ... [...] [38] in [...] [39] ... [...]

Kolom XXI (= XVIII [onderste fragment, kolom I] en fragment 3; XXI 1-18 = XVIII 16b-34)

1(16) [... de overtre]ding van een uit een v[rouw] geborene (Job 14:1; 15:14; 25:4)
2(17) [...] ... uw gerechtigheid
3(18) [...] ... ik heb dit gezien
4(19) [... Hoe] kan ik aanschouwen, als Gij mijn ogen niet opent,
en horen, 5(20 [als Gij mijn oren niet open maakt] ?
Mijn hart is ontsteld (Ps. 143:4b),
want aan een onbesnedene van oor (Jer. 6:10) is een woord onthuld
en een hart van 6(21) [...] ...
Ik weet dat Gij dit voor U gedaan hebt, mijn God.
Wat is het vlees, 7(22) [dat ...] wonderbaar te handelen en in uw plan alles groot te maken en te vestigen tot uw glorie?
8(23) [...] het heir der kennis (= de engelen)
om aan vlees grote daden te vertellen
en vaste inzettingen aan een 9(24) uit een vrouw geborene? [Gij hebt ...]
doen toetreden tot het verbond met U
en een hart van stof geopend om zich te hoeden 10(25) [voor ...,
om te ontkomen] aan de strikken van het oordeel,

overeenkomstig uw barmhartigheid.
Wat mij betreft, ik ben een 11(26) [uit leem] gevormde,
[..., een verzamelplaats van sto]f en een hart van steen (Ez. 11:19; 36:26).
Voor wie ben ik gehouden (om) hiertoe (te geraken)?
Want 12(27) [Gij hebt ...
en ... ge]geven in een oor van stof
en wat eeuwig zal zijn gegrift in een hart van 13(28)
[...] hebt Gij doen ophouden
om te doen toetreden tot het verbond met U
en te staan 14(29) [voor uw aangezicht voor eeuwig
en altoosdurend te verblijven] in de eeuwige woning,
in de glans van het morgenlicht voor altijd,
[zonder] duisternis (Zach. 14:7; Openb. 22:5),
15(30) [in ... zonder] einde
en tijden van vrede zonder op[houden].
16(31) [...] Ik, ik ben een uit stof gevormde [...] 17(32) [...] ik zal openen [...]
18(33) [...] ... [...]

(Fragment 3)

¹ [...] ... [...] ² [...] ... [...] geopend is de weg voor [...] ³ [...] de paden van de vrede (vgl. Jes. 59:8) en met vlees om wonderbaar te handelen [...] ⁴ [...] mijn schreden op degenen die haar strikken {verbergen} en die uitspann[en haar netten ...] ⁵ [...] Ik bewaar het bouwsel van stof voor heen en weer geschud te worden en uit het midden van was [...] ⁶ [...] een samenballing van as, hoe kan ik standhouden voor een stormwind? [...] ⁷ [...] en Hij bewaart hem voor de geheimenissen van zijn welgevallen, want Hij weet ... [...] ⁸ [...] tot de verdelging. Strik na strik verbergen zij die dorsten naar godde[loosheid ...] ⁹ [...] in het onrecht. Alle schepselen die bedrog plegen, zullen verdwijnen, want niet [...] ¹⁰ [...] niet zullen er meer zijn, geen neiging tot het onrecht en werken van het bedrog [...] ¹¹ [...] ONBESCHREVEN Ik, uit l[eem] gevormd [...] ¹² [...] hoe kan hij zich sterk betonen voor U? Gij zijt de alwetende God (1 Sam. 2:3b) [...] ¹³ [...] Gij hebt ze gemaakt en buiten U om gesch[iedt] er niets [...] ¹⁴ [...] van het stof. Ik weet door de geest die Gij in mij gegeven hebt, [dat ...] ¹⁵ [...] ... alle onrecht en bedrog zullen worden uitgestoten en de overmoed zal ophouden [...] ¹⁶ [...] de

onreine daden tot ziekten en de plaag- en verdelggerichten [...] [17] [...] ...
voor U de toorn en de ijver ... [...] ... [18] [...] ... [...]

Kolom XXII (= XVIII [onderste fragment, kol. II] + fragm. 1 I + 52 + 4 + 47)

(Fragment 1 I + 52)

[1] [... de heilig]heid die in de hemel is, [2] [... gr]oot en het is een wonder. Zij kunnen niet [3] [...] uw [...] en niet zullen zij verhinderen kennis te nemen van alle [4] [... die wederkeert] naar zijn stof (Gen. 3:19). Ik, een mens van overtreding en zich wentelend [5] [in onreinheid ... in] de schuld der goddeloosheid. Ik zal in de tijden van de toorn [6] [...] op te richten bij mijn plagen en door behoed te worden voor [7] [...] mij deze dingen. Omdat er hoop is voor een mens [8] [...] ... Ik ben een bouwsel van leem. Ik heb mij gesteund [9] [...] mijn God. Ik weet dat waarheid [10] [...] daarna. Ik heb mij in mijn tijd vastgehouden [11] [aan ... en aan] uw [verbond]. Op mijn plaats hebt Gij mij doen staan, want [12] [...] de mens en Gij hebt hem zich doen bekeren. Voor wat [13] [...] een bouwsel van leem [...] Gij hebt het vermenigvuldigd en ... [14] [...] en hij zal onderwijzen. Niet ... [...] [15] [...] Ik ben een bouwsel [van leem...]

(Fragment 47)

[1] [...] zich verheugen [...] [2] [...] de vrijwilligen niet [...] [3] [...] voor mij vanaf het moment dat ik werd bevestigd tot [...] [4] zal niet binnengaan, want [...] [5] als mijn gebouwen mijn inge[wanden ...]

(Fragment 4)

[1] [...] ... [...] [2] [...] die [...] [3] [... 's avon]ds en 's morgens met [...] [4] [...] ... van de man en van de zie[kten ...] [5] [...] ... zullen waken en bij [hun] (priesterlijke) dienst [...] [6] [...] zult Gij bedreigen elke verderfelijke tegen-

stander en moor[denaar ...] [7] [...] ... Gij hebt mijn oor geopend, want [...] [8] [...] ... de mannen van het verbond zijn door hen verleid en zijn gekom[en ...] [9] [...] ... voor uw aangezicht. Ik echter vreesde voor uw gericht [...] [10] [...] ... Wie zal onschuldig zijn bij uw gericht en hoe zal ik openen [mijn mond ...] [11] [...] ik bij het gericht. Degene die wederkeert tot zijn stof, hoe zal hij [...] [12] [...] Gij hebt geopend mijn hart voor uw kennis en mijn oo[r] geopend [...] [13] [...] om te steunen op uw goedheid. Maar mijn hart is ontsteld [...] [14] [...] en mijn hart versmelt als was vanwege de overtreding en de zonde [15] [...] ... Geprezen zijt Gij, alwetende God, omdat Gij bevestigd hebt [16] [...] dit aan uw knecht is overgekomen vanwege U. Want ik weet [17] [... op] uw [...] hoop ik gedurende mijn bestaan. Uw naam prijs ik voortdurend [18] [...] ... Verlaat mij niet ten tijde van [19] [...] uw glorie en [uw] goe[dheid ...] [20] [...] op [...]

Kolom XXIII (= XVIII [bovenste deel, kolom I] + fragm. 57 I + 1 II + 2 I)

[1] uw licht en Gij hebt bevestigd de li[chten ...] [2] uw licht, zonder oph[ouden ...] [3] want bij U is licht [...] [4] Gij hebt het oor van het sto[f] geopend [...] [5] het voornemen dat Gij hebt [doen] ke[nnen ...] ... en voor altijd toevertrouwd aan het oor van [6] uw dienstknecht [...] uw wonderbare [boo]dschappen om stralend te openbaren [7] voor de ogen van allen die naar U horen [...] door uw sterke rechterhand, om te leiden de zw[akken] [8] door de kracht van uw sterkte [...] voor uw naam en U sterk te bewijzen in [uw] glo[rie].
[9] Wend uw hand niet af, [houd uw arm bereid] voor hem die zich vasthoudt aan uw verbond (Jes. 56:4,6) [10] en voor Uw aangezicht staat (= U dient) [... Een b]ron hebt Gij geopend in de mond van uw dienstknecht en op zijn tong [11] gegrift naar maat [...
om] te doen horen aan een schepsel van mijn kennis
en een vertolker van deze dingen te zijn [12] voor stof zoals ik.
Gij hebt een br[on] geopend om de wandel van de uit leem gevormde aan de kaak te stellen
en de schuld van de [13] uit een vrouw geborene (Job 14:1; 15:14; 25:4) naar zijn werken;
om te openen de b[ron van] uw waarheid voor het schepsel dat Gij ondersteunt door uw kracht,

¹⁴ om [te zijn] naar uw waarheid een boodschapper van [...] uwer goedheid,
om de ootmoedigen een blijde boodschap te brengen (Jes. 61:1) naar uw grote barmhartigheid,
¹⁵ [om ...] uit de bron [... de versla]genen van geest (Ps. 34:19) en de treurenden (Jes. 61:2) tot eeuwige vreugde.
¹⁶ [...] ... [...]

(Fragment 2 I)

¹⁻² [...] ... [...] ³ [...] en op uw aarde en onder de hemelingen en onder de kinderen van [...] ... [...] ⁴ [...] om U [groo]t te maken en al uw glorie te vertellen.
Maar ik, wat ben ik?
Immers ik ben uit stof genomen
en naar ⁵ [stof keer ik weder (Gen. 3:19).
Voor] uw [glo]rie hebt Gij al dit gedaan.
Schenk naar de overvloed van uw gunstbewijzen het onderhouden van uw gerechtigheid
⁶ [...] voortdurend, tot de ontkoming.
(Laten) de vertolkers van de kennis (= de engelen) met al mijn schreden (zijn)
en de terechtwijzers der waarheid (= de engelen) ⁷ [...]
Want wat is stof in [hun] ...,
[een schep]sel van as in hun hand?
Zij zijn niet(s)!
Maar Gij ⁸ [...] ... leem ... [...] naar uw welbehagen.
Met het oog op de verstandigen (?) beproeft Gij mij
⁹ [...] in het toegewezen lotsdeel en [...] ...
Over stof hebt Gij gespreid de geest van ¹⁰ [...] in het slijk [...] de hemelingen
om zich te verenigen met de zonen des hemels.
¹¹ [... eeu]wige [licht], zonder terugkeer der duisternis (vgl. Zach. 14:7).
Want ¹² [...] hebt Gij het licht geopenbaard
en om niet te doen terugkeren ¹³ [...]
Uw [heili]ge [Geest] hebt Gij gespreid om de schuld te verzoenen

¹⁴ [... als die]naren met uw heirleger
en zij die wandelen ¹⁵ [...] ... voor uw aangezicht.
Want gegrond in uw waarheid ¹⁶ [...]
Dit hebt Gij [wonder]baar volbracht tot uw glorie
en vanwege de gerechtigheid ¹⁷ [...]
... de wandaad van een verachtelijk schepsel.
¹⁸ [...] een verachtelijk [schep]sel.

Kolom XXIV (= XVIII [bovenste gedeelte, kolom II] + fragm. 57 II + 9 + 50 + 45 + 6 + 2 II)

¹ [...] ... [...] ² en Gij zult plaatsen [... op] het schepsel van vlees ³ uw hand [...] en Hij zal het ter verantwoording roepen ⁴ in zijn gericht [...] voor de engelen van ⁵ ... [...] en de geheimenissen van de afvalligheid /om te veranderen/ ⁶ vlees in [...] zweven boven haar alle ⁷ engelen van ... [...] de koorden van de geest en Gij hebt vernederd ⁸ hemelingen uit de woning van [...] uw [...] in uw heilige woning. En Gij, ⁹ de mens vanwege [... trek ik mij] terug tot de tijden van uw welbehagen ¹⁰ en om te zenden [...] ... der kracht en veel vlees schuldig te verklaren ¹¹ ten tijde van [...] om te bevestigen in de raadsvergadering van uw volk. ¹² [...] de bastaards, alle [...] ¹³ [...] ... [...]

(Fragment 45)

¹ [...] gerechtigheid ... [...] ² [...] voor het Verderf ten tijde van de overtreding[en ...] ³ [...] elke tegenstander en verderver [...] ⁴ [...] ... en bij hun zenden de volken [...] ⁵ een overmoedig mens bij een overvloed van wandaad [...] ⁶ [...] met minachting. Want alle geesten [...] ⁷ [...] zullen voor schuldig verklaard worden bij hun leven [...]

(Fragment 6)

¹ [...] goddeloze ² [...] ... en in gerichten ³ [...] bastaarden om schuldig te verklaren vlees ⁴ [...] hun geest om te redden ⁵ [...] Gij hebt het [wo]nder van uw geheimenissen geopenbaard ⁶ aan de kin[deren van ...] ... aan het vlees weet ik, ⁷ want [...] de ongerechtigheid in de tijd van ⁸ alle [...] en voor ieder die aanschouwt ⁹ [...] en niet zal hij verbergen ¹⁰ [...] hebt gij [ged]aan meer dan de zonen van ¹¹ God [...] de ongerechtigheden der volken ¹² om hen te sterken [... om] de schuld te vermeerderen ¹³ in zijn erfdeel [...] hebt Gij hen overgegeven in de macht van ¹⁴ alle ... [...] ...

Kolom XXV (= fragment 5 en 8)

(Fragment 5)

¹ [... het] rechtvaardige [gerich]t over [...] ² [...] hij zal hen verdrijven van de post van [...] ³ [...] met de gemeente van uw heiligen. Wonderbaar [...] ⁴ [to]t in eeuwigheid. De geesten der goddeloosheid doet Gij verblijven verwijderd van [...] ⁵ en zij zullen niet meer zijn. Gij zult verdelgen de plaats van [...] ⁶ de geesten van het onrecht die gedrukt worden door de rouw [...] ⁷ en verlustiging voor de eeuwige geslachten. Wanneer de goddeloosheid zich verheft om [...] ⁸ is hun onderdrukking tot vernietiging toe groot geworden. Ten overstaan van al u[w] schepselen [...] ⁹ uw gunstbewijzen en om alles te kennen in uw glorie en om [...] ¹⁰ het gericht van uw waarheid. Gij hebt het oor van het vlees geopend [...] ¹¹ uw hart. De tijd van het getuigenis hebt Gij doen kennen aan [...] ¹² en onder de bewoners van de aarde op de aarde. En ook [...] ¹³ duisternis. Gij gaat een rechtzaak aan om de [recht]vaardige vrij te spreken en om sch[uldig te verklaren de goddeloze (1 Kon. 8:32) ...] ¹⁴ en niet om te verdrijven [...] uw woord [...]

(Fragment 8)

1-2 ... [...] ³ Gij verheft [...] ⁴ raad en [...] ⁵ die dienen ⁶ en zij onderkennen hen [...] ⁷ en om te lofprijzen [...] ⁸ ik heb verteld en [...] ⁹ der kennis ... [...] ¹⁰ Voor de Wijze. Een li[ed ...] ¹¹ omdat [...]

Kolom XXVI (= fragment 7 II, vgl. 4QH^a, fragment 7, kolom II, 7-20)

¹ meer [...] ... [...] ² geest, zodat er geen rest overblijft [...] ³ en maakt hem groot in statuur en met [...] ⁴ eeuwig [verderf]. Hen die ter aarde zijn gevallen, [...] ⁵ en eeuwige vreugde in [hun] woonplaatsen [...] ⁶ [[om te doen kennen de kracht]] en ... [...] ⁷ opdat zij kennen de overvloed van [zijn] gunst[bewijzen ...] ⁸ God van het heil en hebben verstaan [...] ⁹ in de kracht der sterkte en [...] ¹⁰ Wat is vlees bij deze dingen? [...] ¹¹ om te gaan staan op [hun] plaats [...] ¹² om te antwoorden op [...] ¹³ ... [...]

b. *1Q Rol van de Lofprijzingen^b* (= 1QH^b = 1Q35)

Fragment 1 = 1QH^a XV (VII) 27-38

[IK PRIJS U, HEER,
omdat Gij mij onderwezen hebt in uw waarheid
en mij bekendgemaakt hebt met uw wonderbare geheimenissen]
¹ [en uw gunstbewijzen jegens een zondig mens,
met uw groot erbarmen] jegens verdorvenen ² [van hart.
Wie is als Gij onder de goden, Heer (Ex. 15:11),
en wie gelijk aan uw waarheid?
Wie is rechtvaardig voor U,] als {hij} geoordeeld wordt?
³ [Geen enkele geest kan iets antwoorden op uw bestraffing
en niemand kan standhouden] voor ⁴ [uw grimmigheid.
Maar alle kinderen van uw waarheid brengt Gij in vergeving vóór U
om hen in uw grote goedheid te reinigen van] hun [overtredingen]
⁵ [en hen in uw overvloedig erbarmen tot in alle eeuwigheid vóór U te
doen staan.
Wan]t [een eeuwig] God ⁶ [zijt Gij
en al uw wegen staan voor immer en altoos vast.
Er is niemand behalve Gij (1 Kron. 17:20; Jes. 45:5,21).
Maar wat is hij, een mens, nietigheid en bezitter van een ademtocht,
dat hij] uw [wonde]rbare [werken zou kunnen doorgronden,]
die zo groot zijn? ONBESCHREVEN
⁷ ONBESCHREVEN
⁸ [IK PRIJS U, HEER,
omdat Gij mijn lot niet hebt laten vallen op de gemeente van de ijdelheid

en mijn dee]l niet [gesteld hebt] in de kring van de huichelaars,
⁹ [maar mij hebt geroepen tot uw gunstbewijzen en uw vergeving.
... en uw overvloedig erbarmen bij alle gerichten van ...]
ben ik onderwezen in [...] ¹⁰ [...] vanaf mijn jeugd in bloedschuld en tot ¹¹
[...] uw hart en om te horen ¹² [...] goede [...]

Fragment 2 = 1QHª XVI (VIII) 12-13 (zeer fragmentarisch)

2. Teksten uit grot 4

4Q427 (4QHª) is het omvangrijkste en meest interessante handschrift van de zes manuscripten uit grot 4 van Qumran die ons resten van de Lofprijzingen bieden. Het document werd gekopieerd met een semicursief schrift, dat stamt uit het midden van de eerste eeuw v. Chr. 4Q427 heeft ons fragmenten overgeleverd die corresponderen met bepaalde gedeelten van 1QHª, fragmenten die overeenstemmen met andere kopieën uit grot 4 en fragmenten die tekstgedeelten bevatten die elders niet worden aangetroffen. Fragment 8, een fragment met twee opeenvolgende kolommen, die overeenstemmen met de kolommen VII en XX van 1QHª, bewijst ons dat de volgorde van de gedichten in ieder handschrift van de Lofprijzingen kon variëren. Fragment 7, met resten van eveneens twee opeenvolgende kolommen, valt in de tweede kolom samen met 1QHª XXVII, maar bevat in de eerste kolom een gedicht dat met 4QHᵉ fragment 1 correspondeert, en sterke overeenkomsten vertoont met de Hymne aan Michaël, die in een van de handschriften van de Rol van de Oorlog (1QM) uit grot 4 van Qumran voorkomt (4Q491). Dit gegeven wijst er op dat zowel 4Q427 als de Rol van de Oorlog een eerder bestaande verzameling van liederen bewerkt en opgenomen hebben.

4Q428 (4QHᵇ) is misschien het oudste manuscript van de Lofprijzingen. Het werd gekopieerd met een schrift dat in de eerste helft van de eerste eeuw v. Chr. moet worden gedateerd. Hoewel er meer dan 60 fragmenten van de rol zijn overgebleven, is slechts één omvangrijk genoeg om een vertaling te rechtvaardigen. Dit fragment (10), dat het onderste deel van een kolom biedt, waarmee een nieuw vel begon, correspondeert met gedeelten van de kolommen XV en XVI van 1QHª, maar stelt ons in staat het in 1QHª verloren gegane slot van de hymne te reconstrueren.

4Q429 (4QHᶜ) stamt uit de tweede helft van de eerste eeuw v. Chr. Vier fragmenten vertonen tekstgedeelten van 1QHª XIII, twee andere zeer kleine brokstukken van 1QH^a XIV.

De tekst van het enige fragment van 4Q430 (4QH^d) dat ons bereikt heeft, correspondeert met gedeelten van 1QH^a XII.

Van 4Q431 (4QH^e) zijn twee fragmenten bewaard van een enkel hymne die samenvalt met gedeelten van de inhoud van 1QH^a XXVI en 4Q427 fragment 7 kolomnen I en II.

4Q432 (4QH^f) is het enige handschrift van de Lofprijzingen dat op papyrus geschreven is.

a. *4Q Rol van de Lofprijzingen^a* (= *4Q427* = *4QH[odayot]^a*) [14 fragmenten]

Fragment 1 = 1QH^a XIX (XI) 17-26 (zeer fragmentarisch); Fragment 2 = 1QH^a XX (XII) 2-3 (zeer fragmentarisch); Fragmenten 4- 6 (uiterst fragmentarisch)

Fragment 7, kolom I

6-7 [...] ... 8 [...] tussen de hemelingen 9 [...] zal mij opwekken met de tong 10 [...] heiligen en niet zal komen 11 [...] kan zich niet meten met mijn glorie. Wat mij betreft, mijn plaats is bij de hemelingen, 12 [en glorie en luis]ter voor mij [koop ik] niet met goud noch met gelouterd goud en kostbare metalen 13 [...] zal mij niet worden toegerekend.
Psalmzingt, geliefden,
zingt de Koning der 14 [ere (Ps. 24:7-10).
Verheugt u in de vergade]ring van God,
jubelt in de tenten der redding,
looft in de [heilige] woning.
15 Verhoogt [zijn naam] samen met het eeuwig heirleger,
geeft grootheid aan onze God
en glorie aan onze Koning;
16 [heil]igt zijn naam met sterke lippen
en met krachtige tong,
verheft eenstemmig uw stemmen 17 te allen tijde;
laat horen, vertelt,
verkondigt met eeuwige vreugde,
18 bu[igt u] onop[houde]lijk (in aanbidding) neer in de vergadering (van de gemeente)

Prijst Hem die ontzagwekkende wonderen doet
en de sterkte van zijn hand doet kennen,
[19] verzegelend geheimenissen en openbarend verborgen dingen; die de struikelenden opricht
en die onder hen gevallen zijn;
[20] [die] de wandel [wendt] van hen die naar kennis uitzien,
en de hoge bijeenkomsten van de eeuwig hoogmoedigen vernedert;
[21] [die beves]tigt de majes[teitelijke] geheimenissen
en glorierijke [wonder]en tot stand brengt;
die richt met verdelgende toorn,
[22] [...] met gunst, gerechtigheid en overvloedig erbarmen ...
[23] [...] erbarmen van Hem die het goede van zijn grootheid vruchtbaar maakt
en een bron van [...]

Fragment 7, kolom II (regels 7-19 = 1QH^a XXVI 1-13; regels 4-10 = 4Q431 1 2-9)

[3] [...] de onderdrukking (?) [...]
[4] [er zal een eind komen aan] bedrog
en ongekende verkeerdheid zal er niet (meer) zijn.
Het licht zal verschijnen
en de vreugde [zal bloeien].
[Verdwijnen zal] [5] de rouw
en vluchten zal de moeite.
Vrede zal verschijnen, vrees zal ophouden,
geopend zal worden de bron ten [eeuwigen] ze[gen].
[6] Genezing zal er zijn voor alle eeuwige tijden:
er zal een eind komen aan de zonde,
plagen zullen ophouden,
ziekte zal er niet (meer) zijn.
[Het kwaad zal afgelopen zijn]
[7] [en] sch[uld zal er niet meer zijn.
Laat] horen en zegt:
Groot is [God die wonderen doet].
[8] want Hij vernedert de hoogmoedige geest,

zodat er geen rest overblijft,
maar Hij verhoogt uit het stof de arme tot [eeuwige hoogte]
[9] en maakt hem groot in statuur tot aan de wolken
en genee[st hem] met de hemelingen in de vergadering der gemeenschap
[...]
[10] [toor]n tot eeuwig verderf. ONBESCHREVEN.
Hen die ter aarde zijn gevallen, verheft Hij zonder prijs,
[voortdurende] ster[kte begeleidt] [11] hun schreden;
eeuwige vreugde is in hun woonplaatsen,
blijvende glorie, zonder ophouden [...].
[12] Laten zij zeggen: Gezegend zij God,
die verheven [wonderen doet],
die zich groot maakt door [zijn] kracht te openbaren,
[die ...] [13] in kennis al zijn schepselen,
die het goede [bewerkt] vóór hun ogen,
opdat zij kennen de overvloed van zijn gunst[bewijzen
en de grootheid van] [14] zijn erbarmen jegens alle kinderen van zijn waarheid.
Wij kennen U, God van het heil,
en hebben verstaan [uw waarheid, Koning der] [15] ere (Ps. 24:7-10),
want wij hebben gezien uw ijver in de kracht uwer sterkte
en onderkend [uw heil in de overvloed van] [16] (uw) erbarmen
en het wonder van de vergeving.
Wat is het vlees bij deze dingen?
Hoe kan [stof en leem zich aanmeten]
[17] deze dingen te verhalen van tijd tot tijd
en zich opstellen op de plaats [... met] [18] de hemelingen?
Er is geen vertolker om te antwoorden op [...] [19] voor U,
want Gij hebt ons opgesteld naar [uw] welgeval[len [...]
[20] kracht om U te antwoorden /om te horen uw wonderwerken/ [...]
[21] wij hebben tot U gesproken en het is niet aan een tus[sen]persoon [...
Gij hebt] [22] gehoor [gegeven] aan wat over onze lippen kwam.
Laat ho[ren en zegt: ...] [23] de hemelen in zijn kracht en al hun overleggingen [...] de aarde in de kracht [...]

Fragment 8, kolom I (regels 2-8 = 1QH^a VII 5-9)

> ^{1} [...] ... [...] ^{2} [... naar hun wijsheid] en overeenkomstig hun kennis en om uw eer [...] ^{3} [... zonder ophouden. Van tijd tot tijd zullen] zij doen horen en van feest tot feest ... [...] ^{4} [... en wij hebben ons in een gemeenschap verenigd en] met degenen die weten, laten wij ons terechtwijzen door U en juichen over ^{5} [... het volk van uw helden] en op wonderbare wijze willen wij tezamen vertellen in de vergadering van God en met ^{6} [... en onze nakomelingschap] hebt Gij doen kennen met de mensenkinderen tussen de kinderen van Adam. ^{7} [...] ONBESCHREVEN ^{8} [...] groot geroep, (de God) die [grote] wonderen doet ^{9} [...] ... ^{10} [...] de mens ^{11} [...] het licht, heersend ^{12} [...] want hij zuivert het ^{13} [...] voor altijd. De kan[de]laar van de zegen ^{14} [... moei]te en gezucht ^{15} [...] hebt Gij [ont]fermd

Fragment 9 (=1QH^a XX (XII) 29-31) (uiterst fragmentarisch); Fragment 10 (1QH^a XXI (XVIII) 9-13) (uiterst fragmentarisch) ; Fragment 11 (1QH^a XXI (XVIII) 18-24) (uiterst fragmentarisch); Fragmenten 12-22 zijn van geringe tot zeer geringe omvang en vertonen geen overlappingen met 1QH^a.

b. *4Q Rol van de Lofprijzingen^b* (= *4Q428* = *4QH[odayot]^b*) [63 fragmenten]

Fragmenten 1-2 (van zeer geringe omvang); Fragment 3 = 1QH^a X (II) 32-39 (uiterst fragmentarisch); Fragment 4 = 1QH^a XI (III) 11-13 (uiterst fragmentarisch); Fragment 5 = 1QH^a XI (III) 27-32 (uiterst fragmentarisch); Fragment 6 = 1QH^a XII (IV) 0-1 (uiterst fragmentarisch); Fragment 8 = 1QH^a XIV (VI) 14-17 (zeer fragmentarisch); Fragment 9 = 1QH^a XV (VII) 26-28 (uiterst fragmentarisch)

Fragment 10 (regels 1-3 = 1QH^a XV (VII) 34-36; regels 8-12 = 1QH^a XVI (VIII) 1-5)

> [Ik prijs U, Heer, omdat Gij mijn lot niet hebt laten vallen op de gemeente van de ijdelheid en niet gesteld hebt in de kring van de huichelaars] ^{1} mijn deel,

> maar mij hebt geroepen [tot uw gunstbewijzen en uw vergeving ...]
> ² en uw overvloedig erbarmen bij al[le gerichten van ...]
> ³ Ik was weggeworpen in goddeloze schuld [... ongerechtigheid en door de inzetting ...] ⁴ met veel onreinheid
> en vanaf mijn jeugd ... [...]
> ⁵ Mijn God, Gij hebt mijn voeten bevestigd op de weg [...]
> ⁶ mijn oor en mijn hart om inzicht te krijgen in uw waarheid [...]
> ⁷ het oor bij uw onderricht, totdat [...]
> ⁸ kennis hebt Gij bevestigd in mijn binnenste en [mij] tot ere [gebracht ...]
> ⁹ voor zich verder tot een struikelblok van de zonde,
> want Gij hebt [...
> Uw gerechtigheid staat] ¹⁰ eeuwig [vast],
> want niet [...] de wegen van [...].
> ¹¹ ONBESCHREVEN Ik [pr]ijs U, Heer,
> omdat [Gij mij begiftigd hebt met een wel van beken] ¹² in het droge,
> een waterbr[on] in een [dor] land [...]

Fragment 11 = 1QHª XVIII (X) 2-3 (uiterst fragmentarisch); Fragment 12, kolom I = 1QHª XIX (XI) 25-28 (zeer fragmentarisch); Fragment 12, kolom II = 1QHª XX (XII) 2-3 (uiterst fragmentarisch); Fragment 13 = 1QHª XXI (XVIII) 32-33 (uiterst fragmentarisch); Fragment 14 = 1QHª XXIII (XVIII) 11-16 (uiterst fragmentarisch); Fragment 15 = 1QHª XXIV (XIX) 10-15); Fragmenten 16-69 van geringe omvang; de fragmenten 18-21 vertonen overlappingen met 1QHª.

c. *4Q Rol van de Lofprijzingen*ᶜ (= *4Q429* = *4QH[odayot]*ᶜ) [4 fragmenten]

Fragment 1, kolom I = 1QHª XIII (V) 7-9 (fragmentarisch); Fragment 1, kolom II = 1QHª XIII (V) 15-19 (fragmentarisch); Fragment 1, kolom III, regel 7-12 = 1QHª XIII (V) 26-28 (fragmentarisch); Fragment 1, kolom IV = 1QHª XIII (V) 29-38 (fragmentarisch); Fragment 2, kolom I = 1QHª XIV (VI) 17-22 (zeer fragmentarisch); Fragment 2, kolom II = 1QHª XIV (VI) 23-29 (zeer tot uiterst fragmentarisch); De fragmenten 3 en 4 bevatten slechts enkele woorden.

d. *4Q Rol van de Lofprijzingen*^{d} (= *4Q430* = *4QH[odayot]*^{d})

Fragment 1 = 1QH^a XII (IV) 13-19 (fragmentarisch tot zeer fragmentarisch)

e. *4Q Rol van de Lofprijzingen*^{e} (= *4Q431* = *4QH[odayot]*^{e})

Fragment 1 = 4Q427, fragment 7 i 6-13 = 1QH^a XXVI ; Fragment 2 = 4Q427, fragment 7 ii 3-10 = 1QH^a XXVI (fragmenten 7, 46 en 56)

f. *4Qpap Rol van de Lofprijzingen*^{f} (=*4Q432* =*4QpapH[odayot]*^{f}) [11 fragmenten]

Fragment 1 = 1QH^a IX (I) 11-13 (zeer fragmentarisch); Fragment 2 = 1QH^a IX (I) 34-35 (zeer fragmentarisch); Fragment 3 = 1QH^a X (II) 3-7 (fragmentarisch); Fragment 5, kolom I = 1QH^a XI (III) 13-18 (fragmentarisch); Fragment 5, kolom II = 1QH^a XI (III) 26-30 (fragmentarisch tot zeer fragmentarisch)

Fragment 7 (regels 3-4 = 4Q428, fragment 1, 1-2)

> ^{1} [...] de wacht van de helden bij het zich aansluiten bij [...] ^{2} [...] ... ONBESCHREVEN opdat niet de he[ld] onderwijze [...] ^{3} [...] hun kracht, maar zij zullen vallen [ondanks hun kracht ...] ^{4} [... de wijzen in] hun [schrander]heid. Wat mij betreft, bij [mijn] vasthou[den aan ...]

(Overige fragmenten van zeer geringe omvang)

B. APOCRIEFE PSALMEN

1. Apocriefe psalmen opgenomen in handschriften met liederen uit het bijbelse boek der Psalmen

Drie kopieën van het bijbelse boek der Psalmen bevatten, ondergebracht tussen canonieke liederen, een aantal gedichten die geen deel uitmaken van de Hebreeuwse tekst van het boek der Psalmen. Sommige daarvan waren ons eerder bekend uit Griekse (Psalm 151) of Syrische (Psalm 151, 154, 155) psalmverzamelingen. Het handschrift met de meeste van deze liederen is 11QPsalmen[a] (11Q5), dat stamt uit de eerste helft van de eerste eeuw n. Chr. Een ander manuscript uit grot 11, te weten 11QPsalmen[b] (11Q6), eveneens uit de eerste helft van de eerste eeuw n. Chr., bevat een van deze eerder niet bekende gedichten, terwijl een andere verzameling van psalmen uit grot 4, namelijk 4QPsalmen[f] (4Q88), geschreven in het midden van de eerste eeuw v. Chr., in vier opeenvolgende kolommen een van de in 11Q5 gevonden liederen samen met twee andere, eerder onbekende hymnen biedt.

Bij de beschrijving van de inhoud van de apocriefe psalmen van 11Q5 houden wij de volgorde aan waarin zij tussen de canonieke voorkomen.

Kolom XVIII van 11QPsalmen[a] bevat een psalm die de Wijsheid verheerlijkt en waarin de God bewezen lofprijzing gelijkgesteld wordt aan offers. Dit lied was ons eerder als Psalm 154 uit de Syrische overlevering bekend. De laatste stelt ons in staat het begin en slot van het gedicht uit grot 11 te reconstrueren. In 11QPs[a] volgt het lied op Psalm 145.

Kolom XIX biedt een lied met hymnische en wijsheidselementen, dat dankt voor verlossing uit de dood. Het begin is verloren gegaan, hoewel een gedeelte daarvan kan worden achterhaald dankzij de kopie van het lied dat in 11QPsalmen[b] wordt aangetroffen, waar het verbonden is met de Psalmen 141, 133 en 144 (in deze volgorde). In 11QPs[a] wordt het lied gevolgd door Psalm 139, 137 en 138.

In kolom XXI vinden wij na de laatstgenoemde psalmen een Hymne op de Wijsheid, die ook in het laatste hoofdstuk van Jezus Sirach (51) voorkomt. De vorm van de tekst is in vele opzichten beter dan die tot dusver bekend was. De Griekse vertaling van Jezus Sirach 51 heeft niet enkel geen recht gedaan aan het alfabetische acrostichon van de Hebreeuwse tekst, maar ook de in het Hebreeuwse origineel geboden erotische beelden en uitdrukkingen verzacht door zodanige die uitdrukking geven aan de relatie van een mens tot de als vrouw voorgestelde Wijsheid.

Kolom XXII bevat een Hymne op Sion, een lofprijzing van Jeruzalem, zoals wij die ook aantreffen in Jesaja 54, 60 en 62 en vooral in Jes. 66:10-11. Het lied is eveneens gedicht in de vorm van een acrostichon en in zijn geheel in 11QPs^a bewaard gebleven. Een andere kopie, hoewel fragmentarisch, maar van veel oudere datum, is gevonden in 4Q88, waar het lied voorafgaat aan de Psalmen 22, 107 en 109. In 11QPs^a wordt de hymne gevolgd door de Psalmen 93, 141, 133 en 144.

Daarna biedt 11QPs^a in kolom XXIV een individueel klaaglied, ons uit de Syrische overlevering bekend als Psalm 155. Het slot is ons in Hebreeuwse versie uit 11QPs^a niet bekend en het begin lijkt in de war te zijn geraakt, omdat de vorm van het acrostichon pas vanaf regel 8 duidelijk herkenbaar is. Het lied wordt in 11QPs^a gevolgd door de Psalmen 142, 143,149 en 150.

Na Psalm 150 treffen wij in kolom XXVI een korte Hymne op de Schepper aan. De eerste verzen herinneren ons aan de Rol van de Lofprijzingen, maar de laatste vertonen duidelijk afhankelijkheid van Jer. 10:12-13. De hymne werd gevolgd door de Laatste Woorden van David, zoals overgeleverd in 2 Sam. 23:1-7, waarvan het slot aan het begin van kolom XXVII aangetroffen wordt.

Daarna volgt een tekst in proza betreffende het getal van Davids dichtwerken: 3600 psalmen, 364 liederen voor het dagelijkse offer, 52 voor de sabbat, 30 voor de feestdagen en 4 voor de door demonen bezetenen. Deze getallen weerspiegelen duidelijk de kalender die wij uit andere Qumrangeschriften kennen (een jaar van 364 dagen), maar tekenen ook David als profeet en wijze.

Deze tekst wordt in 11QPs^a gevolgd door Psalm 140 en 134. Het handschrift eindigt in kolom XXVIII met twee psalmen die een poëtische uitwerking bieden van 1 Samuël 16 en 17, ons eerder in verkorte en gecombineerde vorm bekend als Psalm 151 uit de Griekse en Syrische overlevering. De eerste daarvan wordt ingeleid als een Halleluja van David, is geïnspireerd door 1 Sam. 16:1-13 en beschrijft David als herder en musicus in de eerste helft en als door Samuël gezalfde in de tweede. Van de tweede psalm is enkel het begin bewaard gebleven, maar de toespeling op de heldendaad van David en de vermelding van de Filistijn maken duidelijk dat het lied een uitwerking van 1 Samuël 17 geboden heeft, het gevecht tussen David en Goliat (vgl. de titel van de Griekse overlevering van Psalm 151).

4QPsalmen^f (4Q88) biedt ons, behalve gedeelten van de Hymne op Sion, resten van een eschatologische hymne over Gods gericht met de daarop volgende bestraffing van de goddelozen en de beloning van de rechtvaardigen benevens een Hymne op Juda, waarin met gebruikmaking van zuiver bijbelse taal Gods uiteindelijke bevrijding geprezen wordt.

De herkomst van deze liederen kunnen wij niet vaststellen, met uitzondering van de prozatekst over de dichtwerken van David, die vanwege het gebruik van de kalender van 364 dagen sektarische oorsprong verraadt. Evenmin laat zich de preciese datering van elke afzonderlijke psalm bepalen. In het geval van sommige van de dichtwerken kan men op goede gronden een ontstaan in de tweede eeuw v. Chr. aannemen: zo het gedicht over de Wijsheid van kolom XXI van 11QPs[a], dat ook in Jezus Sirach 51 gevonden wordt, de Hymne op de Schepper van kolom XXVI, die in Jub. 2:2-3 geciteerd lijkt te zijn, en Psalm 151, die een oudere versie vertoont dan die wij in de Griekse vertaling van de Septuaginta aantreffen. In ieder geval bewijst de paleografische datering van het oudste handschrift (4QPsalmen[f]) dat verschillende liederen reeds in de eerste eeuw v. Chr. bestonden, maar ook dat zij toen al opgenomen waren in psalmverzamelingen.

De vermenging van bijbelse psalmen met andere gedichten en de van de traditionele volgorde afwijkende wijze waarop de bijbelse psalmen in de geschriften gekopieerd zijn, hebben onder de geleerden bijzondere aandacht getrokken en zijn intensief bestudeerd, evenwel zonder algemeen aanvaarde resultaten. Sommigen beschouwen de documenten als echte bijbelse geschriften, die het bewijs zouden leveren dat in de betreffende periode nog niet vaststond welke liederen tot het bijbelse Boek der Psalmen mochten worden gerekend en wat hun volgorde en aantal was. Anderen zijn echter van mening dat wij te doen hebben met niet-bijbelse manuscripten, maar voor liturgische doeleinden bestemde rollen dan wel bibliotheekedities van psalmverzamelingen, die daarom de bijbelse psalmen op speciale wijze rangschikken en daaraan liederen van verschillende herkomst toevoegden, vgl. P. W. Flint, *The Dead Sea Psalms Srolls and the Book of Psalms* (STDJ 17; Leiden 1997) en U. Dahmen, *Psalmen- und Psalter-Rezeption im Frühjudentum: Rekonstruction, Textbestand, Struktuur und Pragmatiek der Psalmenrolle 1QPs[a] aus Qumran* (STDJ 49; Leiden 2003).

a. *4Q Psalmen[f]* (= *4Q88*)

Kolom VII = 11Q Hymne op Sion, regels 1-3 = 11Q5 XXII 1-3 (zie hierna; zeer fragmentarisch)

Kolom VIII = 11Q Hymne op Sion, regels 8-15 = 11Q5 XXII 8-15 (zie hierna)

Kolom IX (Eschatologische hymne)

1-3... [...] 4 velen [...]
en zij prijzen 5 de naam van YHWH,
want Hij komt om 6 ieder sch[ep]sel te richten
en Hij zal alle goddelozen 7 van de aarde wegdoen.
[De kinderen van] het onrecht 8 zullen niet [meer] aangetroffen worden.
De hemelen [zullen] hun dauw [geven] (Zach. 8:12)
9 en er zal niet (meer) verde[rf in] hun [geb]ieden zijn.
De aarde 10 [zal] haar vrucht op haar tijd [geven] (Ps. 1:3; Zach. 8:12)
en niet 11 zullen haar [op]brengsten uitblijven.
12 De vruchtbomen [...] hun wijnranken
en niet 13 zullen haar [waterbron]nen teleurstellen (vgl. Jes. 58: 11)
Eten zullen 14 de ootmoedigen
en verzadigd worden degenen die YHWH vrezen.
15 [...] ...

Kolom X (Hymne op Juda)

1-3 [...] 4 [...] ...
5 [...] Dan zullen de hemel en de aarde gezamenlijk lofzingen.
6 Laten dan alle sterren van het avonddonker lofzingen!
7 Verheug u uitbundig, Juda!
8 Verheug u uitbundig en jubel luid!
9 Vier uw feesten (Nah. 1:15), betaal uw geloften,
want niet meer 10 zal Belial in uw midden zijn (vgl. Nah. 1:15).
Verhef uw hand, 11 maak sterk uw rechterhand!
Zie, de vijanden 12 gaan ten onder
en verstrooid worden alle 13 boosdoeners (Ps. 92:10).
Gij, YHWH, zijt tot in eeuwigh[eid]!
14 Uw glorie zal bestaan van eeuwig[heid tot eeu]wigheid!
15 [Lo]fzing[t ...]

b. *11Q Psalmen*[a] (*in 11Q5*)

Kol. XVIII (Psalm 154 = 11QPs[a] 154)

[Looft God met luide stem,
laat in de vergadering van de Velen zijn lof horen!
Looft in de menigte van de oprechten zijn naam
en vertelt met de getrouwen zijn grootheid!
Verenigt] [1] uw zielen met de goeden (Ps. 125:4)
en met de onberispelijken om de Allerhoogste te verheerlijken!
Verzamelt u [2] om bekend te maken zijn heil,
draalt niet om zijn sterkte bekend te maken
en zijn luister [3] aan alle eenvoudigen!
Want om de heerlijkheid van YHWH bekend te maken
is de wijsheid gegeven
en om te vertellen [4] zijn talrijke werken,
werd zij de mens bekendgemaakt:
om de eenvoudigen zijn sterkte bekend te maken,
[5] om hun die het aan inzicht ontbreekt, zijn grootheid te leren,
degenen die ver van haar poorten zijn,
[6] die verwijderd zijn van haar toegangen;
want de Allerhoogste is de Heer [7] ONBESCHREVEN [8] van Jakob
en zijn luister (spreidt zich uit) over al zijn werken.
De mens die de Allerhoogste verheerlijkt,
[8] is (Hem) welgevallig als degene die een spijsoffer brengt,
als degene die bokken en kalveren offert,
[9] als degene die het altaar vetmaakt met talrijke brandoffers,
als het liefelijke reukwerk uit de hand van [10] de rechtvaardigen.
Uit de poorten van de rechtvaardigen wordt haar stem (= die van de wijsheid) gehoord
en uit de vergadering van de vromen [11] haar gezang.
Van haar wordt gesproken, wanneer zij tot verzadiging toe eten,
en wanneer zij drinken, in gemeenschap [12] met elkaar.
Hun aandachtige bezinning geldt de Wet van de Allerhoogste,
hun gesprek het bekendmaken van zijn sterkte.
[13] Hoe ver van de goddelozen is haar woord
en van alle overmoedigen de kennis van haar!
Zie, [14] de ogen van YHWH ontfermen zich over de goeden

en Hij vermeerdert zijn gunst jegens degenen die Hem verheerlijken,
15 en uit de tijd van de nood redt Hij [hun] leven.
[Geprezen zij] YHWH,
die de arme redt uit de macht van 16 de over[moedigen
en de onberispelijke bevri]jdt [uit de macht van de goddelozen,
die een hoorn in Ja]kob [opricht]
en een rechter [der volken uit Israël,
die zijn tent op Sion heeft opgesteld
en Jeruzalem eeuwig liefheeft].

Kolom XIX (Gebed om verlossing = 11QPs^a Plea [= 11QPs^b fragm. a + b])

1 Want een larve kan U niet prijzen
en een worm uw gunst niet vertellen.
2 De levende, de levende kan u prijzen,
ook alle struikelenden kunnen u prijzen,
wanneer Gij 3 uw gunst hun bekendmaakt
en uw gerechtigheid hun leert:
want in uw hand is de ziel van al 4 wat leeft (Job 12:10);
de adem van alle vlees hebt Gij gegeven.
Handel met ons, YHWH, 5 naar uw goedheid,
naar uw grote ontferming,
en naar de menigte van uw heilsdaden.
6 YHWH heeft geluisterd naar de stem van hen die zijn naam liefhebben
(Ps. 5:12; 69:37; 119:132)
en hun zijn gunst niet onthouden.
7 Geprezen zij YHWH, die heilsdaden verricht,
die zijn gunstbewijzen kroont 8 met goedertierenheid en barmhartigheid
(Ps. 103:4).
Mijn ziel roept erom uw naam te loven,
met gejubel 9 uw gunstbewijzen te prijzen,
uw trouwe daden te vertellen:
aan de lof jegens U komt geen einde.
Aan de dood toe 10 was ik vanwege mijn zonden
en mijn ongerechtigheden hadden mij aan de onderwereld verkocht.
Maar Gij, 11 YHWH, hebt mij verlost

naar uw grote ontferming en naar de menigte van uw heilsdaden.
Ook ik [12] heb uw naam liefgehad
en toevlucht gezocht in uw schaduw.
Als ik mij uw kracht herinner, [13] is mijn hart sterk
en op uw gunstbewijzen steun ik.
Vergeef, YHWH, mijn zonden
[14] en reinig mij van mijn ongerechtigheid.
Begiftig mij met een vaste geest en kennis;
laat mij niet te schande worden [15] in onheil.
Laat satan niet over mij heersen
noch een onreine geest.
Laten pijn en [16] kwade gezindheid geen bezit nemen van mijn gebeente.
Want Gij, YHWH, zijt mijn lof
en op U wacht ik [17] de ganse dag.
Laten mijn broeders zich met mij verheugen
en het huis van mijn vader,
die verbaasd staan over uw genade
[18] [... tot in eeuwig]heid verheug ik mij in U.

Kolom XXI (Hymne op de Wijsheid = Jezus Sirach 51:13-19 = 11QPs^a Sirach)

[11] Toen ik nog jong was,
voordat ik had gedwaald,
heb ik haar gezocht.
Zij kwam tot mij in haar schoonheid
en ten [12] einde toe heb ik haar onderzocht.
Zelfs wanneer de bloesem afvalt,
als de druiven rijpen,
verheugen zij het hart.
[13] Mijn voet trad op de rechte paden,
want vanaf mijn jeugd heb ik haar gekend.
Ik heb mijn [14] oor slechts een weinig geneigd,
maar ik heb rijkelijk onderwijzing gevonden.
Zij werd mij een voedster;
aan mijn meesteres geef ik [15] de bloei (van mijn jaren).
Ik streefde er naar mij te vermaken,

was heftig uit op het goede, onafgebroken.
Ik brandde [16] bij mijn verlangen naar haar
en kon mijn ogen van haar niet afhouden.
Ik wakkerde mijn verlangen naar haar aan
en op haar hoogten was ik [17] niet rustig.
Mijn lid opende [haar poorten
en] ik onderzocht haar naaktheid.
Ik reinigde mijn lid in [haar ...]

Kolom XXII (Hymne op Sion = 11QPs^a Zion)

[1] Ik gedenk u ten zegen, o Sion;
met al mijn krachten [2] heb ik u lief (vgl. Jes. 66:10).
Gezegend zij uw naam voor eeuwig!
Groot is de hoop voor u, o Sion;
de vrede [3] en de verwachting van uw redding zullen in vervulling gaan!
Geslacht na geslacht zullen in u wonen
en geslachten van vromen zullen [4] uw luister zijn;
zij die reikhalzend uitzien naar de dag van uw redding,
mogen zich verheugen over de grootheid van uw glorie.
Zij zullen zich laven aan [5] uw rijke moederborst (Jes. 66:11)
en op uw schitterende pleinen huppelen.
De gunstbewijzen van uw profeten [6] zult gij gedenken
en op de daden van uw vromen u beroemen.
Reinig gewelddaad uit uw midden;
laten leugen [7] en onrecht uit u weggesneden worden.
Uw zonen zullen juichen in uw midden
en uw geliefden zich bij u aansluiten.
[8] Hoe hebben zij gewacht op uw redding
en uw onberispelijken over u rouw bedreven!
De hoop voor u gaat niet verloren, [9] o Sion,
en de verwachting voor u wordt niet vergeten.
Wie is ooit verloren gegaan (in) gerechtigheid
of wie is ooit gered [10] in zijn onrecht?
Een mens wordt getoetst naar zijn wegen,
ieder wordt vergolden naar zijn daden.
Rondom worden [11] uw vijanden afgesneden, o Sion,

en verstrooid allen die u haten.
Uw lofprijzing is de neus aangenaam, o Sion,
12 een wierook voor de gehele wereld.
Vele malen gedenk ik u ten zegen,
met mijn gehele hart prijs ik u.
13 Moogt gij eeuwige gerechtigheid (Dan. 9:24) bereiken
en de zegeningen van de aanzienlijken ontvangen!
Aanvaard het visioen 14 aangaande u gesproken
en de dromen der profeten, om u gevraagd (vgl. Dan. 9:24).
Wees verhoogd en maak u breed, o Sion!
15 Prijs de Allerhoogste, uw bevrijder!
Mijn ziel moge zich over uw glorie verheugen!

Kolom XXIV (Psalm 155 = 11QPs^a 155)

3 YHWH, ik roep tot U, wil naar mij horen;
ik heb mijn handen uitgebreid 4 naar uw heilige woning.
Neig uw oor en geef mij wat ik vraag,
5 onthoud mij niet waarom ik verzoek.
Sticht mijn ziel en werp haar niet terneer;
verlaat (haar) niet in de tegenwoordigheid van 6 de goddelozen.
De straffen van het kwaad moge de Rechter der Waarheid van mij afwenden.
YHWH, 7 oordeel mij niet naar mijn zonden,
want geen levende is rechtvaardig voor U (Ps. 143:2).
8 Onderricht mij, YHWH, in uw Wet
en leer mij uw geboden,
9 opdat velen uw werken horen
en de volken uw glorie eren.
10 Gedenk mij, vergeet mij niet,
en breng mij niet in omstandigheden die mij te zwaar zijn.
11 Doe ver van mij weg de zonde van mijn jeugd (vgl. Ps. 25:17)
en laten mijn overtredingen niet tegen mij vermeld worden.
12 Reinig mij, YHWH, van (de) kwade plaag
en laat die niet naar mij terugkeren.
Verdroog 13 haar wortels bij mij

en laten haar ra[nken] in mij niet groen worden.
Glorie zijt Gij, YHWH;
¹⁴ daarom is wat ik vroeg bij U in vervulling gegaan.
Tot wie zou ik kunnen roepen om het mij te geven?
¹⁵ De mensenkinderen, wat voegt [hun] kra[cht] toe?
Van U, YHWH, komt mijn vertrouwen;
¹⁶ ik riep: O, YHWH, en Hij antwoordde mij
[en heelde] mijn gebroken hart.
Ik sluimerde ¹⁷ en [sli]ep in,
ik droomde, maar [ik ontwaakte (Ps. 3:6).
Gij ondersteundet mij, toen mijn hart getroffen was;
toen ik riep, was YHW]H [¹⁸ mijn uitredder.
Nu zie ik hun schande;
ik heb op U vertrouwd en werd niet te schande.
¹⁹ Bewijs uw glorie eeuwig en altoos.
Red Israël, uw vromen, YHWH,
²⁰ en het huis van Jakob, uw uitverkorenen].

Kolom XXVI (Hymne op de Schepper = 11QPsª Creat)

⁹ Groot en heilig is YHWH,
de allerheiligste van geslacht tot geslacht.
Majesteit ¹⁰ gaat voor Hem uit,
Hem volgt het gedruis van vele wateren.
Genade en waarheid omringen zijn gelaat,
waarheid, ¹¹ recht en gerechtigheid zijn de grondslag van zijn troon (Ps. 89:15; 97:2).
Hij scheidde het licht van de duisternis,
de dageraad stelde Hij in door de kennis van ¹² zijn hart.
Toen al zijn engelen dat zagen, juichten zij (vgl. Job 38:7),
want Hij deed hun zien waarvan zij niet wisten.
¹³ Hij kroont de bergen met opbrengst,
goed voedsel voor alle levenden (vgl. Ps. 65:12).
Geprezen zij Hij ¹⁴ die de aarde maakte door zijn kracht,
de wereld toebereidde door zijn wijsheid.
Door zijn verstand spande Hij de hemel uit

> en deed [wind] voortkomen [15] uit [zijn] voorr[aadkamers].
> [Bliksemen] maakte Hij [bij de rege]n
> en Hij deed damp[en] opstijgen [van] het einde [der aarde] (Jer. 10:12-13;
> 51:15-16; Ps. 135:7).

Kolom XXVII (Davids dichtwerken = 11QPs[a] DavComp)

> [2] David, de zoon van Isaï, was wijs, een licht als het licht van de zon, geletterd, [3] scherpzinnig en onberispelijk in al zijn wegen voor God en mensen. YHWH [4] gaf hem een scherpzinnige en een verlichte geest en hij schreef psalmen: [5] drieduizendzeshonderd; benevens liederen om te zingen vóór het altaar over [6] het dagelijkse brandoffer, van dag tot dag, alle driehonderdvierenzestig dagen van het jaar, [7] en voor de offergave van de sabbatten: tweeënvijftig liederen; en voor de offergave van de nieuwe [8] maanden en alle feestdagen en de (grote) verzoendag: dertig liederen. [9] Alle liederen die hij sprak, waren vierduizendzesenveertig; de liederen [10] om uit te voeren over de bezetenen: vier. Het totaal bedroeg vierduizendvijftig. [11] Al deze sprak hij door de (geest der) profetie die hem van de kant van de Almachtige gegeven was (vgl. 2 Sam. 23:2).

Kolom XXVIII (Psalm 151 = 11QPs[a] 151)

Psalm 151A

> [3] Een halleluja van David, de zoon van Isaï.
> Ik was de jongste onder mijn broers
> en de kleinste onder de kinderen van mijn vader.
> Hij stelde mij aan [4] als herder van zijn kudde
> en als heerser over zijn geiten.
> Mijn handen vervaardigden een fluit,
> mijn vingers een citer
> [5] en ik gaf YHWH lof.
> Ik dacht bij mijzelf:
> de bergen leggen geen getuigenis [6] voor mij af,

de heuvelen vertellen niet te mijnen gunste,
noch de bomen mijn woorden
en de schapen mijn daden.
⁷ Wie dan zal vermelden, wie zal zeggen
en wie zal vertellen mijn werken?
De Heer van het al zag het,
de God van ⁸ het al hoorde het
en Hij luisterde ernaar.
Hij zond zijn profeet om mij te zalven,
Samuël ⁹ om mij groot te maken.
Mijn broers kwamen mij tegemoet,
schoon van gestalte
en schoon van aanzien.
Hoewel zij groot van postuur waren,
¹⁰ met schone haargroei,
verkoos YHWH God hen niet,
maar liet mij ¹¹ achter de schapen vandaan weghalen
en met heilige olie zalven;
Hij stelde mij aan als leider van zijn volk
/en als heerser/ over de kinderen van ¹² zijn verbond.

Psalm 151B

¹³ De eerste heldendaad van [Da]vid,
nadat de profeet van God hem gezalfd had.
Toen zag ik een Filistijn,
¹⁴ die hoonde vanuit de [...] ik [...] de [...]

c. *11Q Psalmenᵇ* (= *11Q6* = *11QPsᵇ*) bevat in de bewaard gebleven gedeelten resten van de tekst van 11QPsᵃ XIX 1-9; 12-15 en van Psalmen 141:10; 133:1-3; 144:1-2 en 118:1,15-16.

C. NIET-CANONIEKE PSALMEN

De handschriften 4Q380 en 4Q381 bieden ons resten van één of twee verzamelingen van apocriefe psalmen. Beide handschriften stammen uit het midden van de eerste eeuw v. Chr. De bewaard gebleven fragmenten van de twee documenten vertonen over en weer geen overlappingen, maar de stijl, de taal en de toewijzing van psalmen aan bepaalde personen zijn in beide gelijk, zodat het niet uitgesloten is dat de handschriften twee kopieën van een en dezelfde verzameling van liederen vormen. Van 4Q380 zijn slechts zeven fragmenten over, waarvan enkel het eerste een redelijke hoeveelheid tekst biedt. Van 4Q381 resten 111 fragmenten, maar slechts een beperkt aantal daarvan rechtvaardigt vanwege hun omvang een vertaling. Noch het begin noch het slot van de manuscripten zijn behouden gebleven en geen van de fragmenten biedt één of meer volledige tekstregels. Desondanks bewijzen de onbeschreven regels tussen de verschillende gedichten, het gebruik van *sela* aan het slot van sommige van hen en het gebruik van opschriften bij een aantal liederen dat wij te maken hebben met een verzameling van psalmen. Onder degenen aan wie zij worden toegeschreven, vinden wij koning Manasse (2 Kronieken 33), een koning van Juda, wiens naam verloren is gegaan, een zekere Obadja en een 'man Gods'.

Vanwege de fragmentarische staat van alle tekstgedeelten is het slechts mogelijk hun inhoud in algemene termen te beschrijven en dat enkel maar in het geval van de grootste fragmenten. De onderwerpen die aan de orde komen, zijn: verheerlijking van Jeruzalem (4Q380 1 I), de schepping (4Q381 1 en deels 15, dat gebruik maakt van Psalm 89), dankzegging (4Q381 24, dat Psalm 18 benut), klacht (4Q381 31), schuldbelijdenis en lofprijzing (4Q381 33), individuele klacht (4Q381 45), de overwinning van de rechtvaardige over zijn vijanden (4Q381 46 met een verwijzing naar Micha 4:13), de reinheid van het land, de uitverkiezing, het verbond en het goddelijke oordeel (4Q381 69 en 76-77).

In alle psalmen is de invloed van de Wijsheidsliteratuur met handen te grijpen, zowel formeel als materieel. Voortdurend wordt op bijbelse uitdrukkingen teruggegrepen. In dat opzicht, maar ook anderszins, zijn de liederen sterk verwant aan de apocriefe psalmen die wij in verzamelingen van bijbelse psalmen aantreffen. Evenals deze apocriefe gedichten bevat geen van de liederen aanwijzingen voor hun herkomst en ontstaanstijd. Niets in deze gedichten verwijst naar een sektarisch milieu en in tegenstelling tot 11QPs[a] wordt de Godsnaam niet in oud-Hebreeuws schrift weergegeven.

1. 4Q Niet-canonieke Psalmen (4Q380-381)

a. *4Q380* [7 fragmenten]

Fragment 1, kolom I

¹ [...] ... [...]
² [... Jeru]zalem is ³ [de stad
die YH]WH [heeft uitverkoren] van eeuwigheid tot ⁴ [eeuwigheid ....] heiligen.
⁵ [Want de na]am van YHWH is uitgeroepen over haar
⁶ [en zijn glorie] wordt gezien over Jeruzalem ⁷ [en] Sion.
Wie kan de faam van ⁸ YHWH uitspreken
en al [zijn] lof doen horen?
⁹ YHWH [gede]nkt het (= Jeruzalem) in zijn welgevallen
en bezoekt het ¹⁰ om (het) te laten zien het goede ¹¹ van zijn uitverkorenen,
om het te verheu[gen door de vreugde van zijn volk].

Fragment 1, kolom II

¹ [en] Hij heeft gemaakt een man voor u ... [...]
² want Hij is het [wiens] woor[den] zij hebben gehouden [...]
³ die is voor alle kin[de]ren van Israël [...]
⁴ Laat uw hand u redden.
Want de kracht van [uw] God [...]
⁵ die het goede doet, maar de kwaden haat.
Tot [hoelang] ⁶ wilt gij er behagen in scheppen het kwade te doen?
Anders zal de onrechtvaa[rdige] omkomen!
⁷ ONBESCHREVEN
⁸ De psalm van Obadja.
God [...].
⁹ de waarheid in haar en zijn genade ... [...]

Fragment 2

¹ [...] ... [...]
² [...] bergen en heuvels [...]
³ [...] alle die daarop gegrondvest zijn, zullen beven [...]
⁴ [...
zij zullen roepen tot] YHWH in hun angst
en uit [hun] ben[auwdheid ⁵ zal Hij hen redden;
want] YHWH is de vrome genadig ... [...]
⁶ [...] voor de man [...]
⁷ [...] ... [...]

Fragment 4

¹ Psalm van [...]
² Gij zult verachten [...]
³ Hij maakte wijs [...]
⁴ en ... [...]

b. *4Q381* [111 fragmenten]

Fragment 1

¹ heb ik vermeld
en ik overdenk zijn wonderdaden.
Dit zal voor mij een onderwijzing zijn.
Gericht [...] ² mijn mond,
voor de eenvoudigen, dat zij mogen verstaan,
en voor hen zonder inzicht, dat zij YHWH mogen kennen.
Hoe ma[chtig ...] ³ wonderen.
Hij heeft op zijn bevel (?) de hemel en de aarde gemaakt
en door het woord van zijn mond [al hun heir;
...] ⁴ en de waterbeddingen.
Hij heeft omheind haar {stromen};
de poelen en iedere draaikolk en ... [...]

⁵ nacht en ste[rr]en en de sterrenbeelden;
Hij doet stralen ... [...]
⁶ het geboomte en alle vrucht [van de wijnga]ard
en alle opbrengst van het veld.
En overeenkomstig zijn woorden ...
[... ⁷ zijn] vr[ouw].
En door zijn adem stelde Hij hen aan
om te heersen over al deze op aarde
en over alle [...
⁸ van ma]and tot [ma]and, van feest tot feest, van dag tot dag
om haar vrucht te eten ...
[...] ⁹ [...] ... [...]
en het gevogelte en alwat het hunne is,
om het beste van alles te eten.
En ook [...] ¹⁰ [...
het wemelend ged]ierte onder hen
en al zijn heirscharen vul[len de aa]r[de.
...] ¹¹ [...]
om de mens te dienen en hem bij te staan en [...]
¹² [...] ... [...]

Fragment 10 en 11

¹ [...] niet [...]
² [...] kwaad in zijn ogen, want zij verdierven (Gen. 6:12 ?) ... [...]
³ [...] barmhartig is Hij en niet terstond ... [...]
⁴ [...] ... met ... [...] ... [...]
⁵ [...] ... [...] in de diepste onderwereld en [...]
⁶ [...] ... [...] ... [...]

Fragment 13

¹ [...] waarvan hebt Gij een afkeer en wat hebt Gij versmaad en ... [...]
² [...] uw ... Zult Gij niet onderkennen, zult Gij niet weten da[t ...]
³ [...] ... [...] niet Gij [...]

Fragment 14

¹ [...] ... [...]
² [...] wolkenmassa's, regenwolken, sneeuw [...] en hagel en alle [...]
³ [...] ... zonder zijn bevel te overtreden. Vier winden ... [...]
⁴ [...] ... zonder ... [...]

Fragment 15

¹ [...] Gij zult mijn hart bekeren en [...]
² [... Wend U tot mij en wees mij genadig;
verleen uw knecht uw sterkte]
en verlos de zoon van uw dienstmaagd (Ps. 86:16).
Doe aan mij ³ [een teken ten goede,
opdat mijn haters het zien en beschaamd staan,
want Gij], mijn [G]od, hebt mij geholpen (Ps. 86:17).
Ik wil mijn zaak aan U voorleggen, mijn God.
⁴ [...
Gij heerst over de over]moed der zee;
Gij stilt haar golven (Ps. 89:10).
Gij ⁵ [hebt Rahab als een verslagene verbrijzeld,
door uw sterke arm uw vijanden verstrooid (Ps. 89:11).
De wereld en] haar volheid hebt Gij gegrond (Ps. 89:12b).
Gij hebt een ⁶ [machtige] arm,
[uw hand is sterk, uw rechterhand verheven (Ps. 89:14).
Wie in de hemel kan U evenaren], mijn God,
en wie onder de hemelingen (Ps. 89:7)
en in de gehele ⁷ [raad der heiligen (Ps. 89:8) ...
Want Gij zijt] de luister van zijn pracht
en ik, uw gezalfde, heb het begrepen.
⁸ [...
Ik wil] U [bekendma]ken, omdat Gij bekend hebt gemaakt,
en onderwijzen, omdat Gij mij hebt onderwezen.
⁹ [...]
want uw naam, mijn God, roepen wij aan (vgl. Ps. 80:19)
en naar uw verlossing ¹⁰ [...]
als een kleed zullen zij het aandoen
en een bedekking [...]
¹¹ [...]

Fragment 17

¹ [...] Gij ze[t een kroo]n op mijn hoofd (Ps. 21 :4) [...]
² [...] in majesteit ziet Gij neer op Juda en [...]
³ [...] mijn [G]od, in uw toorn zult Gij hen verzwelgen en vert[eren zal hen vuur ...]
⁴ [...]

Fragment 19

¹ [...] uw zonen in mij van [...]
² [...] uw gerichten. ONBESCHREVEN [...]
³ [...] mijn toevlucht en in uw hemelen
⁴ [...] zuiver goud geeft Gij mij
⁵ [...] uw koningschap aan uw dienstknecht
⁶ [...] zij hebben versmaad [...]
⁷ [...] ... [...]

Fragment 24

¹ ... [...] ... uw [...]
² en mijn tong als een (brandende) kool, zonder dat iemand bluste, totdat ... [...] ³ tot verderf. *Sela.* ONBESCHREVEN
⁴ Psalm van de man Go[ds].
YHWH is God [...]
⁵ Hij heeft Juda verlost van alle benauwdheid
en van Efraïm ... [...]
⁶ geslacht.
Hem zullen loven zijn uitverkorenen en zeggen:
Sta op, G[od ...] ... [...]
⁷ uw naam is mijn redding;
mijn steenrots, mijn vesting en [mijn] bevrijder is [YHWH(Ps. 18:3a) ...]
Op de dag van [mijn] on[heil] ⁸ zal ik tot YHWH roepen
en mijn God zal mij antwoorden.
Mijn hulp [...] mijn haters.

En Hij zal zeggen: [...] ⁹ want [...] voor het volk.
Maar ik ... [...
mijn hulpgeroep] zal [tot] Hem doordringen in zijn oren (Ps. 18:7).
¹⁰ [Mijn] st[em zal Hij uit zijn paleis horen (Ps. 18:7).
En] de aarde zal dreunen [en beven,
de grondvesten van de bergen sidderen (Ps. 18:8)],
omdat Hij in toorn ontbrand is.
Opstijgen zal ¹¹ uit [zijn] neus [rook (Ps. 18:9) ...] ... [...] ... [...] Hij onderwees en inzicht ¹² [...] ONBESCHREVEN

Fragment 28

¹ [...] voor zijn aangezicht en vurige kolen (vgl. 2 Sam. 22:13; Ps. 18:13) zal Hij strooien [...]
² naar hen. Hij zal hen in verschrikking brengen (2 Sam. 22:15b; Ps. 18:15b) en [...]
³ [...] ... voor uw vijanden. Zij zullen verdelgd worden [...]
⁴ [...] ... [...]

Fragment 29

¹ [...] ... [...]
² [...] en Hij zal zijn engelen zenden en [...]
³ [... door de] adem[toch]t van uw neusgaten /zal omkomen/ alle vlee[s ...]
⁴ [...] mijn God. Gij zult uw hand uitstrekken [...]
⁵ [...] ... [...]

Fragment 31

¹ [...] door het net dat zij verborgen hadden ... [...] ... [...] Ik zal [U, YHWH] bezingen, ... [...] ... [...] ... [...] ² [...] zal ik uw wonderdaden overdenken,
want naar [...] vóór U.

Gij zult [...].
Gij zult mij redden en mij optrekken uit de tenten van de dood.
Gij zult [...] tot de hoogten van alle [...] ³ [...]
Al zij n wegen zullen komen naar [...]
... in een heilige plaats. [*Sela*]. ONBESCHREVEN
⁴ [Gebed van ..., ko]ning van Juda.
Luister, [mijn] Go[d, ...] ... mijn sterkte [...] ...
Ik zal vertellen bij allen die U vrezen, [...] ... [...] met mij [...] ⁵ [...]
Uw [gedach]ten, wie kan ze begrijpen?
Want die mij benauwden, waren talrijk vóór U (Ps. 69:20b).
U hebt hen gedeemoedigd
en hen die mijn leven haatten, hebt Gij ten val gebracht vóór uw o[gen].
Maar ik zal leven [...] ⁶ [...
Niet] verbergt Gij mijn ellende voor degenen die inzicht kennen,
maar hèn velt Gij neer.
God van mijn heil, de dagen van mijn bestaan zijn vastgelegd.
Wat kan een zwak mens doen?
Hier ben ik, hoe ⁷ [...
Gij zult overleveren] aan de macht van het zwaard degenen die op mij loeren,
op de dag van de verbolgenheid (Zef. 1:15) degenen die zeggen: ...
Zij hebben gevlochten een krans voor mijn hoofd.
Immers de majesteit van ... is hun luister
en hun sier ⁸ [...]
mijn lippen een verzoek [...]
uit het boek des levens [...]
zij die mij schrik aanjagen, zullen verdelgd worden,
en die mij benauwen, zullen omkomen, zonder [...]
⁹ [...] ... een lied en lofza[ng
...] ... met U ... [... *Sela*. ON]BESCH[REV]EN

Fragment 33

¹ [...]
Een rest zal daarvan niet aangetroffen worden.
[...] ... [...]

² Gij stelt voor mij tijden en [...
Boven de hemel]en verhef u, YHWH (Ps. 57:6,12; 108:6),
en, [mijn] God [...]
³ Laat ons juichen in uw kracht,
want ondoorgrondelijk is [uw wijsheid
...] stelt [Gij] mij en laat uw terechtwijzing mij tot [een vreugde] zijn
[...] ⁴ eeuwig en voor uw glorie,
want mijn overtredingen waren te veel voor mij
en [...] ...
Maar Gij, mijn God, zult uw ge[e]st zenden
en [barmhartigheid schenken] ⁵ aan de zoon van uw dienstmaagd,
uw gunstbewijzen aan de dienaar die U nabij is.
En [...]
Ik wil juichen en mij verheugen over U bij degenen die [U] vrez[en],
want [Gij richt] ⁶ uw knechten in uw gerechtigheid
en naar uw gunstbewijzen [...] om te redden ...
[...] voor U. *Sela.* ONBESCHREVEN
⁷ ONBESCHREVEN
⁸ Het gebed van Manasse, koning van Juda, toen de koning van Assyrië
hem gevangen zette.
[Mijn G]od, [...] nabij;
mijn redding staat U voor ogen ... [...]
⁹ Op de redding van uw aanwezigheid wacht ik,
maar ik kruip ineen voor U vanwege mijn zo[nde]n.
[Gij] hebt groot gemaakt [uw barmhartigheid].
Ik echter heb mijn schuld talrijk gemaakt
en zo [ben] ik [uitgesloten] ¹⁰ van de eeuwige vreugde.
Mijn ziel zal het goede niet zien,
want mijn [...] zijn weggevoerd.
En i[k ...
H]ij had mij verhoogd boven het volk [...]
¹¹ Maar ik dacht niet aan U,
[op uw] hei[lige plaa]ts diende ik [U] niet.
[...] mij [...]

Fragment 44

¹ [...] ... [...]
² [...] want een land waar[in] Gij machtige daden verricht hebt
[...]
³ [... voor hen die] naar U uitzien en een redder voor hen die [op U] vertrouwen [...]
⁴ [...] Gij zult haar onderwijzen, want er is niemand zo[als U ...] ⁵ [...] [...]

Fragment 45

¹ en ik zal het begrijpen
en wie het niet begrijpt, onderrichten.
Hem ... [...]
En ik vrees voor U
en reinig mij van ² de afschuwelijkheden die ik zag.
Ik doe mijn ziel zich vernederen vóór [U
...] zij vermeerderden de overtreding
en overleggen tegen mij ³ om mij uit te leveren.
Maar ik vertrouw op U [...] ... [...]
... [...] ... [...]
⁴ Doe mij niet met U rechten, mijn God
[...]
⁵ en zij die tegen mij beraadslagen, openen een leu[gen]tong
[...]
⁶ voor mij.
De daden van [...] ⁷ ... [...]

Fragment 46

¹ [...] tegen mij [...]
² [... de over]vloed van uw gunstbewijzen [...] ... [...]
en zal worden gegeven een hoorn [...]
³ [...] ... in U. En ik zal [... dw]azen uw inzettingen.
Uw majesteit en [uw] luister [...]

⁴ en zij zullen zich uitspreiden als de wolken over het opper[vlak van de
aarde ...] en onze gronden (?).
In grote getale zullen zij verstrooid worden, totdat [...]
⁵ De sterveling zal niet zegepralen (Ps. 9:20)
en niet zal verheven zijn [...
Maar Gij zult allen [be]proeven:
uitverkorenen zult Gij als offers rein verklaren voor uw aangezicht,
maar de gehaten ⁶ zult Gij als onreinheid verwerpen.
Een wervelwind [...] hun daden.
Maar zij die U vrezen, zullen altijd vóór U zijn.
Hun hoornen zijn hoornen van ⁷ ijzer om daarmee velen te stoten.
Zij zullen stoten [...] ...
Hun hoeven zult Gij maken als koper (Micha 4:13)
en de overtreders zullen als mest ⁸ op de akker vertrapt worden.
[...] Zij zullen verdreven worden [van voor] uw aangezicht ...
en uw geest ... [...] ⁹ [...] en het laaiende vuur [...]

Fragment 47

¹ [...] mijn God. Want Gij zijt barmhartig en genadig [...]
² [...] ... en ik zal wandelen in uw waarheid om [...]
³ [...] die U verstaan en ik wil onderwijzen [...]

Fragment 48

¹ [...] ... [...]
² [...] uw zonen van [...]
³ en laat mij voorspoedig zijn door de adem van [uw] mond [...]
⁴ door mij degenen die U vrezen. Om te beproeven [...]
⁵ en zij zullen wonen in vertrouwen [...]
⁶ mijn knieën. Ik zal springen als een he[rt ...]
⁷ en God is bekend in Ju[da (Ps. 76:2) ...]
⁸ uw heiligheid. Gij zult verbreken ... [...]
⁹ [de trotsen van] hart.
Smelten zullen alle [...]
¹⁰ [...] dienstknecht [...]

Fragment 50

¹ [...] ... [...]
² [...] voor allen. En de goddelozen ... [...]
³ [...] daarvoor zullen zij gedacht worden, want Gij zijt geducht (Ps. 76:8) [...]
⁴ [...] het land. En het vreesde en in haar stilte, toen [God] opstond [ten gericht (Ps. 76:9-10) ...]
⁵ [...] ... en wij zullen U lofprijzen [...]
⁶ [...] naar [...]

Fragment 69

¹ [...] voor u, want ... [...] ...
Toen Hij zag dat de volken van [het la]nd verderfelijk handelden,
² [...,
werd] het gehele land een en al vuile onreinheid.
En op wonderbare wijze, vanaf het begin, ³ [...]
Hij overlegde in zijn hart hen van haar te verderven
en op haar een volk te scheppen
⁴ [...] onder u.
Door zijn geest {gaf} Hij u profeten om te onderrichten
en om u te leren ⁵ [...]
/ ... daalde Hij af van de hemel
en sprak: met u om u te onderrichten
en (u) te bekeren van de daden van de bewoners der/ [...
Hij gaf in]zettingen, wetten en geboden (Neh. 9:13)
door het verbond dat Hij oprichtte door bemiddeling van [Mozes (vgl. Neh. 9:14) ...]
⁶ [...] ... wonen in het land.
Toen werd het rein en zij ... [...]
⁷ [...]
om te weten te komen onder u
of gij Hem wilt toebehoren
en indien [niet ...]
⁸ [...]
en om het verbond te verbreken dat Hij met u gesloten had,
en te handelen als een vreemdeling ... [...]

⁹ [...] tegen de goddeloosheid
en om de woorden van zijn mond te verruilen ... [...]
¹⁰ [...] ... [...]

Fragment 76 en 77

¹ [...] tot mij (?). Wilde dieren en gevogelte, verzamelt u (vgl. Ez. 39:17 ?)
[...] ² [...] voor de mensenkinderen, naar de neiging van de overleggin[gen van hun hart ...] ³ [...] zal er ee[uwig] verderf zijn [...] ⁴ [... alle pijlen van de pe]st en verderf zonder ... [...] ⁵ [... Israë]l, het volk van zijn eigendom (Deut. 7:6; 14:2; 26:18; Ps. 135:4) [...] ⁶ [...] ... [...] ONBESCHREVEN
⁷ [..H. de gemeen]te van de Allerheiligste (3 Makk. 2:2,21) het erfdeel van de Koning der koningen (vgl. 1 Hen. 9:4; 89:2; 2 Makk. 13:4; 1 Tim. 6:15; Openb. 17:14; 19:16).
[...]
⁸ [...] mijn woorden
en gij zult nauwkeurig letten op de wijsheid die uit mijn mond voortkomt,
en versta[an ...]
⁹ [...]
en een rechtvaardig rechter en een betrouwbare getuige.
/Hebt/ gij soms kracht Hem te antwoorden?
[...]
¹⁰ [...] om te doen horen?
Wie onder u kan een antwoord geven
en blijft staande bij een geding met [Hem?
...]
¹¹ [...],
want talrijk zijn zij die u richten,
en talloos die tegen u getuigen.
Maar [...]
¹² [...] ...
YHWH zal plaatsnemen in het gericht met u
om te richten in waarheid en zonder ongerechtigheid.
[...]
¹³ [...] zijn geesten (= engelen)
om waarachtige gerichten aan u te oefenen.

Hebt gij inzicht om het te begrijpen?
[...]
¹⁴ [...]
De Heer der heren (Deut. 10:17; Ps. 136:3; 1 Hen. 9:14) is een held (Sef. 3:17),
wonderbaar en onvergelijkelijk.
Hij heeft u uitverkoren (Deut. 7:6; 14:2)
[...]
¹⁵ [... uit ve]le [volken] en uit grote naties
om Hem tot een volk te zijn (Deut. 4:20; 26:18)
om te heersen over alle [...]
¹⁶ [... he]mel en aarde,
om te zijn tot de allerhoogste van alle volken der aarde
(vgl. Deut. 28:1) en om te [...]

D. HYMNEN TEGEN DE BOZE GEESTEN

1. Liederen van de Wijze

Met de titel 'Liederen van de Wijze' wordt een verzameling teksten aangeduid die zowel ten doel hebben God te prijzen als de boze geesten uit te bannen. Van 4Q510, geschreven aan het einde van het eerste eeuw v. Chr., zijn 12 fragmenten over, waarvan slechts het eerste een redelijke afmeting heeft. Van 4Q511, dat stamt uit de eerste helft van de eerste eeuw n. Chr., resten 215 fragmenten, sommige van redelijke omvang, die ons bewijzen dat zij afkomstig zijn van een tamelijk uitgebreid werk. Geen van de beide genoemde kopieën bevat het begin van het geschrift, maar 4Q511 63-64 biedt kennelijk het slot daarvan.

Het werk bevat een reeks van bezweringspsalmen, die blijkbaar genummerd waren (vgl. 4Q511 8 4). De fragmentarische staat van de manuscripten laat niet toe het aantal psalmen te bepalen waarvan resten over zijn. Het doel van het geschrift is echter in de tekst zelf aangegeven: 'om af te schrikken degenen die angst aanjagen' en 'om af te schrikken en in verwarring te brengen alle geesten van de verderfengelen'. Sommigen hebben op grond van parallellen in latere magische literatuur gemeend dat het werk bestemd was om gebruikt te worden als een bezweringsritueel om de boze geesten uit te drijven. Maar het ontbreken van rubrieken en vermeldingen van concrete handelingen, het feit dat de psalmen genummerd zijn, en parallellen met andere werken uit Qumran suggereren veeleer dat de liederen bedoeld waren om gereciteerd te worden op liturgische bijeenkomsten teneinde de leden van de samengekomen gemeenschap te beschermen tegen de invloed van boze geesten.

De herkomst van het werk is duidelijk sektarisch. De Wijze richt zich tot de 'mannen van het verbond' en de parallellen met de Rol van de Lofprijzingen zijn zo talrijk en opvallend dat men zou kunnen denken dat zij van dezelfde auteur afkomstig zijn. Maar noch de schrijver noch de datum van het geschrift kunnen op grond van de bewaard gebleven fragmenten met zekerheid worden bepaald.

a. *4Q Liederen van de Wijze*ᵃ (=4Q510 = 4QShirᵃ) [12 fragmenten]

Fragment 1 (aangevuld met behulp van 4Q511, fragm. 10)

¹ [...] lofzangen.
Zeg[enspreuken voor de Ko]ning der ere (Ps. 24:7-10).
De woorden van lofprijzingen in psalmen van ² [...]
aan de alwetende God (1 Sam. 2:3),
de luister van de mac[ht]en,
de God der goden (Dan. 11:36),
de Heer van alle heiligen.
[Zijn] heerschap[pij] (strekt zich uit) ³ over alle machtige helden (Ps. 103:20);
voor de kracht van zijn sterkte verschrikken
en verspreiden zich allen;
zij vluchten weg vanwege de glans van de hoge he[mel],
⁴ (vanwege) de glorie van zijn koninklijke heerschappij (vgl. Ps. 145:11).
ONBESCHREVEN
Ik, ik ben een wijze,
die de glans van zijn (= Gods) majesteit verkondig
om af te schrikken en in verwar[ring] te brengen
⁵ alle geesten van de verderfengelen
en de geesten van de bastaards:
de boze geesten (Deut. 32:17; Ps. 106:37), het nachtspook (Jes. 34:14),
uilen (Jes. 13:21) en [hyena's (Jes. 13:21) ...]
⁶ en hen die onverwachts toeslaan
om de geest van verstand (Jes. 11:2) te misleiden
en hun hart teniet te doen en hen te [...]
ten tijde van de heerschappij van ⁷ de goddeloosheid,
de perioden van de vernedering van de kinderen des lichts,
de schuldbeladen tijdperken van /hen die/ door zonden /bevlekt zijn/;
niet tot eeuwige verdelging,
⁸ [ma]ar voor de tijd van de vernedering vanwege de overtreding. [ONBESCHREVEN]
Jubelt, rechtvaardigen (Ps. 33:1), in de God van de wondermacht.
⁹ Mijn psalmen gelden de oprechten. ONBESCHREVEN
[... en] mogen allen die onberispelijk van wandel zijn (Ps. 119:1), Hem verheffen.

Fragment 2

> ¹ [...] ... in het erfdeel van het kwaad en alle [...] ² [... de G]od van het heil.
> En de heiligen [...] ³ [...] eeuwig. En alle geesten [...] ⁴ [... het] eeuwige
> [vu]ur (Matt. 18:8: 25:41; Judas 7), laaiend in [...] ⁵ [...] ... [...]

b. *4Q Liederen van de Wijze^b* (= *4Q511* = *4QShir^b*) [215 fragmenten]

Fragment 1

> ¹ [...] hun heerschappij en ² [...] ... en al[le ... op de aa]rde en in alle ³
> geesten van zijn heerschappij voor altijd.
> Laten Hem lof[prijzen] in hun tijden
> ⁴ de zeeën en al hun levende wezens.
> Laten zij verkondigen de [werken van] zijn majesteit, ⁵ zij allen.
> Laten zij juichen voor de God der gerechtigheid
> met jubel[zangen] van uitredding,
> ⁶ want ge[en] verderver is in hun gebieden
> en boze geesten ⁷ wandelen niet onder hen.
> Want verschenen is de glorie van de God ⁷ der kennis (1 Sam. 2:3) in zijn
> woorden
> en niemand van de boosdoeners kan weerstand bieden

Fragment 2, kolom I

> ¹ Van de Wijze. [Het eerste] lied [...
> Prijst] ² zijn heilige [naam],
> verheft Hem, allen die [de gerechtigheid] kennen (Jes. 51:7) [...]
> ³ en het hoofd van de heerschappij en verdelgd,
> zonder [...]
> ⁴ [eeu]wige [vreugde] en duurzaam leven
> om te doen stralen het licht [...]
> ⁵ Zijn toegewezen deel is het beste in Jakob
> en het erfdeel Go[ds (2 Sam. 14:16) ...] Israël [...]
> ⁶ [die bewa]ren de weg van God (Gen. 18:19; Richt. 2:22)
> en de heerbaan van zijn [he]iligheid.

Voor de heiligen van zijn volk is het inzicht (gelegen) in de kennis ⁷ van
God.
Hij heeft Israël in twaalf legerplaatsen geplaatst,
[zijn] heilig[en ...] ... ⁸ [... in] het toegewezen deel van God met de engelen
van zijn glorieuze lichten.
Op zijn naam heeft Hij de lof van hun ⁹ [...] gegrond
naar de feesten van het jaar
en de gezamenlijke heerschappij,
om te wandelen in het toegewezen deel ¹⁰ [van God]
overeenkomstig [zijn] glorie
[en] om Hem te dienen in het toegewezen deel van het volk van zijn troon
(= de engelen).
Want de God van

Fragment 2, kolom II

¹1 ... [...] ² en zoekt voor hen ... [...] ³ en de gemeente van de bastaards,
allen ... [...] ⁴ en schaamte van het gelaat. Naar het getal van [...] ⁵ [G]od ...
in kracht [...] ⁶ [de geheimenis]sen van God (Kol. 2:2), wie kent ze? [...] ⁷
de God van de machten heeft hen bijeengebracht om [...] ⁸ zoals zij. En de
onreinen, naar hun onreinheid [...] ⁹ kent de rechtschapenheid van de
oprechten ... [...] ¹⁰ en in Israël ... [...]

Fragment 3

¹ [...] gedurende de eeuwen, want [...] ² [...] uw [gru]welen. ONBESCHRE-
VEN En n[a ...] ³ [... de tij]den van haar goddeloosheid en ... [...] ⁴ [...] de
machten. En als een wijze [...] ⁵ [...] ... en niet zult gij vrede hebben [...] ⁶
[...] zijn verblijf. Vrezen zullen alle [...] ⁷ [... de heme]l en de aarde zullen
wankelen vanwege [...] ⁸ [...] ... en alle [...]

Fragment 8

¹ [...] ... [...] ² [...] zullen juichen in God [...] ³ [...] ONBESCHREVEN [...] ⁴
[... Van de Wijze. Het] tweede [li]ed om af te schrikken degenen die angst

aanjaan [...] ⁵ [...] zijn dwaling tijdens de vernederingen, maar niet tot [eeuwige] verdel[ging ... ⁶ [...] ... van God in de schuilplaats van de Allerhoogste (Ps. 91:1) ... [...] ⁷ [...] ... zal Hij mij verbergen ... [...] ⁸ [...] mij bij zijn heiligen [...] ⁹ [... sam]en met [zijn] heilig[en ...] ¹⁰ [...] prijzen God. ONBESCHREVEN Want [...] ¹¹ [... in] de woningen van hun heerlijkheid zijn zij verzameld [...] ¹² [...] Gij zijt de God der go[den (Dan. 11:36) ...] ¹³ [...] ... [...]

Fragment 10 (vergelijk 4Q510 1)

01 [Ik, ik ben een wijze,
die de glans van zijn (= Gods) majesteit verkondig
om af te schrikken en in verwarring te brengen
¹ alle geesten van de verderfengelen
en de geesten van de bastaards:
de boze geesten (Deut. 32:17; Ps. 106:37),] het nachtspook (Jes. 34:14),
² uilen (Jes. 13:21) en hyena's (Jes. 13:21)
en hen die onverwachts toeslaan
om de geest [van verstand (Jes. 11:2)] te misleiden
³ [en hun hart teniet te doen en hen te ...
ten] tijde van de heerschappij van de goddeloosheid,
⁴ [de perioden van de vernedering van de kinderen des lichts,
de schuldbeladen] tijdperken van hen die [door zonden] bevlekt zijn;
⁵ [niet tot eeuwige verdelging,]
maar voor de tijd ⁶ [van de vernedering vanwege de overtreding.] ONBESCHREVEN
⁷ [Jubelt, rechtvaardigen (Ps. 33:1)] in de God van de wondermacht.
De oprechten (betamen) psalmen tot zijn glorie (vgl. Ps. 33:1).
⁸ Mogen allen die onberispelijk van wandel zijn (Ps. 119:1), {Hem} verheffen. ONBESCHREVEN
Met de lier van het heil ⁹ [mogen zij] de mond [ope]nen
om (te prijzen) de barmhartigheid van God.
Mogen zij zijn manna zoeken (vgl. Joh. 6:31 vv.; Openb. 2:17).
Help toch, God,
¹⁰ [Gij, die guns]t [bewijst] in waarachtigheid aan al uw schepselen
en die in gerechtigheid regeert over wie eeuwig zijn

¹¹ en gedurende de eeuwen geworden zijn.
In de raad van de hemelingen en de mensen oordeelt Hij.
¹² In de hoogte van de hemelen (heerst) zijn bestraffing
en over al de grondvesten van de aarde (strekken zich uit) de verordeningen van Y(HWH).

Fragment 18, kolom II

¹⁻⁴ LETTERRESTEN AAN HET EIND VAN DE REGELS
⁵ [of is er dwaasheid] in mijn woorden? Zij is er niet!
En [in wat] over mijn lippen komt? Geen snoodheid is er in.
⁶ [...] en de geest van mijn inzicht ... werk der goddeloosheid,
want ⁷ G[o]d heeft mij bewaard (?).
Van alle onreine werken heb ik een afkeer,
want ⁸ God heeft de kennis van het inzicht doen stralen in mijn hart.
Mijn scheidsrechter ⁹ is rechtvaardigheid bij mijn wandaden,
en mijn rechter is betrouwbaar bij al mijn overtredingen,
¹⁰ waaraan ik schuldig ben.
Maar God is mijn rechter
en in vreemde hand niet

Fragmenten 28 en 29

¹ [...] ... [...] van de volken ² [...] zij juichen in God met gejubel.
En i[k, ik zal U prijzen],
want ter wille van uw glorie ³ hebt Gij kennis [gel]egd in het binnenste van mijn stof(felijk lichaam),
al ben ik (slechts) uit slijm geformeerd,
⁴ [uit leem] afgeknepen (Job 33:6),
en (al is) uit duisternis [mijn] bouw[sel ...]
en onrecht in de leden van mijn vlees.
⁵ ONBESCHREVEN
⁶ [...] ... [...] ... en Gij [...]

Fragment 30

¹ hebt Gij verzegeld [... aa]rde [...] ² en vol geheimen zijn [de hemel en de hemel der] hemelen, de waterdiepten en de dui[stere plaatsen der aarde (vgl. Ps. 74:20) ...]
³ Gij, mijn God, hebt ze alle verzegeld,
zodat niemand ze kan openen.
Aan wie [... zal ik antwoorden:]
⁴ Kunnen de wateren van de grote (diepte) met de holle hand van een mens gemeten worden
of (kan) met een span [de omvang van de hemel worden bepaald?
Wie kan met een maat] ⁵ het stof van de aarde vasthouden,
de bergen wegen met een waag
en de heuvelen met een weegsch[aal (Jes. 40:12) ? ...]
⁶ Deze dingen kan een mens (reeds) niet doen.
[Hoe] zou iemand dan de Geest [van God] kunnen besturen (Jes. 40:13)?

Fragment 35

¹ G[o]d tegen alle vlees
en het wraakgericht om de goddeloosheid te verdelgen
en voor de grimmi[gheid] ² van Gods toorn tegen de zevenvoudig gelouterden (Ps. 12:7).
Onder de heiligen heili[gt] ³ God zich (sommigen) tot een eeuwig heiligdom,
een reinheid onder degenen die de reinheid in acht nemen.
Zij zullen ⁴ priesters zijn, zijn rechtvaardig volk,
zijn legermacht en dienaren, engelen van zijn glorie.
⁵ Zij zullen Hem prijzen met ontzagwekkende wonderen.
ONBESCHREVEN
⁶ Wat mij betreft, ik zal de vreze van God ruchtbaar maken gedurende de tijd van mijn generaties
door te verheffen de naam (Ps. 34:4) ... [...
om af te schrikken] ⁷ door zijn sterkte al[le] geesten van de bastaards,
door hen te vernederen door de vreze [van Hem;
niet gedurende alle ⁸ eeuwige t]ijden,
[maar in de] periode van hun heerschappij [...]
⁹ [... god]deloos[heid ...]

Fragment 42

¹ [...] ... [...] ² [...] wordt gedaan alle [...] ³ [...] ONBESCHREVEN En op de achtste (dag) open ik [mijn mond ...] ⁴ [... de gene]raties van mijn schuld en ik kijk uit naar [...] ⁵ [...] van hen en naar de grondvesten der aarde [...] ⁶ [...] haar stof. Ik ken uw overlegging [...] ⁷ [...] want Gij hebt de macht te ope[nen ...] ⁸ [...] met het oog niet zal [...] ⁹ [...] ... en indien [...]

Fragmenten 48-49 en 51, kolom II

¹ in de raad van God. Want [...] zijn inzicht heeft Hij gegeven [in mijn] har[t ...] ² de lofprijzingen van zijn gerechtigheid en [...] ... en met mijn mond schrik ik af [alle geesten van] ³ de bastaards om te vernederen [...] ... van de onreinheid. Want in het binnenste van ⁴ mijn vlees is de grondslag van [... en in] mijn lichaam de strijd. De inzettingen van ⁵ God zijn in mijn hart en ik heb voordee[l ...] boven alle menselijke wonderdaden. ⁶ Schuldige werken veroordeel ik [...] God van ... ONBESCHREVEN Hij ⁷ weet het en in zijn geheimenissen [...] ... mijn rechtsgeding met alle ⁸ geesten van ... [...] ... [...]

Fragmenten 52, 54-55, 57-59, kolom III

¹ [...] ... Maar Gij, mijn God, [zijt een genadig en barmhartig God], lankmoedig en groot van goedertierenheid (Ex. 34:6; Ps. 86:15; Joël 2:13; Jona 4:2), fundament van de wa[arheid,] ² [...] voor Adam en [zijn] kinderen [...], een fontein van reinheid, een verzamelplaats van glorie, groot in gerechtig[heid ³ [...] doet [...] gerichten over de werken van allen en die zegeningen vergeldt [...] ⁴ [... Geprezen zijt Gi]j, mijn God, Koning der ere (Ps. 24:8), want van U komt het gericht [...] ⁵ [... vervloek]ten en van U (komt) de vertrouwelijke omgang met allen die U vrezen (Ps. 25:14) in [...] ⁶ [... geze]genden ... Zij [...] ⁷ [...] vanwege uw dreigen ... [...] in de menigte van [...] ⁸ [...] ... [...]

Fragmenten 63-64, kolom II

¹ [... de w]erken van de God van mijn redding
... [...] ... op de fundamenten van ² [...]
en in alles wat ... zal ik uw naam prijzen,
op de (vaste) tijden van mijn getuigenissen zal ik ³ uw wonderdaden vertellen
en ze ingriffen als inzettingen van de lof van uw glorie:
bij het begin van elke overlegging van het hart (dat vol is) van ⁴ kennis,
de offerande voortvloeiend uit rechtvaardige lippen (Spr. 16:13)
en bij het beschikbaar zijn voor alle dienst aan de waarheid.
Samen met alle ⁵ mannen van het verbond ... [...]
Mijn [h]eil zal (gelegen) zijn in lofprijzing.
Ik zal [......] het werk
en in alle

Fragment 63, kolom III

¹ Wat mij betreft, mijn tong zal jubelen over uw gerechtigheid (Ps. 51:16),
want Gij hebt haar losgemaakt
en op mijn lippen geplaatst een bron van ² lof,
in mijn hart het geheimenis van het beginsel van alle menselijke werken
en (van) de volbrenging van de handelingen van ³ degenen die onberispelijk wandelen (Ps. 119:1),
alsmede de ordinanties voor alle werk dat zij verrichten,
door vrij te spreken ⁴ de rechtvaardige met het oog op uw waarheid
en schuldig te verklaren de goddeloze vanwege zijn schuld (vgl. 1 Kon. 8:32), door aan te kondigen: Vrede ⁵ voor alle mannen van het verbond,
en met schrikwekkende stem uit te roepen:
Wee degenen die breken ⁶ [...] ... [...] alle [...] ... [...]

Fragment 63, kolom IV

¹ Mogen zij al uw werken ² voortdurend prijzen en geprezen zij uw naam ³ tot in de eeuwen der eeuwen. Amen. Amen.

2. Bezweringspsalmen

Een klein manuscript uit grot 11 van Qumran, te weten 11QapocrPs, dat stamt uit het begin van de eerste eeuw n. Chr., heeft ons drie gedichten bewaard die toegeschreven worden aan David, gevolgd door een eigen weergave van Psalm 91. Voorzover wij kunnen nagaan bevatten deze Davidische gedichten bezweringsformules tegen de boze geesten, waarbij de aanroeping van de naam van God en de ondervraging van de demonen centraal staan. De gebruikte uitdrukkingen en de woordenschat, die gelijkenissen vertonen met latere magische teksten, zijn verwant met die van de Liederen van de Wijze en de tegenstelling tussen goede en kwade engelen herinnert ons aan de Visioenen van Amram.

Deze bezweringspsalmen bevatten, anders dan de Liederen van de Wijze, geen aanwijzingen die op sektarische herkomst duiden, en kunnen daarom ontstaan zijn vóór de stichting van de gemeenschap van Qumran. Als deze vier gedichten, zoals sommigen menen, de vier zijn waarnaar 11QPs[a] in zijn vermelding van de dichtwerken van David verwijst, zouden wij een aanknopingspunt bezitten voor de datering van het werk. Maar als zodanig bevat het geen aanwijzingen voor zijn herkomst en ontstaanstijd.

4Q444 is geschreven in een Herodiaans schrift aan het begin van de eerste eeuw n. Chr. De vier openingsregels bevatten een hymne die lijkt op die in 4Q510 1 4-5 en 4Q511 35 6-7. Ze lijkt bedoeld om kwade geesten af te schrikken. Het volgende deel van 4Q444 (regels 5-11) bevat vervloekingformules en verwijst naar soorten demonen op een wijze die wij ook tegenkomen in 4Q230, 4Q510-511, 4Q560 en 11Q11. Verscheidene terminologische en conceptuele overeenkomsten met de Liederen van de Wijze (4Q510-511) suggereren dat 4Q444 een sektarische compositie is uit Qumran.

In grot 4 van Qumran is een ander fragment, te weten 4Q560, ontdekt met resten van twee kolommen van een in het Aramees geschreven tekst die blijkbaar een ander voorbeeld biedt van bezwering van boze geesten. Het document stamt uit de eerste helft van de eerste eeuw v. Chr. De tekst is moeilijk te begrijpen, maar lijkt formules te bevatten om boze geesten te bezweren, die veel gelijkenis vertonen met die van soortgelijke oudoosterse teksten. De eerste kolom is beschrijvend, maar in de tweede richt de bezweerder zich direct tegen bepaalde demonen. In dat opzicht is 4Q560 wezenlijk verschillend van de bezweringen die opgenomen zijn in de hier vertaalde hymnische bezweringspsalmen met een uitgesproken religieus karakter. Hoewel 4Q560 dus niet valt onder de hymnen tegen de boze geesten, hebben wij de tekst om inhoudelijke redenen toch hier ondergebracht.

a. *11Q Apocriefe Psalmen* (= *11Q11* = *11QapocrPs*)

Fragment A

[1] [...] ... [...] [2] [...] de eed [...] [3] [...] in YHWH [...] [4] [...] de draak [...] [5] [...] de aar[de ...] [6] [...] zwe[rend ...] [7] [...] de [...] [8] [...] dit [...] [9] [...] ... de boze gees[ten ...] [10] [...] en zal wo[nen ...]

Kolom I

[2] [Van David. Betreffende de woorden der bezwe]ring in de naam van [YHWH...] [3] [...] van Salomo. Hij rie[p de naam van YHWH aan] [4] [om hem te bevrijden van elke plaag van de ge]esten, de boze geesten (Deut. 32:17; Ps. 106:37), [het nachtspook (Jes. 34:14),] [5] [de uilen (Jes. 13:21) en hyena's (Jes. 13:21)]. Zij zijn de boze geesten en de vo[rst van de vijandigheid [6] [is Belial], die [heerst] over de [afgrond van de duistern]is. [7] [...] om te [...] en om gro[ot te maken de G]od [8] [der wonderdaden ... De kinderen van] zijn volk hebben de genezing voltooid, [9] [... ieder die] gesteund heeft op uw naam. Roep aan [10] [... de bewaarder van Is]raël (Ps. 121:3-5). Houd vast [11] [aan YHWH, de God der goden (Dan. 11:36), die gemaakt heeft] de hemel [12] [en de aarde en alles wat daarin is (Ps. 146:6)], die gescheiden heeft [het licht [13] van de duisternis (Gen. 1:4,18) ...] ... [...]

Kolom II

[1] [... en gij zult hem zeggen: Wie] [2] zi[jt] gij? [Hebt gij gemaakt de hemel en] de waterdiepten [en al wat daarin is], [3] de aarde en al[les wat is op de] aarde? Wie heeft ged[aan deze tekenen] [4] en wonde[ren op de aar]de? Het is YHWH, [die] [5] gedaan heeft a[l dit door] zijn [macht], toen Hij al [de engelen] bezwoer [Hem te hulp te komen,] [6] alle [heilig] zaad dat zich vóór Hem bevindt; [en Hij berech]t [7] [de zonen des hem]els en [de gehele] aarde [wegens hen (= de boze geesten)], omdat zij gebracht hebben op [8] [de gehele aarde] de zonde en over ieder mens het kwaad. Maar] zij kennen [9] zijn [wonder]bare [daden], die niemand van hen [kan verrichten vóór YHW]H. Indien zij niet [10] [sidderen] vóór YHWH door [... en] de ziel te doden, [11] [zal] YHWH [hen berechten] en zij zullen vrezen deze grote [...] [12]

Eén enkele van u [zal] er du[izend achtervolgen ... die] YHW[H] dienen. [13] [... g]rote [...] ... [...]

Kolom III

[1] [en] groot [...] zwerend [...] [2] en de grootste onder [u ... en Hij zal zenden een] sterke [engel] en [u] verd[rijven van] [3] de ganse aarde [...] de hemel en [...] [4] YHWH zal u slaan met een [grote] sl[ag], die u [voor altijd] zal verdelgen [5] en in de grimmigheid van zijn toorn tegen u een sterke engel [zenden om] [6] [al] zijn [slagor]den [te doden], (één) die [geen] mededog[en] met u [zal hebben], die [...] [7] [...] tegen al dezen, die u [zal werpen] in de grote afgrond, [8] [in de] diepste [hel]. Ve[r van de woning van het licht zult gij] terneerliggen en duisternis zal zijn [9] uw [...] in hoge mate. [Heersen zult gij niet me]er op de aarde, [10] [maar opgesloten zijn] tot in eeuwigheid. [Vervloekt zult gij zijn] met de vloek van de Aba[ddon (Openb. 9:11)] [11] [en getuchtigd door] de grimmigheid van de toorn van [YHWH. Gij zult heersen over de] duisternis gedurende a[l] [12] [de perioden van de] vernederingen [...] uw gave [13] ... [...] ... [...]

Kolom IV

[1] ... [...] ... [...] [2] die [...] de bezeten[en ...] [3] die zich vrijwillig wijden aan [uw] waar[heid, wanneer Rafa]ël hen geneest. ONBESCHREVEN
[4] Van David. Betref[fende de woorden der bezwe]ring in de naam van YHW[H. Roep al]tijd [5] de he[mel] aan. [Wanneer] Beli[al] tot u komt, zult gij tot hem [ze]ggen: [6] Wie zijt gij? [Gij moet vrezen voor] de mensen en het hei[lig] zaad (= de engelen). Uw gelaat is het gelaat van [7] [ijd]elheid en uw horens zijn dr[oo]mhorens. Gij zijt duisternis en geen licht, [8] [onr]echt en geen gerechtigheid. [Tegen U is de vo]rst van de legermacht (van de engelen). YHWH zal u [opsluiten] [9] [in de] diepste [he]l, [afgesloten door] koperen [deu]ren, [waardoor ge]en [10] licht [komt]. Niet [zal u beschijnen het licht van de] zon, da[t zal opgaan] [11] [over de] rechtvaardige om [zijn gelaat te verlichten. En] gij zult zeggen: [Is er niet een engel] [12] [met de rech]tvaardige om [gericht] aan te gaan, [wanneer] sa[tan] hem kwaad berokkend heeft? [13] [De geest van de waar]heid [zal hem bevrijden] van de dui[sternis, want ger]echtigheid is zijn deel [om staande te blijven bij het gericht ...] [14] [...] ... [...] ... [...]

Kolom V (voor de regels 3-14 vgl. Psalm 91)

¹ [...] ... [...] ... [...] ... ² [...] ... [...] YH[WH en de engel van] YH[WH zullen verdelgen voor] immer ³ [al de] kinderen van Be[lial. Amen. Amen]. *Sela.*
[Van David.
Wie] in de schuilplaats [van de Allerhoogste is gezeten, vernacht in de schaduw] van de Almachtige,
⁴ hij die zegt: [YHWH is mijn toevlucht] en [mijn] vesting, [mijn God] is de zekerheid waarop [ik vertrouw.]
⁵ [Want H]ij is het die u redt van [de strik van de vogelva]nger,
van de ver[derfelijke] pest.
[Met] zijn vlerken beschermt Hij [u]
en onder ⁶ zijn [vleugel]en kunt gij wonen.
[Zijn] trouw [is voor] u een schild
en zijn waarheid een pantser. *Sela.*
Gij hebt niet te vrezen ⁷ voor de verschrikking van de nacht,
voor de pijl die des daags vliegt;
voor het verderf dat op de middag vernielt,
voor de pest [die in het duist]er ⁸ rondwaart.
Al vallen er duizend aan uw zijde,
en [tienduizend aan] uw rechterhand,
tot [u] zal het [n]iet genaken;
slechts [zult gij het] ⁹ met [uw] ogen [aanschouwen
en] de vergelding aan de goddelozen [zien].
Gij hebt [uw] toevl[ucht] aangeroepen,
[in Hem] uw begeerte [gesteld.
Niet] ¹⁰ zult gij [het onheil] zien,
[een plaag] zal uw [tent] niet naderen,
wa[nt] Hij zal aangaande u [zijn engelen] gebieden
¹¹ dat zij [u] behoeden [op] uw [wegen].
Op de handen [zullen zij] u [dragen],
opdat [gij uw] voet niet [aan een ste]en [stoot].
¹² Op adder [en slang zult gij tr]eden,
[jonge leeuw] en draak zult gij vertra[ppen].
[Omdat] gij [YHWH] bemint,
[zal Hij u redden] ¹³ [van iedere plaag
en Hij zal] u [zijn] hei[l doen [zi]en. *Sela.*
¹⁴ Zij zullen ant[woorden: Amen. Amen.] *Sela.* ONBESCHREVEN
¹⁵ ONBESCHREVEN

b. *4Q Bezwering (4Q444)*

Fragmenten 1-4, kolom I + fragment 5, kolom I

^{1} En ik behoor tot hen die God vrezen; met zijn ware kennis opende hij mijn mond, en vanuit zijn heilige geest [...] ^{2} waarheid aan a[l dez]en. Zij werden geesten van conflict in mijn (lichamelijke) bouw. Voorschrift[en van God ...] ^{3} [... in] de ingewanden van het vlees. En een geest van kennis en inzicht, waarheid en gerechtigheid plaatste God in [mijn] h[art ...] ^{4} [...] ... en versterk jezelf met de voorschriften van God, en om te vechten tegen de geesten van boosaardigheid, en niet ... [...] ^{5} [... de huilende kre]ten van haar rouw (?). ONBESCHREVEN Vervloekt is ^{6} [...] ... van de waarheid en het oordeel. ^{7} [...] tot het eindigen van zijn heerschappij ^{8} [... alle geesten van de ba]staards en de geest van onreinheid ^{9} [...] hij heeft gewogen, en de diev[en (?) ...] ^{10} [... r]echtvaardigen ... [...] ^{11} [...] ... gruwe[l ...]

c. *4Q Bezwering ar (4Q560)*

Fragment 1

^{1} [...] hart en le[ver ...] ^{2} [...] de vroedvrouw, kastijding van hen die baren, een kwade gekte, een de[mon ...] ^{3} [...] het lichaam binnen te gaan; de mannelijke doorboorder (= demon) en de vrouwelijke doorboorster (= demon) [...] ^{4} [...] ... zonde en misdaad, koorts en koude rilling en hartkoorts ^{5} [...] gedurende de slaap, hij die het mannelijke verbrijzelt (= demon) en zij die het vrouwelijke breekt (= demon), zij die doorboren (= demonen) ^{6} [... k]waadaardig ... [...] ... [...]

Fragment 2

^{1} ... [...] ^{2} vóór he[m ...] ^{3} en ... [...] ^{4} vóór hem en ... [...] ^{5} en ik, o geest, bezweer [jou, dat jij ...] ^{6} ik bezweer jou, o geest, [dat jij ...] ^{7} op de aarde, in wolken [...] ^{8} [...] ... [...]

3. 4Q Catalogus van Geesten (4Q230) [12 fragmenten]

Nadat lange tijd onduidelijk was op welke foto's de fragmenten stonden die J.T. Milik onder 4Q230 geordend had, is E. Tigchelaar er recent in geslaagd deze op te sporen. Van de twaalf fragmenten is alleen één groot genoeg om hier te vertalen. De andere elf zijn erg klein, maar bevatten soms wel interessante woorden. 4Q230 is geschreven in een oneven laat-Hasmonees schrift omstreeks het midden van de eerste eeuw v. Chr.

Fragment 1 bevat een lijst van verschillende demonen, die afgesloten wordt in regel 4: 'Dit zijn de namen van de geesten van de [...]'. Het is mogelijk dat in het tweede deel, vanaf regel 5, vervloekingen gestaan hebben tegen de demonen die in het voorgaande deel met name genoemd zijn. Tezamen met andere demonologische teksten (4Q444, 4Q510-511, 4Q560, 11Q11) laat deze tekst zien hoe belangrijk men in Qumran kennis van de geestenwereld vond.

Fragment 1

¹ [...] de on[reine] geest [...] ² [...] diefstal en een geest van onbeschaamdheid [...] ³ [...] en een geest van minachting en een kwade vuist [...] ⁴ [...] Dit zijn de namen van de geesten van de [...] ⁵ [... dui]sternis. ONBESCHREVEN En vervloekt ben [jij] in alle [...] ⁶ [...] met allen die onrecht veroorzak[en] totdat [...] ⁷ [...] vuur. ONBESCHREVEN [...]

E. WIJSHEIDSLIEDEREN

1. 4Q Verlokkingen van de Slechte Vrouw (4Q184 = 4Q Wiles of the Wicked Woman). Vgl. Spreuken 7 (6 fragmenten).

Dit korte gedicht, ons overgeleverd in een manuscript uit het begin van de eerste eeuw n. Chr., begint met een beschrijving van de verleidster (1-7), geeft daarna aan welke gevolgen haar praktijken voor haar slachtoffers hebben (8-11) en tekent ten slotte haar optreden en bedoelingen (12-17). Zeer verschillende verklaringen zijn gegeven van de persoon van deze verleidster: volgens sommigen zou het gaan om een prostituée, wier beschrijving diende om Rome allegorisch te tekenen; naar de mening van anderen zou de vrouw een allegorie zijn voor een met de gemeenschap van Qumran rivaliserende sekte; weer anderen zien in haar een symbolische verwijzing naar Simon Makkabaeus. Omdat de tekst echter duidelijke toespelingen bevat op de 'vreemde vrouw' van het boek van de Spreuken, lijkt de identificatie van de verleidster met de gepersonifieerde Dwaasheid in tegenstelling tot de gepersonifieerde Wijsheid het meest aannemelijk te zijn. Maar terwijl de onderwijzingen van het boek van de Spreuken erop gericht zijn seksuele contacten tegen te gaan, maakt het gebruik van elementen uit de Babylonische mythologie, die het demonische karakter van de verleidster willen doen uitkomen, van Vrouwe Dwaasheid een duivelse opponent van de Wijsheid, een tegenstandster die woont in de hel en daarheen degenen die zij verleidt, tracht te brengen. Noch de tijd van ontstaan van het dichtwerk noch de kring waaruit het is voortgesproten, kunnen met zekerheid bepaald worden.

Fragment 1

¹ [...] brengt ijdelheid voort
en in een [...]
Zij is voortdurend uit op dwaling
en scherpt de woorden [van haar mond] aan.
² Spottend vleit zij,
maakt allen belachelijk met kwade l[ippen].
Haar hart is bedacht op tuchteloosheid,
haar binnenste op val[strikken.
Haar ogen] ³ zijn bezoedeld door onrecht,
haar handen raken de Groeve,

haar voeten dalen af om kwaad te doen
en om te wandelen in schuld.
Haar [....] [4] zijn fundamenten van duisternis,
talrijke overtredingen zijn in haar slippen.
Haar [...] zijn een diepe nacht
en haar kleren [...]
[5] Haar gewaden zijn volkomen duisternis
en haar versierselen helleplagen.
Haar bedden zijn legersteden van het verderf,
[haar ...] [6] diepten van de Groeve
en haar overnachtingsoorden slaapplaatsen der duisternis.
In nachtelijke tijden (oefent zij) haar [heer]schappij uit,
op de fundamenten van de duisternis [7] slaat zij haar woning op.
Zij verblijft in de tenten van de stilte (= het dodenrijk, vgl. Ps. 94:17; 115:17),
te midden van een eeuwige gloed (Jes. 33:14),
en zij heeft geen erfdeel bij allen [8] die lichtglans verspreiden.
Zij is het begin van alle wegen van het onrecht,
een verderf voor allen die haar beërfd hebben,
en een ramp voor allen [9] die zich aan haar vastgrijpen.
Want haar wegen zijn wegen van de dood
en haar paden paden der zonde.
Haar sporen voeren tot [10] onrecht
en haar paden tot de schuld van de overtreding.
Haar poorten zijn poorten van de dood,
in de toegang tot haar huis beweegt zich het dodenrijk.
[11] Allen [die zich naar haar begeven,] zullen [niet] terugkeren en allen die haar beërven, zullen in de Groeve neerdalen.
Zij ligt in een hinderlaag op verborgen plaatsen
[en ...] [12] alle [...]
Op de pleinen van de stad verhult zij zich
en in de poorten van de steden neemt zij plaats,
zonder dat iemand [haar] kan weerhouden [13] van haar voortdurende [hoererij].
Haar ogen blikken gewiekst heen en weer,
haar oogleden slaat zij tuchteloos op
teneinde een [14] rechtvaardig man te zien om hem te misleiden,
en een [vo]ornaam iemand om hem te laten struikelen,

om de oprechten af te brengen van de (rechte) weg
en de rechtvaardige uitverkorenen [15] van het onderhouden van het gebod;
om de standvastigen [van hart (Ps. 112:8)] door tuchteloosheid dwaas te maken,
en hen die oprecht wandelen, de inzetting te doen veranderen,
[16] om de ootmoedigen te laten afvallen van God
en hun schreden af te brengen van de wegen der gerechtigheid;
om over[mo]ed [in] hun [har]t te veroorzaken
bij degenen die niet toegerust blijven [17] op de rechte paden;
om mensen te misleiden op de wegen van de Groeve
en mensenkinderen door vleierijen te verleiden.

2. 4Q Wijsheidswerk (4Q185) [6 fragmenten]

Van dit handschrift, gekopieerd in de tweede helft van de eerste eeuw v. Chr., is een groot fragment met resten van drie kolommen bewaard gebleven benevens enige kleine fragmenten. Zij zijn afkomstig van een werk dat als een aansporing om de Wijsheid te verkrijgen kan worden aangeduid. De gedachtegang van de auteur kan gevolgd worden dankzij formele elementen die de onderdelen van het dichtwerk kenmerken: 'want zie' (I 10), 'luistert, mijn volk' (I 13), 'luistert naar mij, mijn kinderen' (II 3), 'welzalig de mens' (II 8, 13). In het eerste deel wordt de nietigheid van de mens onderstreept en in het tweede Gods handelen in de heilige historie in het licht gesteld. Het derde roept op de consequenties uit Gods handelen te trekken door te wandelen in de wegen die Jakob en Isaak verordineerd werden. Het vierde deel lijkt te bestrijden dat de Wijsheid enkel aan Israël toebedeeld werd en het vijfde spreekt van haar overdracht aan de nakomelingen. Niettemin verhinderen de vele hiaten in de tekst ons met zekerheid uit te maken waarop de vele vrouwelijke suffixen die in het gedicht voorkomen, betrekking hebben, omdat noch de Wijsheid noch de Wet expliciet in de bewaard gebleven gedeelten genoemd worden. Maar omdat de schrijver de door hem in de mond van de goddelozen gelegde idee bestrijdt als zou het gaan om iets dat enkel aan Israël gegeven is, is het aannemelijk te veronderstellen dat hij niet de Wet, maar de Wijsheid op het oog had, omdat deze getuige de traditie van de Wijsheidsliteratuur (Spreuken, Jezus Sirach) aan alle volken geschonken is. Het werk bevat intussen geen enkele aanwijzing voor zijn herkomst en ontstaanstijd.

Fragmenten 1-2, kolom I

³ [...] ... [...] ⁴ [...] rein en heilig [...] ⁵ [...] ... en overeenkomstig zijn grimmigheid [...] ⁶ [...] ... tot tienmaal [...] ⁷ [...] en heeft geen sterkte om vóór haar stand te houden en niemand die kan verdragen ⁸ de gramschap van haar toorn [...]
En wie kan het volhouden te staan vóór zijn engelen?
Immers met ⁹ laaiend vuur zullen gericht oefenen [de vorsten (?) van] zijn geesten (= zijn engelen).
Gij, mensenkinderen, w[ee u!
Want zie, (de mens) ¹⁰ spruit op als gras uit zijn grond
en zijn schoonheid ontplooit zich als een bloesem.
Als zijn (= Gods) wind [daarover] waait,
¹¹ verdroogt [zijn wortelstok] (vgl. Jes. 40:7; Ps. 103:15-16); de wind neemt zijn bloesem weg,
totdat er niets (meer) staat ... [...] ...
¹² en niets wordt aangetroffen dan wind. ONBESCHREVEN
Men zal hem zoeken, maar niet vinden.
Er is geen hoop (voor hem):
¹³ wat hem betreft, zijn dagen zijn als een schaduw op de aa[rde].
Nu dan, luistert, mijn volk,
en geeft aandacht aan mij, ¹⁴ eenvoudigen!
Trekt wijsheid uit de machtige wijsheid van God
en gedenkt zijn wonderdaden die Hij gedaan heeft ¹⁵ in Egypte,
en zijn tekenen [in het land van Cham].
Laat uw hart sidderen vanwege de schrik die Hij veroorzaakt,

Fragmenten 1-2, kolom II

¹ en doet [zijn] w[il ...
...] uw zielen naar zijn weldadige gunstbewijzen.
Zoekt voor u een weg ² ten leven
en een pad [...],
tot een rest voor uw kinderen na u.
Waarom zoudt gij ³ uw [ziel] geven aan ijdelheid
[en uw ... van het oo]rdeel?
Luistert naar mij, mijn kinderen,
en weest niet weerspannig tegen de woorden van YHWH (Ps. 105:28).

⁴ Treedt niet [...,
maar op de weg die Hij J[a]kob [gesteld]
en het pad dat Hij Isaak verordineerd heeft.
Is niet beter ⁵ één dag [in] zijn [hui]s dan rijkd[om ...]
Hem te vrezen
en niet af te wijken (?) uit angst of vanwege het net van de vogelvanger?
⁶ [...] om gescheiden te worden van zijn engelen,
want er is geen duisternis ⁷ of donkerte [bij Hem (vgl. 1 Joh. 1:5).
...] ... Hij ... [...] zijn [wi]l en zijn kennis.
En gij, ⁸ wat kunt gij begr[ij]pen [...]?
Vóór Hem gaat toorn uit naar elk volk.
Welzalig de mens aan wie zij (= de Wijsheid) gegeven is,
⁹ het men[se]nkind [aan wie ...] ...
Laten de goddelozen zich niet dwaas aanstellen door te zeggen:
'Niet is zij ¹⁰ aan mij gegeven
en niet [zal ik haar zoeken'.
God heeft haar gegeven] aan Israël
en als een [wel]dadig geschenk geschonken.
Heel zijn volk heeft Hij verlost
¹¹ en Hij heeft gedood die zijn [wij]sh[eid haa[tten]
[...] heeft Hij te gronde geri[cht].
Laat degene die haar in ere houdt, zeggen:
'Laat men haar nemen als [bez]it
¹² en zij zal genoegzaam zijn.
Laat men haar vastgrijpen en bezitten.
Bij haar is [lengte van d]agen,
vettigheid van het gebeente,
vreugde van het hart,
rij[kdom en eer],
¹³ de gunsten van haar jeugd
en het heil van [haar ...]'.
Welzalig de mens die haar (= de wijsheid) doet,
en niet ...,
[in een geest van] ¹⁴ bedrog haar niet zoekt
en (niet) met vleierijen aan haar vasthoudt.
Zoals zij gegeven is aan zijn vaderen,
zo zal hij haar beërven.
[Hij zal haar aanhangen] ¹⁵ met alle sterkte van zijn kracht

en met al zijn [macht], onbeperkt.
Hij zal haar als erfenis geven aan zijn nakomelingen.
Ik weet hoe het [go]ede te bewe[rken]

Fragment 1-2, kolom III

¹ voor haar, want goe[d ...]
2-10 LETTERRESTEN AAN HET BEGIN VAN DE REGELS
¹¹ Is het niet [Go]d die gemaakt heeft ...
en die [kent ...]
God [ziet] ¹² alle kamers van de buik
en toetst zijn nieren (Ps. 7:10) [...
God heeft] ¹³ de tong [geschapen] en kent haar woord (vgl. Ps. 139:4).
Hij heeft de handen gemaakt [en kent hun daden.
[...] ¹⁴ [...] goed of kwa[ad ...] ¹⁵ [...] in de overleg[gingen ...]

3. 4Q Cryptisch A: Woorden van de Wijze tot de Kinderen van de Dageraad (4Q298; overwegend in cryptisch schrift overgeleverd)

Vier fragmenten met resten van drie opeenvolgende kolommen op twee nog met elkaar verbonden leren vellen hebben het begin van dit wijsheidsgedicht bewaard. Een ander fragment bevat magere resten van twee kolommen. De beginregel, die als de titel van het document kan worden beschouwd, is in normale Hebreeuwse letters geschreven, maar de inhoud van het gedicht vertoont een (regulier) cryptisch schrift, bekend onder de naam 'cryptisch A'. De reden voor het gebruik daarvan is niet duidelijk, omdat de inhoud van het werk sterk verwant is aan die van andere wijsheidsgedichten. Die inhoud wordt gevormd door een reeks aansporingen te luisteren en de leer van de Wijze aangaande de kosmos en de eigen tijd ter harte te nemen. Het geschrift bevat geen aanwijzingen betreffende herkomst of ontstaanstijd.

Kolom I

¹ [De woord]en van de Wijze, die hij sprak tot alle kinderen van de Dageraad:
Luister[t naar mij, al]le mannen van hart (= verstandigen),
² [en] (gij) die gerechtigheid [najaa]gt, let op mijn woorden;
(gij) die trouw zoekt, ho[or]t naar mijn woorden met alle ³ [kra]cht en legt [het hart] toe [op ...
en die we]et hebt van de we[gen van de ...], bereik[t lengte] van leven;
ma[nnen van ⁴⁻⁵ [inzicht ...] ... [...] ... [...]

Kolom II

¹ zijn wortels strek[ken zich uit tot] de hoge hemel, ² in de oeroceaan bene[den ...] en daarin. ³ Bedenkt [...] het stof ⁴ [...] heeft God gegeven ⁵ [...] op de gehele wereld ⁶ [...] Hij heeft afgemeten hun plaats ⁷ [... on]der de naam ⁸ [...] hun plaats om te wandelen ⁹ [...] de schatkamer van de kennis ¹⁰ [...] ... en die

Kolom III

¹ [...] en het getal van haar gebieden ² [...] om niet hoog te zijn ³ [...] de hoge hemel. Nu dan, ⁴ luister[t naar mij ...] en wetenden, hoort, en mannen ⁵ van inzicht, [...], (gij) die het recht zoekt, (betracht) omzichtige ⁶ wandel [... en] vermeerdert de kracht; en (gij) mannen van ⁷ de waarheid, jaag[t gerechtigheid na] en hebt de trouw lief. Vermeerdert ⁸ ootmoedigheid en [...] de geheimenissen van het getuigenis dat ⁹ Hij ontsloten heeft [...], opdat gij moogt verstaan het einde van ¹⁰ de wereldtijden en de eerdere dingen in ogenschouw neemt om te weten

4. 4Q Goddelijke Voorzienigheid (4Q413)

Twee kleine fragmenten, geschreven in de eerste helft van de eerste eeuw n. Chr., hebben het begin van deze wijsheidshymne bewaard. De tekst die over is, is dermate beperkt dat wij behalve het wijsheidskarakter daarvan niets naders over de inhoud kunnen uitmaken.

Fragment 1-2

> ¹ Lied [...] en u de wijsheid leren. Zij zullen de wegen van de mens verstaan en de werken van ² de mensenkinderen [...] God zal de mens groot maken, hem als erfdeel de kennis van zijn waarheid schenken en overeenkomstig zijn verwerping van ³ alle kwaad [...] niet zal hij (kunnen) luisteren en zien (letterlijk: het gehoor van zijn oren en het gezicht van zijn ogen zullen er niet zijn). ONBESCHREVEN En nu, ⁴ de genade [...] de eersten en hun kinderen daarna, van generatie tot generatie, zoals God manifesteerde.

5. 4Q Instruction, Wijsheidsgeschriften

Vier verschillende manuscripten (4Q415-418), alle uit de eerste eeuw n. Chr., hebben ons aanzienlijke gedeelten bewaard van een wijsheidsgeschrift. Zij vertonen voldoende overeenkomsten om ervan zeker te zijn dat zij afkomstig zijn uit een en hetzelfde werk, staan ons toe losse fragmenten in opeenvolgende kolommen onder te brengen en een groot gedeelte van de tekst van dit tot dusver onbekende werk te reconstrueren. Dit moet zeer omvangrijk zijn geweest: van 4Q418, de best bewaarde kopie, zijn een kleine 300 fragmenten bewaard gebleven, hoewel in meerderheid van kleine afmeting; fragment 2 van 4Q416 bevat daarentegen resten van vier opeenvolgende kolommen. Wij kennen noch het begin noch het slot van het werk. De oorspronkelijke volgorde van de bewaard gebleven fragmenten en hun plaats in het oorspronkelijke geschrift is niet meer te achterhalen. Ondanks de vele stof die geboden wordt, is er daarom weinig te zeggen over de structuur van het werk. De stijl en de gebruikte woordenschat zijn uniform en typisch voor de Wijsheidsliteratuur, hoewel er talrijke parallellen met andere geschriften uit Qumran, in het bijzonder met de Lofprijzingen (1QH), zijn aan te wijzen.

De inhoud van het geschrift is zeer gevarieerd. Het grootste deel is gewijd aan aanwijzingen voor het aan te nemen gedrag in verschillende levensomstandigheden en tegenover verschillende personen: het gedrag bij armoede en rijkdom, tegenover de vaderen, de vrouw en de kinderen, de machtigen, de schuldenaars, bij het levensonderhoud enz. Veel van deze aanwijzingen zijn als aansporingen geformuleerd en gericht aan een individu. Maar er zijn andere fragmenten, zoals 4Q418 69, waarin de collectiviteit van de goddelozen gesteld wordt tegenover 'ulieden', de uitverkorenen van de waarheid. Andere aanwijzingen zijn in vraagvorm geformuleerd, weer andere eenvoudig als didactische uiteenzettingen. Hoewel het grootste deel van het werk een sterk prozaïsch karakter draagt, ontbreekt sterk poëtisch gekleurde stof niet, zoals blijkt uit het gedicht over Gods majesteit in 4Q416 1 en de hymne betreffende de heiligen in 4Q418 81. Bovendien bevatten de gedeelten in proza van tijd tot tijd opvallende beeldspraak van hoge poëtische kwaliteit.

Hoewel de inhoud voor het overgrote deel kan worden aangemerkt als praktische wijsheid en de aanwijzingen betreffende armoede en rijkdom een belangrijke plaats in het werk innemen, worden daarin toch ook theologische onderwerpen ontvouwd, zoals de van eeuwigheid her gegraveerde beschikkingen, de indeling van de geesten, het gedenkboek van 4Q417, fragment 2, kolom I en de vergelding van degenen die de waarheid zoeken, in tegenstelling tot het lot van de goddelozen (4Q418 69). Een centraal gegeven in het geschrift is het 'geheimenis van wat is' of het 'geheimenis van wat gaat geschieden' dat (voorzover wij kunnen nagaan) zowel de mysteries van de schepping, van de goddelijke daden in de kosmos en de geschiedenis als die van het menselijk gedrag (de wegen van goed en kwaad) omvat. Dit mysterie is praktisch synoniem met de goddelijke wijsheid als verborgen wijsheid, waarop zich alle menselijke inspanning moet richten teneinde die te verwerven.

De herkomst van het werk is moeilijk te bepalen. Het onpartijdige onderricht dat geboden wordt, vereist niet een sektarische oorsprong. Deze is echter evenmin uitgesloten. De gebruikte terminologie, sommige ideeën die in het geschrift verwoord zijn, en parallellen met andere sektarische werken, zouden bij de nadruk op het verwerven van de wijsheid als mysterie, ervoor kunnen pleiten dat het werk zich tot een sektarische groepering richt. Evenmin is de tijd van het ontstaan van het geschrift met zekerheid te bepalen. Onze vertaling beperkt zich tot de best bewaarde en belangrijkste fragmenten.

In de laatste jaren zijn veel studies gewijd aan *4QInstruction*, vgl. A. Lange, *Weisheit und Prädestination* (STDJ 18; Brill, Leiden 1995); D. Harrington, *Wisdom Texts from Qumran* (Routledge, New York 1996); E. Tigchelaar, *To Increase Learning for the Understanding Ones* (STDJ 44; Brill, Leiden 2001); M. Goff, *The Worldly and Heavenly Wisdom of 4QInstruction* (STDJ 50; Brill, Leiden 2003). Vgl. ook de verzamelde opstellen van verschillende auteurs in C. Hempel, A. Lange, H. Lichtenberger (red.), *The Wisdom Texts from Qumran and the Development of the Sapiential Tradition* (Peeters, Leuven 2002) en F. García Martínez (red.), *Wisdom and Apocalypticism in the Dead Sea Scrolls and in the Biblical Tradition* (Peeters, Leuven 2003).

a. *4Q Wijsheidsgeschrift*[a] (= 4Q415 = *4QInstruction*[a]) [in totaal 32, doorgaans kleine fragmenten]

Fragment 2 ii

> [1] als een vader moet jij eren jouw scho[onvader ...] [2] zal jij niet verwijderen. In jouw hart en [...] [3] de gehele dag, en in de voorschriften van het ver[bond (= het huwelijk) ...] [4] opdat jij het heil[ig] verbond niet verwaarloost [...] [5] en zij die jou vijandig gezind is en [...] [6] [...] ... totdat ... [...] [7] in het huis van [jouw] vas[te plaats] en in jouw verbond [...] [8] lof in de mond van al/l/e mannen [...] [9] [...] van de horoscoop [...]

Fragment 9

> [1] [...] je zal [niet (?)] treuzelen [...] [2] opdat jouw baarmoeder (= jouw vrouw) zal baren voor [...] [3] goed [...] ... [...] [4] mannen. ONBESCHREVEN [...] [5] een volk van dwaasheid zul jij niet vergelijken met een leider [...] [6] door haar heeft hij haar gevestigd, want zij is het ordenende fundament [...] [7] tezamen, de heerschappij van het mannelijke (over) het vr[ouwelijke ...] [8] haar geest; heers over haar [...] [9] en wat de één minder heeft dan de an[der ...] [10] en volgens deze [...] ... [...] [11] vrouwelijk, en overeenkomstig de weegschalen [...] [12] ... [...] ... [...]

Fragment 11 (= 4Q418 fragment 167, regels 1-7; 4Q418a fragment 15+13, regels 2-3)

> [1] [...] [2] [...] ... [... elk voor] hun [maten van gewicht, en die niet ...] [3] [voor efa en e]fa, voor homer en homer [niet ...] [4] [...] die niet tezamen [... en hun geest (?) voor de schoonheid van haar verschijning] [5] [...] verstandigen, want volgens de geesten zullen [zij] ge[wogen worden ... je hebt hun geest publiekelijk (?) gewogen] [6] [a]l haar (lichamelijke) gebreken moet je opgeven aan hem en he[m] haar lichamelijke (eigenschappen) doen begrijpen [...] [7] ... [...] zij zal [niet(?)] voor hem zijn als een struikelblok tegenover hem [... hij struikelt in de duisternis ...] [8] zij [wa]nkelden en struikelden, en zijn woede ontbrandde tegen [...] [9] met een gewicht wordt hun geest vastgesteld ... [...] [10] hij zal n[i]et door haar wankelen, en indien hij

struikelt [...] ¹¹ en als zij een miskraam heeft (?) wanneer ze van jou zwanger is, neem [haar] h[oroscoop ...] ¹² haar rondlopen; doorgrond zeer goed of [zij] een miskraam gehad heeft (?) [...] ¹³ haar vaste plaats zal niet gevonden worden; test haar ... [...]

b. *4Q Wijsheidsgeschrift*^{b} (= 4Q416 = *4QInstruction*^{b}) [in totaal 22, doorgaans kleine fragmenten]

Fragment 1 (regels 8-16 = 4Q418, fragment 1, regels 1-7)

¹ ... [...] ² en voor de maat van zijn welbehagen [...] ³ feest op feest [...] ⁴ naar zijn lijdenstijd en gebr[ek ...] ⁵ en het koningschap naar [...] ⁶ naar het gebrek van hun lijdenstijd [...] ⁷ en het heir des hemels heeft Hij bevestigd [...] ⁸ voor hun wonderen en tekenen [...] ⁹ de een de ander en geheel hun werk [...] ... [...] ¹⁰ in de hemelen oordeelt Hij over alle werk der goddeloosheid en alle kinderen der waarheid hebben een welgevallen aan [...] ¹¹ haar einde en vrezen en roepen zullen allen die zich daarin gewenteld hebben, want de hemel ... [...] ¹² wateren en oerzeeën vrezen en alle geesten van het vlees heffen een hulpgeschrei aan en de hemelingen [...] ¹³ haar oordeel en alle onrecht zal blijvend een einde nemen en de tijd van de waarheid zal vol zijn [...] ¹⁴ in alle eeuwige tijden, want Hij is de God der waarheid, en van oudsher [...] ¹⁵ om het juiste onderscheid tussen goed en kwaa[d] te bevestigen [...] iedere [...] ¹⁶ de neiging van het vlees is het en die verstaan [...]
17-18 ... [...]

Fragment 2, kolom I (= 4Q417, fragment 1, kolom I; 4Q418, fragment 7)

¹ [... zal Hij doen, want hoe uniek is hij onder elk schepsel,] zonder ² [... Gij zult een onrechtvaardige niet als hulp beschouwen noch iemand die niet een afkeer heeft van ...] zonder ³ [... de goddeloosheid van zijn werken zal Hij ze doen kennen bij zijn bezoeking. Gij zult met Hem wandelen.] Neem ⁴ [... gij zult niet wijken van uw hart en niet zult gij voor u alleen verbreden ...] in uw hoofd ⁵ [... want wat is geringer dan een behoeftige? Gij zult u niet verheugen in uw treuren, opdat gij u niet aftobt] in uw

leven. Let op het geheimenis van wat is, [6] [neem de horoscoop (?) van de verlossing en weet wie glorie en onrecht zal beërven. Is soms niet ...] en in plaats van hun treuren zal er [7] [eeuwige vreugde zijn. Uw tegenstander bij het gericht zal u ter beschikking staan en niet zal er zijn ...] voor al uw verkeerdheid. Spreek [8] [uw oordelen als een rechtvaardige heerser. Niet zult gij ... en niet zult gij] aan [uw ongerechtigheden voorbijgaan ...] [9-15] [...] [16] [... Lieg niet tegen Hem. Waarom zoudt gij zonde dragen? Ook van het verwijt ...] en niet meer zult gij vertrouwen [17] [... aan uw naaste en in uw gebrek zijn hand toesluit ...] en als hij leent, weet hij ... [18] [... Wanneer u een plaag overkomt ...,] zult gij niet verbergen [...] [19] [Zie, Hij openbaart ...] die daarover heerst. Dan zullen zij niet [slaa]n [20] [met een stok ...] en niemand anders. Ook [21] [gij ...] zal voorbijgaan. Als gij aandringt, zal hij u verpletteren. [22] [Om niet ...] vraag om uw voedsel, want Hij

Fragment 2, kolom II (= 4Q417, fragment 1, kolom II; 4Q418, fragment 8)

[1] Hij heeft geopenbaard [zijn] erbarm[en ...] al wat ont[breekt aan zijn ... en voedsel te geven] [2] aan al wat leeft. Niet is er [... Indien Hij] zijn hand gesloten houdt, [wordt] de leven[sgeest van] [3] alle vlees [weggenomen]. Ne[em] niet [...] en bij [zijn] berisping zult gij het gelaat bedekken en bij dwaasheid [4] vanwege de gevangenis, zoals [... ook bij bezit ... Wie een lening bij hem aangaat], betaalt (die) [snel] terug. Gij dan, maak een vergelijk met hem, want de beurs van [5] uw schatten ... [voor uw schuldeiser ten gunste van uw naaste ...] uw hele leven met hem. Geef snel wat [6] hem toebehoort – hij zou [uw] beurs kunnen nemen. [Bij uw zaken moet gij] uw geest [geen geweld aandoen]. Verruil voor geen enkel bezit uw heilige geest, [7] want geen prijs weegt op tegen [uw ziel. Als iema]nd zich niet uit vrije wil tot u keert, zoek zijn aangezicht [8] [en spreek (met hem)] in zijn taal. Dan zult gij vinden wat gij verlangt [...]. Verzaak uw inzettingen niet en bewaar uw geheimenissen. [9] [...] als hij een dienst aan u opdraagt, [zult gij niet doen rusten ... laat geen] slaap [toe] aan uw ogen, totdat gij het volbracht hebt. [10] [... ni]et zult gij toevoegen en indien het is voor [...], zult gij voor hem niets toevoegen. Zelfs bezit zonder [11] [... opdat niet verandert in trouweloosheid en valt ...] en ziet, want grote naijver [12] [van de mens bedriegt het hart ... Oo]k versterk door zijn welbehagen uw dienst en de wijsheid van zijn ... [13] [...] ... [en gij zult] Hem een eerstgeborene [zijn]:

Hij zal u sparen, zoals iemand zijn eniggeborene (spaart) (vgl. Mal. 3:17),
[14] [... want gij ...] Gij, vertrouw niet op wat gij ... en lig niet wakker vanwege uw bezit (?) [15] [...] en evenmin zult gij uw ziel verlagen om wat u niet voegt (vgl. Rom. 12:3); dan zult gij [16] [Hem tot een ... zijn]. Reik niet naar iets boven uw macht, opdat gij niet struikelt en uw schande bovenmate groot zij. [17] [Maak niet gr]oot uw verlangen naar rijkdom aan goederen: gij zoudt een knecht van wind zijn en uw drijvers voor niets dienen. Voor geen prijs [18] zult gij uw eer verkopen en gij zult die in uw erfdeel niet als pand geven, opdat uw lichaam niet verarme. Verzadig u niet met brood. [19] Als er geen bekers zijn, drink dan geen wijn. Als er geen voedsel is, tracht niet naar luxe. Gij dan, [20] [... hebt gij] gebrek aan brood, beroem u niet op uw gebrek. Gij zijt behoeftig, opdat [21] gij uw leven niet veracht. Verlicht ook niet het vaatwerk van uw inzetting

Fragment 2, kolom III (= 4Q418, fragment 9-10)

[1] [...] ... [2] en gedenk dat gij behoeftig zijt [...] en wat u ontbreekt, [3] zult gij niet vinden. Bij uw ontrouw zult gij [...] heeft Hij voor u bepaald. [4] Strek uw hand daarnaar niet uit, opdat gij niet verzengd [en] uw lichaam door zijn vuur verbrand wordt. Na[ar ...], zo heeft Hij het vergolden. [5] Vreugde zal uw deel zijn, als gij daarvan vrij blijft. Ook zult gij van iemand die gij niet kent, bezit aannemen, [6] opdat het uw armoede niet vergroot. Indien (God) verordineerd heeft dat gij in uw armoede sterft, dan heeft Hij dat (zo) beschikt: gij zult uw ziel [7] daarom niet bederven. Dan zult gij neerliggen met de waarheid en in uw dood zal vrucht[dragen ...] uw nagedachtenis en uw nageslacht zal [8] vreugde beërven. [Als] gij arm zijt, zult gij niets (anders) dan uw erfdeel begeren en daardoor niet verzwolgen worden, opdat gij niet [9] uw grens verlegt. En als Hij u weer tot ere brengt, wandel daarin en onderzoek zijn horoscoop (?) door het geheimenis van wat is. Dan zult gij kennen [10] zijn erfdeel en in gerechtigheid wandelen, want God zal grootmaken zijn [...] op al uw wegen. Bewijs eer aan allen die u eren, [11] en prijs voortdurend zijn naam, omdat Hij vanuit armoede uw hoofd heeft opgeheven en u heeft doen zitten bij de edelen (Ps. 113:8). Over een [12] glorierijke erfenis heeft Hij u het bewind gegeven: zoek voortdurend zijn wil. Als gij arm zijt, zeg niet: Ik ben behoeftig en (daarom) kan ik niet [13] kennis zoeken. Buig (veeleer) uw schouder onder alle tuchtiging, reinig uw hart door al[le wijsheid] en zoek met overvloedig inzicht van [14] uw overleg-

gingen het geheimenis van wat is. Richt uw aandacht op de wegen der
waarheid en let op alle wortels van het onrecht (vgl. 1 Tim. 6:10). [15] Dan
zult gij weten wat bitter is voor een mens en wat zoet is voor een man. Eer
uw vader in uw armoede [16] en uw moeder bij uw schreden, want iemands
vader is als bloesem voor een mens en zijn moeder als een voetbank voor
een man. Immers [17] zij zijn de oven van uw wording en zoals Hij hen het
bewind over u deed voeren en zij de geest vormden (?), zo moet gij hun
dienstbaar zijn. En zoals [18] Hij uw oor geopend heeft voor het geheimenis
van wat is, (zo) moet gij hen eren ter wille van uw (eigen) eer. Zo [als ...]
vereer hen [19] ter wille van uw (eigen) leven en de lengte van uw dagen (vgl.
Ex. 20:12). ONBESCHREVEN Indien gij behoeftig zijt ... [...] [20] zonder
inzetting. ONBESCHREVEN Als gij een vrouw neemt in uw armoede, neem
(dan) de horoscoop (?) [van ...] [21] van het geheimenis van wat is. In uw
verbintenis, wandel gezamenlijk met de hulp van uw vlees (vgl. Gen. 2:18)
[...]

Fragment 2, kolom IV (= 4Q418, fragment 10)

[1] zijn vader, zijn moeder, [zijn...] [2] u heeft Hij over haar doen heersen (vgl.
Gen. 3:16) en [uw] beg[eerte] [3] heeft Hij niet doen heersen over haar.
Vanaf haar moeder heeft Hij haar afgezonderd en naar u [is haar begeerte
uitgegaan (Gen. 3:16) ...] [4] voor u tot één vlees (Gen. 2:24). Hij zondert
uw dochter voor één af en uw zonen [...] [5] en gij gezamenlijk met uw eigen
vrouw, want zij is het vlees van [uw] schaam[te ...] [6] Wie buiten u over
haar heerst, heeft de grens van zijn leven verplaatst] [7] heeft Hij u doen
heersen om te wandelen naar uw wil en niet een gelofte of een vrijwillig
offer toe te voegen [aan ...] [8] Kom weer op adem naar uw wil en iedere
bindende eed bij een gelofte [...] [9] maak ongeldig op grond van wat gij uitspreekt en weersta naar uw wil (vgl. Num. 30:6-8) [...] [10] uw lippen. Hij
zal (het) haar vergeven om uwentwil (Num. 30:8). Niet zult gij ve[le vrouwen nemen (Deut. 17:17) ...] [11] uw eer in uw erfdeel [...] [12] in uw erfdeel,
opdat niet ONBESCHREVEN [...] [13] uw eigen vrouw en smaa[d ...]
[14] [...] ... [...]

Fragment 3

¹ [...] uw welzijn en in uw erfdeel [...] ² [...] want van Hem is het erfdeel van alle levenden en in zijn hand de bez[oeking ...] ³ [...] Gij zult geen rust hebben, voordat de goddeloosheid vergaan is, want toorn tegen alle [...] ⁴ [...] Niet zult gij benauwdheid [...], want groot zijn de barmhartigheden Gods en er komt geen einde [aan zijn gunstbewijzen ...] ⁵ [...] uw [na]am prijs zeer [...] ⁶ [...] in alles wat [...] ⁷ [...] naar hun dienst [...]

c. *4Q Wijsheidsgeschrift*ᶜ (= 4Q417 = *4QInstruction*ᶜ) [in totaal 29, doorgaans uiterst kleine fragmenten]

Fragment 1, kolom I (= 4Q416, fragment 2; 4Q418, fragment 7)

¹ te allen tijde, opdat hij zich niet verzadige aan u, en wanneer zijn geest in hem spreekt, opdat niet [...] ² zonder passende vermaning vergeef hem. En hij die zich bindt [aan ...] ³ en ook zijn ziel zal niet verzwolgen worden, omdat gij fluisterend hebt gesproken [...] ⁴ [en] zijn vermaning schrijft hij snel op en vanwege uw overtredingen zult gij niet [...]
⁵ Hij is rechtvaardig zoals gij, want hij (= Michael?) is [[want hij is]] een vorst onder [de vorsten ...] ⁶ zal hij doen, want hoe uniek is hij onder elk schepsel, zonder [...] ⁷ ONBESCHREVEN Gij zult een onrechtvaardige niet als hulp beschouwen noch iemand die een afkeer heeft van [...] ⁸ de goddeloosheid van zijn werken zal Hij ze doen kennen bij zijn bezoeking. Gij zult daarin met Hem wandelen. [Neem ...] ⁹ Gij zult niet wijken van uw hart en niet zult gij voor u alleen verbreden [...]¹⁰ want wat is geringer dan een behoeftige? Gij zult u niet verheu[gen] in uw treuren, opdat gij u niet aftobt in uw leven. [Let op het geheimenis van] ¹¹ wat is, neem de horoscoop (?) van de verlossing, weet wie glorie en onrecht zal beërven. Is soms niet [...] ¹² en in plaats van hun treuren zal er eeuwige vreugde zijn. Uw tegenstander bij het gericht zal u ter beschikking staan en niet zal er zijn [...] ¹³ voor al uw verkeerdheid. Spre[ek] uw oordelen als een rechtvaardige heerser. Niet zult gij [...] ¹⁴ en niet zult gij aan uw [onge]rechtigheden voorbijgaan ... [...] het gericht [...] ¹⁵ zult gij nemen. Dan zal God het zien, zijn toorn zal zich wenden en Hij zal aan [uw] zonden voorbijgaan, want vóór [...] ¹⁶ kan niemand standhouden. Wie is rechtvaardig bij zijn gericht? En zonder vergeving [...] ... [...] ¹⁷ de arme. En gij, als het u aan voedsel ontbreekt, uw gebrek en uw overvloed [...] ¹⁸ gij zult overvloedig maken

wat gebracht wordt voor zijn levensonderhoud naar zijn wens, maar neem uw erfdeel daarvan [...] ... en gij zult niet toevoegen [...] [19] Wanneer gij gebrek lijdt, niet [...] bezit uw gebrek, want [zijn] schatkamer lijdt geen gebrek [en volgens] [20] zijn bevel geschiedt alles. Eet (dus) wat Hij u als voedsel geeft, maar voegt niet toe aan [...] [21] [...] uw leven [...] Indien gij bezit van mensen leent bij uw gebrek, moet gij niet [...] [22] dag en nacht, en uw ziel geen rust geven [...] Hij zal u weer op adem doen komen [...]. Lieg niet [23] tegen Hem. Waarom zoudt gij zonde dragen? Ook van het verwijt [... en niet meer zult gij vertrouwen op ...] aan uw naaste [24] en in uw gebrek zijn hand toesluit ... [... en als hij leent, weet hij ...] [25] Wanneer u een plaag overkomt en [... zult gij niet verbergen ...] [26] Zie, Hij openbaart ... [... die daarover heerst. Dan] [27] zullen zij niet met de stok slaan [... en niemand] [28] anders en ook [...]

Fragment 1, kolom II (= 4Q416, fragment 2, kolom I-II; 4Q418, fragment 7,8)

Fragment 2, kolom I (= 4Q418, fragment 43-45)

[1] [...] gij begrijpt [...] [2] [...] in de wonder[bare] geheimenissen [... leer de armoede aan degenen die vrezen ...] [3] [...] ... [...] eertijds. Waarom werd het en wat werd] [4] [daarin? ...] ... [... Waarom] [5] [is het en waarom werd het daarin? ...] in alle [...] zult gij doen [...] [6] [... dag en nacht overpeins het geheimenis van wat i]s en onderzoek het steeds. Dan zult gij de waarheid kennen en het onrecht, de wijsheid [7] [...] ... scheps[el ...] in al hun wegen met hun bezoeking gedurende de eeuwige tijden en de [8] eeuwige bezoeking. Dan zult gij het onderscheid kennen tussen [het goe]de en [het kwade, naar hun] werk[en], want de alwetende God (1 Sam. 2:3) is een fundament der waarheid en in het geheimenis van wat is [9] heeft Hij uitgebreid haar grondslag. Het werk [...] ... en voor al hun [...] heeft Hij haar gevormd. De heerschappij over haar schepselen [10] gedurende al[le] ... heeft Hij uit]gebreid tot hun ke[nni]s betreffende elk sch[epse]l om te wandelen [11] in [de geneigdheid] van zijn kennis en Hij heeft uitgebreid [...] ... en in juistheid van kennis ... [de geheime]nissen van [12] zijn overlegging bij degenen die op[rech]t wandelen [onder al] zijn [sch]epselen. Zoek voortdurend naar deze dingen en let nauwkeurig [op a]l [13] hun uitkomsten. Dan zult gij

weten van de ee[uwige] glorie [me]t zijn wonderbare geheimenissen en de grootheid van zijn werken en gij [14] zult begrijpen de armoede van uw werk bij de herdenking van de t[ijd, want] komen zal de gegraveerde inzetting en het ingegrifte van iedere bezoeking, [15] want het decreet is ingegrift voor God over alle [... van] de zonen van Set (Num. 24:17). Een gedenkboek is voor zijn aangezicht geschreven [16] voor degenen die zijn woord bewaren (vgl. Mal. 3:16). Dit is het visioen van de overpeinzing met betrekking tot het gedenkboek: Hij zal het doen beërven aan een mens van het volk /met/ geest (Mal. 2:15 ?), want [17] naar het beeld van de heiligen (= de engelen) zijn zij geformeerd. Hij heeft de overpeinzing niet meer gegeven aan een vleselijke geest, omdat die niet weet te onderscheiden tussen [18] goed en kwaad naar de wet van zijn [gee]st. ONBESCHREVEN Gij dan, verstandige zoon, let op het geheimenis van wat is en heb weet [19] [van het erfdee]l van al wat leeft. Zij zullen wandelen en ... [...] [20] [...] tussen veel en weinig en op uw fundament [...] [21] [...] ... in het geheimenis van wat is [...] [22] [...] ken ieder visioen en in elke [...] [23] en gij zult voortdurend moedig zijn. Gij zult u niet inspannen voor onrecht [...] [24] daarin zal zijn hand niet zonder schuld zijn. Zijn erfdeel in ... [...] [25] want de wijze richt zijn aandacht op uw geheimenissen en bij een man van [...] [26] zijn [fun]dament in u [....] met het werk van [...] [27] zonder uw hart en uw ogen te volgen (Num. 15:39) [...]

Fragment 2, kolom II

1-2 [... 1 [3] in het geheimenis van wat is [...] [4] troost voor [...] [5] wandel onber[ispelijk ...] [6] zegen zijn naam [...] [7] bij uw vreugde [...] [8] groot zijn de barmhartigheden Go[ds ...] [9] Prijs God en ze[gen] bij elke plaag [...][10] door zijn wil geschiede zij en Hij verstaat [...] [11] Hij bezoekt al uw wegen [...] [12] Laat de overdenking van de slechte neiging u niet bedriegen [...] [13] naar waarheid zult gij vragen. Laat u niet bedriegen ... [...] [14] wat Hij niet /bevolen heeft/. Laat wijsheid van het vlees u niet misleiden [...] [15] gij denkt [...] zeg niet [...] [16] want [...]

d. *4Q Wijsheidsgeschrift*[d] (= 4Q418 = *4QInstruction*[d]) [in totaal 303, doorgaans uiterst kleine fragmenten]

Fragment 2 = 4Q416, fragment 1 8-16; Fragment 7 = 4Q417, fragment 1, kolom I, regels 15-28 + kolom II, regels 1-3a; Fragment 8 = 4Q416, fragment 2, kolom II, regels 2-13; Fragment 9 = 4Q416, fragment 2, kolom III, regels 3-17; Fragment 10 = 4Q416, fragment 2, kolom III 18-21 + kolom IV 1-9; Fragment 43 = 4Q417, fragment 2, kolom 12-21

Fragment 55

[1] [...] en zijn ziel [...] [2] [...] ONBESCHREVEN [...] [3] [...] ONBESCHREVEN [...] haar wegen zijn uitgegraven in moeite. Wij zullen tot rust komen [4] [...] en waakzaamheid zal in ons hart zijn [...] hij zal vertrouwen op al onze wegen. ONBESCHREVEN [...] [5] [...] de kennis en niet hebben zij gezocht inzi[cht en wijsheid] hebben zij [ni]et verkozen. ONBESCHREVEN Heeft de alwetende God (1 Sam. 2:3) soms niet [6] [...] op de waarheid om te vestigen alle [... en in]zicht? Hij heeft toebedeeld aan degenen die de waarheid beërven [7] [...] waakt over [...] schepsel. Zullen soms niet vrede en rust [8] [... Wee]t gij [niet], hebt gij niet gehoord dat de heilige engelen [...] in de hemel [9] [...] de waarheid. Zij jagen alle wortels van het inzicht na en waken over [10] [...] hun kennis eren zij de ene mens meer dan de andere en naar de mate van zijn wijsheid vermeerdert Hij zijn majesteit [11] [...] Zij zijn als een man die traag is, en een mensenkind dat stilzit. Is niet [12] [...] maar zij zullen een eeuwig bezit erven. Ziet gij niet

Fragment 69, kolom II

[1] [...] ... [2] [...] gij zult verstaan [...] ... [3] [...] ... Wandelen zij niet in de waarheid? [4] [...] en in de kennis is al hun ... ONBESCHREVEN Nu dan, dwazen van hart, wat is goed, als er niet [5] [... en wat is] rust, als er geen verderf is? Wat is recht als het niet gegrondvest is? Hoe zullen de doden zuchten vanwege [...] [6] Gij zijt geformeerd [voor ...] en gij zult wederkeren naar de eeuwige Groeve, want [...] ... [...] [7] De duistere plaatsen zullen luid roepen vanwege uw menigte en alles wat eeuwig is. Zij die de waarheid zochten, zullen opstaan ten gerichte [...] [8] Verdelgd zullen worden alle dwazen van hart en verkeerden zullen niet meer aangetroffen worden; [en al]len die aan

de goddeloosheid vasthielden, zullen te schande staan [...]. ⁹ Bij uw gericht zullen de grondvesten van het firmament schreeuwen en donderen zullen alle [... allen] die liefhebben [...] ¹⁰ ONBESCHREVEN Maar gij zijt de uitverkorenen der waarheid en de najagers van [...], de wachter[s] ¹¹ bij alle kennis. Hoe zegt gij dan: Wij hebben ons vermoeid voor inzicht, gewaakt om kennis na te jagen [...] bij alle [... ?] ¹² Want Hij wordt niet moe in alle jaren der eeuwigheid. Verheugt Hij zich niet in de waarheid voor altijd? En de kennis [...] dient Hem en [de engelen van] ¹³ de hemel, wier erfdeel het eeuwige leven is, zouden zij zeggen: Wij hebben ons vermoeid in het werk der waarheid en [ons] uitgeput ¹⁴ in alle tijden? Wande[len zij] niet in het eeuwige licht? [...] glorie en veel majesteit. Gij [...] ¹⁵ in de firmamenten van [...] het fundament van de pilaren, alle [...] ONBESCHREVEN En gij, [verstandige] zoon, [...]

Fragment 81

¹ [Op] uw lippen heeft Hij een fontein geopend om de heiligen te zegenen. En gij, beroem u op de eeuwige Fontein [..., want] Hij heeft u afgezonderd van alle ² vleselijke geest. Gij dan, zonder u af van allen van wie Hij een afkeer heeft, en onthoud u van alle gruwelen van de ziel; want Hij heeft alles gemaakt ³ en ieder mens zijn deel doen beërven. Hij is uw deel (vgl. Ps. 73:26; 119:57; 142:6) en uw erfdeel onder de mensenkinderen [en over zijn erf]deel deed Hij u heersen. Gij dan, ⁴ vereer Hem daarom, wanneer gij u Hem heiligt. Toen Hij u gesteld heeft tot een allerheiligste [...] in alle [...] ⁵ heeft Hij uw lot laten vallen en zijn glorie zeer groot gemaakt en Hij heeft u voor zich tot een eerstgeborene gesteld in [...] ⁶ en Ik zal u geven mijn goedheid. Is zijn goedheid niet voor ú? Wandel steeds in zijn trouw [... bij alles] ⁷ wat gij doet. Gij, zoek zijn geboden van ieders hand en ... [...] ⁸ heb Hem lief en met {eeuwige} trouwen in erbarmen jegens allen die zijn woord bewaren en ... [...] ⁹ Gij, Hij heeft u wijsheid opengesteld en over zijn schatkamer heeft Hij u het beheer gegeven en een efa der waarheid bepaald [...] ¹⁰ hen met u. Het is u gegeven de toorn af te wenden van de mannen van het welbehagen en om aan te stellen [...] ¹¹ met u. Voordat gij uw erfdeel neemt uit zijn hand, verheerlijk zijn heiligen, en voor[dat ...] ¹² heeft Hij geopend [een fontein voor alle hei]ligen en ieder die met zijn heilige naam genoemd wordt [...] ¹³ gedurende alle tij[den] zijn [majesteit] {en} zijn luister voor de eeu[wige] planting [...] ¹⁴

[...] zullen wandelen allen die de aarde beërven (Matt. 5:5), want in [de hemel ...] [15] Gij, begrijp: indien Hij u met wijsheid van handen als heerser heeft aangesteld, ... [...] [16] ... voor ieder mens die gaat. Vandaar zult gij uw voedsel beheren en [...] [17] begrijp ten zeerste en vermeerder inzicht van de kant van ieder die u onderwijst, ... [...] [18] Breng naar voren uw gebrek voor allen die genoegen zoeken. Dan zult gij begrijpen [...] [19] zult gij vullen en gij zult verzadigd zijn met een menigte van goederen en van de wijsheid van uw handen [...] [20] want God heeft toebedeeld het erfdeel van [iede]r [levend wezen] en alle wijzen van hart begrijpen [...]

Fragment 88

[1] zult gij bepalen voor a[l] .. [...] [2] in uw leven zal Hij u heil verschaffen met een menigte van jaren [...] [3] Waak er voor dat gij niet vermengt ... [...] [4] onrecht zult gij veroordelen en met de kracht van uw handen zult gij [...] [5] zijn hand toesluit bij uw armoede en ... [...] [6] voor de holte van uw voet. Want God zoekt kenn[is ...] [7] in uw hand voor de wilde dieren en gij sterft in kommer [...] [8] en met waarheid zult gij uw erfdeel vullen en gij zult zijn [...]

Fragment 103, kolom II

[1] [...] ... [...] [2] [...] de boeren tot aan iedere [...] [3] [...] die komt in uw korven en in uw magazijnen, alle [...] [4] [...] en zal plaatsen van tijd tot tijd, zoek die en houd niet op [...] en niet zult gij [...] [5] [...] want zij zoeken dit alles in hun tijd. Ieder naar de mate van [zijn] be[hoefte] ... zal vinden ... [...] [6] als een bron van levend water, die bevat [...] uw armoede. Gij zult niet vermengen wat [...] [7] opdat hij niet een bastaard zal zijn zoals een muilezel en gij niet zult zijn als een klee[d van tweeërlei stof (Deut. 22:11)], van wol en linnen, noch uw werk als dat van degene die ploegt [8] met rund en e[z]el [te] zamen (Deut. 22:10) noch ook dat uw opbrengsten zijn als die van hem die met tweeërlei zaad zaait (Deut. 22:9). Want het zaad, de oogst en de opbrengst van [9] [de wijngaard] zijn hei[lig ...] Uw bezit met uw vlees zullen gezamenlijk uw leven beëindigen en in uw leven zult gij niet vinden

Fragment 123, kolom II

¹ ... [...] ² bij de komst van de jaren en het vergaan van de tijden [...] ³ alles wat daarin is, waarom het is geworden en wat het zal zijn ... [...] ⁴ zijn tijd dat God het oor geopend heeft van hen die het geheimenis van wat is verstaan [...]
⁵ [En] gij, verstandige, als gij dit alles aanschouwt, ... [...] ⁶ [In] zijn [ha]nd is het wegen van uw daden met de tij[den ...] ⁷ [...] Hij u opdraagt, waak er goed voor dat [...] ⁸ [... het oor]delen van de zonde [...]

Fragment 126, kolom II

¹ [... Ni]et zal iemand rusten van al hun dienst [...] ² [...] in waarheid. Van de hand van elke ... van mensen [...] ³ [...] ... [...] waarheid en met het gewicht der gerechtigheid meet God alle [...] ⁴ heeft Hij hen in waarheid [gesch]eiden. Hij heeft hen geplaatst en onderzoekt hun begeerten [...] ⁵ en een schuilplaats voor allen. Ook zullen zij niet bestaan zonder zijn welbehagen ... [...] ⁶ gericht om vergelding te oefenen aan de onrechtvaardigen en bezoeking van [...] ⁷ om de goddelozen voor altijd te kerkeren en het hoofd van de geringen te verheffen [...] ⁸ met eeuwige glorie en altoosdurende vrede. En de geest des levens om scheid[ing] te maken [...] ⁹ alle kinderen van het leven en door de kracht van God en zijn grote glorie met zijn goedheid [...] ¹⁰ Zijn trouw zullen zij de gehele dag bij voortduur overpeinzen; zij zullen zijn naam prijzen en [...] ¹¹ ONBESCHREVEN
Gij dan, wandel in de waarheid met allen die zoeken [...] ¹² en in uw hand is zijn ... en uit uw korf zal hij zoeken hetgeen hij behoeft. En gij, verst[andige ...] ¹³ en als zijn vermogen niet toereikend is bij uw gebrek en uw gebrek van zijn ... [...] ¹⁴ [...] ... en God vaststelt naar [zijn] begeerte, want God [...] ¹⁵ [...] uw hand overvloedig. Uw veestapel zal zich uitbreiden [...] ¹⁶ [...] eeuwig ... [...]

Fragment 127

¹ [...] uw bron. Gij zult niet vinden wat u ontbreekt en uw ziel zal versmachten bij gebrek aan alle goed tot de dood toe [...] ² [...] ... de gehele dag. Uw ziel zal begeren haar poorten binnen te treden, maar het graf (?)

zal bedekken [...] ³ [...] uw li[chaa]m en gij zult zijn tot spijs voor de tand en voedsel voor het vuur vóór [...] ⁴ [...] ... behoefte zult gij worden onderdrukt door hun wandel. En ook gij [...] ⁵ [...] voor u. Want God heeft al de behoeften van zijn ... gemaakt en ze in waarheid bepaald [...] ⁶ [... wa]nt met de weegschaal der gerechtigheid heeft Hij geheel hun binnenste gewogen en in waarheid [...] ⁷ [...] ... [...]

e. *4Q Wijsheidsgeschrift*ᵍ (= 4Q423 = *4QInstruction*ᵍ) [24 fragmenten]

Fragment 1

¹ [...] en alle vruchten van de oogst en allerlei bomen die er aanlokkelijk uitzagen (Gen. 2:9). Is het niet een aan[gename] tuin ² [...] een g[rot]e [lust] voor het oog? En daarover heeft hij jou aangesteld, om die te bewerken en er over te waken (Gen. 2:15). ONBESCHREVEN ... [...] ³ [... de aarde,] dorens en distels zal het voor jou voortbrengen (Gen. 3:18) en haar opbrengst zal ze jou niet geven [...] ⁴ [...] vanwege jouw ontrouw. ONBESCHREVEN [...] ⁵ [...] ONBESCHREVEN Zij baarde, en alle moederliefde van haar die zwan[ger is ...] ... [...] ⁶ [...] alles wat jij wilt, want alles brengt ze voort [voor jou ...] ⁷ [...] en in een planting [...] ... [...]

Fragment 2, kolom I

¹⁻⁴ [...] ... ⁵ [...] al jouw ... ⁶ [...] dagelijks, niet ⁷ [... verwerpende] het kwade en kennende het goede ⁸ [... tu]ssen zijn weg en de weg van ⁹ [...] en brood

Fragment 3 (parallellen met 1Q26 1+2 2-4)

¹ [... en] tot niets zal [jouw] kra[cht lei]den ² [... door het geheim van] wat is. Aldus moet jij gaan en a[l jouw] o[ogst ...] ³ [... tot] bezit van land. En op zijn bevel heeft zij gebaard alle [...] ⁴ [... m]et de eerste vruchten van je moederschoot en de eerstgeborene van alle [...] ⁵ [...] zeggende: Ik heb geheiligd ... [...]

Fragment 5

¹ᵃ [...] en hoed je ervoor opdat je niet (?) teruggeeft aan Levi de prie[ster (?) ...] ¹ [...] het oordeel van Korach. En zoals hij jouw oor geopend heeft ² [door het geheim van wat is ...] ... [...] ... [elk ho]ofd van [jouw] vaderen [...] en aanvoerder van jouw volk ³ [... h]ij verdeelde de [er]fenis van alle heersers en de neiging van elk schepsel is in zijn hand. En het resultaat ⁴ [van hun handelingen kende] hij. [Hij zal] ze allemaal [berec]hten in waarheid, hij zal vaders en zonen bezoeken, [vreemdeling]en en autochtonen. Hij zal spreken ⁵ [... indien jij] een boer bent, neem dan de vastgestelde tijden van de zomer waar, verzamel je oogst in die tijd, en het seizoen ⁶ [van de oogst op zijn vastgestelde tijd. [Be]schouw je gehele oogst; heb inzicht in je werk [in kennis van het] goede en het kwade ⁷ [... de m]an van inzicht met (?) de man van dwaasheid [...] ... Aldus een man van ⁸ [inzicht ...] elke [...] hij zal zeggen [... in de over]vloed van zijn inzicht [...] ⁹ [... hij za]l zijn op zijn gehele [pa]d, dat ... [...] zonder [...] ¹⁰ [...] bij jullie, en ook [...]

Fragmenten 8+23 = 4Q418, fragment 81, regels 1-5

Fragment 9 = 4Q418, fragment 188

Fragment 11 = 4Q418, fragment 184

6. *4QInstruction-like Wijsheidsgeschrift A* (4Q419) [in totaal 8, doorgaans uiterst kleine fragmenten]

Van dit geschrift is slechts één fragment van redelijke afmeting bewaard gebleven. Het vertoont geen enkel verband met het voorafgaande. Het hier vertaalde fragment met de meeste tekst lijkt zelfs niet tot de wijsheidsliteratuur te behoren, maar is veeleer een vermaning, waarin de priesterlijke taken beklemtoond worden. Misschien is de aanduiding 'wijsheidsgeschrift' te danken aan het feit dat in een van de kleine (hier niet vertaalde) fragmenten melding wordt gemaakt van de Wijze.

Fragment 1

¹ hetgeen gij zult doen overeenkomstig al de gebo[den ...] ² tot u door bemiddeling van Mozes en wat Hij zal doen [...] ³ door bemiddeling van zijn priesters, want zij zijn degenen die trouw zijn aan het verbon[d ...] ⁴ maakt Hij bekend wat [...] en ... [...]⁵ [...] en Hij heeft het geslacht van Aäron uitverkoren om te st[aan ...] ⁶ zijn [we]gen en om welbehaaglijke [...] te brengen [...] ⁷ en Hij gaf hun [...] aan [heel] zijn volk en [...] ⁸ en Hij beval [...] ⁹ een zetel die hoog verheven is in majesteit, met [...] ¹⁰ Hij is het die in eeuwigheid leeft (Deut. 32:40) en zijn glorie is altoosdu[rend ...] ¹¹ zult gij zoeken en de gruwel der onreinheid [...] ¹² hun liefde en zij wentelen zich op alle [wegen der ...]

7. *4QInstruction-like Wijsheidsgeschrift B* (4Q424) [4 fragmenten]

Twee fragmenten van dit geschrift bieden een tekst van redelijke omvang. Het gaat om een wijsheidsgeschrift met spreuken, die evenals in het bijbelse boek Spreuken betrekking hebben op de praktische wijsheid. Het grootste gedeelte daarvan is apodictisch geformuleerd. Noch de herkomst noch de ontstaanstijd van het geschrift zijn te bepalen.

Fragment 1

¹ [...] ... [...] ² [...] ... [...] ³ [...] hij een wand verkiest te bouwen en zijn muur met kalk bepleistert. Ook hij [...] ⁴ [zal] invallen vanwege de stortregen (vgl. Matt. 7:27). Samen met een huichelaar zult gij geen verplichting aanvaarden en met een onstandvastige zult gij niet ⁵ een oven binnengaan, want als lood zal hij versmelten en niet standhouden voor het vuur. ONBESCHREVEN ⁶ Vertrouw niet aan een luie een taak toe, want hij zal uw opdracht niet omzichtig uitvoeren, en zend hem niet om iets ⁷ op te halen, want hij zal uw paden niet banen. ONBESCHREVEN Aan een belastingambtenaar zult gij niet toe [vertrouwen] ⁸ geld op te halen voor uw armoede. ONBESCHREVEN Aan een man met listige lippen zult gij niet toevertrouwen [... van] ⁹ uw proces: met zijn lippen zal hij zeker onbetrouwbaar spreken; de waarheid te volgen zal hij niet wensen [...] ¹⁰ met de vrucht van zijn lippen. ONBESCHREVEN Een man met een slecht oog zult gij niet als beheerder over [uw] bezi[t] aanstellen [...] ¹¹ zal hij regelen wat u overblijft naar uw wens [...] ... [...] ¹² en in de tijd van de inzameling zal hij als van

God vervreemd bevonden worden, ONBESCHREVEN opvliegend [...] [13] de eenvoudigen, want zeker zal hij hen verslinden. ONBESCHREVEN De man [...]

Fragment 2

[1] [...] ... uit de bron van het recht [...] [2] [...] gij zult geen borg voor hem zijn te midden van de ootmoedigen [...] [3] [...] en een duifje ... De man [...] [4] [...] ... Niet zult gij [...] [5] [...] zal doen [...]

Fragment 3

[1] en afgewogen zal hij zijn werk niet doen. Wie oordeelt voordat hij onderzoek pleegt, is als iemand die gelooft, voordat [hij toetst]. [2] Gij zult hem niet doen heersen over degenen die kennis najagen, want hij begrijpt hun recht niet de rechtvaardige in het gelijk en de [goddeloze] in het ongelijk te stellen: [3] ook hij zal veracht worden. ONBESCHREVEN Iemand met slechte ogen zult gij niet zenden om toe te zien op de oprechten [... Iemand] [4] die hardhorend is, zult gij niet zenden om een rechtszaak te onderzoeken, want hij zal een twistgeding tussen mannen niet in rechte banen leiden. Als iemand die (koren) want bij wind [...] [5] dat niet gescheiden wordt, zo is de degene die spreekt tot een oor dat niet hoort of vertelt aan een slapende, diep verzonken in een geest van [...] [6] Iemand met een vervet hart zult gij niet zenden om overwegingen op te diepen, want de wijsheid van zijn hart blijft verholen en hij beheerst niet [...] [7] en wijsheid van zijn handen vindt hij niet. ONBESCHREVEN Een verstandig man zal in[zicht] ontvangen. ONBESCHREVEN Een kenner zal wijsheid voortbrengen [...] [8] Een rechtschapene zal behagen hebben in het recht. Een man [...] Een vermogend man zal ijveren voor [...] [9] Hij is een rechtstegenstander van allen die de grens verplaatsen [...] gerechtigheid voor de armen [...] [10] [...] hij zorgt voor allen die rijkdom ontberen. De zonen der gerechtigheid [...] [11] [...] bij alle rijkdom [...]

8. 4Q Messiaanse apocalyps (Over de Opstanding; 4Q521) [16 fragmenten]

Onder de titel 'Messiaanse apocalyps' zijn onlangs door E. Puech de resten van een geschrift gepubliceerd dat in het best bewaarde fragment ons de daden beschrijft die God in de dagen van de messias zal verrichten. Van dit manuscript uit de eerste helft van de eerste eeuw v. Chr. zijn 17 fragmenten over, maar de meeste daarvan zijn zeer klein.

De eerste regels van fragment 2 II berusten in sterke mate op Psalm 146, de laatste op Jes. 61:1, maar in beide gevallen met opmerkelijke veranderingen. Naar wie de hemel en de aarde zullen luisteren is de messias, een gestalte die in Psalm 146 ontbreekt, en onder de daden van God is de gave van de Geest aan de ootmoedigen begrepen. Op dezelfde wijze ontbreekt in tegenstelling tot de tekst van 4Q521 in Jesaja 61, waar sprake is van het brengen van een blijde boodschap, de aankondiging van de opstanding uit de doden. De verbinding van de opwekking der doden en het brengen van de blijde boodschap vinden wij echter evenals in ons geschrift in Matt. 11:4-5 en Luc. 7:22-23 in Jezus' antwoord aan de discipelen van Johannes de Doper. Mogelijk kenden de nieuwtestamentische schrijvers de tekst van 4Q521. Tenminste is een gemeenschappelijke traditie aan te nemen. Voorzover wij kunnen nagaan op grond van de schamele resten van de overige fragmenten werd de thematiek van fragment 2 II in het vervolg voortgezet. In fragment 5 II wordt de almacht van God onderstreept en nogmaals gezegd dat Hij de doden zal opwekken. Voor de eerste maal (en in eschatologische context) gebruikt onze tekst het beeld van de brug over de Afgrond, een beeld dat naderhand in de traditie van de Islam breed zal worden uitgewerkt.

De tekst noemt in fragment 8 de profeten gezalfden (ook in fragment 9 ?), maar de gezalfde van 2 II 1 is ongetwijfeld een messiaanse gestalte. Minder duidelijk is welke messiaanse figuur bedoeld is. De vermelding van de 'scepter' in 2 III 6 zou op de koninklijke messias kunnen duiden, maar de parallellen met 11QMelchisedek wijzen in de richting van de profetische messias (die als *Elia redivivus* in de eindtijd zal optreden). In ieder geval is de tekst van het grootste belang voor onze kennis van de ontwikkeling van de messiaanse voorstellingen en het geloof in de opstanding uit de doden.

Puech heeft vanwege de messiaanse en eschatologische gegevens onze tekst een apocalyps genoemd, maar in feite ontbreken de formele kenmerken van een apocalyps. Veeleer hebben wij te maken met een in poëtische vorm gegoten aansporing, die bepaalde bijbelse teksten parafraseert en met nieuwe inhoud vult.

De herkomst van het geschrift is moeilijk te bepalen, maar een sektarische is niet uit te sluiten, gezien de overeenkomsten in woordenschat met de Lofprijzingen (1QH) en ondanks het feit dat de opstanding uit de doden in de Qumrangeschriften zelden vermeld wordt. De datering van het handschrift (eerste helft van de eerste eeuw v. Chr.) en de overweging dat het waarschijnlijk na de slotredactie van het boek Daniël ontstaan is, maken het waarschijnlijk dat het werk in de tweede helft van de tweede eeuw v. Chr. geschreven werd.

Fragmenten 2, kolom II + 4

¹ [want de he]mel en de aarde zullen luisteren naar zijn gezalfde
² [en alles w]at daarin is, zal niet wijken van de heilige geboden.
³ Weest moedig, gij die de Heer zoekt in de dienst aan Hem! ONBESCHREVEN
⁴ Zult gij hierin de Heer niet vinden, (gij) allen die in uw hart hoopt?
⁵ Want de Heer zal naar de vromen omzien
en de rechtvaardigen bij name roepen;
⁶ op de ootmoedigen zal zijn geest rusten
en de getrouwen zal Hij door zijn kracht vernieuwen.
⁷ Want Hij zal de vromen rijkelijk belonen op de troon van het eeuwige koningschap (1 Hen. 108:12; Openb. 3:21),
⁸ door de gevangenen los te maken,
de blinden ziende te maken
en de gebo[genen] op te richten (Ps. 146:7b-8a).
⁹ Voor altijd zal ik degenen die hopen, aanhangen.
In zijn genade zal Hij [oordelen]:
¹⁰ de vrucht van een goed [wer]k zal voor een mens niet uitblijven.
¹¹ Heerlijke dingen (Ps. 87:3), die niet zijn geschied, zal de Heer doen, zoals Hij gespr[oken heeft],
¹² want Hij zal de zwaargewonden genezen,
de doden doen herleven (vgl. 1 Sam. 2:6),
de ootmoedigen blijde boodschap brengen (Jes. 61:1; Matt. 11:5),
¹³ [de behoeftig]en verzad[igen],
de verstotenen leiden
en de hongerenden rijk maken (vgl. Luc. 1:53).
¹⁴ En [...] zij allen [...]
¹⁵ en ... [...]

Fragment 2, kolom III

¹ en uw genadige inzetting. Ik zal hen bevrijden door [het woord van uw mond (?),
want] ² het staat vast:
de vaderen zullen naar de kinderen komen (Mal. 4:6) ... [...]
³ wie de zegen van de Heer in zijn welgevallen [...]
⁴ De aarde jubelt op alle plaat[sen en ...],
⁵ want geheel Israël (is) in jubel [over ...]
⁶ en [zijn] scepter en zij zullen st]eunen [...]
⁷ ... [...]

Fragmenten 5, kolom I + 6

³ [...] ⁴ [... de Hee]r hem die niet met hen dienst doet.
⁵ [... met zijn naa]ste en met [zijn] buur ⁶ [...] Dit zal goed voor u zijn en de kracht zal versterkt worden ⁷ [... en door overvloed van] voedsel zullen de getrouwen groot worden

Fragmenten 7 + 5, kolom II

¹ [...] Ziet alles w[at de Heer gemaakt heeft:
² de aar]de en al wat daarop is,
de zeeën [en al] ³ [wat daarin is],
elke samenvloeiing van water en de beken. ONBESCHREVEN
⁴ [Verheugt u, gij al]len die het goede doet, vóór de Hee[r,]
⁵ [gij die gezegend en n]iet als dezen zijt, de vervloekten.
Aan de dood zullen [zij] word[en] overgeleverd,
[als] ⁶ Hij die doet herleven (1 Sam. 2:6), de doden van zijn volk [opwe]kt.
ONBESCHREVEN
⁷ Wij zullen dankzeggen en u de heilsdaden van de Heer bekendmaken die [...] ⁸ de do[de]n en opent [...] ⁹ en ... [...] ¹⁰ en [...] ¹¹ en zal openbaren ... [...] ¹² en de brug van de afgr[ond ...] ¹³ dik geworden zijn de vervloekt[en op hun droesem (Sef. 1:12) ...] ¹⁴ De hemelen zijn tegemoet getreden [...] ¹⁵ [en al]le engelen [...] ¹⁶ [...] ... [...]

Fragment 8

[1] [...] een muur tussen [...] [2-4] [...] [5] [...] zullen verschijnen [6] [...] met Adam. [7] [... de z]egeningen van Jakob [8] [... het heilig]dom en al zijn heilige voorwerpen. [9] [... de priester]schap en al haar gezalfden [10] [...] ... [...] en /zij zullen spreken/ het woord van de Heer en [...] [11] [...] om te prij]zen de Heer [12] [...] de ogen van

Fragment 9

[1] [...] niet zal zij[n ...] [2] [...] ... en door de [dien]stknecht van de H[eer] [3] [...] uw [....] zult Gij overlaten door de [h]and van [uw] gezalfde [...] [4] [...] ... [...] ... [...]

Fragment 10

[1] [...] di[e ...] [2] [... wa]nt zij onderhouden [uw] verbon[d] [3] [... er zal niet mee]r goddeloosheid zijn te midden van hen. [4] [...] te midden van hen.

9. 4Q Zaligsprekingen (4Q525 = 4QBeatitudes) [in totaal 38, voor het merendeel kleine tot uiterst kleine fragmenten]

In 1991 werd een groot fragment van dit handschrift gepubliceerd. Het stamt uit het eind van de eerste eeuw v. Chr. Van de in totaal 38 fragmenten hebben sommige een redelijke omvang, maar enkel fragment 2 bevat vier volledig bewaarde regels.

Het meest verrassend is de inhoud van dit fragment 2, dat een reeks zaligsprekingen biedt. Hoewel een dergelijke reeks in Jezus Sirach 14:20 – 15:1 een precedent heeft en 1QH VI 13-16 een goede parallel vertoont, bevat onze tekst in formeel opzicht de beste en meest volledige voorloper van de nieuwtestamentische zaligsprekingen. Het wijsheidskarakter van de zaligsprekingen van 4Q525 is veel geprononceerder dan dat van die in de evangeliën, maar ook in onze tekst ontbreken niet eschatologische elementen, die kenmerkend zijn voor de zaligsprekingen van het Nieuwe Testament, vgl. fragment 4. Hoewel het grootste deel van de fragmenten zich lijkt te beperken tot de weldaden die het zoeken van de Wijsheid met zich brengt, bevat fragment 14 praktische raadgevingen voor de levenswandel, zoals regel is in de Wijsheidsgeschriften. Fragment 15 onderscheidt zich in het bijzonder van de overige, zowel in woordgebruik als naar inhoud. Het bevat veel elementen die wij ook uit andere Qumranteksten kennen. Misschien kunnen wij de inhoud van het fragment het best verklaren door daarin een beschrijving te zien van het gevaar dat degenen die de Wijsheid niet zoeken, lopen. Analoog aan de wijze waarop in 4Q184 degene die zich tegen de Wijsheid verzet, getekend wordt met demonische trekken, zullen degenen die weigeren de Wijsheid tijdens hun leven te zoeken, later door de demonen gefolterd worden, een thema dat ook de fragmenten 21 en 22 lijkt te beheersen.

Voor zover wij kunnen nagaan gaat het om een werk dat zowel thematisch als in woordgebruik sterke overeenkomsten vertoont met de bijbelse boeken Spreuken en Prediker. Het spoort de lezer aan de Wijsheid te zoeken door de weldaden die zij met zich brengt, uiteen te zetten en te zelfder tijd het kwaad te beschrijven waaraan zich degene blootstelt die haar niet zoekt, maar zich door de demonen laat beheersen.

Noch de herkomst noch de ontstaanstijd van het werk laten zich precies bepalen, maar de betekenis van het geschrift voor onze kennis van de voorgeschiedenis van het literaire genre van de zaligsprekingen, zoals wij dat in de evangeliën aantreffen, kan niet betwijfeld worden.

Fragment 1

¹ [Nu dan, luistert naar mij, mijn kinderen, naar wat ik zeg met de w]ijsheid, die God mij [geg]even heeft [...] ² [... om te ken]nen wijsheid en t[ucht], om te begrijpen [...] ³ [...] om te vermeerderen de ke[nnis ...]

Fragment 2, kolom II

[Welzalig die de waarheid spreekt] ¹ met een rein hart,
en op wiens tong geen laster is.
Welzalig die vasthouden aan haar inzettingen,
en die niet vasthouden ² aan de verkeerde wegen.
Welzalig die zich in haar verheugen,
en die zich niet storten op de dwaze wegen.
Welzalig die haar zoeken ³ met reine handen,
en die haar niet trachten te vinden met een bedrieglijk hart.
Welzalig de mens die de Wijsheid bereikt,

die wandelt ⁴ in de Wet van de Allerhoogste
en zijn hart richt op haar wegen;
die zich toelegt op haar tucht
en steeds welgevallen heeft aan haar terechtwijzingen;
⁵ die haar niet verstoot in de nood van zijn verdrukkingen
en haar niet verlaat ten tijde van de benauwdheid;
die haar niet vergeet [in dagen van] schrik
⁶ en tijdens de verdrukking van zijn ziel haar niet veracht,
maar haar voortdurend overpeinst (Ps. 1:2)
en in zijn nood [de Wet] overden[kt,
in heel] ⁷ zijn bestaan haar [overpeinst
en haar voortdurend] voor ogen [plaatst]
om niet op [verkeerde] wegen te wandelen
[en niet ...] ⁸ [...] te zamen.
Hij zal zijn hart geheel aan G[od] wijden
[en ...] ⁹ [...]
De Wijs[heid zal] zijn [hoof]d [verheffen]
en bij koningen zal zij [hem doen zitten (vgl. Ps. 113:8) ...]
¹⁰ met zijn [sce]pter op ... [...]
broeders ... [...]
¹¹ ONBESCHREVEN
¹² [Nu] dan, kinderen, lu[istert naar mijn stem
en] wijkt [ni]et af [van de woorden van mijn mond
...] ¹³ [...] ... [...]

Fragment 2, kolom III

¹ evenaart haar alle da[gen ...] ² niet wordt zij gekocht met goud o[f zilver ...] ³ met alle kostbaar gesteente [...] ⁴ zijn [zij] sprakeloos bij de sch[oo]nheid van hun bloesems [...] ⁵ de purperen bloemen met [...] ⁶ scharlaken met klederen van [...] ⁷ en met goud en parels [...]

Fragment 4

² [...] en ten tijde van het tr[euren ...] ³ [...] ontrouw geworden en [...] ⁴ [...] ... ONBESCHREVEN [...] ⁵ [...] .... [...] ⁶ [...]

Gij zult haar (= de wijsheid) niet zoeken in d[ubbel]hart[igheid ...]
7 [... Gij zult haar niet zoe]ken met een bedriegelijk hart
en met [...
Niet] 8 zult gij opgeven uw [erfdeel] aan de v[olken]
noch uw lotsdeel aan vreemden,
want de wijze [...]
9 onderrichten met zachtheid,
degenen die God vrezen, onderhouden haar wegen
en zij wandelen in [...] 10 haar inzettingen
en zij verachten haar vermaningen niet.
De verstandigen zullen verkrijgen [...]
11 Zij die onberispelijk wandelen, wijken van het onrecht
en zij verachten haar tuchtigingen niet [...]
12 dragen zij.
De schranderen delven haar wegen
en in haar diepten ...
[...] 13 letten zij.
Zij die God liefhebben, gaan zorgvuldig met haar om
en [...]

Fragment 7, kolom II

1 vanwege [...] en vanwege naijver zonder [...] 2 zonder te begrijpen. Van de geest ... [...] 3 kennis. Van de geest ... [...] 4 prijs en degene die struikelt zonde[r ...] 5 zeker en wie zoekt zonder [...] 6 hoogmoed en bedrog des harten [...]

Fragmenten 8-9

1 [...] geween en treurnis [...] 2 ONBESCHREVEN [...] 3 luistert naar mij, al mijn zonen [...] 4 [...] en ootmoed en rechtvaardigheid [...] 5 en [...] ... zal Hij liefhebben. Alle vlees zal Hij niet rechtvaardigen [...] 6 [In]dien gij goeddoet, zal Hij u goeddoen [...] ... [...] 7 [...] alle [...] kennis [...]

Fragment 10

¹ [...] het geformeerde zonder [...] ² [...] van het lot van de geest ... [...] ³ [...] recht. In de ... [...] ⁴ [... g]eest van het onr[echt ...]

Fragment 12

¹ [...] veel vrede [met] alle zegeningen [...] ² [...] majesteit voor allen die aan Mij vasthouden [...] ³ onberispelijk op al mijn wegen en ... [...] ⁴ [...] met iedere geest [...]

Fragment 13

¹ [...] en de kinderen van [...] ² [...] die slecht van oog zijn, zult gij geven [...] ³ [...] ... om bloed te vergieten [...] ⁴ [...] hoogmoed zult gij beërven en in uw binnenste [...] ⁵ [...] allen die haar beërven [...] ⁶ [...] Hoort naar mij, (gij) allen [...]

Fragment 14, kolom II

¹ [...] ... [...] ² op de troon van de zonde en op de hoogte van [...] ³ ... [...] zullen uw hoofd verheffen [...] ⁴ [...] voor uw woord en ... [...] ⁵ in alle majesteit zal zij begeren [...] ⁶ nadert hij op uw wegen. Gij zult niet wankelen [...] ⁷ zal worden gezegend. Ten tijde van uw wankelen zult gij vinden [...] ⁸ en niet zal zij u brengen de smaad van degene die een afkeer [van u] heeft [...] ⁹ te zamen. En die een afkeer van u hebben en u in het verderf willen storten [...]¹⁰ uw hart en gij zult u verheugen over [...] ... [...] ¹¹ voor de ruimte van uw voet en op uw verheven hoogten zult gij treden [...] ¹² uw ziel. Hij zal u verlossen van alle kwaad en u geen vrees doen overkomen [...] ¹³ en uw erfdeel. Hij zal uw dagen vullen met het goede en veel vrede zult gij [...] ¹⁴ Gij zult glorie beërven en als gij wordt weggenomen tot de eeuwige rust, zullen beërven [...] ¹⁵ en in uw onderricht zullen zij wandelen, samen met allen die u kennen ... [...] ¹⁶ Samen zullen zij omkomen en op uw wegen zullen zij u gedenken, omdat gij geweest zijt [...] ¹⁷ ONBESCHREVEN [...] ¹⁸ Nu dan, verstandige, hoor naar mij en richt uw hart op [...] ¹⁹ Laat kennis toe aan uw binnenste en in [...] overpeins [...] ²⁰

in rechte ootmoed spreek [uw] woorden uit. [Ni]et zult gij geven [...] [21] zult gij antwoorden op de woorden van uw naaste, opdat hij u niet g[ee]ft [...] [22] Naar wat gij hebt gehoord, antwoord dienovereenkomstig. Breng naar voren ... [...] [23] Gij zult geen geklaag aanheffen, voordat gij hun woorden hebt gehoord [...] [24] ten zeerste. ONBESCHREVEN Hoor eerst wat zij te zeggen hebben, en antwoord naderhand in [...] [25] en uit ze (= uw woorden) geduldig. Antwoord betrouwbaar te midden van vorsten en [...] [26] met uw lippen en hoed u ten zeerste voor uitglijden van de tong [...] [27] opdat gij niet door uw eigen lippen gevangen wordt en verstrikt wordt samen met [...] [28] ... ongepastheid [...] van mij en ... [...]

Fragment 15

[1] [...] donkerheid [...] ... vergif en naar het ge[tal ...] [2] [...] slangen [...] ... tot hem, zult gij gaan ... [...] [3] [...] vurige slang en door angst verzwakt een slang ... [...] [4] [...] daarin stellen zij zich op. Eeuwige vervloekingen en venijn van slangen [...] [5] [...] giftige slang. Daarin vliegen de pestilenties van de dood, bij zijn ingang tree[dt ...] [6] [...] duisternis. Zijn fundament zijn zwavelvlammen (vgl. Openb. 19:20; 21:8) en zijn woning [...] [7] [...] zijn [deuren] zijn een schandelijke smaad, zijn grendels de ... van de Groeve [...] [8] [...] niet zullen zij de wegen van het leven bereiken ... [...] [9] [...] de legersteden van [...]

Fragment 16

[1] ... [...] [2] de vorsten van [...] [3] de verstandigen zullen door haar dwalen [...] [4] en die valstrikken opzetten [...] [5] bloed ... [...] [6] in ontrouw en onderdrukking [...] [7] [...] en de ar[men ...]

Fragment 21

[1] [... d]uisternis en ik zal gene[zen] zijn [...] [2] [...] vertoornen God voort[durend ...] [3] [... de god]delozen ... [...] [4] [...] en schanddaad verkiest gij [...] [5] [...] zij verheffen zich in Hem en wandelen [...] [6] [...] ... die zich wentelen in ... [...] [7] [...] ... haar bron, de bron van [...] [8] [...] trekt de toorn in en in lank[moedigheid (?) ...] [9] [...] vast en toornt [tegen ...]

Fragment 22

¹ zullen zich van zijn binnenste bemachtigen bij Go[d vandaan ...] ² zal ik verdreven zijn en op de vast besloten dag [...] ³ en om neer te dalen naar de diepste kuil en om [...] ⁴ in de oven van de toorn. ONBESCHREVEN Want ik [...] ⁵ God heeft geboden onder de schranderen [...] ⁶ ten gunste van hen. Van de kennis der wijsheid [...] ⁷ heeft Hij omgekeerd, opdat hij niet zou peinzen over [...] ⁸ verafschuw ik en spotters [...] ⁹ gerechtigheid en als blok des aanst[oots ...] ¹⁰ want God was vertoornd op mij [...]

Fragment 23, kolom II

¹ [en wat be]trouwbaar is spreekt Gij. Het woord [...] ² het hart. Hoort naar mij en woor[den van ...] ³ ik heb bepaald. En drinkt water [uit de bron des levens ...] ⁴ mijn huis een huis van [... van] ⁵ mijn huis woont in [...] ⁶ eeuwigheid en zullen voortschrijden [...] ⁷ de oogsten daarvan zullen zij verza[melen ...] ⁸ zal branden en ieder onkruid (?) [...] ⁹ een bron van water ... [...]

F. ANDERE POËTISCHE TEKSTEN

In dit gedeelte hebben wij een reeks van poëtische geschriften ondergebracht waarvan slechts weinig resten over zijn. Onder deze is het best bewaarde werk dat van het Boek van de Mysteriën, waarvan drie of vier exemplaren over zijn, één uit grot 1 (1Q27) en twee of drie uit grot 4. Zeker is dat 4Q299 en 4Q300 tot dit geschrift behoren, getuige de overeenkomsten tussen beide geschriften en die met 1Q27. 4Q301 is aangeduid als een andere kopie van het werk, maar dit manuscript vertoont geen duidelijke overeenkomsten met de andere. Hoewel de toonzetting gelijkenis met de andere geschriften vertoont, moet om inhoudelijke redenen ernstig betwijfeld worden dat het document tot het Boek van de Mysteriën behoort.

Het werk is sterk verwant aan 4Q Instruction en onder de mysteriën die genoemd worden, komt evenals daar 'het geheimenis van wat is' (of 'het geheimenis van wat gaat komen') voor.

Twee andere opmerkelijke gedichten zijn die welke als Apocriefe Klaagliederen worden aangeduid (4Q179 en 4Q501). Beide teksten zijn van grote schoonheid, zijn geïnspireerd door de bijbelse Klaagliederen en vertonen duidelijke parallellen met soortgelijke liederen in de apocriefe literatuur. Het eerste is een klaaglied over de verwoesting van Jeruzalem, hoewel niet kan worden uitgemaakt aan welke verwoesting van de stad gedacht is. Het enige bewaard gebleven fragment van het tweede gedicht treurt om het lot van het volk van het verbond, biedt duidelijke parallellen met de Lofprijzingen (1QH) en lijkt te zinspelen op een situatie van de gemeenschap die door de 'booswichten van uw volk' veroorzaakt werd.

4Q215a betreft een poëtische eschatologische tekst, geschreven in een laat-Hasmonees en vroeg-Herodiaans schrift aan het einde van de eerste eeuw v. Chr. Het schrift lijkt heel erg op dat van *4QTestament van Naftali* (4Q215), maar is door een andere schrijver gekopieerd. De thematiek van het eerste fragment van 4Q215a is onmiskenbaar 'gerechtigheid' en 'tijd van gerechtigheid'. Wij hebben daarom met twee verschillende teksten te maken. *4QTijd van Gerechtigheid* laat een sterke eindtijdverwachting zien. De tekst benadrukt dat een tijd van kwaad en onrecht is afgelopen en een nieuwe tijd van gerechtigheid en vrede gekomen is. De geschiedenis wordt opgedeeld in perioden en kent vastgestelde tijden waarop vernieuwing zich aandient. Deze beleving van tijd en geschiedenis lijkt nauw samen te hangen met een wereldbeeld volgens welke God alles weet van de dingen voordat ze geschapen zijn. De ideeën die in *4QTijd van Gerechtigheid* naar voren komen zijn verwant aan concepten (zoals determinisme en periodisering van de geschiedenis) en uitdrukkingen (zoals 'de uitverkorenen van gerechtigheid' en 'periode van boosaardigheid') van de sektarische teksten van Qumran. Deze concepten en uitdrukkingen komen echter ook voor in teksten die van grote invloed zijn geweest op het gedachtegoed van de gemeenschap (1 Henoch, Jubileeën). Er is daarom geen reden om aan te nemen dat *4QTijd van Gerechtigheid* een sektarische tekst is.

4QApocriefe Psalm en Gebed (4Q448) bestaat slechts uit één fragment met drie kolommen, maar het is een van de meest opmerkelijke teksten van Qumran. Het schrift is semi-cursief en niet makkelijk leesbaar. Het manuscript is gekopieerd in de eerste helft van de eerste eeuw v. Chr. In de eerste kolom vinden we een psalm die parallellen vertoont met Psalm 154 uit de Syrische overlevering, een psalm die in Qumran ook voorkomt in kolom XVIII van 11Q5 (11QPs^a). In de tweede kolom staat een gebed voor het welzijn van koning Jonathan, waarvan aangenomen wordt dat dit de Hasmonese koning Alexander Jannaeus (103-76 v. Chr.) betreft. Ook in kolom III wordt koning Jonathan genoemd, waardoor aangenomen kan worden dat het gebed in kolom II een vervolg heeft in de tekst in kolom III. De aanwezigheid van dit gebed voor Alexander Jannaeus tussen de geschriften van Qumran is opmerkelijk. Aangenomen wordt dat de gemeenschap van Qumran vijandig stond tegenover de Hasmonese koningen. Alexander Jannaeus gaat schuil achter de cryptische aanduiding 'Woedende Leeuw' in *4QPesjer Nahum* (4Q169) en *4QPesjer Hosea^b* (4Q167). De sektarische commentaren van Qumran interpreteren de handelingen van de 'Woedende Leeuw' op een negatieve wijze. In het licht van deze kritische houding naar Alexander Jannaeus is het gebed voor het welzijn van deze koning in 4Q448 niet makkelijk te plaatsen in het geheel van teksten uit Qumran. De tekst gunt ons in ieder geval een blik op de perceptie van Jannaeus' koningschap door sommige van zijn Joodse tijdgenoten, maar of de gemeenschap van Qumran, of sommige van haar leden, op een bepaald moment deze mening deelden, kunnen we niet meer vaststellen.

4Q475 (*4QVernieuwde Aarde*) is geschreven in een vroeg-Herodiaans schrift in de tweede helft van de eerste eeuw v. Chr. Het weinige dat over is van de tekst gaat over een vernieuwing van de wereld die waarschijnlijk uitgaat van het volk Israël, wiens stad Jeruzalem (Sion) door God gekozen is. De tekst heeft een eindtijdverwachting die overeenkomsten vertoont met die van *4QTijd van Gerechtigheid* (4Q215a). De periode van vrede die aangebroken is volgens 4Q215a vindt een parallel in de aarde die voor eeuwig rustig zal zijn volgens 4Q475. De eschatologische verwachting van deze paradijselijke toestand wordt expliciet geuit door te stellen dat heel de wereld zal zijn zoals het was ten tijde van de tuin van Eden.

De overige fragmenten lijken afkomstig te zijn van verschillende verzamelingen van hymnen, maar de bewaard gebleven stof is zo gering dat wij in veel gevallen zelfs niet kunnen nagaan welk onderwerp wordt aangesneden. Eén daarvan (5Q14) bevat enkel vervloekingen, twee andere (4Q500 en 6Q11) zijn klaarblijkelijk geïnspireerd door de bijbelse allegorie van de wijngaard, hoewel wij niet weten of deze betrokken wordt op Jeruzalem, Juda, Israël, het volk of de gemeenschap.

Gezien het feit dat wij slechts enkele schamele resten van deze geschriften bezitten, behoeft het geen betoog dat iedere poging hun precieze inhoud, hun opbouw, hun herkomst en hun ontstaanstijd te bepalen, tot mislukken gedoemd is.

1. Het Boek van de Mysteriën

a. *1Q Mysteriën* (1Q27) [13 fragmenten]

Fragment 1, kolom I

^{1} [...] alle [...] ^{2} [...] ... [...] ... de geheimenissen van de zonde. ^{3} [...] ... [...]
... en niet kennen zij het geheimenis van wat zal zijn
en zij begrijpen de eerdere dingen niet.
Niet ^{4} weten zij wat hun gaat overkomen
noch hoe hun ziel te redden uit het geheimenis van wat zal zijn. ONBESCHREVEN
^{5} Dit is voor u het teken /dat het zal geschieden/:
wanneer het gebroed van het onrecht opgesloten is,
zal de goddeloosheid voor de gerechtigheid wijken,
zoals duisternis wijkt voor ^{6} het licht;
en zoals rook verdwijnt en er n[iet] meer is,
zo zal de goddeloosheid voor altijd verdwijnen;
en de gerechtigheid zal zich openbaren als een zon
die ^{7} de wereld regeert;
allen die de wonderbare geheimenissen beteugelen, zullen niet meer zijn;
en de wereld zal vol worden van de kennis (vgl. Jes. 11:9)
en daar zal nooit meer verdwaasdheid zijn.
^{8} Dit woord zal zeker in vervulling gaan
en de voorzegging is betrouwbaar:

door dit moge het u bekend zijn dat het onherroepelijk is.
Is het niet zo dat alle [9] volken onrecht haten?
Toch waart het rond door hun aller hand(eling)en!
Is het niet zo dat uit de mond van alle naties de lof der waarheid klinkt?
[10] Maar is er een lip en een tong die zich daaraan houdt?
Welk volk wenst onderdrukt te worden door een ander, sterker dan het zelf is?
Wie [11] wenst dat zijn bezit onrechtmatig geroofd wordt?
Maar welk volk onderdrukt niet een ander?
Waar is een natie die niet [12] bezit van [een andere] geroofd heeft? [...] ... de uitgangen ... [...]

Fragment 1, kolom II

[1] [...] ... [...] [2] en [...] voor hem zijn de overweginge[n] bevredigend [...] [3] ... [...] Wat is het gewin voor [...] [4] behalve hij die goed en hij die kwaad doet. Indien ... [...] [5] zal in niets slagen. Evenzo iedere goede: zijn geld ... [...] [6] zonder bezit. Hij zal verkocht worden zonder koopprijs, want ... [...] [7] Wat zijn [...] ... behalve dat allen [...] [8] waarde en gee[n prij]s zal voldoende zijn om [...] [9] ONBESCHREVEN [10] voor alle volken ... [...] [11] God kent alle [...] [12] [...] ... [...]

b. *4Q Mysteriën*[a] (4Q299 = 4QMyst[a]) [95 doorgaans kleine tot uiterst kleine fragmenten]

Fragment 2, kolom II (regels 1-5 = 4Q300, fragment 5 3-5)

[1] [...] ... [... de arme]. [2] Wat zullen wij roepen [...] en het wer[k ...] [3] en al het werk van de rechtvaardige veront[reinigd is en wat] zullen wij roepen tot de men[s ...] [4] wijs en rechtvaardig, want het komt een mens niet toe [...] en nie[t ... is wijsheid verborgen, behalve] [5] de wijsheid van de arglistigheid van het bedrijven van kwaad en [...] [6] een werk dat niet meer gedaan zal worden, w[ant ...] [7] het woord van zijn Maker en wat kan hij doen, de m[an ...] [8] heeft gerebelleerd tegen het woord van zijn Maker. Hij zal zijn naam wegdoen uit de mond van allen [...] [9] ONBESCHREVEN Luistert, gij die vastgrijpt [...] [10] eeuwig en de plannen van ieder schepsel

en ... [...] ¹¹ ieder geheimenis en de plaats van ieder plan van zijn Maker.
Alle [...] ¹² Hij [is van] voor de oertijd. Dit is zijn naam en [...] ¹³ ... [...]
plan. De horoscoop opent Hij (?) [...] ¹⁴ [...] ... want hij testte ons hart en
Hij zal ons doen beërven [...] ¹⁵ [...] ieder geheimenis en de toegemeten
delen van ieder schepsel en ... [...] ¹⁶ [...] de volken. Op [haar] heeft Hij
hen geschapen en de scheps[elen]

c. *4Q Mysteriën*[b] (4Q300 = 4QMyst[b]) [13 doorgaans kleine tot uiterst kleine fragmenten]

Fragment 1, kolom II

¹ [... waar]zeggers die afvalligheid leren, zeggen de spreuk en berichten het raadsel, voordat overleg gepleegd is. Dan zult gij weten of gij gezien hebt ² en de getuigenissen van de he[melen ...] uw driestheid, want verzegeld is voor u [het ze]gel van het visioen en de geheimenissen kunt gij niet aanschouwen en van de kennis hebt gij geen begrip. ³ Dan zult gij zeggen tot [...] ... [...] omdat gij de wortel van de wijsheid niet aanschouwd hebt. En als gij het visioen opent, ⁴ zal geslo[ten voor u ...] al uw wijsheid, want aan u ... [...] ... [...] dat is ⁵ verborgen wijsheid [...] niet [me]er zal het gebeuren [...] ⁶ [het vi]sioen [...]

Fragment 3 = 1 Q27, fragment 1, kolom I 1-7

d. *4Q Mysteriën*[c]? (4Q301 =4QMyst[c]?) [7 doorgaans kleine fragmenten]

Fragment 2

¹ het recht van de dwaze en het erfdeel van de wijze[n ...] Wat is het raadsel voor u, (gij) die onderzoek pleegt naar de wortels van de kennis? ² Hoe wordt het hart geëerd, terwijl het ...[...] ... Wat is een machtige voor u, terwijl hij ... [...] Wat is een vorst [...] ³ heersend ... [...] zonder sterkte en hij zal over hem heersen met de zweep, zonder loon. Wie zal zeggen ⁴ [...] Wie onder u zoekt het aangezicht van het licht en de licht[bron van] ⁵ [...] een gestalte van gedachtenis die niet geweest is [...] ⁶ [...] onder de engelen van [...] ⁷ [... die lof]prijzen [...]

Fragment 3

1-3 [...] ONBESCHREVEN [...] 4 [...] en geëerd is Hij vanwege zijn lankmoedigheid en g[root] is Hij vanwege [zijn] grote grimmigheid [en] verhee[rlijkt wordt] 5 [...] Hij vanwege zijn overvloedige barmhartigheid en gevreesd is Hij vanwege de bezonnenheid van zijn toorn. Geëerd is Hij [vanwege ...] 6 [...] en over wat op aarde is, heeft Hij hem doen heersen (Ps. 8:7). [En ge]ëerd is Hij bij zijn heilig volk en verheerlijkt wordt H[ij] 7 [...] zijn uitverkorenen. Verheerlijkt [wordt Hij ...] zijn [hei]ligheid. Groot is Hij bij de zegeningen [...] 8 [...] hun majesteit [...] bij het verderf van de tijd van de goddeloosheid en het doen van [...]

2. 1Q Hymnische gedichten? (1Q37) [6 fragmenten]

Fragment 1

1 [...] ... daarin Israël [...] ... [...] 2 [...] van hen die hun ziel het kwaad vergolden hebben en [...] 3 [...] de uitverkorenen van Israël voor de str[ijd ...] 4 [...] ... [...]

3. 1Q Hymnische gedichten? (1Q38) [22 fragmenten]

Fragment 4

1 [...] ... [...] 2 [...] van u en de geheiligd[en ...] 3 [...] Gij hebt mij vernederd [...] 4 [... Gij hebt ged]aan dit alle[s ...] 5 [...] onder de geredd[en ...]

4. 1Q Hymnische gedichten? (1Q39) [10 fragmenten]

Fragment 1

1-2 [...] ... [...] 3 [...] voor uw aangezicht alle dag[en ...] 4 [...] ... en geëerd [...] 5 [...] van u wanneer hij .... tussen [...] 6 [...] door uw heilige Geest [...]

5. 1Q Hymnische gedichten? (1Q40) [9 fragmenten]

Fragment 1

¹ [...] ... het horen [...] ² [...] uw geheimenissen [...] ³ [...] als het inzicht van [...]

6. 3Q Hymne (3Q6) [2 fragmenten]

¹ [...] allen die zich verheugen [over U].
² [...] hun lied zal [U] behagen.
³ [... tot in] eeuwigheid zullen zij U loven.

7. 4Q Apocriefe Klaagliederen A (4QAp[ocryphal]Lam[entations] A = 4Q179) [5 fragmenten]

Fragment 1, kolom I

¹ [...] ... [...] ² [...] ... al onze zonden en wij zijn daartoe niet in staat, want wij hebben niet geluisterd ³ [... ten tijde van de] bestraffing om ons te doen overkomen al deze dingen in het kwaad van ⁴ [...] zijn verbond. ONBE-SCHREVEN Wee ons! ⁵ [...] werd verbrand met vuur en ondersteboven gekeerd ⁶ [...] onze pracht en niets liefelijks is daarin ... [...] ⁷ [...] onze heilige voorhoven zijn geworden ⁸ [...] ... Jeruzalem, de stad van ⁹ [... is tot een puinhoop geworden, een ligplaats] voor de wilde beesten (Sef. 2:15), zonder dat [...] ... Haar pleinen ¹⁰ [...] Wee! Al haar paleizen zijn verwoest ¹¹ [...] en feestgangers bevinden zich niet op hen. Alle steden van ¹² [...] Ons erfdeel is een woestijn gelijk geworden, een land niet ¹³ [... geluid van] vreugde wordt in haar niet gehoord en degene die onderzoekt ¹⁴ [...] zijn ongeneeslijke wond. Al onze schulden ¹⁵ [...] onze overtredingen [...] onze zonden.

Fragment 1, kolom II

¹ Wee ons, want de toorn van God is opgegaan [...] ² en wij zijn verontreinigd met de doden [...] ³ als een niet-beminde vrouw ... [...] ⁴ voor hun

zuigelingen. En de dochter van mijn volk is hardvochtig (Klaagl. 4:3b) [...]
⁵ haar jeugd. Ontredderd zijn de kinderen van [mijn] v[olk ...] ⁶ vanwege
de winter, wanneer hun handen zwak zijn [...] ⁷ een ashoop (vgl. Klaagl.
4:5b) de plaats van zijn overnachting [...] ⁸ Vragen zij om water, dan is er
niemand die het uitgiet [...] ⁹ Zij die opwogen [tegen gou]d en zui[ver]
goud (Klaagl. 4:2), [...] ¹⁰ en heeft geen welgevallen daarin. Zij die werden
verzorgd op karmo[zijn (Klaagl. 4:5), ...] ¹¹ en zuiver goud hun versiersel;
zij die kleren droegen van [...] ¹² en zijde, purper en geborduurd gewaad
(vgl. Ez. 16:13; 27:24) [...] ¹³ De [[kostbare]] tedere dochters van Sion in
het spoor [...]

Fragment 2

¹⁻² ENIGE LETTERRESTEN
³ [...] ... [...] in uw tent [...] ⁴ [Hoe zit zij] eenzaam neder, de (eens) [volk-
rijke] stad (Klaagl. 1:1)! [...] ... [...] ⁵ [...] ... de vorstin van alle naties is
ontredderd als een verlaten vrouw en al haar dochters zijn verlaten ⁶ [als]
een kin[der]loze vrouw, als een diepbedroefde en verlaten v[rouw] (Jes.
54:6). Al haar paleizen en pl[einen] ⁷ zijn als een onvruchtbare en al haar
wegen als een opgesloten vrouw [...] /als/ een verbitterde vrouw; ⁸ en al
haar dochters zijn als vrouwen die wenen over [hun] echtgen[oten], haar
[...] als vrouwen beroofd van ⁹ hun eniggeborenen. Luid weent (de stad)
Jeru[zalem, haar tranen vloei]en over haar wangen (Klaagl. 1:2) vanwege
haar kinderen ¹⁰ [...] en haar zuchten

8. *4Q Tijd van Gerechtigheid* (4Q215a) [4 fragmenten]

Fragment 1, kolom II

¹ [...] ... [...] ² [...] ... hart van de mens [...] onrecht ... [...] oven [van
lij]den ³ en de jacht van (de) onderdrukker en de beproeving van (de)
Groeve. En door hen zullen zij de uitverkorenen van gerechtigheid verfij-
nen en al hun slechte daden zal hij uitwissen ⁴ vanwege zijn barmhartigheden. Want de periode van boosaardigheid is vervuld en alle onrecht zal
vo[orbij gaa]n. [Want] ⁵ de tijd van gerechtigheid is gekomen en de aarde
is vol van kennis en lof van God in ... [...] ⁶ De periode van vrede is geko-

men, en de inzettingen van waarheid en [de] getuigenis van gerechtigheid om te onderwijzen [...] ⁷ in de paden van God [en] in zijn machtige daden [... vo]or eeuwig. Elke ta[a]l ⁸ zal hem prijzen en iedereen zal zich neerbuigen voor hem [en hun ha]rt zal éé[n] zijn. Want hij [kent] ⁹ hun werk voordat zij geschapen zijn, en de dienst van gerechtigheid is de verdeling van hun grenzen ¹⁰ in hun generaties. Want de heerschappij van [[gerechtigheid]] het goede is gekomen. En hij zal verhogen de troon van ... [...] ¹¹ en zeer hoog. Inzicht, verstandigheid en gezond verstand worden getest volgens [zijn] h[ei]lig ontwe[rp].

Fragment 2

¹ zijn heiligheid. Hij vestigde voor hen [...] ² hij schiep hen om te vernieu[wen ...] ³ van zijn dagen, en duisternis [...] ⁴ voor zijn vastgestelde tijd [...] duisternis [...] ⁵ voor vastgestelde tijden voordat [...] ⁶ [...] ... hemelse ma[chten ...]

Fragment 3

¹ om met de ban te slaan (de) aarde [in] zijn woede en haar te vernieuwen [...] ² [...] ... [... de b]ron van hun kenn[is], omdat [...] ³ [...] ... [...]

9. 4Q Liturgische Tekst A (4Q409)

Kolom I

¹ [... Loof en prijs op de dag]en van de eer]stelingen
² [van het koren, de most en de olie met] een nieuw [spij]soffer
³ [en prijs zijn heilige naam.
Loo]f en prijs op de dagen ⁴ [van het houtfeest (vgl. Neh. 10:34) met een gave] van hout voor het brandoffer
⁵ [en prijs zijn naam.
Loof en prijs] op de jubeldag van de herinnering (Lev. 23:24)
⁶ [met hoorngeschal en prijs de Hee]r van het al.
Loof ⁷ [en prijs ... en pr]ijs zijn heilige naam.

⁸ [... en pr]ijs de Heer van het al.
⁹ [... Loof en prijs] op deze dagen.
¹⁰ [...] Loof en prijs en lofzing
¹¹ [... Loof en prijs en] lofzing met boomtakken (Lev. 23:40)

Kolom II

¹ [...] ... [...] ² Loof en p[rijs ...] ³ en lammeren [...] ⁴ in [...] ⁵ bij het verbran[den ...] ⁶ uw Schepper [...] ⁷ en prijs [...] ⁸ op het altaa[r ...] ⁹ bij het blazen [van de bazuin ...] ¹⁰ u[w] God [...]

10. 4Q Apocriefe Psalm en Gebed (4Q448) [1 fragment]

Kolom I

¹ Halleluja (= Prijst de Heer), een psal[m], een lied [...] ² jij had lief als een va[der ...] ³ jij regeerde over [...] ⁴ ONBESCHREVEN [...] ⁵ en [jouw] vijan[den] vreesden [... in de vergadering] ⁶ van de velen verkon[dig zijn glorie. Verbind jullie ziel met de goeden] ⁷ en met de onberispelijken [om de Allerhoogste te verheerlijken. Zie, de ogen van YHWH ontfermen zich over de goeden] ⁸ en jegens degenen die hem verheerlijken, v[ermeerdert hij zijn gunst; uit een tijd van nood zal de Verlosser hun ziel bevrijden,] ⁹ de arme uit de macht van tegenstanders [en de onberispelijke uit de macht van de goddelozen bevrijdend. Hij verkiest] ¹⁰ zijn verblijf in Sion, ki[ezend Jeruzalem voor altijd ...]

Kolom II

¹ Verhef je, o Heilige ² over koning Jonathan ³ en over de gehele vergadering van jouw volk ⁴ Israël ⁵ dat is in de vier ⁶ windrichtingen van de hemel. ⁷ Mogen zij allen (in) vrede zijn, en aangaande jouw koninkrijk moge je naam gezegend zijn.

Kolom III

¹ in jouw liefde laat ik mij onderw[ijzen ...] ² overdag en tot de avond ... [...] ³ om naderbij te komen om te zijn [...] ⁴ gedenk hen /voor/ een zegening ... [...] ⁵ aangaande jouw naam, die aangeroepen wordt [...] ⁶ koninkrijk om gezegend te worden [...] ⁷ aangaande de dag (?) van oorlog en [...] ⁸ voor koni[ng] Jonathan ⁹ ... [...] ... [...]

11. 4Q Vernieuwde Aarde (4Q475) [1 fragment]

¹ [... Sio]n (?) heeft hij gekozen, en door een rechtvaardig leven [...]. ² [Zijn voorschriften (?)] hebben ze vergeten en zij hebben ze niet gezocht, en een land [...] ³ [...] ... in hun midden, en hij zal hun meedelen alle [voorschriften (?) ...] ⁴ [... h]eel de wereld, en er zal niet langer schuld zijn in het land, en niet zal er z[ijn ...] ⁵ [... vernie]tiging en alle tegenstand. En heel de wereld zal zijn als Eden, en allen die [daar] wo[nen ...] ⁶ [... en] de aarde zal rustig zijn voor eeuwig, en zij die [daar] wonen, zullen zoeken (?) [...] ⁷ [...] tot een geliefde zoon, en zij zullen het allemaal zoeken, en ge[rechtigheid (?) ...] ⁸ [...] want [...] ⁹ [...] ... [...]

12. 4Q Zegening (4Q500 = 4QpapBen)

¹ [...] ... [...] ² [...] uw [balsem]struiken in bloei staan en [...] ³ [...] uw wijnpers, [geb]ouwd met stenen van [...]
⁴ [...] bij de poort van de heilige hoogte [...] ⁵ [...] uw planting en uw heerlijke kanalen in [...] ⁶ [...] uw verrukkelijke takken ... [...] ⁷ [...] uw [...]
ONBESCHREVEN

13. 4Q Apocriefe Klaagliederen B (4Q501 = 4QApocryphal Lamentations B)

¹ [...]
Geef ons erfdeel niet aan vreemden
en de vrucht van onze inspanning aan buitenlanders.
Gedenk dat ² [wij de uitgesloten]en van uw volk zijn
en de verlatenen van uw erfdeel.

Gedenk de kinderen van uw verbond,
de ontredderden, [3] [die ...],
de voortgedrevenen (?), die ronddolen zonder dat iemand hen doet terugkeren,
de gebrokenen, zonder dat iemand hun wonden verbindt (vgl. Ez. 34:4),
[4] [de gebogenen, zonder dat iemand hen op]richt (Ps. 145:14; 146:8).
De booswichten van uw volk omringen ons met een leugenachtige tong
(Ps. 109:2; Spr. 6:17; 12:19 etc.)
en gekeerd hebben zich [5] [tegen ...]
en uw takwerk aan een uit een vrouw geborene (Job 14:1; 15:14; 25:4).
Aanschouw en zie de smaad van de kinderen van [6] [uw volk (Klaagl. 5:1),
want] onze huid [gloeit (Klaagl. 5:10)]
en verontwaardiging heeft ons aangegrepen (Ps. 119:53)
vanwege hun smadelijke taal.
Laat niet [7] [...] tegen uw geboden
en laat hun nakomelingschap niet tot [[de kinderen van]] het verbond
behoren. [8] [...] tegen hen in de menigte van uw kracht
en oefen aan hen wraak (Ez. 25:17; Ps. 149:7), [9] [want ...];
zij stellen U niet voor hun ogen (Ps. 54:5; 86:14)
en handelen gewelddadig tegen een ootmoedige en behoeftige.

14. 5Q Vervloekingen (5Q14)

[1] [...] ... en op de zeeën. Ook op [...] [2] [... Mogen] uw [o]gen van u vallen [...] [3] [...] ... Mogen uw [...] vallen met alle ergerlijk[heden ...] [4] [...] zij mogen u verdelgen uit al degenen die ... [...] [5] [...] die weinig heeft en niet voldoende. Want [...]

15. 6Q Allegorie van de Wijngaard (6Q11)

[1] [...] ... [...] [2] [...] met [...] [3] [...] en tijdens de oogst ben [ik] gekomen [...] [4] [... van de mor]gen tot de avond [...] [5] [... heeft] een meisje [vern]ield, heeft een jongen vernield ... [...] [6] [...] en gij zult zeggen: De geplante wijngaard zal ik bewa[ken ...]

16. 6Q Hymne (6Q18) [27 fragmenten]

Fragment 2

¹ [...] ... [...] ² [...] eeuwig leven en glo[rie ...] ³ [...] duisternis en don[kerte ...] ⁴ [... naar de dui]sternis (gaat) de begeerte van [...] ⁵ [...] naar Hem die eeuwig leeft (Dan. 12:7). En moge zijn [...] ⁶ [...] tot de vreug[de ...] ⁷ [...] ... de zoon van Isaak [...] ⁸ [...] met eeu[wige] lofgezangen [...] ⁹ [...]... [...]

Fragment 5

¹ [...] ... en ... [...] ² [... de eng]elen der gerechtigheid op [hun] pos[ten ...] ³ [... zij] houden vast aan de geest van de kennis (Jes. 11:2) [...] ⁴ [... tot in ee]uwigheid zullen zij niet verdelgd worden [...]

17. 8Q Hymne (8Q5)

Fragment 1

¹ [...] in uw naam, o Held, zaai ik vrees en ... [...] ² [...] deze man die deel uitmaakt van de kinderen ... [...] ³ [...] deze. En hoe wilt gij zijn licht doen wijken om ... ? [...] ⁴ [...] voor de sterrenbeelden van de hem[el ...]

Fragment 2

¹ [...] ... [...] ² [...] en het antwoo[rd ...] ³ [...] ... van YHWH [...] ⁴ [...] uw [...] is groot boven alle [...] ⁵ [...] de vervolgingen en gerichten [...] ⁶ [...] en alle geesten vóór U st[aan ...]

18. 11Q Hymnenᵃ (11Q15)

¹[...] ... [...] ² [... d]ie [uw] handen gevestigd hebben [...] ³ [...] uw [...] en Gij zult tonen ... [...] ⁴ [...] in uw kamers. Naar hun namen [...] ⁵ [...] zijn glorie; en zijn werken en zijn moeite [...] ⁶ [...] Gij hebt geschapen alle geesten [...]

LITURGISCHE TEKSTEN

Dit onderdeel biedt een reeks van teksten die, in tegenstelling tot de in het voorafgaande behandelde (Poëtische Teksten), aanwijzingen bevatten dat zij voor liturgisch gebruik bestemd waren, d.w.z. voor een gezamenlijke of publieke eredienst, op vaste tijden en onafhankelijk van de offerliturgie van de tempel te Jeruzalem. Het lijdt geen twijfel dat de gemeenschap van Qumran dit type van gezamenlijke viering kende. Dat blijkt bijv. uit de liturgie van het feest van de verbondsvernieuwing in de Regel der Gemeenschap (1QS I 24-II 18) en de liturgie van de uitsluiting van ontrouwe leden (4QD). Dit soort (dagelijkse, wekelijkse, op feestdagen of bij bijzondere rituelen gehouden) gezamenlijke vieringen lijken de hier in vertaling weergegeven werken in het leven te hebben geroepen.

Wij weten weinig van de ontwikkelingsgeschiedenis van deze van de tempeldienst onderscheiden en aan die van de synagoge voorafgaande liturgie. Wij kennen zelfs niet precies de functie en het gebruik van het bijbelse Psalmboek buiten de context van de tempel. Sommige onderzoekers menen dat een aantal psalmverzamelingen van Qumran, met name die welke apocriefe psalmen bevatten, liederenbundels vormen die voor gezamenlijk liturgisch gebruik bedoeld waren. Bovendien kunnen sommige 'bijbelhandschriften', zoals 4QDeut^j en 4QDeut^n, inderdaad geschriften met uittreksels uit de tekst van de bijbel zijn, die voor liturgische doeleinden bestemd waren. Eenzelfde gebruik kan men aannemen voor de niet-canonieke psalmen. Zoals wij hebben aangegeven in onze inleiding tot de Hodayot, kan men niet uitsluiten dat deze lofliederen (of sommige daarvan) in een gezamenlijke liturgie gebruikt zijn. Maar omdat in al deze gevallen de teksten zelf niet voldoende gegevens bevatten om een definitieve conclusie te trekken, hebben wij ze eenvoudig onder de rubriek 'Poëtische Teksten' ondergebracht. De werken die hier evenwel aan de orde komen, zijn weliswaar eveneens poëtische teksten, maar daarin vinden wij concrete aanwijzingen voor liturgisch gebruik. Ze kunnen naar hun herkomst in drie groepen onderverdeeld worden:

a. Teksten met een uitgesproken liturgisch karakter, zoals 'Dagelijkse gebeden', 'Feestgebeden' en de 'Woorden van de lichten', die buiten de gemeenschap van Qumran geschreven lijken te zijn, en, hoewel zij in de liturgische vieringen van de gemeenschap gebruikt zijn, ons inlichtingen kunnen verschaffen aangaande de vóórsynagogale Joodse eredienst in een niet-sektarische context;

b. Liturgische teksten, zoals de 'Liederen van het sabbatsoffer' en bepaalde 'Zegenspreuken' en 'Vervloekingen', die afkomstig zijn uit de gemeenschap van Qumran zelf en getuigenis afleggen van haar mystieke belevingswereld, benevens haar theologische en eschatologische denkbeelden;

c. Teksten bestemd voor rituelen waarvan de herkomst niet met zekerheid kan worden vastgesteld, maar die ons niettemin een blik gunnen in de diversiteit en rijkdom van de liturgische vieringen die niet gerelateerd waren aan de tempelcultus.

Het geheel van deze teksten vindt men bestudeerd in de monografieën van Bilha Nitzan, *Qumran Prayer and Religious Poetry* (STDJ 12; Brill, Leiden 1992), D.K. Falk, *Daily, Sabbath and Festival Prayers in the Dead Sea Scrolls* (STDJ 27; Brill, Leiden 1998), James Davila, *Liturgical Works* (Eerdmans, Grand Rapids 2000) en R.C.D. Arnold, *The Social Role of Liturgy in the Religion of the Qumran Community* (STDJ 60; Brill, Leiden 2006), benevens de verzamelde opstellen van verschillende auteurs in D. Falk, F. García Martínez, E.M. Schuller, *Sapiential, Liturgical and Poetical Texts from Qumran* (STDJ 35; Brill, Leiden 2000) en E. Chazon, A. Pinnick, *Liturgical Perspectives. Prayer and Poetry in Light of the Dead Sea Scrolls* (STDJ 48; Brill, Leiden 2003).

A. DE LIEDEREN VAN HET SABBATSOFFER (SHIROT ᶜOLAT HA-SHABBAT)

Het onder de rollen van Qumran het best vertegenwoordigde liturgische werk staat bekend onder de naam *De liederen van het sabbatsoffer* of als de *Liturgie van de engelen*. In grot 4 zijn resten van acht manuscripten van het werk ontdekt, in grot 11 die van één, en nog eens die van één tijdens de opgravingen van de vesting Masada. Dankzij deze overvloed aan kopieën en ondanks het fragmentarische karakter van ieder afzonderlijk handschrift kan men zich een vrijwel volledig beeld vormen van het werk. Al deze documenten vindt men verzameld in de uitgave die door Carol Newsom bezorgd is (vgl. de Lijst van handschriften). De ontstaanstijd van de kopieën schommelt tussen het midden van de eerste eeuw v. Chr. (4Q400, het oudste manuscript) en het midden van de eerste eeuw n. Chr. (het manuscript van Masada).

Het werk bestaat uit 13 liederen, bedoeld om te worden gereciteerd gedurende 13 achtereenvolgende sabbatten. Ieder daarvan wordt ingeleid door een vaste formule. Daarin wordt aangegeven wie de auteur (of de geadresseerde?) is: de Wijze; de gelegenheid waarvoor het lied bestemd is: 'lied van het sabbatsoffer'; de datum van de sabbat waarvoor elk afzonderlijk lied bedoeld is: 'voor sabbat x (1 tot 13) op dag x van de maand x (1 tot 3)'. De enige uitzondering hierop vormt het zevende lied, waarvan de dag vermeld wordt, maar niet de maand. In tegenstelling tot de vaste formules aan het begin bevatten de liederen geen slotformules of een vermelding van een respons van de gemeente, zoals in andere liturgische teksten wel het geval is.

De inhoud van de afzonderlijke liederen kan als volgt worden samengevat (tussen haakjes vindt de lezer de belangrijkste tekstpassages):
– dat van de eerste sabbat refereert aan de instelling van de hemelse priesterschap benevens haar taken en functies (4Q400 1);
– dat van de tweede sabbat spreekt over de verhouding van de hemelse tot de aardse priesterschap (4Q400 2);
– de fragmenten die kunnen worden toegeschreven aan de liederen van de derde en vierde sabbat (een precieze toewijzing is onzeker) behandelen ten vervolge de engelpriesterschap met verwijzing naar de priesterlijke wijding en vermelden Melchisedek onder deze hemelse priesters (4Q401 1 en 2; 11);
– het lied van de vijfde sabbat behandelt de eschatologische strijd in de hemel en verwoordt dezelfde bezorgdheid aangaande rituele reinheid als die welke in de Rol van de Oorlog wordt aangetroffen (4Q402 4);

– het lied van de zesde sabbat bevat psalmen van ieder van de zeven voornaamste engelen en hun zegenspreuken, die elk voor zich uit zeven woorden bestaan en beschreven worden als wonderbaar, maar niet nader zijn gespecificeerd (4Q403 1 I, 1-29);
– het lied van de zevende sabbat, het middelpunt van de cyclus, bevat een omvangrijke en in sterke mate uitgewerkte oproep tot lofprijzing, gevolgd door de lofprijzing van de verschillende onderdelen van de hemelse tempel (de fundamenten, de muren, de poorten, de versieringen etc.) tot aan die van het binnenste van het heiligdom en de voetbank van de goddelijke troon, culminerend in de lofprijzing van de goddelijke troonwagen (4Q403 1 I, 30-II 16);
– het lied van de achtste sabbat bevat, parallel aan dat van de zesde, de lofzangen van zeven engelvorsten die in rang direct ondergeschikt aan de hogepriesters (de zeven voornaamste engelen) zijn en in de zeven hemelse heiligdommen hun priesterlijke dienst verrichten (4Q 403 1 II, 18-48);
– het lied van de negende sabbat beschrijft de lofprijzing van alle onderdelen van de hemelse tempel, die blijkbaar evenals de engelen als bezield worden beschouwd [vgl. Openb. 3:12; 9:13-14] (4Q405 14 en 15 I);
– het lied van de tiende sabbat zet de beschrijving van de lofprijzing van de hemelse tempel voort tot aan die van het voorhangsel van het heiligdom (4Q405 15 II en 16);
– het lied van de elfde sabbat verplaatst ons naar het Allerheiligste van de hemelse tempel en beschrijft dit benevens de lofprijzing van de daar gegraveerde figuren (4Q405 18 en 19 en 20 II, 21 en 22 [tot en met r. 5]);
– het lied van de twaalfde sabbat schildert de verschijning van de goddelijke troonwagen, het bewegen van de hemelse wezens in zijn omgeving en de lofprijzingen die zij uitspreken, als een soort hemelse liturgie (4Q405 20 II, 21 en 22 [vanaf r. 6] benevens 23 I en 11Q17 III);
– het lied van de dertiende sabbat noemt tenslotte de offers waarnaar de opschriften van alle liederen verwijzen, en vervolgt met een beschrijving van de hemelse priesters die ze brengen (4Q405 23 II en 11Q17 IV en V).

Deze eenvoudige weergave van de inhoud toont ons de zeer zorgvuldige opbouw van het werk en de bijdrage van elk afzonderlijk lied aan de structuur daarvan. Het geschrift is samengesteld uit drie duidelijk naar inhoud en stijl van elkaar verschillende onderdelen: de liederen 1-5, 6-8 en 9-13. Carol Newsom vergelijkt deze structuur met een piramide. Daarvan vormen de liederen 1-5 en 9-13 de twee met elkaar corresponderende benen en de liederen 6-8 de top met lied 7 als hoogtepunt.

Reeds deze structuur maakt de opvatting van sommigen dat het werk oorspronkelijk uit 52 liederen (één voor elke sabbat van het jaar) zou hebben bestaan, onwaarschijnlijk. Het feit dat enkel de eerste 13 daarvan bewaard gebleven zijn, zou volgens hen op toeval berusten. Het definitieve bewijs dat het oorspronkelijke werk echter wel degelijk uit 13 liederen heeft bestaan, is door het exemplaar uit grot 11 geleverd, dat opgerold werd gevonden en waarvan de laagst gelegen bladen (het slot van de rol) corresponderen met gedeelten uit lied 13. Maar al is dus niet te loochenen dat het geschrift van huis uit slechts 13 liederen bevatte, netelig is de beantwoording van het probleem of zij alleen bestemd waren om op de eerste 13 weken van het jaar gereciteerd te worden of dat zij ook in de daarop volgende reeks van drie maanden herhaald werden. Carol Newsom kiest voor het eerste alternatief. Zij beroept zich daarbij voornamelijk op de nummering van de maanden in de opschriften van de liederen en de nadruk die het getal 7 in de liederen 6 en 8 krijgt, die draaien om het centrale lied 7. Deze liederen zouden minder passend zijn wanneer men aanneemt dat zij niet enkel op de sabbatten rond de zevende, maar ook op die rond de twintigste, de drieëndertigste en de zesenveertigste gereciteerd zouden zijn. Maar deze argumenten zijn niet overtuigend en de hypothese verklaart niet het feit dat de inhoud van de liederen als zodanig geen enkel verband vertoont met het begin van het jaar. Evenmin bestaat er een relatie tussen de thematiek van de liederen en de talrijke feesten van de eerste drie maanden van het jaar, zoals die van de eerstelingen en het Wekenfeest, zelfs niet met het feest van de priesterwijding en het Paasfeest/feest van de ongezuurde broden, die beide een week duren en in het midden waarvan de eerste en derde sabbat vallen. Juist het feit dat de auteur besloot in de opschriften niet de namen van de maanden (hetgeen aan alle onzekerheid een einde zou hebben gemaakt), maar een numerieke aanduiding te gebruiken, kan een aanwijzing zijn dat hij een systeem wenste te benutten dat kon dienen om de eerste, tweede en derde maand van elk *kwartaal* aan te duiden, waarin de sabbatten steeds op dezelfde datum vallen (zie Tabel I in de inleiding tot het hoofdstuk over de astronomische teksten en de kalenders). Inderdaad geven de kalenderdocumenten (Mishmarot A-I), die de priesterdiensten in de tempel aan het begin van elk kwartaal vermelden, aan dat dit concept van indeling in trimesters bekend was en binnen de gemeenschap van Qumran gebruikt werd als ontwerp tot schepping van liturgische eenheden. In dit opzicht kan het van betekenis zijn dat juist bij het zevende lied de numerieke aanduiding van de maand is weggelaten, zonder dat er enige twijfel kan rijzen aangaande de sabbat waarvoor het lied bedoeld is. Om de genoemde redenen menen wij dat het het meest waarschijnlijk is dat de 13 liederen bestemd waren om gereciteerd te worden in elk van de vier kwartalen, d.w.z. dat zij in de loop van het jaar herhaald werden.

Deze conclusie is belangrijk als men de specifieke functie van de liederen in een liturgische context wil nagaan en hun herkomst uit kringen binnen of buiten de gemeenschap van Qumran wenst vast te stellen. Beide vraagstukken grijpen nauw ineen. In de *editio princeps* beschouwt Carol Newsom een herkomst uit Qumran waarschijnlijker dan een vóór of buiten Qumran. Zij heeft echter haar mening veranderd en pleit momenteel voor een werk dat niet uit Qumran stamt. Wij menen evenwel dat een herkomst uit Qumran om de volgende redenen niet te betwijfelen valt:

a. het grote aantal van de aangetroffen kopieën bewijst dat het werk door de gemeenschap van Qumran gebruikt werd. Al deze kopieën zijn van tamelijk late datum, inclusief het oudste handschrift, dat niet ouder is dan het midden van de eerste eeuw v. Chr. Weliswaar geeft de paleografische datering van de manuscripten ons geen aanwijzing betreffende de tijd waarin het werk geschreven werd. De taalkundige kenmerken van de tekst met zijn innoverende woordenschat en zijn syntactische bijzonderheden, zoals de overmaat aan nominale zinnen, het overwegend gebruik van infinitieven, het alom aanwezige gebruik van de *lamed* etc., tonen echter aan dat het werk niet veel eerder dan vóór het midden van de eerste eeuw v. Chr. het licht kan hebben gezien. Gelet op de sektarische radicalisering van de gemeenschap van Qumran moet ervan worden uitgegaan dat hoe jonger een geschrift is, er des te minder rekening gehouden moet worden met de mogelijkheid dat het van buitenaf is aangetrokken om door haar gebruikt te worden;

b. al ontbreken in het werk de meest karakteristieke termen die op een sektarische oorsprong wijzen (zoals toespelingen op de raad van de gemeenschap, de Leraar der Gerechtigheid etc.), toch kan niet ontkend worden dat ook een groot deel van het vocabulaire overeenstemt met dat van andere, zeker als sektarisch te beschouwen geschriften;

c. het gebruik van *lᵉmaśkîl* ('van de Wijze') in de inleidende formules van elk lied en de strikte parallel met het gebruik van de uitdrukking in zo uitgesproken sektarische werken als 1QS (III 13), 1QSb (I 1; III 22; V 15) en 4Q511 (2 I 1; 8 4) lijkt ons te noodzaken de 'Wijze' te identificeren met de functionaris met dezelfde naam binnen de gemeenschap van Qumran;

d. de parallellen in stijl en woordgebruik bij de beschrijving van de lofprijzing van de engelen en van de hemelse tempel tussen de liederen en 4Q286 (4QZegenspreuken[a]) lijken te wijzen op een zelfde herkomst van beide werken. Dat 4Q286 uit Qumran afkomstig is, lijdt geen twijfel, omdat een van de zegenspreuken (4Q286, fragment 7 II 1) eindigt met de woorden: '[de mannen van] de raad van de gemeenschap zullen allen te zamen zeggen: Amen, amen'.

De precieze functie van de voordracht van de liederen in de liturgische context van de gemeenschap van Qumran is niet gemakkelijk vast te stellen. Verschillende auteurs hebben die op verschillende wijze trachten te verklaren. Steunend op de gedetailleerde beschrijvingen van de onderdelen van de hemelse tempel hebben sommigen voorgesteld het werk op te vatten als een middel om hemelse realiteiten te openbaren. Anderen, die de nadruk leggen op de beschrijving van de goddelijke troonwagen en het numineuze karakter van de gebruikte taal, menen dat de liederen voornamelijk bedoeld waren om als toeleiding tot mystieke meditatie te dienen of ook tot de mystieke praktijk van de opstijging tot aan de goddelijke troon, zoals in de latere *Merkava*-mystiek. Weer anderen die de priesterlijke elementen van de liederen accentueren, zien hun functie in het bevestigen en rechtvaardigen van de priesterlijke autoriteit van die leden van de gemeenschap van Qumran die priester waren (nadat zij alle zeggenschap en controle over de tempelcultus verloren hadden), niet enkel met het oog op buitenstaanders, maar ook met het oog op de andere, niet-priesterlijke leden van de gemeenschap. Naar onze mening is echter de werkelijke functie van de liederen binnen de gemeenschap van Qumran de vervanging van de in de tempel gebrachte offers (waaraan haar leden niet deelnamen), in concreto van het sabbatsoffer, door deelname aan de *hemelse* liturgie en sabbatscultus, zoals beschreven in de liederen. Wij weten dat de gemeenschap van Qumran, nadat eenmaal de breuk met de tempelcultus haar beslag gekregen had, een theologie van de gemeenschap als geestelijke tempel heeft ontwikkeld (als tijdelijk substituut van de tempel voor de tijd waarin het heiligdom als ontwijd werd beschouwd en elke deelname aan zijn cultus de leden van de gemeenschap verboden was). De lofprijzing vervangt de reële offers (vgl. bijv. 1QS VIII 4-10 en IX 3-6). Ook weten wij dat de gemeenschap eveneens de voorstelling van de verbondenheid met de engelenwereld heeft uitgewerkt, in zulk een mate dat de aanwezigheid van engelen te midden van haar aangehaald wordt als argument voor de eis van volstrekte reinheid van haar leden (zie bijv. 1QSa II 3-11 en 1QM VII 4-6) en dat zij zich verbonden wist met de hemelse priesterschap (zie bijv. 1QSb III 25-26 en IV 24-26). De liturgische voordracht van de liederen op de opeenvolgende sabbatten van de vier kwartalen van het jaar verschafte de leden van de gemeenschap de mogelijkheid te participeren aan de sabbatsoffers van de engelen in de *hemelse* tempel, ter vervanging van de voor hen om principiële redenen uitgesloten deelname aan de sabbatsoffers die in de tempel van Jeruzalem gebracht werden. Vgl. P.S. Alexander, *Mystical Texts. Songs of the Sabbath Sacrifice and Related Manuscripts* (T & T Clark International, London 2006).

1. 4Q Liederen van het Sabbatsoffer (4QShirShabb)

a. *4Q Liederen van het Sabbatsoffer*[a] (4QShirShabb[a] = 4Q400) [7 fragmenten]

Fragment 1, kolom I

[1] [Van de Wijze. Het lied van het offer] van de eerste [sabba]t op de vierde (dag) van de eerste maand.
Looft [2] [de God van ...],
hemelingen onder alle allerheiligsten.
[Bejubelt] de goddelijkheid [3] [van zijn koningschap,
want Hij heeft] onder de eeuwige heiligen allerheiligsten [bestemd]
om voor Hem te zijn tot priesters van [4] [het binnenste heiligdom in zijn koninklijk heiligdom],
(tot) hoogstpersoonlijke dienaren in zijn glorierijk allerheiligste.
In de vergadering van alle hemelingen (vgl. Ps. 82:1) [5] [der kennis en in de raad van alle geesten] van God
heeft Hij zijn inzettingen (op hemelse tafelen) gegraveerd (Jub. 5:13; 24:33; 32:15) voor alle geestelijke schepselen
en [6] [zijn glorierijke] voorschriften [voor al degenen die] de kennis [grondvesten],
het volk van het inzicht in zijn goddelijke glorie,
voor degenen die de kennis het naaste staan, [7] [...] eeuwige [...]
en uit de heilige bron (1 Hen. 48:1) van de [8] [aller]heiligste heiligdommen [...],
prie[sters] van het binnenste heiligdom, hoogstpersoonlijke dienaren van de [9] [aller]heiligste Koning
[...] zijn glorie.
In ieder opzicht overtreffen zij de zeven [10] [eeuwige raden, want] Hij heeft hen [voor] zich [be]stemd tot [aller]hei[ligsten, (tot) dienaren in het aller]heiligste.
[11] [...]
Zij zijn groot geworden onder hen overeenkomstig de raad [...] van de kennis van [12] [...] het allerheiligste, prie[sters ...
Z]ij zijn de vorsten van [13] [...
staa]nde in de tempels van de Koning [...]
In hun gebied en in hun erfdeel [14] [...] ...
Zij verdragen niemand wiens weg ver[keerd] is,

en er is niets onreins in hun heilige offeranden.
¹⁵ [Heili]ge [inzettingen] heeft Hij voor hen gegraveerd:
daarmee heiligen zich alle eeuwige heiligen.
Hij reinigt de reinen van ¹⁶ [het licht (= de engelen)
om vergeldin]g te oefenen aan allen wier wandel verkeerd is.
Maar zij verzoenen zijn wil ten gunste van hen die zich bekeren van overtreding.
¹⁷ [...] kennis onder de priesters van het binnenste heiligdom en uit hun
mond (komen) de aanwijzingen voor alle heiligen, te zamen met ¹⁸ [zijn
glorierijke] voorschriften.
[...] zijn [gun]stbewijzen tot vergeving in eeuwig erbarmen, maar [om te
verdelgen] in de wraak van zijn naijver ¹⁹ [...]
... Hij heeft voor zich bestemd priesters van het binnenste heiligdom, allerheiligsten ²⁰ [...
de G]o[d] der goden, priesters van de verheven (hemelse) hoogten, die
[na]deren ²¹ [... lof]zangen

Fragment 1, kolom II

¹ de verhevenheid van [uw] koningschap [...] ² de (hemelse) hoogten en ...
[...] ³ de glans van uw koningschap [...] ⁴ in de poorten van de verheven
(hemelse) hoogten [...] ⁵ ... de geest van alle ... [...] ⁶ de heiligen van het
allerheiligs[te ...] ⁷ de Koning van de hemelingen voor de zeven [heiligdommen ...] ⁸ de glorie van de Koning. ONBESCHREVEN ... [...] ⁹ zijn glorie in de raad van de he[melingen ...] ¹⁰ naar de zeven paden [...] ¹¹ voor
de gerichten in rust (uitgesproken) ... [...] ¹² eeuwig. ONBESCHREVEN [...]
¹³ zij verheffen zijn glorie [...] ¹⁴ de Koning van de vorsten van [...] ¹⁵ heiligen [...] ¹⁶ de heiligen van [...] ¹⁷ hemelingen en [...] ¹⁸ gerechtigheid.
ONBESCHREVEN [...] ¹⁹ de priestersch[ap ...] ²⁰ de gunstbewijzen van
G[od ...] ²¹ om zich te heiligen ... [...]

Fragment 2

¹ om te loven uw wonderbare glorie met de hemelingen der kennis en de
lof van uw koningschap met de [alle]rheiligsten.
² Zij worden vereerd in al de legerplaatsen van de hemelingen en met ont-

zag bejegend door de vergaderingen der mensen,
een wo[nder] ³ bij hemelingen en mensen.
Zij verhalen zijn koninklijke majesteit naar hun kennis
en verheffen [zijn glorie in alle] ⁴ hemelen van zijn koningschap.
In alle verheven (hemelse) hoogten [zingen] zij wonderbare psalmen overeenkomstig al [hun inzicht
en de luister] ⁵ van de glorie van de Koning der hemelingen
verhalen zij in de verblijfplaatsen van hun post. ONBESCHREVEN
En [...] ⁶ wat zijn wij te achten vergeleken met hen?
Onze priesterschap, hoe (zal het beschouwd worden) in hun verblijfplaatsen? [Onze] of[feranden, hoe zouden die te vergelijken zijn met] ⁷ hun offerand[en]?
[Wat] is het lofoffer van onze stoffelijke tong vergeleken met de kennis van de hem[elingen? ...]
⁸ [...] voor ons [ge]zang.
Laten wij verheffen de God van de kennis [...]
⁹ [... hei]lig
en zijn inzicht overtreft (dat van) allen die kenn[en ...]
¹⁰ [...] heiligheid. De heiligheid van de eers[te ...]
¹¹ [...] ... de to[ngen] der kennis ... inzettingen [...]
¹² [...] der glorie [...] ¹³⁻¹⁴ [...] ... [...]

Fragment 3, kolom I

¹ [...] door de wonderbare (hemelse) hoogte ² [...] tong van reinheid 3 [...] hemelingen, zeven ⁴ [...] ... ⁵ [... g]rote ⁶ [...] ⁷⁻⁸ [...] ... ⁹ [...] met zeven ¹⁰ [...] ¹¹ [... woor]den van ¹² [... ze]ven

Fragment 3, kolom II

¹ zijn heilige gezangen [...] ² voor de vorsten van de tweede rang [...] 3 zijn waarheid, beelden van ... [...] ⁴ en zeven woorden van [...] ⁵ om te loven hen die kennen [...] ze[ven] ⁶ wonderbare woorden [...] ⁷ ONBESCHREVEN [...] ⁸ Van de Wijze. Het li[ed voor het offer van de tweede sabbat op de elfde (dag) van de eerste maand. Looft] de God van ⁹ de vereerd[en (= de engelen) ...] ¹⁰ ... [...]

b. *4Q Liederen van het Sabbatsoffer^b* (4QShirShabb^b = 4Q401) [38 fragmenten]

Fragmenten 1 en 2

¹ Van de Wijze. Het li[ed voor het offer van de vierde sabbat op de vijf]entwintigste (dag) van de [eerste] ma[and]. ² Looft de Go[d der ...] ... [...]³ en ... [...] zij staan vóór [...] ⁴ het koningsch[ap ...] met alle hoof[den van ...] ⁵ de Koning van de hem[elingen ...] ⁶ ... [...]

Fragment 11

¹ [...] ... priester[s ...] ² [... de G]od van de kennis en [...]³ [... Melchi]sedek, priester in de vergade[ring van God (Ps. 82:1) ...]

Fragment 13

¹ [...] ... [...] de Koning van al[le ...] ² [...] het tweede zevental zal loven zeven[maal ...] ³ [... de der]de onder de hoofdpriesters prij[st ...]

Fragment 14, kolom I (regels 7-8 = 4Q400 2, 1-2)

1-3 [...] ⁴ [...] haar verhevenheid is verheven boven [...] ⁵ [...] want Gij wordt vereerd onder [...] de hemelingen der hemelingen om [...] ⁶ voor de hoofden van de heerschappij [...] de hemel van uw glo[rierijk] koningschap ⁷ om te loven uw wonderbare glorie [met de hemelingen der kennis en de lof van] uw koningschap met de allerheiligsten. ⁸ Zij worden vereerd in al de legerplaatsen van de hemelingen en met ont[zag bejegend door de verga]deringen der mensen, een wonder

Fragment 14, kolom II

¹ [...] ... [...] ² zijn wonderbare geheimenissen [...]³ het geluid van gejubel [...] ⁴ niet kun[nen zij ...] ⁵ maakt sterk G[od ...] ⁶ de vorsten van [...] ⁷ doen horen verborgen zaken [...] ⁸ bij wat komt over de lippen van de Koning [...]

Fragment 16

¹ [... de God der god]en (Dan. 11:36). Zij verhef[fen] ² [...] zij doen horen in de stilte van ³ [...] de heiligen van het binnenste heiligdom ⁴ [...zijn gl]orie. Wie begrijpt deze dingen? ⁵ [...] loven Hem in heiligheid ⁶ [...] ... [...] ...
[...]

Fragment 17

¹ [...] ... [...] ² [... eeu]wigheid [...]³ [...hei]ligen ⁴ [...] die weet hebben van de kennis van ver[borgen zaken ...] ⁵ [...] Hij heeft hen voor zich aangesteld om te na[deren ...] ⁶ [...] ... en de geheimenissen van ... [...]

c. *4Q Liederen van het Sabbatsoffer*ᶜ (4QShirShabbᶜ = 4Q402) [12 fragmenten]

Fragment 1

¹ [...] ... bij de kom[st ...] ² [...] als zij komen met de hemelin[gen van] ³ [...] samen met alle wonder[bare] taken ⁴ [... hun sterk]te voor de sterke helden (vgl. Ps. 103:20) ⁵ [...] voor alle raadsvergaderingen van de overtreding ⁶ [...] hun [...] ⁷ [...]

Fragm. 4 (in regels 11-15 aangevuld met de tekst uit Masada)

¹ [...] ... [...] ² [...] en Hij verdeelt de kennis [...]³ [... naar] zijn inzicht heeft Hij gegraveerd de in[zettingen ...] ⁴ [...] als hij onrein is [...] niet [...] ⁵ [...] en niet zal zijn [...] voor de gemeenschap [...] ⁶ [...] die [zijn] voornem[en beh]artigen. En de kennis van de [aller]hei[ligsten ...] ⁷ [...] de strijd der hemelingen ten tij[de van ...] ⁸ [...] want aan de God der goden (Dan. 11:36) behoort het oo[r]logs[tui]g [...] ⁹ [...] de hemelingen haasten zich tot [zijn] monstering en het geluid van een menigte [...] ¹⁰ [...] hemelingen in de strijd van de hemel en het zal geschieden [...] ¹¹ [...] wonderbare nieuwe werken.
Dit alles heeft Hij wonderbaar gemaakt (vgl. Jes. 66:2)
[te zamen met wat eeuwig verborgen is.
Niet] ¹² [... alle woorden van de kennis],
want uit de alwetende God (1 Sam. 2:3) is voortgekomen al wat [bestendig is, en uit zijn kennis] ¹³ [en zijn overleggingen zijn alle eeuwig]e [beschikkingen]. Hij bewerkt de ee[rs]te dingen [op voor hen beschikte perioden en de laatste dingen] ¹⁴ [op de voor hen bepaalde tijden.
Niemand onder hen die kennis bezitten],
kan [(zijn) wonderbare openbaringen] verstaan,
voordat [Hij (ze) gemaakt heeft.
En als Hij handelt, begrijpen allen] ¹⁵ [die de gerechtigheid betrachten,
niet wat Hij beoogt.
Want z]ij [zijn deel van zijn glorierijke werken];
voordat [zij er waren, waren zij deel van zijn voornemen].
Mas I,8 [Van de Wijze. Het li]ed van het offer van de zesde sabbat op de negende (dag) van de ⁹ [tweede] maand.
[Looft de G]o[d] der goden (Dan. 11:36), gij die de verheven (hemelse) hoogten bewoont,
¹⁰ [en ...] het allerheiligste en verheft zijn glorie
¹¹ [... de ken]nis van de eeuwige hemelingen
¹² [en ...] de geroepenen van de meest verheven (hemelse) hoogte ¹³ [...] met alle heiligheid.
¹⁴⁻²⁶ OP EEN PAAR LETTERS NA VERLOREN GEGAAN

d. *4Q Liederen van het Sabbatsoffer*^{d} (= 4QShirShabb^d = 4Q403) [3 fragmenten]

Fragment 1, kolom I (Overlappingen met 4Q404, 4Q405 en het Masadafragment, kol. II)

[Psalm van lofverheffing op de tong van] ¹ de derde van de hoogste (engel)vorsten.
Hij zal de God van de verheven [en]gelen zevenmaal met zeven woorden van wonderbare lofverheffing verhogen.
² Lofpsalm op de tong van de vier[de] voor de Machtige boven alle [hemelingen] met haar zeven wonderbare machten.
Hij zal de God der ³ machten zevenmaal met zeven woorden van [wonderbare] lofprijzing prijzen.
Lof[psa]lm op de tong van de vijfde voor de [K]on[ing] der ere (Ps. 24:7-10) ⁴ met haar zeven wonderbare lof[ps]almen.
Hij zal de hooggeëerde God ze[venmaal met] ze[ven woor]den van wonderbare lofpsalmen lofprijzen.
[Psalm] van jubel ⁵ op de tong van de zesde voor de God [der] goedheid met [haar] zeven [wonderbare] jubelzangen.
Hij zal de K[oning der] goedheid zevenmaal met ze[ven woorden van] ⁶ wonderbare jubelzangen bejubelen. ONBESCHREVEN
Psalm[lied op de t]ong van de zevende van de [hoogste] (engel)vor[sten], een machtig lied [voor de] hei[lige Go]d met [haar] ze[ven] ⁷ wonderbare [zangen].
Hij zal de [hei]lige Kon[ing] zevenmaal psalmzingen met [zeven woo]rden van [wonderbare] psal[men:
zev]en ps[almen van zijn (= Gods) zegeningen,
zev]en ⁸ [psalm]en om [zijn gerechtigheid groot te maken,
zeven psalmen] van verheffing van [zijn] koningschap,
[zeven] psalmen [van lofprijzing van zijn glorie,
ze]ven ps[almen van dank voor zijn wonderdaden],
⁹ [zeven psalmen van j]ub[el] om zijn kracht,
zeven [psalmen van lofzang]en op zijn heiligheid.
De oo[rsprong ... zevenmaal met zeven] ¹⁰ [wonderbare woorden, woorden van ...
De eerste] van de hoo[gste] (engel)vorsten zal in de naam van Gods gl[or]ie [alle ... zegenen met zeven] ¹¹ [wonderbare woorden door al] hun

[raden] in [zijn heilige] heiligdom [te zegenen met ze]ven wonderba[re] wo[or]den,
[Hij zal hen zegenen die] de eeuwige dingen [kennen.
De tweede] 12 [van de hoogste (engel)vorsten zal in de naam van] zijn (= Gods) waarheid al [hun] po[sten zegenen met] ze[ven wonderbare] woord[en. Hij zal met] zeven [wonderbare] woorden [zegenen].
13 [Hij zal zegenen allen die de] Koning [verhogen], met zeven wo[orden die zijn] wo[nderdaden eren, al de] eeuwig reinen.
De de[rde van] 14 [de hoogste (engel)vorsten zal in de naam] van zijn verheven koningschap [alle verhe]venen der [ke]nnis [zegenen] met ze[ven] verheven [wo]orden.
Alle [hemelingen van] 15 ONBESCHREVEN 16 de kennis van [zijn trouw] zal hij zegenen met zev[e]n wonderbare woorden,
Hij zal allen zegenen die [bestemd zijn voor] het heil, [met zeven] wonderbare [wo]orden.
[De vierde] 17 onder de [hoog]ste (engel)vor[sten] zal in de naa[m] van de majes[teit van de Ko]ning allen die [op]recht wand[elen], zegenen met [ze]ven majes[teitelijke] woorden.
Hij zal degenen die [de majesteit] grondvesten, zegenen met zev[en] 18 [wonderbare] woord[en].
Hij zal alle heme[lingen] zegenen [die] de kennis van [zijn] waarh[eid het naa]ste staan, [met zeve]n woorden van heil met het oog op [zijn (= Gods) gl]or[ierijke] barmhartigheid.
De vijfde 19 onder de [hoogste] (engel)vor[sten] zal in de naam van [de majesteit van] zijn wonderdaden [al]len zegenen [die de geheimenissen van de ... kennen ...] de reinheid met zeven wo[orden van] 20 [zijn] verheven waarheid.
Hij zal allen die vurig begeren zijn wil te doen, zegenen met zeven [wonderbare woorden.
Hij zal ze]ge[nen] allen die Hem belijden, met zeven majesteitelijke [woo]rden,
21 [met het oog op] de [wonderbare] majesteit.
De zesde onder de hoogste (engel)vorsten zal in de naam van [de heldendaden van] de hemelingen alle helden der kennis zegenen met zeven 22 [woo]rden van zijn wonderbare heldendaden.
Hij zal zegenen allen die onberispelijk wandelen, met [ze]ven wonderbare woorden,
opdat zij [voo]rtdurend samen met allen die 23 eeuwig bestaan, zullen zijn.

Hij zal allen die op Hem hopen, zegenen met zeven wonderbare woord[en]
met het oog op de [te]rugkeer van zijn genadige bar[mhartigheid].
[De ze]vende onder de hoogste (engel)vorsten [24] zal in de naam van zijn
heiligheid alle heiligen die de grondslag voor de ke[nnis] leggen, zegenen
met zev[en] woorden van [zijn] wonderbare heiligheid.
[Hij zal] allen die [25] zijn geboden verhogen, zegenen met ze[ven] wonderbare [woo]rden,
opdat zij sterke schilden zijn.
Hij zal allen die beste[md zijn voor] het hei[l], zegenen,
[hen die pr]ijzen zijn glorierijk koningschap [...] voor altijd,
[26] met zeven [wonderbare] wo[orden ten] eeuwigen vrede.
Alle [hoogste] (engel)vorsten [zullen gezame]nlijk de [G]o[d] der goden
(Dan. 11:36) [zegenen] in [de naam van zijn heiligheid met] al [27] [hun]
zevenvoudige get[uigenissen].
Zij zullen zegenen degenen die voor het heil bestemd zijn, en alle gezegenden van [...]
de eeu[w]ig [gezege]nden [...][28] voor hen.
Geprezen zij [de] He[er], de Koni[ng van het] al,
boven alle zegen en lo[fprijzing.
Hij moge zegenen alle hei]ligen, die [Hem] zegen[en
en Hem rechtva]ar[dig verklaren] [29] in de naam van zijn glorie.
Hij [moge zeg]enen alle bestendig gezegenden. ONBESCHREVEN
[30] Van de Wijze. Het lied van het offer van de zevende sabbat op de
zestiende (dag) van de (tweede) maand.
Looft de God van de (hemelse) hoogten,
(gij) die verheven zijt onder alle [31] hemelingen der kennis.
Laten de heiligen van God de Koning der ere (Ps. 24:7-10) {heiligen},
(Hem) die door zijn {heiligheid} al zijn heiligen heiligt.
Hoofden van de lofprijzingen van [32] alle hemelingen,
prijst de God der majesteitelijke lofprijzingen,
want in de luister van de lofprijzingen (bestaat) de glorie van zijn koningschap.
Vanwege haar (komen) de lofprijzingen van alle [33] hemelingen,
samen met de luister van geheel [zijn] koning[schap].
Verhoogt zijn verhevenheid in de hoge,
hemelingen onder de verheven hemelingen,
en zijn glorierijke godheid boven [34] alle verheven hoogten.
Want Hi[j is de God der goden (Dan. 11:36)] voor alle hoofden van de

(hemelse) hoogten
en de Koning der koning[en] van alle eeuwige raden. [[Naar het welgev
len van ³⁵ de kennis]]
Op het bevel van zijn mond bestaan al[le verheven hemelingen], om wat
over zijn lippen komt alle eeuwige geesten,
[door het wel]behagen van zijn kennis al zijn schepselen ³⁶ bij wat zij
ondernemen.
Jubelt, (gij) die [zijn kennis] bejubelt,
[met] jubel gezang onder de wonderbare hemelingen.
Zingt zijn glorie met de taal van allen die met kennis bezingen,
zijn wonderbare jubelgezangen ³⁷ met de mond van allen die [Hem] bezingen.
[Want Hij is] de God van allen die voor altijd [[met kennis]] jubelen
en in zijn macht rechter van alle geesten van het inzicht.
³⁸ Looft, alle majesteitelijke hemelingen, de majesteitelijke Ko[ni]ng,
want alle hemelingen der kennis belijden zijn glorie
en alle geesten van het heil belijden zijn waarheid.
³⁹ Zij maken hun kennis welgevallig volgens de bevelen van zijn mond,
en hun lofprijzingen, wanneer Hij zijn machtige hand keert tot vergel-
dingsgerichten.
Psalmzingt de God der sterkte ⁴⁰ met het uitgelezen geestelijk deel,
opdat het zij tot [een psalm] met goddelijke vreugde
en een jubelzang met alle heiligen,
tot wonderbaar psalmgezang in eeu[wige] vreugde.
⁴¹ Laten met dezen al de fun[damenten van het] aller[heili]gste lofzingen,
de dragende pilaren van de meest verheven woning
en al de hoeken van haar bouwwerk.
Psalm[zingt] ⁴² de Go[d die ont]zagwekkend van kracht is,
[al (gij) geesten van de kennis en het licht],
door gezamenlijk (de lof te [verhef]fen (van) het schitterend reine firmament van [zijn] heilig heiligdom.
⁴³ [Prijst He]m, (gij) goddelijke geesten,
door [tot in alle eeu]wigheid te prijz[en] het firmament van de hoogste der
hemelen,
al [zijn] ge[binten] en muren,
zijn gehele ⁴⁴ [bouw] werk ,
het werk van [zijn] stru[ctuur.
De gees]ten van het allerheiligste,

... en boven ^{45} alle hei[ligen,
... n majesteit, luister en wonder.
... zich) in meest volkomen licht,
... wonderbare heiligdommen.
... en (zijn) rondom de woning van de Koning van de
... eil.
...]

..., kolom II (Overlappingen met 4Q404 en 4Q405)

... omen licht, de veelkleurigheid van een allerheiligste geest [...] ^{2} hoog-
... an de kennis en op de voetbank van zijn voeten ... [...] ^{3} de aanblik
... de glorierijke gedaante van de hoofden van het koningschap der
geest[en van ...] ^{4} zijn glorie. Bij al hun omkeer (zijn) de poorten van [...] ^{5}
de loop van [de bl]ikseme[n ...] ... om te vertreden. De hemelingen van
[...] ^{6} van tussen hen snellen he[me]lingen voort, gelijkend op kolen [vuur
(vgl. Ez. 1:13) ...] ^{7} in het rond gaande. De geesten van het allerheiligste
[...] ^{8} het allerheiligste, goddelijke geesten, een eeuw[ig] visioen [...] ^{9} en
goddelijke geesten, gedaanten van vlammend vuur rondom de [...] ^{10} wonderbare geesten. En de tabernakel van de opperste verhevenheid, de glorie
van zijn koningschap, het allerheiligste van [...] ^{11} heeft Hij geheiligd voor
de zeven verheven heiligen. En de stem van het zegenen van de hoofden
van zijn allerheiligste [...]^{12} en de stem van het zegenen [[wordt gehoord]]
is glorierijk in het gehoor van de hemelingen en de fundamenten [...] ^{13}
het zegenen en alle sierwerk van het allerheiligste haast zich met wonderbare psalmen in ... [...]^{14} wonderbaar, van allerheiligste tot allerheiligste, met
het geluid van heilige menigten. Al hun sierwerk [...] ^{15} en de troonwagens
van zijn allerheiligste loven gezamenlijk en hun cherubs en raderen
(Ez. 1:16; 10:9) prijzen op wonderbare wijze [...] ^{16} de hoofden van het
gebouw der hemelingen en zij loven Hem in zijn heilige allerheiligste.
ONBESCHREVEN
^{17} ONBESCHREVEN [...]
^{18} Van de Wijze. Het lied van het offer van de achtste sabbat op de drie-
entw[intigste (dag) van de tweede maand.
Looft de God van alle verheven (hemelse) hoogten, al zijn]
^{19} eeuwige [heiligen],

de tweeden (in rang) onder de priesters van het binnenste heiligdom,
de tweede raad in de wonderbare woning onder de zeven [...
onder allen die kennis bezitten van] [20] de eeuwige dingen.
Verhoogt Hem, hoofden van de (engel)vorsten, met zijn wonderbaar deel.
Looft [de God der goden (Dan. 11:36)], (gij) zeven priesterschappen van zijn binnenste heiligdom
...] [21] de hoge,
zeven wonderbare gebieden overeenkomstig de inzettingen voor zijn heiligdommen, [[de hoofden van de vorsten van de wonderbare priesterschap]]
[...][22] zeven priester[schappen] in het wonderbare heiligdom voor de zeven heilige raden,
... [...][23] de vorst,
de engelen van de Koning in de wonderbare woningen.
De inzichtrijke kennis van de zeven [... van] [24] het hoofd, van de priester van het binnenste heiligdom
en de hoofden van de vergadering van de Koning in de gemeente [...]
[25] en verheven lofprijzingen voor de Koning der ere (Ps. 24:7-10) en verheerlijking van de [G]o[d ...
...] [26] voor de God der goden (Dan. 11:36), de Koning der reinheid. Het offer van hun lippen [...
...] [27] zeven geheimenissen der kennis in het wonderbare geheimenis van de zeven [aller]heili[gste] gebieden [...
(Het geluid van) de tong van de eerste (engel vorst) zal zich zevenmaal versterken met (dat van) de tong van de tweede met betrekking tot hem.
(Dat van) de tong van de tweede zal zich] [28] zevenmaal [versterken] met (dat van) de derde met betrekking tot [hem.
(Dat van) de to]ng van de de[rde zal zich] zevenmaal [versterken met (dat van) de vierde met betrekking tot hem.
(Dat van) de tong van de vierde zal zich zevenmaal versterken met (dat van) de tong van de vijfde met betrekking tot hem. (Dat van) de tong van de vijfde zal zich zevenmaal versterken met (dat van) de tong van] [29] de zesde met betrekking tot hem. (Dat van) de ton[g van de zesde zal zich zevenmaal versterken met (dat van) de] to[ng van de zevende met betrekking tot hem. En op de tong van de zevende zal zich versterken ...]
[30] en overeenkomstig de zevenvoudige w[oorden ...]
[31] met wonderbare psalmen met [won]derbare woor[den ...] ... [...] [32] wonderbaar. ONBESCHREVEN
[Psalm van] zegening op [de tong van de eerste van ...]

³³ wonderbaar en loof de Heer, alle heme[lingen ...]
³⁴ zijn wonderbare keuze [...] voor grote lofprijzing [...]
³⁵ voor hen die de kennis doen stralen bij alle hemelingen van het licht [...]
³⁶ lofverheffing [op] de tong van de vierd[e ...]
³⁷ wonderbaar. Ps[alm van lofprijzing op de] to[ng van de vijfde ...]
³⁸ lofpr[ijzing ...]
³⁹⁻⁴⁸ BEHOUDENS ENKELE LETTERRESTEN VERLOREN GEGAAN

e. *4Q Liederen van het Sabbatsoffer*^{e} (= 4QShirShabb^e = 4Q404) [25 fragmenten]

Fragment 1 = 4Q403 1, kolom I, 6-8; Fragment 2 = 4Q403 1, kolom I, 20-28; Fragment 3 = 4Q403 1, kolom I, 29-31; Fragment 4 = 4Q403 1, kolom I, 35-40; Fragment 5 = 4Q403 1, kolom I,44-47 en 4Q405, fragment 6, 5-8

f. *4Q Liederen van het Sabbatsoffer*^{f} (= 4QShirShabb^f = 4Q405) [105 fragmenten]

Fragment 3, kolom II = 4Q403 1, kolom I, 11-27; Fragment 4-5 = 4Q403 1, kolom I, 33-37; Fragment 6 = 4Q403 1, kolom I, 40-46; Fragment 8-9 = 4Q403 1, kolom II, 18-22; Fragment 11= 4Q403 1, kolom II, 27-29; Fragment 13 = 4Q403 1, kolom I, 17-23 (geringe afwijkingen)

Fragment 14 en 15 I

¹ [... de ge]est van de glo[rie ...]
² [...] wonderbare gelijkenis van allerheilig[st]e geest, gegrav[eerd ... de tong] van zegening
en van de gelijkenis met ³ [de hemelingen (komt) de st]em van zegening voor de Koning van hen die (de lot) verheffen.
Hun wonderbare lofprijzing (is) voor de God der goden (Dan. 11:36) [...] hun veelkleurige reliëfs
en zij jubelen ⁴ [...] de voorhallen van hun ingangen, geesten van het allerheiligste binnenste heiligdom [...] eeuwige [...]
⁵ [De gelijken]is van de levende hemelingen is gegraveerd in de voorhallen waar de Koning binnenkomt (vgl. Ez. 44:2; 46:8),

figuren van lichtende geesten [... de Ko]ning,
figuren van glorierijk li[cht],
6 [wonderbare] geesten.
[Te] midden van de majesteitelijke geesten (is) een werk van wonderbare
veelkleurige reliëfs,
figuren van levende hemelingen [... ,
in de] glorierijke allerheiligste ruimten,
het bouwwerk van 7 [het] allerheilig[ste heiligdom] onder de allerheiligste
ruimten van de Koning,
figure[n van he]mel[ingen.
En van de] gelijkenis van ... [...] van allerheiligste heiligheid
8 [...] ... [... het aller]heiligste van de Kon[ing ...]

Fragment 15 II en 16

1 het vlechtwerk van de rand [...] 2 en de stromen van licht (vgl. Dan. 7:10;
1 Hen. 14:19) [...] ... [...]3 de verschijning van vuurvlammen [... s]ier op
het voorhangsel (Ex. 26:31-33) van het allerheiligste van de Koning [...] 4
in het allerheiligste van zijn Aanwezigheid, het veelkleurige reliëf van [...]
... al het gegraveerde van de [...], figuren van heme[lingen ...] 5 glorie aan
hun twee kanten [...] de voorhangels van de wonderbare allerheiligste
ruimten. En zij zegenen [...] 6 hun kanten; zij doen horen [...] wonderbare
[...] achter haar ...[...] het allerheiligste [...] 7 [...] wonderbaar [... Zij
lof]zingen de Koning der ere (Ps. 24:7-10) met luid gejubel [...] 8 [...] ...
alle [...]

Fragment 17

1 [...] ... [...] 2 [...] wonderbare ... [...]3 [...] hun [...] de geesten van de kennis en het inzicht, de waarheid 4 [...] de reinheid, de engelen der glorie in
de sterkte van 5 [... de wonde]ren van de majesteitelijke engelen en de
geesten 6 [...] ... der heiligheid, de zetels van 7 [...] het werk van 8 [...] glorie
9 [...]

Fragment 18

¹ [...] geesten [...] ² [...] om de heiligen te onderstutten. Het allerheiligste [...] ³ [... de hei]ligen met een geest van goddelijke stilte [...] ⁴ [...] het allerheiligste, haasten zij zich bij het geluid der glor[ie ...] ⁵ [...] wonderbare psalmen met de stille st[em ...] ⁶ [...] het gedruis van [...]

Fragment 19 A-D
(Overlappingen met 11QShirShabb j-d-g-p [Kol. I]; vgl. voor de inhoud 1 Henoch 14)

¹ [...] ... [...]
en de figuren der hemelingen loven Hem,
de [aller]he[iligste] geesten [...
de al]ler[hei]ligste ruimten van [...],
de glorierijke [figuren],
de vloer (?) van ³ de wonderbare allerheiligste ruimten van
de geesten van de eeuwige hemelingen,
alle [..] ... [...] fig[uren van het aller]heiligste van de Koning,
de werken van de gee[sten] van het wonderbare firmament
⁴ in onvergankelijke reinheid,
[gee]sten der kennis van de waarheid [en] het heil in het allerheiligste,
[de bee]ltenissen van de levende hemelingen,
de beeltenissen van de ⁵ stralende geesten.
Al hun [werken] zijn hei[lige voorwerpen van] wonderbaar soldeersel,
veelkleurige [... ,
fi]guren van beeltenissen der hemelingen,
gegraveerd ⁶ rondom hun glorierijke plaveisels.
Glorierijke beeltenissen (sieren) het werk van de majesteitelijke pla[vei]sels
en de luist[er van] de levende hemelingen al hun werken ..
⁷ De beeltenissen van hun figuren zijn heilige engelen.
Van onder de wonderbare aller[heiligste ruimten] (komt) het geluid van rustige stilte van de hemelingen die zegenen
⁸ [...] ... de Koning [bestendig lofprijzend ...] ... [...] de hem[elin]gen ⁹ [... onder de tweede] ¹⁰ [... de majesteitelijke en luisterrijke wonderen ...]

Fragmenten 20 II, 21 en 22 (Overlappingen met 11QShirShabb 3-4 in de regels 1-7)

¹ [zij aarzelen niet bij hun dienst ... de allerheiligste rui]mten van alle priesters van het binnenste heiligdom [...]
² naar de in[zetting].
Zij houden vast aan de d[ienst ...] een zetel als de troon van zijn koningschap in [zijn glorierijke allerheiligste ruimten.
Zij zitten niet ...] ³ zijn glorierijke (troon)wagens [...],
de heilige cherubs, de lichtende raderen, zijn bee[ltenissen ... , de geesten van de hemelingen van ... reinheid ...]
⁴ heilige [...]
De werken van [zijn] hoeke[n ...] het koningschap, de glorierijke plaatsen voor de (troon)wagen[s ... de vleugels der kennis ... wonderbare kracht ...)
⁵ waarheid en heil tot in eeuwig[heid ...] zijn glorierijke (troon)wagens, wanneer zij gaan naar [... niet keren zij om (vgl. Ez. 1:12,17) bij alle ... zij gaan recht vooruit (Ez. 1:12) ...]
⁶ ONBESCHREVEN Van de W[ijze. Het lied voor het offer van] de twaalfde sabbat [op de eenentwintigste (dag) van de derde maand.
Looft de God van ...] ⁷ [... won]derbaar
en verhoogt Hem de glorie in de tabenak[el van de hemelingen van de] kennis.
De [cheru]bs vallen voor Hem neer
en zegenen, als zij zich oprichten.
Het geluid van goddelijke stilte ⁸ [wordt gehoord]
en jubelgedruis, als zij hun vleugels verheffen (vgl. Ez. 1:24),
het geluid van goddelijke [stilt]e.
Zij zegenen het beeld van de troonwagen,
(dat) boven het firmament van de cherubs (is) (vgl. Ez. 1:26),
⁹ [en] bejubelen [de majes]teit van het lichtende firmament
onder de zetel van zijn glorie.
Als de raderen zich voortbewegen,
wenden zich de heilige engelen.
Zij treden te voorschijn uit ¹⁰ zijn glorierijke [wi]elen
als vurige verschijningen, (als) allerheiligste geesten
met rondom (hen) verschijnselen van stromen vuur,
gelijkend op wit goud,
en ¹¹ [st]ralend werk in glorierijke veelkleurigheid,
wonderbaar getint, in onvergankelijke reinheid.

De geesten van de levende hemelingen bewegen zich voortdurend
samen met de glorie van de [12] wonderbare (troon)wagens.
Er is een stil geluid van zegen bij het gedruis van hun gang
en zij loven de Heilige als zij hun wegen wenden.
Als zij zich verheffen, verheffen zij zich op wonderbare wijze
en als zij zich een plaats zoeken, [13] [staan] zij stil.
Het geluid van jubelend gejuich verstilt
en een stil geluid van zegening van de hemelingen (treedt in) in alle legerplaatsen van de hemelingen.
Een geluid van lofprijzing[en] [14] [...] ... [...]
en van tussen hun vendels aan de kan[t van ...]
Al hun gemonsterden jubelen, ieder op [zijn] post.

Fragment 23, kolom I

[1] [...] hu[n] taken [...] [2] [...] als zij opstaan [...] ... [...][3] [...] de tronen van
de glorie van zijn koningschap en heel de vergadering van de dienaren van
[4] [...] wonderbaar. Tot in eeuwigheid wankelen niet de hemelingen van [5]
[... om te ver]vullen de taken van allen, want de hemelingen van zijn (= het
hemels heiligdom ?) offer [6] [...] zijn offer.
De hemelingen loven het (hemels heiligdom), [als] zij [begi]nnen op te
staan, en alle gee[sten van de] [7] reine firmamenten bejubelen zijn glorie.
Een geluid van zegening (komt) uit al zijn vertrekken,
dat vertelt van zijn glorierijke firmamenten,
en zijn poorten loven [8] met juichende stem.
Als de hemelingen der kennis door de glorierijke poorten binnentreden
en zo dikwijls de heilige engelen naar hun domein naar buiten gaan (vgl.
1 Hen. 71:8b),
[9] verkondigen de deuringangen en de uitgangspoorten de glorie van de
Koning,
zegenende en lovende alle geesten [10] van God
bij het uit- en ingaan door de heilige poorten.
Onder hen is niemand die een verordening overspringt,
en tegen de uitspraken van [11] de Koning komen zij nooit in opstand.
Zij verwijderen zich niet van de weg
en wijken niet van zijn gebied.
Zij zijn niet te verheven voor zijn opdrachten

12 noch te gering,
want Hij toont barmhartigheid,
(zelfs) als zijn vernietigende [hitti]ge gramschap heerschappij voert:
Hij zal niet gericht oefenen, zolang zijn glorierijke toorn verblijft.
13 Ontzagwekkend is het ontzag voor de Koning der hemelingen
bij [al]le hemelingen.
[Hij zendt hen uit] om al zijn opdrachten naar de maat van ONBESCHRE-
VEN zijn waarheid te vervullen
en zij gaan 14 [...] ... [...] ... [...]

Fragment 23, kolom II

1 [...] de glans van de graveersels van [...] 2 [...] de Koning, als zij dienst
doen vóó[r ...] 3 de Koning. Hij heeft zijn glorie gegraveerd [...] 4 heiligheid, het heiligdom van alle [...]5 hun efods; [zij] spreiden uit [...] 6 de heiligen. Het welbehagen [...] ... de geesten van de hei[lige ...] 7 hun heiligen.
ONBESCHREVEN
Op hun wonderbare post zijn geesten (met) veelkleurige (gewaden),
weefwerk gelijkend,
dat met majesteitelijke beeltenissen geborduurd is.
8 Te midden van de glorierijke verschijning van scharlaken,
(gehuld in) veelkleurige klederen van het meest heilige geestelijke licht,
handhaven zij hun heilige plaats vóór 9 [de Ko]ning,
geesten in veelkleurige [reine] klederen
te midden van de verschijning van blankheid en gelijkenis van glorierijke
geest als werk van Ofirgoud,
dat 10 [lich]t uitstraalt.
Al hun kunstvolle (gewaden) zijn onvergankelijk rein,
een kunststuk van weefwerk.
Dezen zijn de hoofden van hen die wonderbaar bekleed zijn voor het
dienstwerk,
11 de hoofden van het koninkrijk [[koninkrijk]] der heiligen van de heilige
Koning
in alle (hemelse) hoogten van de heiligdommen van 12 zijn glorierijk
koninkrijk. ONBESCHREVEN
De hoofden van de offeranden bezitten tongen van kennis
[en] zij zegenen de alwetende God (1 Sam. 2:3) om al zijn glorierijke wer-

ken.
¹³ [De inzet]tingen voor hun afdelingen in alle heili[ge allerh]eil[igste heilige ruimten heeft Hij in] de kennis van zijn inzicht [gegraveerd] en in zijn [glo]rierijke wijsheid ...

g. *4Q Liederen van het Sabbatsoffer*ᵍ (4QShirShabbᵍ = 4Q406) [5 fragmenten]

Fragment 1

¹ ... [...] ² hemelingen [...] want uit de woning [...] ³ ONBESCHREVEN [..] ⁴ Van de Wijze. Het lied voor het offer van de a[chtste] sabbat [op de drieëntwintigste (dag) van de tweede maand. ...] ⁵ [...] ... [...]⁶ [...] ... [...]

h. *4Q Liederen van het Sabbatsoffer*ʰ (4QShirShabbʰ = 4Q407) [2 fragmenten]

Fragment 1

¹ [...] ... ² [...] hun heilige plaatsen ³ [...] heilige [en]gelen ⁴ [...] onder de geroep[enen ...] ⁵ [...] onder de heili[gen ...]

2. 11Q Liederen van het Sabbatsoffer (11QShirShabb = 11Q17) [28 fragmenten]

Kolom I (fragmenten 1-2) (zeer fragmentarisch); Kolom II (fragment 3) = 4Q403 1 II 18-21; 4Q405 8-9 1-6) (zeer fragmentarisch); Kolom III (fragmenten 4-5) = 4Q405 64+67

Kolom IV (fragmenten 6-8)

¹ [... de G]od der god[en (Dan. 11:36) ...] het allerheiligste [...] ² [...] de voorhallen van de in[gangen ... de uit]gang van de voorha[llen van ...] ³ [als] le[em]werk [...] het leemwerk van [...] de hemelingen [...] ⁴ hun glorierijk [le]emwerk [...] ... van reinhei[d ...] doen zij horen [...]⁵ wonderbare

[tro]nen als [...] ... [...] eeuwige tronen [...] ⁶ in luisterrijke lof[prijzingen
...] hun [...] glor[ie] ... [...] ⁷ hemelingen [...] fundamenten van [...] ... [...]
⁸ ... [...]

Kolom V (fragmenten 9-12) = 4Q405 15 II-16 (zeer fragmentarisch);
Kolom VI (fragmenten 12-15) = 4Q405 19 (zeer fragmentarisch); Kolom
VII (fragmenten 16-18) = 4Q405 20 II-22 (fragmentarisch)

Kolom VIII (fragmenten 19-20)

¹ [...] wonder, kennis en inzicht [...] wonderbare firmamenten [...] ² [...]
met het licht der lichten, de luister van [...] elke gedaante van de wonderbare geesten [...]³ [...] de hemelingen, ontzagwekkend van kracht, alle [...]
hun [wonder]bare wonderen in de kracht van de ⁴ [eeu]wige God. Zij verhogen de machtige daden van de Go[d van ...] van de vier grondvesten van
het ⁵ wonderbare firmament doen zij h[oren] bij het geluid van de
(lof)verheffing van de hemelingen [...] wand (?) zegenen en loven zij de
God der ⁶ goden (Dan. 11:36). Het gedr[uis ...] de (hemelse) hoogten van
[...] de Koning der ere (Ps. 24:7-10) [...] voor de wonderbare grondvesten ⁷
tot een (lof)verheffing ... [...] de God van [...] en al hun funderingen [...]
heilige der ⁸ heilige[n ...] met (lof)verheffing [...] hun [vl]eugels
verh[effend ... bo]ven [hun] hoofd (vgl. Ez. 1:22) ⁹ en [zij] roepen [...] de
standplaatsen van [...]

Kolom IX (fragmenten 21-22)

¹ [... een] welgevallig [spijsof]fer ... [...] al hun werken [...] ² [...] voor de
slachtoffers van de heiligen [...] de reuk van hun spijsoffers ... [...] ³ [...] ...
en de r[e]uk van hun plengoffers (Lev. 23:37) naar het ge[tal ...] de reinheid met een geest van heilig[heid]. ⁴ [...] eeuwige in [majesteit en] luister
... [...] wonderbare en de vorm van het borstschild (Ex. 25:7; 28; 39) ⁵ [...
de gl]ans [...] veelkleurig als we[efwerk ...], onvergankelijk rein, veelkleurige gewaden ⁶ [...] ... [...] met beeltenissen [...] efod ⁷ [...] ... [...] ...

Kolom X (fragmenten 23-25)

¹ [...] de (hemelse) hoogten van [zijn] gl[orie ...] zijn [glo]rie in [...] ... ² zijn [ver]gelding door gerichten van [...] zijn erbarmen met de eer [...] zijn [ge]tuigenissen ³ [en] al de zegeningen van [zijn] vrede [... de gl]orie van zijn werken en in het lich[t van ...] ... en met de luister van ⁴ zijn lofprijzing in alle firma[menten van ...] het licht en de duisternis en de gedaanten van [...] de heiligheid van de Koning ⁵ der ere (Ps. 24:7-10) om alle werken van [zijn] waarheid [...] voor de engelen der kennis met alle ... [... zij loven] Hem met heilige (lof)verheffmg ⁶ vanwege zijn glorierijke tronen, de voetbank van [zijn] vo[eten, al] zijn majesteitelijke [(troon)wa]gens, [zijn] hei[lige] allerheiligste ruimten, [...], de toegangsdeuren van ⁷ [de Ko]ning met alle uitgangen van [... de hoe]ken van zijn gebouw, alle wo[ningen van ...], zijn glorierijke tempels, de firmamenten van ⁸ [...], alle ... [...]

B. DAGELIJKSE GEBEDEN

4Q Dagelijkse Gebeden (4Q503) [225 fragmenten]

4Q503 vormt een van de uitgesproken liturgische teksten uit grot 4 en bevat een verzameling gebeden die gereciteerd moesten worden bij zonsondergang en ten tijde van de dageraad, op het moment dat de zon plaats maakt voor de maan en de maan voor de zon, op elke dag van een bepaalde maand, waarvan in de bewaard gebleven resten van het manuscript noch de naam noch het getal genoemd wordt. Omdat echter zowel de 15de als de 21ste als feestdagen worden aangeduid, gaat het kennelijk om de eerste maand, eventueel om de zevende.

Wij hebben te maken met een op papyrus gekopieerd werk in Hasmonees handschrift, dat dateert uit het begin van de eerste eeuw v. Chr. Op de achterzijde van het document treft men (resten van) de tekst van een reinigingsritueel (4Q512) aan, die ongeveer in dezelfde tijd is gekopieerd. Het geschrift heeft ons in zeer slechte staat bereikt, in 225 zeer kleine fragmenten. Maar omdat gebruik gemaakt is van stereotype en vaste formules, is het mogelijk een gedeelte van de gebeden te reconstrueren en na te gaan welke dag van de maand zij betreffen. Bovendien worden op de fragmenten waarvan de rechterkantlijn bewaard gebleven is, een aantal markeringstekens aangetroffen, die ons het begin van ieder gebed aanwijzen, waardoor groepering vergemakkelijkt wordt. In één geval, aan het eind van kolom X, is de datum van de dag waarop het gebed betrekking heeft (de 21ste dag), in cijfers geschreven.

De avondgebeden, waarmee steeds begonnen wordt en die bewijzen dat voor hun gebruikers de dag vanaf zonsondergang begon, bevatten de vermelding van de datum (de dag van de maand waarvoor zij bestemd zijn), de aanwijzing dat het gebed 's avonds moet worden uitgesproken, en de inhoud van de betreffende zegensspreuk. Het gebed eindigt vele malen met de uitroep: 'Vrede zij uw deel, Israël' (letterlijk: 'Vrede over u, Israël'). Het meest verbazingwekkende is dat in de zegensspreuken zelf opnieuw de dag waarvoor de gebeden zijn bedoeld, geïdentificeerd wordt door deze te relateren aan de fasen van de maan. Dit gebeurt door aan te geven hoeveel delen licht zij gedurende de nacht heeft, dus met gebruikmaking van hetzelfde systeem dat de Astronomische Henoch benut (zie de inleiding tot dit geschrift), d.w.z. door met een systeem van veertiende delen het wassen en afnemen van het licht van de maan te signaleren, delen die in de tekst worden aangeduid als *gôralôt*, 'lotsdelen'. Blijkbaar is echter het kalendersysteem dat in dit werk gevolgd wordt, dat van de maankalender, in duidelijke tegenstelling tot de afwijzing van deze in het boek Jubileeën en het gebruik van de zonnekalender van 364 dagen in de andere teksten van Qumran. Deze constatering wordt bevestigd door de in kolom X 19 gebruikte uitdrukking met betrekking tot de 21ste dag, de dag van de maankalender (die begint met de nieuwe maan) waarop na de volle maan van de 14de dag de delen donkerheid van de maan de delen licht beginnen te overheersen: 'En deze nacht is voor ons het begin van de heerschappij der duisternis'.

De morgengebeden bevatten geen vermelding van de dag (die reeds is aangegeven bij het avondgebed), maar beginnen steeds met de woorden: 'Als de zon opgaat', gevolgd door de inhoud van de zegenspreuk, die op dezelfde wijze als bij de avondgebeden besloten wordt. In de tekst van de zegen wordt aangegeven in welke 'poort van het licht' de zon zich bevindt. De betekenis van deze uitdrukking is niet duidelijk. Het getal van de 'poort' is steeds hetzelfde als dat van de betreffende dag, zodat het praktisch fungeert om de dag aan te geven die aan het begin van de morgengebeden niet vermeld is. Omdat in de kalenders die de maanjaren synchroniseren met de zonnejaren, zes 'poorten' genoemd worden, waardoor zowel de zon als de maan opkomen en ondergaan, is het duidelijk dat de betekenis die 'poort' hier heeft, verschillend moet zijn van die welke in de astronomische teksten wordt aangetroffen. Zij lijkt eenvoudig een manier te zijn om de dag aan te geven, waarbij blijkbaar een teruggrijpen op de zonnekalender van 364 dagen geïmpliceerd is. Omdat die dagen dezelfde zijn als aangegeven aan het begin van ieder van de avondgebeden, moet men zich afvragen of het werk niet een poging doet beide kalendersystemen op de wijze van de synchronistische kalenders op elkaar te betrekken. De indruk dat dit inderdaad het geval is, wordt versterkt door de constatering dat de schrijver een derde variabele benut ('x vendels van het licht'), die in sommige gevallen (kolom III 4; VIII 11; VIII 19) in verband met de nacht, in andere (kolom IV 4; V 2; fragm. 51-55 8) blijkbaar met de dag en in één geval (kolom XIII 3) met beide gebruikt wordt. Maar de buitengewoon fragmentarische staat waarin zich het handschrift bevindt, en de onmogelijkheid de juiste betekenis van *degel* ('vendel') te bepalen, verhinderen zekere uitspraken.

Deze opmerkingen betreffende de kalenderaspecten van het document zijn belangrijk als men de herkomst van het werk wil bepalen. Het gebruik van de maankalender zou op een ontstaan buiten Qumran kunnen wijzen. Maar de terminologische overeenkomsten met andere geschriften die zeker sektarisch zijn, en de mogelijkheid dat gepoogd is de maankalender met de zonnekalender te synchroniseren, maken dat wij een herkomst uit de gemeenschap van Qumran in geen geval kunnen uitsluiten. De paleografische datering van de kopie geeft aan dat het om een oud werk gaat. Het feit dat slechts één handschrift is aangetroffen, dat bovendien op de achterzijde een ander werk vertoont, lijkt er op te wijzen dat het gaat om een document dat thuishoort in de vroegste periode van de gemeenschap. Zij heeft het kennelijk bewaard als deel van de eigen erfenis, maar liet na het als deel van de dagelijkse eredienst te gebruiken, zodra zij haar eigen karakteristieke ideologie ontwikkeld en zich uitsluitend de kalender van 364 dagen eigen gemaakt had.

Onze vertaling volgt de groepering van de fragmenten en de verdeling in kolommen zoals voorgesteld door de editor. Opgemerkt moet echter worden dat deze rangschikking niet zonder problemen is en in sommige gevallen niet correspondeert met het systeem dat blijkbaar door de auteur van het werk gevolgd werd.

Fragmenten 1-6, kolom III

[1] Als [de zon] opgaat [...] het firmament van de hemel, zullen zij een zegen uitspreken. Zij zullen het woord ne[men en zeggen]: [2] Gezegend zij de G[od van Israël ...] H[e]den heeft Hij vernieuwd [...] [3] in de vierde [poort van het licht ...] voor ons de heerschappij [...] [4] tien ve[ndels ...] ... de hitte van de [zon ...], [5] wanneer zij passeert [...] door de kra]cht van [zijn] machtige hand
[... Vrede zij uw deel], [6] /Israël/.
Op de vijfde [van de (eerste) maand, 's av]onds, zullen zij een zegen uitspreken. Zij zullen het woord nemen [en ze]ggen: Gezegend zij de G[od van Israël], [7] Hij die verborgen houdt [...] vóór Hem in elk deel van zijn glorie. Deze nacht [...] [8] [...] eeuwig en om Hem te loven. Onze verlossing aan het begi[n van ...] [9] [...] de ommekeer van de lichtbronnen [...] Heden, veert[ien [10] ...] het licht van de dag. Vr[ede zij] uw [deel], Israël. [11] [...] ONBESCHREVEN [...]
[12] [Als de zon] opga[at ...] om de aarde te verlichten, zullen zij een zegen uitspreken, wanneer nog het geta[l van el]f [dagen rest] tot aan de hoogfeesten der vreugde en de glo[rierijke] vieringen (van Pasen). Want [die] dag (valt) op de [vij]ftiende van de poort[en van het licht ...] [15] de glori[erijke] vieringen [...] in de lotsdelen van de nacht [...][16] zal [haar] glo[rie] (= die van de maan) volkomen zijn [... eeu]wige [vrede zij uw deel], [17] Israël. ONBESCHREVEN
[18] Op de zesde van de (eerste) ma[and, 's avonds, zullen zij een zegen uit-

spreken. Zij zullen het woord nemen en ze]ggen: Geze[gend zij de God van] Israël [...][19] de nacht, die i[s ...] ... vóór Hem [...] ... [...][20] Wij zijn zijn heilig volk [...] daarin vij[f ...] [21] vijf [lots]de[len van het (maan)licht ...] [22] en ... [...]
[23] Als [de zon opgaat om de aarde te verlichten zullen zij een zegen uitspreken. Zij zullen het woord nemen en zeggen: ...]

Fragmenten 7-9, kolom IV

[1] ... [...] het licht van de dag, opdat wij weten [...] [2] [...] in de zesde poort van het li[cht ...] [3] [... wij zijn] de kinderen van uw verbond. Wij loven [uw naam] [4] met alle vendels [van het licht ... al]le tongen der kennis. Gezegend ... [... van] [5] het licht. Vrede [zij uw deel, Israël ...] ... ONBESCHREVEN [...]
[6] Op de zevende van [de maand, 's avonds, zullen een zegen uitspreken. Zij zullen het woord nemen en zegg]en: Gezegend zij de God van Is[raël ...] [7] heil [... a]l [de]ze dingen, wij weten daarvan door [...] [8] [...] die [...] Gezegend zij de [G]od van [Israël ...]

Fragmenten 10 en 11, kolom V

[1] [Als] de zon [opgaat] om de aar[de] te verlichten, [zullen zij een zegen uitspreken. Zij zullen het woord nemen en zeggen: ...] [2] [...] met de vendels van het licht. Heden [...] [3] [...] de negende dag [..] [4] [...] ONBESCHREVEN [...]
[5] [Op de twaa]lfde van de maand, 's avonds, [zullen zij een zegen uitspreken. Zij zullen het woord nemen en zeggen: ...] [6] [...] ... en wij, zijn heilig volk, verheffen deze nacht (de lof) [...][7] [...] ... en getuigen met ons (zijn de engelen) in de dienst van de dag [...] [8] [...] ONBESCHREVEN [...]

Fragmenten 13-16, kolom VI

[1] [...] God der lichten [...] [2] [...] licht en getui[gen ...] [3] [... het li]cht van de dag [...] [4] [... Gezegend zij] uw [na]am, God van Israël om al[le ...] [5] [...] ONBESCHREVEN [...] [6-7] [...] ... [...] [8] [... het heilige der hei]ligen in de

(hemelse) hoogte[n ...] ⁹ [...] zijn heilige [na]am [...] ¹⁰ [...] ... en glorie in het [aller]heilig[ste ...] ¹¹ [...] en (hemelse) getuigen voor ons in het allerheiligste [...] ¹² [...] bij de heerschappij van het licht van de dag. Gezegend [...] ¹³ [... Vr]ede zij uw deel, [Israël].
¹⁴ [... Gezeg]end zij de God van Israël, Hij die wonder[en doet ...] ¹⁵ [...] de aarde. En vannacht ... [...]¹⁶ [...] om toe te voegen voor ons [...] ¹⁷ [...] al zijn afdelingen voor zich [...]¹⁸ [...] de God van Israë[l ...] ¹⁹ [...] uw heiligheid [...]²⁰ [...] op de der[tiende ...] ²¹ [...] twaalf [...] ²² [... I]sraël [...]²³ [...] Israël [...] ²⁴ [...] uw [heili]gheid [...]

Fragmenten 21-28, kolom VII

¹ [...] in het licht van zijn glorie en on[s] verheugt [...] ² [...] ... door tot ons te zeggen [...]³ [... het heilige] der heiligen [...] ⁴ [...] ONBESCHREVEN [...] ⁵ [...] ... [...] ⁶ [... het heili]ge der he[iligen ...] ⁷ [...] zijn g[lo]rie [...
⁸ Als de zon opgaat om] de aarde [te verlichten], zullen zij een zegen uitspreken. [Zij zullen het woord nemen en zeggen: Gezegend zij ⁹ de God van Israël, d]ie ons heeft uitverko[ren] uit alle volken in [...] ¹⁰ [... ten tij]de van de vie[ring] der rust en der geneugt[en ...] ¹¹ [... jui]chend vanwege [...]¹² [... lich]ten [...] ¹³ [...] ... [...] ... [...] eerste [...]¹⁴ [... de w]erken [...] hemel en [...] Hij heeft ze [gesch]apen gedurende de avond en [de morgen ...] ¹⁵ [...] zijn [hei]ligheid [... di]e uitgedacht heeft voor zich [...] eeuwige [...] ONBESCHREVEN ¹⁶ [...] zullen zij zegenen de [...] Israël en al[le ...] ¹⁷ [... het heili]ge der hei[ligen ...] wij ... [...]

Fragmenten 29-32, kolom VIII

¹ en de vrede van [God zij uw deel, Israël ...]
² Op de zes[tiende van de maand, 's avonds, zullen zij een zegen uitspreken. Zij zullen het woord nemen en zeggen: Gezegend zij de God van Israël, die] ³ voor zich geheiligd heeft [...] ⁴ Vannacht [...] met ... [...]⁵ [....] ... [... kos]tbaar voor ons. Vrede [...] ⁶ [... G]od zegene Jeschur[un ...]
⁷ [Als de zon opgaat om de aa]rde [te verlichten], zullen zij een zegen uitspreken. [Zij zullen het woord nemen en zeggen: Gezegend zij de God van Israël], ⁸ [die ... van het] licht zullen zij zich verheugen over [...] ⁹ [lov]ende uw naam, God van de licht[e]n, (Gij) die hebt vernieuwd [...] ¹⁰ de

zes[tiende] poort van het licht. En met ons bij de juichkreten vanwege uw glorie in [...] ¹¹ [de ven]dels van de nacht. De vrede van God zij uw deel, Israël, bij de opgan[g van de zon ...]
¹² [Op de ze]ventiende van de maa[nd, des] avonds, zullen zij een zegen uitspreken. Zij zullen het woord nemen [en zeggen: Gezegend zij de God van Israël, die] ¹³ [...] om te [lo]ven [...] ¹⁴⁻¹⁶ [...]
¹⁷ [Als de zon opgaat om de aarde te verlichten, zullen zij een zegen uitspreken. Zij zullen het woord nemen en zeggen: Gezegend zij de God van Israël], ¹⁸ [die ... ons ver]heugd heeft [...]¹⁹ [...] de vendels van de nacht [...]²⁰ [...] wij heden [...]²¹ [... De vrede van God zij uw deel, Is]raël, in alle [eeuwige] tij[den ...]
²² Op de ac[htiende van de maand, 's avonds, zullen] zij een zegen uitspreken. Zij zullen het woord nemen en zeggen: Geze[gend zij de God van Israël, die ...] ²³ [... het heilige der hei]ligen. En vannacht ... [...] ²⁴ [...] ... [...] ...

Fragmenten 33 I en 34, kolom X

¹ [...lich]t van de dag ² [... verh]even ³ [... heilig] ⁴ [...] de feesten van ⁵ [...] ...
⁶ [Op de twintigste dag van de maand, 's avonds, zullen zij een zegen uitspreken. Zij zullen het woord nemen en zeggen: Gezegend zij de God van Isra]ël, die ⁷ [... de poorten der e]re. En vannacht ⁸ [...] voor het koningschap van ⁹ [...] bij de kringloop van ¹⁰ [...] Vrede ¹¹ [zij uw deel, Israël ...]
¹² [Als de zon opgaat om de aarde te verlichten zullen zij een zegen uitspreken. Zij zullen het woord nemen en zeggen: Gezegend zij de God van Israël, die] ¹³⁻¹⁵ [...]¹⁶ [... st]aan wij op voor [onze] bestem[ming (Dan. 12:13) ...] ¹⁷ [... Vrede zij uw deel, Isra]ël. ONBESCHREVEN [...]
¹⁸ [Op de eenentwintigste dag van de] maand, 's [av]onds, zullen zij een zegen uitspreken. Zij zullen het woord nemen en zeg[gen: Gezegend zij de God van Israël], ¹⁹ [die ...] Deze nacht is voor ons het begin van de heerschappij van de duis[ternis ...] ²⁰ [... Gezeg]end zijt Gij, God van Israël, die hebt opgericht [...]²¹ [... Vrede zij uw deel, Israël] gedurende alle tijden van de nacht 21. ONBESCHREVEN [...]

Fragmenten 33 II, 35 en 36, kolom XI

¹ [Als] de zon opgaat over de [aarde, zullen zij een zegen uitspreken. Zij zullen het woord nemen en zeggen: Gezegend zijt Gij, God, die] ² onze vreugde vernieuwd hebt door het licht [van de dag ...] ³ onze ... [...] als de dag van [...] ⁴ in zijn vreugde, st[aa]nde [...] ⁵ Vre[de] zij uw deel, Israël [...] ⁶ [Op de tw]eeëntw[intigste dag] van [de maand, 's avonds, zullen zij een zegen uitspreken. Zij zullen het woord nemen en zeggen: Gezegend] ⁷ zijt G[ij, G]od, (Gij) di[e ...] ⁸ ... [...] ... [...] ⁹ ... [...] Isra[ël ...]
¹⁰ [Als de z]on [opgaat] over de [aarde, zullen zij een zegen uitspreken. Zij zullen het woord nemen] ¹¹ [en zeggen; Geze]gend zij de God, d[ie ...] ¹² [in de tweeëntw]intigste po[ort van het licht ...] ¹³ [... Vrede] zij uw deel, I[sraël ...]
¹⁴ Op de drieën]twin[tigste dag van de maand, 's avonds, zullen zij een zegen uitspreken. Zij zullen het woord nemen en zeggen:] ¹⁵⁻¹⁷ [...]
¹⁸ [Als de zon opgaat over de aarde zullen zij een zegen uitspreken. Zij zullen het woord nemen en zeggen: Gezegend zij de God], ¹⁹ [die ...] ²⁰ [...] de zesde [da]g ²¹ [...] he]il.
²² [Op de vierentwintigste dag van de maand, 's avonds, zullen zij een zegen uitspreken. Zij zullen het woord nemen en zeggen:] Gezegend zij de God ²³ [die ...] op het feest der glorie ²⁴ [...] ...

Fragmenten 37 en 38, kolom XII

¹⁻¹⁰ [...] ¹¹ [... Vrede zij uw deel, Israël, in alle] ¹² [ee]uwige [tijden] ONBESCHREVEN [...]
¹³ Op de vijfen[twintigste] dag [van de maand, 's avonds, zullen zij een zegen uitspreken. Zij zullen het woord nemen en zeggen: Gezegend zij] ¹⁴ de God van alle heilig[en ...] ¹⁵ heiligheid en rust voor o[ns ...] ¹⁶ uit het lotsdeel van zijn heerschappij [...]¹⁷ [...] ... [...]
¹⁸ [Als de zon opgaat over de aarde, zullen zij een zegen uitspreken. Zij zullen het woord nemen en zeggen: Gezegend zij de God van alle] ¹⁹ [hei]ligen ... [... de vijf] ²⁰ [en]twintigste poort [van het licht ...] ²¹ lovende met ons [...]²² onze glorie. Vrede [zij uw deel, Israël, in alle eeuwige tijden].
²³ Op de zesen[twintigste] dag [van de maand, 's avonds, zullen zij een zegen uitspreken. Zij zullen het woord nemen en zeggen: Gezegend zij] ²⁴ [...] ... het hei[l ...]

Fragment 39, kolom XIII

¹ [...] ... [...] ... [...] ² [...] ... want /dit is de nacht van [...] ... totdat zich verberg[t ...] / dertien lotsdelen van de duisternis [...]³ [... de ve]ndels van de nacht en de morgen ... onze vrede. Vrede zij uw deel, [Israël]

Fragmenten 40 en 41

¹ en hem [...] ² en in het domei[n van ...] ³ de naam van de God van [Israël. Vrede zij uw deel, I]sraël, in alle tij [den van de nacht].
⁴ Als [de zon] opgaat [om de aarde te verlichten, ...] het derde om [...] ⁵ onze glorie [...] de rust van de heiligheid [...] ⁶ en zij loven [U ... Gezegend zijt Gij, God van Israë]l en geloofd zij [uw heilige naam in de mond van] ⁷ alle hei[ligen ...] de heiligen [...] ⁸ de glorie [...] ... [...]

Fragmenten 42-44

¹ [...] in ... [...] ² [...] de nacht om ... [...]³ [... Vre]de zij [u]w deel, [Israë]l in de mond van alle ton[gen ...]
⁴ [Op de ... dag van de] maand, ['s] avonds, zullen zij een ze[gen] uitspreken. Zij zullen het woord nemen en zegg[en: Gezegend zij de God van Israël, die ...] ⁵ [...] ons [...] weken van zijn glorie. [Deze] nacht is voor ons [...] ⁶ [... een na]cht ... [...] die [...] ... [...]

Fragmenten 48-50

¹ [...] ... [...] ² [... Vrede zij uw deel, Is]raël. ONBESCHREVEN [...]
³ [Op de ... dag van de maand, 's avonds, zullen zij een zegen uitspreken. Zij zullen het woord nemen en zeggen: Gezegend zij] de God van Israël, di[e] ⁴ [...] onze vreugde en ... [...] ⁵ [... Deze nacht is voor ons] de derde bij de fe[esten van] onze [vr]eugde en Gij [...] ⁶ [...] uw red[di]ng. Vrede zij [uw] d[eel, I]sraël. ONBESCHREVEN [...]
⁷ [Als de zon opgaat om de] aarde [te ver]lichten , zullen zij een zegen uitspreken. Zij zullen het woord nemen en ze[ggen]: Gezegend zij de God van Is[raël], ⁸ [de God van alle heerscharen der heme]lingen, die [het vo]lk van de kinderen der gerechtigheid rechtvaardigt (?) [...] de God boven al[le ...]

Fragmenten 51-55

¹ [...] ... [...] ² [...] ... lotsdelen van [...] ... [...] ³ [...] uitleg, lofliederen [... eeu]wige [...] ⁴ [...] ... [...] ⁵ [... ?]tiende poort der er[e ...] ⁶ [/ ...] het licht van de dag. Vrede zij [uw] de[el, Israël./
Op de ... dag van de maand, 's avonds, zullen zij een zegen uitspreken. Zij zullen het woord nemen en zeg]gen: Gezegend zij de God van Is[raël], ⁷ [die ...] ... [...] ⁸ [...] de vendels van het lich[t ...] ⁹ [... Gij hebt] ons [doen ken]nen de psalmen van uw glorie [...] ¹⁰ [... op alle] tijden van de nacht. Vrede zij uw deel, [Israël] ¹¹ [...] ONBESCHREVEN [...]
¹² [Als de zon opgaat om de aarde te verlichten, zullen zij een zegen uitspreken. Zij zullen het woord nem]en en zeggen: Gezegend zij de God van Israël, [die ...] ¹³ [...] ons heeft bekendgemaakt met het gr[ote] voornemen van zijn wijsheid [...]¹⁴ [...] de lotsdelen van het licht, opdat wij zouden kennen de tekene[n ...] ¹⁵ [... de God van Isra]ël, di[e ...] ... [...]¹⁶ [...] ONBESCHREVEN [...]
¹⁷ [Op de ... dag van de maand, 's avonds, zullen zij de God van Isra]ël [zegenen]. Zij zullen het woord nemen [en zeggen: ...] ¹⁸ [...] zijn [gl]orie [...] 19 [... de vij]fde [...]

Fragment 64

¹ [Op de ... van de maand], 's avonds, [zullen zij een zegen uitspreken. Zij zullen het woord nemen en zeggen: Gezegend zij] ² [de God van Israël, die ...] onze ... [...]³ [...] het priesterschap van ... [...] ⁴ [...] een teken voor ons voor de nacht gedurende het fee[st ...] ⁵ [...] de nacht om met ons te zijn /lovende/ [...] ⁶ [...] ONBESCHREVEN [...]
⁷ [Als de zon opgaat om] de aarde [te verlichten], zullen zij een zegen uitspreken. [Zij zullen het woord nemen en zeggen:] ⁸ [Gezegend zij de God van Israël gedurende alle] eeuwige tij[d]en en [...] ⁹ [...] vendel van [...]

C. FEESTGEBEDEN

Een andere verzameling van duidelijk liturgische teksten is die welke gebeden bevat die tijdens de verschillende feesten van het jaar gereciteerd moesten worden. Dit werk is ten dele in vier exemplaren bewaard gebleven: één (1Q34 + 1Q34bis = 1Q34) afkomstig uit grot 1 en drie (4Q507-509) uit grot 4. De overeenkomsten van de fragmenten 1-2 van 1Q34 met 4Q509 en van fragment 3 van 1Q34 met 4Q508 bewijzen dat het inderdaad om hetzelfde document gaat. Dat 4Q507 daarvan een andere kopie vormt is minder zeker vanwege de schamele resten die van dit handschrift bewaard gebleven zijn.

Het werk bevat de gebeden die gedurende de verschillende feesten van het jaar gezegd moesten worden. Weliswaar vinden wij in de bewaard gebleven tekstgedeelten slechts twee feesten aan het begin van twee van de gebeden uitdrukkelijk genoemd: het feest van de grote Verzoendag, dat volgens de kalender van Qumran op de 10de van de zevende maand gevierd werd (1Q34 2,5, gereconstrueerd in 4Q508 2,2 en 4Q509 2,25), en het feest van de eerstelingen, dat op de 15de van de derde maand gehouden werd (4Q509, fragmenten 131-132 II 5). Maar omdat verschillende andere teksten het slot of begin van andere gebeden bevatten en de inhoud van deze gebeden in verband gebracht kan worden met andere feesten van de liturgische kalender, is de interpretatie van het geheel als een verzameling van gebeden voor alle feestdagen van het jaar de meest overtuigende.

Steunend op de weinige gegevens betreffende de inhoud die in de verschillende gebeden bewaard gebleven zijn, en de plaats van de fragmenten met betrekking tot de uitdrukkelijk genoemde feesten, meent M. Baillet, de uitgever van de gehavende rollen, daarin verwijzingen naar een reeks andere feesten te kunnen herkennen: het feest van het bewegen van de garve en het aanbieden van de jonge gerst op de 26de van de eerste maand (fragmenten 22 en 23 van 4Q508, die wij niet vertaald hebben), het Wekenfeest van de 15de van de derde maand (fragment 13 van 4Q508), het Nieuwjaarsfeest (4Q509 I 1-24), het loofhuttenfeest (4Q509 IV 8 vv.) en het feest van het tweede Pascha op de 14de van de tweede maand (4Q509, fragmenten 131-132, kolom I). Zijn voorstellen roepen evenwel ernstige problemen op. Het Wekenfeest wordt enkel (als feest van de eerstelingen) op grond van de vermelding van koren, most en olie aangenomen, maar het genoemde fragment 13 van 4Q508 correspondeert niet met het fragment dat in een opschrift expressis verbis het feest van de eerstelingen noemt (4Q509, fragmenten 131-132 II 5); bovendien volgen de feesten van de eerstelingen van het koren, van de most en de olie in de kalender van Qumran elkaar op met een tussentijd van 50 dagen. De inhoud van de fragmenten die door hem aan het Nieuwjaarsfeest worden toegewezen, past beter bij de dag van de gedachtenis op de eerste van de zevende maand (Lev. 23:23-24), die in de kalender van Qumran aan de grote Verzoendag voorafgaat, terwijl het Nieuwjaarsfeest daarin blijkbaar niet in de zevende maand viel. Wij moeten derhalve concluderen dat, ondanks het grote aantal fragmenten van enige kopieën, het enige dat wij weten, hierin bestaat dat er in Qumran een cyclus van specifieke gebeden voor de verschillende feesten van het jaar bestond. Wij kunnen echter de exacte inhoud daarvan niet achterhalen. Nog veel minder kunnen wij vaststellen of deze gebeden bedoeld waren om de cultus tijdens deze feesten te begeleiden of dat zij als zodanig de viering van deze feesten vormden als substituut voor gaven en offers.

In het vervolg geven wij een korte beschrijving van elk der handschriften van het werk:

1Q Feestgebeden[a] (1Q34) is een manuscript dat aan het begin van de eerste eeuw n. Chr. werd overgeschreven. Slechts drie fragmenten zijn daarvan bewaard gebleven, waarvan één resten van twee kolommen bevat. Het eerste fragment werd gedurende de opgraving van de grot in 1949 door archeologen gevonden. De fragmenten 2 en 3 werden naderhand verkregen, hetgeen de dubbele benaming (1Q34 en 1Q34bis) verklaart. Ondanks de geringe omvang is het een kopie die ons veel informatie over het oorspronkelijke werk verschaft.

4Q Feestgebeden[a] (4Q507) stamt eveneens uit het begin van de eerste eeuw n. Chr. en bevat resten van het slot van een gebed en het begin van een ander. Slechts drie kleine fragmenten zijn bewaard gebleven met zo weinig stof dat het zelfs niet mogelijk is sluitend te bewijzen dat het om hetzelfde werk gaat als 1Q34 en 4Q508-509.

4Q Feestgebeden[b] (4Q508) is evenals de eerder genoemde twee manuscripten op leer gekopieerd in een schrift uit het begin van de eerste eeuw n. Chr. Van het document zijn 43 fragmenten bewaard gebleven, maar zij zijn dermate klein en in zo'n slechte staat overgeleverd dat slechts vier een vertaling verdienen. De eerste twee daarvan vertonen deels overlappingen met 1Q34.

4Q Feestgebeden[c] (4Q509) is de oudste kopie van het werk en dateert uit de eerste helft van de eerste eeuw v. Chr. Het is ook de omvangrijkste, omdat daarvan meer dan 300 fragmenten over zijn. Het gaat om een kopie die op de voorzijde van een papyrusrol geschreven is, samen met een van de kopieën van de *Woorden van de Lichten* (4Q505), waarvan de achterzijde een van de kopieën van de *Rol van de Oorlog* (4Q496) en een andere (?)

kopie van de *Woorden van de Lichten* (4Q506) bevat. Helaas is het grote aantal fragmenten praktisch onbruikbaar, zodat wij zeer weinig weten over de inhoud van het werk.

1. 1Q Feestgebeden[a] (1Q34)

Fragmenten 2 en 1 (= 4Q509, fragmenten 1-4, kolom I, 16vv; zie hierna)

Fragment 3, kolom I (regels 4 (slot)-7 = 4Q508 1)

> [1] [...] en Hij heeft gebo[den (?) ...] [2] [...] ... in het lotsdeel van de rechtvaardige, maar voor de goddelozen een lotsdeel [3] [...] in hun gebeente smaadheid voor alle vlees. Maar de rechtvaardigen [4] [... om] te gedijen dankzij de wolken van de hemel en de opbrengst van de aarde, om onder[sch]eid te maken [5] [tussen recht]vaardige en goddeloze (vgl. Mal. 3:18). Gij hebt de goddelozen gemaakt tot ons losgeld en voor de oprechten [6] zult Gij de verdelging van al onze tegenstanders [bewerken]. Wij, wij zullen uw naam eeuwig [7] [en altijd] loven, want daartoe hebt Gij ons geschapen. Daarom is dit het wat wij U [antwoorden]: Geprezen zij [8] [...] ONBESCHREVEN [9] [...] ... [...]

Fragment 3, kol. II

> [1] [...] het grote licht voor de tijd van de [dag en het kleine licht voor de tijd van de nacht (Gen. 1:16) ...] [2] [...] zonder hun inzettingen te overtreden. Zij alle [...] [3] [...] en hun heerschappij over de gehele wereld.
> Maar het nageslacht van de mens heeft geen begrip van al wat Gij het als erfdeel gegeven hebt,
> en zij kennen U niet [4] [bij a]l uw spreken
> en gedragen zich goddelozer dan allen.
> Zij hebben geen begrip van uw grote kracht.
> Daarom verwerpt Gij hen, want Gij wenst [5] on[rech]t niet
> en de goddeloze zal vóór U niet standhouden.
> Maar in de tijd van uw welbehagen hebt Gij U een volk uitverkoren,
> want Gij hebt gedacht aan uw verbond
> [6] en hen [bevestigd] door hen uit alle volken voor U tot een heiligdom af

te zonderen.
Gij hebt uw verbond met hen vernieuwd
door een glorierijk visioen en woorden van [7] uw heilige [Geest] door het werk van uw handen;
uw rechterhand heeft geschreven (vgl. Ex. 31:18) om hen te doen kennen uw glorierijke ordinanties en de eeuwige werken.
[8] [... Gij hebt doen opstaan] voor [h]en een betrouwbare herder [...] ... ootmoedig en ... [...]

2. 4Q Feestgebeden (4Q507-509)

a. *4Q Feestgebeden*^{a} (4Q507) [3 fragmenten]

Fragment 1

[1] [...] ... [...] ... [...] [2] Maar wij zijn (verstrikt) in onrecht vanaf de moederschoot en vanaf de (moeder)borsten in sch[uld ...] [3] en terwijl wij er zijn, zijn onze schreden met onreinheid ... [...]

Fragment 2

[1] [...] alle [...] [2] [... ge]zegend zij de Heer [...][3] [...] ONBESCHREVEN [4] [...] ... [...]

Fragment 3

[1] [...] uw [... Ge]zegend zij de He[er ...] [2] [... de] eeuwige [gesl]achten. Amen. Amen. [...][3] [...] ... Ged[enk, Heer, dat ...]

b. *4Q Feestgebeden*^{b} (4Q508) [43 fragmenten]

Fragment 1 = 1Q34 3, kolom I, regels 4 (slot)-7 (zie boven)

Fragment 2

¹ [...] en Gij zult wonen in ons midden [...] ² [... Gebed voor de (grote) verzoendag]. Gedenk, Heer, het feest van uw erbarmen en de tijd van de omkeer [...]³ [...] Gij hebt voor ons ingesteld een feest van verootmoediging, een altoos [durende] inzetting, [...] ⁴ [...] en Gij kent de verborgen en de geopenbaard[e] dingen (Deut. 29:29) [...]⁵ [u.] Gij kent onze gezindheid (Deut. 31:21; Ps. 103:14) [...] ⁶ [... on]s [opstaan] en ons nederliggen (Deut. 6:7) ... [...]

Fragment 3

¹ [...] wij hebben goddeloos gehandeld [...] ² [...] en vanwege hun menigte. [Maar] Gij hebt met Noach [een verbond] opgericht (Gen. 9:9) [...] 3 [... met Isa]ak en Jakob uw vast verbond [...] ⁴ [...] ... Gij hebt gedacht aan de tijden [...]

Fragment 13

¹ [...] Heer, want in uw liefde ² [...] ... tijdens de feesten van de glorie en om te heiligen [...]³ [...] ko[ren], most en olie

c. 4Q Feestgebeden^c (4Q509) [313 fragmenten]

Fragment 1-4, kolom I (regel 16vv. = 1Q34^{bis}, fragmenten 2 en 1)

1-2 [...] ... [...]³ [... het sl]ijk van de straten [...] ⁴ [... voor] uw [aangezicht] storten wij [onze] kl[acht] uit [...] over alle [...]⁵ [...] ... [...] ... ten tijde van [...] eeuwigheid en Hij heeft ons verheugd [...] ⁶ [...] ... [... Gezegend zij] de Heer die ons deed begrijpen [...] ⁷ [... voor altijd en] immer. Amen. Amen. [...] ⁸ [...] Mozes en Gij hebt gesproken tot hem [...] ⁹ [...] ... die boven [...] ¹⁰ [...] die Gij geboden hebt aan [...] ¹¹ [...] uw volk [...] ¹²⁻¹⁴ [...] ¹⁵ [...] en zijn leed [...]¹⁶ [...] de tijd van onze vrede [...]¹⁷ [... want Gij hebt] ons [verblijd] na onze smart (Jer. 31:13) en [onze verbannenen] vergadert Gij [voor de tijd van ...] ¹⁸ [...] en onze verstrooide (vrouwen) brengt Gij bijeen [voor het tijdperk van ...] [19] [...] uw gunstbewijzen jegens onze gemeente als re[genbuien op de aarde in de zaaitijd] [20] [...] ONBE-SCHREVEN [...][21] [als regen op het kr]uid in de tijd van het gras en [...][22] [Wij, wij zullen] uw [won]derdaden van geslacht tot gesla[cht vertellen ...]. [23] [... Gepre]zen zij de Heer, die ons verblijd heeft [...].[24] [...] ONBE-SCHREVEN [...][25] [Een gebed voor de grote verzoendag]. Ge[denk, Heer ...]

Fragment 5-7, kolom II

[1] [...] ... [...] [2] [...] ons bloed in de tijd van [...] [3] [...] voor ons om ons te roepen. Alle [...] [4] ... [...] Gij weet alles [...] [5] hebt Gij verdeeld en Gij hebt bekendgemaakt [... al]le vloeken [...] [6] [in] ons, zoals Gij gesproken hebt [...] [7] [Zi]e, gij gaat rusten bij [uw] vad[eren ... [8] [...] ... [...] [9-14] [...] [15] [en] in de oerdiepten en in alle [...] [16] want sedert eeuwigheid hebt Gij een afkeer van [...] [17] gezamenlijk vóór U [...] [18] in het laatst der dagen [...] [19] [de tegen]stander van de heiligen (?) ... [...][20] [...] ... om te bewaren [...][21] [...] ... [...]

Fragment 8-13, kolom III

[1] [...] het werk [...][2-3] [...] ... [...] [4] [de opbrengst van] ons [la]nd tot een beweegoffer [...] [5] [...] aan het begin van [...] [6] [... v]eel ... [... onze versma-den], [7] [onze zwervers] en onze armen [...] [8] [... he]erschappij van ... [...] [9] [...] ... [...] [10-15] [...] [16] de verdrevenen, die ronddolen zonder dat [iemand hen doet terugkeren (vgl. Ez. 34:16; Klaagl. 5:21), de ...] [17] zonder sterkte, de gevallenen, zonder dat [iemand hen opricht (vgl. Jer. 50:32; Ps. 145:14), de ...], [18] zonder dat iemand begrip toont, de gewonden, zonder dat [iemand (hun wonden) verbindt (vgl. Ez. 34:4) ...] [19] in de zonde[n] en er is geen heelmeester [...] [20] die hen die door hun overtredingen ten val gekomen zijn, vertroost [... Gede]nk [21] de moeite en het geween. Gij zijt de metgezel van de gevangene[n ...]

Fragmenten 10 II – 16, kolom IV

[2] ... [...][3] hebt Gij geweid en in [...] [4] in uw [...] [5] en uw engelen [...] [6] en uw erfdeel [... Gezegend zij] [7] de Heer, [...] [8] [Ge]bed voor het feest van [...] [9] [...] uw [...] di[e ...] [10] [...] ... [...] [11] [...] alle [...] [12] [...] ... [...] [13-16] [...] [17] [...] in al [hun] moeit[en ...] [18] [... Heb] erbarmen met hun lijden [19] [...] de moeite van onze oudsten en [onze] aanzienlijken [20] [...] kinderen hebben hen bespot. [21] [...] zij hebben [ni]et gezien dat G[ij] [22] [...] onze wijsheid ... [23] [...] en wij [...]

Fragmenten 97 en 98, kolom I = 1Q34^{bis} 3 II, regels 3b-7 (zie boven)

Fragmenten 131 en 132, kolom II

[1] [...] ... [...] [2] [...] uw [gl]orie [...] [2] [...] zijn [...] Amen. A[men ...] [4] [...] ONBESCHREVEN [...] [5] [Een gebed voor de dag van de] eerstelingen. Gedenk, H[ee]r, het feest [6] [...] en de vrijwillige gaven die U welgevallig zijn, die Gij hebt geboden [7] [... om te br]engen vóór U de eerstelingen van [uw] werken [8] tot [...] op de aarde om te zijn ... [...] [9] [...] ... want op de dag van de [...] [10] ... [...] hebt Gij geheiligd [...] [11] [...] de (eerste) worp (van het vee) (Ex. 13:12) [...] [12-14] ... [...] [15] met [...] [16] heil[ig ...] [17] in alle [...] [18-20] ... [...]

D. WOORDEN VAN DE LICHTEN

De titel van dit werk is ons bekend dankzij het feit dat hij bewaard is gebleven op de achterzijde van een van de fragmenten (fragment 8). De betekenis van de benaming is onzeker. Als zodanig kan 'lichten' de hemellichamen aanduiden, die de gebedstijden regelen (als in de *Dagelijkse gebeden*). De gebeden die de inhoud van het werk vormen, zouden daarom beschouwd kunnen zijn als die welke deze hemellichamen (gedacht als levende wezens) elke dag reciteren. Ook zouden zij opgevat kunnen zijn als de gebeden van de engelen die deze hemellichten regeren. Volgens Baillet, de uitgever van de tekst (zie Lijst van de handschriften), zou 'lichten' de priesters kunnen aanduiden en het geschrift een soort van 'priesterofficie' voor de afzonderlijke dagen van de week kunnen vormen. Maar omdat de inhoud van de verschillende gebeden in direct verband staat met de heilige historie en het gaat om hymnen en collectieve gebeden met een uitgesproken smeekkarakter, zou men ook kunnen denken aan de 'kinderen van het licht' als aanduiding van de leden van de gemeenschap van Qumran. Toegegeven moet echter worden dat het moeilijk te bewijzen valt dat de gebeden werkelijk uit Qumran stammen.

Hoe dit ook zij, er bestaat geen twijfel over dat het gaat om een werk dat hymnen en gebeden voor de verschillende dagen van de week bevat. Deze gebeden verschillen van de avond- en morgengebeden van 4Q503. Het werk bevat geen enkele aanduiding van het moment van de dag waarop zij gereciteerd moesten worden.

Voor zover zij met tamelijke zekerheid gereconstrueerd kunnen worden, vertonen de gebeden voor elke dag van de week een zelfde opbouw: een opschrift, dat de dag van de week vermeldt waarvoor het gebed bestemd is (zie 4Q504 fragment 3 II 5 [woensdag] en fragmenten 1-2 VII 4 [sabbat]), een inleidende formule in de vorm van 'Gedenk, Heer' (dag 4) of 'Looft ...' (sabbat), doorgaans gevolgd door een proloog met toespelingen op de heilige historie, die de overgang vormt tot het eigenlijke gebed en die de reden aangeeft waarom dit moet worden nagekomen. De smeking vormt de kern van het gebed en wordt gevolgd door een zegenspreuk, waarin dank wordt gebracht voor de verhoring die de smeekbede ten deel gevallen is, besloten met de uitroep 'Amen. Amen'. Hoewel elke bede een zelfstandige eenheid vormt, kan toch van dag tot dag een zekere progressie in de toespelingen op de heilige historie worden geconstateerd: schepping en zonde van Adam (zondag; 4Q504 fragment 8); woestijntocht (dinsdag; fragmenten 6 en 4); Sinaiverbond (woensdag; fragment 3); verkiezing van Israël en glorie van Jeruzalem in de tijd van David (donderdag; fragmenten 1-2 I-IV);

ontrouw, ballingschap van het volk en toekomstig herstel (vrijdag; fragmenten 1-2 V-VI).

De gebeden zijn sterk verwant aan de 'smeekgebeden' van de latere synagogale liturgie, hoewel in het enige geval waarin de aanduiding van het genre van de gebeden bewaard gebleven is (in het geval van de sabbat: fragmenten 1-2 VII 4) sprake is van 'lofliederen' (c.q. 'dankliederen').

Volgens Baillet is het werk ons in drie manuscripten overgeleverd. Het oudste en meest belangrijke is 4Q504, ons bewaard gebleven in een kleine vijftig fragmenten. Acht daarvan zijn van relatief omvangrijke afmetingen. Het gaat om een manuscript dat na het midden van de tweede eeuw v. Chr. geschreven is in een voor Qumran kenmerkende spelling. Het verschaft ons het begin van het werk, afzonderlijke resten van verschillende kolommen en een groot fragment (1-2) met resten van zeven opeenvolgende kolommen uit het slot.

4Q505 zou volgens Baillet een kopie van hetzelfde werk zijn. Wij hebben te maken met een handschrift uit het midden van de eerste eeuw v. Chr., geschreven op de voorzijde van een papyrusrol, die op dezelfde kant een van de kopieën van de Feestgebeden (4Q509) bevat. Baillet deelt 10 fragmenten aan 4Q505 toe, maar de overeenkomsten die hij meent te kunnen aanwijzen met de Woorden van de Lichten zijn problematisch. Het is daarom mogelijk dat deze kleine fragmenten in feite een onderdeel vormen van het als Feestgebeden aangeduide werk.

Het andere werk (4Q506) bevindt zich op de achterzijde van dezelfde papyrus, verbonden met het manuscript 4Q496, een kopie van de Rol van de Oorlog, en werd omstreeks het midden van de eerste eeuw n. Chr. gekopieerd. Ondanks het grote aantal fragmenten dat daaraan wordt toegeschreven, kan daaruit vanwege de geringe afmetingen zeer weinig worden afgeleid. Het exemplaar leert ons evenwel dat men het werk binnen de gemeenschap van Qumran in de loop van een paar eeuwen na de samenstelling daarvan bleef overschrijven.

Het is onmogelijk met zekerheid vast te stellen of wij met een geschrift van buiten Qumran te maken hebben of dat het stamt uit de allervroegste periode van de gemeenschap, voordat deze zich in de woestijn terugtrok. Bepaalde elementen van de woordenschat en het gebruikte spellingssysteem wijzen in de richting van een herkomst uit Qumran. De paleografische datering van het oudste handschrift sluit deze mogelijkheid niet uit. Anderzijds suggereert het ontbreken van voor de gemeenschap karakteristieke terminologie en opvattingen dat het werk buiten Qumran ontstaan is. Wij beschikken niet over doorslaggevende aanwijzingen die een definitieve keuze tussen deze alternatieven mogelijk maken. Het enige dat wij met zekerheid kunnen concluderen, is dat deze gebeden voor elke dag van de week door de gemeenschap gedurende een zeer lange tijd van haar bestaan overgeschreven en gebruikt werden.

Onze vertaling volgt de rangschikking van de *editio princeps,* hoewel deze, naar Baillet zelf erkent, arbitrair is. Inhoudelijke gegevens bewijzen dat de fragmenten 1-2 afkomstig zijn uit het slot van het werk, dat eindigde met de gebeden bestemd voor de sabbat, en dat het manuscript begon met fragment 8, op de achterzijde waarvan de titel van het werk voorkomt.

1. 4Q Woorden van de Lichten[a] (4QDibHam[a] =4Q504)
[de titel op de achterzijde van fragment 8: *Dibre Hamm^e'orot* = de woorden van de lichten; 49 fragmenten]

Fragmenten 1 en 2

Kolom I

1-6 [...] 7 [...] Amen. Amen. 8 [...] wonderdaden 9 [...] uit Egypte 10 [...] de woestijn 11-21 [...]

Kolom II

1-5 [...] 6 [...] ... [...] 7 Ach, Heer (Dan. 9:4), handel toch zoals het U past, naar de grootheid van uw kracht, (Gij) die [ver]geven hebt 8 onze vaderen (vgl. Num. 14:19), toen zij weerspannig waren tegen uw bevel (vgl. Deut. 1:26,43; 9:23; 1 Sam. 12:14). Gij werd toornig op hen (zodanig) dat Gij hen wildet verdelgen (Deut. 9:8), maar Gij hebt medelijden 9 met hen gehad, omdat Gij hen liefhadt, en vanwege uw verbond – maar Mozes deed verzoening 10 voor hun zonde (Num. 14:19) – en opdat zij uw grote kracht en uw overvloedige genade zouden kennen 11 tot in eeuwige geslachten. Mogen zich toch uw toorn en uw gramschap van uw volk Israël afwenden (vgl. Dan. 9:16), /(veroorzaakt) door al [hun] zon[de]/. Gedenk 12 uw wonderdaden die Gij bewerkt hebt voor de ogen van de heidenen, want uw naam is over ons uitgeroepen (Deut. 28:10; Dan. 9:19). 13 [...] met het gehele hart en met de gehele ziel en om uw wet in ons hart (Jes. 51:7; Ps. 37:31) te planten, 14 [opdat wij daarvan niet afwijken door] rechts of links [te gaan (Deut. 17:20; Joz. 23:6)]. Want Gij geneest ons van waanzin, /verblinding/ en verstandsverbijstering (Deut. 28:28), 15 [... Zie, om] onze [on]gerechtigheden zijn wij verkocht (Jes. 50:1), maar ondanks onze overtredingen hebt Gij ons geroepen [16] [...] en Gij hebt ons gered van zondigen tegen U. [17] [...] ... en om ons te doen begrijpen de getuigenissen [18] [...] ... Gij hebt ze gedaan [19] [...] ... en hun werk

Kolom III

[1] ... [...] [2] ... [...] beschouwd [...]. Zie, [3] alle volken zijn [als n]iets voor U, als ijdel en nietig /worden zij beschouwd/ bij U (Jes. 40:17). [4] Enkel uw naam hebben wij [aan]geroepen. Tot uw eer hebt Gij ons geschapen (Jes. 43:7), als zonen [5] hebt Gij ons U gesteld voor de ogen van alle heidenen. Want Gij hebt [6] Israël mijn eerstgeboren zoon genoemd (Ex. 4:22) en ons vermaand, zoals een man [7] zijn zoon vermaant (Deut. 8:5), en ons {groot gemaakt} ONBESCHREVEN in de jaren van onze geslachten. [8] [...] /kwade/ ziekten, hongersnood, dorst, pest en zwaard (Deut. 28:48,59) [9] [... de wra]ak van uw verbond, want ons hebt Gij U uitverkoren [10] [tot een volk uit allen op] aarde (vgl. Deut. 7:6; 14:2). Daarom hebt Gij over ons uw grimmigheid [11] [en] uw [naijver] in alle hittigheid van uw toorn uitgestort (Ez. 22:22; 16:38). Daarom kleeft ons aan [12] [de gesel van] uw [plag]en, waarover Mozes geschreven heeft (Dan. 9:11) en uw knechten, [13] de profeten, di[e] Gij [gez]onden hebt, dat onheil [over] ons zou [komen] in het laatst der [14] dagen (vgl. Deut. 31:29). Want [...] [15] en onze koningen, want [...] [16] om dochters te nemen [...] [17] en zij handelden verderfelijk in [...] [18] uw verbond en [...]
[19] het zaad van Israël [...] [20] Gij zijt rechtvaardig om [...] [21] en ... [...]

Kolom IV

[1] [...] [2] uw woonplaats [...] een rustplaats (Ps. 132:14; Jez. Sir. 36:12) [3] in Jeruza[lem, de stad die] Gij [hebt uitver]koren (1 Kon. 8:44; 2 Kron. 6:4) uit de hele aarde, [3] opdat [uw naam] daar zou zijn (1 Kon. 8:16; 2 Kron. 6:56) tot in eeuwigheid (2 Kon. 21:7; 2 Kron. 33:7). Want Gij hebt [5] Israël liefgehad boven alle volken. Gij hebt uitverkoren de stam van [6] Juda (Ps. 78:68) en uw verbond opgericht voor David, opdat hij zou zijn [7] als een herder, een vorst over uw volk (2 Sam. 5:2), en vóór uw ogen zou zitten op de troon van Israël (vgl. 1 Kon. 8:20), [8] alle dagen. Alle heidenen

hebben uw glorie gezien: ⁹ dat Gij U geheiligd hebt te midden van uw volk Israël. Zij brachten aan uw ¹⁰ grote naam hun gaven: zilver, goud, kostbaar gesteente ¹¹ benevens al de schatten van hun land om uw volk te eren en ¹² Sion, uw heilige stad (Dan. 9:24) en uw luisterrijk huis (Jes. 60:7). Er was geen tegenstander ¹³ en generlei onheil (1 Kon. 5:4), maar (enkel) vrede en zegen ... [...] ¹⁴ en zij aten en werden verzadigd, zij werden vet (Deut. 31:20) [...] ¹⁵ [...] en ... [...] ¹⁶⁻²¹ [...]

Kolom V

¹ [...] ... [.... zij verlieten] ² de bron van levend water (Jer. 2:13; 17:13) [...] ³ en dienden een vreemde god in hun land (vgl. Jer. 5:19). Ook werd hun land ⁴ een ontzetting voor hun vijanden (vgl. Lev. 26:32), want uw grimmigheid ⁵ en hittige toorn werd in het vuur van uw naijver [uit]gestort en maakte het tot een woestijn, ⁶ zodat niemand er meer doorging of (daarin) terugkeerde (Zach. 7:14). Ondanks dit alles hebt Gij ⁷ het zaad van Jakob niet versmaad (vgl. Lev. 26:44) en Israël niet ⁸ tot verdelgens toe verafschuwd ⁸ door uw verbond met hen te breken. Want Gij zijt ⁹ een levende God, Gij alleen, en buiten U is er niemand (Jes. 45:21). Gij hebt aan /uw/ verbond gedacht, ¹⁰ want Gij deedt ons uittrekken voor de ogen van de heidenen (vgl. Lev. 26:45) en hebt ons ¹¹ onder de heidenen niet verlaten (vgl. Ezra 9:9; Neh. 9:17,31), maar Gij zijt uw volk Israël genadig geweest in alle ¹² landen waarheen Gij hen verdreven hadt, opdat zij ¹³ ter harte zouden nemen naar U terug te keren en naar uw stem te luisteren ¹⁴ [overeenkomstig] alles wat Gij geboden hebt door de hand van Mozes, uw knecht (vgl. Deut. 30:2). ¹⁵ [Wa]nt Gij hebt uw heilige geest over ons uitgestort ¹⁶ [om] ons uw zegeningen te brengen, opdat wij U zouden zoeken in onze nood ¹⁷ [en (onze gebeden) mur]melen in de verdrukking van uw tuchtiging (Jes. 26:16). Wij zijn in nood gekomen ¹⁸ [en gesl]agen en beproefd door de grimmigheid van de verdrukker (Jes. 51:13). Want ook ¹⁹ hebben wij /God/ moeite [aa]ngedaan met onze ongerechtigheid en de Rots lastig gevallen met [onze] zon[de] (Jes. 43:24). ²⁰ [Gij] hebt ons lastig gevallen, opdat het ons wel zou gaan, weg van [onze] wegen op de w[eg] ²¹ waarop [wij moeten gaan (Jes. 48:17). Maar] wij hebben niet geluisterd na[ar uw geboden (Jes. 48:18)]

Kolom VI

¹ [...] ² [... Gij hebt] al onze overtredingen v[a]n ons [weggewo]rpen (Ez. 18:31a) en ons gereinigd ³ van onze zonde om uwentwil (vgl. Jes. 43:25). Van U, van U, /Heer/, is de gerechtigheid, want ⁴ Gij hebt dit alles gedaan (Jer. 14:22b). Nu dan, op deze dag, ⁵ nu ons hart vernederd is, boeten wij onze ongerechtigheid (Lev. 26:41) en de ongerechtigheid van ⁶ onze vaderen, omdat wij ontrouw zijn geweest en ons (tegen U) verzet hebben (Lev. 26:40). Wij hebben ⁷ uw beproevingen niet versmaad en van uw plagen geen afkeer gehad (Lev. 26:43), zodat wij ⁸ het verbond met U zouden verbreken bij alle verdrukking (vgl. Lev. 26:44). Want Gij zelf, /die onze vijanden tegen ons gezonden hebt,/ ⁹ hebt ons hart gesterkt. Opdat wij mogen vertellen uw sterkte aan de ¹⁰ eeuwige geslachten, – ach, Heer, laat toch, daar Gij van eeuwigheid tot ¹¹ eeuwigheid wonderwerken verricht, uw toorn en uw grimmigheid van ons wijken. Zie onze el[lende], ¹² moeite en verdrukking (Deut. 26:7) en verlos uw volk Isra[ël uit alle] ¹³ landen, dichtbij en veraf, wa[ar]heen [Gij hen verstoten hebt (Dan. 9:7)], ¹⁴ ieder die opgeschreven staat in het boek des levens (Dan. 12:1) [...] ¹⁵ om U te dienen en [uw heilige naam] te loven [... Red hen] ¹⁶ van al hun verdrukkers [...] ¹⁷ die doen struikelen [...] ¹⁸⁻¹⁹ ... [...] ²⁰⁻²¹ [...]

Kolom VII

¹ [...] ... [...] ² die ons verlost hebt uit alle nood (vgl. Ps. 54:9). Amen. [Amen ...] ³ ONBESCHREVEN ⁴ Lofliederen op de dag van de sabbat. Looft [de ... , zegent] ⁵ zijn heilige naam voortdurend. Op [...] ⁶ alle engelen van het heilige uitspansel en [...] ⁷ in de hemel, de aarde en al haar denkende wezens [... de] ⁸ grote [vloed] (Amos 7:4), de plaats der vertering (Ps. 88:12), de wateren en al wat [daarin is ...] ⁹ al zijn schepselen, voortdurend tot in [alle] eeuwigheid. [Amen. Amen]. ¹⁰ ONBESCHREVEN [...] ¹¹ zijn heilige [naam], jubelt Gode ... [...] ¹² glorie en ... [...] ¹³⁻²¹ [...]

Fragment 3, kolom II (voor de regels 11-13 vgl. 4Q505, fragment 124 en voor de regels 17-19 vgl. 4Q506, fragmenten 125 en 127)

¹ [...] ... [...] ² [...] ... Gezegend zij de G[od (die)] ons rust gegeven heeft [...] ³ [... Amen. Amen]. ONBESCHREVEN
⁴ ONBESCHREVEN
⁵ [Gebed voor] de vierde [da]g (= de dag van de schepping der lichten: Gen. 1:19). Gedenk, Heer, [...] ⁶ [...] van U worde geheiligd door de glorie [...] ⁷ [... oog] in oog zijt Gij gezien in ons midden (Num. 14:14) [...] ⁸ [...] en uw heilige woorden hebben wij gehoord (vgl. Jer. 14:9) [...] ⁹ [...] van U vóór ons, opdat wij niet [...] ¹⁰ [...] uw grote [hei]lige naam [...] ¹¹ [...] de aarde [...] ¹² [...] en opdat wij zouden geloven [...] ¹³ tot in eeuwigheid. Gij hebt met ons een verbond gesloten op Ho[reb (Deut. 5:2) ...] ¹⁴ op grond van al de[ze] inze[tt]ingen en geboden [...] ¹⁵ en de goed[en ...] en de heiligen en [...] ¹⁶ die [... door de hand van] Mozes ... [...] ¹⁷ en alle [...] van aangezicht tot aangezicht /hebt Gij gesproken/ met hem (Ex. 33:11) [...] ¹⁸ glor[ie ...] hebt Gij uw welgevallen getoond en zij vonden [genade in uw ogen ...] ¹⁹ [... en al ...] van hen in zijn handen voor onze ogen [...]

Fragment 4 (in de regels 2-7 overlappingen met 4Q506, fragment 131 en 132, regels 7-14)

¹ [...] ... [...] ² [... waar]in Gij een welbehagen hebt gehad [voor] de geslachten [...] ³ [... de] aarde en het werk van alle [... hebt Gij hem gegeven] ⁴ [in de vreugde van hun hart. Wa]nt Gij zijt een alwetende God (1 Sam. 2:3) [en] elke overlegging [...] ⁵ [vóór U]. Deze dingen weten wij. omdat Gij ons begiftigd hebt met een hei[lige] geest. [Erbarm U over ons] ⁶ en [re]ken ons [niet] toe de ongerechtigheid der voorvaderen (Ps. 79:8) met al hun kw[ade] wandel [en dat] ⁷ [zij] hun nek [verhard hebben]. Gij, red ons en vergeef ons [toch] onze ongerechtigheden en [onze] zo[nden (Ex. 34:9)] ⁸ [...] uw [inzett]ingen, de wet, die [Gij geboden hebt] door de hand van Moze[s ...] ⁹ [...] die [...] in alle [...] ¹⁰ [... een koninkrijk] van priesters en een heilig volk (Ex. 19:6) [...] ¹¹ [... d]ie Gij uitverkoren hebt. Besnijd de voorhuid [van ons hart (Deut. 10:16; Jer. 4:4) ...] ¹² [...] ... voor immer. Sterk ons hart om te doen [...] ¹³ [... om] te wandelen in uw wegen (2 Kron. 6:31) [...] ¹⁴ [... Gezegend zij] de Heer, die [ons] bekendgemaa[kt heeft ...] ¹⁵ [...] Amen. Amen. ONBESCHREVEN [...]

[16] [... Gezegend], Heer, zij uw heilige naam [...] [17] [...] ... om uwentwil en om het woord [...] [18] [...] ... [...] [19] [...] de overtreding [...] [20] [...] de geest [...] [21] [...] zeer brandend [...] [22] [...] ... om te grijpen ... [...]

Fragment 5, kolom I

[1] [...] uw geschenken (?) [2] [...] Gij hebt gedaan [3] [...] een eeuwige naam en om te zien [4] [...] uw sterkte tot in [eeuwige] geslachten. [5] [...] ONBESCHREVEN [...] [6] [...] van U in de heme[l en op aa]rde [7] [...] ... [...] [8] [...] dwalende

Fragment 5, kolom II (in de regels 2-6 overlappingen met 4Q506, fragment 124, regels 2-5)

[01] [met Abraham, Isaak en Jakob en Gij hebt uitverkoren] [1] hun nageslacht na hen (vgl. Deut. 10:15) om [...] [2] heilig, staande voor uw aangezicht [...] [3] [Ge]denk, Heer (Ps. 89:51), dat [...] [4] [...] van U vieren wij [onze] verlossing [...] [5] door onze overtredingen en om te zoeken in [...] [6] wat kwaad is in uw ogen (Ps. 51:6). Gij hebt geboden [...] [7] [...] en zoals in [uw] hart [...] [8] voor uw inzicht en [...]

Fragment 6

[1] [...] ... en [...] [2] [...] en de vrucht van de overlegging (Jer. 6:19) ... [...] [3] [...] om te begrijpen alle inzetting[en ...] [4] [...] haar opbrengst om te begrij[pen ...] [5] [...] ... in uw grote daden voortdurend [...] [6] [... Ge]denk toch dat wij allen uw volk zijn (Jes. 64:9). Gij hebt ons op wonderbare wijze gedragen [7] [op] arends[vleugelen] en ons tot U gebracht (Ex. 19:4) en zoals een arend zijn nest beschermt, [boven] [8] [zijn jongen] zweeft, zijn wieken uitspreidt en die opneemt en draagt op [zijn vlerken (Deut. 32:11)], [9] [zo ... w]onen wij alleen en rekent men ons niet onder de volken (Num. 23:9b). En [...] [10] [...] Gij zijt in ons midden in een vuurkolom en een wolk (Num. 14:14; vgl. Ex. 14:24) [...] [11] [... van] uw [heilig]heid gaat vóór ons en uw glorie te midden van [ons] [12] [... vó]ór Mozes, uw kn[echt ...] [13] [...] want Gij zijt de [...] [14] [...] en Gij laat /zeker/ niet ongestraft (Num. 14:18) [...]

¹⁵ [...], zoals een man [zijn zoon] vermaant (Deut. 8:5) [...] ¹⁶ [... de hei]ligen en rein[en ...] ¹⁷ [... de] mens [die ze doet], zal daardoor leven (Lev. 18:5) [...] ¹⁸ [... de e]e[d] die [Gij] gezwo[ren hebt (Deut. 7:8) ...] ¹⁹ [...] in uw aangezicht [...] ²⁰ [...] Gezegend zij de Heer [...] ²¹ [...] wij onderzoeken [uw] grote daden [...] ²² [...] de geest van alle vlees [...]

Fragment 7

¹ [...] rechtmakend ² [de ... de wonder]daden die Gij gedaan hebt ³ [...] /Israël/ om te vertellen de eeuwige geslachten ⁴ [...] de werken van uw hand ⁵ [...] voor uw glorie ⁶ [...] zij is niet te kort (Num. 11:23) ⁷ [... niet zal te moei]lijk voor U zijn alle ⁸ [...] ... zij ⁹ [...] Gij hebt geplaatst een schat ¹⁰ [...] ... verwerp ons niet ¹¹ [en verlaat ons niet (Ps. 27:9) ...] ... en in uw erbarmen ¹² [...] ... hebben wij ontmoet [...] ¹³ [... d]ie Gij vergeven hebt ¹⁴ [...] ... die weerspanning waren tegen ¹⁵ [...] en zij hebben het uitgegoten als een plengoffer en U gevonden ¹⁶ [...] niet geloven zij ¹⁷ [...] zij zien: kijk ¹⁸ [...] ogen ¹⁹ [... ge]zegend ²⁰ [...]

Fragment 8

¹ [... Geden]k, Heer (Ps. 89:51), dat ... [...] ² [...] ... en Gij, die eeuw[ig] leeft, [...] ³ [...] de wonderdaden uit de tijden van ouds en de ontzagwekkende werken [sedert de jaren van weleer (Ps. 77:6)] ⁴ [... Adam], onze [va]der, hebt Gij geformeerd naar het beeld van [uw] glorie (Gen. 1:26; 5:1) [...] ⁵ [... de levensadem] hebt Gij in zijn neus geblazen (Gen. 2:7) en met inzicht en kennis [hebt Gij hem vervuld (vgl. Jez. Sir. 17:7)] ⁶ [... in de tui]n van Eden, die Gij geplant had (Gen. 2:8), hebt Gij [hem] doen heersen ⁷ [...] en om te wandelen op een glorierijke aarde ... [...] ⁸ [...] heeft hij bewaard (Gen. 2:15?). En Gij hebt hem opgelegd niet te w[ijken ...] ⁹ [...] vlees is hij en tot het stof [...] ¹⁰ [...] ... ONBESCHREVEN Gij, Gij weet [...] ¹¹ [...] tot eeuwige geslachten [...] ¹² [...] een levende God en uw hand [...] ¹³ [...] de mens op de wegen van [...] ¹⁴ [... door] /de aarde/ [te vullen met ge]weld (Ez. 8:17) en te vergie[ten onschuldig bloed ...] ¹⁵ [...] ... [...]

2. 4Q Woorden van de Lichten[b] (4QpapDibrHam[b] = 4Q505) [10 fragmenten]

Fragment 124 (vgl. 4Q504 3, kolom II, 11-13 voor regels 2-4 en 4Q504 5, kolom II, 1-2 voor regels 6-7)

> [1] [...] ... [...] [2] [...] ... de aa[rde ...] [3] [...] en opdat [wij zouden geloven ...] [4] [... tot in eeuwig)heid en Gij hebt opgericht voor ons [een verbond op Horeb ...] [5] [...] ... [...] [6] [... met Abraham], Isaak en Ja[kob en Gij hebt uitverkoren hun nageslacht na hen (vgl. Deut. 10:15) om [...] [7] [...] heilig, staande voor [uw] aangezicht [...] [8] [...] ... [...]

3. 4Q Woorden van de Lichten[c] (4QpapDibrHam[c] = 4Q506) [56 fragmenten]

Fragment 124 (vgl. 4Q504 5, kol. II)

> [1] [...] ... alle ... [... Gij hebt uitverkoren] [2] [hun nageslacht n]a hen om [...] heilig, staande voor uw aangezicht] [3] [...] Gedenk, [Heer (Ps. 89:51), dat ...]
> [4] [... van U vieren wij] onze verlossing [... door onze overtredingen en om te zoeken in ...] [5] [... te d]oen wat kwaa[d is in uw ogen. Gij hebt geboden ...] [6] [...] ... [...]

Fragment 131-132 (vgl. 4Q504 4)

> [1] [...] ... [...] [2] [...] wij [...] [3] [...] vrouw [...] [4] [de wer]ken van [uw] handen [...] [5] Gij hebt [ge]geven aan ons [...] [6] [de m]ens geboren in [... waarin] [7] Gij [een welbehagen hebt gehad voor alle geslachten ...] [8] [de aa]rde en het w[erk van alle ... hebt] Gij hem [gegeven] in de vr[eugde van] [9] hun [ha]rt. Want [Gij zijt een alwetend God] (1 Sam. 2:3) en elke [10] [over]legging [... vó]ór U. Deze dingen weten wij, [11] [om]dat Gij [ons begif]tigd hebt [met een] heilige [geest]. Erbarm U over ons [12] [en] reke[n ons niet toe de ongerechtigheid van] onze voorvaderen (Ps. 79:8) [13] [met a]l [hun kwade] wan[del en dat zij] hun nek [ver]hard hebben. [14] [Gij, red ons en vergeef ons toch onze ongerechtigheden en] onze [zo]nden (Ex. 34:9).

E. ZEGENSPREUKEN EN VERVLOEKINGEN

Op de in dit gedeelte vertaalde zegenspreuken en vervloekingen geven wij een toelichting in de volgorde waarin de lezer deze hierna aantreft.

1. 1Q Regel van de Zegenspreuken (1QSb = 1Q28b)

Zoals wij bij de inleiding tot de Regel der Gemeenschap hebben aangegeven, bevat het manuscript dat de genoemde tekst biedt, ook twee andere daarvan te onderscheiden werken, waarvan één gevormd wordt door een verzameling van zegenspreuken (1QSb; de andere tekst is 1QSa [1Q Regel van de Gemeente]). Dit werk besloeg het deel van de rol dat zich aan de buitenkant bevond, en heeft derhalve het meest geleden. Gevonden zijn 32 fragmenten, waarvan 25 kunnen worden ondergebracht in vijf opeenvolgende kolommen, die ook dan nog grote hiaten laten zien en oorspronkelijk minstens door één andere kolom gevolgd moeten zijn. Het schrift is identiek met dat van de Regel der Gemeenschap (1QS) en stamt uit het begin van de eerste eeuw v. Chr.

Het werk bevat een verzameling van naar mag worden aangenomen vier uitvoerige zegenspreuken. Deze vertonen alle dezelfde opbouw en dezelfde literaire structuur: een inleiding in proza en de eigenlijke zegenspreuk, blijkbaar in poëtische vorm, hoewel de slechte staat waarin het manuscript zich hier bevindt, een indeling in strofen niet toelaat. In de inleiding wordt aangegeven dat het om een zegenspreuk gaat, wordt de auteur of de figuur genoemd die deze moest uitspreken (de Wijze) benevens de persoon of de personen voor wie zij bestemd is, en de redenen waarom men gezegend wordt (I 1; III 22; V 20). De kern van de zegenspreuk wordt gevormd door een reeks uitdrukkingen die het model van de bijbelse priesterlijke zegen volgen (zie Num. 6:22-26), en waarbij doorgaans dezelfde woorden gebruikt worden.

Bewaard gebleven is slechts, ten dele of geheel, het begin van drie zegenspreuken. Maar de analyse van de inhoud van de fragmenten en van de gebruikte formules stellen ons in staat tenminste vier verschillende zegenspreuken te onderscheiden: één voor alle getrouwe leden van de gemeenschap (I 1 – II 20 ?), dat zij bewaard mogen worden voor alle onheil en trouw mogen blijven; één voor de hogepriester, wel te identificeren met de messias van Aäron c.q. de priesterlijke messias (II 21 – III 21), dat hij zijn functie in vrede en voor altijd moge uitoefenen in gemeenschap met de engelen; één voor de priesters, de zonen van Sadok (III 21 – IV 19), dat zij in gezelschap van de engelen hun taken zullen kunnen uitvoeren in de tempel van de eschatologische tijd; één voor de vorst van de gemeente, die te identificeren is met de messias van Israël of de Davidische messias (V 20 vv.), dat hij alle goddelozen moge verdelgen en de eeuwige heerschappij van zijn volk moge oprichten.

Deze samenvatting van de inhoud toont aan dat de zegenspreuken bestemd zijn voor de messiaanse era, d.w.z. voor de eschatologische tijd, waarnaar ons ook de in dezelfde rol aan 1QSb voorafgaande Regel van de Gemeente (1QSa) verplaatst. Hoewel Milik (vgl. Lijst van de handschriften) van mening is dat het om een schools werk gaat, dat niet bestemd was om in de liturgie gebruikt te worden, menen wij dat zijn liturgische functie niet betwijfeld mag worden, al weten wij niet in concreto voor welke plechtigheid het dienst deed. Mogelijk is dat de zegenspreuken bestemd waren om enkel in de messiaanse tijd gebruikt te worden. Omdat echter volgens 1QSa de dagelijkse maaltijd van de sekte gezien wordt als voorafschaduwing van en anticipatie op de messiaanse maaltijd die daarin beschreven wordt, is het evenzeer mogelijk zich voor te stellen dat de liturgische voordracht van de eschatologische zegenspreuken ook als een voorafschaduwing van en vooruitgrijpen op de messiaanse tijd werd beschouwd.

In ieder geval kan niet betwijfeld worden dat deze zegenspreuken uit Qumran stammen. De gebruikte titulatuur, het vocabulaire, de ideeën en de parallellen met geschriften als 1QS, CD en 1QH laten toe dit werk, waarvan wij geen enkele andere kopie bezitten, als een van de karakteristieke teksten van de gemeenschap van Qumran aan te merken.

2. 4Q Zegenspreuken (4Q280 en 4Q286-287)

Met de algemene titel Zegenspreuken wordt een werk aangeduid dat voor liturgisch gebruik bestemd was, in concreto voor de viering van de verbondsvernieuwing. Het ritueel van deze viering, waarvan ons door een van de kopieën van het Damascusgeschrift uit grot 4 bekend is dat het gedurende het Pinksterfeest in de derde maand van het jaar plaatsvond, wordt in verkorte vorm in 1QS I 16-II 25 aangetroffen.

Van het werk zijn zes exemplaren bewaard gebleven (4Q280 en 4Q286-290), maar van drie daarvan rest zo weinig dat zij voor het begrip van het werk niets hebben te bieden, waarom wij van hun vertaling hebben afgezien. Bovendien is het niet helemaal zeker of deze drie kopieën van hetzelfde werk stammen, omdat de tekst van de weinige fragmenten geen onomstotelijke overeenkomsten vertoont met die van de andere, beter bewaarde handschriften. Overeenkomsten bestaan wel tussen 4Q286, fragment 7 II en 4Q287, fragment 4, die twee kopieën van een zelfde origineel vormen. Dit laatste was naar inhoud en vorm nauw verwant aan 1QS I 16-

II 25, maar bevatte een verschillende en een veel uitvoeriger recensie van de beschrijving van het ritueel van de toetreding tot het verbond dan de Regel der Gemeenschap.

4Q280 is een geval apart. Dat de tekst van het enig bruikbare fragment van dit handschrift stamt uit het ritueel van hetzelfde feest lijkt zeker. Een groot deel van de daarin gevonden uitdrukkingen vinden hun parallel in de vervloekingen van Belial in 1QS II en de gevonden tekst staat even dicht bij de daar aangetroffen samenvatting als bij de uitvoeriger vorm daarvan, die door 4Q286-287 geboden wordt. Maar in 4Q280 zijn de vervloekingen gericht tegen iemand die Melchirescha, niet Belial, genoemd wordt. Zeker is dat Melchirescha (zoals ons 4Q Visioenen van Amram laat zien) een van de drie namen is van het hoofd van de kwade geesten, zodat Melchirescha eenvoudig een synoniem voor Belial is. Mogelijk is ook dat 4Q280 een vorm van het ritueel bevat, waarin de verschillende benamingen van de satan het voorwerp waren van specifieke vervloekingen. 4Q280 zou in dat geval een uitgewerkte vorm bieden van het ritueel dat in 1QS verkort is weergegeven.

De bijbelse modellen waarin God geprezen wordt vanwege het verbond dat Hij met zijn volk gesloten heeft, zijn van tweeërlei aard: in het ene wordt God geprezen om de daden die Hij zijn volk bewezen heeft (zie bijv. Neh. 9:5-31), in het andere wordt Hij geprezen omdat Hij God is, d.w.z. de zegenspreuk heeft betrekking op zijn goddelijke eigenschappen. Ons werk combineert kennelijk beide modellen, hoewel in de bewaard gebleven fragmenten duidelijk het tweede overheerst.

Gebruik makend van de gegevens uit de verschillende manuscripten kunnen wij de inhoud van het oorspronkelijke werk als volgt omschrijven: in hymnische vorm, die in velerlei opzicht herinnert aan de stijl, de woordenschat en de ideeën van de Liederen van het Sabbatsoffer, worden de woonstede van God (4Q287, fragment 2), zijn glorietroon, zijn verschillende eigenschappen en de geheimenissen van zijn wijsheid (4Q286, fragment 1 III) verheerlijkt en de wonderen van zijn schepping bedacht (4Q286, fragment 5). Hoewel niet uitgewerkt zoals in onze tekst, worden deze zaken als rubriek in 1QS aangegeven: 'Wanneer zij toetreden tot het verbond, zullen de priesters en de levieten de God des heils prijzen en alle werken van zijn trouw' (1QS I 18-19). Deze lofprijzing moet worden voortgezet met de voordracht van de 'heilsdaden van God en alle barmhartige gunstbewijzen jegens Israël' (1QS I 21-22), evenals van de 'ongerechtigheden van de kinderen van Israël, hun schuldbeladen afvalligheden en hun zonden gedurende de heerschappij van Belial' (1QS I 23-24). Gezien de weinige gegevens die zijn bewaard gebleven, is het echter mogelijk dat dit deel van de lofprijzing als rubriek in onze tekst werd vermeld. Sommige van de kleine fragmenten die wij niet hebben vertaald, lijken resten van wetsvoorschriften te bevatten. Daarom moeten wij veronderstellen dat het werk verwezen heeft naar normen die nagekomen moesten worden om te participeren aan de vernieuwing van het verbond, ofwel een belijdenis van de overtredingen die gedurende de heerschappij van Belial tegen het verbond begaan werden, heeft bevat. Hoe dit ook geweest moge zijn, het werk eindigde met een drievoudige zegening van de Vorst van het licht en degenen die het verbond trouw waren (1QS II 1-4) en een drievoudige vervloeking van Belial/Melchirescha/vorst van de duisternis en zijn trawanten (4Q280; 4Q286, fragment 7; 1QS II 5-18).

Dat dit werk niet maar een schools geschrift is geweest, maar een tekst bestemd voor liturgisch gebruik, bewijzen het gebruik van bepaalde rubrieken, die aan het begin van de zegenspreuken en vervloekingen worden aangetroffen, en de respons van de gemeente ('Amen. Amen'), waarmee zij worden afgesloten.

Het geschrift is ongetwijfeld afkomstig uit Qumran. De tijd waarin het geschreven werd, is moeilijker vast te stellen, omdat de duidelijke relaties tussen het werk en de samenvatting die wij in de Regel der Gemeenschap (1QS) aantreffen, op verschillende wijze kunnen worden uitgelegd. Dat de structuur en de inhoud van de samenvatting die wij in 1QS en kennelijk ook in 4Q280 vinden, en van de breder uitgewerkte versie, die deels uit 4Q286-287 bekend is, dezelfde zijn, lijkt zeker. Daarom zal het archetype waarop beide versies berusten, uit de tweede eeuw v. Chr. moeten stammen. Maar het is eveneens duidelijk dat de vervloekingen van Belial ondanks de nauwe overeenkomsten in beide gevallen verschillend zijn, en dat de stijl van de aan het adres van God gerichte lofprijzingen, die literair verschilt en poëtisch meer uitgewerkt is in de vorm die 4Q286-287 laten zien, wijst op een latere datum dan waartoe de paleografische datering van 1QS ons brengt. De beste manier om het probleem op te lossen is de veronderstelling dat 4Q286-287 een latere, nieuwe uitgave van het ritueel dat in 1QS samenvattend wordt weergegeven en waarvan 4Q280 de enige getuige is, te zien geven. Deze opvatting vindt steun in het feit dat er een eeuw ligt tussen de paleografische datering van de samenvatting van 1QS (uit het begin van de eerste eeuw v. Chr.) en die van de getuigenissen van de volledige versie van het ritueel, omdat zowel 4Q286-287 als de overige twee mogelijke kopieën van dezelfde recensie (4Q288-289) alle uit de eerste eeuw n. Chr. stammen.

De resten van het manuscript 4Q286, dat gekopieerd is in Herodiaans schrift uit de eerste helft van de eerste eeuw n. Chr., zijn voorhanden in 25 fragmenten, waarvan de meeste uiterst klein zijn. Van 4Q287, dat eveneens uit die tijd stamt, hoewel gekopieerd in een van 4Q286 verschillend en tevens iets ouder schrift, resten slechts 11 fragmenten van geringe afmetingen, waarvan twee van voldoende omvang zijn om een vertaling te rechtvaardigen.

3. 6Q Zegenspreuken (6Q16)
Vijf kleine fragmenten (twee met slechts een paar letters) is alles wat van dit werk over is. Het bevatte blijkbaar zegeningen en vervloekingen en werd gekopieerd aan het begin van de eerste eeuw n. Chr. De gegevens zijn zo schaars dat het enige wat wij ervan kunnen zeggen, is dat de gebruikte woordenschat herinnert aan die welke ook in andere werken met zegenspreuken wordt gebezigd.

4. 4Q Zegen, mijn ziel (4Q434-438)
De titel van dit werk is ontleend aan de woorden waarmee het begint, en die bewaard gebleven zijn in twee verschillende manuscripten: 4Q434 en 4Q437. Het werk is in vijf kopieën overgeleverd (4Q434-438), maar in zulk een slechte staat dat het zinloos is het grootste deel van de fragmenten te vertalen. De resten bevatten geen liturgische rubrieken noch aanwijzingen voor hun gebruik, zodat het onmogelijk is na te gaan of het gaat om een geschrift dat voor liturgische doeleinden bestemd was, of om een poëtisch werk in de trant van de Rol van de Lofprijzingen (1QH), waarmee het in sterke mate verwant is. Omdat een van de fragmenten van 4Q434 (fragment 2) een zegenspreuk bevat die voor liturgisch gebruik bestemd is, en de hymnen uitstekend voor liturgische doeleinden benut kunnen zijn, hebben wij besloten het geschrift in het onderhavige gedeelte onder te brengen. Dit fragment werd aanvankelijk geïdentificeerd als dankzegging na de maaltijd die tijdens de rouw om een overledene in diens huis gehouden werd, maar wordt nu beschouwd als integraal deel van de compositie.

Gezien de slechte staat van alle handschriften is het niet mogelijk zich een algemeen beeld te vormen van de inhoud en de structuur van het werk als zodanig. Wij bezitten slechts resten van afzonderlijke hymnen, waarin God geprezen wordt voor de redding die Hij de armen, de rechtvaardigen en de vromen verleend heeft, doordat Hij hen heeft bevrijd van de heerschappij van het kwaad, hun harten heeft bekeerd, hun de genade verleend heeft zijn geheimenissen te begrijpen etc.

Wij bieden een vertaling van de drie grootste fragmenten van de gehele verzameling. Het eerste stamt uit 4Q434, een manuscript uit het midden van de eerste eeuw v. Chr. Het is het enige fragment van de 13 dat voldoende afmetingen bezit om een vertaling te rechtvaardigen, en stamt blijkbaar uit het begin van het werk. Het tweede is alles wat 4Q436 ons te bieden heeft, een handschrift uit het eind van de eerste eeuw v. Chr. Het derde is van 4Q437, een manscript daterend uit de eerste eeuw n. Chr.

1. 1 Q Regel van de Zegenspreuken (= 1Q Recueil des Bénédictions = 1Q28b = 1QSb) [32 fragmenten]

Kolom I (zegen voor de godvrezenden)

¹ Woorden van zegen. Van de Wijze. Om te zegenen degenen die [God] vrez[en, die] zijn wil [doen]), zijn geboden bewaren, ² vasthouden aan zijn heilig ver[bon]d en onberispelijk wandelen [op de wegen van] zijn [waarh]eid, die Hij uitverkoren heeft voor het ³ eeuwig verbond, d[at] voor altijd zal bestaan.
U zegene de H[eer uit zijn heilige woning]. De eeuwige bron, ⁴ die n[iet teleurst]elt, opene Hij voor u. Vanaf de hem[el ...] ⁵ door uw hand [... Hij bege]nadige u met alle zege[ningen ...] in de gemeente van de heilig[en]. ⁶ [... de] eeuwige [bro]n en moge Hij niet [het levende water onthouden aan de] dorstigen.
En gij, moogt gij [...] ⁷ [... moge] u [re]dden uit alle [...] haar haat, zonder r[est] ⁸ [... el]ke aanklager [...] van de hei]ligheid ... [...] ⁹ [...] ... [...] zijn heiligheid [zal bl]ijven ¹⁰ [...] zijn heiligheid [...]

Kolom II (zegen voor de hogepriester vanaf r. 22)

¹ [...] het verbond met] uw vaderen. ² [...] verheffe Hij ³ [... Hij moge] u genadig zijn. Hij verheffe ⁴ [zijn aangezicht over u (Num. 6:25-26) ...] ... ⁵ [...] de hemelingen. ⁶⁻²¹ [...]
²² [...] de Heer begenadige u met [... met alle] ²³ weldaden moge Hij u verheugen en Hij begenadige u [...] ²⁴ Hij begenadige u met de heilige Geest en [moge] de gena[de...] ²⁵ en met het eeuwig verbond begenadige Hij u en moge Hij [u] doen jub[elen ...] ²⁶ en Hij begenadige u met rechtvaardig oordeel [... opdat] gij [niet] struike[lt ...] ²⁷ en Hij begenadige u in al uw werken [...] ... en in al [... Hij begenadige u] ²⁸ [met] eeuwige waarheid [...] over al [uw] nakome[lingen ...]

Kolom III (slot van de zegen voor de hogepriester en een zegen voor de priesters [vanaf r. 22])

[1] De Heer verheffe zijn aangezicht over u (Num. 6:26), de wel[riekende] reuk [van uw offers moge Hij ruiken] en Hij moge allen die zitting hebben in [uw] pr[iestercollege], [2] verkiezen. Hij moge acht slaan op al uw heiligen en op de fe[estdagen ...] al uw zaad. [Verhef]fen moge Hij [3] zijn aangezicht over uw gehele gemeente. Hij moge u ter beschikking stellen [een kroon ...] ... [...] [4] met [blijvende] glor[ie en Hij] heilige uw zaad met eeuwige glorie. Hij verhef[fe zijn aangezicht ...] [5] ... [...] Eeuwige [vre]de schenkt Hij u en het koningschap [...] [6] ... [...] van het vlees. Met de he[ilige] engelen [...] [7] Moge Hij strijden [vóór] uw duizenden [tegen] het geslacht van het onrecht [...][8] [...]] van hen allen [...] [9-16] [...] [17] [...] ... [...] [18] [... om] voor u ve[l]e vol [ken] te doen buigen en niet [19] [...] alle rijkdom van de wereld om u te ... uit de bron [20] [...] zult [gij] Hem zoeken, want God heeft bevestigd alle grondvesten van [21] [...] ... [...] en Hij heeft uw vrede gegrondvest tot in alle eeuwigheid.
[22] ONBESCHREVEN. Woorden van zegen. Van de W[ijze. Om te zegenen] de zonen van Sadok, de priesters, die [23] God heeft uitverkoren om zijn verbond krachtig te maken voor [altijd], al zijn geboden te midden van zijn volk [te ver]spreiden en hen te onderwijzen [24] overeenkomstig hetgeen Hij bevolen heeft, opdat zij [zijn verbond] in waarheid oprichten, in gerechtigheid al zijn inzettingen in acht nemen en wandelen zoal[s] [25] Hij verkozen heeft.
U zegene de Heer uit zijn [hei]lige [woning (vgl. Ps. 128:5; 134:3)] en Hij stelle u tot een luisterrijk sieraad te midden van [26] de heiligen. Hij [ver]nieuwe het verbond van het [eeuwige] priesterschap (Num. 25:13; Neh. 13:29; Jez. Sir. 45:15) voor u en schenke u uw plaats [in de] [27] heilige [woning]. Door uw daden ri[chte Hij al]le aanzienlijken en door wat van uw lippen uitgaat, alle [vorsten der] [28] volkeren. Hij doe u beërven het beste van [alle kostbaa]rheden en de voornemens van alle vlees zegene Hij door uw hand.

Kolom IV (vervolg van de zegen voor de priesters)

[1] en aan de schre[den van] uw [voet]en moge Hij welgevallen hebben en [...] de mens en de heilig[en ...] [2] moge geteld worden [met hem], wanneer hij zich met hem verenigt. De kroo[n ... van de m]ens en in de geneugt[en

van de mensenkinderen ...] ³ [Eeuwi]ge zegeningen mogen de kroon van uw hoofd zijn en heilig[heid ...] ... [...] ⁴ ... [...] ... [...] ... [...] ⁵⁻¹⁹ [...] ²⁰ [...] ... om te beproeven [...] ²¹ [... rond]om vóór het aangezi[cht ...] ²² [...] en Hij moge u vrijspreken van alle ... [... want] Hij heeft u uitverkoren [...] ²³ en om verheven te zijn aan het hoofd van de heiligen en met u te ze[genen ...] ... door uw hand ²⁴ de mannen van Gods raad en niet door de hand van de vorst van [...] onder elkaar. Moogt gij ²⁵ als een engel van het aangezicht (= een engel in Gods onmiddellijke aanwezigheid) in de heilige woning ter ere van de God der heerschar[en dienst doen tot in eeuwigheid en] rondom dienen in de tempel ²⁶ van het koningschap, het lot werpend met de engelen van het aangezicht en in gemeenschappelijk beraad [met de heiligen] voor altijd en tot alle altoosdurende tijden, want ²⁷ [waarheid zijn al] zijn [ge]boden. Hij moge u tot een heili[ge] onder uw volk maken en een [groot] licht, [om een licht te zijn] voor de wereld in kennis en om te verlichten het gelaat van velen ²⁸ [met ... Hij make u] een diadeem van het heilige der heiligen, want [gij zijt] Hem [gehei]ligd en gij zult zijn naam verheerlijken en zijn heilige zaken

Kolom V (slot van de zegen voor de priesters en vanaf r. 20 zegen voor de [eschatologische] vorst van de gemeente)

² hebt Gij scheiding gemaakt tus[sen ...] ³ ... [...] ⁴ die U zien [...] ⁵ en vernieuwt voor u [...] ⁶ zijn kracht over u [...] ⁷ ... [...]⁸ [...] en Heer [...] ⁹⁻¹⁶ [...] ¹⁷ [... d]ie gevuld heeft [uw] ha[nd ...] ¹⁸ [m]et de ee[uwige] duur [en] met alle tijden bij voortduur. Uw glorie [zal Hij] niet [aan een ander geven ... en] ¹⁹ [G]od zal vrees voor u [opleggen] aan allen die van u horen spreken, en uw luister [aan ...]
²⁰ ONBESCHREVEN Van de Wijze. Om te zegenen de vorst van de gemeente, die [...] ²¹ zijn [...]. Het verbond met de [gemeen]schap zal Hij voor hem vernieuwen om het koninkrijk van zijn volk voor eeuw[ig] op te richten, [om de armen in gerechtigheid te richten], ²² [de ootm]oedigen van het land in recht[vaardigheid] terecht te wijzen, voor zijn aangezicht onberispelijk te wandelen op alle wegen van [...] ²³ en [zijn heilig] verb[ond] op te richten [bij] de verdrukking van hen die [Hem] zoeken. De Heer [ver]hef[fe u] tot eeuwige hoogte, als een sterke toren (Ps. 61:4) op een ²⁴ hoge muur, opdat [gij de volken moogt slaan] met de sterkte van uw [mond], met uw scepter de aarde verwoest ONBESCHREVEN en met de

adem van uw lippen ²⁵ de goddelo[zen] doodt (vgl. Jes. 11:4). [Hij storte over u een geest van raa]d en eeuwige sterkte, een geest van ONBESCHREVEN kennis en vreze Gods (Jes. 11:2), opdat ²⁶ gerechtigheid de gordel van [uw lendenen en trou]w de gordel van uw heupen zij (Jes. 11:5). Hij make uw horens van ijzer en uw hoeven van koper (Micha 4:13). ²⁷ Stoten moogt gij als een jonge st[ier ... en de volk]en [vertreden] als slijk van de straten. Want God heeft u verheven tot scepter (Num. 24:17).
²⁸ Heersers [zullen] vó[ór u ... alle vol]ken zullen u dienen en door zijn heilige naam zal Hij u sterk maken, ²⁹ zodat gij zijt als een le[euw ...] van u de roof, zonder dat iemand die terugneemt. Uw snelle (strijders) zullen zich uitbreiden over

2. 4Q Zegenspreuken (4Q280 en 4Q286-287)

a. 4Q Vervloekingen (= 4Q Curses = 4Q280)

¹ [... God moge hem] voor het onheil [afzonderen] van de kinderen des lichts [...]² [en zij zullen zeggen: Ver]vloekt moogt gij zijn, Melchirescha, bij alle plan[nen van uw schuldige geneigdheid. Dat] ³ God [u make] tot een voorwerp van afschrik door de hand van hen die wraak uitoefenen. Moge God u niet genadig zijn als gij Hem aanroept. [Moge Hij zijn toornig aangezicht verheffen] ⁴ over u tot vervloeking. Laat niet vrede voor u zijn in de mond van hen die voorspraak doen (= de engelen). [Vervloekt moogt gij zijn] ⁵ zonder een rest. En verdoemd moogt gij zijn, zonder verlossing. En vervloekt mogen zijn degenen die [uw goddeloze plannen] bewerken ⁶ en degenen die het onrecht in hun harten hebben ingeplant om in te gaan tegen het verbond van God [... en tegen] ⁷ [de woor]den van hen die zijn waar[heid] zien. [En al]len die weigerden toe te treden [tot zijn verbond ...]

b. *4Q Zegenspreuken*ᵃ (= 4QBer[akot] ᵃ = 4Q286) [25 fragmenten]

Fragment 1, kolom II

¹ de woonstede van uw (= Gods) eer, de voetbank van uw glorie op de hoogten van uw staan en ² uw heilig voetsp[oor], uw glorierijke wagens in

hun [me]nigten, hun raderen (Ez. 1:15-16) en al [hun] geheimenissen, ³ de vurige {fundamenten}, de vlammen van uw lamp (vgl. 1 Sam. 3:3), de majesteitelijke glans van de str[om]en van licht en de wonderbare kandelaren (Openb. 1:12), ⁴ majesteit, luister en verheven glorie, fundament van heiligheid, pl[aats van gl]ans en luisterrijke hoogte, b[ron van] ⁵ [...] en verzamelplaats van sterkte, verheven lofprijzingen, ontzagwekkende grootheid en genezing[en], ⁶ wonderbare werken, fundament der wijsheid en oerbeeld der kennis, en bron van inzicht, bron van schranderheid ⁷ en heilige raad, fundament der waarheid, schatkamer van kennis, bouwwerk van gerechtigheid en plaats van oprech[theid ...] ⁸ gunstbewijzen, vergadering van het goede, (van) ware gunstbewijzen en eeuwig erbarmen, won[derbare] geheimenissen ⁹ ... [...] en de heilige weken in hun orde en de tekens van de maanden [...] ¹⁰ [...] ... in hun kringloop en de glorierijke feesten op [hun] tijden [...] ¹¹ [...] en de sabbatten van het land in hun af[delingen en de fee]sten van de vrijla[ting (Lev. 25:10; Jer. 34:8,15,17) ... ¹² [... en] eeuwige [vr]ijlating en [...] ¹³ [... het li]cht en de duister[nis ...]

Fragment 5

¹ [...] het land en al [...] ... [...] die daarop wonen, de aardbodem en al hun kunstige werken ² [en gehe]el haar zijn [... en al]le heuvels, dalen en alle waterbeken, het dor[re] land [...] ³ [...] ... de diepte[n] van de bossen en alle droge woestijnen [...] ⁴ [...] en haar oerdiepten, de fundamenten van haar bergen, de eilanden en [...] ⁵ [...] hun vruchten, hoge bomen en alle ceders van de Liban[on ...] ⁶ [... koren, m]ost en olie en al de {opbrengst} van [...] ⁷ [...] en alle gaven van de wereld tijdens de tw[aalf] maanden [...] ⁸ [...] uw woord. Amen. Amen. ONBESCHREVEN
⁹ [...] uit de rots (?) en water uit de bronnen van de oerzee [...] ¹⁰ [...] alle beken, de rivieren van de die[pt]en [...] ¹¹ [...] ... [...] ¹² [... a]l hun grondvesten [...] ¹³ [...] ... [...]

Fragment 7, kolom I

¹ [...] de landen ² [...] hun jonge mannen ³ [...] en al hun naasten met psalmen van ⁴ [...] en zegenspreuken der waarheid in de tijden van [...] ⁵ [...] van U en uw koningschap is verheven onder de vo[lken] ⁶ [... van] de

> reine hemelingen met alle eeuwige kennis om te [...] ⁷ [... om te prij]zen
> uw glorierijke naam in alle [ee]u[wen]. Amen. Amen. VERDER ONBE-
> SCHREVEN
> ⁸ [...] zij zullen voortgaan de God van [...] te prijzen, [a]l zijn waarheid

Fragment 7, kolom II

> [de mannen van] ¹ de raad van de gemeenschap zullen allen te zamen zeg-
> gen: Amen. Amen. ONBESCHREVEN
> Dan zullen zij Belial verdoemen ² en zijn gehele schuldige erfdeel. Zij zul-
> len het woord nemen en zeggen:
> 'Vervloekt zij Belial in zijn duivelse voornemen
> ³ en verdoemd zij hij in zijn schuldige heerschappij.
> Vervloekt mogen worden alle gees[ten van zijn erf]deel in hun goddeloze
> overlegging
> ⁴ en verdoemd mogen zij worden in de overleggingen van hun onreine
> bevlekking.
> Want [zij zijn het erfdee]l van de duisternis
> en hun bezoeking (leidt) ⁵ tot de eeuwige Groeve. Amen. Amen. ONBE-
> SCHREVEN
> En vervloekt zij de godde[loze in al] zijn heerschappij
> en verdoemd mogen worden ⁶ alle kinderen van Bel[ial]
> in al de zonden van hun optreden,
> tot hun verdelging [voor immer. Amen. Amen']. ONBESCHREVEN
> ⁷ En [verder zullen zij zeggen:
> 'Vervloekt zijt gij, enge]l van de Groeve en gees[t van het Verd]erf
> in a[l] de overleggingen van ⁸ [uw sch[uldige] geneigdheid,
> [in al uw gruwelij]ke [voornemens] en [uw] goddeloze raadslag.
> [Ve]rdoemd moogt gij zijn in de heer[schap]pij van ⁹ [uw ...]
> met alle gr[uwelen van de he]l en me[t de smaad van de Groe]ve,
> ¹⁰ [met de schan]de van het Verderf [zonder rest en verge]ving
> vanwege de toorn van de grimmigheid [van God tot in al]le tijden der
> eeuwig]heid. Amen. A[men]'.
> ¹¹ [Vervloekt mogen worden al]len die] hun [kwade voornemens]
> bewerk[en
> en die hun plannen [in hun hart] een plaats geven
> [om in te gaan] ¹² [tegen het verbond van Go]d,

om te [versmaden de woorden van de zieners van] zijn [waarhei]d
en te verwisselen de gebod[en van de Wet] ¹³ [...] ... [...]

c. *4Q Zegenspreuken*ᵇ (= 4Q Ber[akot] ᵇ = 4Q287) [11 fragmenten]

Fragment 2

¹ [...] ... [...] hun ... [...] ² [...] ... [...] ... van hun luister [...] ³ [...] van hun glorie, hun wonderbare deuren [...] ⁴ [...] ... de vuurengelen en de geesten van de wolken [...]⁵ [... de] veelkleurige [gl]ans van de geesten van het heilige der heili[gen ...] ⁶ [...] de firmamenten van het heilige [der heiligen ...] ⁷ [...] heilig op alle feesten [...] ⁸ [...] de glorierijke naam van uw God [...] ⁹ [...] en alle hei[lige] dienaren [...] ¹⁰ [...] in de onberispelijkheid van h[un] werken [...] ¹¹ [...] heilig in de paleizen van [...] ¹² [... a]l [hun] dienaren [...] ¹³ [...] uw heiligheid in de woni[ng ...] de engelen der gerechtigheid

Fragment 3

¹ [...] ... en zij zegenen uw heilige naam met zegenspreuke[n ...] ² [... en zegenen] U alle vleselijke schepselen, alle die [Gij] gesch[apen hebt ...] ³ [... het v]ee, de vogels, het kruipend gedierte en de vissen der zeeën en alle [...] ⁴ [... G]ij hebt geschapen hen allen, vernieuwend [...]

3. 6Q Zegenspreuken (6Q16) [5 fragmenten]

Fragment 1

¹ [...] als een welriekende reuk [...] ² [...] aan alle mensen van het dee[l ...] ³ [...] vergelding aan al[len ...] ⁴ [...] aan [al]le [...]

Fragment 2

¹ [...] ... [...] ² [... de bedr]ijvers van de goddeloosheid [...] ³ [...] de heerschappij [...]

Fragment 3

¹ [...] verbond [...] ² [...] geboden [...] ³ [...] van de gerech[tigheid ...] ⁴ [...] lofprijzingen [...]

4. 4Q Zegen, mijn ziel = 4Q Barkhi Nafshi = 4Q434-438)

a. *4Q Zegen, mijn ziel*ᵃ (4Q434) [15 fragmenten]

Fragment 1, kolom I

¹ Zegen, mijn ziel, de Heer vanwege al zijn wonderdaden tot in eeuwigheid. Gezegend zij zijn naam, omdat Hij gered heeft de ziel van de arme,
² de ootmoedige niet veracht
en de benauwdheid van de behoeftigen niet vergeten heeft.
Hij heeft zijn ogen geopend voor de behoeftige
en het hulpgeroep van de wezen gehoord.
Hij heeft zijn oor geneigd tot ³ hun {geschrei}.
In zijn overvloedig erbarmen heeft Hij de ootmoedigen genade bewezen
en hun ogen geopend om zijn wegen te zien
en hun o[ren] om te horen ⁴ zijn onderricht.
Hij heeft de voorhuid van hun hart besneden (vgl. Deut. 10:16; Jer. 4:4),
hen gered vanwege zijn genade
en hun voet voor de weg toegerust.
In hun vele benauwdheden heeft Hij hen niet verlaten
⁵ en in de macht van de geweldenaars hen niet overgegeven.
Met de goddelozen heeft Hij hen niet geoordeeld
en zijn toorn is niet tegen hen [ontbrand];
Hij heeft hen niet verdelgd ⁶ in zijn grimmigheid,
al werd alle grimmigheid van zijn toorn niet moe,
en hen niet geoordeeld met het vuur van zijn ijver. ONBESCHREVEN
⁷ Hij heeft hen geoordeeld met zijn overvloedig erbarmen.
De smartelijke oordelen (geschiedden) om hen te beproeven.
In [zijn] grote erbarmen bracht Hij hen terug van de volken.
[Uit de macht van] ⁸ de mensen heeft Hij hen gered.
De menigte van de volken heeft [hen] niet geoordeeld
en te midden van de naties heeft Hij [hen] ni[et] verstrooid,
maar hen beschut in [de schaduw van zijn vleugelen]